LA PHILOSOPHIE PRATIQUE DE KANT

PAR

Victor DELBOS

Maître de conférences de philosophie
à la Faculté des Lettres de l'Université de Paris.

PARIS
FÉLIX ALCAN, ÉDITEUR
ANCIENNE LIBRAIRIE GERMER-BAILLIÈRE ET Cie
108, BOULEVARD SAINT-GERMAIN, 108
—
1905
Tous droits réservés.

LA PHILOSOPHIE PRATIQUE DE KANT

FÉLIX ALCAN, ÉDITEUR

DU MÊME AUTEUR :

Le problème moral dans la philosophie de Spinoza et dans l'histoire du Spinozisme, 1 vol. in-8º de la *Bibliothèque de Philosophie contemporaine*, 1893 (épuisé, 2ᵉ édition en préparation).

De posteriore Schellingii philosophia quatenus hegelianæ doctrinæ adversatur, 1902.

CHARTRES. — IMPRIMERIE DURAND, RUE FULBERT.

TABLE DES MATIÈRES

	Pages.
Avant-propos..	1

INTRODUCTION

Chapitre premier. — Les antécédents de la philosophie pratique de Kant. Le piétisme et le rationalisme.. 3

Chapitre II. — La personnalité morale et intellectuelle de Kant. . . . 34

Chapitre III. — Le mode de formation du système. 54

PREMIÈRE PARTIE

Les Idées morales de Kant avant la Critique.

Chapitre premier. — Les premières conceptions morales de Kant. . 73

Chapitre II. — Les éléments de la philosophie pratique de Kant (de 1760 à 1770). — La critique de la Métaphysique. — L'influence des Anglais et de Rousseau. — Les pressentiments d'une Métaphysique nouvelle. 91

Chapitre III. — Les éléments de la philosophie pratique de Kant (de 1770 à 1781). — La préparation de la Critique. — La détermination des principaux concepts métaphysiques et moraux.. . 150

TABLE DES MATIÈRES

DEUXIÈME PARTIE

La Constitution de la Philosophie pratique de Kant.

Chapitre premier. — La Critique de la Raison pure. 191

Chapitre II — Les Prolégomènes à toute Métaphysique future. — Les leçons sur la doctrine philosophique de la Religion. . . . 247

Chapitre III. — La Philosophie de l'histoire. 264

Chapitre IV. — Les Fondements de la Métaphysique des mœurs. . 299

Chapitre V. — La Critique de la Raison pratique. 416

Chapitre VI. — La Critique de la Faculté de juger. 508

Chapitre VII. — La Religion dans les limites de la simple raison. . 600

Chapitre VIII. — La Doctrine du droit et la Doctrine de la vertu. . 691

Conclusion. 741

A. M. ÉMILE BOUTROUX

Membre de l'Institut,
Professeur à la Faculté des Lettres de l'Université de Paris,
Directeur de la *Fondation Thiers*,

HOMMAGE

DE RESPECTUEUSE RECONNAISSANCE ET DE DÉVOUEMENT.

AVANT-PROPOS

Je ne crois pas avoir besoin de dire longuement les raisons pour lesquelles, amené à étudier la philosophie pratique de Kant, j'ai essayé d'en retracer analytiquement la formation. Ces raisons sont d'abord d'ordre général, et valent, semble-t-il, pour l'étude historique de toute doctrine. On est moins tenté d'incliner un système dans le sens où l'on se plairait à le contempler, quand on a tâché de suivre de près le travail d'esprit par lequel se sont peu à peu définies et enchaînées les pensées qui le composent ; on se défie certainement davantage de ces jeux de réflexion qui, sous prétexte de découvrir la signification profonde d'une philosophie, commencent par en négliger la signification exacte. Pour ce qui est en particulier de la doctrine de Kant, elle a mis trop de temps à se constituer, et elle s'est constituée avec des idées de provenances et d'époques trop diverses, pour qu'il n'y ait pas un intérêt majeur à se détacher tout d'abord de la forme systématique qu'elle a tardivement revêtue. L'histoire des démarches successives qui l'ont engendrée apparaît de plus en plus comme un facteur essentiel de l'interprétation qu'on en peut tenter[1]. Il est même permis de supposer que le kantisme, dans les

---

1. V. l'*Avant-Propos* de Dilthey en tête du premier volume de l'édition de Kant, entreprise par l'Académie royale de Prusse.

controverses doctrinales qu'il ne cesse de susciter, ferait souvent meilleure figure devant ses adversaires, s'il n'avait été enfermé par beaucoup de ses partisans dans des expressions schématiques courantes, simplifiées à l'excès. On le préserve de ces simplifications en sachant comment il a évolué.

Il est naturel que j'aie dû m'appliquer avant tout à exposer et à analyser dans leur ordre chronologique les œuvres de Kant, selon qu'elles se rapportent à la philosophie pratique. Mais je ne pouvais omettre non plus les travaux de toute sorte qui ont paru sur Kant avec une si prodigieuse abondance. Assurément, à considérer l'ensemble de ces travaux, ces gros volumes et ces petites dissertations, ces articles de toute étendue publiés dans les plus diverses revues, tout ce qui forme à l'heure actuelle la bibliographie kantienne, on ne peut que trouver de saison, plus que jamais, l'épigramme dirigée déjà par Schiller contre les interprètes de Kant :

> Wie doch ein einziger Reicher so viele Bettler in Nahrung
> Setzt ! Wenn die Könige baun, haben die Kärrner zu thun.

« Que de mendiants tout de même un seul riche nourrit ! Quand les rois bâtissent, les charretiers ont à faire. » Parmi les auteurs de ces travaux, il en est en effet plus d'un qui a dû se faire manœuvre par indigence d'esprit, et qui a cru sa besogne importante, uniquement parce qu'elle touchait à un grand édifice. Ce n'est pas une raison pour condamner sommairement en pareille matière l'érudition de détail : le tout est de faire le départ entre la minutie vaine, qui perd dans des discussions verbales tout sentiment philosophique de la pensée d'un philosophe, et la rigueur d'analyse qui peut, sinon faire naître, du moins entretenir et fortifier un tel sentiment : par quoi pourrait-on mesurer l'originalité et la valeur d'un système mieux que par la multitude détaillée des conceptions soumises, selon un développement plus ou moins régulier, à sa force organisatrice? Malgré les railleries qu'on lui a prodiguées, la *Kantphilologie* n'est pas une dégénérescence pitoyable de l'esprit qui doit s'attacher à l'interprétation du kantisme[1]; quand elle est représentée par des historiens et des critiques tels que, par exemple, Benno Erdmann, Vaihinger, Heinze, on ne saurait contester qu'en insistant sur des questions très particulières, elle n'ait servi à mieux faire saisir le rapport des éléments ainsi que le sens général de la philosophie kantienne ; même chez de moindres auteurs, en rapprochant d'autre façon les textes, en multipliant les petits problèmes, elle prémunit contre la tentation de juger toutes simples et comme spontanément opérées des liaisons d'idées que la connaissance commune de la doctrine nous a rendues familières. Par là elle rachète amplement une bonne part des défauts qu'on lui impute. Pour mon compte, j'ai essayé de discerner le mieux que j'ai pu, par les mentions que j'en ai faites, les publications utiles et sérieuses des publications sans portée ; je les ai indiquées, suivant la marche de mon exposé, aux places où elles avaient surtout lieu d'être consultées ; j'ai eu moins le souci, du reste, d'établir par là leur degré de contribution à mon ouvrage que de marquer l'intérêt qu'elles pourraient avoir pour le compléter et le contrôler.

En tout cas, j'aurais très insuffisamment reconnu, par quelques références ou citations, ce que je dois à mon maître, M. Émile Boutroux. Avec son étude sur Kant,

---

[1]. Cf. Kuno Fischer, *Geschichte der neuern Philosophie* (édition du jubilé), IV, p. 326-336, p. 590. — V. contre Kuno Fischer l'article justificatif de Vaihinger, *Ueber eine Entdeckung nach der alle neuen Kommentare zu Kants Kritik der reinen Vernunft und insbesondere mein eigener durch ein älteres Werk entbehrlich gemacht werden sollen*, Kantstudien, III, p. 334-343.

écrite pour la *Grande Encyclopédie*[1], ses leçons sur la philosophie kantienne, — ses leçons d'autrefois à l'École Normale, ses leçons plus récentes à la Sorbonne, — d'un si scrupuleux attachement aux textes en même temps que d'une force de concentration si admirable, m'ont été constamment présentes.

J'adresse mes vifs remerciements à MM. les Professeurs Max Heinze, de Leipzig, et Oswald Külpe, de Würzburg, qui chargés de préparer pour une part la publication des *Vorlesungen* dans l'édition nouvelle de Kant m'ont fourni avec la plus aimable complaisance les renseignements que je leur avais demandés.

Les renvois aux écrits de Kant se rapportent à l'édition Hartenstein de 1867-1868. — Pour les *Lettres* seulement, ils se rapportent à l'édition si considérablement enrichie de la *Correspondance* que Reicke a récemment terminée, et qui fait partie de la publication de l'Académie royale de Prusse : les numéros des tomes indiqués sont les numéros particuliers à cette section des Œuvres complètes.

La méthode d'analyse que j'ai suivie m'a naturellement obligé de revenir plusieurs fois sur des questions, des théories ou des idées que Kant a reprises, soit dans le même sens, soit en les transformant, au cours de ses ouvrages successifs : j'ai dans ces cas-là multiplié les indications de renvoi aux divers endroits du livre où ces questions, ces théories et ces idées se trouvent exposées, afin que l'on puisse plus aisément juger de ce qu'elles sont restées ou de ce qu'elles sont devenues dans la pensée de Kant.

---

1. Reproduite dans ses *Études d'Histoire de la Philosophie*, Paris, Alcan, 1897. p. 317-411.

INTRODUCTION

CHAPITRE PREMIER

LES ANTÉCÉDENTS DE LA PHILOSOPHIE PRATIQUE DE KANT
LE PIÉTISME ET LE RATIONALISME

Les préoccupations spirituelles et les questions philosophiques auxquelles la morale kantienne est venue répondre ne peuvent être mises en pleine lumière, si l'on se borne à en dégager le sens universel, hors du milieu et du moment, ou si l'on en réduit la portée à l'expression de simples tendances personnelles. Il n'est du reste pas possible de découvrir l'action du génie et du caractère propres de Kant dans son œuvre, sans remarquer que les deux grandes influences qui ont contribué à former son caractère et préparé l'éclosion de son génie sont celles-là mêmes qui ont le plus profondément renouvelé la conscience et la pensée de l'Allemagne pendant la plus grande partie du xviii° siècle, à savoir l'influence du piétisme et celle du rationalisme. Si Kant a été l'initiateur d'une des plus hardies réformes qui aient été tentées pour la solution des problèmes pratiques aussi bien que des problèmes théoriques, ce n'est pas pour n'avoir point reçu les leçons de son temps, c'est pour les avoir reçues d'un esprit plus ferme, plus pénétrant et plus libre. Par là il s'est assigné une tâche infiniment plus haute que celle de constater des conflits extérieurs ou de poursuivre des conciliations factices d'idées ; il a employé toute sa puissance de réflexion, de critique et d'organisation à démêler les causes permanentes dont découlent, avouées ou dissimulées, d'essentielles contradictions, à justifier les principes dont l'usage défini permet de comprendre dans leur réalité spécifique les objets à expliquer et de rétablir l'accord de la raison avec elle-même. En approfondissant les notions et les croyances qui s'étaient imposées à son examen, il les a dépassées et transformées, au point de créer, pour l'intelligence de ce qu'elles prétendaient représenter, une méthode et une discipline toutes nouvelles.

*
* *

Issus de motifs très divers, le piétisme et le rationalisme s'étaient trouvés unis à l'origine dans une lutte commune contre l'orthodoxie régnante. Ce qu'ils combattaient ensemble, c'était l'enseignement étroit, les vaines discussions et subtilités de la théologie, c'était l'abus de la foi et de la pratique littérales, la corruption des idées et des actes uniquement suscités par le respect d'une autorité extérieure. Ce que par là même ils tentaient ensemble de produire, c'était un rajeunissement de la vie spirituelle. Mais tandis que le piétisme tâchait d'aviver ce besoin de rénovation par un appel à la conscience et par un réveil du sentiment religieux, le rationalisme l'exprimait comme un droit de l'intelligence émancipée par la culture scientifique et réclamait pour le satisfaire le plein et libre développement de la pensée.

Le piétisme avait eu Spener pour promoteur[1]. L'œuvre de Spener était-elle nouvelle en son principe, ou bien traduisait-elle simplement en une forme appropriée aux carac-

---

1. Heinrich Schmid, *Die Geschichte des Pietismus*, 1863. — Albrecht Ritschl, *Geschichte des Pietismus*, 3 vol., 1880-1886. V. particulièrement t. I, p. 3-98; t. II, p. 97-584. — A. Tholuck, *Geschichte des Rationalismus*, I, 1865, p. 9-91. — Julian Schmidt, *Geschichte des geistigen Lebens in Deutschland von Leibniz bis auf Lessing's Tod*, 1862-1864, t. I, pp. 76-93, 152-156, 223-232, 240-251, 257-261, 320-324, 346-349. — Biedermann, *Deutschland im achtzehnten Jahrhundert*, II, 2ᵉ éd., 1880, p. 303-345. — Hermann Hettner, *Literaturgeschichte des achtzehnten Jahrhunderts*, 2ᵉ éd., III, 1, 1872, p. 53-71. — L. Lévy-Bruhl, *L'Allemagne depuis Leibniz*, 1890, p. 28-34.

tères de l'époque l'aspiration vivace de certaines âmes de tous les temps à une religion plus intime et d'apparence plus pure? Etait-elle ou non compatible avec la constitution de l'Eglise luthérienne? Avait-elle été précédée de tentatives essentiellement pareilles au sein de l'Eglise réformée? Il n'importe ici. Quelque difficulté qu'il y ait à marquer les origines réelles et à définir l'extension exacte du mouvement piétiste, c'est bien de Spener qu'il reçut dans l'Eglise luthérienne sa puissance de propagation en même temps que sa direction précise. Spener ne met pas en doute la doctrine de l'Eglise luthérienne; il respecte le dogme fondamental de la justification par la foi; seulement c'est dans la volonté, non dans l'entendement, qu'il découvre la source de la religion, et ainsi il est conduit à n'admettre comme foi véritable que celle dont les œuvres, sans en être la condition, portent cependant témoignage [1]. Le christianisme est dans son fond tendance à la piété, amour de Dieu; il perd toute vertu efficace à n'être pris que comme un objet d'enseignement extérieur et de connaissance; il demande à être réalisé dans une expérience et une vie personnelles. Ce n'est donc plus à la polémique, ni à la dog-

[1]. Voici ce que disait Leibniz au sujet de Spener et du problème de la justification, dans une lettre au Landgrave Ernest, 1680 : « Monsieur Spener estait de mes amis particuliers lorsque j'étais dans le voisinage de Francfort; mais depuis que j'en suis parti, le commerce de lettres que nous avions ensemble a été interrompu. Cependant V. A. S. a eu raison de l'estimer; je croy même qu'elle se serait accordée avec luy en matière de justification, si on estait entré dans le détail. Je me suis entretenu autres fois des heures entières sur ce chapitre avec feu Monsieur Pierre de Walenburg, Suffragain de Mayence, et il nous parut qu'il n'y avait gueres de différence qui se rapporte à la practique. Je sçais bien qu'il y en a dans la théorie, mais à cet égard les sentiments de quelques catholiques me semblent plus raisonnables que ceux de quelques Protestants. *Car la charité met plus tost un homme en estat de grace que la foy*, excepté ce qui est nécessaire au salut, necessitate medii; un erreur de foy, ou hérésie ne damne peut estre que parce qu'elle blesse la charité et l'union. En effet ceux qui demandent *la foy* non seulement *dans la creance*, qui est un acte d'entendement, mais encor *in fiducia*, qui est un acte de volonté, font à mon avis un mélange de la foy et de la charité, car cette confiance bien prise est le véritable amour de Dieu. C'est pourquoy je ne m'étonne pas, s'ils disent qu'une telle foy est justifiante. » Chr. von Rommel, *Leibniz und Landgraf Ernst von Hessen-Rheinfels*, 2 vol., 1847, t. I, p. 277-278.

matique que doit appartenir le rôle principal. Spener estimait qu'il ne fallait pas prodiguer les accusations d'hérésie ; il ne partageait pas la sévérité de ses coreligionnaires pour Jacob Bœhme et les autres mystiques ; il mettait si peu les réformés hors de la vraie foi qu'il se sentait plutôt porté, lui et ses disciples, à s'unir avec eux. Il avait une science théologique suffisante pour que sa critique de la théologie ordinaire ne fût pas soupçonnée d'incompétence : mais il croyait que le développement de la vie intérieure relève d'une autre compétence que celle qui s'acquiert par la lecture des livres savants ; il recommandait avant tout la lecture des livres saints, l'étude directe de la Bible : d'où la création de ces *Collegia philobiblica* destinés d'abord à bien marquer la suprématie de l'Écriture sur les livres symboliques que l'Église luthérienne avait mis au même rang, ensuite à rapprocher autant que possible les fidèles et les théologiens d'école. A toute construction théologique Spener préférait l'édification d'un christianisme agissant, étranger aux complications artificielles de doctrines, d'un christianisme dont chacun pouvait légitimement s'instituer le docteur, du seul droit de sa piété. Il pensait que la réforme de Luther, en ce qui concerne les mœurs et la vie, était restée incomplète, que l'idéal était de conformer l'Église au modèle de la primitive communauté chrétienne. Mais caractère calme et avisé autant qu'esprit ardent, il sentait le danger de prêter à sa tentative l'apparence d'une révolution ; il voulait moins toucher à l'Église luthérienne que créer en elle des foyers de foi dont la lumière et la chaleur ranimeraient graduellement les parties languissantes du grand corps. En fondant les *Collegia pietatis*, qui étaient comme de petites églises dans l'Église, il portait avec beaucoup de mesure une atteinte grave à l'autorité des théologiens enseignants, contre lesquels il restaurait le principe luthérien du sacerdoce universel. Dans ces collèges se réunissaient, sans distinction d'âge, de savoir, de condition sociale, des personnes animées d'une même ferveur, pour se communiquer leurs expériences religieuses, se porter les unes les autres, par la prière, par des entretiens spirituels, par des commentaires de la Bible, à la sanctification de leurs âmes. Ainsi le pouvoir de prononcer les paroles de vie n'était plus un privilège et ne résultait plus d'une investiture extérieure ; il revenait à quiconque avait senti la régénération s'opérer en lui. La fonction de l'enseignement religieux devait surtout s'accomplir en toute simplicité, avec une familiarité cordiale, dépouillée de tout apparat. Spener essayait par là de réaliser ce qui avait été le vœu de Calixte : « Qu'à la façon dont Socrate avait fait descendre la philosophie du ciel sur la terre, la théologie fût, elle aussi, ramenée des spéculations et des subtilités inutiles pour montrer dans les doctrines nécessaires au salut la voie de l'esprit et de la sanctification[1]. » Il ne séparait pas d'ailleurs en l'homme la rénovation morale de la rénovation religieuse; en même temps qu'il affirmait l'égalité de la loi morale pour tous, il en étendait l'autorité à bon nombre d'actes que l'Église considérait comme indifférents : il condamnait le théâtre, la danse, la musique, les réunions mondaines; il interprétait les obligations pratiques dans un sens rigoriste, afin d'égaler l'une à l'autre l'intériorité de la foi et la pureté du cœur. En relâchant les liens qu'avait la croyance religieuse avec la théologie dogmatique, il consolidait d'autant ou il renouait ceux qui la rattachaient à l'activité morale : il fournissait pour l'estimation de la conduite des critères plus directs, plus proches de ceux auxquels a recours, lorsqu'elle juge en toute spontanéité et en toute indépendance, la conscience commune ; sous la garantie de la foi et de la loi chrétiennes, il développait le sentiment de la personnalité : mais il prévenait d'autre part le pur individualisme en matière morale et religieuse par le soin qu'il mettait à faire de la notion du péché une pensée toujours présente, à rappeler constam-

---

1. *Einleitung zu den Acten des Thorner Religionsgesprächs*, dans Biedermann, *op. cit.*, II, p. 316.

ment l'urgence de la lutte à soutenir contre le mal. Il tentait de toutes ses forces à réaliser une plus complète immédiation du christianisme et de la vie.

Cette réforme de Spener, malgré la prudence avec laquelle elle était entreprise, ne pouvait que se heurter à des résistances violentes, en raison même de son succès. Les orthodoxes ne manquèrent pas d'invoquer contre elle, avec mainte hérésie, le danger de dissolution qu'elle présentait pour l'Église. Cependant le piétisme donnait en divers endroits des signes de robuste vitalité. A Leipzig en particulier, trois théologiens, Francke, Anton et Schade avaient fait de leur société d'études bibliques un puissant instrument de propagande piétiste. Les orthodoxes, comme suprême ressource, réussirent à les faire expulser, et avec eux le philosophe Christian Thomasius, qui par esprit de tolérance et pour faire face à de communs adversaires, les avait énergiquement soutenus. Mais le gouvernement prussien, qui croyait pouvoir compter sur le piétisme dans son effort pour unir les deux Églises, leur offrit un asile; bien mieux, quand fut fondée en 1694 l'Université de Halle, il prit l'avis de Spener pour la constitution de la Faculté de théologie et pour le choix des professeurs. Halle devint ainsi le grand centre de l'activité du piétisme, son champ d'application pour toutes les réformes conçues selon son esprit, spécialement pour les réformes pédagogiques. Au reste, en s'y implantant, la pensée de Spener ne fut pas sans s'y altérer ; elle tendit à y apparaître plus exclusive, plus concentrée vers un objet unique : il s'agit, non de travailler à la science, mais d'éveiller la conscience ; un grand détachement se produit de plus en plus à l'égard de la culture intellectuelle ; au nom du caractère pratique que doit revêtir la théologie, on en vient à faire de la puissance d'édification la mesure de toutes les disciplines. En même temps se développe pour l'éducation de la piété un méthodisme de plus en plus rigide. Avec de hautes vertus, Francke n'a que des capacités scientifiques et dialectiques assez restreintes, et il va droit contre tout ce qui lui paraît une menace pour la foi. Plus instruit, plus habile à discuter, plus passionné aussi, Joachim Lange a contracté dans la lutte contre la tyrannie orthodoxe une vigueur militante qui, de défensive, ne demande qu'à devenir offensive contre de nouveaux ennemis. Le rationalisme était là, qui, par son autorité grandissante, semblait confondre l'indifférence soupçonneuse du piétisme à l'égard de tout ce qui était l'expansion de la vie naturelle et de la simple intelligence humaine : plus que les malentendus et les rivalités des personnes, la logique de leurs principes respectifs devait mettre le piétisme et le rationalisme aux prises.

* * *

C'est de Leibniz que dérive le rationalisme allemand[1] ; c'est la pensée leibnizienne qui a mis fin à l'empire exercé dans les universités de l'Allemagne par cet aristotélisme très voisin encore de la scolastique, que Mélanchthon avait accommodé à la Réforme et qui était devenu le fondement de la dogmatique protestante. Pourtant l'action personnelle de Leibniz ne fut pas très étendue. N'appartenant à aucune université, il ne disposait pas de ce moyen de propagande que peut être l'enseignement public : il produisait ses idées surtout par occasion, préoccupé de les faire approuver principalement de ceux qui, en quelque pays que ce fût, possédaient une autorité soit intellectuelle, soit religieuse, soit politique. Il aimait à faire entrevoir la richesse de sa philosophie ; il ne la livra

1. J.-E. Erdmann, *Versuch einer wissenschaftlichen Darstellung der Geschichte der neuern Philosophie*, II, 2, 1842, pp. 11-173 ; 249-393 ; *Grundriss der Geschichte der Philosophie*, II, 1866, pp. 145-212, 243-269. — Ed. Zeller, *Geschichte der deutschen Philosophie seit Leibniz*, 2ᵉ éd., 1875, p. 69-314. — Tholuck, *op. cit.*, I, p. 92-147. — Julian Schmidt, *op. cit.*, passim. — Biedermann, *op. cit.*, II, pp. 207-268, 346-478. — Hettner, *op. cit.*, III, p. 217-260, IV, pp. 3-66, 176-262, 585-617. — Chr. Bartholmèss, *Histoire philosophique de l'académie de Prusse depuis Leibniz jusqu'à Schelling*, 2 vol., 1850-1851, t. I, p. 99-118. — Lévy-Bruhl, *op. cit.*, p. 34-70.

jamais toute, méthodiquement et explicitement. Au surplus, ses contemporains ne furent guère en état de s'assimiler toute sa pensée : ils n'en accueillirent pas aisément les expressions les plus spéculatives. C'est ainsi que la doctrine des monades, en son sens authentique, ne rencontra pas beaucoup de partisans. En revanche, certaines idées générales incluses dans son système, dès qu'elles commencèrent à se répandre, eurent une grande fortune ; en se resserrant et se limitant, elles entrèrent pour une large part dans la composition de l'esprit du xviii° siècle : telle, l'idée d'une science formée de concepts clairs et bien liés, capable de trouver à tout une raison suffisante, d'assurer aussi par l'extension des connaissances un accroissement continu de perfection et de bonheur dans la nature humaine ; telle, l'idée d'un ordre providentiel qui, en se réalisant dans le monde donné, en fait le meilleur des mondes possibles, et selon lequel la finalité même de la nature aboutit par un progrès certain à l'accomplissement des fins morales. Une conception optimiste de la raison et de la science permettait d'accorder immédiatement la moralité, d'une part avec l'intérêt général aussi bien qu'avec le contentement de chacun, d'autre part avec la piété et la foi en ce qu'elles ont de conforme à la pratique et à la vérité salutaires[1]. « La véritable piété, et même la véritable félicité, consiste dans l'amour de Dieu, mais dans un amour éclairé, dont l'ardeur soit accompagnée de lumière. Cette espèce d'amour fait naître ce plaisir dans les bonnes actions qui donne du relief à la vertu, et rapportant tout à Dieu, comme au centre, transporte l'humain au divin. Car en faisant son devoir, en obéissant à la raison, on remplit les ordres de la Suprême Raison. On dirige toutes ses intentions au bien commun, qui n'est point différent de la gloire de Dieu ; l'on trouve qu'il n'y a point de plus grand intérêt particulier que

---

1. Sur le mélange des intentions scientifiques, philanthropiques et religieuses dans les projets les plus importants de Leibniz, cf. L. Couturat, *La Logique de Leibniz*, 1901, p. 135-138.

d'épouser celui du général, et on se satisfait à soi-même en se plaisant à procurer les vrais avantages des hommes.¹ »
« Il faut joindre, aime-t-il à redire, la lumière à l'ardeur, il faut que les perfections de l'entendement donnent l'accomplissement à celles de la volonté. » Ce qui revient à toute occasion, c'est que la vertu doit être « fondée en connaissance », c'est que la solide piété est à la fois « la lumière et la vertu », c'est qu'on est également dans l'erreur, quand on croit « de pouvoir aimer son prochain sans le servir et de pouvoir aimer Dieu sans le connaître² ». De nos perceptions claires et distinctes, dans la mesure où elles le sont, résulte, avec la puissance de notre liberté, la juste direction de nos sentiments et de nos actes.

Par là Leibniz fut bien l'instigateur de la philosophie dite en Allemagne « philosophie des lumières », de l'*Aufklärung*. Avant même de lui fournir l'essentiel de la doctrine, il lui fournit l'idée qui l'instituait. Il ne put naturellement faire pénétrer en elle ce qui était incommunicable, à savoir la spontanéité inventive de son esprit, l'art merveilleux de définir les pensées sans les restreindre, d'en développer la logique interne sans en figer la puissance d'expression. Son activité encyclopédique qui s'entretenait aux sources d'inspiration les plus profondes, qui lui avait révélé entre toutes choses des harmonies imprévues et cependant bien fondées, fut soumise après lui à un travail en règle d'arrangement méthodique : elle dut se plier aux formes précises, mais bornées, de l'entendement abstrait, du *Verstand*. Il se produisit ainsi une transposition de son œuvre, qui la rendit capable de répondre aux besoins nouveaux des intelligences. Vers la fin du xvii siècle, en effet, avaient commencé à surgir de divers côtés en Allemagne le désir et l'idée d'une libre philosophie, assez forte pour ébranler l'autorité dont se prévalait, en même temps que l'orthodoxie

---

1. *Essais de Théodicée*, Préface, *Ph. Schr.*, éd. Gerhardt, VI, p. 27.
2. *Ibid.*, p. 25.

luthérienne, l'ignorance érudite ou superstitieuse des scolastiques, des médecins et des juristes, assez claire pour n'avoir pas à respecter le privilège d'une caste savante et pour pouvoir appeler à elle un public beaucoup plus étendu, animée enfin du seul souci de la vérité et du bien commun. On essayait de se satisfaire un peu au hasard par la lecture et le commentaire de Descartes, de Locke, de Bayle. Dans la lutte qu'il engagea si vivement contre le pédantisme des professeurs d'Université et contre la tyrannie des théologiens, Christian Thomasius n'alla guère au delà d'un tel éclectisme ; s'il put préparer ou annoncer la science nouvelle et l'enseignement nouveau, il resta par cela même incapable de les organiser. Il fallait en effet une doctrine d'ensemble pour détacher des idées anciennes, en les fixant sur d'autres idées, les intelligences habituées à affirmer et à croire ; il fallait aussi que la pensée libre, pour ne pas être considérée comme un principe de thèses arbitraires ou négatives, pût prouver sa vertu en s'exprimant et se soutenant par de longues chaînes de raisons, qu'elle vînt, autrement dit, opposer scolastique à scolastique. Le leibnizianisme était là maintenant, auquel il était possible d'emprunter le fond de la doctrine ; quant à la mise en forme, rigoureuse et minutieuse, qui pouvait le convertir en philosophie d'école, ce fut la tâche qu'assuma Christian Wolff.

L'homme convenait admirablement à la tâche. Esprit sérieux et patient, sans originalité créatrice, il avait fortifié par plusieurs années d'application aux mathématiques le goût qu'il avait, on peut même dire la passion, de définir et de démontrer. Il excellait à distribuer selon des plans réguliers les connaissances qu'il avait amassées, poussant à l'extrême scrupule le soin de procéder par ordre, de marquer exactement le sens des termes et l'enchaînement des propositions. Il aimait les idées claires, mais plus encore sans doute le formalisme logique par lequel la clarté des idées peut s'obtenir. De bonne heure il fut convaincu que le progrès de la culture et le bien de l'humanité dépendent moins de découvertes nouvelles que de l'agencement bien entendu des notions acquises, et il eut l'ambition de présenter dans un vaste système, selon une méthode absolument démonstrative, tout le savoir humain. Des questions les plus hautes de la théologie naturelle et de la métaphysique aux questions les plus particulières, parfois même les plus insignifiantes de la morale pratique et de la physique empirique, rien n'échappe aux prises de son investigation sévère et de sa discipline : de là ces œuvres considérables, par lesquelles il voulait remédier aux deux grands vices dont, selon lui, souffrait la philosophie : le manque d'évidence et le manque d'utilité. A dire vrai, il ne réforma pas la philosophie en philosophe, il la réforma en pédagogue ; il fut, selon Hegel, l'instituteur de l'Allemagne[1]. Dans la *Préface* de l'un de ses premiers écrits, il annonçait le programme qu'il s'était tracé : « La raison, la vertu et le bonheur sont les trois principales choses auxquelles l'homme doit tendre en ce monde. Et quiconque se rend attentif aux calamités du temps présent voit comment elles résultent du défaut de lumière et de vertu. Des gens qui sont des enfants par l'intelligence, mais des hommes par la perversité, tombent en foule dans une grande misère et une grande corruption... Ayant observé en moi dès la jeunesse une grande inclination pour le bien de l'humanité, au point de désirer rendre tous les hommes heureux si cela était en mon pouvoir, je n'ai jamais rien eu plus à cœur que d'employer mes forces à une œuvre telle que la raison et la vertu pussent croître parmi les hommes[2]. »

Cette conception d'un accord essentiel entre la science, la vertu, le bonheur et l'utilité sociale avait été déjà, comme on l'a vu, exprimée par Leibniz; mais elle est manifestement énoncée ici dans un sens plus dogmatique, plus littéral, plus immédiatement tourné vers l'application pratique.

---

1. *Werke*, XV, p. 477.
2. *Vernünftige Gedanken von Gott, der Welt und der Seele des Menschen*, 3ᵉ éd., 1725, Vorrede.

On y reconnaît cette rigidité stricte de l'entendement logique qui lie les idées par voie de conséquence directe, au lieu de cette large souplesse de la pensée spéculative qui, dans la philosophie leibnizienne, unit les idées en les faisant converger harmonieusement. Par là sans doute telle doctrine de Leibniz parut chez Wolff, même quand elle était à peu près fidèlement reproduite, plus offensive et plus dure. C'est ainsi que le problème qui naturellement tenait le plus en éveil les intelligences et les consciences, le problème du rapport de la raison avec la révélation religieuse, reçoit de Wolff en principe la solution même que Leibniz avait indiquée. Il y a d'abord, disait Leibniz, des vérités qui sont communes à la raison et à la foi et qui constituent le fonds de la religion naturelle ; quant aux vérités que les religions positives, plus spécialement le christianisme qui est la meilleure de toutes, enseignent comme des mystères, l'assentiment qu'elles réclament n'exige pas, comme le prétend Bayle, un renoncement à la raison ; il faut maintenir l'ancienne distinction entre ce qui est contraire à la raison et ce qui est au dessus d'elle ; comme les lois de la nature relèvent finalement d'une autre nécessité que la nécessité géométrique, les considérations générales du bien et de l'ordre qui les ont fondées peuvent être vaincues dans quelques cas par des considérations d'une sagesse supérieure ; Leibniz d'ailleurs tendait à admettre que ces considérations exceptionnelles rentrent dans le plan du meilleur des mondes et qu'elles produisent une dérogation, non pas à l'ordre souverain des choses, mais simplement à l'ordre ordinaire et familier qui est donné dans l'expérience des hommes ; les miracles sont une introduction plus manifeste du règne de la grâce dans le règne de la nature[1]. Cette façon d'entendre la conformité de la rai-

---

1. *Essais de Théodicée. Discours préliminaire de la conformité de la foy avec la raison. Ph. Schr.* Ed. Gerhardt, VI, p. 49 et suiv. — Cf. Em. Boutroux, *Notice sur la vie et la philosophie de Leibniz*, en tête de son édition de la *Monadologie*, 1881, p. 126-128. — A. Pichler, *Die Theologie des Leibniz*, 1869, I, p. 226-238.

son avec la foi ne paraît réserver pleinement le rôle de la foi qu'à la condition de reconnaître expressément les limites de la raison humaine. En fait, Leibniz les reconnaissait, et après lui, Wolff était tout disposé par son éducation profondément chrétienne à les reconnaître. Seulement chez Leibniz la reconnaissance de ces limites était liée à l'idée ou au sentiment de ce que l'ordre des vérités supérieures au principe de contradiction enveloppe d'infini ; chez Wolff, au contraire, la tendance à tout enfermer dans des formules logiques, qui se traduisait notamment par la réduction du principe de raison suffisante au principe de contradiction, rendait plus arbitraire sa conception du rôle de la foi et semblait exiger, sur la question des miracles et de la révélation, une application plus étroite des critères du rationalisme. Effectivement, les conditions auxquelles il soumet la vérification du surnaturel sont si strictement définies, qu'elles en restreignent singulièrement la réalité ou la possibilité. Dieu, selon Wolff, ne révèle rien de ce qui peut être connu par la raison : il faut donc établir tout d'abord que l'homme n'aurait pu par les voies naturelles arriver aux connaissances qu'il reçoit sous la forme de la révélation divine. Comme Dieu ne peut vouloir que ce qui est conforme à ses perfections, rien de ce qui leur est contraire ne peut être tenu pour révélé. Comme il est par son entendement la source de toutes les vérités et qu'il ne peut rien produire qui les démente, une révélation authentique ne doit rien contenir qui soit en opposition avec les vérités rationnelles. Même la révélation divine de la morale ne saurait enchaîner l'homme à ce qui contredit les lois de la nature ou l'essence immuable de l'âme. Enfin, pour arriver jusqu'à l'homme, la révélation ne doit pas plus bouleverser les règles et les habitudes du langage que les forces naturelles ; elle doit être, comme le reconnaissent les théologiens, appropriée à l'état d'esprit et aux façons ordinaires de ceux qui la reçoivent. C'est qu'en effet, si le miracle reste possible en général, le miracle inutile est moralement impossible ; un monde où tout arriverait par miracle pourrait être l'effet de la puissance de Dieu, non de sa sagesse. L'événement miraculeux n'exige de Dieu qu'une puissance et une science en rapport avec sa singularité, tandis que l'événement qui rentre régulièrement dans le cours des choses exige une puissance et une science capables de le déterminer non seulement en lui-même, mais dans ses relations avec l'ensemble. Aussi un monde où les miracles sont rares est-il plus parfait qu'un monde où les miracles se multiplient. De toute façon, ce qu'on appelle un miracle ne peut être sans raison, et la raison du miracle doit le plus possible se coordonner, en ses moyens et ses effets, avec la raison générale qui gouverne tout[1]. Si donc Wolff ne s'opposait pas directement au supra-naturalisme des théologiens de son temps, il fournissait à coup sûr des ressources pour le combattre ; par là, comme aussi par sa disposition plus d'une fois manifeste à séparer le domaine de la raison de celui de la foi[2], à ne réclamer pour la raison que les simples affirmations de l'existence et des attributs de Dieu, de l'immortalité de l'âme, Wolff instituait en Allemagne, à la façon des déistes d'Angleterre, la religion naturelle.

Il agissait plus fortement encore dans le même sens par sa façon de traiter et de résoudre les problèmes pratiques. S'étant déjà occupé de ces problèmes avant de connaître Leibniz, il les posa même dans la suite avec une certaine indépendance à l'égard de la doctrine leibnizienne. En particulier, il était moins porté à admettre que les principes moraux dussent chercher un appui dans les vérités métaphysiques et dans le christianisme. Déjà Thomasius, suivant l'exemple des libres penseurs anglais, avait tenté de détacher la morale de la théologie et de la fonder sur les lois intérieures de la nature humaine : lois, disait-il, qui ne sauraient trom-

1. *Vernünftige Gedanken von Gott*, etc., 1, § 633-§ 642, § 1010-§ 1019, § 1039-§ 1043, pp. 386-392, 623-629, 638-642.
2. *Vernünftige Gedanken von der Menschen Thun und Lassen*, 1720, § 47, p. 31-32.

per puisqu'elles ont été inculquées dans nos âmes par Dieu même. Wolff affirme plus résolument encore le droit de la morale à s'émanciper. « Les actions libres des hommes sont bonnes ou mauvaises, en elles-mêmes et pour elles-mêmes ; ce n'est pas de la volonté de Dieu qu'elles reçoivent d'abord ce caractère. S'il était possible qu'il n'y eût aucun Dieu et que l'enchaînement actuel des choses pût subsister sans lui, les actions libres des hommes n'en resteraient pas moins tout aussi bonnes ou tout aussi mauvaises[1]. » Quand il se trouve chez un athée de la dépravation morale, ce n'est pas à son incrédulité qu'elle tient, c'est à son ignorance touchant les vraies lois du bien et du mal ; et c'est de la même source que découlent chez d'autres qui ne sont pas des athées une vie désordonnée et une mauvaise conduite. Les Chinois, bien qu'ils ne soient instruits de l'existence de Dieu par aucune religion naturelle, encore moins par la lumière de la révélation, n'en sont pas moins parvenus par la force de leur conscience à une morale si accomplie qu'ils pourraient servir de modèles aux autres peuples[2]. Au surplus, une philosophie pratique, telle que Wolff veut l'établir au nom de la raison, ne peut que faire abstraction de la diversité des croyances ; elle a pour objet de déterminer la règle universelle à laquelle nous devons conformer les actions qui sont en notre pouvoir. Cette règle est fondée dans la nature de l'âme humaine, en ce sens que l'âme humaine recherche naturellement ce qui est bon et fuit naturellement ce qui est mauvais ; si l'obligation peut donc en être rapportée à Dieu, elle n'en a pas moins son principe et son expression incontestables dans une disposition essentielle de notre être ; c'est une loi de la nature autant et même plus qu'une loi de Dieu, puisqu'elle ne cesserait pas d'être valable, même s'il n'y avait pas d'Être supérieur à nous[3]. Elle s'énonce dans cette formule : Fais ce qui te perfec-

1. *Ibid.*, § 5, p. 6.
2. *Ibid.*, § 20-§ 22, p. 15-16.
3. *Ibid.*, § 15-§ 20, p. 13-15.

tionne et ce qui perfectionne ton état ; évite ce qui te rend plus imparfait, toi ainsi que ton état[1]. En même temps qu'il emprunte à Leibniz ce concept de perfection, Wolff retient des diverses définitions qu'en avait données Leibniz surtout celle qui ne comportait qu'une détermination formelle, à savoir l'accord ou l'ordre dans la diversité. A cette sorte d'identité logique il ramène volontiers toute la finalité de l'action bonne. La conduite de l'homme, dit-il, résulte de divers actes ; lorsque ces actes sont d'accord de telle sorte que tous ensembles sont fondés dans un dessein unique, alors l'homme est parfait, de même que l'horloge est parfaite quand toutes les pièces s'en accordent pour cette fin, qui est d'indiquer l'heure. La conduite parfaite, c'est donc la conduite conséquente avec elle-même. Quand on jouit de la considération publique et que l'on accomplit une action louable, on obtient par là une considération plus grande, et ainsi l'état nouveau s'accorde pleinement avec l'état antérieur. Quand on est riche et que l'on fait de folles dépenses, on devient plus pauvre, et ainsi l'état dans lequel on se met est en désaccord avec l'état dans lequel on se trouvait[2]. Wolff reprend donc, mais en la dépouillant de sa signification spéculative, l'idée intellectualiste selon laquelle la bonne conduite est seule capable de soutenir jusqu'au bout ses principes dans le monde sans se contredire. Il ne remédie aux inconvénients de son formalisme trop extérieur et trop indéterminé que quand il fait rentrer sous la loi de la perfection le développement des facultés proprement humaines. L'homme, dit-il, par exemple, a une aptitude naturelle à connaître la vérité ; plus il connaît effectivement la vérité, plus il devient apte à la connaître. Aussi l'état de l'âme qui, grâce à ses multiples efforts, se maintient dans la connaissance de la vérité est en accord avec son état naturel et ne lui est nullement con-

---

1. *Ibid.*, § 12, p. 11.
2. *Ibid.*, § 2, § 13, pp. 4-5, 11. — Cf. Baumgarten, *Metaphysica*, § 94, 6ᵉ éd., 1768, p. 26.

traire. Au fond, ce qui constitue notre perfection, c'est ce qui est conforme à notre nature. Par là s'introduit l'eudémonisme de Wolff. Du moment que le plaisir n'est pas autre chose que la conscience d'une perfection, le plaisir durable, ou le bonheur, est assuré à quiconque s'élève constamment d'une perfection à une autre, à quiconque dans sa conduite suit la loi véritable de sa nature. En ce sens la poursuite du bonheur peut être regardée comme le mobile universel vers la vertu. Mais comme aussi personne ne peut travailler à son bonheur et à sa perfection sans le secours d'autrui, chacun doit concourir aux fins analogues de son semblable [1]. Ainsi l'idée d'obligation trouve chez Wolff un contenu matériel dans les lois de la nature humaine comme dans les nécessités naturelles qui lient les hommes entre eux. Elle suppose donc pour être bien entendue et bien pratiquée l'exacte connaissance de ces lois et de ces nécessités. La valeur de notre action se mesure à la clarté et à la distinction de nos idées. Bien que Wolff commence par mettre à part la faculté de connaître et la faculté de désirer, par suite la métaphysique et la philosophie pratique, c'est en somme la fonction théorique de l'esprit qui, selon lui, détermine et garantit le progrès de la faculté de désirer. Tout désir a dans la connaissance d'une perfection sa cause nécessaire et suffisante. Si cette connaissance est obscure ou confuse, elle peut nous tromper sur l'objet qu'elle nous représente et induire notre activité en de fausses et mauvaises démarches ; si cette connaissance est claire et distincte, elle nous assure de la valeur et de l'efficacité de son objet, alors le désir est vraiment volonté. Il y a donc une faculté de désirer inférieure et une faculté de désirer supérieure. Mais l'une et l'autre obéissent toujours à cette loi, que nous ne tendons qu'à ce qui nous est représenté comme un bien. Aussi toute liberté d'indifférence est-elle

---

1. *Philosophia practica universalis methodo scientifica pertractata*, 2ᵉ éd., 1744, § 221-§ 223, p. 176-178.

exclue ; il n'y a pas d'acte qui n'ait sa raison : la liberté véritable, c'est à son degré le plus élevé, le désir résultant de la connaissance rationnelle, ce qu'on peut appeler la volonté pure[1]. Aux lumières de l'intelligence notre volonté doit d'être bonne, comme notre conscience d'être droite. « Le moyen de décider si notre conscience est droite ou non, c'est la démonstration[2]. » Le jugement de la conscience ne peut être fondé en raison que par l'intermédiaire du savoir. La science morale détermine la moralité.

Les formules et les définitions de ce dogmatisme rationaliste introduisirent dans la philosophie pratique, à côté de distinctions laborieusement subtiles et vaines, quelques distinctions pénétrantes et fécondes. Telle fut surtout la distinction de la morale et du droit naturel, partant de la moralité et de la légalité, qui, indiquée chez Wolff, mais imparfaitement, fut reprise avec plus de précision par Baumgarten. En tout cas, ce rigorisme logique qui poursuivait autant que possible dans le détail la déduction des devoirs eut pour effet le plus apparent à cette époque un certain rigorisme moral. Il était sans doute trop dépourvu de hautes inspirations spéculatives pour empêcher de se développer en lui-même cette téléologie superficielle qui tournait aisément à l'utilitarisme pratique ; il avait du moins le mérite de maintenir contre l'indulgence extrême des mœurs du temps les significations élevées de l'individualisme et de l'eudémonisme.

Mais l'essentielle nouveauté de l'œuvre de Wolff était dans la constitution complète et méthodique d'une doctrine ne relevant que de la raison et pouvant suffire à la conduite de la vie ; et ce fut cette nouveauté qui ne pouvait manquer de paraître subversive. A Halle, où Wolff avait été appelé dès 1706 comme professeur, grâce à la protection de Leibniz, il ne tarda pas à attirer un nombre considérable d'étu-

---

1. Cf. Baumgarten, *Metaphysica*, § 692, p. 264.
2. *Vernünftige Gedanken von der Menschen Thun und Lassen*, § 94, p. 56.

diants, de plus en plus séduits par sa façon de démontrer ce qu'ailleurs on leur présentait comme objet de simple croyance. Les piétistes qui avaient précisément établi leur influence par la fondation de l'Université de Halle s'alarmèrent du succès croissant d'un enseignement purement rationaliste ; de là des conflits sourds, exaspérés encore par des froissements de personnes, et qui finirent par éclater au grand jour, lorsque Wolff en remettant le 12 juillet 1721 le prorectorat aux mains de Lange eut prononcé à cette occasion son *Discours sur la morale des Chinois* [1]. Wolff soutenait que les Chinois et en particulier Confucius avaient une morale très pure, qui pouvait sans peine se ramener aux principes et aux règles de sa philosophie propre, et il concluait de là que la raison est capable de fonder une morale en général avec ses seules ressources, et par la seule considération de la nature humaine. Ce manifeste mit les piétistes en grand émoi. Breithaupt porta la lutte en chaire dès le lendemain ; au nom de la Faculté de théologie dont il était le doyen, Francke réclama la communication du manuscrit, que Wolff, aux applaudissements des étudiants, refusa. D'ailleurs, en publiant son discours, Wolff dans une note prévint qu'il avait entendu parler de la vertu au sens philosophique, non au sens théologique ou chrétien, et qu'il réservait entièrement le surcroît d'autorité et même de vérité que la révélation pouvait apporter aux démonstrations de la raison. La querelle n'en continua pas moins avec violence pendant près de deux années, au bout desquelles la Faculté de théologie adressa au roi des remontrances : Wolff était accusé d'affaiblir les meilleures preuves de l'existence de Dieu, de nier la liberté humaine, de dénaturer le miracle, de rendre Dieu responsable du mal, d'affirmer l'impuissance de la raison à justifier un commencement du monde et de l'espèce humaine. Frédéric-Guillaume, à cause

---

1. Ed. Zeller, *Vorträge und Abhandlungen*, I, 2ᵉ éd., 1875 : *Wolff's Vertreibung aus Halle; der Kampf des Pietismus mit der Philosophie*, p. 117-152.

des revenus que rapportait au fisc l'affluence des étudiants aux cours de Wolff, semblait peu pressé d'intervenir ; on lui représenta que le déterminisme de Wolff pouvait favoriser la désertion de ses grenadiers : c'était pour le roi-sergent le plus décisif des considérants. Un ordre du cabinet du 8 novembre 1723 destituait Wolff et lui enjoignait de quitter le territoire prussien dans les quarante-huit heures. Ainsi se résolvait, par une mesure violente, ce conflit des Facultés. C'était plus que les piétistes ne souhaitaient. Ils eussent seulement voulu que Wolff fût astreint à se confiner dans les questions de mathématiques et de physique ; ils sentaient bien, tout en continuant leur polémique, que la persécution allait accroître l'influence de leur adversaire. C'est ce qui arriva. La philosophie de Wolff, malgré la défense faite en 1727 de l'enseigner, ne cessa pas de se propager. Ludovici, dont l'*Histoire de la philosophie de Wolff* s'arrête en 1737, compte 107 philosophes ou écrivains wolffiens. Quant à Wolff, accueilli à l'Université de Marburg, sollicité par Pierre le Grand de venir en Russie, appelé en Suède, écrivant désormais non plus seulement pour l'Allemagne, mais pour l'Europe, il semblait ne souhaiter d'autre réparation que le retour à Halle. Cette réparation, il l'obtint avec éclat. Déjà Frédéric-Guillaume était peu à peu revenu de ses sentiments contre lui, avait blâmé Lange d'avoir provoqué sa décision, avait chargé une commission royale de déclarer la doctrine wolffienne inoffensive, et avait fait offrir au philosophe diverses chaires. L'avènement de Frédéric II permit à Wolff de rentrer à Halle : il y revint en triomphateur. L'Université en corps, y compris Lange et les théologiens, lui rendit visite. Mais l'heure de ses succès personnels fut brève : il ne put reconquérir ni son auditoire, ni son influence. La victoire était surtout pour l'esprit rationaliste qu'il avait défendu et qui, à la faveur du nouveau règne, allait se répandre sans obstacles et se populariser. La philosophie des lumières était désormais la philosophie officielle.

*
* *

Les lents et pénibles efforts de rénovation spirituelle, les luttes contre l'influence tyrannique de l'orthodoxie luthérienne et de la scolastique, l'action conquérante du piétisme et du rationalisme, bientôt aux prises à leur tour, tout ce qui en somme occupait les pensées et remuait les consciences du reste de l'Allemagne se reproduit en des formes presque identiques dans la ville et au sein de l'Université de Kœnigsberg [1]. Au commencement du xviii° siècle, la philosophie y était sous l'entière domination de l'aristotelisme, d'un aristotelisme dont la médiocre vigueur interne était encore énervée par des compromis éclectiques. Quelques idées de Descartes et de Thomasius n'avaient obtenu qu'une créance passagère : professeurs de logique, de métaphysique et de philosophie pratique restaient pour le fond également fidèles à la tradition. Ce fut le piétisme qui le premier vint secouer l'inertie des esprits. Il fut introduit à Kœnigsberg par le conservateur des forêts Th. Gehr. C'était spontanément, à la suite d'un retour sur lui-même, que Th. Gehr, le 21 septembre 1691, jour de la Saint-Mathieu, avait éprouvé l'impérieux besoin de rompre avec le christianisme des théologiens pour s'attacher à un christianisme plus pur et plus vivant, à un christianisme du cœur. Dès lors il s'était reconnu piétiste. En 1693, il entrait en relations personnelles avec Spener, en 1694 avec Francke ; à l'un et à l'autre, peut-être plus particulièrement au second, il dut la pensée qui aboutit finalement à la fondation du collège Frédéric. Il n'appela d'abord des maîtres piétistes que pour ses enfants ; mais peu à peu d'autres familles, animées des mêmes sentiments, demandèrent à partager le bénéfice de cette éducation, et ainsi une petite école privée se trouvait instituée en 1698 dans la maison du conservateur des

---

1. Benno Erdmann, *Martin Knutzen und seine Zeit*, 1876, p. 11-47. — Georg Hollmann, *Prolegomena zur Genesis der Religionsphilosophie Kants*, Altpreussische Monatsschrift, janvier-mars 1899, p. 1-73.

forêts. Elle ne tarda pas à apparaître aux autres établissements comme une concurrence dangereuse ; maintes fois dénoncée comme école clandestine, elle n'eût pu sans doute se soutenir par la seule supériorité de ses méthodes et de son enseignement, si une heureuse circonstance, le voyage de Frédéric III à Kœnigsberg pour son couronnement, n'avait eu pour résultat de la faire reconnaître. Il lui fallait un directeur. Gehr alla à Berlin et à Halle pour se concerter là-dessus avec les chefs du piétisme. Il découvrit, grâce à Spener, l'homme qui convenait merveilleusement. J. H. Lysius n'avait pas seulement les vertus administratives et pédagogiques qui devaient assurer le progrès de l'institution naissante ; il avait encore les qualités d'intelligence et l'étendue du savoir qui ne pouvaient qu'ajouter considérablement au prestige de sa fonction. Avant de prendre possession de son poste de directeur, il s'était familiarisé sur place avec le régime scolaire que Francke avait établi à Halle, et c'est dans le même sens que lui-même exerça son activité réformatrice. La nouvelle école, bientôt érigée en gymnase, faisait de l'instruction religieuse, approfondie et perfectionnée, l'essentiel de l'enseignement ; en même temps elle était la première, parmi les écoles de Kœnigsberg, à admettre des matières d'études telles que l'histoire, la géographie et les mathématiques. De plus en plus fréquentée, elle projetait puissamment, bien au delà du cercle des élèves, l'esprit qu'elle avait été destinée à répandre. Le zèle religieux de Lysius, son amour de la vérité, sa tolérance faisaient rayonner le piétisme sur toute la ville. L'opposition de l'orthodoxie luthérienne, comme celle de la scolastique étaient de plus en plus réduites.

Une autre opposition toutefois s'annonçait, et plus redoutable, sinon pour le présent, du moins pour l'avenir. La philosophie de Wolff était apparue à Kœnigsberg. Ceux qui les premiers la représentèrent, J.-H. Kreuschner, G.-H. Rast, C.-G. Marquardt, Chr.-Fr. Baumgarten, N.-E. Fromm, ne prirent certes pas à l'égard du piétisme une attitude hostile, et d'autre part, telle était la souveraineté de la domination piétiste que malgré leur modération aucun d'eux ne réussit à obtenir le titre de professeur ordinaire. Cependant l'antagonisme latent des deux tendances finit par se manifester. Un professeur extraordinaire de physique, Chr. Gabr. Fischer, qui était d'abord entré à l'Université en ennemi de Leibniz et de Wolff, s'était converti dans la suite à la philosophie wolffienne ; juste au moment où Wolff venait d'être exilé de Halle, où ses disciples de Kœnigsberg n'osaient ni prononcer son nom, ni rappeler le titre de ses œuvres, Fischer, avec une imprudence qui eût été plus généreuse si elle n'avait été surtout inspirée par un besoin de provocation, avait fait ouvertement profession de la doctrine et parlé sans ménagements des cercles piétistes de la ville. Un ordre du cabinet, de 1725, qui alléguait principalement contre lui son attachement aux « mauvais principes » de Wolff, lui intima l'ordre de quitter Kœnigsberg dans les 24 heures, la Prusse dans les 48 heures. Cette mesure ne rappelait que trop celle qui avait été exécutée à Halle. Elle fut suivie à Kœnigsberg d'un abaissement notable dans l'enseignement philosophique et scientifique de l'Université. Le rationalisme était en mauvaise posture : il aurait eu sans doute beaucoup de peine à se redresser contre le piétisme ; ce fut le piétisme lui-même qui vint le relever, grâce à l'action considérable d'un homme dont la riche et vigoureuse personnalité s'était développée par l'union harmonieuse des deux disciplines rivales, d'un homme qui fut pendant de longues années comme le directeur spirituel de Kœnigsberg, Franz Albert Schultz.

Schultz était arrivé comme pasteur à Kœnigsberg en 1731. Il avait alors 39 ans. A l'Université de Halle où il avait étudié la théologie, il avait fortement trempé ses convictions piétistes ; mais comme il s'intéressait aussi aux mathématiques et à la philosophie, il avait suivi en même temps avec beaucoup de zèle les leçons de Wolff, qui jusqu'alors d'ailleurs n'avait pas eu l'occasion d'éveiller les soupçons des théologiens. Des deux côtés il était fort estimé. En 1717, pour prévenir le conflit déjà menaçant, il avait ménagé chez lui une entrevue entre Lange et Wolff. Il continua à être considéré avec la même sympathie par les deux partis pendant et après la fameuse querelle. Les piétistes lui proposaient un enseignement théologique à Halle, Wolff se faisait fort de lui procurer un enseignement philosophique à Francfort sur l'Oder. S'il n'accepta pas ces ouvertures, s'il se complut dans des fonctions plus actives, comme celles d'aumônier militaire ou de premier pasteur, ce n'était pas seulement parce qu'il craignait de se jeter au milieu de disputes encore tout ardentes, c'était encore parce qu'il éprouvait le besoin de préserver de toute agitation vaine cette activité calme et persévérante qu'il sentait créée en lui pour réformer et organiser. Kœnigsberg lui offrit à souhait le milieu et les situations, où ses rares qualités d'administrateur, son esprit de prosélytisme, pouvaient se déployer à l'aise sans lui imposer le sacrifice de ses goûts pour la science et l'enseignement ; dans l'espace de quelques années, il était nommé professeur de théologie et membre du sénat de l'Université ; il était chargé, après la mort de Rogall, qui avait occupé peu de temps la succession de Lysius, de la direction du collège Frédéric ; il était élevé à la dignité de conseiller ecclésiastique et d'inspecteur général des églises, des écoles et des hospices du royaume de Prusse ; il avait enfin la confiance du roi Frédéric-Guillaume Ier.

Tous ces honneurs ne faisaient que consacrer une grande autorité morale, très légitimement acquise. Schultz devait le succès de sa prédication, de sa propagande religieuse et morale uniquement à l'ardeur de sa foi, à la noblesse de son caractère et de son intelligence, à la sévérité de sa propre vie, à sa sollicitude vigilante pour les membres de la communauté qu'il dirigeait. « Grand Dieu ! quel prédicateur c'était ! disait de lui son élève Trescho. Quand je pense à cette éloquence pleine d'onction, sans apprêt, qui eût ébranlé des rochers ! Il vous prenait l'âme, vous pénétrait jusque dans la moelle des os. Pas plus qu'on ne peut, l'œil ouvert, échapper à l'éblouissement de l'éclair, on ne pouvait échapper à la puissance qu'il avait d'émouvoir[1]. » Il était pleinement l'homme de son ministère. Il travaillait sans relâche à convertir les consciences égarées, à éveiller dans les consciences droites le sentiment d'une perfection toujours plus haute à poursuivre ; c'était surtout par l'autorité de la discipline morale qu'il les excitait à la pensée de leur salut. Il allait à elles, non par des formules générales et lointaines, mais de sa personne, multipliant volontiers les visites et les relations directes : de là vint l'intérêt tout particulier qu'il témoigna à la famille de Kant. Au collège Frédéric, il veilla à ce que les études fussent aussi solidement organisées que possible : il sut y attirer les maîtres les plus distingués, comme Schiffert, réputé pour sa grande valeur pédagogique, comme Heidenreich, dont Kant se rappelait plus tard avec reconnaissance l'enseignement philologique, comme Borowski, comme Herder : ce fut sous lui que le collège s'éleva à sa plus haute prospérité. Mais il s'appliquait surtout à maintenir en vigueur la règle d'après laquelle les élèves devaient être sans cesse avertis que leurs études se faisaient sous le regard de Dieu partout présent ; les instructions religieuses, les exhortations à la vie intérieure, les pratiques de dévotion occupaient une très grande place dans le programme et le régime du collège, devenu par ses soins une sorte d'établissement modèle du piétisme.

Est-ce cette tendance prédominante au gouvernement des âmes et à l'action qui l'avait porté à se ménager l'usage de toutes les ressources spirituelles que lui offraient ensemble piétisme et rationalisme ? Toujours est-il qu'au lieu de lui découvrir leur antinomie les deux conceptions s'étaient accordées en lui sans préjudice apparent pour

---

1. Dans Benno Erdmann, *op. cit.*, p. 29.

aucune d'elles. Cet accord, s'il pouvait susciter des objections théoriques, avait du moins l'intérêt de donner en exemple une conscience ouverte également aux nécessités de la pensée scientifique et à un sentiment en quelque sorte direct et populaire de la vie morale et religieuse. Schultz n'était pas sans doute le seul, ni le premier à essayer une conciliation de ce genre ; à Halle, Sigm. J. Baumgarten, le frère aîné du philosophe, en avait eu la pensée ; mais il n'était, à vrai dire, ni complètement piétiste, ni complètement wolffien. Schultz, au contraire, acceptait tout l'essentiel du piétisme, notamment l'idée du réveil des âmes et de la conversion subite, que Baumgarten repoussait, et d'autre part il adhérait entièrement à l'esprit et à la méthode de la philosophie de Wolff. Par là il ajouta de lui-même à la doctrine et aux croyances qu'il avait faites siennes, et ce qu'il contribua à propager fut original. A quel point il entrait dans le sens de la discipline wolfienne, on le voit par le propos prêté à Wolff : « Si quelqu'un m'a jamais compris, c'est Schultz de Kœnigsberg » ; et Hippel qui rapporte ce témoignage disait de lui à son tour : « Cet homme extraordinaire m'apprenait à connaître la théologie sous un tout autre aspect ; il y introduisait tant de philosophie que l'on ne pouvait s'empêcher de croire que le Christ et les Apôtres avaient tous étudié sous Wolff, à Halle[1]. » Au fait, tandis que Lysius dénonçait encore volontiers la corruption de la raison, Schultz s'appliquait à montrer que si la raison est incapable de découvrir par elle seule les vérités de l'Évangile, son impuissance là-dessus résulte non pas d'un état de perversion radicale, mais de la nature même de ces vérités qui sont hors de la portée de notre connaissance. La raison n'est l'ennemie de la foi qu'autant qu'elle repousse de parti pris ce qui ne peut pas être saisi au moyen de ses concepts ; mais comme puissance naturelle d'atteindre le vrai, elle

---

1. Dans Benno Erdmann, *op. cit.*, p. 26-27.

peut être le meilleur auxiliaire de la foi, car elle dispose l'homme à admettre ce que la révélation lui enseigne. En outre elle fournit à la théologie, considérée comme science de la religion, l'instrument dont elle doit se servir ; la théologie en effet doit être traitée scientifiquement, c'est-à-dire selon une méthode mathématique ou strictement logique, et Schultz, dans sa Dogmatique, se pliait entièrement à ces exigences de rigueur formelle. Ainsi, outre que la raison est capable de constituer une théologie naturelle, là même où par ses seuls moyens elle ne peut découvrir la vérité, dans les matières de la théologie révélée, elle définit souverainement les règles de l'exposition et de l'explication ; de plus, elle garde le droit d'interdire tout recours au surnaturel, là où les ressources de la nature suffisent. De la sorte, Schultz empêchait le piétisme de céder aux tendances mystiques qui le travaillaient ; il employait également son sens de la vie pratique et son goût des pensées rationnelles à extirper ces semences de dérèglement que Lysius avait trop ménagées ; il était, au témoignage de Borowski, l'ennemi déclaré de l'exaltation visionnaire et fanatique, de la *Schwärmerei*[1]. Il prétendait faire de la théologie une source de motifs pour la détermination de la volonté plutôt qu'un prétexte à la contemplation. S'il voyait dans la religion le principe suprême de la moralité, il affirmait avec insistance que la moralité est le seul signe certain de la vraie foi. Le Christ est venu nous délivrer du joug des lois extérieures pour ne nous enchaîner qu'à une loi tout intérieure, la loi morale, dont chaque commandement vaut par sa bonté intrinsèque[2]. Cette loi est d'ailleurs en elle-même pleinement conforme à la raison ; si bien que, même venue de Dieu, elle n'agit pas sur nous par une contrainte extérieure.

Tel était l'esprit que Schultz faisait prévaloir sous des

---

1. Dans Benno Erdmann, *op. cit.*, p. 47.
2. Dans Hollmann, *loc. cit.*, p. 71.

formes appropriées aux multiples fonctions qu'il occupait. Si sa grande autorité n'était pas sans causer quelque ombrage, et même sans paraître oppressive à quelques-uns, elle ne rencontra pas cependant d'opposition sérieuse jusque vers 1740. L'avènement de Frédéric le Grand, adversaire très décidé des piétistes, parut fournir aux orthodoxes l'occasion longtemps attendue d'une revanche ; un prédicateur en renom, Quandt, se mit à leur tête pour demander l'expulsion de Schultz et de ses partisans ; la sottise des griefs articulés dut contribuer à l'échec de la requête. Pourtant aux élections pour le rectorat qui suivirent, Quandt fut préféré à Schultz. Ce qui fut beaucoup plus grave que cet amoindrissement d'abord peu sensible d'influence, ce fut la lutte que Schultz eut à soutenir contre Fischer. Autorisé après bien des vicissitudes à rentrer à Kœnisberg moyennant promesse de soumission à la vérité chrétienne, Fischer n'avait pu s'empêcher, au moment qui lui avait paru propice, de rompre le pacte par la publication d'un ouvrage, où sous prétexte de développer le wolffianisme, il combattait ou dénaturait des dogmes tels que celui de chute, celui de la divinité du Christ, où il énonçait des thèses très proches du spinozisme. Schultz dut provoquer les poursuites qui aboutirent à la condamnation et à l'interdiction du livre. Ce faisant, il restait fidèle à sa manière de concevoir les rapports du rationalisme wolffien et de la religion ; mais sa victoire attestait plus la survivance de son crédit moral que la solidité durable de son œuvre intellectuelle. Le rationalisme philosophique se manifestait auprès de lui non plus comme un allié, ni comme un voisin indifférent, mais comme un ennemi de la foi. Visiblement, il allait être engagé dans l'inflexible déduction de ses conséquences par un mouvement d'opinion plus fort que les censures officielles de quelques théologiens. La rentrée en scène de Fischer était bien le signe de temps nouveaux.

Toutefois, la pensée de Schultz avait marqué de fortes

empreintes ; parmi les esprits qu'elle avait profondément pénétrés se trouvait ce Martin Knutzen qui fut à l'Université le maître préféré de Kant[1]. Ainsi que Schultz, Knutzen se proposait l'accord de la doctrine de Wolff et du piétisme; seulement, tandis que Schultz était surtout un théologien qui inclinait vers la philosophie, Knutzen était surtout un philosophe qui inclinait vers les problèmes religieux. D'une curiosité plus libre et d'un tempérament moins porté à l'action, il considérait également le christianisme et les vérités morales qui en découlent comme pleinement compatibles avec les conclusions de la recherche spéculative. Sa dissertation *de aeternitate mundi impossibili* (1733), évidemment inspirée par Schultz, exprimait surtout les réserves du chrétien en un sujet sur lequel Wolff avait inquiété les consciences; mais elle usait plus de l'argumentation philosophique que de l'argumentation théologique. Dans sa *Commentatio philosophica de commercio mentis et corporis per influxum physicum explicando* (1735), il abordait l'examen de cette idée leibnizienne de l'harmonie préétablie qui, mal interprétée et faiblement défendue par Wolff, avait été pourtant retournée contre lui par ses adversaires piétistes comme inconciliable avec cet enseignement de la foi par la prédication et l'audition dont parle saint Paul. Malgré l'interdit qui pesait encore sur Wolff et sa doctrine, malgré la puissance des raisons qui lui faisaient dans ce travail même préférer l'idée de l'influx physique à celle de l'harmonie préétablie, Knutzen ne s'en donnait pas moins pour un disciple de Wolff. Mais c'était en toute indépendance d'esprit qu'il s'attachait à la philosophie wolffienne ; l'étude très étendue qu'il avait faite des diverses sciences, la connaissance approfondie qu'il avait notamment de la physique newtonienne le poussaient à plus d'une dissidence, et la deuxième édition de sa *Commentatio de commercio mentis et corporis* parue en 1745

---

1. Benno Erdmann, *op. cit.*, p. 1-10, p. 48-129.

sous le titre de *Systema causarum efficientium* achevait de déterminer une notion de la causalité qui rapprochait les conceptions de Leibnitz de celles de Newton. Pour ce qui était des questions religieuses, il les traitait en se servant de Wolff à la façon de Schultz. Sa *Démonstration philosophique de la vérité de la religion chrétienne* (1740) qui vise particulièrement les déistes anglais, Toland, Tindal, est conduite selon la méthode géométrique ; elle se développe par définitions, théorèmes et corollaires. Mais le contenu révèle encore plus que la forme le rôle important attribué à la raison. C'est en effet la raison qui est chargée d'établir la nécessité d'une révélation divine, et qui l'établit par la reconnaissance des caractères que doit présenter pour nous délivrer du péché une expiation salutaire ; les moyens purement humains, repentir, amélioration de la conduite, pratiques rituelles, sont insuffisants. Ce qu'il faut, c'est un acte expiatoire qui soit adéquat à l'infini de la faute, qui relève par là la créature déchue, et dont la pensée, constamment renouvelée en l'homme, soit efficace pour le détourner du mal. La révélation enseigne, avec le mystère de la rédemption, ce que la raison réclame tout en étant impuissante à le concevoir. Ce n'est pas là seulement le fonds dogmatique du christianisme que Knutzen tente ainsi de justifier, c'en est aussi la signification morale, sous la forme spéciale dont le piétisme l'affectait. La réalité du péché, la nécessité d'une régénération sont deux affirmations essentielles à l'intelligence et à la direction de la vie. Mais, comme Schultz, Knutzen réprouve ces élans aveugles d'imagination et ces raffinements maladifs de conscience auxquels trop souvent le piétisme se livrait ; il condamne aussi énergiquement ces pratiques de mortification qui empêchent l'homme de servir Dieu et ses semblables ; il ne veut pas de contemplation quiétiste qui détourne d'agir.

Schultz et Knutzen témoignaient donc de la possibilité d'unir les deux grandes dispositions entre lesquelles s'étaient ailleurs de plus en plus partagés les esprits : d'un côté une foi religieuse susceptible de se convertir très directement en foi pratique et de s'exprimer par les actes de moralité les plus purs au regard même du jugement humain ; d'autre part, une acceptation sincère des droits de la raison appelée en garantie, non seulement des disciplines scientifiques, mais encore, dans une large mesure, de ce qui, dans les vérités révélées, dépasse notre entendement. A coup sûr, leur éclectisme discernait mal les principes qui pouvaient servir à marquer à la fois les limites respectives et l'accord des connaissances théoriques et des affirmations religieuses ou morales ; mais il enveloppait au moins un problème de portée considérable, dont le sens, s'il n'est pas entièrement dérivé d'eux, se rattache pour une bonne part à leur action, et dont le clair énoncé devait résoudre en la dépassant, non en la réduisant, l'opposition du piétisme et du rationalisme.

CHAPITRE II

LA PERSONNALITÉ MORALE ET INTELLECTUELLE DE KANT

Les traits de la physionomie intellectuelle et morale de Kant sont tellement empreints dans sa doctrine que, pour les fixer, la plupart de ses biographes semblent reproduire ou commenter des formules de ses œuvres. Ce n'est pas à dire que le système reflète simplement la personnalité de son auteur, car cette personnalité s'est elle-même formée par la méditation du système. Kant a imposé à sa vie la même organisation méthodique qu'à ses idées ; s'il a paru rester docile à certaines influences d'éducation et de milieu, c'est qu'à la réflexion et à l'épreuve il avait jugé bon de les accepter. Une certaine inflexibilité de son caractère, qui s'est marquée au dehors par des assertions rigides, a pu porter à croire que sa pensée, surtout en matière morale, manquait de compréhension ou d'impartialité ; et assurément il est permis d'estimer que sa conception de la moralité n'est qu'un moment abstrait, quelque important qu'il soit, dans le développement d'une philosophie pratique complète. Mais la mise en relief et l'exclusive détermination de certains concepts jusqu'alors imparfaitement compris ne sont-elles pas une exigence du progrès philosophique autant et plus que le signe d'une radicale subjectivité ? La personnalité de Kant ne s'est pas mêlée en intruse à son effort pour découvrir le vrai : elle a été avant tout la volonté et la conscience de cet effort, soumise à la même loi et tournée vers la même fin.

*
* *

On sait quels exemples Kant eut d'abord sous les yeux : un père de condition modeste, d'instruction brève, mais d'intelligence droite, d'activité laborieuse, d'honnêteté sévère, ennemi de tout compromis et de tout mensonge ; une mère de grand esprit naturel et de grande noblesse de sentiment, très pénétrée de sa foi piétiste, mais sans superstition et sans fanatisme [1]. Kant reconnaissait avec émotion tout ce qu'il devait à cette éducation du foyer. « Jamais, au grand jamais, disait-il, je n'ai rien eu à entendre de mes parents qui fût contre les convenances, rien à voir qui fût contre la dignité [2] ». A sa mère surtout il fut toujours lié, non seulement par toute la tendresse et la gratitude de son cœur, mais encore par les dispositions morales profondes qu'en lui il sentait venir d'elle. Il laissait Borowski écrire que cette obligation de la raison pratique, selon laquelle nous devons travailler à notre sainteté, il en avait eu de bonne heure par sa mère la révélation typique [3]. En con-

---

[1]. Borowski, *Darstellung des Lebens und Charakters Immanuel Kant's*, 1804, p. 21-24. — Jachmann, *Immanuel Kant geschildert in Briefen an einen Freund*, 1804, p. 98-100. — Wasianski, *Immanuel Kant in seinen letzten Lebensjahren*, 1804, dans Hoffmann, *Immanuel Kant, Ein Lebensbild nach Darstellungen seiner Zeitgenossen*, 1902, p. 341-345. — Schubert, *Immanuel Kant's Biographie*, 1842, dans l'édition des Œuvres de Kant par Rosenkranz et Schubert, XI, 2, p. 14-17.
[2]. Borowski, p. 24.
[3]. Borowski, p. 23. — « Ma mère, se plaisait à dire Kant, était une femme affectueuse, riche de sentiment, pieuse et probe, une mère tendre qui par de pieux enseignements et l'exemple de la vertu conduisait ses enfants à la crainte de Dieu. Elle m'emmenait souvent hors de la ville, attirait mon attention sur les œuvres de Dieu, s'exprimait avec de pieux ravissements sur sa toute-puissance, sa sagesse, sa bonté, et gravait dans mon cœur un profond respect pour le Créateur de toutes choses. Je n'oublierai jamais ma mère ; car elle a déposé et fait croître le premier germe du bien en moi ; elle ouvrait mon cœur aux impressions de la nature ; elle excitait et élargissait mes idées, et ses enseignements ont eu sur ma vie une influence salutaire toujours persistante. » Jachmann, p. 99-100.

fiant à Schultz, pour qui elle avait une vénération extrême, le soin de diriger l'éducation d'Emmanuel, la mère de Kant savait bien que l'enfance et la jeunesse de son fils seraient entretenues dans le respect des choses morales et religieuses. Au fait, Kant subit avec admiration l'ascendant de Schultz, et il garda de cette influence qui s'était prolongée du collège à l'Université un tel souvenir, que maintes fois dans ses dernières années il regretta de n'avoir pas rendu à son maître quelque hommage solennel[1]. Cependant il avait peu de goût pour ces pratiques de dévotion multipliées et minutieuses dont le piétisme avait composé pour une large part le régime du collège[2] : il aurait dit plus tard à Hippel qu' « il se sentait envahi par la terreur et l'angoisse toutes les fois qu'il se mettait à se rappeler cet esclavage de jeunesse[3] ». Ce qui paraît certain, c'est qu'il fut de plus en plus enclin à dégager ses convictions religieuses et morales de tout formalisme extérieur[4]. A quel point même il fut disposé à réagir contre tout ce qui lui semblait dans les pratiques de la foi dénaturer, par surérogation illusoire ou par corruption, le pur commandement de la moralité, on peut le comprendre par la critique qu'à plusieurs reprises il a faite de la prière[5].

---

1. Borowski, p. 150-152. — Wasianski, *loc. cit.*, p. 340-341.
2. Borowski, p. 25-26.
3. Hippel in Schlichtegrolls *Nekrolog*, p. 238, cité par Benno Erdmann, *Martin Knutzen*, p. 133. — A rapprocher ce témoignage de celui de son condisciple Ruhnken qui lui écrivait le 10 mars 1771 : « Anni triginta sunt lapsi, cum uterque tetrica illa quidem, sed utili tamen nec poenitenda fanaticorum disciplina continebamur. » Cité d'après Rink par Schubert, p. 21.
4. Jachmann, p. 119.
5. La prière, selon la *Religion dans les limites de la simple raison*, est un acte de fétichisme dès que l'on croit par elle exercer une influence sur les desseins de Dieu. A quoi sert du reste d'exprimer des vœux à un Etre qui n'a pas besoin de ces formules pour connaître nos désirs ? La prière formelle suppose un Dieu dont on aurait une certitude sensible et qui serait capable de dévier de son plan. Ce qui est légitime et bon, c'est le véritable esprit de prière dans lequel on doit vivre sans cesse, et qui n'est que la sincère disposition intérieure à se bien conduire, en se servant, non pas de Dieu pour ses désirs, mais de l'idée de Dieu pour l'affermissement de sa résolution. A la rigueur la prière formelle peut aider à éveiller l'esprit de prière ; mais ce moyen ne vaut que par son utilité toute relative et momentanée ; il ne saurait être

Nous savons aujourd'hui que s'il écouta à l'Université la Dogmatique de Schultz, il ne fut pas un étudiant régulier en théologie [1]. Son émancipation à l'égard de tout acte de culte pouvait même faire soupçonner ses croyances intimes, s'il est vrai que Schultz un jour, avant de prendre en main sa candidature à une place vacante à l'Université, lui ait posé gravement cette question : « Craignez-vous bien Dieu du fond du cœur [2] ? » Cependant la foi en Dieu et en la Providence fut une des convictions les plus fortes et les plus constantes de sa vie. Du piétisme même Kant retint la pure inspiration morale, la conscience de la discipline obligatoire, de la loi plutôt répressive qu'impulsive, le sentiment du mal à vaincre [3]. Il ne cessa de louer chez ceux qui en faisaient sincèrement profession l'esprit de paix et de justice. Il disait à Rink : « On peut dire du piétisme ce que l'on voudra ; c'est assez que les gens pour qui il était une chose sérieuse eussent une façon de se distinguer digne de vénération. Ils possédaient le bien le plus haut que l'homme puisse posséder, ce calme, cette sérénité, cette paix intérieure qu'aucune passion ne saurait troubler. Aucune peine, aucune persécution n'altérait leur humeur, aucun différend n'était capable de les induire à la colère et à l'inimitié. En un mot, même le simple observateur eût été involontairement porté au respect [4]. » Il repoussa du

---

érigé en fin. L'oraison dominicale, telle qu'elle est dans l'Évangile, est l'abolition de la prière formelle; elle ne contient essentiellement que le vœu de devenir un membre toujours meilleur du royaume des cieux. VI, p. 294-297. — Dans le cinquième des *Sieben Kleine Aufsätze*, qui a pour titre *Vom Gebet*, Kant soutient que quiconque a fait de grands progrès dans le bien doit par loyauté même cesser de prier; car sa prosopopée à un Dieu qui est postulé, non démontré, serait hypocrisie. IV, p. 505-506.

1. Sur cette question, v. Benno Erdmann, *Martin Knutzen und seine Zeit*, p. 133-139, note, et Emil Arnoldt, *Kants Jugend und die fünf ersten Jahre seiner Privatdocentur*, Altpreussische Monatsschrift, XVIII, p 626-631, qui, malgré des divergences, ont contribué chacun à détruire la légende erronée dont l'origine est dans Borowski, p. 31, note, et dans Schubert, p. 25-30.

2. Borowski, p. 35.

3. Cf. E. Feuerlein, *Kant und der Pietismus*, Philosophische Monatshefte, XIX, 1883, p. 449-463.

4. Rink, *Ansichten aus J. Kant's Leben*, p. 13, cité par Schubert, p. 16.

piétisme tout ce qui, dans l'appareil des moyens et des effets de la grâce, offusquait en lui l'idée d'une liberté intérieure, principe suffisant de toute conversion, et d'une moralité autonome, critère souverain de la valeur des actes ; il condamna la tendance servile à justifier, sous le nom de piété, le renoncement à l'efficace de l'opération humaine contre le mal et l'attente passive de l'intervention surnaturelle[1] ; mais à mesure qu'il s'appliqua davantage à présenter l'interprétation religieuse de son criticisme, il fut plus disposé à ressaisir, pour l'incorporer à sa pensée philosophique, cette idée de la nécessité d'une régénération radicale, sur laquelle le piétisme avait tant insisté[2]. Ses maîtres piétistes, nous l'avons vu, tâchaient de soustraire les consciences à la fascination du mysticisme visionnaire.

1. *Die Religion innerhalb der Grenzen der blossen Vernunft*, VI, p. 284, note.
2. En pleine possession de sa doctrine morale et religieuse, Kant a dans le *Conflit des Facultés* expliqué le discrédit qui avait souvent frappé les piétistes, et marqué aussi la signification du piétisme par rapport à sa propre conception. Ce que l'on a voulu atteindre chez les piétistes, par cette appellation quelque peu méprisante dont on s'est servi pour les désigner, ce n'est pas la piété, c'est, sous une fausse apparence d'humilité, leur orgueilleuse prétention à se donner pour les enfants surnaturels du ciel, tandis que leur conduite, autant qu'il était possible d'en juger, ne révélait chez eux aucune supériorité sur les simples enfants de la terre. Quant à la doctrine même de Spener et de Francke, si elle a mal résolu le problème religieux, elle l'a du moins bien posé : le « brave » Spener a eu le mérite de soutenir, à l'indignation des orthodoxes, que l'homme n'a pas seulement à devenir meilleur, qu'il a à devenir autre, c'est-à-dire à se convertir dans son fond, et que ce n'est pas à la fidélité doctrinale pas plus qu'à la stricte observance qu'il appartient de produire cette radicale rénovation intérieure. Mais ayant à tort considéré que ce qui est suprasensible est supranaturel, il a cru que seule une mystérieuse opération de la grâce divine pouvait mettre fin à la conscience angoissante du mal, ainsi qu'à la lutte du mal et du bien dans le cœur de l'homme. Il suit de là que la crise décisive par laquelle se crée l'homme nouveau selon la volonté de Dieu n'est pas le résultat d'un acte de l'homme ; il faut un miracle pour accomplir ce qui finalement est conforme à la raison. Or comment obtenir le miracle ? Par la prière faite avec foi ? Mais celle-ci est une grâce, nécessaire par conséquent pour conquérir la grâce : on est enfermé dans un cercle sans issue. En réalité, l'action du suprasensible sur notre vie empirique ne doit pas nous être étrangère ; elle doit être, non pas mystiquement représentée comme une influence de Dieu, mais pratiquement conçue comme l'opération de notre liberté. Il n'en reste pas moins, avec ces considérables réserves, que Kant a fini par retrouver et par placer au principe de sa philosophie religieuse l'idée du mal radical et de la régénération essentielle, telle que le piétisme l'enseignait. — *Der Streit der Facultäten*, VII, p. 371-376.

Dans ce sens Kant abonda naturellement plus qu'eux encore ; et s'il n'est pas impossible de découvrir l'influence d'une sorte de mysticisme sur le développement de sa pensée[1], on ne saurait nier que, pour atteindre aux sources de la spiritualité, il ait refusé de plus en plus de remonter, par des pressentiments ou des intuitions, au delà de la vérité pure constituée pour lui par l'union de ces deux principes : la liberté et la loi.

**

L'union de la liberté et de la loi : voilà ce qui fut, en même temps que le thème essentiel de ses spéculations morales, le trait caractéristique de sa personnalité. Pour ceux qui l'approchèrent, il était l'homme qui n'agit en tout que selon sa conviction propre, mais qui rapporte aussi sa conviction à des maximes certaines, clairement définies et solidement éprouvées. Il avait eu de bonne heure un goût de l'indépendance, qui lui faisait trouver un plaisir singulier à ne rien devoir à autrui, et qui écartait avec une défiance jalouse toute tentative d'empiétement d'une volonté étrangère sur la sienne[2]. Il ne faisait que ce qu'il voulait ; mais il voulait, autant que possible, ne rien laisser dans la vie qui ne fût réglé par des principes fermes ; pour toutes les circonstances, grandes ou petites, il estimait d'avance qu'il y avait une conduite à tenir, qui était la bonne[3]. La régularité bien connue de son existence extérieure était pleinement préméditée de sa part ; et si la faiblesse de l'âge ne laissa plus sur le tard apparaître chez lui que l'automatisme des habitudes contractées, c'était l'intelligence la plus vigoureuse, la plus maîtresse d'elle-même, qui avait tout d'abord décrété cette discipline. Dans cette minutieuse organisation de l'activité quotidienne comment

---

1. Voir plus loin, première partie, chapitre II.
2. Jachmann, p. 65-66, p. 71.
3. Borowski, p. 108-109. — Wasianski, *loc. cit.*, p. 322.

ne pas la reconnaître, puisque c'était visiblement pour le plus complet emploi de ses forces et la meilleure économie de ses ressources qu'elle avait tout disposé? Lui qui devait découvrir, en le marquant d'attributs irréductibles, ce qu'il appelait l'usage *pratique pur* de la raison, il croyait cependant que l'usage *pragmatique* de cette même raison en révèle déjà la puissance et en consacre déjà les droits. Il dut en faire au soin de sa santé une première et constante application. De constitution débile, sans cesse exposé à la souffrance, il voulut se rendre compte de l'état de son organisme, et il se proposa d'échapper, par un régime qu'il s'était lui-même fixé, à l'assistance extérieure de la médecine. Il aimait à dire que sa santé, que sa longévité était son œuvre [1]. Il ne résista pas au plaisir de se rendre publiquement ce témoignage en insérant dans le *Conflit des Facultés* la lettre qu'il avait écrite au médecin Hufeland sur la *puissance qu'a l'âme d'être par la simple volonté maîtresse de ses sentiments maladifs*. Il dissimulait mal la fierté qu'il avait à exalter, sous l'apparence ironique d'un blâme, cet art « de ne pas faire place au monde plus jeune qui s'efforce d'arriver », « d'apporter par son exemple la confusion dans les tables de mortalité où l'on fait état cependant de la fin de ceux qui sont plus faibles de tempérament et de la durée probable de leur vie [2] ». En vertu de son expérience, il jugeait donc possible de mettre sous l'empire de la volonté ce que les hommes par ignorance et par absence d'hygiène raisonnable avaient laissé sous l'empire du destin : il concevait une « règle diététique universelle selon laquelle la raison exerce un pouvoir curatif immédiat et par laquelle les formules thérapeutiques de l'officine pourraient être un jour supplantées [3]. » Et tout en entrant dans le détail de certaines prescriptions, il insistait sur la signification nouvelle que prenait pour lui le précepte stoïcien

---

1. Borowski, p. 112-113. — Wasianski, p. 309. — Schubert. p. 178.
2. *Der Streit der Facultäten*, VII, p. 426.
3. *Ibid*.

« *sustine et abstine* », érigé ainsi en principe, non plus seulement de la morale, mais encore de la médecine rationnelle[1].

Ses biographes à l'envi ont vanté la joyeuse vivacité de son humeur[2]. Mais elle semble avoir été chez lui une acquisition de la volonté bien plus qu'un don de la nature. Il a raconté lui-même comment, prédisposé à l'hypocondrie par sa constitution organique, il avait triomphé des images obsédantes qui lui représentaient démesurément son mal et substitué peu à peu à la versatilité inquiète de ses sensations le calme indifférent et même la sérénité souriante de l'âme[3]. C'est sans doute en souvenir de la lutte victorieusement soutenue contre son tempérament que dans ses *Observations sur le sentiment du beau et du sublime*, il a glorifié, en donnant à ce mot un sens quelque peu singulier, le mélancolique, c'est-à-dire comme il l'explique, l'homme capable d'opposer avec succès aux multiples causes de variation et d'incertitude qui peuvent plus ou moins capricieusement l'affecter la constance réfléchie de son jugement et de son caractère[4]. A un tel homme, remarquait-il, l'amitié est un sentiment qui convient particulièrement. Au fait, il cultiva l'amitié avec cette fidélité inflexible qui dénonçait à ses yeux moins l'influence irrésistible d'une affection naturelle que la responsabilité directe d'un libre engagement. Il entendait que la première vertu de l'amitié fût la sincérité et que le premier effet en fût la confiance réciproque. Pourtant il n'était pas sans ajouter à cette loyauté quelque tendresse. Il participait avec une sollicitude toujours en éveil et plus d'une fois agissante aux soins, aux intérêts, aux sentiments de ses amis : la perte de l'un d'eux était pour lui le plus vif des chagrins ; seule l'exacte régularité de son

---

1. *Der Streit der Facultäten*, VII, p. 413.
2. V. surtout Jachmann, p. 47-48.
3. *Der Streit der Facultäten*, VII, p. 415-416.
4. *Beobachtungen über das Gefühl des Schönen und Erhabenen*, II, p. 242-244. V. plus loin, 1re partie, chap. II. — Cf. Vaihinger, *Kant als Melancholiker*, Kantstudien, II, p. 139-141.

travail pouvait l'arracher aux pensées tristes qui l'occupaient alors. Son petit cercle d'amis et d'invités étant sa plus chère habitude, il voulait s'épargner la douleur de le voir se restreindre par la mort, et il avait la précaution d'y introduire de nouvelles recrues. Il ne croyait pas d'ailleurs indispensable de composer sa société particulière d'esprits tournés vers les mêmes spéculations que lui ; il pratiqua une autre amitié que l'amitié purement intellectuelle du « sage » qui ne peut se lier qu'avec son pareil ; plus que les philosophes en général, il croyait aux lumières de l'esprit naturel et du bon sens, surtout pour juger des événements quotidiens et des choses de la vie [1]. Il avait donc choisi ses amis parmi d'honorables bourgeois de la ville, hommes d'affaires, fonctionnaires publics, négociants. Il les conviait fréquemment à des repas, combinés autant que possible selon cette maxime, que le nombre des invités ne doit pas être au-dessous du nombre des Grâces ni au-dessus de celui des Muses. Il se plaisait à l'extrême variété des sujets d'entretien, à laquelle la merveilleuse richesse de ses connaissances lui permettait de faire face. Il tenait à ce que la conversation fût à la fois animée et courtoise, ne pouvant souffrir les moments de calme plat ni les expositions doctorales, mais prisant fort l'aménité des manières, et s'accommodant mal de cette promptitude à disputer et à contredire qui est un commencement d'offense. S'il ne détestait pas une pointe de satire, c'était sans amertume et sans malice [2]. Il aimait mieux voir en tout le bien que le mal ; il ne manquait jamais dans le fond à cette bienveillance qu'il jugeait due à tout homme. Il se défendait énergiquement d'avoir jamais voulu causer à autrui quelque peine ou quelque dommage. « Messieurs, disait-il un jour, selon ce que rap-

---

1. Borowski, p. 127-134. — Jachmann, p. 75-92. — Schubert, p. 192. — Wasianski, p. 293-299.
2. Wald, *Gedächtnissrede auf Kant*, in Reicke, *Kantiana*, p. 14-15. — Schubert, p. 178, p. 182. — Cf. D. Minden, *Der Humor Kant's im Verkehr und in seinen Schriften*.

porte Wasianski, je ne crains pas la mort, je saurai mourir. Je vous assure devant Dieu que si je sentais cette nuit que je vais mourir, je lèverais les mains jointes et je dirais : Dieu soit loué! Mais si un mauvais démon se plantait sur moi et me soufflait à l'oreille : Tu as rendu un homme malheureux, oh! alors ce serait tout autre chose[1]. »

Ces vertus de politesse, de bienveillance et d'équité relevaient d'une disposition plus intime, qui était le respect et même, une fois le mot épuré de toute signification « pathologique », l'amour de l'humanité. Il s'inclinait devant la dignité qu'il y a en tout homme, de n'importe quelle condition; il attachait un prix à toutes les aptitudes et à toutes les perfections humaines ; mais il réservait sa suprême estime pour la volonté de bien faire. Ce sentiment, si profond en lui, le ramenait des régions de la pensée abstraite au cœur même de la vie[2]. Il lui fixait également, si l'on peut dire, son attitude à l'égard de lui-même, en lui rappelant à quelles conditions se justifie la valeur éminente de l'homme. La haine du mensonge, par-dessus tout, bien entendu, du mensonge délibéré et conscient, mais la défiance également très attentive à l'égard de ces formes insinuantes du mensonge qui sont les illusions, les préjugés, les affirmations téméraires; le devoir de sincérité poussé jusqu'à l'établissement du compte le plus exact dans l'évaluation des motifs d'affirmer et d'agir; la conquête et la possession de soi établies sur la défaite des inclinations sensibles : voilà par où il essayait de soutenir son droit à être considéré comme une personne[3]. On sait qu'il se redisait volontiers les vers de Juvénal[4] :

> Summum crede nefas animam praeferre pudori
> Et propter vitam vivendi perdere causas.

---

1. Wasianski, p. 316.
2. Borowski, p. 156-157. — Jachmann, p. 48-55. — Cf. *Kritik der praktischen Vernunft*, V, p. 81.
3. Jachmann, p. 57, 67.
4. Wasianski, p. 317.

Et la raison de vivre, il la trouvait dans la raison même. La raison, ce n'est pas seulement pour lui le concept d'une faculté à analyser : la raison, c'est une conviction, c'est la conviction absolue. Donnant aux espérances optimistes de son siècle leur expression la plus profonde, il entend que la raison soit pratique, qu'elle soit capable à la fois de déterminer les lois du vouloir et d'établir la société des êtres raisonnables : de là l'enthousiasme avec lequel il salue dans la Révolution française le plus grand effort qui ait été tenté pour constituer l'État selon un idéal rationnel [1]. Mais comme en lui l'esprit patriotique s'unit à l'esprit cosmopolitique, l'esprit d'ordre s'unit à l'esprit de liberté. Il s'efforce de poser en principe l'inviolabilité du pouvoir établi ; avec l'apôtre, il recommande la soumission à l'autorité existante [2]. Il tempère donc sa conception idéaliste des droits de la personne par un sentiment réaliste de la puissance de l'État, qui concourut sans doute, avec des motifs de prudence avisée, à lui tracer sa conduite lors de ses démêlés avec la censure berlinoise. Il croit d'ailleurs que les réalités positives de l'histoire doivent, non pas directement peut-être, mais au moins par détour, aboutir au triomphe de la raison [3], et il réserve cette croyance intime à l'encontre des circonstances qui ont un moment troublé le cours de ses réflexions et de sa sagesse.

*
* *

Les qualités de son intelligence tiennent de très près à celles de son caractère. La règle de son silencieux et per-

---

1. Jachmann, p. 130. — Schubert, p. 128. — Cf. *Der Streit der Facultäten*, VII, p. 399-400.
2. Borowski, p. 144. — Jachmann, p. 131. — Schubert, p. 183. — Cf. *Ueber den Gemeinspruch : Das mag in Theorie richtig sein*, etc., VI, p. 329 sq.; *Metaphysische Anfangsgründe der Rechtslehre*, VII, p. 138-141.
3. Cf. *Idee zu einer allgemeinen Geschichte in weltbürgerlicher Absicht*, IV, p. 143 sq.

sévérant labeur est la sincérité. Il écrivait le 8 avril 1766 à Moïse Mendelssohn qui avait dû se plaindre de ce qu'il y avait d'équivoque dans les *Rêves d'un visionnaire* : « L'étonnement que vous me manifestez sur le ton de ce petit écrit est pour moi la preuve de la bonne opinion que vous vous êtes faite de mon caractère de sincérité, et même le vif déplaisir que vous avez à ne le voir s'exprimer ici qu'avec ambiguïté m'est précieux et agréable. En vérité, vous n'aurez jamais lieu de modifier cette opinion que vous avez sur mon compte ; car quelles que soient les défaillances dont il est possible que la plus ferme résolution ne puisse pas toujours entièrement se préserver, cependant il est certain que la versatilité dans la façon de penser et la recherche de ce qui n'est que spécieux sont les défauts dans lesquels je ne tomberai jamais. Il est, en effet, une chose que j'ai jusqu'à présent consacré la plus grande partie de ma vie à apprendre, c'est de laisser de côté et de mépriser dans la plus large mesure ce qui corrompt ordinairement le caractère ; aussi perdre cette estime de soi, qui vient de la conscience d'une disposition d'âme sans mensonge, ce serait le plus grand mal qui pût m'arriver, mais qui ne m'arrivera certainement jamais. Je pense assurément avec la plus entière conviction qui soit, et à ma grande satisfaction, bien des choses que je n'aurai jamais la hardiesse de dire ; mais je ne dirai jamais rien, que je ne le pense[1]. » C'est un amour de la vérité, très simple et très fort, qui gouverne en effet les curiosités de son esprit, et cet amour de la vérité domine de très haut chez lui la joie de découvrir et d'inventer. Aucune virtuosité, aucun besoin de paradoxe, même dans l'intérêt de l'idée à répandre, aucune façon d'éluder par art les problèmes, mais un attachement direct à l'objet qu'il s'agit d'expliquer, une censure toujours prête à s'exercer sur la notion qui n'a pas fourni ses preuves, un constant souci de méthode et de définition rigoureuse,

---

1. *Briefwechsel*, I, p. 66.

une sagacité pénétrante au lieu de la divination arbitraire, une infatigable patience à attendre que la lumière se soit portée des parties au tout : ce sont là quelques-uns des plus saillants caractères de l'intelligence de Kant. Il ne supporte pas que l'on procède aux constructions d'ensemble sans une analyse préalable des concepts fondamentaux[1]. Même détaché de l'École de Wolff, il reste wolffien par l'idée qu'il se fait des procédés d'explication et de démonstration philosophiques. « Dans la construction d'un système futur de métaphysique, dit-il, il nous faudra suivre la méthode sévère de l'illustre Wolff, le plus grand de tous les philosophes dogmatiques. Wolff montra le premier par son exemple (et il créa par là cet esprit de profondeur qui n'est pas encore éteint en Allemagne) comment on peut par l'établissement régulier des principes, la claire détermination des concepts, la rigueur éprouvée des démonstrations, la façon d'empêcher les sauts téméraires dans le développement des conséquences, s'engager dans la voie sûre d'une science. Plus que tout autre, il était fait pour donner à la métaphysique ce caractère d'une science, si l'idée lui était venue de préparer d'abord le terrain par la critique de l'instrument, c'est-à-dire de la raison pure elle-même[2]. » Mais la critique même ne remplit cet office que si elle ne se contente pas de permettre et d'interdire par des décisions approximatives, que si elle établit avec une inflexible rigueur le rôle et les limites de nos facultés. La pensée comme la vie requiert une exactitude ponctuelle. Ainsi le génie chez Kant est comme la récompense d'un effort et tire ses vertus créatrices de sa probité.

Kant avait des connaissances très étendues, une mémoire capable de les rappeler au bon moment, en même temps qu'une imagination très propre à retrouver les choses à travers les notations des livres. Il aimait les poètes, il aimait les arts, avec plus de puissance d'admirer peut-être que de

---

1. Jachmann, p. 20-21.
2. *Kritik der reinen Vernunft*, *Vorrede zur zweiten Ausgabe*, III, p. 28.

sentir. Il était familier avec la littérature classique des anciens, surtout avec celle des Romains, dans laquelle sans doute il se plaisait à reconnaître la noblesse, la fermeté et comme la précision juridique de son propre esprit[1]. Mais sa passion intellectuelle dominante fut la science, la science de Newton que Knutzen lui révéla, et qu'il accueillit en lui avec l'assurance qu'elle ne porterait en rien atteinte à ses convictions morales et religieuses. Dans la science d'ailleurs ce qu'il apercevait éminemment, en dépit de difficultés à résoudre et de contradictions à expliquer, c'était la raison prise sur le fait de son triomphe. Initié par son éducation wolfienne à l'esprit de l'*Aufklärung*, il ne le critique que pour le dépasser ou pour le justifier autrement ; mais il ne le renie pas. Il défend cet usage public de la raison qui doit amener le règne des lumières parmi les hommes ; il souhaite que l'humanité sorte de cet état de tutelle où elle ne manifeste son intelligence que sous la direction d'une autorité extérieure. *Sapere aude*, dit-il, telle doit être la devise de l'homme éclairé. Au nom de la raison il revendique la liberté du savant, garantie certaine, selon lui, d'un meilleur état politique ; c'est de l'ascendant de la raison qu'avec son siècle il attend le progrès de la tolérance et une plus juste façon de traiter l'homme selon sa dignité [2].

C'est aussi à éveiller la raison que tend avant tout son enseignement. Penser par soi-même, chercher par soi-même, voler de ses propres ailes : ce sont des maximes qu'il aime à répéter. Il s'inquiète de voir noter sans discernement sur le papier ce qui tombe de sa bouche, et il prévient ses élèves qu'ils doivent, non pas apprendre une philosophie, mais apprendre à philosopher[3]. Il use en toute indépendance des manuels qui doivent servir de texte à ses leçons. Il se

---

1. Jachmann, p. 40.
2. Cf. *Was ist Aufklärung*, IV, p. 161-168.
3. Borowski, p. 184-188. — Jachmann, p. 26-38. — Cf. *Nachricht von der Einrichtung seiner Vorlesungen in Winterhalbjahr* 1765-1766, II, p. 313-315 ; *Kritik der reinen Vernunft*, III, p. 550-552.

défend de perpétuer une tradition d'école établie. Il parle avec abondance, avec verve, et ses auditeurs sont émerveillés de la variété de ses aperçus et de la nouveauté de sa pensée[1]. Il réagit contre l'égoïsme de la science spéciale, qui, non contente de prétendre se suffire à elle-même, veut tout mesurer à elle : ces spécialistes qui n'ont qu'un œil sur le monde, il les appelle des cyclopes. Le cyclope de la littérature, le philologue, est, dit-il, le plus arrogant ; mais il y a aussi des cyclopes de la théologie, du droit, de la médecine, même de la géométrie. A tous ces cyclopes ce n'est pas la force qui manque à coup sûr, c'est la puissance et

---

[1]. Il faut rappeler le portrait que Herder, élève de Kant à Kœnigsberg de 1762 à 1764, a tracé de son maître : « J'ai eu le bonheur de connaître un philosophe, qui était mon maître. Il était alors dans tout l'éclat de l'âge, et il avait une gaieté alerte de jeune homme qui l'accompagne, je crois, encore dans ses années de vieillesse. Son front découvert, taillé pour la pensée, était le siège d'une sérénité et d'une joie inaltérables ; de ses lèvres coulaient les discours les plus riches en idées ; plaisanterie, esprit, verve, tout cela était docilement à son service, et ses leçons étaient le plus intéressant des entretiens. Le même esprit qu'il employait à examiner Leibniz, Wolff, Baumgarten, Crusius, Hume, à scruter les lois de la nature chez Newton, Kepler, les physiciens, il l'appliquait à interpréter les écrits de Rousseau qui paraissaient alors, l'Emile et la Nouvelle Héloïse, au même titre que toute découverte physique qui venait à lui être connue. Il les appréciait, et il revenait toujours à une connaissance de la nature libre de toute prévention, ainsi qu'à la valeur morale de l'homme. L'histoire de l'homme, des peuples, l'histoire et la science de la nature, l'expérience, telles étaient les sources où il puisait de quoi alimenter ses leçons et ses entretiens. Rien de ce qui est digne d'être su ne lui était indifférent ; aucune intrigue, aucune secte, aucun préjugé, aucun souci de renommée ne le touchait en rien, auprès de la vérité à accroître et à éclaircir. Il excitait les esprits et les forçait doucement à penser par eux-mêmes ; le despotisme était étranger à son âme. Cet homme, que je ne nomme qu'avec la plus grande reconnaissance et le plus grand respect, est Emmanuel Kant : son image, je l'ai toujours, pour ma joie, sous mes yeux. » *Briefe zur Beförderung der Humanität*, Lettre 79, Ed. Suphan, XVII, p. 404 (voir la rédaction primitive qui contient plusieurs variantes : Ed. Suphan, XVIII, p. 324-325). Voici ce que raconte un condisciple de Herder : « Je me souviens que Kant parla un jour, par une belle matinée, avec une animation, je pourrais dire une inspiration particulière. Il traitait un de ses sujets préférés ; il citait des passages de ses auteurs favoris, Pope et Haller ; il développait ses belles hypothèses sur l'avenir et l'éternité. Herder fut tellement saisi que, rentré chez lui, il écrivit la leçon en vers, et le lendemain il remit sa composition à Kant qui la lut devant l'auditoire. » *Herder's Lebensbild*, I, 1, p. 135. — V. l'hymne des étudiants en l'honneur de Kant, publié par l'Archiv für Geschichte der Philosophie : *Ein Hymnus auf Immanuel Kant*, II, p. 246-248, reproduit, avec deux autres, à la suite de la *Correspondance* : *Briefwechsel*, III, p. 425-435.

l'étendue de la vision. A la philosophie, à la culture systématique de la raison de leur donner l'œil qui leur manque : c'est sur elle seule que peut se fonder « l'humanité des sciences [1] ». Indispensable par là à la juste organisation du savoir, elle ne saurait être tenue pour suspecte à cause des prétendus dangers qu'elle fait courir aux croyances de la jeunesse. La vérité n'a rien à craindre de la raison, dès que la raison a été formée par la discipline de la critique. En tout cas, rien ne serait plus malencontreux pour le maître de la jeunesse que de s'ériger en défenseur à tout prix de la bonne cause, que de chercher à imposer, comme d'une solidité à toute épreuve, des arguments dont il sent dans son for intérieur la faiblesse : où la jeunesse ainsi instruite prendrait-elle la force de résister plus tard au premier choc de l'opinion contraire[2]? Kant d'ailleurs ne croit pas manquer à ce respect de la raison dans l'enseignement en mettant quelque prudence ou quelque retard dans l'expression de ses idées critiques ; il s'arme volontiers de ses convictions intimes pour faire ressortir les intérêts pratiques de la raison en des formules plus dogmatiques que celles de ses écrits ; il vise en effet autant à l'éducation morale et religieuse qu'à l'éducation scientifique de ses élèves, et il s'efforce d'agir sur leur cœur et leur volonté en même temps que sur leur intelligence[3].

Sa façon d'entreprendre et d'accomplir son œuvre philosophique participe de la double puissance d'affirmation et de limitation critique qu'il reconnaît à la raison. Il a cette confiance en soi sans laquelle l'élan vers la vérité serait vite arrêté ou brisé : « Je m'imagine, dit-il dans la préface de son premier ouvrage, qu'il y a des moments où il n'est pas inutile de placer une certaine noble confiance en ses propres

---

1. Benno Erdmann, *Reflexionen Kants*, II, p. 60-61, n° 209. — Cf. *Anthropologie in pragmatischer Hinsicht*, VII, p. 545 ; *Logik*, VIII, p. 46.
2. Cf. *Kritik der reinen Vernunft*, *Methodenlehre*, III, p. 501-502.
3. Jachmann, p. 30-31. — V. Max Heinze, *Vorlesungen Kants über Metaphysik*, p. 657-658 (177-178).

forces. Une assurance de ce genre vivifie tous nos efforts et leur imprime une impulsion qui est entièrement favorable à la recherche de la vérité. Quand on est à même de pouvoir se convaincre que l'on est à ses yeux capable de quelque chose et qu'un Leibniz peut être pris en flagrant délit d'erreur, on met tout en œuvre pour vérifier cette présomption. On a beau se tromper mille fois dans une entreprise : le gain qui est revenu par là à la connaissance de la vérité n'en est pas moins beaucoup plus considérable que si l'on n'avait fait que suivre le sentier battu. C'est là dessus que je me fonde. Je me suis déjà tracé la voie où je veux marcher. Je prendrai ma course et rien ne m'empêchera de la poursuivre[1]. » Cependant cette énergique hardiesse de décision s'accompagne de scrupules infinis et d'une extrême sévérité de critique. Avant de conquérir le public, Kant veut se conquérir lui-même. Dédaigneux de l'art de cultiver sa réputation, inhabile à trahir sa pensée pour la rendre plus populaire, prenant aisément son parti, en de fières excuses, du style laborieux et surchargé qui rebute le lecteur superficiel, il donne l'exemple de la recherche de la vérité, élevée, comme il le voulait de la pratique du devoir, au-dessus de toute inclination « pathologique ».

*
* *

Tandis que Kant travaille à former sa doctrine, la philosophie wolffienne en Allemagne se révèle incapable de maintenir plus longtemps contre la disposition croissante des intelligences à un banal éclectisme l'intégrité de son ordonnance et de sa signification : l'empirisme anglais, le sensualisme et le matérialisme français la pénètrent de divers côtés. Ceux-là mêmes qui en observent le plus fidèlement les maximes essentielles ne sont plus solidement rattachés

---

[1]. *Gedanken von der wahren Schätzung der lebendigen Kräfte*, I, p. 8. — Cf. Borowski, p. 43.

par un lien d'école ; philosophes populaires ou philosophes académiques, ils en usent selon leurs goûts ; ils écrivent pour les étudiants de copieux manuels ou pour le public des livres engageants. Mais quelle qu'en soit la forme, leurs œuvres témoignent très visiblement d'une atonie générale de l'esprit philosophique. Le sens des hautes questions métaphysiques s'est encore affaibli. On incline de préférence à une sorte d'anthropologie morale, dans laquelle l'observation psychologique et l'établissement de règles pratiques se combinent sans aucune rigueur de méthode, mais de façon à satisfaire aux tendances eudémonistes de plus en plus prépondérantes.

Quant au rationalisme qui avait été l'essence de l'*Aufklärung*, il ne vaut plus guère que ce que valent les esprits de puissance très inégale qui le professent. Appliqué à l'examen du problème religieux, il tend à répandre, plus ou moins en accord avec le déisme anglais, la religion naturelle, mesure stricte de ce que peuvent contenir de vrai les religions positives ; dans la critique même des religions positives, il se montre aussi dépourvu du sens historique que du sens spéculatif, prompt à considérer comme erreur, comme erreur intentionnellement conçue et propagée, tout ce qui ne se ramène pas immédiatement aux conditions de la raison : tel il apparaît par exemple chez Reimarus. En revanche il reçoit du génie de Lessing une transformation qui lui rend la vie en le dégageant des formules littérales et des interprétations bornées où le pédantisme d'école l'avait enfermé : Lessing le remet sous l'inspiration qui l'avait créé ; il restaure, par delà le logicisme qui n'était qu'une forme rétrécie de la doctrine leibnizienne, cette idée de la spontanéité individuelle, par laquelle se justifie la diversité des points de vue sur les choses, et cette idée du développement continu, par laquelle s'explique, avec l'ordre de l'histoire, la nécessité, pour le vrai, de s'imposer en des perceptions confuses avant de transparaître en des perceptions distinctes. Aux purs déistes comme aux supra-naturalistes Lessing reproche de s'appuyer sur ce qui n'est que le témoignage extérieur de la foi, sur le livre écrit, au lieu de comprendre qu'il y a une Religion éternelle, enveloppée dans les profondeurs de chaque conscience, dont la Religion historique est l'expression extérieure et appropriée. La Révélation ne contient aucune vérité qui en droit ne puisse être rationnellement connue; mais elle exprime la vérité selon le moment, et en l'adaptant à l'état des âmes ; elle est l' « l'éducation du genre humain ». De la métaphysique rationaliste Lessing fait donc sortir un idéalisme religieux et moral, également pénétré de respect pour les formes de croyance révélées et de foi dans les destinées futures de l'humanité pensante; il présente la vérité, non plus comme la chose qui est actuellement objet de démonstration complète, mais comme l'idéal qui doit solliciter perpétuellement l'effort de l'homme. Par sa façon sobre et claire de penser et d'écrire, par son goût du précis et du défini, par son adhésion essentielle au rationalisme, il se rattache encore à la philosophie des « lumières » ; mais il en dépasse considérablement l'esprit par la hauteur et l'originalité de son sentiment moral, par sa façon de se représenter l'évolution historique, par sa conception d'une vérité indéfiniment ouverte à la recherche humaine.

Chez Mendelssohn encore, à défaut d'invention, le rationalisme se renouvelle par une inspiration noble et délicate. Mais chez Nicolaï il achève de dégénérer en un formalisme sec et étroit qui, pour combattre la superstition, les écarts du sentiment et du goût, s'oppose à tout élan de l'imagination et de la pensée, s'évertue à faire valoir contre toute tentative nouvelle les décisions de « l'entendement sain », et par le respect de la règle aboutit à la platitude. Par ses *Lettres sur la littérature*, par sa *Bibliothèque des belles-lettres et des arts libéraux*, surtout par sa *Bibliothèque allemande universelle*, Nicolaï propage, en ce qu'elle a de plus borné et de plus agressif, cette philosophie populaire qui ne veut s'en rapporter qu'à des idées claires, qui exclut le spontané, le vivant, le mystérieux, qui a d'autant plus de prétentions à l'infaillibilité qu'elle se montre capable de comprendre moins de choses. Une certaine espèce d'esprit, la plus rigide et la plus exclusive, est ainsi dogmatiquement égalée à toute la plénitude de l'esprit.

Avec cette forme médiocre et stérile du rationalisme, le profond et nouveau rationalisme de Kant ne pourra qu'être en conflit[1]. Mais la réaction artistique et intellectuelle qui se produit de tous côtés contre l'*Aufklärung*, en glorifiant la liberté, avilit la raison. Quand la période du *Sturm und Drang* est ouverte, c'est le sentimentalisme, le mysticisme, le panthéisme poétique qui s'introduit dans la pensée philosophique. Kant n'est pas sans se laisser pénétrer de ces tendances, qui, par leur spontanéité et leur diffusion, brisent tous les cadres de la scolastique wolffienne : mais il n'en reçoit finalement qu'une excitation plus forte à rechercher sur quel autre principe peut s'édifier la puissance de la raison. Le wolffianisme expirant ne réclamait plus qu'une discipline sans liberté ; les « génies originaux » revendiquaient une liberté sans discipline et contre toute discipline. Kant fut amené de plus en plus à se poser comme problème l'union de la discipline et de la liberté, et à chercher la solution de ce problème dans le fait de la loi morale. Mais quelle fut dans la poursuite de ce but la marche générale de sa pensée ? Selon quelle manière ces dispositions essentielles finirent-elles par prendre corps dans un système ?

---

1. L'ouvrage de Nicolaï, *Leben und Meinungen Sempronius Gundibert's, eines deutschen Philosophen*, 1798, était dirigé contre Kant. — V. Kant, *Ueber die Buchmacherei*, VII, p. 315-320.

CHAPITRE III

LE MODE DE FORMATION DU SYSTÈME

De toute doctrine philosophique en général on peut dire sans doute ce que Kuno Fischer a dit spécialement de la doctrine de Kant : l'expliquer, c'est en suivre la formation historique. Mais outre que certains systèmes ne se sont produits au dehors que déjà tout faits, gardant à peine en eux la trace des efforts successifs et des tâtonnements qui en ont préparé la venue, pour ceux-là même qui se sont réalisés par le mouvement plus visible de la pensée de leurs auteurs, les modes de développement sont très divers et nécessaires à déterminer très diversement. Par quelles voies Kant a-t-il abouti à sa philosophie, en particulier à sa philosophie pratique ?

Vers la fin de la *Critique de la Raison pure*, dans la *Méthodologie transcendantale*, Kant établit une distinction qui, indépendamment de sa valeur propre, peut servir à marquer la différence des deux grandes phases de sa pensée : c'est la distinction entre les procédés techniques de recherche et l'art architectonique de la raison. Il entend par là que l'acquisition, souvent sans règles ni fins précises, de certaines connaissances plus ou moins disparates, condition historiquement première de toute science, ne suffit pas aux exigences de l'esprit, lequel réclame et veut fonder l'unité systématique du savoir. Et il ajoute : « Ce n'est qu'après avoir pendant longtemps, sous la direction d'une idée profondément cachée en nous, rassemblé rapsodiquement, comme autant de matériaux, beaucoup de connaissances se rapportant à cette idée, ce n'est même qu'après les avoir pendant de longues années rapprochées d'une façon technique, qu'il nous est enfin possible d'apercevoir l'idée sous un jour plus clair et d'esquisser architectoniquement un tout d'après les fins de la raison [1]. » Cette nécessité d'aller laborieusement, dans la recherche, des parties au tout sans une aperception préalable du tout, — nécessité que Kant proclame fâcheuse parce qu'elle résulte de l'imperfection et des limites de nos facultés, — si elle est bien, comme il le veut, la loi de toute pensée humaine, a commencé en tout cas par être la loi de sa pensée [2]. Quelque puissant qu'ait été en lui le besoin d'organisation systématique, il n'a pu se satisfaire immédiatement par ces intuitions spontanées qui, chez d'autres, découvrent presque d'emblée les formes et les objets de leur activité spéculative. Il a longtemps cédé au besoin plus impérieux de soumettre à la critique les relations établies entre certains concepts fondamentaux, les relations supposées entre ces concepts et la réalité. Dénoncer de fausses analogies, délimiter exactement le champ d'application des principes, distinguer des constructions bien fondées les constructions dans le vide, épurer les connaissances amalgamées pour démêler la part qui revient aux diverses facultés de connaître, mesurer de façon à les empêcher de s'étendre abusivement les différents modes de notre savoir, et tout notre savoir lui-même en général : ce sont-là les tâches sévères que Kant a assumées, dès qu'il a commencé à penser pour son compte ; il n'a pu en poursuivre l'accomplissement qu'en réprimant en lui certains élans naturels d'imagina-

---

[1]. III, p. 549.
[2] V. la lettre de Kant à Marcus Herz du 20 août 1877 : « Depuis le temps que nous sommes séparés l'un de l'autre, mes recherches autrefois consacrées d'une façon fragmentaire (*stückweise*) aux plus divers objets de la philosophie ont pris une forme systématique et m'ont conduit graduellement à l'idée du Tout, qui a pour premier effet de rendre possible le jugement sur la valeur et l'influence réciproque des parties. » *Briefwechsel*, I, p. 198. — Cf. Benno Erdmann, *Kants Reflexionen*, II, n° 6, n° 7, p. 5.

tion métaphysique et qu'en ajournant à une époque indéterminée l'édification d'une doctrine d'ensemble. Ainsi il dut mettre bout à bout des rapsodies avant de composer l'unité de son poème. En cela, bien différent de Leibniz, pour qui toute pensée est en quelque sorte synoptique, représente tout l'univers en raccourci, et évoque d'elle-même, en perspectives profondes, l'œuvre harmonieuse où elle vient prendre place[1]. Le système a évolué dans Leibniz, mais comme a évolué l'esprit même dont il était l'expression, et par la même finalité immanente ; Kant, sans direction préconçue, a évolué vers le système, qui s'est constitué pièce à pièce avant de s'organiser dans son esprit.

Vouloir solliciter trop vivement les essais de la période anté-critique dans le sens de la doctrine à laquelle ils aboutiront, ce serait donc méconnaître le génie propre de Kant, et sa longue patience à attendre l'idée qui mettra tout en ordre. Et même parce que la doctrine finale a été ainsi faite, il paraît légitime de chercher à suivre, sous l'apparente immobilité des principes qui en établissent l'unité, le mouvement d'évolution que continuent à lui imprimer les diverses tendances composées en elle. En tout cas, si le puissant arrangement de concepts qui a donné naissance à la philosophie critique a été souvent signalé comme laborieux et artificiel, c'est sans doute parce que le lent travail d'analyse et de recherches fragmentaires qui l'a préparé a comme subsisté virtuellement dans l'œuvre accomplie. L'idée architectonique, dont parle Kant, n'a pas pour seule imperfection de se révéler tardivement ; conçue par une raison humaine, elle ne saurait avoir cette faculté, que seule peut posséder une intelligence infinie, de créer des unités vivantes. Elle est une conquête, non un don. Elle ne se

---

[1]. On n'a qu'à se rappeler les pages de divers écrits, dans lesquelles Leibniz fait si bien sentir la logique vivante de son esprit et l'enveloppement spontané de ses idées les unes dans les autres. Voir notamment l'une des *lettres au duc Jean Frédéric* (*Phil. Schr.*, Ed. Gerhardt, I, p. 57 sq.), l'une des *lettres à Arnauld* (II, p. 135-136), l'écrit pour Rémond (III, p. 622-624), surtout le brillant exposé qui ouvre le premier livre des *Nouveaux essais* (V, p. 63-66), etc.

produit qu'au terme de la lutte engagée en divers sens contre l'obstacle le plus invincible à sa vertu organisatrice, à savoir la contradiction : mais c'est cette lutte même qui a peu à peu orienté l'esprit de Kant vers elle, et lui en a découvert la force et l'autorité souveraines. De bonne heure, en effet, Kant a excellé à saisir les oppositions des doctrines entre elles comme les oppositions des doctrines avec les faits : c'est la conscience vive de ces oppositions qui a excité sa pensée, et lui a prescrit la formule des problèmes à résoudre : il est le philosophe des antinomies [1]. Expérience et raison, mathématiques et philosophie naturelle, science et moralité, certitude et croyance : les contradictions surgissent de partout, et les contradictions exigent d'être surmontées. N'avait-on pas, il est vrai, dès longtemps travaillé à les faire évanouir ou à les comprendre, et n'était-ce pas comme la destinée normale du génie spéculatif de l'Allemagne de découvrir derrière les oppositions de surface le fond concordant des systèmes ? Leibniz en particulier ne s'était-il pas donné pour tâche de ramener à l'accord les doctrines antagonistes ? Et ne sont-ce pas comme des paroles leibniziennes que Kant fait entendre dans son premier ouvrage, quand il dit : « C'est dans une certaine mesure défendre l'honneur de la raison humaine que de la réconcilier avec elle-même dans les diverses per-

---

[1]. Une lettre de Kant à Garve, du 21 septembre 1798, publiée par Albert Stern dans son livre, *Ueber die Beziehungen Chr. Garves zu Kant*, p. 43-45, nous renseigne sur le rôle prépondérant qu'ont joué les antinomies dans le développement de la pensée kantienne : « Ce ne sont pas les recherches sur l'existence de Dieu, l'immortalité, etc.., qui ont été le point dont je suis parti, mais l'antinomie de la raison pure : « Le monde a un commencement : il n'a pas de commencement, etc... jusqu'à la quatrième (*sic*) : Il y a une liberté dans l'homme — il n'y a au contraire aucune liberté en lui, tout est en lui nécessité naturelle » ; voilà ce qui me réveilla en premier lieu du sommeil dogmatique et me poussa à la critique même de la Raison, afin de faire disparaître le scandale d'une contradiction manifeste de la Raison avec elle-même. » *Briefwechsel*, III, p. 255 (cf. *Prolegomena*, § 50, IV, p. 86). A des points de vue différents, Riehl (*Der philosophische Kriticismus*, I, p. 272-275 ; II, 2, p. 284) et Benno Erdmann (*Reflexionen Kants zur kritischen Philosophie*, II, p. xxxiv sq.) ont montré la portée décisive qu'a eue pour l'esprit et la doctrine de Kant la conscience des antinomies de la raison. V. les *Réflexions* de Kant, n° 4 et n° 5, Benno Erdmann, *ibid.*, p. 4-5.

sonnes de penseurs pénétrants, que de dégager, alors même que précisément ils se contredisent, la vérité qui n'échappe jamais complètement à la profondeur de tels hommes [1] ? » Mais, à dire vrai, si la pensée de Leibniz et celle de Kant se flattent également de résoudre des oppositions, il ne semble pas que ce soit dans le même sens ni par les mêmes voies. Leibniz n'aperçoit d'ordinaire les extrêmes à unir que dans leur rapport à l'idée conciliatrice qu'il a déjà inventée ou qu'il pressent ; il constate les antinomies visibles plus encore qu'il ne poursuit les antinomies invisibles ; ce qui tient son esprit en éveil et le rend si merveilleusement productif, c'est avant tout la puissance de représenter les choses sous la forme la plus ordonnée et la plus compréhensive, antérieure certainement chez lui à la faculté de discerner les éléments contradictoires des doctrines humaines [2] ; et elle est en lui si forte qu'elle le pousse, surtout dans ses premières œuvres, à opérer plus d'un rapprochement arbitraire [3]. Chez Kant, au contraire, ce n'est pas sous l'espèce de synthèses déjà plus ou moins effectuées que les thèses et les antithèses sont conçues ; au lieu d'apparaître pour la plus grande gloire de la pensée qui se sait d'avance en mesure de les dominer, elles contraignent la pensée qui se trouve face à face avec elles à sacrifier à leur conflit une part de ses plus hautes et de ses plus naturelles ambitions. Sur ce point comme sur d'autres la *Cri-*

---

1. *Gedanken von der wahren Schätzung der lebendigen Kräfte*, 1747, I, p. 145.
2. C'est ainsi que les conceptions de la substance individuelle et de l'accord de toutes les substances, exposées dans le *Discours de Métaphysique* et la *Correspondance avec Arnauld*, enfermaient une doctrine qui, en s'accommodant au langage et à l'apparence des systèmes constitués, en apercevait et en résolvait les oppositions. On voit en particulier dans les *Nouveaux Essais*, Livre I, chap. 1 (V, p. 65-66) comment, sur le problème de la connaissance, Leibniz va de la solution intrinsèque que lui fournit sa philosophie à la solution extrinsèque, déterminée par le conflit du rationalisme cartésien et de l'empirisme de Locke.
3. V. dans ses lettres à J. Thomasius l'identification qu'il établit entre la doctrine aristotélicienne de la matière, de la forme et du mouvement, et les conceptions mécanistes des savants modernes. (*Phil. Schr.*, Ed. Gerhardt, I, p. 10, 16 sq.)

tique de la Raison pure représente, en la transposant sous une forme doctrinale abstraite, l'histoire réelle de l'esprit de Kant.

Cette histoire même, en ses traits les plus simples, peut être figurée par un effort constant, renouvelé sous des expressions diverses, pour déterminer une relation exacte entre les concepts rationnels élaborés par la métaphysique antérieure et l'usage défini de ces concepts dans l'ordre de la science et de l'action humaines, pour résoudre l'antinomie, plus essentielle que toutes les autres, de leur origine transcendante et de leur application immanente. L'idée, que le rationalisme seul peut fonder ou achever la certitude, n'a peut-être jamais abandonné Kant, même aux moments où une reconnaissance plus précise des caractères du réel lui semblait établir, sans espoir de solution prochaine, l'insuffisance de la méthode ordinaire du rationalisme [1]. Seulement cette idée, une fois destituée de l'appui que paraissaient lui donner les longues démonstrations dogmatiques de l'école wolffienne, était passée chez lui à l'état d'idéal formel ou de simple conviction personnelle, jusqu'au jour où une analyse plus profonde du donné lui permit de la ressaisir plus positivement. Ainsi la raison métaphysique, après avoir dû reconnaître, au moins négativement, par l'abdication de toute autorité extérieure, l'autonomie de l'expérience scientifique et celle de la conscience morale, a été invoquée à nouveau comme la puissance législatrice intrinsèque supposée par cette double autonomie. Que l'on se rappelle, pour mieux se représenter la direction de la pensée kantienne, que chez les métaphysiciens antérieurs la raison n'admet l'expérience et la conscience au bénéfice de sa certitude qu'autant que les données en sont traduites dans un autre ordre, et renoncent à valoir par elles-mêmes :

---

1. E. Adickes, *Die bewegenden Kräfte in Kants philosophischer Entwickelung*, Kantstudien, I, p. 11 sq. — G. Heymans, *Einige Bemerkungen über die sogenannte empiristische Periode Kant's*, Archiv für Geschichte der Philosophie, II, p. 572-591. — H. Maier, *Die Bedeutung der Erkenntnisstheorie Kants für die Philosophie der Gegenwart*, Kantstudien, II, p. 407 sq.

pour la vérité scientifique et morale, l'expérience et la conscience n'apportent que des enseignements confus, nécessaires à traduire dans la langue des idées distinctes : les façons dont nous qualifions d'ordinaire les actes humains sont aussi subjectives et aussi relatives que les façons dont nous qualifions, dans la perception sensible, le monde matériel. Or Kant, dès qu'il s'est dégagé de cette tradition philosophique, a été amené, d'abord à regarder comme illusoires ou factices les procédés par lesquels on entachait de subjectivité le donné pour n'en retenir que les attributs les plus aisément réductibles aux formes logiques de la raison, ensuite et par là même à rechercher la nature spécifique de l'expérience et de la conscience, considérées comme ayant en elles-mêmes une portée suffisante, enfin à découvrir que dans l'expérience et la conscience la raison est impliquée avec ses concepts fondamentaux pour les fonder toutes deux, sans altération aucune, dans leur vérité propre. Mais alors, en ce qui concerne les concepts de la raison, la question se pose de savoir comment peuvent se concilier leur signification d'origine et leur signification d'usage ; dès qu'il n'est plus admis, avec la métaphysique ordinaire, que leur sens immédiat est l'unique mesure de leur puissance légitime d'application, et permet de définir d'en haut les objets de la connaissance et de la moralité, hors de leur relation avec l'expérience et avec la conscience morale ; dès qu'il faut directement unir à ces concepts, pour leur conférer une détermination positive, juste ce que ces concepts tendaient à rejeter hors d'eux comme inadéquat : il y a là une opposition de termes qui ne peut plus être dissimulée par une solution arbitraire : une fois même que l'idée médiatrice est mise au jour, la proportion reste mal aisée à fixer, et n'est pas toujours exprimée en formules claires, entre ce que les concepts introduisent de leurs attributs originels et ce qui est exclusivement requis pour l'intelligibilité du jugement d'expérience et du jugement moral. Autrement dit, la raison dans son usage immanent, soit théorique, soit pratique, se détermine d'un côté par l'intuition sensible et par l'action du vouloir qui la réalisent en quelque sorte ; mais de l'autre, elle présuppose la Raison transcendante, la Raison en soi : et son rôle peut être diversement compris, selon qu'elle paraît obéir davantage à l'attraction, soit de ses objets propres, soit de sa condition suprême. Ainsi Kant, lorsqu'il s'est émancipé de l'influence de l'école wolffienne, a commencé par reconnaître que le *fait* de l'expérience et le *fait* de la vie morale doivent être pris en considération pour eux-mêmes, et être restitués dans tout leur sens ; mais ayant admis ensuite que ces deux faits tiennent leur vérité de la raison qu'ils enveloppent, il a lié cette raison à la Raison absolue sur laquelle s'étaient fondées les métaphysiques ; dans cette liaison, quelle a été la part d'influence de la Raison transcendante sur la raison immanente, ou inversement de la raison immanente sur la Raison transcendante ? de ces deux sortes de Raisons, laquelle a le plus décidément imposé à l'autre sa nature ou ses exigences ? La *Critique de la Raison pure* en les rapprochant n'a pas fixé définitivement leur puissance respective de pénétration, et tout particulièrement l'élaboration progressive de la doctrine morale paraît avoir modifié constamment en un certain sens les proportions et les modalités selon lesquelles elles se sont unies.

**
* **

Au fait, c'est avant tout la doctrine morale qui s'est positivement fondée sur cette union, au point même que l'on peut se demander si ce n'est pas elle qui l'a plus ou moins arbitrairement requise. Et même, en termes plus généraux, n'est-ce pas le besoin d'édifier la morale, ajoutons une certaine morale, qui a tantôt manifestement, tantôt en secret dirigé l'évolution de la pensée kantienne ? Dès lors toute l'œuvre, qui devrait être de libre mouvement et d'exploration impartiale, n'en est-elle pas viciée? Ces questions, semble-t-il, ne peuvent être posées sans être résolues de façon à rendre suspecte la valeur scientifique de la doctrine de Kant. Déjà Schopenhauer insinuait que Kant n'avait créé sa théologie morale que pour échapper aux conséquences ruineuses de la critique[1]. On est allé beaucoup plus loin, et l'on a soutenu que chez Kant la théorie de la connaissance n'est qu'un simple moyen en vue de fins exclusivement morales et religieuses, et que la poursuite de ces fins a seule mis en jeu sa pensée[2]. En des formules plus modérées et mieux justifiées d'apparence il n'en est pas moins affirmé : que Kant, par inclination purement personnelle à une sorte de mysticisme moral, par besoin de sauver à tout prix l'objet illusoire de la raison pratique, a constitué un système avec deux centres de gravité, l'un positif, l'autre imaginaire[3] ; ou bien que la *Critique de la Raison pure* est toute orientée vers la justification du concept de la liberté, et par là vers celle de tous les concepts métaphysiques susceptibles de portée morale[4] ; ou encore que la considération de l'intérêt moral a singulièrement renforcé l'élément subjectiviste de la doctrine kantienne[5] ; ou encore que la tendance de la pensée de Kant comme de sa philosophie est une tendance en fin de compte pratique, et qu'elle est intervenue çà et là pour déterminer la direction et marquer l'importance de certaines théories[6]. Un jugement de condamnation contre Kant pourrait être motivé par Kant lui-même, qui a dit : « C'est chose tout à fait absurde d'attendre de la raison des lumières, et de lui prescrire pourtant d'avance de quel côté il faut nécessairement qu'elle penche[7]. »

---

1. *Die Welt als Wille und Vorstellung*, Ed. Griesebach (Reclam), I, p. 648.
2. Carl Göring, *Ueber den Begriff der Erfahrung*, Vierteljahrsschrift für wissenschaftliche Philosophie, I, p. 402 sq., 534.
3. Dühring, *Kritische Geschichte der Philosophie*, 2e éd., p. 398 sq., p. 424. — Riehl, *Der philosophische Kriticismus*, I, p. IV, p. 438-439.
4. Laas, *Kants Analogien der Erfahrung*, p. 205.
5. Volkelt, *Immanuel Kant's Erkenntnisstheorie*, p. 68 sq.
6. E. Adickes, *Die bewegenden Kräfte*, etc... Kantstudien, I, p. 407 sq.
7. *Kritik der reinen Vernunft*, III, p. 497.

Outre les motifs du jugement, il semble qu'on ait les aveux. Certes il ne serait guère équitable de retourner contre Kant le fait que sa doctrine prétend être maîtresse, non seulement de science, mais de sagesse[1], — car c'est là simple fidélité à l'antique idéal de la philosophie — ou le fait qu'elle établit la primauté de la raison pratique sur la raison spéculative[2], qu'elle érige l'homme comme être moral en fin de la création[3], — car *a priori* on ne saurait décider que de telles conclusions doivent dépendre avant tout de dispositions subjectives et non de nécessités rationnelles. Mais à maintes reprises Kant paraît reconnaître que sa critique de la raison théorique n'est pas inspirée uniquement par des considérations intellectuelles, que si elle impose des limites à la science et si elle réserve des possibilités en dehors d'elle, c'est pour satisfaire aux besoins de la croyance ou aux conditions d'une doctrine morale à fonder. Il regarde comme l'une des tâches principales de la *Dialectique transcendantale* « de déblayer et d'affermir le sol pour le majestueux édifice de la morale[4] ». Dans la *Préface* de la seconde édition de la *Critique*, il fait sa déclaration fameuse : « Je dus donc abolir le savoir afin d'obtenir une place pour la croyance[5]. » Vers la fin de sa vie, quand il pouvait le mieux se représenter, selon leur suite et selon leur importance, les pensées qui avaient engendré sa doctrine, il notait ceci : « L'origine de la philosophie critique est la morale, en considération de l'imputabilité des actions. Là-dessus conflit interminable. Toutes les philosophies ne sont pas différentes en substance jusqu'à la philosophie critique[6]. » Parlant des deux théories qui

---

1. *Kritik der reinen Vernunft*, III, p. 551-552. — V. du reste ce que dit Kant un peu plus loin : « La philosophie rapporte tout à la sagesse, mais par la voie de la science, la seule qui, une fois frayée, ne se referme jamais et ne permet pas que l'on s'égare. » III, p. 559.
2. *Kritik der praktischen Vernunft*, V, p. 125 sq.
3. *Kritik der Urtheilskraft*, V, p. 448-449.
4. *Kritik der reinen Vernunft*, III, p. 260.
5. *Kritik der reinen Vernunft*, III, p. 25.
6. Reicke, *Lose Blätter aus Kants Nachlass*, D 14, 1, I, p. 224.

sont, selon son expression, les deux pivots de son système, la théorie de l'idéalité de l'espace et du temps, et la théorie de la liberté, il laisse entendre que l'établissement de la première a été déterminé par l'établissement de la seconde : « La réalité du concept de liberté entraîne comme conséquence inévitable la doctrine de l'idéalité des objets, comme objets de l'intuition dans l'espace et le temps[2]. »

Peut-être y a-t-il lieu d'abord de défendre Kant contre lui-même. La reconstitution de notre passé ne va jamais sans cette illusion de finalité qui nous porte à croire que nous avons voulu et préparé les choses selon l'ordre où nous nous les figurons aujourd'hui et selon le sens que nous leur attribuons actuellement. De plus en plus satisfait des garanties que sa philosophie donnait à la morale, Kant a pu estimer après coup que sa morale avait suscité les conceptions essentielles de sa philosophie. Nul doute qu'il n'ait ainsi refait son œuvre au lieu de la revoir. En ce qui concerne particulièrement l'ordre de dépendance des deux théories fondamentales du kantisme, il est bien certain que Kant l'a sur le tard interverti ; la théorie de l'idéalité de l'espace et du temps a été établie historiquement avant la théorie de la liberté, et en a été la condition, non la conséquence. Sur quoi l'on peut assurément observer qu'une théorie ne fait souvent que parachever des tendances très anciennes, dont l'action antérieure, plus ou moins inconsciente, a pu être très efficace et même déterminante. Mais on reconnaît alors, au bénéfice même de Kant, la nécessité qui s'impose à toute pensée humaine de se développer dans un milieu psychologique donné, l'impossibilité où elle est de philosopher d'emblée dans l'absolu. C'est à partir de dispositions subjectives, et c'est sur un contenu représenté par l'esprit subjectif que travaille l'intelligence philosophique la plus en quête d'objectivité : et sa tâche consiste non pas à abolir ces données originelles, mais à empêcher qu'elles

---

1. *Ueber die Fortschritte der Metaphysik*, VIII, p. 573.
2. Reicke, *Lose Blätter aus Kants Nachlass*, D 12, t. I, p. 217.

ne se fassent valoir immédiatement comme vraies, c'est-à-dire à multiplier le plus possible, en les liant entre elles le mieux possible, les médiations rationnelles qui en éliminent les éléments les plus individuels, qui en retiennent, pour les ordonner, les éléments les plus impersonnels. Or il est certain qu'à divers moments de l'évolution de la pensée kantienne l'idée de fonder la morale, disons même telle morale, est intervenue comme facteur très important ; mais cette idée n'a cherché à se convertir en doctrine que *médiatisée* par des conceptions purement théoriques dont plusieurs avaient un contenu originairement trop éloigné d'elle pour avoir été produites uniquement en sa faveur. Pour revenir au même exemple, — qui nous met du reste au cœur de la doctrine, — c'est par des considérations tirées de la géométrie et de la philosophie naturelle que Kant a été amené à concevoir que l'espace et le temps ont une existence absolue, capable de fonder les rapports des choses au lieu d'en dériver, ensuite que cette existence ne peut être qu'une existence idéale, ou mieux la forme *a priori* de l'intuition sensible[1] ; l'affirmation de la liberté transcendantale ne s'est produite dans le système qu'avec l'autorisation préalable de cette théorie. Aussi Kant, à ce qu'il semble, a plus fidèlement exprimé sa règle de conduite intellectuelle, quand il a dit dans la *Préface* de la seconde édition de la *Critique* : « Supposé que la morale implique nécessairement la liberté (au sens le plus strict)..., mais que la raison spéculative ait démontré que la liberté ne se laisse nullement concevoir, il faut nécessairement que la première de ces suppositions, la supposition morale, fasse place à celle dont le contraire renferme une contradiction manifeste[2]. » Kant n'a donc voulu fonder sa philosophie pratique qu'en l'accordant avec sa philosophie théorique.

---

1. Cf. Riehl, *Der philosophische Kriticismus*, I, p. 256-264. — Ch. Andler, *Introduction* aux *Premiers principes métaphysiques de la science de la nature*, traduits par Ch. Andler et Ed. Chavannes, p. LXXXVI sq.
2. *Kritik der reinen Vernunft*, III, p. 24.

Dira-t-on que l'idée de cet accord est un postulat arbitraire, uniquement propre à précipiter l'esprit vers des arrangements artificiels ? Mais cette objection atteindrait, par delà Kant, la pensée philosophique en général, dont l'activité ne peut se soutenir que par une foi profonde dans l'harmonie finale des principes auxquels obéissent les diverses disciplines humaines. Dira-t-on que cet accord n'a pu être réalisé par Kant que d'une façon tout extérieure, puisque la raison théorique ne fait en somme que réserver des possibilités dont la détermination ultérieure n'est plus sous son empire ? Mais on raisonne alors comme si Kant n'avait mis dans sa philosophie pratique que des tendances personnelles sans justification et sans contrôle ; on oublie trop les caractères propres du développement de sa pensée, et les voies par lesquelles il est arrivé à la constitution de sa morale. Moins qu'un autre Kant s'est abandonné, dans ses réflexions sur la moralité, aux suggestions de son sens propre et au cours naturel de ses idées ; moins qu'un autre il a été systématique par avance ; le souci d'analyse qu'il a apporté dans les questions de tout ordre l'a mis en garde contre ces synthèses prématurées par identification de concepts, qui étaient en honneur dans la métaphysique antérieure à lui. Et c'est peut-être pour avoir délibérément répudié, par suspicion légitime, une notion de la moralité que les philosophes avaient construite en vue de leurs doctrines, pour avoir voulu dépasser l'idée d'une harmonie préétablie entre le degré de moralité et le degré de connaissance claire, qu'il a été le plus exposé au reproche de relier arbitrairement dans son système sa philosophie pratique à sa philosophie théorique. Mais en accordant que la liaison qu'il a établie entre les deux ne résiste pas à toute épreuve, laquelle de ces deux dispositions vaut-elle le mieux scientifiquement, ou de celle qui consiste à transposer, pour les rendre plus facilement assimilables à une doctrine intellectualiste de la science et de la raison, les notions de la conscience morale commune, ou de celle qui considère d'abord ces notions morales telles quelles, qui tend à en discuter le sens et à en découvrir le lien avant d'en déterminer la place dans une doctrine d'ensemble. Par des moyens qui peuvent ne plus être les nôtres, mais qui procèdent d'une pensée méthodique juste, Kant a essayé de remplir cette double tâche : analyser la vie morale dans sa réalité spécifique, ensuite en unifier le principe avec ceux de la science. Le savoir qu'il a cherché à abolir n'était que ce prétendu savoir de l'absolu, qui au fond ne réalisait l'unité de la connaissance et de la moralité que par l'indistinction, et la croyance pour laquelle il a réclamé, dûe à des exigences pratiques, outre qu'elle ne produit en aucune façon une science contre la science, tend à s'intégrer de plus en plus dans la raison. C'est mal voir la philosophie kantienne que de se la représenter comme s'infléchissant à partir d'un certain point dans une direction arbitraire : il faudrait plutôt se la figurer comme travaillant à établir la convergence de deux doctrines constituées séparément[1]. Pour reprendre l'image par laquelle on l'a critiquée, elle n'offre pas un système pourvu de deux centres de gravité, et mis par là en dehors des lois rationnelles : il semble plutôt qu'elle cherche à fixer idéalement le centre de gravité d'un système universel dans lequel viendraient se composer avec leurs forces respectives indépendantes deux systèmes originairement distincts.

Il serait donc injuste de méconnaître les précautions que Kant a prises contre lui-même, en faveur de la vérité objective, dans la constitution progressive de sa morale, et dans la recherche du rapport qui lie, pour une philosophie intégrale, la morale à la science. On peut bien relever l'influence de son caractère sur certains traits tout à fait saillants de sa doctrine, on peut bien dire que la façon dont l'obligation morale se présentait à lui a dû déterminer la façon dont il a défini l'obligation morale en elle-même et

---

1. Em. Boutroux, *Rôle de la Dialectique transcendantale*, dans les Leçons de la Sorbonne, publiées par la Revue des Cours et Conférences, 4e année (1895-96), 1re série, p. 632-633.

pour tous. Mais sans rappeler une fois de plus à quelle discipline Kant s'est toujours efforcé de soumettre ses vues spontanées, il n'est pas du tout sûr que certaines tendances personnelles très fortes ne soient que des maîtresses d'illusion, qu'elles n'évoquent pas heureusement, pour la recherche intellectuelle, des objets jusqu'alors négligés ou non aperçus. Que la profondeur du sentiment moral chez Kant l'ait entraîné à vouloir découvrir ce qui appartient en propre à la vie morale, sans mélange et sans altération, puis à faire valoir directement pour l'action pratique cet esprit d'universalité dont la métaphysique antérieure avait si puissamment révélé la valeur souveraine, au bénéfice de l'intelligence : cela est vrai sans aucun doute ; mais ce qui est peut-être vrai aussi, c'est qu'à étudier la moralité telle quelle dans la conscience commune, qu'à la définir, non plus selon l'ordre transcendant des choses, mais selon l'ordre immanent de l'humanité, la pensée s'est rapprochée davantage des conditions d'une analyse et d'une synthèse scientifiques. Il n'est pas jusqu'au rigorisme de Kant qui n'ait suscité en lui un désir d'épuration intellectuelle et de critique, un besoin de prévenir, parallèlement à la confusion des mobiles de l'activité, la confusion des idées et des méthodes [1]. Enfin si la personnalité de Kant s'est projetée dans sa doctrine morale, ce n'a pas été par une force d'expansion immédiate, ni aveugle ; le temps même qu'il lui a fallu, dans ce cas, pour se reconnaître tout entière, a contribué à la mettre sous la dépendance d'habitudes d'esprit sévèrement méthodiques : car c'est un fait remarquable, qu'elle a imposé sur des problèmes tout spéculatifs, avant de la manifester sur les problèmes moraux, sa puissance propre de critique et de rénovation. Kant tentait une généralisation hardie de la science newtonienne, il saisissait vivement, en essayant de la résoudre, l'opposition de la science newtonienne et de la métaphysique leibnizienne, tandis que, sur les sujets concernant les fins de l'action hu-

---

[1]. *Grundlegung zur Metaphysik der Sitten*, IV, p. 237-238.

maine, il croyait se satisfaire par les formules venues de Leibniz et de Wolff. La progression plus lente de sa pensée vers les questions et les idées qui pouvaient le mieux répondre à sa nature intime, n'est-elle pas un nouvel indice, qu'en ces matières mêmes, il s'est efforcé autant qu'il a pu « d'éviter soigneusement la précipitation et la prévention » ? Au surplus, ce qui le défendra sans doute le mieux contre certaines objections sommaires, c'est l'explication historique des concepts moraux tels qu'ils se sont développés dans sa philosophie[1].

1. Sur l'évolution de la philosophie de Kant en général, et plus spécialement de sa philosophie morale, cf. : Kuno Fischer, *Geschichte der neuern Philosophie* (édition du jubilé), IV, 1, 1898, p. 136-309. — Ueberweg-Heinze, *Grundriss der Geschichte der Philosophie*, III, 1 (9ᵉ édition), 1901, p. 273-288. — Ed. Zeller, *Geschichte der deutschen Philosophie seit Leibniz* (2ᵉ édition), 1875, p. 329-341. — Edward Caird, *The critical philosophy of Kant*, 1889, I, p. 104-226. — Em. Boutroux, *Études d'histoire de la philosophie*, Kant, 1897, p. 329-346; *Les idées morales de Kant avant la « Critique »*, dans la Revue des Cours et Conférences, 9ᵉ année (1900-1901), 2ᵉ série, p. 1-8. — D. Nolen, *La Critique de Kant et la Métaphysique de Leibniz*, 1875. — Adickes, *Kant-Studien*; *Die bewegenden Kräfte in Kants philosophischer Entwickelung und die beiden Pole seines Systems*, Kantstudien, I, pp. 1-59, 161-196, 352-415, *passim*; *Kants Systematik als systembildender Factor*, 1887. — H. Cohen, *Die systematischen Begriffe in Kants vorkritischen Schriften nach ihrem Verhältniss zum kritischen Idealismus*, 1873. — Benno Erdmann, *Reflexionen Kants zur kritischen Philosophie*: I, *Zur Entwickelungsgeschichte von Kants Anthropologie*, 1882, p. 37-64 (contre les thèses de Benno Erdmann, v. Emil Arnoldt, *Kritische Excurse im Gebiete der Kant-Forschung*, 1894, p. 269-368); II, *Die Entwickelungsperioden von Kants theoretischer Philosophie*, 1885, p. XIII-LX. — Riehl, *Der philosophische Kriticismus*, I, 1876, p. 202-294. — Eduard von Hartmann, *Kants Erkenntnisstheorie und Metaphysik in den vier Perioden ihrer Entwickelung*. — F. Paulsen, *Versuch einer Entwicklungsgeschichte der kantischen Erkenntnisstheorie*, 1875; *Kant*, 1898, p. 74-105. — Th. Ruyssen, *Kant*, 1900, p. 21-61. — Harald Höffding, *Die Kontinuität im philosophischen Entwicklungsgange Kants*, Archiv für Geschichte der Philosophie, VII, pp. 173-192, 376-402, 449-485. — K. Dietrich, *Die kritische Philosophie in ihrer inneren Entwickelungsgeschichte*, II Theil (Psychologie und Ethik), 1885. — A. Hegler, *Die Psychologie in Kants Ethik*, 1891, ch. XI, p. 305-328. — Foerster, *Der Entwicklungsgang der kantischen Ethik bis zur Kritik der reinen Vernunft*, 1894. — Thon, *Die Grundprincipien der kantischen Moralphilosophie in ihrer Entwickelung*, 1895. — P. Menzer, *Der Entwicklungsgang der kantischen Ethik bis zum Erscheinen der Grundlegung zur Metaphysik der Sitten*, I. Theil (Inaug. Diss), 1897; *Der Entwicklungsgang der kantischen Ethik in den Jahren 1760 bis 1785*, Kantstudien, II, p. 290-322, III, p. 41-104. — Neuendorff, *Der Verhältniss der kantischen Ethik zum Eudämonismus*, 1897. — Karl Schmidt, *Beiträge zur Entwickelung der kantischen Ethik*, 1900. — O. Schlapp, *Kants Lehre vom Genie und die Entstehung der « Kritik der Urtheilskraft »*, 1901.

PREMIÈRE PARTIE

LES IDÉES MORALES DE KANT AVANT LA CRITIQUE

CHAPITRE PREMIER

LES PREMIÈRES CONCEPTIONS MORALES DE KANT

Les écrits de Kant antérieurs à 1760 ne révèlent chez lui aucune préoccupation méthodique des problèmes moraux ; ils ne touchent à ces problèmes qu'indirectement, et selon leur rapport, soit à une conception scientifique, soit à une interprétation métaphysique ou religieuse de l'ensemble des choses ; ils ne témoignent à coup sûr d'aucun progrès accompli par la pensée abstraite et doctrinale dans cet ordre plus spécial d'idées. Ils ne sont le plus souvent instructifs que par le contraste qu'ils présentent avec les œuvres ultérieures. Çà et là cependant ils esquissent certaines attitudes d'esprit qui plus tard seront dessinées plus délibérément. Ce qui relève alors d'une inspiration plus indépendante et plus large ne consiste guère qu'en pressentiments poétiques et qu'en divinations. C'est ainsi que dans l'*Histoire universelle de la Nature et théorie du Ciel*[1] le vigoureux élan intellectuel qui entraîne Kant à pousser jusqu'aux dernières limites possibles l'explication scientifique de la nature, imprime par contre-coup un mouvement à son imagination et aboutit ainsi à des rêves de mondes merveilleux pour nos destinées ultra-terrestres. Ce qui relie l'une à l'autre l'invention positive et la libre vision, c'est ce sentiment profond de

---

1. *Allgemeine Naturgeschichte und Theorie des Himmels*, 1755.

l'infinité de l'univers, qui fait redire à Kant le vers du
« plus sublime des poètes allemands », de Haller :

Unendlichkeit! wer missel dich[1] ?

Embrassé par une science plus complète, le ciel étoilé ne perd rien de sa puissance de fascination sur l'âme, et il y a comme un accord providentiel de sa magnificence avec la sublimité des aspirations et des espérances humaines.

L'idée maîtresse du livre est que le monde a dû se former en vertu des lois mêmes qui le conservent, et que le système newtonien, limité par son auteur à la constitution actuelle de l'univers, peut et doit, par l'extension de ses principes propres, en expliquer les origines. Parti de là, Kant expose une cosmogonie mécaniste qui maintes fois a été comparée, plus ou moins justement, à l'hypothèse de Laplace. Toutefois, alors même qu'il reconnaît le plus expressément le droit de la science à rendre compte des premiers commencements des choses, il prétend que la croyance religieuse, respectable avant tout, doit être mise hors de toute atteinte[2]. Pour résoudre l'apparente antinomie qui pourrait résulter de cette double disposition d'esprit, il introduit une distinction importante dont sa philosophie ultérieure fera, sous une forme renouvelée par la *Critique*, un fréquent usage : c'est la distinction entre la causalité déterminable dans le temps, qui ne permet de remonter qu'à un état relativement premier du monde, et la cause absolument première, indépendante du temps, raison déterminante de toute la suite régulière des choses. Ainsi il est possible de maintenir l'action divine comme fondement de l'univers mécaniquement expliqué. L'obligation méthodique de poursuivre jusqu'au bout la détermination des forces mathématiquement calculables, d'exclure en conséquence toute intervention de Dieu que l'on voudrait

---

1. I, p. 297.
2. I, p. 211.

prendre sur le fait, ne saurait se retourner contre l'idée d'une Cause intelligente de la nature. Au contraire, la meilleure démonstration de l'existence de Dieu est celle qui est tirée de l'enchaînement nécessaire et de l'influence réciproque des éléments de l'univers : leur commune liaison prouve leur commune dépendance à l'égard de la suprême sagesse. Une même erreur est au fond professée par ceux qui nient l'action divine et par ceux qui ne la conçoivent qu'extraordinaire ou arbitraire ; et cette erreur consiste à se figurer la matière comme étant par elle-même aveugle et sans lois : d'où, chez les uns, la pensée que le hasard gouverne tout, c'est-à-dire que rien n'est gouverné, chez les autres, la pensée que tout n'est gouverné que du dehors, par arrangement artificiel et sans suite. En réalité, le passage du chaos à l'ordre n'exige rien de plus que les lois qui agissent au sein du chaos même, et ce qui prouve qu'il y a un Dieu, c'est que, jusque dans le chaos, la nature procède selon des lois[1].

Kant estime, il est vrai, que s'il est permis de dire sans présomption : Donnez-moi la matière, je vais montrer comment un monde va en sortir, il est plus téméraire d'ajouter : Donnez-moi la matière, je vais montrer comment un être vivant, une chenille ou un brin d'herbe va en sortir[2]. Mais, selon une vue qu'il reproduira plus tard, l'impossibilité d'expliquer ainsi l'apparition de la vie marque moins l'impuissance du mécanisme en lui-même que la limite de nos facultés[3]. Au fond la conception qu'il

1. I, p. 212-218, 313-316.
2. *Kritik der Urtheilskraft*, V, p. 412 : « Il est tout à fait certain que nous ne pouvons en aucune façon apprendre à connaître suffisamment, à plus forte raison nous expliquer les êtres organisés et leur possibilité interne uniquement d'après les principes mécaniques de la nature, tellement certain en vérité, que l'on peut dire hardiment qu'il est insensé pour des hommes, même de concevoir seulement une telle entreprise, ou d'espérer qu'il puisse surgir quelque nouveau Newton qui rendrait compte de la production d'un brin d'herbe par des lois naturelles que n'aurait ordonnées aucun dessein. »
3. I, p. 219-220.

expose ici sous-entend constamment, quand elle ne l'exprime pas formellement, une sorte d'immanence de la finalité dans le mécanisme ; ce qui est simplement exclu, c'est cette téléologie anthropomorphique qui met immédiatement l'action humaine au centre de tout, qui l'affranchit de toute connexion nécessaire avec le développement de l'univers. Les pages de haute pensée et de vive imagination, dans lesquelles Kant décrit l'infinité de la création par delà l'espace et le temps, la production et les transformations successives des mondes, paraissent destinées surtout à fortifier l'idée que la nature dans son œuvre ne se règle ni sur les désirs, ni sur les représentations spontanées de l'homme[1]. « La Nature, bien qu'elle ait une destination essentielle à la perfection et à l'ordre, comprend en elle, dans l'étude de sa diversité, toutes les modifications possibles, même jusqu'aux défectuosités et aux perturbations. C'est juste la même inépuisable fécondité qui a produit les globes célestes habités aussi bien que les comètes, les utiles montagnes et les funestes écueils, les contrées habitables et les solitaires thébaïdes, les vertus et les vices[2]. » Ce n'est pas à dire que l'homme reste fatalement l'esclave de cette puissance qui l'enveloppe : il peut la dominer par la sérénité de sa pensée, par l'union intime de son être avec Dieu. C'est là un bonheur que la raison s'enhardit à peine à concevoir, mais que la révélation autorise à espérer. « Lors donc que tombent les liens qui nous tiennent enchaînés à la frivolité des créatures, au moment qui est marqué pour la transformation de notre être, l'esprit immortel, libéré de la dépendance des choses finies, va trouver dans la communion avec l'Être infini la jouissance de la véritable félicité. La Nature tout entière qui soutient un rapport harmonique universel avec la complaisance de la Divinité, ne peut que remplir d'un contentement perpétuel cette créature raisonnable qui se trouve unie à la source première

---

1. I, p. 289 sq.
2. I, p. 328.

de toute perfection… Les scènes changeantes de la nature ne peuvent troubler la tranquille félicité d'un esprit qui s'est une fois élevé à une telle hauteur[1] ».

Ces idées de Kant reparaissent à nouveau parmi les conjectures et les rêves qui remplissent la troisième partie de son livre, intitulée : *Des Habitants des Astres*. Rien n'est plus faux, selon Kant, qu'une conception téléologique qui subordonne la marche de l'univers aux fins particulières de l'homme. Aussi bien que l'homme, l'insecte pourrait juger que son existence et celle de son espèce mesurent la valeur de tout. Or, parce que la nature produit tous les êtres avec une égale nécessité, aucune classe d'êtres n'a le droit de se mettre à part : en ce qui nous concerne, il est insensé d'attendre que l'ordre des forces naturelles fléchisse devant la considération de telle ou telle fin, dont l'accomplissement, selon nos vues bornées, donnerait plus de beauté ou de perfection aux choses. Que pourrait signifier au surplus, même s'il était authentiquement établi, tel défaut de l'univers ? N'est-ce pas la propriété de l'Infini d'être une grandeur qui ne saurait être diminuée par la soustraction d'aucune partie finie[2] ?

L'homme est lié au Tout dans sa pensée et dans son action. Quelque disproportion qu'il paraisse y avoir entre la faculté de penser et les mouvements de la matière, il n'en est pas moins certain que l'homme tire ses représentations et ses concepts des impressions que l'univers suscite en lui par l'intermédiaire de son corps. Or ce corps qui enveloppe l'esprit est d'une matière plus ou moins grossière ; d'une façon générale, les corps des habitants des diverses planètes sont faits d'une matière d'autant plus subtile et légère que ces planètes sont plus éloignées du soleil ; on conçoit donc, pour l'homme, que l'imperfection de son organisme le condamne à la servitude des idées confuses et des passions. Au fait, il semble que la destinée de la plu-

---

1. I, p. 304.
2. I, p. 331-332.

part des hommes consiste à satisfaire les plus élémentaires besoins de leur existence, à croître sur place, comme les plantes, à propager leur espèce, à vieillir et à mourir : leur puissance de penser reste opprimée sous les penchants qu'elle devrait gouverner. La faculté de lier des concepts abstraits, d'opposer au tumulte des passions la force des représentations claires reste ainsi chez beaucoup sans vigueur ; si elle se manifeste chez quelques-uns, ce n'est que tard et par intermittence ; la lumière de la raison n'est dans l'humanité que comme ces rayons voilés ou brisés par l'épaisseur des nuages[1].

Tout au moins la perspective souriante nous est ouverte d'un développement supérieur de la pensée dans d'autres mondes, et notre situation d'enfants de la terre nous permet d'en juger par comparaison. S'il y a au-dessous de nous des êtres dont les plus privilégiés sont ce qu'est un Hottentot par rapport à un Newton, nous pouvons concevoir au-dessus de nous de ces êtres bienheureux qui sont à Newton, suivant l'expression de Pope, ce que Newton est à un singe. Et ce qui les élève si haut, ce sont ces vues distinctes de la pure intelligence, qui deviennent spontanément des mobiles d'action, d'une force et d'une vivacité bien supérieures à tous les attraits sensibles. « Avec combien plus de magnificence la Divinité qui se peint dans toutes les créatures ne se reflète-t elle pas dans ces natures pensantes qui reçoivent paisiblement son image comme une mer que n'agitent point les orages des passions[2] ! » Qui sait d'ailleurs si ces globes célestes ne sont pas comme les degrés matériels que doit franchir l'âme immortelle dans l'infinité de sa vie à venir ? N'y a-t-il pas une affinité entre le spectacle qu'ils nous offrent, le prestige qu'ils exercent sur notre curiosité, et la conscience de la destinée de l'esprit, dépassant peu à peu tout ce qui est fini, s'assurant par une plus intime union avec Dieu la perpétuité de son exis-

1. I, p. 333 sq.
2. I, p. 338.

tence¹? « Au fait, quand on s'est rempli l'âme de telles pensées..., la contemplation d'un ciel étoilé, par une nuit sereine, nous donne une sorte de joie que les nobles âmes sont seules à ressentir. Dans le silence universel de la nature et le repos des sens, la mystérieuse faculté de connaître qui est au fond de l'esprit immortel parle une langue ineffable et fournit des idées d'un sens enveloppé, qui se laissent bien sentir, mais ne se laissent pas décrire ². »

Telle est la première conception que Kant nous présente des conditions et des fins de l'action humaine. Il en emprunte visiblement le fonds aux postulats du rationalisme traditionnel, selon lesquels les progrès de la pensée déterminent les progrès de la vie morale. Faut-il noter comme l'indice d'une disposition plus personnelle le jugement pessimiste d'apparence qu'il porte sur l'humanité, sur la puissance des causes qui la tiennent presque invinciblement éloignée de son idéal³? Peut-être en quelque mesure ; encore ne faut-il pas oublier que cette façon de juger l'humanité actuelle a été souvent avouée par le rationalisme même, qui tient naturellement la possession de la raison pour un bien aussi rare que précieux, qu'elle n'est pas en outre incompatible avec cette sorte d'optimisme qui cherche hors des réalités finies le principe de l'estimation définitive de l'univers. Quant au genre de conjectures, où semble s'égarer l'esprit de Kant, il révèle à coup sûr un penchant à la spéculation aventureuse et quasi-mythi-

---

1. I, p. 343. — C'est par des vues du même genre que Fechner, dans son *Zend Avesta*, préludait aux idées constitutives de la psycho-physique.

2. I, p. 345. On songe tout naturellement à la phrase si souvent redite qui commence la conclusion de la *Critique de la raison pratique* : « Deux choses remplissent l'âme d'une admiration et d'un respect toujours nouveaux et qui s'accroissent à mesure que la réflexion s'en occupe plus souvent et avec plus d'insistance : *le ciel étoilé au-dessus de moi et la loi morale en moi* », V, p. 168. Mais la suite du développement montre bien comment dans l'intervalle Kant a pris conscience d'un autre infini que l'infini du monde visible, à savoir l'infini du monde intelligible, qui est l'infini véritable, où règne la personnalité.

3. Paul Menzer, *Der Entwicklungsgang der kantischen Ethik*, I Theil (Inaug.-Diss), p. 19-20.

que, qui même plus tard, en face des sévères restrictions de la *Critique,* continuera à se réserver quelques droits ; mais il n'est pas non plus étranger au besoin qu'éprouve souvent la pensée rationaliste d'achever son œuvre de dialectique abstraite par la divination intuitive de l'essence et de la destinée des êtres. Est-ce que certaines des formules particulières dont Leibniz avait revêtu le rationalisme ne se prêtaient pas d'elles-mêmes au jeu des spécieuses analogies ? Dans les conclusions de l'*Histoire universelle de la nature,* il y a comme un usage de l'inspiration leibnizienne très semblable à celui que Kant plus tard, porté à plus de rigueur, reprochera à Herder [1]. Au moins faut-il reconnaître que déjà ces hypothèses ne sont pas développées ici sans quelque réserve [2]. « Il est permis, dit Kant, il est convenable de se divertir avec des représentations de ce genre ; mais personne ne fondera l'espoir de la vie future sur des images aussi incertaines de l'imagination [3]. »

*
* *

Tandis que l'*Histoire universelle de la Nature* concilie

---

1. Dans son *Compte rendu du livre de Herder intitulé : Idées concernant la philosophie de l'histoire de l'humanité* (1785). V. plus loin, 2ᵉ partie. — Leibniz a indiqué lui-même le rôle que joue l'analogie dans son système ; tout en préférant nettement les analogies qui portent sur les êtres vivants et qui en généralisent les caractères, il signale au passage les conjectures auxquelles on peut se livrer sur les mondes célestes : « Quelques hommes d'esprit voulant donner un beau tableau de l'autre vie promènent les âmes bienheureuses de monde en monde ; et notre imagination y trouve une partie des belles occupations qu'on peut donner aux génies. Mais quelque effort qu'elle se donne, je doute qu'elle puisse rencontrer, à cause du grand intervalle entre nous et ces génies et de la grande variété qui s'y trouve. » *Nouveaux Essais.* L. IV, ch. xvi. *Phil. Schr.* Ed. Gerhardt, V, p. 444-456. — Incontestablement d'ailleurs la philosophie de Leibniz fournissait des thèmes à de nombreuses combinaisons par analogie, et c'était sans doute ce que reconnaissait Herder quand il appelait Leibniz un « poète dans la métaphysique ». — Remarquons encore que les *Idées* de Herder, en s'inspirant de la philosophie spinoziste et de la philosophie leibnizienne, omettent le criticisme kantien et se bornent à louer Kant pour sa théorie du ciel.
2. I, p. 343.
3. I, p. 344.

avec la conception newtonienne de la science, généralisée dans son propre sens, des intuitions philosophiques plus ou moins directement suggérées par la philosophie de Leibniz, la *Nova dilucidatio*[1], par une interprétation et une rectification des idées leibniziennes et wolffiennes sur les premiers principes, s'efforce d'établir les conditions rationnelles de la science, telle que Newton l'a comprise. Les idées morales de Kant qui étaient précédemment enveloppées dans une cosmogonie sont maintenant rattachées, avec le déterminisme qu'elles impliquent, à une théorie de la connaissance.

L'effort fait par Kant pour donner dans cet ouvrage une formule et une démonstration plus exactes du principe de *raison suffisante*, ou, comme il veut l'appeler avec plus de précision, de *raison déterminante*[2], l'amène à rechercher quel est le rapport de ce principe avec la liberté humaine. Crusius soutient que ce principe ne peut être rigoureusement démontré, que, s'il pouvait l'être, il tendrait à justifier un fatalisme comme celui des Stoïciens, c'est-à-dire à nier la liberté et la responsabilité morale ; autant pour cette conséquence que pour le manque d'évidence du principe, Crusius conclut que certaines choses existantes sont suffisamment déterminées par le seul fait de leur existence actuelle, que les actes libres, quand il s'en produit, sont au nombre de ces choses. Kant estime qu'une fois mieux établi, le principe de raison déterminante résiste aux critiques de Crusius et n'est incompatible qu'avec la fausse conception d'une liberté d'indifférence. Si le légitime dédoublement de ce principe en principe de la raison d'être

---

1. *Principiorum primorum cognitionis metaphysicæ nova dilucidatio*, 1755.
2. I. p. 374. — Leibniz, au contraire, avait fini par préférer l'expression de « raison suffisante » à l'expression de « raison déterminante » qu'il avait un moment employée. (Cf. *Théodicée*, *Phil. Schr.* Ed. Gerhardt, VI, p. 127.) Wolff avait critiqué chez Leibniz l'usage de « raison déterminante » pour désigner la « raison suffisante ». *Philosophia prima sive Ontologia*, Ed. nov. 1736, § 117.

et en principe de la raison de connaître conduit à admettre que l'existence finalement fonde l'intelligibilité du possible au lieu d'en dériver, il n'y a que l'Être nécessaire, Dieu, qui par son être même soit indépendant de la raison d'être antécédemment déterminante ; tous les êtres contingents, sans exception, en relèvent. Que l'on suppose donné, en effet, un acte de libre volition : peut-on dire que son actualité même le détermine entièrement ? Dans ce cas, il faudrait tenir pour indifférente la place qu'il occupe dans le temps, ou reconnaître qu'à un moment antérieur les causes manquaient pour le produire. Or, admettre qu'à l'absence de raison antécédente corresponde la non-existence, c'est admettre qu'il faut une raison antécédente pour déterminer l'existence[1]. En vain invoquerait-on, pour soustraire l'action libre au déterminisme, la distinction de la nécessité *absolue* et de la nécessité *hypothétique*; contre les partisans de la philosophie de Wolff Crusius a justement montré la la vanité de cette distinction : à quoi sert à l'homme qui agit en un sens de concevoir la possibilité abstraite d'un contraire qui, dans les conditions où il se trouve, reste effectivement impossible ? Kant ne veut pas user de pareils subterfuges logiques. « De même qu'on ne peut rien concevoir de *plus vrai* que le *vrai*, rien de *plus certain* que le *certain*, de même on ne peut rien concevoir de *plus déterminé* que le *déterminé*[2]. » La question n'est pas dans le degré, mais dans l'origine de la nécessité. Une nécessité comme celle qui incline la volonté divine, par les raisons comprises dans un entendement infini, ne laisse pas d'être absolue, bien qu'elle s'accorde pleinement avec la liberté; de même, ce n'est pas chez l'homme une moindre nécessité, une raison d'être plus vague et plus incertaine qui distingue des actions physiques les actions produites par la liberté morale; c'est la constitution de la

---

1. I, p. 378.
2. I, p. 382.

nécessité par des motifs tirés de l'intelligence. L'apparente indifférence de certaines de nos résolutions à l'égard des mobiles conscients dissimule simplement une reprise de notre volonté par les forces inférieures et obscures de notre être, comme la foi dans l'égale possibilité des contraires n'est qu'une imposture de l'imagination qui nous représente la tendance à varier nos états comme le pouvoir de modifier à notre gré les raisons objectives de nos actes. En réalité, quand des actes s'accomplissent sous l'empire des sollicitations et des impressions extérieures, sans qu'il y ait inclination spontanée, on peut dire qu'ils sont l'œuvre de la fatalité ; ils sont libres dès qu'ils dépendent d'une nécessité intérieure à nous-mêmes. Or, comme Leibniz, Kant marque deux moments principaux de cette nécessité, un moment inférieur où il s'agit de spontanéité plutôt que de liberté véritable, où, bien que la conception monadologique de la substance soit exclue[1], l'âme est conçue comme un principe interne d'action, et un moment supérieur, où la liberté est définie comme la puissance d'agir conformément à la représentation claire du meilleur possible, où c'est précisément la nécessité rationnelle de ce genre d'action qui en fonde la valeur. Dans un dialogue qu'il institue entre Titius, partisan du déterminisme rationaliste, et Caïus, partisan de la liberté d'indifférence, Kant essaie de résoudre selon la plus pure inspiration leibnizienne les difficultés que l'on oppose à la doctrine de la nécessité morale : la liaison des effets et des causes dans l'ordre des actes volontaires, loin d'être un motif d'excuse, rend l'action essentiellement dépendante de l'agent ; elle rattache intimement en l'homme ce qu'il fait à ce qu'il est : elle l'assure en quelque sorte du bien et du mal qu'il accomplit. « Ton action n'a pas été *inévitable*, comme tu parais le soupçonner,

---

1. V. la troisième section de la *Nova dilucidatio*, où, pour justifier philosophiquement la conception newtonienne de l'attraction, Kant substitue à l'idée de l'harmonie préétablie le système du commerce universel des substances. I, p. 393-400.

car tu n'as pas cherché à l'éviter ; mais elle a été *infaillible* selon la tendance de ton désir en rapport avec les circonstances où tu étais placé. Et cela t'accuse plus hautement. Car tu as désiré avec tant de violence que tu n'as pu te laisser distraire de ta résolution.[1] » La responsabilité n'est détruite que par la contrainte que l'on est forcé de subir passivement ; elle ne l'est point par l'acceptation de raisons qui attirent sans entraîner ; chacun de nos actes nous engage véritablement. Par une formule de conciliation qu'il jugera plus tard absolument vaine, et qu'il cherchera en conséquence à remplacer[2], Kant manifeste sa confiance dans un accord possible entre la nécessité des actes et la responsabilité morale, conçues comme deux vérités à reconnaître pleinement, sans atténuation[3]. Mais alors même que, selon ces idées, notre conduite rentre sous notre responsabilité propre, est-ce que la tendance à remonter de raison en raison dans la série des actes n'aboutit pas à Dieu comme cause unique et suprême de tous les événements ? Est-ce qu'il n'en reste pas moins impossible de concilier avec la bonté et la sainteté parfaites l'existence du mal, dont Dieu, par sa prescience et sa puissance combinées, paraît bien être la raison dernière et déterminante ? La réponse de Kant est encore toute leibnizienne : le mal n'existe qu'en vue d'un plus grand bien, ou même du plus grand bien possible. Précisément parce que Dieu, déterminé par sa perfection à créer, a voulu réaliser dans ses créatures tous les degrés de perfection, il n'a pu supprimer ces causes de mal

---

1. I, p. 384.
2. Dans cette façon d'accorder la liberté et la nécessité Kant ne verra plus tard qu'un « misérable subterfuge », qu'une « pure duperie de mots » ; de la liberté identifiée à la nécessité des représentations claires, de cette liberté purement psychologique et relative, il dira qu'« elle ne vaudrait guère mieux au fond que la liberté d'un tourne-broche qui, lui aussi, une fois qu'il a été monté, exécute de lui-même ses mouvements. » *Kritik der praktischen Vernunft* (1re partie, livre I, ch. III), V, p. 101-102.
3. Sur la double affirmation du déterminisme et de la responsabilité morale dans la doctrine ultérieure, v. *Kritik der reinen Vernunft* (Dialectique transcendantale, livre II, ch. II, section IX, 3), III, p. 383-384 ; *Kritik der praktischen Vernunft* (1re partie, livre I, ch. III), V, p. 102-105.

qui n'eussent pu disparaître qu'avec de très glorieuses images de sa sagesse et de sa bonté. Si Dieu déteste le mal, il a encore plus d'amour pour les perfections plus considérables qui en peuvent provenir. Bien entendue, la doctrine de la nécessité morale ne porte pas plus d'atteinte à la bonté et à la sainteté de Dieu qu'à la liberté et à la responsabilité de l'homme [1].

*
* *

Kant adhérait donc pleinement à l'optimisme de Leibniz [2]. Il maintint son adhésion aussi ferme au milieu de l'émotion et des discussions que provoqua le tremblement de terre de Lisbonne. Les trois petits écrits qu'il publia pour

1. I, p. 385-387.
2. Il faut noter cependant que Kant semble n'avoir pas adopté tout d'abord sans quelque restriction l'optimisme leibnizien. En 1753, l'Académie de Berlin avait mis au concours pour 1755 une étude sur le système de Pope résumé dans cette formule: tout est bien, et elle engageait clairement dans son programme à la comparer avec le système de Leibniz. Ce sujet qui provoqua les critiques et les railleries de Lessing dans l'écrit anonyme qu'il publia avec Mendelssohn sous le titre « *Pope ein Metaphysiker!* » (Danzig, 1755) attira au contraire sérieusement l'attention de Kant. En cela peut-être Kant cédait au souvenir de l'enseignement d'un professeur de l'Université de Kœnigsberg, Rappolt, qui en 1741 avait expliqué les *Essays on man* de Pope, qui, l'année suivante, avait annoncé comme sujet de cours une *Théodicée* d'après Pope (V. Benno Erdmann, *Martin Knutzen*, p. 140, note). On ne sait pas s'il concourut effectivement. Toujours est-il que nous avons dans les *Feuilles détachées*, publiées dans ces derniers temps par Reicke (*Lose Blätter aus Kants Nachlass*, Kœnigsberg, I, 1889; II, 1895; III, 1898) des fragments du travail qu'il avait préparé. Est-ce par condescendance pour les intentions qu'avait pu avoir l'Académie en proposant ce sujet? Ce qui est certain, c'est que la doctrine de Leibniz est jugée par Kant inférieure à celle de Pope. Elle encourt selon lui les objections suivantes: 1° si l'on peut accorder avec la sagesse de Dieu le fait d'avoir accepté le mal comme moyen pour un plus grand bien, comment accorder avec son infinie puissance la fatalité métaphysique qui lui impose cette condition? Le défaut du système leibnizien, c'est qu'il représente le plan du meilleur univers tour à tour comme dépendant et comme indépendant de la volonté divine : il y a là un dualisme inacceptable ; 2° c'est aussi une faiblesse pour le système, que le mal existant dans le monde ne puisse être expliqué que par la supposition préalable de l'existence de Dieu ; on perd le bénéfice de la preuve que pourrait fournir pour l'existence de Dieu le monde justifié tout d'abord dans son ordre et dans sa perfection. D 32, D 33, I, p. 293-302. V. aussi la première page de E 69, II, p. 235-236, qui paraît se rapporter au même sujet et à la même époque.

donner l'explication physique du phénomène [1] sont dirigés dans leur esprit général contre cette téléologie superficielle qui considère l'existence et le bonheur de l'homme comme les fins de la nature, et qui voit par suite autant de maux ou de punitions dans les atteintes des lois naturelles aux désirs humains [2]. Mesure bien inexacte et souvent contradictoire pour juger les événements. La même secousse qui a détruit Lisbonne a multiplié à Teplitz des sources d'eaux curatives. « Les habitants de cette dernière ville avaient leurs raisons de chanter *Te Deum laudamus*, tandis que ceux de Lisbonne entonnaient de tout autres chants [3]. »
« L'homme, ajoutait Kant, est si épris de lui-même qu'il se considère purement et simplement comme l'unique but des arrangements de Dieu, comme si ces derniers n'avaient à viser qu'à lui seul, pour régler là-dessus les mesures à prendre dans le gouvernement du monde. Nous savons que l'ensemble de la nature est un digne objet de la sagesse divine et de ses arrangements. Nous sommes une partie de la nature, et nous voulons être le Tout [4]. »

La question de la Providence et du mal, posée ainsi par les circonstances, resta longtemps à l'ordre du jour et fut longuement débattue, en particulier dans les chaires académiques. Kant la reprit dans ses *Considérations sur l'optimisme* [5] qu'il écrivit en guise de programme de ses leçons du semestre d'hiver 1759-1760. Sa solution est plus que jamais, avec une fidélité presque littérale, la solution leibnizienne. Il la soutient comme une vérité qui va de soi. Il critique sur un ton d'ironie tous ceux dont le secret amour-propre n'estime une thèse que pour l'effort qu'elle coûte

---

1. *Von den Ursachen der Erderschütterungen*, 1756; *Geschichte und Naturbeschreibung der merkwürdigsten Vorfälle des Erdbebens...*, 1756; *Fortgesetzte Betrachtung der seit einiger Zeit wahrgenommenen Erderschütterungen*, 1756.
2. I, p. 415, p. 439-440.
3. I, p. 421.
4. I, p. 443-444.
5. *Versuch einiger Betrachtungen über den Optimismus*, 1759.

à défendre et s'accomode mieux des erreurs subtiles que des vérités communes[1]. Il s'applique à montrer que la volonté de Dieu n'a pas pu agir selon son bon plaisir, qu'elle a dû se déterminer à choisir le meilleur des mondes. On conteste qu'il y ait en Dieu une idée du plus parfait des mondes; mais alors on pourrait concevoir un monde plus parfait que les mondes représentés dans l'entendement divin, et Dieu ne concevrait pas tous les mondes possibles : il ne serait pas infini. La conséquence détruit le principe[2]. Mais ne se peut-il pas qu'il y ait plusieurs mondes répondant également à cette condition d'être les meilleurs mondes possibles ? Par un argument que lui-même déclare nouveau, Kant prétend que deux réalités ne peuvent être l'objet d'une pensée qui les compare et les distingue que si les différences qu'il y a entre elles portent, non sur leurs caractères constitutifs pris en soi, mais sur leurs degrés respectifs de détermination positive ou de perfection : d'où il résulte que la conception de deux mondes distincts et également parfaits est contradictoire, puisqu'elle suppose une perfection égale pour des degrés différents de réalité[3]. Cependant l'idée du plus parfait des mondes pourrait sembler pareille à telle idée illusoire, comme est, par exemple, l'idée du plus grand nombre ou de la plus grande vitesse ; on peut toujours se représenter un nombre plus grand qu'un nombre donné, une vitesse plus grande qu'une vitesse donnée : de même, un monde étant supposé le plus parfait, il est possible de se représenter un nombre plus parfait encore. Fausse assimilation. La notion de nombre exclut de soi celle d'un nombre qui serait le plus grand possible ; mais la notion du parfait, pouvant servir à définir la réalité, comporte à la fois un type supérieur de perfection qui est Dieu, et des degrés de perfection à marquer par leur rapport à ce type suprême.

1. II, p. 37.
2. II, p. 38.
3. II, p. 38-41.

Dès lors, puisque l'idée du meilleur des mondes est bien fondée comme telle, il faut, soit renoncer à concevoir ce qu'a pu être le choix de Dieu, soit admettre qu'il n'a pu être déterminé que par cette idée [1]. Que si l'on objectait que cette doctrine de la nécessité morale détruit la liberté en l'homme et en Dieu, on pourrait répondre que le sacrifice peut se faire sans regret d'une liberté telle qu'on l'entend, et qui n'est que le risque perpétuel de l'erreur et du mal. C'est au contraire un principe de joie que de se reconnaître citoyen d'un monde qui, dans son ensemble, ne peut être plus parfait, que d'avoir une place définie dans le meilleur ordre de choses qui soit concevable, que de comprendre le Tout comme la réalité la plus achevée, et ce qui arrive comme bon par rapport au Tout [2]. Ces *Considérations sur l'optimisme* sont l'œuvre de Kant où sa pensée a été le plus entièrement dogmatique : diversement appréciées au moment où elles parurent [3], il n'est pas étonnant qu'elles aient été énergiquement désavouées plus tard de leur auteur [4]. Au principe qui fait dépendre tout jugement sur les

1. II, p. 41.
2. II, p. 42-43.
3. Hamann, à qui Kant avait adressé un exemplaire de son livre, lui faisait remarquer peu après qu'il y a contradiction à admettre une Providence dont les effets ne se révèlent que dans le Tout, non dans les plus petites des parties qui servent à composer ce Tout. « Quand on allègue comme Rousseau un monde qui est le meilleur des mondes, et que l'on nie une Providence individuelle, atomistique, momentanée, on se contredit soi-même. » *Briefwechsel*, I, p. 28. Ailleurs, dans une lettre à Lindner du 12 octobre 1759, il jugeait ainsi la doctrine que Kant avait exposée : « Je ne comprends pas ses raisons... S'il valait la peine de le réfuter, j'aurais pu sans doute me donner la peine de le comprendre. Il se fonde sur le *Tout* pour juger du monde... Conclure du Tout aux parties, c'est conclure de l'inconnu au connu. Un philosophe qui me commande de regarder au Tout me crée une exigence tout aussi lourde que celui qui me commande de regarder au cœur dont il écrit : le Tout m'est aussi caché que ton cœur. » *Hamann's Werke*, Éd. Roth, I, p. 491. — Lindner, au contraire, dans une lettre à Kant du 15/26 décembre 1759, adhère aux *Considérations sur l'optimisme*. *Briefwechsel*, I, p. 22.
4. Borowski raconte que, quelques années avant la mort de Kant, il lui avait demandé pour les communiquer à un ami les *Considérations sur l'optimisme*, que Kant, avec un sérieux solennel, lui répondit de ne jamais faire mention de cet écrit, de n'en donner à personne les exemplaires qu'il pourrait trouver, de les faire disparaître de la circulation. *Darstellung des Lebens und Charakters Immanuel Kants*, p. 58-59 note. Kant, du reste, s'était appliqué

choses de la conception du Tout s'était substitué dans l'intervalle le principe qui subordonne tout jugement sur les choses aux droits souverains de la personne morale.

*
* *

Dans cette première période de sa pensée, Kant n'a encore fait aucun effort indépendant soit pour soumettre à une critique rationnelle les conceptions morales qu'il accepte de l'école leibnizienne et wolffienne, soit pour dégager de sa nature propre les traits à exprimer dans une éthique nouvelle. Un court passage néanmoins, dans l'un des fragments publiés par Reicke, paraît révéler à cette époque la tendance qu'il manifestera plus tard à nier toute commune mesure entre la vertu et les autres biens. Il se demande quel est le plus heureux en ce monde, de l'homme vertueux ou de l'homme vicieux. Et il répond que ce qui fait malgré les apparences la vertu plus heureuse, c'est qu'elle échappe à l'empire des désirs dont le vice est le jouet. Ce qui caractérise la vertu, c'est le renoncement ; c'est par là que la vertu a en elle toute sa valeur. « Le véritable prix de la vertu est la paix intérieure de l'âme, que les autres biens bouleversent ou corrompent. L'instruction, la gloire, la richesse : toutes ces choses n'ont pas en elles le vrai bien. Il n'y a donc que la vertu pour constituer le bonheur véritable, il n'y a qu'elle pour trouver dans l'abondance comme dans la pénurie, dans les larmes comme dans la joie de quoi se contenter. Puisque ainsi la vertu n'a rien qui lui manque, il n'y a rien qui pour elle vaille

---

à démontrer l'insuffisance des arguments traditionnels en faveur de l'optimisme dans son écrit de 1791 *sur l'Insuccès de toutes les tentatives philosophiques en Théodicée*. Il établit là, selon l'esprit de la philosophie critique, l'impuissance de l'esprit humain à déterminer avec certitude par des raisons théoriques le rapport du monde donné à la sagesse et à la justice d'une Cause suprême, en même temps qu'il considère comme légitime la détermination pratique de l'idée de Providence.

d'être désiré [1]. » C'est là comme un dessin anticipé des idées et des formules qui reparaîtront amplifiées et plus précises au début de l'*Etablissement de la Métaphysique des mœurs* : il n'y a qu'une seule chose qu'on puisse tenir pour bonne sans restriction, en regard même de tous les dons de la nature et de la fortune, c'est une bonne volonté.

---

[1]. Ce passage fait partie de l'un des fragments signalés plus haut, qui se rapportent à la question de l'optimisme. E 69, I. *Lose Blätter*, II, p. 235-236.

CHAPITRE II

LES ÉLÉMENTS DE LA PHILOSOPHIE PRATIQUE DE KANT (DE 1760 A 1770). — LA CRITIQUE DE LA MÉTAPHYSIQUE. — L'INFLUENCE DES ANGLAIS ET DE ROUSSEAU. — LES PRESSENTIMENTS D'UNE MÉTAPHYSIQUE NOUVELLE.

Pendant les années qui suivent 1760, Kant s'occupe de reviser les thèses fondamentales du rationalisme métaphysique ; poursuivie par les voies les plus diverses, cette œuvre de critique et de recherche reste, comme il est naturel, assez complexe, et se laisse malaisément figurer en quelques traits. Kant l'a bien caractérisée dans une lettre à Lambert du 31 décembre 1765, où il déclare que depuis plusieurs années il a tourné ses réflexions philosophiques dans tous les sens possibles et que c'est seulement après divers mouvements de bascule (*Umkippungen*) que ses pensées ont retrouvé quelque équilibre [1]. Pour ce qui est des problèmes moraux, plus directement abordés désormais [2],

---

1. *Briefwechsel*, I, p. 52. — V. la lettre à Herder du 9 mai 1767, *Ibid.*, p. 70-71.
2. Kant avait compris la philosophie morale dans le programme de ses leçons dès 1756-57. Voici, d'après les recherches d'Emil Arnoldt, *Kritische Excurse im Gebiete der Kant-Forschung*, p. 517 et suiv., les semestres pour lesquels Kant avait annoncé des leçons sur la morale ; à l'exemple d'Arnoldt, je rapporte sans parenthèses les semestres pour lesquels il est démontré que Kant a fait réellement ces leçons ; je mets entre parenthèses ( ) les semestres pour lesquels il est démontré que Kant a annoncé ces leçons sans qu'on puisse affirmer autrement que par vraisemblance qu'il les a faites ; je mets entre crochets [ ] le semestre pour lequel il est démontré que ces leçons, quoique annoncées, n'ont pas été faites : (56-57), (59), (59-60), (60-61), (61-62), (63-64), (64-65), (65-66), (66), 66-67, 67-68, (68-69), 70, 71, 71-72, [73], 73-74, (74-75), 75-76, 76-77, 77, 78-79, 80-81, 82-83, (83-84), (84-85), (86-87), 88-89, 93-94. Lorque l'on trouve une indication de l'auteur d'après lequel

et dans le même esprit d'examen indépendant et de rénovation, il semble néanmoins possible de ramener à trois principales les causes qui chez Kant en transforment la solution et même le sens ; en premier lieu, les concepts moraux subissent le contre-coup de l'épreuve critique à laquelle sont soumis tous les concepts métaphysiques en général ; en second lieu, sous l'influence des philosophes anglais, une autre faculté que la raison, le sentiment, apparaît comme la source véritable de la moralité ; enfin, sous l'influence de Rousseau, le sentiment même devient la révélation d'un ordre de la vie tout opposé à celui que les philosophes ont ajusté artificiellement à leurs spéculations. Et ainsi tout est remis en question dans les doctrines morales dont le rationalisme fournit le type : les procédés d'explication et la matière à expliquer.

*
* *

Il est remarquable que dès le début de cette période Kant tâche de soustraire les vérités morales, ainsi que les croyances qui s'y rattachent, au doute qui peut atteindre les principes métaphysiques. Au moment même où il essaie de réformer les méthodes de démonstration familières aux métaphysiciens, il prévient que l'intérêt des discussions soulevées par lui est purement spéculatif. Ainsi, dans son ouvrage sur l'*Unique fondement possible d'une démonstration de l'existence de Dieu*[1], il critique les arguments tradition-

---

Kant enseigne la morale, c'est Baumgarten qui est désigné ; une seule fois (1763-64), Baumeister est mentionné à la place de Baumgarten. Que Kant se soit rendu, dans son enseignement même, de plus en plus indépendant de son auteur, c'est ce qu'indique, comme on le verra plus loin, son *Programme des leçons pour le semestre d'hiver* 1765-1766, c'est ce dont témoignent également deux rédactions manuscrites de leçons sur la morale, relatées par Arnoldt et rapportées par lui à l'une des années de la période 1780-1790, dans lesquelles les divergences avec Baumgarten sont, sur plusieurs points, fortement marquées p. 605-614.

1. *Der einzig mögliche Beweisgrund zu einer Demonstration des Daseins Gottes*, 1763. — On peut tenir pour indifférente à notre sujet la question de savoir dans quel ordre ont été composés les trois ouvrages de Kant

nels et en particulier l'argument ontologique en établissant que les caractères d'un concept ne permettent pas de conclure à l'existence de la chose exprimée par ce concept, que l'existence n'est pas un prédicat, mais une absolue position ; il soutient en conséquence qu'une démonstration *a priori* de l'existence de Dieu, pour être légitime, doit, non pas déduire l'être du possible, mais prouver que le possible suppose l'être nécessaire comme sa condition. Cependant comme s'il pressentait, non sans raison [1], que sa critique des arguments des autres pourrait se retourner contre son propre argument [2], il prend soin de proclamer l'affirmation de Dieu indépendante de toute dialectique. « Je n'ai point une assez haute opinion de l'utilité d'un travail tel qu'est celui-ci, pour croire que la plus importante de nos connaissances, à savoir QU'IL Y A UN DIEU, soit chancelante et en danger, si elle ne reçoit l'appui de profondes recherches métaphysiques. La Providence n'a pas voulu que des connaissances extrêmement nécessaires à notre bonheur pussent dépendre de la subtilité de raison-

---

parus en 1762 et 1763, ainsi que l'*Etude sur l'évidence des principes*, publiée en 1764 (Cf. H. Cohen, *Die systematischen Begriffe in Kants vorkritischen Schriften*, p. 15 et suiv.; Paulsen, *Versuch einer Entwicklungsgeschichte der kantischen Erkenntnisstheorie*, p. 68 et suiv.; Kuno Fischer, *Geschichte der neuern Philosophie*, IV, 1, p. 200 ; Benno Erdmann, *Reflexionen Kants zur kritischen Philosophie*, II, p. xvii et suiv.).
La question a-t-elle en elle-même l'importance qui lui a été attribuée ? Il est assez arbitraire de supposer, comme le remarque Paulsen (p. 69), que des écrits aussi rapprochés marquent chacun un moment particulier et distinct dans le développement de la pensée de Kant, et que ce qui a été exprimé en premier lieu a été conçu en premier lieu.

1. Paulsen, *Versuch einer Entwicklungsgeschichte der kantischen Erkenntnisstheorie*, p. 61.
2. La formule de cet argument, que Kant jugeait nouvelle, avait été déjà employée par Leibniz, dans une note sur la preuve ontologique qu'avait insérée en 1701 le *Journal de Trévoux*. « ... Si l'*Estre de soy* est impossible, tous les estres par autrui le sont aussi, puisqu'ils ne sont enfin que par l'*Estre de soy* : ainsi rien ne sçauroit exister. Ce raisonnement nous conduit à une autre importante proposition modale égale à la précédente, et qui jointe avec elle achève la démonstration. On la pourrait énoncer ainsi : *si l'Estre nécessaire n'est point, il n'y a point d'Estre possible.* Il semble que cette démonstration n'avait pas été portée si loin jusqu'icy. » *Philos. Schr.*, Ed. Gerhardt, IV, p. 406. — Mais cet écrit de Leibniz était sans aucun doute inconnu de Kant.

nements raffinés ; elle les a confiées immédiatement à l'intelligence naturelle commune, qui, lorsqu'on ne la trouble pas par de faux artifices, ne peut pas ne pas nous conduire au vrai et à l'utile, en tant qu'ils nous sont tout à fait indispensables[1]. » Et encore : « Il est tout à fait nécessaire de *se convaincre* de l'existence de Dieu ; il ne l'est pas au même point de la *démontrer*[2]. » A ce point de vue, l'examen que fait Kant de l'argument physico-théologique est particulièrement intéressant, parce qu'il contient des remarques et des idées qui montreront leur importance dans la doctrine ultérieure. Cet argument, en dehors des vices logiques qu'il partage avec les autres arguments, a sans doute encore d'essentiels défauts ; il prend pour point de départ la contingence de toute perfection, de toute beauté et de toute harmonie dans l'univers ; en intervenant indiscrètement dans l'explication scientifique, il arrête la recherche et empêche l'extension de la connaissance exacte ; enfin il n'aurait strictement le droit de conclure qu'à un ordonnateur, et non à un créateur du monde, et il favorise par là contre son gré cet athéisme subtil qui impose à Dieu pour son action une matière préexistante. Mais outre que l'idée de finalité peut et doit être admise à cause de l'impossibilité où nous sommes de suivre le mécanisme jusqu'au bout dans les manifestations de la vie, il y a comme une autorité et une efficacité spéciales qu'il faut reconnaître à cet argument physico-théologique, aussi vieux que la raison humaine. D'abord il crée une conviction sensible et vivante en rapport avec l'intelligence commune ; ensuite il est plus naturel que tout autre et s'offre de lui-même à l'esprit ; enfin il fournit de la sagesse, de la providence, et de la puissance divines une notion tout intuitive qui agit avec force sur l'âme et la remplit d'admiration, d'humilité et de respect. Il est donc plus « pratique » que n'importe quel autre argument. S'il n'apporte pas une certitude ma-

---

1. *Der einzig mögliche Beweisgrund*, Préface, II, p. 109.
2. II, p. 205.

thématique, il donne une certitude morale, qui déjà peut suffire pour la vie et qui en tout cas prédispose à l'acceptation d'une preuve plus rationnellement concluante[1]. Reimarus l'a à bon droit présenté comme conforme à la saine raison. Mais ce n'est pas la raison démonstrative qui peut s'en satisfaire pleinement : en dehors d'elle n'y aurait-il pas une autre raison ? C'est ce que Kant semble déjà pressentir.

*
* *

Au surplus, la prétention de déterminer le réel par des critères purement logiques n'a pas été sans dénaturer la réalité morale elle-même. C'est cette prétention que Kant combat essentiellement dans les écrits de cette époque. Sa *Tentative d'introduire dans la philosophie le concept des quantités négatives*[2] a pour objet d'établir en thèse générale que l'opposition réelle est irréductible à l'opposition logique, qu'elle est définie, non par une relation comme celle de non-A à A, mais par une relation comme celle de $-A$ à $+A$, en d'autres termes qu'elle ne relève pas du principe de contradiction. Logiquement, une chose n'admet pas de prédicats opposés ; dans la réalité, elle comporte ces prédicats. Par exemple, si l'opposition réelle se ramenait à l'opposition logique, l'impénétrabilité ne serait que l'absence de l'attraction, la douleur que le manque de plaisir, le vice que le défaut de vertu. Mais il n'en est pas ainsi. La cause de l'impénétrabilité est une force véritable qui s'oppose réellement à l'attraction ; de même la douleur et le vice ont des attributs réels qui s'opposent à ceux du plaisir et de la vertu. Ces remarques, selon Kant, ont une application particulièrement utile dans la philosophie pratique. Le démérite n'est pas simplement une négation logique, c'est une vertu négative selon l'acception des mathémati-

---

1. II, p. 158 sq.
2. *Versuch den Begriff der negativen Grössen in die Weltweisheit einzuführen*, 1763.

ques, c'est-à-dire une grandeur de sens contraire. Il suppose dans un être la présence d'une force intérieure, conscience morale ou reconnaissance de la loi positive, contre laquelle on agit ; il est donc plus qu'un simple défaut, il implique un antagonisme de forces. Même Kant ne veut pas que l'on traite comme de simples manques de vertu les péchés d'omission : d'abord, pour omettre une bonne action, il faut résister par une certaine puissance à la puissance de la loi qui dans le cœur de tout homme commande d'aimer le prochain ; le *non-amour* est une opposition réelle à l'amour. C'est de l'absence d'amour à la haine, non de l'absence d'amour à l'amour que la différence n'est que de degré ; on va du péché d'omission au péché d'action par une simple augmentation de forces dans le même sens. L'équilibre obtenu par le levier ne se produit que par l'application d'une force qui tient le fardeau en repos : qu'on augmente cette force si peu que ce soit, et l'équilibre est rompu. De même celui qui néglige de payer ce qu'il doit n'a qu'à suivre cette pente pour tromper autrui à son profit, et celui qui ne vient pas au secours de ses semblables n'a qu'à pousser un peu plus vivement ce mobile pour les léser [1]. Dans le monde moral comme dans le monde physique il faut une force pour détruire une force [2]. Ainsi Kant s'éloigne nettement de la conception leibnizienne qui établit des degrés du mal au bien et conçoit le passage de l'un à l'autre sous la loi de continuité.

Et précisément parce que le mal n'est pas un simple défaut, parce qu'il est une résistance effective au bien, on ne saurait fixer une mesure absolue de la valeur morale d'un homme d'après ce que sont ses actes. Supposez à un homme dix degrés d'une passion contraire au devoir, d'avarice par exemple, douze degrés d'effort moral vers l'amour du prochain ; il sera bienfaisant de deux degrés. Supposez à un autre trois degrés d'avarice et sept degrés de pouvoir

1. II, p. 84-87 ; p. 94.
2. II, p. 93.

d'agir selon les principes de l'obligation : il sera bienfaisant de quatre degrés. Cependant l'action du premier a une valeur morale supérieure à celle du second. « Il est donc impossible aux hommes de conclure avec certitude le degré des intentions vertueuses des autres d'après leurs actions. Celui-là s'est réservé à lui seul le jugement, qui voit au plus profond des cœurs [1]. » Ainsi, dénonçant l'altération que fait subir à la moralité un rationalisme trop exclusivement logique, Kant restitue d'une part la réalité des oppositions morales et découvre d'autre part, comme le seul principe qui permette de qualifier la conduite humaine, l'*intention* du sujet agissant.

*
* *

Si Kant, dans son effort pour atteindre le réel à travers les déterminations de la pensée, oppose aux relations logiques un certain ordre de relations mathématiques, il n'oublie pas cependant que la perpétuelle tentation des métaphysiciens a été de modeler sur les mathématiques la connaissance philosophique, et il signale l'erreur qui vicie ces essais de rapprochement. Dans son *Étude sur l'évidence des principes de la théologie naturelle et de la morale* [2], il montre que les mathématiques possèdent leurs définitions à l'origine même de leurs démarches, parce qu'elles les établissent par voie de synthèse et de construction, tandis que la métaphysique ne peut posséder les siennes qu'au terme de ses recherches, étant obligée pour les constituer de procéder à une analyse du donné. L'objet des mathématiques est donc aisé et simple par comparaison avec l'objet de la métaphysique. Par exemple, « le rapport d'un trillion à l'unité se comprendra très clairement, tandis que les philosophes n'ont pas encore pu jusqu'à aujourd'hui rendre in-

---

1. II, p. 102.
2. *Untersuchung über die Deutlichkeit der Grundsätze der natürlichen Theologie und der Moral*, 1764.

telligible le concept de la liberté en le ramenant à ses unités, c'est-à-dire à ses concepts simples et connus[1]. » De même encore, s'il est possible de déterminer avec certitude le concept de Dieu pris en lui-même, dans ses attributs immédiatement nécessaires, l'hésitation commence quand il s'agit de définir le rapport de ce concept avec les réalités contingentes. « Partout où ne se rencontre pas un *analogue* de la contingence, la connaissance métaphysique de Dieu peut être très certaine. Mais le jugement sur ses actions libres, sur la Providence, sur les voies de sa justice et de sa bonté, étant donné qu'il y a encore une confusion extrême dans les concepts que nous avons en nous de ces déterminations, ne peut avoir dans cette science qu'une certitude approximative, ou qu'une certitude morale[2]. » Rattacher le réel à la raison : voilà le problème. La solution idéale serait celle qui fournirait à la métaphysique une méthode semblable à celle que Newton a introduite dans la science de la nature, et qui a remplacé le décousu des hypothèses physiques par un procédé certain dont l'expérience et la géométrie sont la base[3].

Où éclate bien l'impuissance du rationalisme ordinaire, c'est quand il s'agit de systématiser le réel sous les principes qu'il admet comme premiers. Crusius a justement soutenu que de principes formels comme le principe d'identité ou le principe de contradiction on ne peut déduire aucune vérité déterminée, qu'il faut donc admettre à côté d'eux des principes matériels, source véritable du savoir[4]. La reconnaissance et l'établissement de ces derniers principes sont la grande affaire, et l'on peut bien le voir dans les questions morales. Ainsi les deux concepts moraux essentiels admis par l'école de Wolff, le concept d'obligation et

---

1. *Ueber die Deutlichkeit*, II, p. 290.
2. II, p. 305.
3. Introduction, II, p. 283 ; II, p. 290. — « La métaphysique est sans contredit, entre tous les modes du savoir humain, le plus important ; mais une métaphysique est encore à écrire. » II, p. 291.
4. II, p. 303.

le concept de perfection, ne sont rigoureusement définis, ni dans leur sens, ni dans leur usage. On *doit* faire ceci ou cela, ne pas faire ceci ou cela : telle est la formule la plus générale de toute obligation. Or ce terme « on doit » est susceptible d'une double acception. Ou bien il signifie que l'on doit faire quelque chose comme moyen si l'on veut quelque autre chose comme fin ; ou bien il signifie que l'on doit faire immédiatement et sans condition quelque chose comme fin. La première sorte de nécessité n'est pas rigoureusement une obligation, c'est une nécessité, dit Kant, *problématique,* la nécessité d'user de tels moyens pour atteindre telle fin, de tracer deux arcs de cercle pour couper une ligne droite en deux parties égales ; il se peut que selon ce type de nécessité, on ramène la morale à la pratique des moyens qui assurent le bonheur ; mais dans ce cas il ne faut pas parler de morale obligatoire. La seconde sorte de nécessité, que Kant appelle *légale,* contient en soi la fin à réaliser ; ne recevant son sens ni sa valeur d'aucune condition étrangère à elle, elle ne peut être qu'indémontrable dans sa vérité. C'est là son caractère intrinsèque, inaliénable [1]. Alors même que l'on essaierait de la rattacher à l'idée que je dois suivre la volonté de Dieu, ou que je dois travailler à réaliser l'entière perfection, elle ne peut prescrire l'action que comme immédiatement nécessaire [2]. Ainsi cette critique du concept d'obligation aboutit déjà à la distinction de ce que Kant nommera plus tard les deux espèces d'*impératifs,* les *impératifs hypothétiques* et les *impératifs catégoriques.*

Qu'est-ce qui détermine le contenu de l'obligation ? N'est-ce pas la perfection des actes à accomplir ? Certes on peut dire en un sens que la règle, d'après laquelle je dois accomplir l'action la plus parfaite dont je suis capable, éviter l'action qui est pour moi un obstacle à la perfection la plus grande, est le premier principe de toute obligation ; mais,

---

1. II, p. 306-307.
2. II, p. 308.

posée comme absolue, hors de toute relation définie avec le sujet agissant[1], l'idée de perfection ne peut constituer qu'un principe formel à la façon du principe d'identité. Elle est une autre façon d'exprimer qu'il y a en général une obligation morale, mais elle ne peut spécifier les obligations réelles. De même que des principes formels de nos jugements en matière de connaissance théorique rien ne sort, quand les principes matériels ne sont pas donnés, de même de la règle énoncée ne découlera aucune nécessité d'agir particulière, s'il ne s'y ajoute des principes matériels indémontrables de la connaissance pratique[2].

Mais d'où découleront alors ces derniers principes ? Grâce à l'apparente détermination que l'on prêtait dans tous les sens possibles à des concepts indéterminés, il a paru naturel d'identifier sous le nom de raison la faculté de connaître le vrai et la faculté de discerner le bien. Mais du moment

---

1. On voit déjà, dans l'*Unique fondement possible d'une démonstration de l'existence de Dieu*, comment Kant, à l'encontre de l'école leibnizienne, incline à dépouiller le concept de perfection de son caractère ontologique et absolu pour lui attribuer avant tout un caractère pratique et relatif. « Dans toute la suite des raisons que j'ai rapportées jusqu'à présent et qui sont requises par ma démonstration, je n'ai jamais mentionné le terme de perfection. Ce n'est pas qu'à mon sens toute réalité soit par cela seul l'équivalent de toute perfection, ou même que la plus grande harmonie en vue de l'unité la constitue. J'ai de sérieux motifs de m'écarter beaucoup de ce jugement, qui est celui de bien d'autres. Ayant depuis longtemps institué d'attentives recherches sur le concept de perfection en général ou en particulier, je me suis aperçu que dans une connaissance plus exacte de ce concept, il se trouve enveloppé une infinité de choses, qui peuvent éclaircir la nature de notre esprit, notre propre sentiment, et même les concepts premiers de la philosophie pratique. — J'ai reconnu que le terme de perfection a sans doute dans quelques cas, en raison de l'incertitude de toute langue, à souffrir des corruptions de son sens propre, assez grandement éloignées de ce qu'il exprime, mais que dans la signification que chacun considère principalement, même avec ces déviations, il suppose toujours un rapport à un être qui connaît et qui désire. » II, p. 133-134. — Dans l'*Essai sur le concept des quantités négatives*, Kant combat également la tendance à identifier perfection et réalité : « C'est toujours une grande méprise, quand on considère la somme de réalité comme identique à la grandeur de perfection. Nous avons vu plus haut que la douleur est tout aussi positive que le plaisir ; mais qui donc l'appellerait une perfection ? » II, p. 100. — Précédemment, dans ses *Considérations sur l'optimisme*, Kant avait admis, conformément à la doctrine leibnizienne, l'équivalence des concepts de perfection et de réalité. II, p. 38-39.

2. II, p. 307.

que la faculté de discerner le bien n'est pas, au sens strict du mot, un savoir, ce n'est pas la raison qui la constitue, c'est le sentiment. « C'est de nos jours seulement qu'on a commencé à s'apercevoir que la faculté de représenter le *vrai* est la connaissance, qu'au contraire la faculté d'avoir conscience du *bien* est le sentiment, et que les deux ne doivent pas être confondues. De même qu'il y a des concepts indécomposables du vrai, c'est-à-dire de ce qui se rencontre dans les objets de la connaissance considérés en eux-mêmes, de même il y a aussi un sentiment indécomposable du bien (ce sentiment ne se trouve jamais dans une chose prise absolument, mais est toujours relatif à un être qui sent) [1]. » Le concept du bien est complexe et obscur : le propre de l'entendement, c'est de l'analyser et de l'éclaicir, c'est-à-dire de le résoudre dans les sentiments irréductibles auxquels il emprunte son contenu. Toutes les fois qu'une action est représentée immédiatement comme bonne, sans qu'elle puisse être ramenée à quelque autre action qui en justifierait la valeur, la nécessité de cette action constitue un principe matériel de la moralité. Il y a donc autant de principes matériels de la moralité qu'il y a de sentiments irréductibles. Le propre de ces principes matériels, c'est de pouvoir être immédiatement subsumés sous la règle formelle et universelle de l'obligation ; mais il reste entendu que sans ces principes et avec cette seule règle rien ne pourrait être déterminé en morale : de telle sorte qu'en fin de compte c'est bien le sentiment qui nous fournit la révélation positive de nos devoirs [2].

*
* *

Le mérite d'avoir inauguré les études qui doivent mettre en lumière ce rôle du sentiment revient, selon Kant, à Hutcheson et à quelques autres qui ont déjà présenté là-dessus

1. II, p. 307.
2. II, p. 307-308.

de belles remarques[1]. Cette indication est complétée dans le *Programme des leçons pour le semestre d'hiver* 1765-1766[2]. « J'exposerai pour le moment la *Philosophie pratique générale* et la *Théorie de la vertu*, toutes deux d'après Baumgarten. Les Essais de Shaftesbury, d'Hutcheson et de Hume, qui, bien qu'incomplets et défectueux, ont cependant encore pénétré le plus avant dans la recherche des premiers principes de toute moralité, acquerront cette précision et cet achèvement qui leur manquent ; et comme dans la doctrine de la vertu je rapporte toujours historiquement et philosophiquement ce qui *se fait* avant d'indiquer ce qui *doit se faire,* je rendrai claire ainsi la méthode d'après laquelle il faut étudier l'homme, non pas seulement l'homme qui est dénaturé par la forme variable que lui imprime sa condition contingente, et qui comme tel est presque toujours méconnu même des philosophes, mais la *nature* de l'homme, qui reste toujours la même, et sa place propre dans la création, afin que l'on sache quelle perfection lui convient dans l'état de simplicité *sans culture*, quelle autre dans l'état de simplicité *selon la sagesse* ; ce qui est au contraire la règle de sa conduite lorsque, franchissant ces deux sortes de limites, il tâche d'atteindre le plus haut degré de l'excellence physique et de l'excellence morale, mais est plus ou moins éloigné de toutes les deux. Cette méthode pour la recherche morale est une belle découverte de notre temps, et, si on la considère dans toute l'étendue de son plan, entièrement inconnue des anciens[3]. »

D'une façon générale, cette méthode consiste à analyser les concepts moraux pour les réduire à des éléments impliqués dans l'expérience interne. L'observation psychologique est donc ici le plus précieux instrument de connaissance. Kant en emprunte le modèle aux philosophes anglais

---

1. II, p. 308.
2. *Nachricht von der Einrichtung seiner Vorlesungen in dem Winterhalbenjahre von* 1765-1766, 1765.
3. II, p. 319-320.

qu'il vient de citer, en même temps qu'il adopte d'eux la thèse qui fait du sentiment l'origine de la vie morale. Ce qui l'attire dans leur doctrine, c'est par opposition au logicisme de l'école de Wolff, l'idée que la moralité n'est pas œuvre de réflexion et de calcul, qu'elle est le fruit naturel du cœur, qu'au lieu de s'imposer par des combinaisons factices et des modes extérieurs de discipline, elle se fait immédiatement agréer par sa beauté même, par l'harmonie qu'elle établit entre l'amour de nous-mêmes et l'amour d'autrui, par l'accord qu'elle fait régner dans la vie sociale. Ce qu'il y a en elle de spontané s'oppose à ce qu'on la fasse dériver d'une autre source. Ainsi tombent d'ailleurs bien des préjugés entretenus par l'esprit d'autorité, de quelque forme qu'il se revête, métaphysique ou religieuse. Considérer la moralité comme un état naturel, comme l'épanouissement même de notre nature, non comme le triomphe laborieux et incertain d'une contrainte extérieure sur des penchants en révolte, admettre que nos dispositions et nos résolutions morales sont entièrement à notre portée, sans secours comme sans commandement d'en haut, qu'elles n'exigent en fait de raison que cette raison naturelle elle-même, qui, au lieu de prétendre créer des mobiles, s'applique uniquement à ordonner le jeu délicat de nos inclinations réelles, ramener l'explication de la vie morale à une simple observation bien conduite des tendances dont résultent nos mœurs : c'est reconnaître que l'homme est capable de trouver en lui la mesure suffisante et complète du bien, et qu'il peut juger par là les puissances étrangères et supérieures dont on fait arbitrairement dériver le système des règles à son usage. Les conceptions métaphysiques et religieuses apparaissent donc, selon qu'on les estime vraies, comme des compléments au lieu d'être des fondements de la moralité. C'est de l'homme, en tout cas, qu'il faut partir : toute vérité, surtout pratique, ne peut être qu'une donnée humaine. Cet anthropomorphisme moral s'oppose directement, et de toute la force que communique un sens plus vif du concret, à l'esprit d'impersonnalité abstraite qui avait, dès l'origine de la spéculation moderne, exclu de la vérité les formes spécifiquement humaines de la vie et de l'action ; et il est peu surprenant que Kant s'en soit laissé toucher juste au moment où il s'apercevait par ailleurs de l'impuissance de la métaphysique ordinaire à fournir autre chose que des principes formels. Il en garda toujours une idée essentielle, qu'il essaya plus tard de faire valoir autrement : c'est que seule l'analyse directe de la moralité comme fait humain, c'est-à-dire de la conscience morale commune, permet d'établir une doctrine morale ; seulement par la pratique d'une autre analyse que l'analyse psychologique des Anglais et des Écossais, il crut découvrir que la conscience enveloppe de quoi se confirmer par-delà ses propres données.

Dans cette influence d'ensemble, il ne paraît guère possible de discerner exactement ce qui revient en particulier à Shaftesbury, à Hutcheson, à Hume, d'abord parce que Kant n'offre, pour opérer ce discernement, aucune indication expresse, ensuite parce que les conceptions morales de ces trois philosophes présentent nombre de traits communs [1]. Sans doute, ce que Shaftesbury a plus spécialement suggéré à Kant, c'est cette pensée générale d'harmonie universelle, grâce à laquelle se rapprochent la moralité et la beauté, les inclinations individuelles et les inclinations sociales, et en même temps cette sorte de respect esthétique de la nature humaine, qui se traduit par la finesse, l'élégance, la noblesse des observations [2]. Ce que Hutcheson

---

1. Cf. A. Espinas, *La Philosophie en Ecosse au* XVIIIe *siècle*, Revue philosophique, t. XI et XII, particulièrement XI, p. 118-132 ; XII, p. 135-138.
2. Du Kant d'alors Herder disait (*Kritische Wälder : Viertes Wäldchen*) : « Kant, c'est tout à fait un observateur social, c'est tout à fait le philosophe cultivé... Le grand et le beau dans les hommes et les caractères humains, dans les tempéraments, les penchants des sexes, les vertus et enfin les caractères nationaux : voilà son monde, où il pousse la finesse des remarques jusqu'aux plus fines nuances, la finesse des analyses jusqu'aux mobiles les plus secrets, la finesse des définitions jusqu'à mainte petite singularité — tout à fait un philosophe du sublime et du beau de l'humanité ! Et dans cette philosophie humaine un Shaftesbury de l'Allemagne. » Ed. Suphan, t. IV, p. 175-176.

a dû surtout lui révéler, c'est l'existence de ce sens moral, auquel Shaftesbury n'avait accordé qu'un rôle secondaire et dérivé, et qui apparaît, sans aucune présupposition d'idée innée, ni de connaissance, comme un principe primitif et direct d'estimation des actes humains [1]. Enfin il est possible que Hume l'ait surtout intéressé à ce moment par sa façon de philosopher, en de libres essais, sur les causes qui expliquent les différences et les ressemblances des mœurs, par son ingéniosité à démêler les nuances de la moralité diffuse dans la vie sociale [2]. Kant en tout cas reçoit de

1. Borowski témoigne du soin tout particulier avec lequel Kant avait, sur les questions morales, étudié Hutcheson. *Darstellung des Lebens und Charakters Immanuel Kants*, p. 170. — Hutcheson disait : « L'auteur de la Nature nous a portés à la vertu par des moyens plus sûrs que ceux qu'il a plu à nos moralistes d'imaginer, je veux dire par un instinct presque aussi puissant que celui qui nous excite à veiller à la conservation de notre être. Il a mis en nous des affections assez fortes pour nous porter aux actions vertueuses et donné à la vertu une apparence assez aimable pour que nous puissions la distinguer du vice, et devenir heureux par son acquisition. » *Recherches sur l'origine des idées que nous avons de la beauté et de la vertu*, traduit sur la quatrième édition anglaise, 2 vol., Amsterdam, 1749, t. I, p. 7. « Le sentiment moral que nous avons de nos actions ou de celles des autres a cela de commun avec nos autres sens, que, quoique le désir d'acquérir la vertu puisse être contrebalancé par l'intérêt, le sentiment ou la perception de sa beauté ne saurait l'être » *Ibid.*, t. II, p. 30 (ainsi Kant professera que si notre volonté est faillible, notre jugement moral est quasi-infaillible). « Ce sentiment moral, disait encore Hutcheson, non plus que les autres sens ne présuppose ni idée innée, ni connaissance, ni proposition pratique. On n'entend par là qu'une *détermination de l'esprit à recevoir les idées simples de louange ou de blâme à l'occasion des actions dont il est témoin, antérieure à toute idée d'utilité ou de dommage qui peut nous en revenir*. Tel est le plaisir que nous recevons de la régularité d'un objet ou de l'harmonie d'un concert, sans avoir aucune connaissance des mathématiques, et sans entrevoir dans cet objet ou dans cette composition aucune utilité différente du plaisir qu'elle nous procure. » *Ibid.*, t. II, p. 47. « Ce sentiment moral n'est point fondé sur la religion. » *Ibid.*, t. II, p. 35.

2. La première mention que fait Kant de Hume se trouve dans le dernier chapitre des *Observations sur le sentiment du beau et du sublime*, qui traite des *Caractères nationaux*, II, p. 276, et elle se rapporte à une note de l'*Essai* de Hume sur les *Caractères nationaux*, éd. Black et Tait, 1826, Edimbourg, III, p. 236. Il est bien visible que le chapitre de Kant a été inspiré par l'*Essai* de Hume. — A ce moment, il n'est pas douteux que Hume n'ait agi sur Kant : mais de quelle façon et jusqu'à quel point ? Benno Erdmann, pour confirmer sa thèse d'après laquelle l'interruption du sommeil dogmatique, par Hume, dont il est parlé dans les *Prolégomènes*, doit être placée après 1772, vraisemblablement au commencement de 1774, prétend que l'influence de Hume, dans la période de 1760, a été restreinte à des questions de morale et d'observation sociale, que Kant à cette époque, voit dans Hume,

tous la conviction optimiste de l'aptitude naturelle de l'homme à la vertu ; par l'adhésion qu'il donne aux morales anglaises du sentiment, il commence à exprimer, sous une forme qu'il estimera plus tard inférieure et même inexacte, sa foi dans l'autonomie de la conscience ; il en appelle des constructions des philosophes, théoriquement mal fondées et pratiquement inutiles, aux révélations de la nature intérieure ; en ce sens d'ailleurs il est encore puissamment incité par la lecture de Rousseau [1], dont l'influence sur lui, manifeste par des allusions de son *Programme,* se combine dès à présent avec celle des moralistes anglais [2].

*
* *

Cette inspiration nouvelle le libère pour un temps des manières de penser et aussi des manières d'écrire purement didactiques ; le besoin qu'il éprouve de dégager d'une méta-

---

non le critique de la raison humaine, mais uniquement le moraliste et l'essayiste. Benno Erdmann emprunte ses principales preuves aux renseignements laissés par Herder sur ses années de Kœnigsberg ; engagé par Kant dans la lecture de Hume et de Rousseau, Herder avait en effet considéré dans Hume, non l'empiriste, mais le « philosophe de la société humaine ». *Kant und Hume um 1762,* Archiv für Geschichte der Philosophie, I, p. 62-67. V. la lettre de Kant à Herder du 9 mai 1767 (*Briefwechsel*, I, p. 70) et la réponse de Herder, de novembre 1767 (*Ibid.*, p. 73), qui rendent plausible la thèse défendue par Benno Erdmann dans cet article.

1. Un autre écrivain français, dont Kant a dû à ce moment goûter et peut-être essayer d'imiter la manière, c'est Montaigne. Les *Essais* étaient un de ses ouvrages de prédilection. V. Reicke, *Kantiana*, p. 15, p. 49. Il mettait cependant Hume bien au-dessus de Montaigne. V. la lettre à Herder, citée plus haut.

2. A ces deux sortes d'influences réunies paraissent se rapporter des réflexions comme celles-ci : « L'entendement sain est empirique et pratique, l'entendement subtil est spéculatif, va au-dessus de l'expérience et hors d'elle. » Benno Erdmann, *Reflexionen zur Anthropologie*, nº 214, p. 110.— « L'entendement sain consiste dans les lois empiriques de cause à effet, la saine raison dans les lois rationnelles universelles de la moralité, mais *in concreto*. Demandez donc à un homme sans instruction ce qu'est la justice ; — mais il sait ce qui est juste. L'entendement sain est pratique : parce qu'il comprend l'application des règles aux cas. L'entendement cultivé par la science dévie, lorsqu'il conclut de l'universel et de l'indéterminé *in abstracto* au déterminé, l'entendement commun aussi, quand il rend universelles ses règles particulières. L'entendement sain est plus indispensable que la science et ne peut s'acquérir par elle. » *Ibid.*, nº 215, p. 110.

physique incomplète et arbitraire la signification réelle et idéale de la vie humaine développe en lui à un degré remarquable le sens de l'observation morale. C'est le moment où il a été le plus indépendant des formules d'école, des formules qu'il avait reçues comme de celles qu'il devait à son tour s'imposer à lui-même. Il se plaît à montrer la diversité des aspects sous lesquels l'humanité se présente, à relever les variétés de caractères selon l'âge, le sexe, la nation : en traits larges et brillants il esquisse une sorte de psychologie des peuples [1] : tout cela dans une langue volontairement assouplie, où se révèle cependant au naturel un heureux mélange de finesse et de bonhomie. Telles sont ses *Observations sur le sentiment du beau et du sublime*, parues un peu avant le *Programme* de ses leçons ; toutefois dans leur grande liberté d'allure, elles portent la marque très visible de la préoccupation qu'il avait d'aboutir par une autre voie que la spéculation abstraite à la définition des principes propres de la moralité. Les sentiments moraux y sont, il est vrai, rapprochés des sentiments esthétiques ; c'est que ceux-ci sont élevés à la hauteur des sentiments moraux. Et surtout une distinction importante est faite entre les sentiments moraux qui méritent strictement ce nom et les sentiments moraux qui n'ont ce titre que comme auxiliaires d'une vertu imparfaite ou comme substituts d'une vertu manquante : de telle sorte que dans son effort même pour atteindre à la compréhension la plus souple et à certains égards la plus conciliante de la nature humaine, Kant veut réserver les droits de la pure morale à n'être pas confondue avec ce qui l'imite ou ce qui prétend la remplacer.

C'est ainsi qu'il y a des qualités aimables et belles qui, à cause de leur harmonie avec la vertu, sont justement qualifiées de nobles, et qui cependant ne sauraient être mises au nombre des sentiments vertueux. « On ne peut certaine-

---

[1]. *Beobachtungen über das Gefühl des Schönen und Erhabenen*, 1764, quatrième section, II, p. 267 sq.

ment pas appeler vertueuse la disposition d'âme, qui est la source de ces actions auxquelles sans doute la vertu tendrait aussi, mais d'après un principe qui ne s'accorde qu'accidentellement avec elle, et qui peut aussi, par sa nature, en contredire souvent les règles universelles. Une certaine tendresse de cœur, qui se convertit aisément en un chaud sentiment de *pitié,* est belle et aimable : car il y a là la preuve d'une bienveillante participation au sort des autres hommes, à laquelle conduisent également les principes de la vertu. Mais cette passion de bonne nature n'en est pas moins faible et toujours aveugle. Supposez en effet que cette impression vous pousse à secourir de votre argent un malheureux, mais que vous soyez débiteur d'un autre et que vous vous mettiez par là hors d'état de remplir le strict devoir de la justice, évidemment l'action ne peut provenir d'une intention vertueuse, car une intention de ce genre ne saurait vous pousser à sacrifier une obligation plus haute à un entraînement aveugle. Si au contraire la bienveillance universelle à l'égard de l'espèce humaine est devenue en vous un principe auquel vous subordonnez toujours vos actions, alors l'amour pour le malheureux subsiste encore, mais seulement il est, d'un point de vue supérieur, remis à sa place exacte dans l'ensemble de vos devoirs. La bienveillance universelle est un principe de sympathie pour le mal d'autrui, mais c'est aussi en même temps un principe de justice, qui vous commande maintenant de ne pas accomplir l'acte en question. Or, dès que ce sentiment a été élevé à l'universalité qui lui convient, il est sublime, mais plus froid. Car il n'est pas possible que notre cœur se gonfle de tendresse par intérêt pour tout homme et s'abîme dans la tristesse à chaque malheur d'autrui ; autrement l'homme vertueux ne cesserait, comme Héraclite, de fondre en larmes par compassion, et cependant toute cette bonté de cœur ne saurait faire de lui qu'un désœuvré sensible [1]. »

---

1. II, p. 237-238.

Il y a une autre sorte de bons sentiments, qui sont beaux et aimables, sans constituer pour cela une véritable vertu : ce sont ces sentiments d'obligeance complaisante, qui nous portent à nous rendre agréables aux autres, à leur témoigner de l'amitié, à entrer dans leurs vues, à déférer à leurs désirs. On peut trouver belle cette affabilité séduisante et voir dans la facile souplesse du cœur qui en est capable un indice de bonté. « Mais elle est si loin d'être une vertu, que du moment où des principes supérieurs ne lui fixent pas de bornes et ne la tempèrent point, elle peut donner naissance à tous les vices. Car, sans compter que cette complaisance pour les personnes que nous fréquentons est très souvent une injustice à l'égard de celles qui se trouvent hors de ce petit cercle, un homme qui se livrerait tout entier à ce penchant pourrait avoir tous les vices, non par inclination immédiate, mais par disposition à faire plaisir[1]. » Ainsi dégénère un penchant en lui-même louable quand il n'est pas solidement soutenu par des principes.

« La véritable vertu ne peut donc être entée que sur des principes, et elle devient d'autant plus sublime et d'autant plus noble qu'ils sont plus généraux. Ces principes ne sont pas des règles spéculatives, mais la conscience d'un sentiment qui vit dans tout cœur humain et qui s'étend bien au delà des principes particuliers de la pitié et de la complaisance. Je crois tout comprendre en disant que c'est le *sentiment de la beauté et de la dignité de la nature humaine*. Le sentiment de la beauté de la nature humaine est un principe de bienveillance universelle, celui de sa dignité, de respect universel ; et si ce sentiment atteignait sa plus grande perfection dans le cœur de quelque homme, cet homme à coup sûr s'aimerait et s'estimerait lui-même, mais seulement en tant qu'il est l'un de tous ceux auxquels s'étend son large et noble sentiment. Ce n'est qu'en subordonnant à une inclination aussi générale nos inclinations particu-

---

1. II, p. 239.

lières que nous pouvons faire un emploi justement approprié de nos penchants bienveillants et achever de leur donner cette noble bienséance qui est la beauté de la vertu [1]. » Donc, pour Kant, le pur sentiment moral se reconnaît à ceci, qu'il est capable d'universalité dans sa formule et dans son application, qu'il lie l'action humaine, même dans les cas particuliers, à des motifs généraux, qu'il tend à constituer un ordre général des volontés réciproquement unies. Cette aptitude active à l'universel est considérée ici comme une donnée irréductible de la conscience ; Kant ne se demande pas encore si un sentiment par lui-même peut l'envelopper ou la produire, s'il ne la reçoit pas de quelque autre faculté plus intime ou plus haute.

En fait, peu d'hommes se déterminent par le sentiment moral universel, et c'est pour compenser cette faiblesse de la nature humaine que la Providence a implanté dans les cœurs ces penchants auxiliaires qui remplacent la disposition à la véritable vertu. Ce sont assurément de belles actions que les actions engendrées par la pitié et la complaisance ; et parce qu'elles sont le plus souvent exemptes de calcul, elles ont avec la vertu une parenté qui les autorise presque à en prendre le nom. Pourtant elles ne doivent être qualifiées de vertueuses que si l'on admet des vertus en quelque sorte adoptives, à côté de la vertu de filiation authentique. Il y a même, dès lors, des vertus plus extérieures et plus spécieuses ; ce sont celles qui résultent d'une simple déférence à l'opinion, et qui nous poussent à agir de façon à ne pas encourir le blâme ou même à mériter l'approbation d'autrui. Le sentiment qui les inspire est le sentiment de l'honneur : mobile puissant pour secouer notre paresse, nous inquiéter sur notre égoïsme, nous détacher des voluptés vulgaires, mais bien plus éloigné de la vertu proprement dite que la pitié et la complaisance ; car ce qu'il exprime, ce n'est pas la beauté des actions en elles-

---

1. II, p. 239.

mêmes, mais l'état qu'en font les autres, comme si le jugement des autres pouvait par lui seul décider de notre mérite. Si ce sentiment de l'honneur a été heureusement mis en nous par la Providence pour servir de contrepoids à des impulsions grossières, s'il doit être estimé pour la délicatesse qui lui est propre, il ne peut cependant produire qu'une brillante apparence de vertu[1]. Il faut maintenir que la vertu réelle, sans spontanéité aveugle comme sans éclat d'emprunt, est celle qui est fondée sur des principes.

Ces diverses espèces de sentiments moraux correspondent, selon Kant, aux diverses espèces de tempéraments, telles qu'elles sont distinguées d'ordinaire. Il y a peu à dire du tempérament flegmatique, auquel est lié le défaut de sentiment moral. Mais considérons l'âme vertueuse en qui se trouve un sentiment intime de la beauté et de la dignité de la nature humaine, avec la résolution et la force d'y rapporter toutes ses actions comme à un principe universel. Il est certain que ces dispositions jureraient avec l'enjouement ou la mobilité d'un étourdi. De fait, la véritable vertu, la vertu par principe, a en soi quelque chose qui paraît s'accorder avec le caractère mélancolique, dans le sens adouci du mot. Il y a dans la mélancolie, bien entendu dans la mélancolie active et virile, comme une conscience frémissante des obstacles que rencontrent les grandes résolutions et de l'énergie qu'il faut déployer pour s'en rendre maître ; c'est moins un renoncement aux joies de la vie et un abandon de soi qu'une tension vers les objets les plus hauts du vouloir. L'homme mélancolique se laisse moins toucher par les frivoles attraits du beau, qu'il ne se laisse émouvoir par la grandeur inaltérable du sublime ; s'il est plus d'une fois mécontent de lui-même et dégoûté du monde, ce n'est pas par caprice d'humeur, c'est par cette fermeté rigide qui se refuse à subir l'inconstant empire des circonstances extérieures, du jugement d'autrui, et jusque

---

1. II, p. 239-241.

de son impression propre. Il subordonne en tout ses sentiments à des principes, sachant qu'il est d'autant plus assuré en ses sentiments que les principes par lesquels il les règle sont plus généraux : il évite que sa vie soit une suite de vicissitudes et d'exceptions. Il n'est pas de ceux dont s'empare un jour par hasard quelque bon et généreux mouvement ; mais en face de son semblable qui souffre, voici ce qu'il se dit intérieurement : je dois secourir cet homme, non parce qu'il est mon compagnon ou mon ami, ou parce que je peux espérer qu'il me paiera de retour, mais parce qu'il est un homme, et que tout ce qui arrive aux hommes me touche également. Ainsi sa conduite s'appuie sur la plus haute raison de bien faire qui soit dans la nature humaine, et c'est par là qu'elle peut être qualifiée de sublime. Le trait dominant de son caractère, c'est donc qu'il n'agit que d'après des motifs susceptibles d'être érigés en principes. Décidé à ne pas les recevoir du dehors, il ne se fie qu'à ses lumières. De là la résistance, parfois opiniâtre, qu'il oppose à l'empiètement des conceptions d'autrui sur ses propres façons de voir. Mais s'il est difficile de l'amener à d'autres idées, il serait plus mal aisé de l'empêcher d'être fidèle à lui-même, à ce qu'il a une fois accepté et fait sien. Il peut perdre un ami inconstant, mais celui-ci ne le perd pas de sitôt ; le souvenir de l'amitié éteinte reste respectable à ses yeux. Il hait la dissimulation et le mensonge, et ne fait plier devant rien le devoir de dire la vérité. Il a pour lui-même le respect dont il juge digne tout homme en général ; ennemi de toutes les formes de servitude, son cœur ne respire que pour la liberté. Mais ce noble et fier caractère ne peut se maintenir dans sa puissance morale que par la grâce d'une raison ferme et éclairée ; sans ce concours nécessaire il s'expose à des dépressions et à des exaltations qui le dénaturent radicalement[1].

Au tempérament sanguin s'allient les vertus de la com-

---

1. II, p. 241, p. 242-244.

plaisance et de la pitié, qu'inspire le sentiment du beau : ce qui est le propre de ce tempérament, c'est une faculté de sympathie très vive et très mobile, un besoin d'expansion, de changement et de gaieté, un heureux naturel qui prend pour de l'amitié sa facile bienveillance, qui se donne à tous sans s'attacher à personne, une générosité de premier mouvement, une indulgence souriante prompte à atténuer en toute occasion la sévérité des principes et des lois : qualités aimables mêlées de défauts, dont le principal est l'inconstance, et qui peuvent, quand elles ne sont pas dirigées par l'intelligence ou corrigées par l'expérience, dégénérer en un manque choquant de sérieux et en une présomption de fat [1].

C'est au tempérament colérique qu'appartient surtout, tel qu'il a été défini, le sentiment de l'honneur. Le colérique est indifférent aux qualités intrinsèques des choses et aux motifs internes des actions : il ne juge et n'agit que pour l'effet à produire sur autrui. Uniquement préoccupé de l'apparence, il doit se surveiller sans cesse pour ne pas s'exhiber tel qu'il est : de là ce défaut de naïveté, cet art de l'adaptation et de la dissimulation, et tout ce qu'il y a dans sa conduite de factice, de raide, de guindé. Il procède selon des principes beaucoup plus que le sanguin, qui n'est mû que par des impressions accidentelles ; seulement ces principes ne sont pas, comme chez le mélancolique, tournés vers le sublime ; ils ne vont qu'à cette contrefaçon du sublime qui est le faste ou la pompe. Le colérique paraît raisonnable lorsqu'il résiste à tout entraînement, et il obtient l'estime parce que ses actes, dont le mobile est caché, sont souvent aussi utiles à autrui que des actes de véritable vertu ; mais au fond il dépend de ses semblables jusque dans l'idée qu'il se fait de son bonheur, et la sûreté de ses calculs est mise en échec par ce goût des choses du

---

[1]. II, p. 241-242, p. 244-245.

dehors qui l'empêche de garder la mesure, ou par ce besoin de s'imposer qui convertit son orgueil en délire[1].

Certes la prééminence revient au caractère mélancolique, à ce pur sentiment de la dignité humaine, capable de se traduire en des règles u iverselles. Cependant, de même que plus tard, Kant ne se bornera pas à définir rigoureusement la moralité de la personne, et qu'il voudra établir la loi du développement historique de l'humanité à travers les oppositions des volontés et des destinées individuelles, de même ici, après avoir distingué la véritable vertu de ce qui la supplée ou la contrefait, il cherche à comprendre sous une loi d'harmonie providentielle les manifestations diverses de la nature humaine. Pour l'œuvre d'ensemble de l'humanité, ces contrariétés de caractère valent mieux qu'un type uniforme de conduite, dût-il être en parfait accord avec ce que la plus haute morale exige. Les hommes qui agissent d'après des principes sont peu nombreux assurément, et cela est en définitive un bien : car il est facile de s'égarer dans la conception ou l'application des principes, et le dommage qui en peut résulter est d'autant plus grand que les principes sont plus généraux et que la personne qui s'y soumet est plus constante dans ses résolutions. Ceux qui obéissent à de bons penchants sont plus nombreux, et cela est excellent, car s'ils n'ont pas le mérite de s'inspirer de motifs purs et fermement adoptés, ils ont l'avantage de concourir par une sorte de vertu instinctive aux fins de la nature. Il n'y a pas jusqu'aux égoïstes, les plus nombreux de tous, qui ne travaillent pour le bien ; car ils sont actifs, zélés, prudents, et ils mettent en évidence des qualités que des âmes supérieures pourront leur emprunter tout en les employant à de meilleurs usages. Enfin l'amour de l'honneur, si décevant quand il est l'unique règle, rend, comme mobile auxiliaire. le précieux service de lier les consciences par la pensée du jugement que tous

---

1. II, p. 242, p. 245-246.

peuvent porter sur chacun. Et ainsi, par leur variété et par leur concordance finale, les divers caractères représentent la nature humaine en un tableau d'un magnifique effet[1].

Malgré ses remarques et son ton d'observateur détaché, souvent ironique, Kant a rempli cet écrit d'une foi vive dans la valeur éminente de l'humanité : fin de l'action morale par la dignité qui lui est propre, l'humanité en est le principe par la faculté qu'elle possède de s'inspirer immédiatement de motifs universels, et l'antagonisme même de ses déterminations naturelles finit par constituer un ordre où se révèle le sens de ses destinées.

Sous quel aspect l'humanité doit-elle être considérée pour être en possession de ces attributs et de ces droits souverains ? Kant venait de l'apprendre de Rousseau.

*
* *

Combien fut profonde l'influence de Rousseau sur Kant, en quel sens nouveau elle orienta sa conception de la nature humaine et de la vie, nous le savons surtout par les réflexions manuscrites que Kant a laissées sur son exemplaire des *Observations*[2]. A Rousseau plus peut-être qu'à Hume

---

1. II, p. 249-250.
2. Publiées pour la première fois par Schubert dans le t. XI de l'édition Rosenkranz-Schubert, sous le titre : *Bemerkungen zu der Beobachtungen über das Gefühl des Schönen und Erhabenen*, reproduites dans le t. VIII de l'édition Hartenstein (1868), ainsi que dans le t. VIII de l'édition Kirchmann sous le titre : *Fragmente aus dem Nachlasse*. Le premier éditeur a cru pouvoir faire un choix parmi les notes de Kant : son œuvre sera donc à compléter et peut-être même à rectifier dans l'édition de l'académie de Berlin. Il reporte les réflexions qu'il publie aux années 1765-75 sans fournir de raisons à l'appui : la date initiale paraît très vraisemblable, la date finale plus arbitrairement choisie. Nous n'usons ici de ces fragments que pour représenter une suite d'idées de même sens, dont l'origine est certainement dans la période que nous étudions et qui a correspondu à un état de la pensée kantienne d'assez longue durée. Sur cette influence de Rousseau, v. outre les écrits de Kuno Fischer, Dietrich, Höffding, Foerster et Menzer précédemment cités : D. Nolen, *Les maîtres de Kant : Kant et Rousseau*, Revue philosophique, IX, p. 270-298 ; H. von Stein, *Rousseau und Kant*, Deutsche Rundschau, LVI, p. 206-217 ; Richard Fester, *Rousseau und die deutsche Geschichtsphilosophie*,

conviendrait l'expression fameuse, qu'il réveilla Kant de son sommeil dogmatique. Si Kant, en effet, avait déjà éprouvé la difficulté de justifier par les procédés du rationalisme ordinaire les concepts fondamentaux de la morale [1], il n'en avait pas moins admis pendant longtemps, sans la critiquer directement, une notion de la moralité qu'il regardait comme une donnée réelle, seulement mal expliquée. Cette notion supposait la supériorité de la pensée spéculative jusque dans l'ordre de l'action ; elle tendait à représenter la science comme la vertu par excellence dont dérivent toutes les autres vertus ; elle établissait entre les principes immédiats de la volonté morale et les vérités supra-sensibles qui paraissent en être la justification suprême des rapports de signification avant tout intellectuelle, susceptibles d'être déterminées par l'entendement théorique. Contre cette notion qu'il avait reçue toute faite, qui était dans le fond très étrangère à sa personnalité intime, Kant réagit vigoureusement, sous l'impulsion de Rousseau. « Je suis par goût un chercheur. Je sens la soif de connaître tout entière, le désir inquiet d'étendre mon savoir, ou encore la satisfaction de tout progrès accompli. Il fut un temps où je croyais que tout cela pouvait constituer l'honneur de l'humanité, et je méprisais le peuple, qui est ignorant de tout. C'est Rousseau qui m'a désabusé. Cette illusoire supériorité s'évanouit ; j'apprends à honorer les hommes ; et je me trouverais bien plus inutile que le com-

---

ch. III, p. 68-86 ; Höffding, *Rousseau* (Frommanns Klassiker), p. 121 ; *Rousseaus Einfluss auf die definitive Form der kantischen Ethik*, Kantstudien, II, p. 11-21. Matthias Menn, *Immanuel Kants Stellung zu Jean-Jacques Rousseau* ; J. Clark Murray, *Rousseau: his position in the history of philosophy*, Philosophical Review, VIII, p. 369-370.

[1]. Peut-être la conscience des difficultés spéculatives soulevées par l'examen des concepts moraux en usage dans l'école de Wolff était-elle déjà en partie chez Kant comme l'effet visible de cette rénovation qui s'opérait en lui du sens de la vie morale. Cependant dans l'écrit sur l'*Évidence*, si Kant répond au programme de l'Académie en disant qu'il faut rapporter les concepts moraux à leur véritable source, qui est le sentiment, il semble bien que cette conclusion lui est inspirée par les Anglais, et non par Rousseau, comme le soutient H. von Stein dans l'article cité, p. 211-212.

mun des travailleurs, si je ne croyais que ce sujet d'étude peut donner à tous les autres une valeur qui consiste en ceci : faire ressortir les droits de l'humanité [1]. » Ce que Newton avait fait pour l'explication de la nature matérielle, Rousseau, selon Kant, vient de le faire pour l'explication de la nature humaine. « Newton le premier de tous vit l'ordre et la régularité unis à une grande simplicité là où avant lui il n'y avait à trouver que désordre et que multiplicité mal agencée, et depuis ce temps les comètes vont leur cours en décrivant des orbites géométriques. — Rousseau le premier de tous découvrit sous la diversité des formes humaines conventionnelles la nature de l'homme dans les profondeurs où elle était cachée, ainsi que la loi secrète en vertu de laquelle la Providence est justifiée par ses observations. Jusqu'alors, l'objection de Manès avait encore toute sa valeur. Depuis Newton et Rousseau, Dieu est justifié, et désormais la doctrine de Pope

---

1. VIII, p. 624. — « Quiconque est échauffé par un sentiment moral, comme par un principe supérieur à ce que les autres peuvent se représenter d'après leur façon de sentir languissante et souvent vulgaire, est à leurs yeux un chimérique. Que je place Aristide parmi des usuriers, Épictète parmi des gens de cour et Jean-Jacques Rousseau parmi les docteurs de Sorbonne : il me semble entendre un ironique éclat de rire et cent voix qui crient : *Quels chimériques personnages!* Cette apparence équivoque d'exaltation chimérique dans des sentiments qui en eux-mêmes sont bons, c'est l'*enthousiasme*, sans lequel rien de grand n'a jamais été fait dans le monde. » *Versuch über die Krankheiten des Kopfes*, 1764, II, p. 220-221. — Les *Observations sur le sentiment du beau et du sublime* ne nomment expressément Rousseau que dans une note, et encore pour répudier une opinion qui lui est attribuée : « Je ne voudrais pour rien au monde avoir dit ce que Rousseau ose soutenir : *qu'une femme n'est jamais rien de plus qu'un grand enfant*. Mais le pénétrant écrivain suisse écrivait cela en France, et probablement le si grand défenseur du beau sexe qu'il était ressentait de l'indignation à voir que dans ce pays on ne traite pas les femmes avec plus de véritable respect. » II, p. 271. Dans les *Observations* toutefois bien des idées et bien des remarques de détail portent la trace de l'influence de Rousseau, notamment la conclusion : « Il n'y a plus à souhaiter que ceci : c'est que le faux éclat qui fait si facilement illusion ne nous éloigne pas à notre insu de la noble simplicité, mais surtout que le secret encore inconnu de l'éducation soit arraché à la tyrannie du vieil esprit d'erreur pour ériger de bonne heure, dans le cœur de tout jeune citoyen du monde, le sentiment moral en émotion active, de telle sorte que toute délicatesse n'aspire pas uniquement au plaisir fugitif et oiseux d'apprécier avec plus ou moins de goût ce qui se passe hors de nous. » II, p. 280.

est vraie[1]. » Cependant l'enthousiasme avec lequel Kant accueille l'œuvre de Rousseau ne lui enlève pas entièrement la faculté de la critiquer. « Je dois, dit-il, lire et relire Rousseau jusqu'à ce que la beauté de l'expression ne me trouble plus ; car alors seulement je puis le saisir avec la raison[2]. » « La première impression, remarque-t-il encore, qu'un lecteur qui ne lit pas seulement par vanité et pour passer le temps reçoit des écrits de Jean-Jacques Rousseau, c'est qu'il se trouve devant une rare pénétration d'esprit, un noble élan de génie et une âme toute pleine de sensibilité, à un tel degré que peut-être jamais aucun écrivain, en quelque temps ou en quelque pays que ce soit, ne peut avoir possédé ensemble de pareils dons. L'impression qui suit immédiatement celle-là, c'est celle de l'étonnement causé par les opinions singulières et paradoxales de l'auteur. Elles sont tellement à l'encontre de ce qui est généralement admis, qu'on en vient aisément à le soupçonner d'avoir cherché seulement à mettre en évidence ses extraordinaires talents et la magie de son éloquence, d'avoir voulu faire l'homme original qui par une surprenante et engageante nouveauté d'idées dépasse tous les rivaux en bel esprit[3]. »

L'adhésion de Kant à Rousseau est malgré tout, à cette époque, infiniment plus forte que ses réserves, et si celles-ci sont intéressantes à noter, c'est surtout parce qu'elles annoncent pour l'avenir des dissidences et des objections plus nettes[4]. Pour le moment, ce que Kant accepte pleinement

---

1. VIII, p. 630.
2. VIII, p. 618.
3. VIII, p. 624.
4. Notons surtout une dissidence dans la conception de la méthode à appliquer : « Rousseau, dit Kant, procède synthétiquement et part de l'homme à l'état de nature ; je procède analytiquement et je pars de l'homme civilisé », VIII, p. 613. Cette remarque montre bien la disposition de Kant à vérifier par des procédés réguliers les intuitions de Rousseau ; elle est d'autre part conforme à la thèse soutenue dans l'écrit sur l'*Évidence des principes de la théologie naturelle et de la morale*, d'après laquelle les définitions en philosophie ne peuvent être obtenues qu'en partant du donné et par voie d'analyse, tandis que les seules définitions des mathématiques sont synthétiques et originairement construites. II, p 284 sq.

de Rousseau, c'est la pensée qu'il y a une nature humaine originelle, corrompue à la fois et dissimulée par l'état actuel de la civilisation. Il s'agit donc de découvrir et de restaurer, par delà les formes factices d'existence qui la défigurent, l'humanité primitive, ou, d'un mot plus exact, l'humanité vraie. De quelque façon qu'il faille l'entendre en l'approfondissant, c'est l'idée de la simplicité naturelle qui doit reparaître comme l'exemplaire de la vie humaine. « Il est nécessaire d'examiner comment l'art et l'élégance de l'état civilisé se produisent, et comment ils ne se trouvent jamais dans certaines contrées (dans celles, par exemple, où il n'y a pas d'animaux domestiques), afin d'apprendre à distinguer ce qui est factice, étranger à la nature, de ce qui lui appartient en propre. Si l'on parle du bonheur de l'homme sauvage, ce n'est pas pour retourner dans les forêts, c'est seulement pour voir ce que l'on a perdu d'un côté, tandis qu'on gagne de l'autre[1]; et cela, afin que dans la jouissance et l'usage du luxe social on n'aille pas s'attarder de tout son être aux goûts qui en dérivent, et qui sont contraires à la nature comme à notre bonheur, afin qu'on reste avec la civilisation un homme de la nature. Voilà la considération qui sert de règle au jugement, car jamais la nature ne crée l'homme pour la vie civile ; ses inclinations et ses efforts n'ont pour fin que la vie dans son état simple[2]. » « Que le cœur de l'homme soit ce qu'on voudra : il s'agit seulement

---

[1]. Dans le Raisonnement sur *l'aventurier Jan Komarnicki*, qui fut en Allemagne ce que fut en France l'*Homme des Cévennes*, Kant distingue le cas du chevrier fanatique qui prophétise à tort et à travers, du cas du petit garçon qui l'accompagne, et dont la libre simplicité est tout à fait frappante ; il signale donc comme un fait remarquable « le *petit sauvage* qui a grandi dans les bois, qui a appris à braver avec une joyeuse humeur toutes les rigueurs de la température, qui témoigne sur son visage d'une franchise peu commune, et qui n'a rien en lui de cet embarras craintif qu'augmentent la servitude ou l'attention contrainte dans une éducation plus fine ; en un mot (si l'on fait abstraction de ce que quelques hommes, en lui apprenant à demander et à aimer l'argent, ont déjà gâté en lui), c'est, à ce qu'il semble, un enfant parfait, dans le sens où peut le désirer un moraliste expérimentateur, qui serait assez équitable pour ne pas ranger les propositions de M. Rousseau parmi les belles chimères, avant de les avoir éprouvées. » 1764, II, p. 209.

[2]. VIII, p. 618-619.

ici de savoir si c'est l'état de nature ou l'état de civilisation qui cause le plus le péché véritable, et qui y prédispose... L'homme, à l'état de simplicité, a peu de tentations de devenir vicieux; c'est uniquement le luxe qui l'y pousse avec force[1]. » « Dans l'état de nature on peut être bon sans vertu et raisonnable sans science[2]. »

Kant partage donc la confiance de Rousseau dans la bonté primitive de la nature humaine. Il croit à la supériorité de l'éducation négative, qui se borne à assurer la liberté de l'instinct naturel, sur l'éducation positive, qui impose par contrainte des façons d'agir artificielles[3]. « On dit

1. VIII, p. 613.
2. VIII, p. 612.
3. On sait le grand retentissement qu'eurent en Allemagne les idées pédagogiques de l'*Émile*, et comment elles vinrent accélérer le mouvement qui se produisait de divers côtés pour la réforme des écoles. L'intérêt que prenait Kant à ces questions, ainsi que la persistance de son attachement aux principes de Rousseau, apparaissent bien dans l'enthousiasme avec lequel il salua la fondation du *Philanthropinum* de Basedow. Ce fut sur le *Methodenbuch* de Basedow qu'il fit ses premières leçons de pédagogie en 1776-1777 (Arnoldt, *Kritische Excurse*, p. 572). Il se constitua le patron de l'Institut de Dessau dans trois articles de la *Gazette savante et politique de Kœnigsberg*, 28 mars 1776, 27 mars 1777, 24 août 1778. — Sur l'authenticité de ces articles, v. Reicke, *Kantiana*, p. 68-70. — Dans l'appel au public du 27 mars 1877, il disait : « Dans les pays civilisés de l'Europe ce ne sont pas les établissements d'éducation qui font défaut, pas plus que le zèle bien intentionné des maîtres à être sur ce point au service de tout le monde, et cependant il est bien aujourd'hui clairement démontré que, comme on travaille là dans un sens contraire à la nature, on est bien loin de faire produire à l'homme le bien auquel la nature l'a disposé ; que, puisque les créatures animales que nous sommes ne s'élèvent à l'humanité que par la culture, nous verrions sous peu de tout autres hommes autour de nous, si l'usage se répandait partout de cette méthode d'éducation qui est tirée sagement de la nature même, au lieu de suivre servilement la routine des siècles grossiers et ignorants. Mais c'est en vain qu'on attendrait ce salut du genre humain d'une amélioration graduelle des écoles. Il faut qu'elles soient complètement transformées, si l'on veut qu'il en sorte quelque chose de bon ; car elles sont défectueuses dans leur organisation première, et les maîtres eux-mêmes ont besoin de recevoir une nouvelle culture. Ce n'est pas une lente *réforme* qui peut produire cet effet, mais une prompte *révolution*. » II, p. 457. Ni les bizarreries de Basedow, ni sa première retraite, ni sa querelle avec Mangelsdorf n'ont ébranlé la confiance de Kant : « Les attaques qui s'élèvent de çà de là contre l'Institut et parfois même les écrits injurieux ne sont que les pratiques habituelles à cet esprit de critique qui s'exerce sur tout et à la vieille routine qui se défend sur son fumier ». II, p. 458. — Cf. Benno Erdmann, *Reflexionen Kants zur kritischen Philosophie*, II, n° 255, p. 78. — La nouvelle édition de la *Correspondance* de Kant

dans la médecine que le médecin est le serviteur de la nature: mais la même maxime vaut en morale. Écartez seulement le mal qui vient du dehors : la nature prendra d'elle-même la direction la meilleure. Si le médecin disait que la nature est en elle-même corrompue, par quel moyen voudrait-il l'améliorer ? Le cas est le même pour le moraliste.[1] » « C'est la différence de la fausse morale et de la saine morale, que la première ne recherche que des ressources contre les maux, tandis que la seconde veille à ce

complète abondamment le témoignage de la sollicitude active avec laquelle Kant suivait une entreprise « dont l'idée seule dilate le cœur » (*Briefwechsel*, I, p. 220), qui méritera « la reconnaissance de la postérité » (*Ibid.*, p 181). V. les lettres de Kant à Wolke (p. 178, 220), à Basedow (p. 181), à Regge (p. 187), à Campe (p. 199, 201), à Crichton (p. 217). On savait d'ailleurs que Kant était intervenu pour faire admettre au Philanthropinum des jeunes gens à qui il s'intéressait. « La porte est étroite, écrivait Hippel le 29 avril 1777 à un candidat ; elle n'a été ouverte à Scherres pour ses deux fils que sur les prières réitérées de M. Kant » (Hippel, *Briefe*, n° 83). — Nous voyons ici une intervention du même genre se produire, avec un commentaire qui la rend significative. En recommandant à Wolke le fils d'un de ses amis, Kant prévient qu'il a été élevé jusque-là selon les principes de l'éducation négative, la meilleure, ajoute Kant, qu'il pût recevoir jusqu'à cet âge. On l'a laissé développer ses facultés en toute liberté, en se bornant à écarter ce qui aurait pu leur imprimer une fausse direction ; en matière religieuse, le père est d'accord avec l'esprit du Philanthropinum, selon lequel la connaissance de Dieu doit s'accomplir, quand le moment est venu, par une sorte de révélation naturelle de l'entendement sain, et être telle qu'elle ne réduise jamais la moralité à n'être qu'un état subordonné ou accessoire (*Briefwechsel*, I, p. 178-179). — Lorsque Campe a quitté l'Institut, Kant lui en exprime de très vifs regrets, avec l'espoir de l'y voir revenir (*Ibid.*, p. 201 sq.). — Au moment où le conflit de Wolke et de Basedow compromet gravement la prospérité de l'école nouvelle, il félicite Wolke du courage avec lequel il persévère dans son œuvre en dépit des difficultés accumulées, et en même temps il lui confie les moyens tout diplomatiques dont il a usé pour convertir à la bonne cause le prédicateur de la cour, Crichton, 4 août 1778 (*Ibid.*, p. 220-222). A ce dernier il avait dit entre autres choses : « Sous la direction de Wolke, cet Institut doit devenir avec le temps l'école-mère de toutes les bonnes écoles du monde, pourvu qu'on veuille du dehors le soutenir et l'encourager dans ses débuts » (*Ibid.*, p. 217). — Sur Basedow et le Philanthropinisme, v. Pinloche, *La réforme de l'éducation en Allemagne au XVIIIe siècle*. A supposer que Basedow, comme le prétend M. Pinloche, relève moins de Rousseau qu'on ne croit (p. 286-288), c'est certainement par les idées qui lui sont venues de Rousseau que Kant a été conduit à prendre tant à cœur l'essai de Basedow.

1. VIII, p. 616. — « Les moralistes du jour supposent beaucoup de maux et veulent apprendre à en triompher ; ils supposent beaucoup de tentations pour le mal, et ils prescrivent des mobiles pour en triompher. La méthode de Rousseau nous apprend à ne pas tenir les premiers pour des maux, ni les secondes pour des tentations ». VIII, p. 614.

que les causes de ces maux n'existent point[1]. » On ne peut agir heureusement sur l'humanité qu'à la condition de chercher le point d'appui de son action dans l'état de nature, qui est en même temps l'état de liberté[2]. Kant détourne vers les thèses de Rousseau l'antique conception, selon laquelle on ne peut convaincre autrui que par ses propres pensées et le toucher moralement que par ses propres dispositions ; à quels effets pourrait-on prétendre sur le cœur de l'homme, si l'on ne supposait en lui une certaine bonté[3] ? Or, c'est se défier de cette bonté native que de vouloir inculquer du dehors la vertu ; la vertu ne s'enseigne pas ; il suffit d'écarter ce qui lui fait obstacle. « Là où l'erreur, a écrit Kant ailleurs, est entraînante et périlleuse en même temps, les connaissances négatives et leurs critères ont plus d'importance que les connaissances et les critères positifs... Socrate avait une philosophie négative au regard de la spéculation, je veux dire une philosophie de la non-valeur de beaucoup de prétendues sciences, une philosophie des limites de notre savoir. La partie négative de l'éducation est la plus importante : discipline. Rousseau (marquer avec précision des limites[4].)»

Une science marque bien les limites de toutes les sciences : c'est la science de l'homme. A elle il appartient de découvrir l'homme vrai, d'éveiller en tout être humain la conscience de sa tâche. « S'il est quelque science qui soit réellement nécessaire à l'homme, c'est celle que j'enseigne, qui lui indique de remplir convenablement la place qui lui a été assignée dans la création, et dont il peut apprendre ce qu'il doit être pour être un homme. Supposé qu'il ait appris à connaître au-dessus ou au-dessous de lui des séductions trompeuses qui l'aient à son insu tiré de sa place pro-

---

[1]. VIII, p. 617.
[2]. VIII, p. 628.
[3]. VIII, p. 619 ; p. 620.
[4]. Benno Erdmann, *Reflexionen Kants sur kritischen Philosophie*, II, n° 148, p. 44.

pre, cet enseignement le ramènera à l'état d'homme, et alors, si petit et si imparfait qu'il se trouve encore, il sera justement bon pour le point qui lui est assigné, parce qu'il est précisément ce qu'il doit être[1]. »

Cette science réservée, quel est le rôle des autres sciences ? Ou plutôt que signifie l'opposition établie, au moins en apparence par Rousseau, entre la culture et la nature[2] ? Il ne semble pas que dans cette période même

1. VIII, p. 624-625.
2. Dans ses *Conjectures sur le commencement de l'histoire de l'humanité* (1786), Kant énoncera l'idée qui, selon lui, concilie les droits de la nature avec ceux de la culture, et qui permet du même coup de comprendre les aspects opposés de la pensée de Rousseau. C'est quand on considère la civilisation dans son rapport avec la félicité et la moralité instinctive de l'individu, qu'elle apparaît inférieure à l'état de nature ; mais c'est par rapport à l'espèce humaine et à son progrès indéfini que la civilisation doit être considérée, et alors, bien qu'elle soit faite pour une grande part des misères physiques et morales des individus, bien qu'elle ne soit possible que par cette inégalité dont se plaint Rousseau, elle n'en est pas moins justifiée par l'œuvre d'ensemble qu'elle réalise graduellement au sein de l'espèce ; à ce point de vue, elle est supérieure à l'état de nature. « De cette façon on peut mettre d'accord entre elles et avec la raison les assertions souvent mal comprises et en apparence contradictoires de l'illustre J.-J. Rousseau. Dans ses écrits sur l'*Influence des sciences* et sur l'*Inégalité des hommes*, il montre très justement l'inévitable conflit de la culture avec la nature du genre humain, considéré comme espèce *animale*, dans laquelle chaque individu devrait accomplir pleinement sa destinée ; mais dans son *Émile*, son *Contrat social* et d'autres écrits, il cherche en retour à résoudre le difficile problème que voici : comment la culture doit se poursuivre pour développer les dispositions de l'humanité, en tant qu'espèce morale, dans le sens de leur destination, de telle sorte que l'humanité, comme espèce morale, ne soit plus en opposition avec l'humanité, commes espèce naturelle ». *Muthmasslicher Anfang der Menschengeschichte*, IV, p. 322.—Cf. *Idee zu einer allgemeinen Geschichte*, IV, p. 150. — B. Erdmann, *Reflexionen Kants zur kritischen Philosophie*, I, n° 659, p. 207. — Dans l'*Anthropologie au point de vue pratique* (1798), après avoir redit que la sombre peinture faite par Rousseau de la condition des hommes hors de l'état de nature n'est pas une invitation à retourner dans les forêts, Kant ajoute : « Les trois ouvrages de Rousseau sur le dommage qu'ont causé : 1° l'abandon par notre espèce de l'état de nature pour l'état de *culture*, par l'affaiblissement de notre puissance ; 2° la *civilisation*, par l'inégalité et l'oppression réciproque ; 3° la prétendue *moralisation*, par une éducation contre nature et une formation vicieuse de la pensée ; — ces trois écrits, dis je, qui représentaient l'état de nature comme un état d'*innocence* (où le gardien de la porte de cette espèce de paradis, avec son glaive de feu, empêche de retourner), ne devaient servir que de fil conducteur à son *Contrat social*, à son *Émile* et à son *Vicaire savoyard*, pour sortir de ce labyrinthe de maux où notre espèce s'est engagée par sa propre faute. — Au fond Rousseau n'entendait pas que l'homme dût opérer un *retour*, mais, du point de vue où il se trouve maintenant, *regarder*

Kant soit disposé à l'admettre entièrement et définitivement. Sans doute il redit que les sciences ne sont pas la fin essentielle de la vie : « Si une chose n'est pas faite pour la durée de la vie, ni pour ses divers âges, ni pour la plupart des hommes, si enfin elle dépend du hasard et n'est que difficilement utile, elle n'est pas essentielle au bonheur et à la perfection de l'espèce humaine. Combien de siècles se sont écoulés avant que la vraie science existât, et que de nations il y a dans le monde qui ne la posséderont jamais ! Il ne faut pas dire que la nature nous appelle à la science parce qu'elle nous a donné la faculté de savoir : car, pour ce qui est du plaisir attaché à la science, il peut n'être que mensonger [1]. » Mais si les sciences engendrent la vanité et la corruption, elles peuvent cependant nous mieux servir ; elles peuvent nous rendre plus habiles, plus prudents, plus sages, nous remettre dans une situation plus conforme à notre vraie nature [2] ; portées à une certaine hauteur, elles corrigent les maux qu'elles-mêmes ont faits ; sinon directement, du moins indirectement elles peuvent contribuer à la moralité [3]. Elles ne sont funestes que pour être sorties de leur rôle, pour avoir développé le goût du luxe et fourni les moyens de le satisfaire. Elles

---

en arrière dans l'état de nature. Il admettait que l'homme est bon par *nature* (de la façon dont la nature se transmet), mais bon d'une manière négative, c'est-à-dire qu'il n'est pas de lui-même et volontairement méchant, qu'il est seulement en danger d'être gâté et corrompu par des exemples et des guides mauvais ou maladroits. Mais comme il faut encore pour cela des hommes *bons*, qui auraient dû être élevés pour cette fin même, et comme il n'en est sans doute aucun qui n'ait en lui une corruption (innée ou acquise), le problème de l'éducation morale pour notre *espèce* reste insoluble, non seulement quant au degré, mais encore quant à la qualité du principe. » *Anthropologie in pragmatischer Hinsicht*, VII, p. 651-652. — En établissant dans la *Doctrine de la vertu* que l'homme doit cultiver ses facultés, Kant repousse comme principe de cette obligation l'avantage qu'on retire de cette culture : car il est possible, comme l'a dit Rousseau, que l'avantage soit plus grand à rester dans l'état de nature : c'est pour obéir au devoir que l'homme doit tâcher de perfectionner ses aptitudes. *Die Metaphysik der Sitten*, II. Theil, VII, p. 252-253.

1. VIII, p. 621.
2. VIII, p. 610.
3. VIII, p. 622, p. 624.

peuvent se subordonner aux fins vraies de la nature humaine. « Le sauvage, dit Kant, se tient au-dessous de la nature de l'homme ; l'homme dans le luxe erre en dehors des limites qu'elle a ; l'homme moralement façonné va au-dessus d'elle [1]. » Kant conçoit donc un idéal de l'humanité, qui au lieu de restreindre le développement des facultés humaines, le tournerait seulement dans le sens de la conscience ; le retour à la simplicité naturelle doit être une conversion, non une dégradation de notre vie [2].

Ce qui inspire en tous cas ces réflexions éparses, c'est le souci d'émanciper l'homme des formules conventionnelles avec lesquelles la métaphysique a pris un air de science : cela, dans l'intérêt même de la moralité et des vérités suprasensibles que cette métaphysique prétendait sauvegarder. C'est ainsi qu'il faut repousser énergiquement l'idée d'une religion naturelle, telle qu'on l'entend d'habitude ; car, selon cette idée, il ne pourrait y avoir religion que là où il y a science, et à ce compte la religion n'unirait pas tous les hommes. Aussi peut-on dire que l'homme à l'état de nature, sans religion, est supérieur à l'homme civilisé qui professe la simple religion naturelle ; car, chez ce dernier, la moralité, qui est dans son essence le principe invisible de toute vie religieuse, n'existe que pour faire contrepoids à sa corruption : elle ne saurait donc avoir de vertu positive et révélatrice. Il ne faut parler de religion naturelle que là où il y a moralité naturelle, et, en ce sens, une religion naturelle peut fort bien se concilier avec une théologie surnaturelle comme la théologie chrétienne. Ce qu'il y a de

---

1. VIII, p. 630-631.
2. Kant déclarera plus tard que l'état de nature révèle aussi bien que l'état de civilisation un penchant primitif au mal. *Die Religion innerhalb der Grenzen der blossen Vernunft*, VI, p. 127. Et il interprétera aussi dans un sens rationaliste les principes d'éducation posés par Rousseau : « En quoi l'idée de la raison est-elle différente de l'idéal de la faculté d'imaginer ? L'idée est une règle universelle *in abstracto*, l'idéal est un cas particulier que je fais rentrer sous cette règle. C'est ainsi par exemple que l'Emile de Rousseau, que l'éducation à donner à Emile est une véritable idée de la raison. » *Vorlesungen über die philosophische Religionslehre*, éd. par Pölitz, 2ᵉ éd., p. 3.

surnaturel dans le Christianisme, c'est, avec sa doctrine, la force nécessaire pour la mettre en pratique ; mais par la moralité qu'il comporte et qu'il suppose, le Christianisme rejoint la foi naturelle. Naturelle ou surnaturelle, c'est toujours la foi qui nous révèle Dieu, non la spéculation. « Ou bien la connaissance de Dieu est spéculative, et alors elle est incertaine, exposée à de dangereuses erreurs ; ou bien elle est morale, elle se produit par la foi, et alors elle ne considère d'autres attributs de Dieu que ceux qui ont trait à la moralité [1]. » Si la piété est le complément de la bonté morale, la moralité naturelle est la pierre de touche de toute religion [2]. C'est par le retour à la moralité naturelle que nous effacerons les désordres dont on invoque le scandale contre la Providence, et dont l'apparente existence tient à la perversion de nos désirs [3].

Ainsi Rousseau achève de pousser Kant hors des voies du rationalisme wolffien, et il se rencontre avec les philosophes anglais pour le porter à voir dans le sentiment l'origine de la moralité. Mais concordantes par là, l'influence des Anglais et l'influence de Rousseau n'ont pénétré ni dans l'intelligence, ni dans l'âme de Kant au même degré de profondeur. Dans leur façon d'analyser les sentiments moraux, les Anglais sont encore des théoriciens, tout proches du concret assurément, très dégagés de toute scolastique, très hostiles à ces transpositions intellectuelles qui altèrent le réel sous prétexte d'en rendre compte, mais des théoriciens quand même, de raison lucide et un peu courte, qui considèrent la nature humaine comme elle se présente à leurs yeux d'hommes très particulièrement sociables, et qui ne tentent aucun effort d'exploration vers des sources plus intimes et plus mystérieuses de la vie morale ; leur optimisme s'accommode de l'existence telle qu'elle est faite, ne discerne guère les conventions et les

---

1. VIII, p. 629-630.
2. VIII, p. 614.
3. VIII, p. 630.

artifices qui la recouvrent, ou même pour une part la composent. Rousseau, lui, n'arrive pas par l'analyse à l'idée du sentiment ; il est lui-même tout sentiment dans tout son être [1] ; aussi n'est-ce pas seulement une autre façon d'expliquer la vie qu'il découvre, mais une autre façon de la juger et de la vivre. Il ne se contente pas de prendre de ci de là chez lui et chez les autres de quoi caractériser l'espèce humaine : il se retranche au plus profond de lui-même, et c'est dans l'isolement de sa conscience qu'il reçoit la révélation de ces instincts divins que n'ont pas dénaturés la civilisation et la société. S'il se préoccupe de traduire en idées ce que lui suggèrent sa puissance d'émotion et ses facultés d'intuition, c'est pour montrer aux hommes qu'ils doivent changer entièrement les objets de leur estime, c'est-à-dire retrouver la sincérité de leur jugement naturel : sans cette conversion ou cette restauration complète, vainement ils essaieraient de fixer leurs opinions, d'assurer leur conduite, de découvrir le principe suprême de toute vérité et de toute justice. C'est par cet ardent besoin de rénovation intérieure, par cette aperception pénétrante d'un rapport plus immédiat entre l'âme humaine et ses motifs d'agir, d'avoir foi, d'espérer, que Rousseau put conquérir la fière nature morale de Kant. A Rousseau Kant dut sans aucun doute d'éprouver plus vivement qu'il fallait ressusciter la moralité véritable pour être à même d'en trouver la véritable explication ; il lui dut d'entrevoir qu'un lien plus solide et plus intime que celui des déductions métaphysiques ordinaires pouvait rattacher la conscience humaine aux croyances dont elle réclame le soutien. Sous le simple effort de sa réflexion, il avait déjà senti chanceler le vieil édifice de la métaphysique ; il s'était laissé séduire par les sagaces observations des Anglais qui dégageaient prudemment, pour leur faire un sort à part, certaines incli-

---

1. V. Gustave Lanson, *Histoire de la littérature française*, cinquième partie, livre IV, ch. v.

nations relativement constantes de la nature humaine ; mais il ne pouvait évidemment trouver là la base qu'il fallait à une reconstruction spirituelle ; c'est Rousseau qui en écartant la vaine subtilité des arguments philosophiques, en prétendant ne consulter que la lumière intérieure, lui attestait la possibilité de bâtir sur d'indestructibles fondements la métaphysique nouvelle, la métaphysique de la liberté et de la raison pratique [1].

1. Il faut noter que les *Réflexions* de Kant se rapportent aux thèses du *Discours sur l'inégalité*, du *Discours sur les lettres*, de l'*Emile*, bien plus qu'à celles du *Contrat social*. Il arrive à Kant de marquer, par exemple, l'opposition de la justice naturelle et de la justice civile (VIII, p. 622) ou la grande différence qu'il y a entre la soumission à la nature, dont les lois sont constantes, et la soumission à un maître, dont les volontés sont arbitraires (VIII, p. 634-635). Mais il ne pose pas expressément le problème de l'organisation de la société. Les idées sociales de Rousseau paraissent cependant avoir agi sur Kant quand il a fallu, non plus rechercher seulement l'origine de la moralité, mais surtout définir la moralité en elle-même et dans ses rapports avec le droit. Höffding est parti de là pour prétendre qu'il y a eu deux influences de Rousseau sur Kant, l'une aux environs de 1762, — et c'est celle dont les *Réflexions* ont gardé la trace, — l'autre aux environs de 1783, — et c'est celle qui a suggéré l'idée d'un accord historiquement nécessaire ou moralement obligatoire entre la volonté individuelle et la volonté générale, idée dont relèvent la philosophie de l'histoire ainsi que la doctrine morale élaborées par Kant à cette époque. *Rousseaus Einfluss auf die definitive Form der kantischen Ethik*, Kantstudien, II, p. 11 sq. ; *Rousseau und seine Philosophie*, p. 121, note ; *Geschichte der neueren Philosophie*, t. II, p. 82 sq. — Cette thèse de Höffding paraît juste dans une certaine mesure. Il semble que Kant, après avoir vu d'abord dans Rousseau à peu près exclusivement ses critiques négatives contre la société existante, a vu ensuite en lui son effort positif pour concevoir une société qui ne serait plus en contradiction avec l'état de nature (v. un peu plus haut, p. 123, note 2), et il a cru pour son compte que, soit de meilleures volontés morales, soit la nécessité immanente au développement historique de l'espèce humaine réaliseraient cette société. Mais à quel moment faut-il placer cette seconde façon de considérer la pensée de Rousseau ? Höffding a parlé des environs de 1783, parce qu'elle lui a paru en relation directe avec les conceptions exprimées par Kant en novembre 1784 dans son *Idée d'une histoire universelle au point de vue cosmopolitique*. Seulement la question se complique de ce fait, négligé par Höffding, que les mêmes conceptions sont exposées à la fin des *Leçons d'anthropologie*, publiées par Starke (*Immanuel Kant's Menschenkunde oder philosophische Anthropologie*, 1831), dans un chapitre intitulé : *Du caractère de l'espèce humaine dans son ensemble*, p. 365-374. Dès lors il y avait lieu de se demander : 1° de quelle époque sont les *Leçons* publiées par Starke ; 2° s'il n'y aurait pas dans les divers manuscrits encore inédits de *Leçons sur l'anthropologie*, et reconnus antérieurs à 1784, l'indication plus ou moins explicite des mêmes pensées. De récentes recherches, dont nous aurons plus loin à rappeler le résultat, ont permis de fixer à la fin de 1784 la date de *Leçons* publiées

Tout va-t-il donc être aboli de la métaphysique ancienne, pour la plus grande certitude des prescriptions morales et des convictions qui en dépendent immédiatement ? C'est bien là d'abord ce que semblent annoncer, sur un ton léger et ironique qui voudrait rappeler la manière de Voltaire, les *Rêves d'un visionnaire éclaircis par les rêves de la*

par Starke : elles ont pu être faites par Otto Schlapp, avec le concours bienveillant de M. le Prof. O. Külpe, de Würzburg, chargé de préparer la publication des diverses *Leçons d'Anthropologie* dans l'édition de l'Académie de Berlin. V. Otto Schlapp, *Kants Lehre vom Genie und die Entstehung der « Kritik der Urtheilskraft »*, p. 8 sq. Sur ce point donc, il n'y aurait rien à redire à la date proposée par Höffding. Mais d'après une communication que je dois à l'extrême obligeance de M. le Prof. Külpe, il existe dans l'un des manuscrits encore inédits de *Leçons sur l'Anthropologie*, professées en 1775-1776, et rédigées par un certain Charles-Ferdinand Nicolaï (V. O. Schlapp, *Ibid.*, p. 13-14), un chapitre intitulé : *Du caractère de l'humanité en général*, dans lequel Kant conçoit, sous l'influence avouée de Rousseau, une organisation sociale de l'humanité qui supprimerait les vices de la civilisation actuelle, et qui préparerait par la contrainte légale le triomphe de la moralité. Je reproduis, en le traduisant, le résumé du chapitre qu'a bien voulu m'envoyer M. le Prof. Külpe : le chapitre débute ainsi : « Ceci est une partie importante, sur laquelle bien des auteurs déjà se sont hasardés à écrire ; le principal d'entre eux est Rousseau. » Partant de là, Kant montre d'abord quelle place appartient à l'homme dans la série animale : c'est un animal habile, disgracieux, intraitable, méchant. Ces propriétés servent à disséminer l'homme sur toute la terre et à fonder un droit uni à la force. Entre la destination animale et la destination humaine il y a opposition. Le problème le plus important de Rousseau est celui-ci : quel est l'état vrai de l'homme ? est-ce l'état de nature ? est-ce l'état de société civile ? Ses inclinations semblent se rattacher au premier. Ceci nous donne lieu de rechercher comment l'état de société civile doit être organisé pour que le conflit avec l'état de nature soit supprimé. L'homme à l'état de nature est plus heureux et plus pur que l'homme civilisé dans un sens seulement négatif. Il n'a pas la misère, il n'a pas le vice, sans être pourtant heureux et vertueux dans notre sens à nous. Rousseau n'a pas voulu dire que la destination de l'homme fût l'état sauvage, mais que pour la culture tous les avantages de l'état de nature ne devaient pas être sacrifiés. L'homme est destiné, comme membre de la société, à devenir parfaitement heureux et bon. Cet état ne sera atteint que lorsque tous les hommes, toute la société seront pénétrés de la même culture. Provisoirement ce qui règne parmi nous, c'est la contrainte du droit et des convenances extérieures ; il manque encore la contrainte morale qui fait que tout homme redoute le jugement moral d'autrui, et la contrainte de la conscience personnelle, par laquelle il juge et agit selon la loi morale. C'est seulement quand cet idéal est atteint que le royaume de Dieu est institué sur terre, car la conscience est le « vicaire de la Divinité ». Des moyens impor-

métaphysique[1]. On dirait que Kant conclut par une négation l'examen qu'il a poursuivi depuis 1760. Loin que la métaphysique puisse légitimement prétendre à une extension de notre savoir au delà de l'expérience, elle devrait être plutôt la science des limites de la raison humaine[2]. Ainsi comprise, elle ne manquerait pas de nous apprendre que ce qui échappe invinciblement à notre connaissance est aussi ce qui est inutile pour régler notre conduite et fonder les croyances indispensables à la vie morale. Cette pensée est admirablement exprimée à la fin de l'ouvrage : « Parmi les innombrables problèmes qui s'offrent d'eux-mêmes, choisir ceux dont la solution intéresse l'homme, c'est là le mérite de la *sagesse*. Lorsque la science a achevé le cours de sa révolution, elle arrive naturellement au point d'une modeste défiance, et, irritée contre elle-même, elle dit : *Que de choses cependant que je ne connais pas!* Mais la raison mûrie par l'expérience, et devenue sagesse, dit d'une âme sereine par la bouche de Socrate, au milieu des marchandises d'un jour de foire : *Que de choses cependant dont je n'ai nul besoin!...* Pour choisir raisonnablement, il faut auparavant connaître l'inutile, et jusqu'à l'impossible ; mais finalement la science parvient à la détermination des limites qui lui sont fixées par la nature de la raison humaine ; et toutes les tentatives sans fondement qui peuvent d'ailleurs n'avoir en elles-mêmes d'autre tort que celui de se trouver hors de la portée de l'homme, vont se perdre dans les *limbes* de la vanité. Alors la métaphysique même devient ce dont elle est encore aujourd'hui pas mal éloignée, et ce qu'on devrait au moins attendre d'elle, *la compagne de la sagesse*. Tant que subsiste en effet l'opinion, qu'il est possible de parvenir à des

---

tants pour ce but sont l'éducation, l'établissement d'un sénat universel des peuples chargé d'arranger tous les différends, afin que le développement interne vers la perfection puisse se poursuivre sans trouble et sans arrêt.

1. *Träume eines Geistersehers erläutert durch Träume der metaphysik*, 1766.
2. II, p. 375-376.

connaissances si lointaines, vainement la *sage simplicité* crie que de si grands efforts sont inutiles[1]. » L'inévitable conclusion de la pensée philosophique, dès qu'elle juge ses procédés propres d'investigation, dès qu'elle s'efforce de connaître, non pas seulement les objets, mais leur rapport à l'entendement humain, c'est de marquer plus étroitement les limites dans lesquelles elle doit se mouvoir. Comment la raison pourrait-elle dépasser l'expérience, alors qu'incapable de rien définir autrement que par le principe d'identité ou de contradiction, elle ne peut expliquer, par exemple, comment une chose donnée peut être cause d'une autre[2]? Qu'elle ne se plaigne pas au reste de ces invincibles ignorances, sans dommage pour les intérêts moraux qui sont les plus nobles mobiles de sa curiosité. « De même que, d'une part, on apprend à voir, par une recherche un peu plus profonde, que la connaissance évidente et philosophique, dans le cas dont il s'agit, est *impossible*, de même aussi, d'autre part, on sera forcé d'avouer, avec une âme tranquille et libre de préjugés, qu'elle est inutile et *sans nécessité*. La vanité de la science excuse volontiers son genre d'occupation sous prétexte d'importance, et l'on prétend communément en ces matières que la connaissance rationnelle de la nature spirituelle de l'âme est tout à fait indispensable pour assurer la conviction de l'existence après la mort, que cette conviction l'est à son tour pour fournir le mobile d'une vie vertueuse. Mais la véritable sagesse est la compagne de la simplicité, et comme chez elle le cœur commande à l'entendement, elle rend d'ordinaire inutiles tous les appareils du savoir appris, et ses fins n'exigent pas de ces moyens qui ne peuvent être jamais à la portée de tous les hommes. Comment! N'est-il donc bon d'être vertueux que parce qu'il y a un autre monde? Ou n'est-il pas vrai plutôt que les actions

---

1. II, p. 376-377.
2. II, p. 378.

sont récompensées, parce qu'en elles-mêmes elles furent bonnes et vertueuses? Le cœur humain ne contient-il pas des prescriptions morales immédiates, et faut-il, pour mouvoir l'homme ici-bas dans le sens de sa destination, appuyer nécessairement les machines à un autre monde? Peut-il bien s'appeler honnête, peut-il s'appeler vertueux, celui qui se laisserait volontiers aller à ses vices favoris, s'il n'avait pas l'épouvante d'un châtiment à venir, et ne faudra-t-il pas dire plutôt qu'à la vérité il craint d'accomplir le mal, mais qu'il nourrit dans son âme une disposition mauvaise, qu'il aime le profit des actions d'apparence vertueuse, mais qu'il déteste la vertu même? De fait, l'expérience témoigne aussi qu'il y a tant d'hommes qui sont instruits et convaincus de la réalité d'un monde futur, et qui cependant, adonnés au vice et à la bassesse, ne songent qu'au moyen d'échapper par fraude aux conséquences menaçantes de l'avenir; mais sans doute il n'a jamais existé une âme droite qui pût supporter la pensée qu'avec la mort tout est fini, et dont les nobles tendances ne se soient pas élevées à l'espérance de la vie future. Aussi paraît-il plus conforme à la nature humaine et à la pureté des mœurs de fonder l'attente d'une autre vie sur les sentiments d'une âme bien née que de fonder au contraire sa bonne conduite sur l'espérance de l'autre vie. Il en est ainsi également de la *foi morale,* dont la simplicité peut être supérieure à bien des subtilités du raisonnement, qui est uniquement la seule à convenir à l'homme dans n'importe quelle condition, puisqu'elle le conduit sans détour à ses véritables fins. Laissons donc à la spéculation et à la sollicitude des esprits désœuvrés toutes les doctrines tapageuses sur des objets si éloignés. Elles nous sont en réalité indifférentes, et ce qu'il y a de momentanément spécieux dans les raisons pour ou contre peut bien décider de l'assentiment des écoles, mais déciderait difficilement en quoi que ce soit de la destinée future des honnêtes gens. Aussi bien la raison humaine n'avait pas des ailes assez puissantes pour fendre les nuages élevés qui dérobent aux yeux les mystères de l'autre monde ; et à ces gens de curiosité ardente qui désirent si vivement savoir ce qui s'y passe, on peut donner le simple, mais bien naturel avis, que sans doute le plus sage pour eux, c'est de *consentir à prendre patience jusqu'au jour où ils y arriveront*. Mais comme notre sort dans la vie future peut selon toute vraisemblance tenir à la façon dont nous aurons accompli notre tâche dans celle-ci, je conclus par ce que *Voltaire* fait dire en fin de compte à son honnête *Candide*, après tant d'infructueuses discussions d'école : *Songeons à nos affaires, allons au jardin et travaillons*[1]. »

Cette belle page nous donne bien la formule de la pensée explicite de Kant à ce moment: l'ancienne métaphysique est condamnée, non seulement pour la vanité de ses prétentions spéculatives, mais encore pour son inutilité pratique ; les affirmations métaphysiques qui sont intimement liées à la moralité sont des croyances fondées sur la moralité même, non des connaissances qui viendraient, après une justification intellectuelle, fournir des titres à la vie morale ; comme discipline théorique, la métaphysique n'est plus que la science des limites de la raison, destinée à libérer d'une science illusoire les préceptes immédiats du cœur avec la foi qui les accompagne. Mais entre ces conclusions expresses de Kant et les secrets besoins de sa pensée il restait sans doute une discordance profonde: dans tout ce travail critique de plusieurs années, qui paraît tant concéder à l'empirisme, on peut relever malgré tout la persistance d'un certain esprit rationaliste qui ne conclut contre lui-même que par impuissance momentanée à se satisfaire ; et il faut ajouter que cet esprit rationaliste reste dans son fond constructif, systématique, et dans une certaine mesure imaginatif. N'était-il pas naturel que dans l'intelligence de Kant cet esprit toujours présent fût comme tourmenté du

1. II, p. 380-381.

désir de s'appliquer quand même à l'objet que la critique lui dérobait, qu'il fût enclin à se représenter selon ses exigences ou ses inclinations propres, d'un côté, l'origine de ces principes moraux qui étaient attribués à une inspiration du sentiment, de l'autre, la constitution de ce monde qui restait ouvert à la croyance morale?

Le sérieux et la profondeur de cette tendance se dissimulent mal dans la « philosophie secrète » qu'esquissent les *Rêves d'un visionnaire*[1]. Kant cherche à se figurer ce que peut être ce monde des esprits avec lequel Swedenborg prétend être, par privilège personnel, en communication directe : la matière morte qui remplit l'espace est de sa nature inerte, et c'est son inertie qui permet de donner des explications mécaniques de ses propriétés; au contraire, les êtres vivants paraissent doués d'une spontanéité essentielle qui s'exerce d'elle-même hors des lois du contact et du choc : n'est-on pas ainsi amené à croire, « sinon par la clarté d'une démonstration, du moins par le pressentiment d'une intelligence exercée[2] » qu'il y a des êtres immatériels qui communiquent entre eux, non seulement par l'intermédiaire des corps auxquels ils sont unis en vertu des lois organiques, mais encore directement en vertu de lois spéciales dites pneumatiques. « Comme ces êtres immatériels sont des principes agissant d'eux-mêmes, par suite des substances et des natures subsistant pour soi, la conséquence à laquelle on arrive de suite est celle-ci : qu'étant immédiatement unis entre eux, ils sont peut-être capables de constituer un grand tout que l'on peut nommer le monde immatériel (*mundus intelligibilis*)[3]. » « L'âme humaine devrait donc nécessairement être regardée comme liée déjà dans la vie présente aux deux mondes à la fois : de ces mondes, en tant qu'elle forme par son union avec un

---

1. V. le chapitre II de la première partie des *Rêves*.
2. II, p. 337.
3. *Ibid.*

corps une unité personnelle, elle ne sent clairement que le monde matériel; au contraire, comme membre du monde des esprits, elle reçoit et elle propage les pures influences des natures immatérielles, de telle sorte qu'aussitôt que la première liaison a cessé, la communauté dans laquelle elle est de tout temps avec les natures spirituelles subsiste seule et devrait se découvrir à sa conscience dans une claire intuition ».[1] « Il serait beau, ajoute plus loin Kant, si une constitution systématique du monde des esprits, telle que nous la représentons, pouvait être conclue ou même simplement présumée avec vraisemblance, en partant non pas seulement du concept de la nature spirituelle en général, qui est bien trop hypothétique, mais de quelque observation réelle et universellement reconnue vraie[2]. »

Or il apparaît à Kant que certains faits pourraient servir de base à l'affirmation de ce monde des esprits, et ce sont précisément des faits de caractère moral. On pourrait d'abord signaler cette disposition qui nous pousse à former avec nos semblables, par la constante comparaison de notre jugement avec le jugement d'autrui, une sorte d'unité rationnelle. Mais il est plus important de constater ces puissances secrètes qui nous obligent, souvent en dépit de nous-mêmes, à régler nos vues sur l'intérêt d'autrui, ou sur une sorte de volonté générale. « De là naissent les impulsions morales qui nous entraînent souvent à l'encontre de notre intérêt personnel, la forte loi de l'obligation stricte, la loi plus faible de la bienveillance, chacune d'elles nous contraignant à maint sacrifice, et quoique toutes deux soient de temps à autre dominées par des inclinations égoïstes, elles ne manquent cependant jamais d'exprimer leur réalité dans la nature humaine. Par là nous nous voyons, dans les plus secrets mobiles de notre conduite, sous la dépendance de la *règle de la volonté universelle*, et il

---

1. II, p. 340.
2. II, p. 341.

en résulte dans le monde de toutes les natures pensantes une *unité morale* et une constitution systématique selon des lois exclusivement spirituelles. Si l'on veut appeler *sentiment moral* cette contrainte de notre volonté que nous sentons en nous et qui la force à s'accorder avec la volonté universelle, on se borne à en parler comme d'une manifestation phénoménale de ce qui en nous a une antériorité réelle, et l'on n'en établit pas les causes. C'est ainsi que Newton nommait *gravitation* la loi certaine des forces par lesquelles toutes les parties matérielles tendent à se rapprocher les unes des autres, voulant par là éviter d'engager ses démonstrations mathématiques dans une fâcheuse participation aux disputes philosophiques qui peuvent s'élever sur la cause du fait. Néanmoins, il n'hésita pas à traiter cette gravitation comme un véritable effet d'une activité universelle de la matière considérée dans les rapports de ses parties, et il lui donna aussi en conséquence le nom d'*attraction*. Ne serait-il pas possible de représenter de même l'apparence phénoménale des impulsions morales dans les natures pensantes, du moment que ces natures sont entre elles dans des rapports de réciprocité, comme la conséquence d'une force réellement active, de telle sorte que le sentiment moral fût cette *dépendance sentie* de la volonté particulière à l'égard de la volonté universelle, une suite de la réciprocité d'action naturelle et universelle par laquelle le monde immatériel conquiert son unité morale, en se constituant, d'après les lois de cet enchaînement qui lui est propre, en un système de perfection spirituelle[1] ? » Ainsi le sentiment moral vient déterminer selon une signification pratique l'idée d'un monde intelligible et d'une communauté des esprits, et en même temps il trouve dans cette idée la raison supérieure de son influence immédiate sur les consciences : la voie est indiquée par où une notion toute métaphysique peut se développer sans risque d'aberration.

---

1. II, p. 342-343.

De ce que Kant a développé ces pensées en les rapprochant des visions de Swedenborg suit-il en effet qu'il les ait jugées en lui-même de nulle portée[1] ? Il semble qu'on ait exagéré le sens négatif de son ironie, trop pris à la lettre sa profession de se divertir[2]. Qu'il ne veuille point admettre la prétention de Swedenborg à recevoir des révélations sensibles du monde des esprits, ceci ne peut guère être contesté sérieusement[3] : qu'il soutienne nettement l'impossibilité de saisir par une intuition appropriée l'existence d'un monde situé hors des limites de notre expérience, cela est encore certain, et l'on peut ajouter que pour lui la raison ne fait que rêver quand elle croit apercevoir la nature et les rapports des êtres qui peuplent le monde intelligible ; mais le rêve est moins sans doute dans la suite des conceptions qu'elle développe et qui répondent à un plan systématique que dans la puissance spontanée d'illusion qui leur attribue une sorte de vérité sensible et une certitude matériellement démontrable[4]. C'est un jeu, si l'on veut, que cette philosophie secrète de Kant, mais dans un sens qui n'est peut-être pas si éloigné de celui que Leibniz donnait un jour au « jeu » de sa *Théodicée* : « Il ne convient pas

---

1. Kuno Fischer, *Geschichte der neuern Philosophie*, IV, 1, p. 276.
2. Riehl en particulier s'est élevé contre l'opinion de Kuno Fischer qui attribue à Kant une intention de pur persiflage, qui dit que Kant a fait en riant d'une pierre deux coups. « Le rire dans cet écrit n'est pas le rire abandonné, le rire de simple moquerie, c'est un rire humoristique mêlé de sérieux. » *Der philosophische Kriticismus*, I, p. 229, note. V. Em. Boutroux : *Les idées morales de Kant avant la Critique*, Revue des Cours et Conférences, 9e année, 2e série, p. 6.
3. Dans l'*Introduction* qu'il a mise en tête d'une réédition d'une partie de la *Métaphysique* publiée par Pölitz, Carl du Prel s'est appliqué à montrer dans Kant un précurseur de la « mystique moderne », et il assigne comme objet à la mystique moderne « les domaines du magnétisme, de l'hypnotisme, du somnambulisme et du spiritisme », *Immanuel Kants Vorlesungen über Psychologie*, p. xi. Cette thèse, contraire à l'esprit et à la lettre du Kantisme (v. en particulier le chapitre III de la première partie des *Rêves*) dénature, pour l'amplifier démesurément, l'influence réelle que Swedenborg a pu exercer sur Kant.
4. On ne saurait, je crois, objecter la lettre à Mendelssohn du 8 avril 1766, dans laquelle Kant déclare qu'il ne faut considérer ses conceptions sur les esprits que comme une fiction (*fictio heuristica, hypothesis*), qu'il ne faut pas prendre au sérieux le rapprochement qu'il a fait entre l'attraction maté-

aux philosophes de traiter toujours les choses sérieusement, eux qui dans l'invention de leurs hypothèses, comme vous le remarquez si bien, font l'essai des forces de leur esprit[1]. » Dès ses premières tentatives de spéculation, Kant a eu le goût très vif, qu'il a toujours quelque peu gardé, des conjectures qui représentent sous une forme à demi fictive ou problématique quelque tendance essentielle ou quelque pressentiment profond de la pensée. Rappelons-nous les brillantes et aventureuses imaginations qui terminent, comme par un mythe platonicien, la *Théorie du Ciel*. De même que le mythe intervient souvent chez Platon par delà le savoir proprement dit pour en combler les lacunes, pour annoncer aux hommes, en un langage qu'ils puissent saisir, une vérité probable ou impossible à justifier scientifiquement[2], ainsi, pour Kant, il y a des vues de l'esprit qui ne sauraient se faire valoir comme connaissances et qui enveloppent cependant des idées vraies en un sens, — vraies par leur rapport à certains intérêts de l'âme. Et ces vues se produisent tout naturellement, comme il le semble aussi des mythes de Platon, dans des discours à double entente,

---

rielle et l'attraction morale (*Briefwechsel*, I, p. 69). Kant veut marquer surtout l'impossibilité de démontrer de pareilles conceptions, et la bien faire sentir à un philosophe habitué à traiter dogmatiquement les idées. Son attitude paraît être celle qu'il a définie plus tard dans le chapitre de la *Critique de la Raison pure*, intitulé *Discipline de la Raison pure par rapport aux hypothèses*, à propos d'hypothèses spéculatives, dont l'une précisément reproduit avec une entière fidélité la conception des *Rêves* : ce sont, dit-il, des hypothèses qu'il est utile d'employer comme armes contre ceux qui nient toute vérité hors du champ de l'expérience sensible ; si elles ne peuvent pas être démontrées, elles ne peuvent pas être contredites, et elles témoignent que la réalité empirique est loin d'épuiser tout le possible, III, p. 515-517.

1. « Neque enim philosophorum est rem serio semper agere, qui in fingendis hypothesibus, uti bene mones, ingenii sui vires experiuntur ». Lettre à Pfaff, 2 mai 1716. *Acta eruditorum* de Leipzig, mars 1728, p. 125. — Cf. ce que dit Kant au début de ses *Conjectures sur le commencement de l'histoire de l'humanité* : « Les conjectures ne peuvent pas élever trop haut leurs prétentions à l'assentiment ; elles doivent s'annoncer uniquement comme une démarche permise de l'imagination accompagnée de la raison, pour le divertissement et la santé de l'esprit. »

2. Ed. Zeller, *Die Philosophie der Griechen*, II, 1, 4ᵉ éd., p. 580-581. — V. Brochard, *Les mythes dans la philosophie de Platon*, dans l'Année philosophique, publiée par F. Pillon, 11ᵉ année, p. 5 sq.

où la part du divin et de l'humain, de la vérité en soi et de la vérité pour nous se mêlent en des proportions variables, mal aisées à fixer du dehors. Ce qu'elles ont de relatif est révélé ici par l'ironie qui en accompagne les formules les plus proches des sens et de l'imagination ; mais lorsque Kant, plus tard, aura mieux conçu que la relation de certaines croyances au sujet peut être rationnellement fondée, sans que le caractère relatif de ces croyances disparaisse, ni doive être marqué par la vanité des intuitions plus ou moins arbitraires qui les accompagnent, il pourra exprimer, d'une façon critique, en dehors de toute représentation par conjectures ou par mythes, l'idée de la *vérité appropriée*. La doctrine des postulats de la raison pure pratique n'a été parachevée qu'après plusieurs degrés d'élaboration : cependant il n'est pas invraisemblable qu'elle ait eu son origine et son soutien dans la disposition de Kant à imaginer ce que peut être pour l'homme un autre ordre de vérités que celles de l'expérience et de la science, qu'elle se relie, tout au moins indirectement, à ses premiers essais d'eschatologie et de pneumatologie[1]. Dans le cas présent, Kant a soin de prévenir que ces conjectures, quelque éloignées qu'elles soient de l'évidence, ne sont pas sans donner quelque satisfaction à l'esprit[2].

Au moins ne peut-on nier qu'elles renferment un certain nombre d'idées dont Kant cherchera dans la suite à déterminer plus positivement le sens et l'application[3]. De-

---

[1]. Cf. Vaihinger, *Commentar zu Kants Kritik der reinen Vernunft*, II, p. 512 ; *Kant-ein Metaphysiker?* dans les « *Philosophische Abhandlungen* » en l'honneur de Chr. Sigwart, p. 154 sq , reproduit dans les *Kantstudien*, VII, p. 110 sq.
[2]. II, p. 341.
[3]. Les rêveries de Swedenborg ont été tout au moins pour Kant l'occasion de faire rentrer dans son esprit la distinction platonicienne du monde sensible et du monde intelligible, et il semble que Kant ait avoué lui-même cette suggestion du visionnaire dans ses *Leçons sur la Métaphysique*, publiées par Pölitz : « A la vérité, cette idée de l'autre monde ne peut être démontrée, mais c'est une hypothèse nécessaire de la raison. — La pensée de Swedenborg sur ce sujet est tout à fait sublime. Il dit : le monde des esprits constitue un

vant les problèmes qui dépassent l'expérience, l'entendement théorique, sans autre mobile que sa curiosité propre, resterait indifférent ; le besoin métaphysique de la pensée humaine n'est si impérieux que parce qu'il tient secrètement à l'espérance d'une autre vie et à la moralité, source pure de cette espérance[1]. Produit le plus rationnel de ce besoin, la conception d'un monde intelligible a d'abord cet avantage très réel, quoique négatif, de marquer avec rigueur les limites de notre connaissance, d'empêcher qu'au nom de l'expérience on ne dogmatise contre l'existence des esprits[2]. Développée en un sens positif, avec une matière spéculative dont la philosophie leibnizienne fournit la plus grande part[3], elle peut paraître, faute d'une faculté qui en

univers réel particulier ; c'est le *monde intelligible* qui doit être distingué du *monde sensible* que voici. Il dit : toutes les natures spirituelles sont en rapport les unes avec les autres ; seulement la communauté et l'union des esprits ne sont pas liées au corps comme condition ; un esprit n'y sera pas loin ou près d'un autre, mais c'est une liaison spirituelle. Or nos âmes, en tant qu'esprits, soutiennent ce rapport et participent de cette communauté, et déjà même dans ce monde-ci ; seulement nous ne nous voyons pas dans cette communauté, parce que nous avons encore une intuition sensible ; mais bien que nous ne nous y voyions pas, nous n'y sommes pas moins. Quand une fois l'obstacle à l'intuition spirituelle sera levé, nous nous verrons dans cette communauté spirituelle, et c'est là l'autre monde : et ce ne sont pas d'autres choses, ce sont les mêmes choses que seulement nous voyons autrement », *Vorlesungen über die Metaphysik*, p. 257. — Un peu plus loin (p. 259), Kant objecte à Swedenborg qu'une intuition présente, c'est-à-dire sensible, du monde intelligible est une faculté contradictoire. — Dans la partie correspondante de Leçons sur la Métaphysique qui sont vraisemblablement de 1790-1791 (manuscrit désigné par Heinze sous la rubrique L2 et édité partiellement par lui) Swedenborg est mentionné sans éloge, et ses idées sur la communication des esprits nettement repoussées, comme échappant à tout contrôle et à toute règle d'analogie sérieuse. Heinze, *Vorlesungen Kants über Metaphysik*, p. 678 [198].

1. II, p. 357.
2. II, p. 359.
3. Kant parlera plus tard de l'univers de Leibniz comme d'« une sorte de monde enchanté » (*eine Art von bezauberter Welt*), *Ueber die Fortschritte der Metaphysik*, VIII, p. 546, et nous avons déjà vu comment un fond de conceptions leibniziennes soutient les conjectures qui terminent la *Théorie du Ciel*. La pensée de Leibniz est apparue à Kant, en ce qu'elle avait à coup sûr de plus superficiel, comme un thème à imaginations séduisantes plus ou moins plausibles, qu'il s'est plu un moment à développer pour son compte, qu'il a de plus en plus condamnées comme impossibles à justifier ; mais en ce qu'elle avait de plus profond, elle a pénétré très avant dans l'esprit de Kant et n'en a pas été facilement rejetée. Des idées de Leibniz, destituées par la *Critique* de toute certitude rigoureusement démontrable, sont demeurées chez Kant, soit par

garantisse l'objet et par sa disproportion avec l'expérience, une conception mystique[1] ; mais qui sait si elle n'est pas

influence naturelle d'éducation, soit pour des raisons dont lui-même a donné la formule excellente, à titre d'« opinions privées » (*Privatmeinungen*), *Kritik der reinen Vernunft*, III, p. 517. A l'arrière-plan de la conception kantienne du monde intelligible se trouvent des vues empruntées à la doctrine leibnizienne. C'est ce qu'a montré Benno Erdmann, *Kants Kriticismus in der ersten und zweiten Auflage der Kritik der reinen Vernunft*, p. 73-75, et d'après lui Otto Riedel, *Die monadologischen Bestimmungen in Kants Lehre vom Ding an sich*. C'est ce dont témoignent quelques-unes des *Réflexions* de Kant publiées par lui. En voici une notamment : « Mundus intelligibilis est monadum, non secundum formam intuitus externi, sed interni representabilis. » II, n° 1151, p. 328. Le rapport aperçu par Kant entre la conception leibnizienne des monades et la conception platonicienne des idées fait bénéficier la première, en lui enlevant le caractère d'une explication physique, de la valeur métaphysique et pratique de la seconde. « La monadologie ne se rattache point à l'explication des phénomènes naturels ; elle est une notion *platonicienne* du monde développée par Leibniz, et du reste exacte en elle-même dans la mesure où le monde, considéré non pas comme un objet des sens, mais comme une chose en soi, est un pur objet de l'entendement, qui toutefois sert de fondement aux phénomènes sensibles. » *Metaphysische Anfangsgründe der Naturwissenschaft*, 1786, IV, p. 399. — Leibniz d'ailleurs a lui-même employé l'expression de *monde intelligible* pour définir le monde des monades (*Epistola ad Hanschium*, *Op. ph.*, Ed. Erdmann, p. 445) ou encore le monde des fins (*Animadversiones in partem generalem principiorum Cartesianorum*, *Phil. Schr.*, Ed. Gerhardt, IV, p. 389). Il aimait aussi, comme on le sait, à se rapprocher de Platon : « Si quelqu'un réduisait Platon en système, il rendrait un grand service au genre humain, et l'on verrait que j'y approche un peu. » *Lettre à Remond*, 11 février 1715, *Phil. Schr.*, Ed. Gerhardt, III, p. 637. — Ainsi, à des moments et à des degrés divers de sa pensée, Kant est resté lié à Leibniz soit par un sens imaginatif de l'action et de la destinée des êtres hors de la réalité donnée et de la vie présente, soit par une adhésion personnelle à des thèses spiritualistes qui renforcent pour lui les conclusions publiques et officielles de la Critique contre le dogmatisme matérialiste, soit enfin par la reconnaissance de ce qu'il y a de fondamentalement vrai dans le platonisme inhérent à la monadologie. « Les doctrines de Leibniz, a dit justement le philosophe anglais Thomas Hill Green, forment l'atmosphère permanente de l'esprit de Kant. » *Works*, t. III, p. 134.

1. Un texte caractéristique de la *Critique de la Raison pure* montre bien comment l'idée de la communauté des esprits, revêtue d'abord aux yeux de Kant d'une forme mystique, s'est déterminée par la suite chez lui dans un sens pratique. « L'idée d'un monde moral a donc une réalité objective, non pas comme si elle se rapportait à un objet d'intuition intelligible (nous ne pouvons en rien concevoir des objets de ce genre), mais par son rapport au monde sensible, considéré seulement comme un objet de la raison pure dans son usage pratique, et à un *corpus mysticum* des êtres raisonnables en lui, en tant que leur libre arbitre sous l'empire de lois morales a en soi une unité systématique universelle aussi bien avec lui-même qu'avec la liberté de tout autre. » III, p. 534. — Un peu plus loin, Kant identifie l'idée d'un accord des êtres raisonnables selon des lois morales avec l'idée leibnizienne du règne de la grâce, III, p. 536.

le fondement dernier de ce sentiment moral par lequel notre volonté se sent subordonnée à une volonté universelle, si

Jusqu'à quel point peut-on parler du mysticisme de Kant ? Dans quelle mesure le mysticisme a-t-il été un ingrédient de sa pensée ? Hamann, après l'apparition de la *Critique*, parle d'un amour mystique pour la forme et d'une haine gnostique contre la matière comme de traits saillants dans la philosophie kantienne. *Metakritik über den Purismum der reinen Vernunft*, Ed. Roth, VII, p. 7. Voir également sa lettre à Reichardt du 25 août 1781, *ibid.*, VI, p. 212-213, et sa lettre à Herder du 2 décembre 1781, *ibid.*, p. 227-228. — Un élève de Kant, Willmans, avait écrit une dissertation : *De similitudine inter mysticismum purum et Kantianam religionis doctrinam*, 1797, dans laquelle il faisait ressortir l'analogie des idées de Kant avec celles de ces séparatistes qui se nomment eux-mêmes mystiques, qui veulent avant tout une vie nouvelle et sainte et interprètent la Bible par le seul moyen de ce Christianisme intérieur, éternellement présent en nous. Kant inséra, avec quelques réserves, mais en somme avec une approbation très élogieuse, une lettre de Wilmans jointe à cette dissertation dans son livre sur *La Dispute des Facultés, Der Streit der Facultäten*, 1798, VII, p. 387-392. Mais d'autre part Jachmann rapporte une déclaration expresse de Kant, selon laquelle il faudrait ne jamais prendre aucune de ses paroles dans un sens mystique et tenir toute sa pensée pour étrangère au mysticisme, *Immanuel Kant in Briefen an einen Freund*, p. 118. V. aussi la *Préface* de Kant à l'ouvrage de Jachmann, *Prüfung der kantischen Religionsphilosophie in Hinsicht auf die ihr beigelegte Aehnlichkeit mit dem reinen Mystizism*, 1800, reproduite dans Reicke, *Kantiana*, p. 81-82. En outre, à maintes reprises, Kant a directement répudié cette exaltation mystique des facultés qu'il appelle *Schwärmerei*. V. *Ueber Schwärmerei und die Mittel dagegen*, 1790. Il a parlé notamment du saut mortel que fait le mysticisme dans l'inconnu et l'incompréhensible (*Von einem neuerdings erhobenen vornehmen Ton in der Philosophie*, VI, p. 473 sq.), de cet illuminisme des révélations intérieures qui aboutit aux visions d'un Swedenborg (*Der Streit der Facultäten*, VII, p. 363), tandis que le Criticisme de la Raison pratique tient le milieu entre l'orthodoxisme sans âme et le mysticisme mortel à la raison « *zwischen dem seelenlosen* ORTHODOXISMUS *und dem vernunftödtenden* MYSTICISMUS » (*Ibid.*, p 376). Il semble bien par là que l'on commette, en parlant du mysticisme de Kant, un grave contresens. V. Robert Hoar, *Der angebliche Mysticismus Kants*. — Il y a lieu cependant de distinguer dans le mysticisme entre les conceptions dont il s'inspire et les facultés qu'il met en œuvre ; Kant assurément s'est refusé, pour des raisons qui sont essentielles à la doctrine criticiste, à admettre au moins dans l'intelligence humaine des facultés capables de saisir, soit par une intuition intellectuelle qui nous dépasse, soit par une intuition sensible qui irait contre son objet, des vérités supra-sensibles, et il a du même coup exclu cette puissance de communication directe qui ne se ramène à aucun des deux types définis d'intuition ; mais si ces conceptions supra-sensibles peuvent être appelées mystiques, alors même qu'elles comportent une expression rationnelle, et si elles peuvent l'être parce qu'elles posent *a priori* une unité ou une communion des choses, des êtres ou des personnes, antérieures et irréductibles à l'entendement analytique autant qu'à l'expérience sensible, il paraît difficile de contester que des conceptions de ce genre, à titre d'inspirations primitives, n'aient contribué à former le système kantien. Plus particulièrement manifestes dans l'idée que Kant s'est faite d'une société spirituelle des êtres raisonnables,

elle ne peut pas se déterminer ainsi dans l'idée d'une république spirituelle des âmes[1]? Ainsi se trouvent déjà rapprochés, sans être encore bien fondus, trois éléments constitutifs de la pensée kantienne, l'élément mystique, l'élément critique, l'élément pratique ; l'élément mystique, présent peut-être sous des formes plus ou moins épurées à toute haute entreprise spéculative, c'est l'affirmation primordiale, avant tout travail de la réflexion analytique, de l'unité vivante de l'être ou d'une intime communauté des êtres, pour laquelle ni l'expérience sensible, ni l'intelligence logique, isolément ou ensemble, ne sauraient nous fournir d'expression adéquate, qu'elles peuvent et doivent cependant figurer ; l'élément critique, c'est la reconnaissance justifiée de notre incapacité à donner par la science un contenu déterminé à cette affirmation ; l'élément pratique, c'est l'obligation éprouvée de la réaliser en acte par nous-mêmes dans la vie morale, de façon à préparer l'avènement de ce qui sera plus tard nommé le « règne des fins ».

Ce qui tombe surtout de la métaphysique, c'est une organisation logique, tout à fait extérieure, de connaissances mal fondées, dans lesquelles on croyait voir, bien à tort, à la fois des expressions de la pensée pure et des moyens d'explication du réel, et selon lesquelles on voulait, avec moins de raison encore, régler la vie morale. Mais la

---

transposition humaine de la Cité de Dieu (V. Erdmann, *Reflexionen*, II, n° 1162, p. 333), elles n'ont pas même été inactives dans l'œuvre théorique, qui, pour fonder l'unité de l'expérience, a introduit, en face de l'inintelligibilité apparente du donné, la spontanéité synthétique de l'esprit. M. Boutroux a dit excellemment : « Même les philosophes allemands de la réflexion et du concept, les Kant et les Hegel, si l'on considère le fond et l'esprit de leur doctrine, et non la forme sous laquelle ils l'exposent, sont moins exempts de mysticisme et de théosophie qu'il ne semble et qu'ils ne le disent. Car eux aussi placent l'absolu véritable, non dans l'étendue ou dans la pensée, mais dans l'esprit, conçu comme supérieur aux catégories de l'entendement, et eux aussi cherchent à fonder la nature sur cet absolu. » *Études d'histoire de la philosophie : Le philosophe allemand Jacob Bœhme*, p. 212. — Cf. Gizycki, *Kant und Schopenhauer*, p. 39 sq. — V. *Kritik der praktischen Vernunft*, V, p. 74-75.

1. II, p. 344, note.

métaphysique en elle-même, — « la métaphysique, dit Kant, dont le sort a voulu que je fusse épris, quoique je ne puisse me flatter d'en avoir reçu que de rares faveurs [1] » — est si peu condamnée définitivement, que, malgré toutes les fausses prétentions élevées en son nom, elle accorde son titre à la discipline même qui les censure [2], comme aux œuvres en projet où doivent être établies la philosophie de la nature et la philosophie pratique [3], qu'elle reste en outre le suprême idéal de l'activité de l'esprit [4]. Une fois supprimée l'interposition de la didactique wolffienne, une double libération s'opère, qui rend à l'idée d'un monde intelligible ainsi qu'à l'expérience la plénitude de leurs significations respectives. Certes la faculté reste encore assez indéterminée, par laquelle nous pouvons avoir accès au monde intelligible, et c'est cette indétermination qui fait le crédit des visions d'un Swedenborg ; mais il semble que la vie morale, posée d'abord très résolûment en dehors de la connaissance, plus directement approfondie en elle-même, plus étroitement rattachée au pouvoir interne dont elle dérive, soit l'immédiation la plus positive du monde intelligible et de nous-mêmes ; déjà le sentiment dont parle Rousseau, entendu sans doute comme il devait l'être, moins comme un mode de notre sensibilité individuelle que comme une aperception spontanée de la vérité pratique universelle, nous restitue le droit à l'affirmation métaphysique [5]. Ainsi la critique, délibérément conduite, de

1. II, p. 375.
2. *Ibid.* « La métaphysique est une science des *limites de la raison humaine.* »
3. Dans la lettre à Lambert du 31 décembre 1765, Kant disait que ses efforts avaient principalement pour objet la méthode propre à la métaphysique, mais que plus capable de dénoncer les fausses méthodes que de montrer *in concreto* la vraie, il allait publier auparavant de moindres travaux dont la matière était prête : les *Principes métaphysiques de la philosophie de la nature* et les *Principes métaphysiques de la philosophie pratique* (*Briefwechsel*, I, p. 53). — V. la lettre du 8 avril 1766 à Mendelssohn (*Ibid.*, p. 67-68).
4. II, p. 375.
5. Un terme comme celui de sentiment, plus facile à définir en ces matières par ce qu'il exclut que par ce qu'il implique, ne peut révéler sa signification

la métaphysique de Wolff ruine surtout un prétendu savoir qui ne s'imposait que par une autorité intellectuelle toute abstraite, tandis que la force intrinsèque des obligations et des croyances morales ramène la pensée aux sources de ses inspirations métaphysiques essentielles. A la fin de cette période il y a dans l'âme de Kant un réveil de platonisme.

*
* *

C'est à ce moment que les deux séries de réflexions auxquelles Kant avait été conduit sur la science et sur la

positive que par l'usage qui en est fait. Sur l'usage qu'en a fait Rousseau, M. Renouvier a dit non sans justesse : « On confond ordinairement (c'est un grand tort, dont on serait préservé si l'esprit de la *raison pratique* du criticisme était mieux compris) le *sentiment*, en tant que nom familier de l'un des éléments de conscience qui entrent dans l'affirmation des postulats dépendant de la loi morale et dans la croyance à la réalité suprême de cette loi elle-même, et le *sentiment* comme principe de l'éthique, tenant lieu de tout ce qui s'appelle devoir et primant toute règle des relations humaines. C'est dans le premier de ces deux sens du mot seulement qu'on peut dire que le sentiment a dicté les croyances de Rousseau exprimées dans la *Profession de foi du vicaire savoyard*. Rousseau, dans cet ouvrage, s'est énergiquement prononcé contre l'eudémonisme et contre le système qui fait de l'intérêt ou du plaisir le mobile unique des actes. Il a formulé l'opposition entre le « principe inné de justice et de vertu » et le « penchant naturel à se préférer à tout. » Il a rattaché cette opposition à l'existence d'une loi universelle de justice et d'ordre, dont la conscience porte témoignage. Il a enfin expliqué le devoir par la liberté, établi la responsabilité, subordonné le bonheur et regardé le mal comme l' « ouvrage » de l'homme. Si c'était là une philosophie du sentiment, la doctrine de Kant en serait donc une aussi. » *Esquisse d'une classification systématique des doctrines philosophiques*, cinquième partie, dans la Critique Religieuse, septième année, 1885, p. 166-167, note. Et plus loin : « La vraie doctrine de Rousseau en appelle du dogmatisme philosophique au sentiment, dans le sens criticiste, et n'oppose pas le sentiment à la raison et au devoir. » P. 194, note. — V. également : *Philosophie analytique de l'histoire*, t. III, p. 648-651.

Voici, d'autre part, une réflexion de Kant qui date très vraisemblablement de cette époque, et qui montre comment l'adoption du terme de sentiment pour désigner la faculté du jugement moral s'alliait dans son esprit avec la tendance à déterminer cette faculté par une conception rationnelle et systématique. « Le sentiment spirituel est fondé sur ce que l'on se sent prendre sa part dans un Tout idéal. Par exemple l'injustice qui frappe quelqu'un me touche aussi moi-même dans le Tout idéal. Le Tout idéal est l'idée fondamentale de la raison aussi bien que de la sensibilité qui lui est unie. C'est le concept *a priori* dont doit être dérivé le jugement juste pour tout le monde. Le sentiment

morale, au lieu de continuer à se développer presque séparément, arrivent à se rencontrer par une sorte de convergence spontanée. Si l'on persiste à voir dans les *Rêves d'un visionnaire* surtout une œuvre de critique négative, qui s'arrête seulement devant les droits naturels de la conviction morale, les idées catégoriquement rationalistes de de la *Dissertation* de 1770 sont une surprise [1]. En réalité il y a eu un passage régulier de l'un à l'autre de ces ouvrages : avec le premier Kant conçoit pour lui-même que la morale pourrait être positivement fondée, si l'affirmation d'un monde intelligible pouvait être rationnellement justifiée ; mais il a conscience que cette justification rationnelle lui manque, définitivement ou provisoirement ; avec le second il se croit à même de la fournir. Quel obstacle dans l'intervalle avait-il fallu lever ? Ce ne pouvait être que ce dogmatisme, avoué ou non, de l'expérience sensible, qui produisait selon les cas deux tendances opposées, d'un côté

moral, même dans les devoirs envers soi-même, se considère dans l'humanité et se juge, en tant qu'il a part à l'humanité. La faculté qu'a l'homme de ne pouvoir juger le particulier que dans l'universel est le sentiment (*das Sentiment*). La sympathie en est tout à fait distincte, et elle ne se rapporte qu'au particulier, quoique elle s'y rapporte chez autrui ; on ne se met pas dans l'idée du Tout, mais à la place d'un autre. » Extrait de *Réflexions* de Kant encore inédites, communiquées par Benno Erdmann à Foerster : *Der Entwicklungsgang der kantischen Ethik*, p. 29.

[1]. Pour écarter cette surprise, plusieurs hypothèses ont été proposées. Mentionnons celle de Windelband (*Die verschiedenen Phasen der kantischen Lehre vom Ding an sich*, Vierteljahrsschrift für wissenschaftliche Philosophie. I, p. 233-239 ; *Geschichte der neuren Philosophie*, II, 1880, p. 30 sq.), d'après laquelle la lecture des *Nouveaux Essais* de Leibniz, parus pour la première fois en 1765, aurait ramené Kant à un rationalisme qu'il avait senti plus profond et plus décisif que celui de l'école wolffienne. Vaihinger (*Commentar*, I, p. 48, II, p. 429) se rallie à cette hypothèse. Benno Erdmann la repousse (*Kants Reflexionen*, II, p. XLVIII) en raison de la différence qu'il y a entre la doctrine leibnizienne et les idées de la *Dissertation* sur le fondement de la distinction des deux mondes ; et il est bien certain qu'établir ce fondement a été l'objet principal des pensées de Kant à cette époque. V. encore là-dessus, Adickes, *Kant-Studien*, p. 152 sq. Ce qui paraît plus juste, ce que soutient Adickes et ce que ne contredit pas Benno Erdmann, c'est que la lecture des *Nouveaux essais* a pu renouveler et fortifier dans Kant la notion d'une connaissance pure et de principes *a priori* ; mais l'élaboration de la forme spécifique de son rationalisme l'a vraisemblablement beaucoup plus préoccupé alors que la simple acceptation du rationalisme en général.

la tendance à soutenir que le monde donné est la mesure du connaissable et du concevable, de l'autre la tendance à user plus ou moins inconsciemment des figures et des notions suggérées par les sens pour représenter le monde intelligible. Mais pour renverser ce dogmatisme il fallait autre chose qu'un acte de foi arbitraire, ou qu'un vague sentiment des limites de l'expérience. C'était précisément le grand défaut de l'école wolffienne que de n'avoir pas su approfondir la distinction qu'elle établissait, selon la tradition platonicienne et métaphysique, entre une partie empirique et une partie pure de la connaissance, que de l'avoir bien souvent elle-même effacée par une application banale du principe de continuité, que de l'avoir réduite à n'être qu'une différence de clarté dans la perception des objets. Supposons au contraire que l'on découvre des conditions de l'expérience sensible, qui du même coup en limitent strictement la portée, et l'empêchent d'étendre au delà d'elle son mode propre de connaissance : dès lors les concepts intellectuels, purs de tout mélange, exempts de toute fausse application, reprennent leur valeur originaire ; il y a deux mondes véritablement distincts sans communication équivoque de l'un à l'autre. Or ce résultat d'extrême importance était préparé par la thèse purement spéculative soutenue dans le petit écrit de 1768, sur *le Fondement de la différence des régions dans l'espace*[1]. Kant y affirmait, en vertu de considérations géométriques, qu'il y a un espace absolu, ayant une réalité propre, à tel point distincte de l'existence des corps, qu'elle est la condition première sans laquelle les corps ne pourraient ni être donnés, ni être en rapport les uns avec les autres[2] : ainsi les déterminations de l'espace ne dépendent plus des positions des parties de la matière, mais les positions des parties de la matière dépendent des déterminations de l'espace[3] ;

---

1. *Von dem ersten Grunde des Unterschiedes der Gegenden im Raume.*
2. II, p. 386.
3. II, p. 391.

l'espace est un concept fondamental auquel sont subordonnées les choses sensibles ; par suite les choses sensibles, rapportées à l'espace comme à leur condition, vont perdre leur caractère de choses en soi pour n'être plus que des phénomènes. Seulement, pour que leur existence purement phénoménale fût indiscutablement reconnue, il fallait que ce concept d'espace fût dépouillé de tout attribut plus ou moins ontologique qui aurait pu pénétrer dans les objets eux-mêmes, que la réalité de l'espace devînt une réalité en quelque sorte idéale et formelle, la simple loi de l'acte de la perception. Ce progrès décisif fut sans doute accompli dans cette année 1769 dont Kant a dit, qu'elle lui donna une grande lumière[1]. Il fut dû, semble-t-il, à la conscience nette que prit Kant de la portée et de l'origine de ces antinomies qu'il avait de tout temps discernées dans la science et dont il se plaisait à reprendre, pour les développer dans toute leur force, les thèses contradictoires[2]. Les antinomies provenaient maintenant à ses yeux de la tendance de l'esprit, aussi inévitable qu'illusoire, à prendre les objets de la sensibilité pour des choses en soi. Mais du moment que les propriétés originaires de l'espace empêchent que les données qu'il enveloppe soient comprises en lui comme choses en soi, n'est-il pas naturel d'admettre que la faculté de percevoir repose, non pas essentiellement sur les objets qu'elle embrasse, mais sur sa façon constitutive de les embrasser, qu'il y a, en d'autres termes, des conditions *a priori* de la faculté de percevoir, qui déterminent les objets par rapport à elle, mais qui ne valent aussi que pour elle? De la sorte, la distinction du monde sensible et du monde

---

1. « Das Jahr 69 gab mir grosses Licht. » Benno Erdmann, *Kants Reflexionen*, II, n° 4, p. 4.
2. Benno Erdmann, *Kants Reflexionen*, II, n° 4, n° 5, p. 4-5. V. *Ibid.* l'Indroduction, p. xxxiv sq. — Riehl, *Der philosophische Kriticismus*, I, p. 272-275, II₂, p. 284. — V. le § 1 de la première section de la *Dissertation* de 1770 (*De la notion du monde en général*), où sont signalées les contradictions auxquelles se heurte l'esprit dans la regression des composés au simple et dans la progression des parties au tout, quand il ne respecte pas la distinction essentielle de la sensibilité et de l'entendement.

intelligible est, en même temps que la vérité requise par la morale, la vérité théorique essentielle qui affranchit la science de la contradiction. Fondé en principe, l'idéalisme transcendantal sert à la fois à justifier et à définir le rationalisme, et le rationalisme va revendiquer dans la pensée de Kant le droit qu'il a de garantir par lui seul la certitude de la moralité, comme toute certitude en général.

CHAPITRE III

LES ÉLÉMENTS DE LA PHILOSOPHIE PRATIQUE DE KANT (DE 1770 A 1781). — LA PRÉPARATION DE LA CRITIQUE. — LA DÉTERMINATION DES PRINCIPAUX CONCEPTS MÉTAPHYSIQUES ET MORAUX.

La *Dissertation* de 1770, ainsi que l'indique son titre[1], traite de la forme et des principes du monde sensible et du monde intelligible, respectivement considérés. Au point de vue spéculatif, elle annonce une issue pacifique au combat que se livraient, dans l'esprit de Kant, le partisan de la science newtonienne et le disciple de la tradition métaphysique. Comment admettre à la fois, d'une part que l'espace, et avec l'espace le temps, soit une grandeur infinie et infiniment divisible, d'autre part que l'idée du simple et celle du tout soient des éléments constitutifs de la connaissance du monde ? L'opposition ne semble pouvoir être résolue que si l'espace et le temps d'un côté, les concepts intellectuels de l'autre déterminent des façons de connaître essentiellement distinctes. Et c'est bien là la vérité. L'erreur consiste, au contraire, à ne diversifier le savoir que du dehors et comme par accident, d'après le degré de clarté qu'il apporte à l'esprit. Seulement, pour établir la vérité et ruiner l'erreur, il faut nier résolument certaines idées qui sont communément reçues.

L'une de ces idées consiste à représenter la connaissance sensible comme une connaissance imparfaite, qui ne vaut ce qu'elle vaut que par sa participation plus ou moins

[1]. *De mundi sensibilis atque intelligibilis forma et principiis.*

indirecte à une science supérieure résultant de purs concepts. Or la géométrie, qui est une science parfaitement exacte et évidente, a besoin de l'intuition sensible pour construire ses objets ; elle est un prototype de connaissance sensible, en même temps que rigoureusement démonstrative[1]. Il y a donc lieu de tenir pour faux le principe selon lequel le sensible, c'est ce qui est connu confusément, tandis que l'intellectuel serait ce qui est connu distinctement ; des choses sensibles — la géométrie avec sa certitude en témoigne — peuvent être très distinctes ; des choses intellectuelles — la métaphysique avec ses incertitudes en témoigne — peuvent être très confuses. « Je crains donc que Wolff, en établissant entre les choses sensitives et les choses intellectuelles la distinction qu'il a établie, et qui n'est pour lui-même que logique, n'ait complètement aboli, au grand détriment de la philosophie, ces très nobles principes de discussion sur *le caractère des phénomènes et des noumènes* posés par l'antiquité, et qu'il n'ait souvent détourné les esprits de l'examen de ces objets vers des minuties logiques[2]. »

Mais qu'est-ce qui autorise la connaissance sensible à se considérer comme vraie, et qu'est-ce qui l'oblige en même temps à se limiter ? C'est ici qu'apparaît la grande découverte de Kant, celle qui est restée à ses yeux fondamentale et définitive. La sensibilité est justifiée comme faculté de connaître en ce qu'elle suppose, non seulement une matière fournie par la multiplicité des sensations, mais une forme qui coordonne cette multiplicité selon des lois, et cette forme, c'est l'espace et le temps. L'espace et le temps sont des intuitions pures qui se soumettent la diversité des intuitions empiriques ; ce ne sont ni des substances, ni des accidents, ni de simples rapports ; ce sont des conditions simplement idéales ou subjectives, quoique nécessaires; de cette faculté qu'a l'esprit d'être affecté par les choses, et qui

1. II, p. 402, 405.
2. II, p. 402.

est proprement la sensibilité ; les données sensibles, comme telles, ne peuvent donc être que des phénomènes, et cela, non pas seulement à cause de la relativité plus ou moins momentanée de leur contenu matériel, mais surtout à cause de la relation essentielle qu'elles ont avec les principes formels qui permettent de les saisir ; elles ne peuvent légitimement remonter au delà des conditions grâce auxquelles elles apparaissent, et qui, servant à constituer une faculté de percevoir, ne sauraient constituer même pour une part la faculté de comprendre par purs concepts[1].

Tout en réhabilitant la sensibilité comme source positive de connaissance, la *Dissertation* la place donc à un rang complètement subordonné dans le système du savoir. Tandis que dans la *Critique de la Raison pure*, la sensibilité, sans déterminer les concepts intellectuels, les ramène cependant à ses objets propres pour les rendre capables de la science possible à l'homme, ici elle doit se laisser entièrement dépasser par l'entendement, si elle veut rester dans les limites strictes de sa fonction. En dehors de son usage logique qui peut s'appliquer aussi bien aux données sensibles qu'aux données intellectuelles, l'entendement pur a un usage réel qui lui permet d'atteindre par concepts, au moyen d'une connaissance non intuitive à coup sûr, mais symbolique, les êtres, leurs rapports réciproques et leur principe commun[2]. Parce que nous ne disposons que d'intuitions sensibles, nous sommes tentés de nier le monde intelligible ; mais nous oublions alors que par delà nous il y a une intuition intellectuelle pure, affranchie des lois de la sensibilité et absolument spontanée, cette intuition divine que Platon appelle Idée, principe et archétype de la réalité de ce monde[3]. Quoique ébauchée ainsi en un certain sens, la distinction de l'entendement et de la raison est infiniment moins profonde que la distinction de l'enten-

---

1. V. surtout la 3e section, II, p. 405-413.
2. V. la 4e section, II, p. 413-417.
3. II, p. 404, 419-420.

dement et de la sensibilité, puisque l'entendement et la raison ne diffèrent que par la façon de comprendre un même objet, à savoir les êtres tels qu'ils sont réellement ; ce qui importe surtout à Kant, c'est que le monde intelligible reste, dans la connaissance que nous en prenons, inaltéré par des notions venues de la sensibilité. C'est à empêcher cette corruption que doit servir une science propédeutique comme celle dont la *Dissertation* fournit un spécimen[1]. « La méthode de toute métaphysique touchant les choses sensibles et les choses intellectuelles se réduit essentiellement à ce précepte : veiller soigneusement à ce que *les principes propres de la connaissance sensible ne franchissent pas leurs limites et n'aillent pas toucher aux choses intellectuelles*[2]. » Kant dénonce les principaux « axiomes subreptices » qui viennent de l'infraction à cette règle ; mais il ne se borne même pas à affirmer une suprématie authentique de l'intelligible sur le sensible ; dualiste, quand il veut circonscrire rigoureusement le domaine de la sensibilité, il se laisse entraîner par les tendances monistes du rationalisme métaphysique quand il en vient à voir dans le monde intelligible le principe fondamental de cette relation de toutes les substances qui, intuitivement considérée, prend le nom d'espace[3], ou lorsque, ne s'écartant de Malebranche que par un prudent désaveu, il indique que l'espace exprime dans l'ordre des phénomènes l'omniprésence de la cause universelle[4]. Ainsi il attribue plus ou moins explicitement au monde intelligible ou à son principe une sorte de causalité à l'égard du monde sensible.

Bien que les déterminations de ce monde intelligible soient ici purement spéculatives, qu'elles consistent surtout à représenter l'univers comme un système de substances réciproquement liées entre elles et dépendant toutes d'un

---

1. II, p. 402-403. — V. la lettre à Lambert du 2 septembre 1770, *Briefwechsel*, I, p. 94.
2. II, p. 418.
3. II, p. 414.
4. II, p. 416.

Être unique, on comprend qu'elles autorisent l'espoir, énoncé hypothétiquement dans les *Rêves*, d'appuyer les convictions morales sur un fondement rationnel [1]. Au fait, nous voyons Kant réagir avec vigueur contre la tendance extérieurement très manifeste qu'il avait eue à chercher le principe de la moralité hors de la raison, développer au contraire la tendance plus invisible et plus intime qui l'avait porté déjà à découvrir dans ce principe, même quand il l'appelait du nom de sentiment, des caractères d'universalité. Il affirme nettement que les notions morales sont des connaissances intellectuelles, qu'elles viennent, non de l'expérience, mais de l'entendement pur [2]. Il condamne avec une sévérité très sommaire les moralistes anglais dont il s'était inspiré : « La *Philosophie morale*, en tant qu'elle fournit des premiers *principes de jugement*, n'est connue que par l'entendement pur et fait elle-même partie de la philosophie pure ; Épicure qui en a ramené les critères au sentiment du plaisir et de la peine, ainsi que certains modernes qui l'ont suivi de loin, Shaftesbury par exemple et ses partisans, sont très justement sujets à la critique [3]. » Voilà donc, énoncée par Kant, l'idée au nom de laquelle il combattra toutes les morales qui ne se fondent pas sur la seule raison pure : tout sentiment, dira-t-il plus tard, est sensible [4]. A coup sûr cette nouvelle adoption explicite

1. L'idée d'un monde intelligible, en exprimant le maximum de ce que peut concevoir la raison, devient par là une sorte d'exemplaire. « En toute espèce de choses dont la quantité est variable, le *maximum* est la mesure commune et le principe de la connaissance. Le *maximum de la perfection* s'appelle maintenant l'idéal ; pour Platon c'était l'idée (comme son idée de la République). » II, p. 403.
2. II, p. 402.
3. II, p. 403. — Mendelssohn, dans une lettre à Kant du 25 décembre 1770, proteste contre ce rapprochement de Shaftesbury et d'Épicure : « Vous rangez lord Shaftesbury parmi ceux qui suivent au moins de loin Epicure. J'ai cru jusqu'à aujourd'hui qu'il fallait soigneusement distinguer de la volupté d'Epicure l'instinct moral de Shaftesbury. Celui-ci est simplement aux yeux du philosophe anglais une faculté innée de distinguer le bien et le mal par le sentiment. Pour Épicure au contraire, la volupté devait être non seulement un criterium du bien, mais le souverain bien lui-même. » *Briefwechsel*, I, p. 109-110.
4. « ... weil alles Gefühl sinnlich ist ». *Kritik der praktischen Vernunft*, V, p. 80.

du rationalisme en morale n'a pas pu exclure du fond de la pensée de Kant certaines notions acquises au cours de son examen du rationalisme wolffien, la notion, en particulier, d'une différence essentielle entre les facultés de connaître et les facultés morales ; mais des deux conceptions qu'il tâchera ultérieurement d'unir, la conception de l'unité de la raison, et la conception de la diversité de ses usages dans l'ordre théorique et dans l'ordre pratique [1], il semble bien que ce soit la première qui en 1770 soit prépondérante ; c'est ainsi que l'idée de perfection, qui avait été ramenée par Kant à n'avoir qu'une signification pratique, redevient le principe commun de la pratique et de la théorie [2]. En tout cas, une tâche pour Kant reste désormais prescrite : c'est qu'il faut à nouveau chercher dans la raison ce qui explique et ce qui justifie la moralité humaine.

*
* *

Kant avait conscience d'avoir dans sa *Dissertation* établi des principes fermes pour le développement ultérieur de sa pensée. Il écrivait à Lambert le 2 septembre 1770 : « Il y a un an environ, je suis arrivé, je m'en flatte, à cette conception que je ne crains pas d'avoir jamais à changer, mais que j'aurai sans doute à étendre, et qui permet d'examiner les questions métaphysiques de toute espèce d'après des critères tout à fait sûrs et aisés, et de décider avec certitude dans quelle mesure elles peuvent être résolues ou non [3]. » Il ajoutait : « Pour me remettre d'une longue indisposition qui m'a éprouvé tout cet été, et pour ne pas être cependant sans occupations aux heures de liberté,

---

1. La distinction du théorique et du pratique est indiquée par Kant en note : « Nous considérons une chose théoriquement, quand nous ne faisons attention qu'à ce qui appartient à un être, pratiquement au contraire, quand nous avons en vue ce qui doit être en lui par la liberté », II, p. 403. Kant conservera cette définition de ce qui est pratique.
2. II, p. 403.
3. *Briefwechsel*, I, p. 93.

je me suis proposé pour cet hiver de mettre en ordre et de rédiger mes recherches sur la philosophie morale pure, dans laquelle on ne doit pas trouver de principes empiriques ; ce sera comme la métaphysique des mœurs. Ce travail, sur beaucoup de points, fraiera la voie aux desseins les plus importants en ce qui concerne la forme renouvelée de la métaphysique, et il me semble en outre être tout à fait indispensable touchant les principes, si mal établis encore aujourd'hui, des sciences pratiques [1]. »

Dans plusieurs des lettres adressées pendant cette période à Marcus Herz, on voit Kant travailler d'abord à constituer, d'après les principes de la *Dissertation*, un système d'ensemble qui, naturellement, comprenne la morale, puis, après avoir poussé assez loin cette extension de sa pensée, s'arrêter devant un problème dont le sens profond lui avait d'abord échappé, devant le problème de la valeur objective des concepts. Or tout en poursuivant la solution de ce problème, qui devait enfermer dans les limites de l'expérience la connaissance par l'entendement, il retrouve par une autre voie cette distinction du théorique et du pratique que la *Dissertation* avait quelque peu effacée, et il est conduit à se demander comment la raison peut être pratique réellement, c'est-à-dire agir sur les volontés humaines. Voici donc ce qu'il écrivait le 7 juin 1771 : « Vous savez quelle influence a dans la philosophie tout entière et même sur les fins les plus importantes de l'humanité l'intelligence certaine et claire de la différence qu'il y a entre ce qui dépend de principes subjectifs des facultés humaines, non pas de la sensibilité seulement, mais encore de l'entendement, et ce qui se rapporte précisément aux objets. Quand on n'est pas entraîné par l'esprit de système, c'est les unes par les autres que se vérifient les recherches que l'on institue dans les applications les plus éloignées sur une règle fondamentale toujours la même. Aussi me suis-je maintenant occupé de

---

1. *Ibid.*

composer avec quelque détail un ouvrage intitulé : *Les limites de la sensibilité et de la raison*, qui doit contenir le rapport des concepts fondamentaux et des lois déterminés pour le monde sensible, en même temps que l'esquisse de ce qui constitue la nature de la doctrine du goût, de la métaphysique et de la morale. Pendant l'hiver j'ai recueilli tous les matériaux en vue de ce travail, j'ai tout passé au crible, tout pesé, j'ai ajusté toutes les parties entre elles, mais ce n'est que dernièrement que j'ai achevé le plan de l'ouvrage[1]. » Dans une lettre du 21 février 1772, après avoir rappelé qu'il s'était efforcé d'étendre à la philosophie tout entière les considérations dont il avait disputé avec Marcus Herz, il ajoutait : « Dans la distinction du sensible et de l'intellectuel en morale, et dans les principes qui en résultent, j'avais déjà depuis longtemps poussé mes recherches assez loin. Déjà même depuis longtemps j'avais retracé de façon à me satisfaire suffisamment les principes du sentiment, du goût, de la faculté de juger, avec leurs effets, l'agréable, le beau, le bien, et je me faisais le plan d'une œuvre qui aurait pu avoir un titre comme celui-ci : *Les limites de la sensibilité et de la raison*. Je la concevais en deux parties, l'une théorique, l'autre pratique. La première contenait en deux sections : 1° la phénoménologie en général ; 2° la métaphysique, mais seulement dans sa nature et dans sa méthode. La seconde contenait de même ces deux sections : 1° les principes généraux du sentiment, du goût et des désirs sensibles ; 2° les premiers principes de la moralité. Tandis que je parcourais méthodiquement la première partie dans toute son étendue, et en suivant les rapports réciproques de toutes les parties, je remarquais qu'il me manquait encore quelque chose d'essentiel, quelque chose que dans mes longues recherches métaphysiques j'avais, tout comme les autres, négligé, et qui constitue en réalité la clef de tous les mystères de la métaphysique, jusque-là encore obscure

---

1. *Briefwechsel*, I, p. 117.

pour elle-même. Voici en effet ce que je me demandais : sur quel fondement repose le rapport de ce que l'on nomme en nous représentation à l'objet[1] ? » C'était là, nettement posé, le problème dont la *Critique* devait apporter la solution : problème qui tient, selon la remarque de Kant, à ce que l'entendement humain, d'un côté, ne reçoit pas ses représentations des objets, mais, de l'autre, ne crée pas non plus comme l'entendement divin, des objets par ses représentations, « sauf en morale les fins qui sont bonnes[2] ». Cette dernière restriction révèle bien la tendance de Kant à admettre une causalité inconditionnée du vouloir au-dessus de la causalité conditionnée de l'entendement théorique. En tout cas, dans le plan de ce qui est déjà appelé une critique de la raison pure, la distinction est bien marquée entre la connaissance théorique et la connaissance pratique, en même temps qu'est catégoriquement affirmé le caractère intellectuel, non empirique, de cette dernière. Kant se croyait en état de publier la première partie de cette œuvre dans un délai d'environ trois mois[3]. Près de deux ans après, vers la fin de 1773, il expliquait pourquoi rien n'en avait encore paru ; au lieu de se laisser aller, par « démangeaison d'auteur », à chercher et à entretenir une notoriété facile, il aimait mieux poursuivre jusqu'au bout, sans en distraire prématurément des parties, l'œuvre de rénovation complète et méthodique qu'il avait entreprise. Il espérait beaucoup d'ailleurs de ce grand effort ; il pouvait dire en confidence à un ami, sans être soupçonné de fatuité extrême, qu'il allait engager la philosophie dans une voie où elle pouvait se développer régulièrement par des procédés qui lui vaudraient la considération du mathématicien le plus pointilleux, et où elle apparaîtrait infiniment plus avantageuse à la religion et à la moralité. Sachant que Herz avait en projet un travail sur la morale, il ajoutait : « Je suis désireux de voir paraître votre

---

1. *Briefwechsel*, I, p. 124.
2. *Briefwechsel*, I, p. 125.
3. *Briefwechsel*, I, p. 126-127.

essai sur la philosophie morale. Je souhaiterais cependant que vous n'y fissiez pas valoir ce concept de réalité, si important dans la plus haute abstraction de la raison spéculative, si vide dans l'application à ce qui est pratique. Car ce concept est transcendantal, tandis que les éléments pratiques suprêmes sont le plaisir et la peine, qui sont empiriques, de quelque provenance que soit la connaissance de leur objet. Or il est impossible qu'un simple concept pur de l'entendement fournisse les lois et les préceptes de ce qui est uniquement sensible, parce qu'au regard de ce qui est sensible, il est entièrement indéterminé. Le principe suprême de la moralité ne doit pas seulement faire conclure au sentiment du plaisir ; il doit produire lui-même au plus haut degré ce sentiment ; c'est qu'il n'est pas une simple représentation spéculative ; il doit avoir une force déterminante : aussi, bien qu'il soit intellectuel, il n'en doit pas moins avoir un rapport direct aux mobiles primitifs de la volonté [1]. » Ainsi, ce qui semble préoccuper Kant, c'est qu'ayant attribué au principe moral un caractère intellectuel et à la volonté qui s'en inspire un pouvoir direct d'action, il se demande comment la raison peut, au point de vue pratique, se rapporter à la sensibilité, comment la causalité du vouloir peut être efficace. Préoccupation très naturelle en soi et très considérable, puisqu'elle avait pour objet l'accord à établir entre l'idée pure et les moyens de réalisation de la vie morale, fortifiée peut-être encore par le souci qu'avait Kant de définir, dans un autre domaine, la relation exacte des concepts purs de l'entendement à l'expérience sensible.

*
* *

Le grand ouvrage dont le plan avait été plusieurs fois exposé, et dont la publication avait été plusieurs fois annon-

---

[1]. *Briefwechsel*, I, p. 137-138.

cée comme prochaine, ne parut qu'en 1781[1]. Très peu de temps après l'apparition de la *Critique*, Kant écrivait à Marcus Herz (11 mai 1781) : « Pour moi, je n'ai jamais cherché à en *imposer par des prestiges,* je ne me suis pas procuré à tout prix des *semblants de raisons* pour en *rajuster* mon système ; j'ai mieux aimé laisser passer les années afin d'arriver à une conception achevée qui pût me satisfaire pleinement[2]. » Au fait, pendant cette période de plus de dix ans, Kant ne se laisse distraire par aucune publication importante de la méditation de son système. Il ne donne, et encore par occasion, que deux écrits : en 1771, un très bref *compte rendu de l'écrit de Moscati* (anatomiste italien) *sur la différence de structure des hommes et des animaux*[3] ; en 1775, pour l'annonce de ses leçons de géographie physique, des aperçus *sur les différentes races d'hommes*[4], qu'avec quelques remaniements et additions il publie en 1777 dans le *Philosoph für die Welt* de J. J. Engel[5]. Cependant dans ces deux courts travaux se révèlent certaines des dispositions avec lesquelles il essaiera de constituer sa philosophie pratique.

L'anatomiste italien Moscati s'était appliqué à démontrer que l'homme est originairement un animal à quatre pattes, que la faculté de se tenir et de marcher droit est une acquisition contraire à sa nature primitive, qu'il en est résulté une foule d'inconvénients et de maux dans le fonctionnement de son organisme. Voilà donc, remarque Kant, grâce à un ingénieux anatomiste, l'homme de la nature remis sur ses pattes, ce que n'avait pas réussi à faire un sagace philosophe comme Rousseau. Et si paradoxale que soit cette

---

1. Sur les indices extérieurs de l'élaboration de la *Critique de la Raison pure*, v. Emil Arnoldt, *Kritische Excurse im Gebiete der Kant-Forschung*, 1894, p. 99-189.
2. *Briefwechsel*, I, p. 252.
3. *Recension der Schrift von Moscati über den Unterschied der Structur der Menschen und Thiere*; Reicke, *Kantiana*, p. 66 ; II, p. 429-431.
4. *Von den verschiedenen Racen der Menschen*, II, p. 435-451.
5 Ajoutons les petits écrits de propagande pour le *Philanthropinum*, dont il a été question plus haut.

opinion, elle est du moins vraie en ce qu'elle met bien en lumière l'opposition des fins de la nature et des fins de la raison ; la nature ne vise qu'à la conservation de l'individu comme animal et de l'espèce ; mais dans l'homme a été déposé le germe de la raison qui, en se développant, fait de lui un être pour la société : d'où, pour une plus libre et une plus parfaite communication avec ses semblables, l'avantage de la station et de la marche droites. C'est là pour lui un gain considérable sur les animaux ; mais la rançon en est dans toutes ces incommodités qui lui sont venues « pour avoir élevé si orgueilleusement la tête au-dessus de ses anciens camarades[1] ». Cette idée, que la raison se développe par une lutte persévérante contre la nature, servira plus tard à Kant pour la critique des doctrines qui admettent un passage continu du règne de la nature au règne de la raison et qui représentent la civilisation humaine comme le simple épanouissement de facultés originelles[2].

Quant au problème de la différence des races, il a visiblement pour Kant une importance pratique autant que théorique. Kant ne veut pas admettre que la différence des races résulte uniquement d'une différence dans les conditions physiques d'existence ; il la fait dépendre de dispositions primitives. Mais d'autre part il invoque le critère de la fécondation pour soutenir qu'il n'y a pas plusieurs espèces d'hommes, qu'il n'y en a essentiellement qu'une. Dans ces considérations qui lui tiennent à cœur, puisqu'il en reprendra dix ans plus tard l'exposé[3], il s'efforce sans doute d'apporter plus d'exactitude scientifique en ce qui touche les concepts d'espèce et de race ; mais dans l'affirmation de l'unité de l'espèce humaine[4] ce qui l'intéresse à

---

1. II, p. 431.
2. Cf. *Recensionen von J.-G. Herder's Ideen zur Philosophie der Geschichte*, IV, p. 171-181. Herder faisait précisément de la station droite le seul caractère spécifique de l'homme et la condition suffisante de l'apparition de la raison humaine. V. p. 174.
3. *Bestimmung des Begriffs einer Menschenrace*, 1785, IV, p. 217-231.
4. II, p. 436, 449. — Cf. *Bestimmung des Begriffs einer Menschenrace* : « La classe des blancs ne diffère pas comme espèce particulière dans le genre

coup sûr le plus, c'est la justification qu'elle apporte à l'idée d'une humanité participant à la même histoire, concourant aux mêmes fins, virtuellement en possession des mêmes droits. Ainsi que nous le verrons, c'est seulement dans l'espèce humaine comme telle que se manifeste selon une loi le progrès de la raison.

Ce progrès de la raison, si certain qu'il soit en lui-même, précisément parce qu'il ne s'accomplit que dans l'espèce et qu'il exige une rupture de l'individu avec les instincts naturels, suppose comme ressort, non pas la seule volonté directe du bien, mais un mélange de bien et de mal ; c'est par l'antagonisme des forces contraires que se prépare parmi les hommes le triomphe de l'esprit. Cette idée, dont Kant développera avec tant d'originalité le sens métaphysique et moral [1], se trouve indiquée ici en passant ; à propos de l'opinion de Maupertuis qui proposait de constituer dans quelque province par voie de sélection et d'hérédité une noble race d'hommes se transmettant l'intelligence, l'habileté, la droiture : « Projet, en lui-même, assurément praticable, à mon sens, observe Kant, mais qui se trouve avoir été tout à fait prévenu par la nature plus sage ; car c'est précisément dans le mélange du mal avec le bien que sont les grands mobiles qui mettent en jeu les forces engourdies de l'humanité, qui l'obligent à développer tous ses talents et à se rapprocher de la perfection de sa destinée [2]. »

*
* *

En l'absence de tout autre écrit publié par Kant pendant cette période, est-il possible de satisfaire en quelque mesure à la curiosité de savoir comment sur les problèmes qui

humain de celle des noirs ; et il n'y a point des espèces d'hommes distinctes. » IV, p. 225.
1. Cf. *Idee zu einer allgemeinen Geschichte in weltbür gerlicher Absicht*, IV, p. 146-148.
2. II, p. 437. — Ce passage ne figurait pas dans la rédaction primitive ; il a été ajouté pour la publication nouvelle de 1777.

touchent à la philosophie pratique s'est déterminée, avant la *Critique de la Raison pure*, la pensée kantienne ? Il semble aujourd'hui que l'on puisse, sans un trop grand risque d'erreur, se servir, pour le moment antérieur à 1781, des *Leçons sur la Métaphysique*, publiées en 1821 par Pölitz [1].

Dans ces *Leçons*, les concepts métaphysiques qui intéressent la morale, les concepts de la liberté, de l'immortalité, de Dieu sont considérés à un double point de vue, selon qu'il s'agit d'en établir la valeur rationnelle pure, hors de tout recours à l'expérience, ou d'en établir le rapport soit

---

1. C'est Benno Erdmann qui le premier a eu le mérite de montrer le parti que l'on pouvait tirer des *Leçons sur la Métaphysique* publiées par Pölitz pour connaître l'évolution de la pensée kantienne entre 1770 et 1781. V. *Eine unbeachtet gebliebene Quelle zur Entwicklungsgeschichte Kants*, Philosophische Monatshefte, XIX, p. 129-144 ; *Mittheilungen über Kants metaphysischen Standpunkt in der Zeit um 1774*, Philosophische Monatshefte, XX, p. 65-97. — Benno Erdmann estime que ces *Leçons* ont été faites aux environs de 1774. Il se peut que cette date doive être quelque peu reculée, ainsi que l'a établi Heinze dans le remarquable travail critique qu'il a fait sur le texte de Pölitz et les autres manuscrits de *Leçons sur la Métaphysique* mis au jour depuis, *Vorlesungen Kants über Metaphysik aus drei Semestern*, 1894, p. 29-37 (509-517). En effet dans les *Leçons* publiées par Pölitz il est question de Crusius comme de quelqu'un qui est mort (p. 146) ; une autre mention de Crusius en ce même sens se trouve dans les deux autres manuscrits qui donnent à quelques variantes près le même texte que le manuscrit utilisé par Pölitz (v. Heinze, p. 194 [674]). Or Crusius étant mort le 18 octobre 1775, les *Leçons* ne pourraient avoir été faites au plus tôt qu'en 1775-1776. Il ne semble pas cependant, comme le veut l'adversaire intraitable de toutes les hypothèses de Benno Erdmann, Emil Arnoldt, *Kritische Excurse im Gebiete der Kant-Forschung*, p. 417 sq., que la date ne puisse en être fixée avant 1779 et qu'elle doive selon toute probabilité être reportée à 1783-84. La preuve externe, destinée à montrer que 1779 est la date au delà de laquelle on ne peut remonter, et tirée par Arnoldt d'un passage de *Leçons* qui paraît indiquer que Sulzer à cette époque est mort (Sulzer est mort en février 1779) reste très douteuse, comme l'a établi Heinze, p. 35-36 (515-516). — En revanche la preuve interne qui tend à fixer la date avant la *Critique*, fondée sur le caractère encore très nettement dogmatique par endroit des *Leçons*, surtout des *Leçons* consacrées à la psychologie, sur l'inachèvement du système des catégories par comparaison avec celui qui est exposé dans la *Critique*, paraît avoir, dans l'état actuel de la question, une portée prépondérante. Nous acceptons donc la conclusion de Heinze : c'est entre 1775-1776 et 1779-1780 que les *Leçons sur la Métaphysique* ont dû être professées : une date plus précisément définie est impossible.

Il va sans dire que dans le texte publié par Pölitz nous ne faisons pas usage des *Prolégomènes* et de l'*Ontologie* qui, selon l'avertissement de l'éditeur, sont tirés d'un manuscrit de leçons ultérieures, dont il a, au surplus, mal marqué la date.

à quelque fait directement saisissable, soit à des motifs efficaces de conviction : de là un dualisme, le dualisme, pourrait-on dire, du transcendantal et du pratique, dont la philosophie ultérieure de Kant s'efforcera diversement de définir la proportion.

C'est ainsi que, dans la psychologie empirique, la liberté est traitée comme liberté psychologique ou pratique, tandis que, dans la psychologie rationnelle, elle est traitée comme liberté transcendantale. A dire vrai, la distinction entre ces deux sortes de liberté n'est pas toujours exprimée d'une façon parfaitement nette ; il semble parfois que la liberté transcendantale soit comme la limite supérieure ou l'achèvement de la liberté pratique[1] ; mais ce n'est là sans doute qu'une façon de marquer la relation qu'il y a entre elles sans effacer pour cela la différence originaire de leurs significations.

La liberté psychologique ou pratique est une détermination spéciale de la faculté de désirer[2]. Si, à la différence de l'animal, l'homme a un libre arbitre, c'est que sa faculté de désirer n'est pas contrainte, même par les mobiles sensibles qui l'affectent, et ce qui fait que cette influence des mobiles sensibles n'est pas fatale, c'est que l'homme est capable d'agir, non seulement par l'impression que les objets font sur lui, mais par la connaissance intellectuelle qu'il en prend. La possibilité de substituer des motifs, c'est-à-dire des principes objectifs de détermination, aux mobiles, qui ne sont que des principes de détermination subjectifs, est comme un fait d'expérience : « L'homme sent en lui un pouvoir de ne se laisser contraindre à quoi que ce soit par rien au monde[3]. » Mais ce pouvoir ne se manifeste ou ne constitue dans l'acte que par sa force de résistance aux im-

---

1. *Immanuel Kant's Vorlesungen über die Metaphysik*, p. 182, 185.
2. Sur les diverses déterminations de la faculté de désirer et leur rapport au libre arbitre, Kant établit ici des définitions et des distinctions qui se trouvent reproduites dans la *Critique de la Raison pure*, au chapitre II, section I, de la *Méthodologie*, III, p. 530.
3. *Vorlesungen über die Metaphysik*, p. 182.

pulsions sensibles ; le triomphe de l'entendement sur la sensibilité, voilà la liberté [1]. « Le libre arbitre, en tant qu'il agit selon des motifs de l'entendement, c'est la liberté, qui est bonne à tous les points de vue ; c'est la *libertas absoluta*, qui est la liberté morale [2]. »

D'une façon plus exacte, les motifs fournis par l'entendement à la faculté de désirer sont de diverse nature et expriment diverses espèces de cette nécessité qui, s'imposant idéalement à nous et acceptée par nous, est la liberté. La nécessité pratique se distingue en nécessité problématique, nécessité pragmatique et nécessité morale. La nécessité problématique est celle qui impose l'emploi d'un moyen sous la condition d'une fin particulière voulue par nous ; la nécessité pragmatique est celle qui impose l'emploi d'un moyen par rapport à ce qui est la fin générale de tout être pensant ; la nécessité morale est celle qui impose un usage du libre arbitre, non pas comme un moyen par rapport à une fin, mais pour sa valeur intrinsèque absolue. Ces différentes sortes de nécessité se traduisent par des impératifs dont la commune signification est que l'action doit se faire, qu'il est bon qu'elle se fasse [3]. Mais comment cette nécessité tout objective devient-elle en nous motif déterminant? C'est là un problème, dont nous avons vu, d'après une lettre à Herz, que Kant se préoccupait ; la solution qu'il indique ici, plus hésitante que celle qu'il donnera plus tard, l'annonce néanmoins très clairement. Quand le sujet moral se porte à une action uniquement pour cette raison que l'action est bonne en elle-même, on peut appeler sentiment moral la force qui le détermine, et ce sentiment doit se trouver en lui toutes les fois qu'il accomplit le bien. Mais ce sentiment, pour être tel, ne doit pas se détacher des motifs rationnels dont il est l'expression subjective, c'est-à-dire qu'il ne doit pas nous gouverner par le plaisir ou la peine, par des influen-

1. P. 185.
2. P. 183.
3. P. 186. — V. plus haut, Première partie, Ch. II. p. 99.

ces de nature « pathologique ». « Nous devons donc concevoir un sentiment, mais qui ne nécessite pas pathologiquement, et ce doit être le sentiment moral. On doit connaître le bien par l'entendement, et toutefois en avoir un sentiment. C'est là sans doute quelque chose qu'on ne peut pas bien comprendre, sur quoi il y a encore matière à discussion. Je dois avoir un sentiment de ce qui n'est pas objet de sentiment, de ce que je connais objectivement par l'entendement. Il y a donc toujours en cela une contradiction. Car si nous devons faire le bien par le sentiment, nous le faisons alors parce qu'il est agréable. Or cela ne peut pas être ; car le bien ne peut affecter en rien notre sensibilité. Nous appelons donc le plaisir que nous cause le bien un sentiment, parce que nous ne pouvons pas exprimer autrement la force subjectivement excitante qui résulte de la nécessité objectivement pratique. C'est un malheur pour l'espèce humaine que les lois morales qui sont là pour nécessiter objectivement ne nous nécessitent pas subjectivement aussi en même temps. Si nous étions nécessités subjectivement aussi en même temps, nous n'en serions pas moins tout aussi libres, puisque l'action de cette nécessité subjective dérive de l'objective[1]. »

La liberté psychologique ou pratique suffit à garantir la morale ; ce n'est donc pas un intérêt moral, c'est un pur intérêt spéculatif qui porte à s'élever au-dessus de ce qui est proprement pratique, qui fait poser par delà la question déjà résolue de la liberté psychologique, c'est-à-dire de la liberté spéciale au vouloir, la question de la liberté transcendantale, c'est-à-dire de la causalité absolue du moi dans son essence[2]. De même que Kant, après avoir déclaré que nous percevons immédiatement en nous par l'intuition interne le moi substantiel et type de toute substantialité[3],

---

1. P. 187.
2. P. 204, 207-208.
3. P. 133.

s'efforce d'établir *a priori* dans sa psychologie rationnelle que l'âme selon son pur concept est une substance[1], de même, après avoir admis que la liberté requise pour la morale est saisie par une expérience directe, il s'efforce de démontrer comment le concept de la spontanéité inconditionnée convient au moi. Il écarte d'abord comme illusoire ou insuffisante cette spontanéité interne relative, cette spontanéité automatique qui tient finalement d'une cause extérieure l'action qu'elle paraît produire du dedans, la spontanéité de l'horloge ou du tourne-broche. La liberté transcendantale exclut ces limitations et ces relations. Le moi la possède, parce qu'il est sujet, et qu'étant tel, il rapporte à lui-même, non pas seulement ses actes volontaires, mais toutes ses déterminations en général. Quand je dis : je pense, j'agis, ou bien le mot « je » est employé à contre sens, ou je suis libre. Pour nier la liberté, il faudrait montrer que le sujet n'en est pas un, et cette démonstration serait encore l'affirmation d'un sujet[2].

Seulement, de l'aveu de Kant, s'il est possible de prouver ainsi la liberté transcendantale, il est impossible de la comprendre. Comment un être créé peut-il produire des actions originaires? C'est ce que nous n'avons pas la faculté d'apercevoir. Il nous faudrait saisir les raisons déterminantes de ce qui, par définition, doit être indépendant de ces raisons. Mais cette difficulté ne saurait être tournée contre l'affirmation de la liberté ; car elle tient, non à la nature de la chose, mais à celle de notre entendement qui ne peut comprendre que ce qui arrive dans la série des causes et des effets, qui ne peut saisir de premier commencement. Au surplus, à ce point de vue, le fatalisme ne peut pas plus être démontré que réfuté. L'opposition dialectique des thèses contraires, que Kant paraît déjà signaler ici, mais sans la dégager pleinement, ne saurait faire prévaloir le doute spéculatif sur ce qu'a de certain la liberté

---

1. P. 201-202.
2. P. 206. — Cf. Benno Erdmann, *Reflexionen Kants*, II, n° 1517, p. 435.

pratique ; c'est assez de se rappeler que les impératifs pratiques n'auraient pas de sens si l'homme n'était pas libre. Le concept de la liberté est, non pas spéculativement sans doute, mais pratiquement suffisant. L'incapacité d'apercevoir comment il peut se réaliser est simplement la marque des bornes de notre entendement : la religion et la morale restent en sûreté [1].

Nous avons ici la première trace de l'état d'esprit dans lequel Kant, parvenu à l'idée d'une philosophie à la fois rationaliste et critique, a abordé à nouveau le problème de la liberté. Ce problème, il paraît l'avoir délaissé, tout au moins sous sa forme spéculative, pendant tout le temps qu'il a réagi contre la doctrine wolffienne, qu'il a subi l'attrait de la morale anglaise, qu'il a été sous la première influence de Rousseau. La tendance nouvelle de sa pensée exige qu'il le reprenne, pour ainsi dire, en termes de raison pure. Cependant la solution qu'il énonce participe à la fois, avec les restrictions nécessaires et selon les transformations accomplies, des conceptions rationalistes auxquelles il avait été d'abord initié, et des conceptions pratiques ultérieures qui représentaient les vérités morales comme objets d'affirmations immédiatement certaines. Il peut compléter le rationalisme en le rectifiant : pas plus que la différence de l'intelligible et du sensible n'est une différence de degré, pas plus le rapport de la liberté transcendantale à la simple spontanéité ne doit se ramener à une gradation continue ; la liberté transcendantale ne peut être que ce qu'exige la pureté de son concept, c'est-à-dire inconditionnée. La notion, qui s'impose alors de plus en plus à l'esprit de Kant, des limites de l'entendement humain, permet d'affirmer cette liberté sans que nous ayons l'in-

---

[1]. P. 208-210. Cf. Benno Erdmann, *Reflexionen Kants*, II, n° 1520, p. 438. — Cette impuissance de notre entendement à apercevoir la possibilité de la liberté est plus fortement marquée encore dans quelques-unes des *Réflexions* que Benno Erdmann place dans cette période, v. n°s 1511, 1521, 1525, 1527, p. 434, 439, 440.

tuition qu'il faudrait pour la saisir [1]. D'ailleurs c'est plutôt le manque de cette intuition que le conflit de la liberté transcendantale avec la nécessité mécanique, que Kant invoque pour expliquer les doutes possibles. Trouvant dans l'expérience de la liberté pratique une sauvegarde suffisante pour les intérêts de la morale, il ne s'est représenté probablement ce conflit comme un conflit de la raison avec elle-même que le jour où il entrevoyait le moyen de le surmonter, le jour par conséquent où il commençait à deviner une distinction à établir entre les antinomies mathématiques et les antinomies dynamiques [2]. Pour l'instant, il ne pose pas le problème de la liberté, dans sa Cosmologie, comme une antinomie, alors qu'il tend déjà assez visiblement à poser de la sorte les problèmes qui seront le fond de la première, de la seconde et de la quatrième antinomie dans la *Critique de la Raison pure* [3]. Il ne paraît pas songer que la solution qui consiste à admettre, avec la série infinie des causes dans le monde, une cause première par delà la série [4], pourrait également justifier à la fois, autrement que par rapport à Dieu, la nécessité naturelle des événements et la spontanéité inconditionnée de la liberté. Il se borne à affirmer que la nécessité aveugle contredit les lois de l'entendement et de la raison ; la nécessité est, comme le hasard, en opposition avec la *nature* et la *liberté* qui sont deux principes bien fondés d'explication [5]. C'est donc sous un autre aspect que ressort à ce moment, sur le problème de la liberté, la pensée de Kant ; elle travaille à définir, en

---

1. Les *Leçons sur la Métaphysique* témoignent combien difficilement Kant a renoncé à la détermination des choses en soi ; mais elles sont très nettes sur ceci, que nous n'avons pas d'intuition intellectuelle. V. p. 99 ; v. surtout p. 101-102 la critique des conceptions mystiques d'un monde intelligible, qui supposent, comme chez Leibniz, une intuition intellectuelle des êtres pensants.
2. V. l'ébauche des formules qui serviront à établir cette distinction dans quelques-unes des *Réflexions*, II, n°s 1505, 1507, 1508, p. 433.
3. P. 84-87. — Cf. Adickes, *Kants Systematik als systembildender Factor*, p. 64-68, 105-109.
4. P. 87.
5. P. 89.

les distinguant, les deux significations essentielles du concept, d'une part la signification transcendantale, qui dépasse les limites de la volonté proprement dite et qui s'applique au moi-sujet en vertu d'une démonstration rationnelle pure, ensuite la signification pratique, qui est impliquée uniquement dans l'activité du vouloir, qui est vérifiée par l'expérience en même temps que requise par la morale.

Pareil dualisme se retrouve dans la solution que Kant apporte au problème de l'immortalité : d'une part il n'y a que la preuve transcendantale de l'immortalité qui soit rigoureuse; d'autre part il n'y a que la preuve morale qui, malgré son insuffisance logique, soit efficace, parce qu'elle est liée directement à la conscience du devoir et au système des convictions pratiques. La preuve transcendantale est une sorte de preuve ontologique qui rappelle de près l'argumentation du *Phédon*; c'est du concept de l'âme que se déduit son immortalité. En effet, le concept de l'âme suppose qu'elle est un sujet capable de se déterminer par soi, d'être par conséquent la source de la vie qui anime le corps. Du corps matériel la vie ne peut dériver, puisque la vie est spontanéité et que la matière est inertie; loin d'être le principe de vie, le corps matériel est plutôt obstacle à la vie. C'est donc de l'âme que la vie vient essentiellement; et puisque l'âme produit les actes vitaux indépendamment du corps, elle continue en vertu de sa nature même à les produire après la mort [1].

Les autres arguments allégués en faveur de l'immortalité ne sont pas, à parler strictement, des preuves; ils ne font que justifier l'espérance de la vie future [2]. Ils la justifient du reste très inégalement. Il y a une preuve empirique, tirée de la psychologie, que Kant expose assez faiblement et qui a selon lui une importance surtout négative; elle consiste à critiquer la thèse qui fait dépendre le développement des facultés spirituelles du développement des

1. P. 234-238.
2. P. 234.

facultés corporelles : de ce que l'on constate sur l'âme liée au corps il est impossible de conclure à ce que l'âme serait sans le corps[1]. Il y a une autre preuve également empirico-psychologique, mais fondée sur des principes cosmologiques, preuve que Kant appelle encore preuve par analogie, d'importance beaucoup plus décisive, et soutenue par des conceptions téléologiques qui seront pour la pensée kantienne d'un fréquent usage et d'un grand sens. L'immortalité de l'âme est ici conclue par analogie avec la nature. Dans la nature il n'y a pas de forces ou de facultés qui ne soient appropriées à une certaine fin, qu'elles doivent réaliser. Or dans l'âme humaine nous trouvons des forces et des facultés qui n'atteignent pas en cette vie leur fin. Il faut donc que l'âme humaine puisse arriver ailleurs que dans cette vie à l'exercice complet de ces forces et à la complète mise en valeur de ces facultés. Pour appuyer la mineure de ce raisonnement, Kant invoque surtout l'insatiable curiosité de l'intelligence humaine, attirée infiniment au delà de ce qu'exige sa destinée terrestre, et aussi la vocation profonde de la volonté humaine pour la moralité et la justice, infiniment supérieure à ce que la nature sensible de ce monde permet de réaliser[2].

Cette preuve par analogie nous rapproche par quelques-unes de ses considérations de la preuve pratique par excellence, qui est la preuve morale ou, pour mieux dire, théologico-morale[3]. Celle-ci a pour principe que nos actes sont

1. P. 244-245.
2. P. 245-252. Cf. Benno Erdmann, *Reflexionen Kants*, II, nos 1273, 1274, 1275, p. 362-363. Kant note que la beauté de cette preuve par analogie vient de ce qu'elle évite les explications théoriques compliquées et de ce qu'elle conclut, comme en physique toutes les fois que la nature d'un objet est caché, de ses caractères apparents à ses caractères invisibles. — Il faut remarquer que Kant se servira ailleurs de la majeure et de la mineure du même argument pour conclure que, les fins de l'homme étant disproportionnées avec les résultats obtenus au cours de sa vie, il doit y avoir un progrès de l'espèce humaine qui supprime cette disproportion en recueillant et harmonisant dans une sorte d'œuvre d'ensemble les œuvres incomplètes des individus. Cf. *Idee zu einer allgemeinen Geschichte*, IV, p. 144-145.
3. Dans les *Réflexions*, Kant établit, parmi les preuves morales de l'immortalité, une distinction entre les preuves purement morales et les preuves

soumis à cette règle sainte qui est la loi morale. La loi morale nous est connue *a priori* ; elle exige que nos actions, ou plus spécialement nos intentions, soient en accord avec elle et par là nous rendent dignes d'être heureux. Elle présente donc le bonheur, non pas comme une fin à poursuivre, mais comme un état à mériter. Or, dans ce monde, il n'y a aucune voie qui assure le bonheur à la vertu ; même le vice habile se procure plus sûrement les avantages dont seule la vertu devrait jouir. Dès lors, à ne la considérer que dans son rapport avec la vie présente, la loi morale apparaîtrait sans force et trompeuse. Mais la théologie ou la connaissance de Dieu vient ici à notre secours. En Dieu je conçois un Être qui peut me faire participer à la félicité dont je me suis rendu digne par mon obéissance à la loi morale ; et comme la vie présente a exigé de moi le renoncement à un bonheur temporel, il faut qu'il y ait une autre vie où le bonheur et la vertu soient en parfaite proportion. Cela seul peut faire que l'honnête homme ne soit pas un insensé[1].

Cette preuve peut être dite en un sens *a priori*[2], si l'on admet qu'il y a, à côté de l'*a priori* transcendantal, un *a priori* pratique. Elle n'en est pas moins théoriquement insuffisante : de ce que nous ne voyons pas en ce monde le vice puni et la vertu récompensée, il ne suit point que le vice n'ait pas dès à présent en lui-même sa punition et la vertu sa récompense ; notre jugement sur le rapport des sanctions à la conduite est trop extérieur pour être assuré d'être vrai. D'autre part, la perpétuité infinie de la vie future dépasse trop manifestement les limites des droits que

---

théologiques. II, n° 1270, p. 361, n° 1282, p. 365. Les *Leçons sur la Métaphysique* ne font pas cette distinction.
  1. P. 238-241. — C'est la preuve par analogie, en tant qu'elle porte sur l'obstacle opposé en ce monde à notre effort moral, qui fournira surtout dans la *Critique de la Raison pratique* le contenu du postulat de l'immortalité, tandis que la preuve morale fournira surtout le contenu du postulat de l'existence de Dieu.
  2. P. 238.

nous avons aux joies et aux peines ultra-terrestres. Enfin les êtres humains qui n'ont pu faire aucun usage de leur raison, les enfants, les sauvages, seraient exclus de l'immortalité. Mais cette preuve est tout à fait suffisante au point de vue pratique ; car elle vaut alors par l'influence qu'elle a sur nous, et du moment qu'elle se lie en nous à notre sentiment moral, elle exclut toutes les objections qui prétendraient l'infirmer[1]. Dès lors il importe peu qu'elle se borne à susciter une espérance au lieu de procurer une certitude ; l'espérance de l'immortalité doit suffire à nous en rendre dignes ; une plus claire connaissance nous enlèverait, au contraire, l'ardeur qu'il faut pour y prétendre. Il ne faut pas que le souci de la vie future détermine notre façon d'entendre et d'accomplir actuellement notre destinée. « La grande affaire, c'est toujours la moralité, c'est la chose sainte et inviolable que nous devons préserver, et c'est aussi le principe et la fin de toutes nos spéculations et de toutes nos recherches... Si les idées de Dieu et d'un autre monde n'étaient pas liées à la moralité, elles ne seraient bonnes à rien[2]. »

Nous voyons par là dans quel esprit sera également traitée la théologie rationnelle : la même distinction y apparaîtra entre la rigueur démonstrative de la raison pure, mais qui reste sans efficacité pratique, et l'influence décisive de la conviction morale qui reste, au point de vue théorique, insuffisamment fondée. Seulement cette distinction s'y atténue par endroits en vertu d'une tendance très manifeste à considérer que la raison en général est impuissante à établir la vérité objective de ce qui est premier en soi. La preuve transcendantale de l'existence de Dieu est constituée par ceci, que cette existence supprimée, notre intelligence et notre volonté sont en contradiction avec elles-mêmes. Kant marque la même répugnance qu'il avait déjà autrefois montrée

1. P. 241-243.
2. P. 260-261.

à admettre l'argument ontologique selon la formule qui conclut de l'idée, c'est-à-dire du possible conçu, à l'existence, car l'existence est une position, non un prédicat[1] ; il expose avec de visibles préférences la preuve selon laquelle le possible conçu par la pensée suppose l'Être souverainement réel[2]. Mais cette démarche par laquelle la raison remonte, dans l'usage de ses facultés, à ce qui en est la condition suprême, n'a qu'un caractère hypothétique, puisqu'elle aboutit simplement à une supposition qui lui est indispensable pour ne pas se démentir, qui donc reste relative à elle et ne saurait jamais représenter adéquatement un Être nécessaire en soi. Ce que Kant appellera plus tard l'*Idéal de la Raison pure* ne s'affirme que par une supposition relative[3] : la raison ne peut pas plus conclure par concept à l'existence absolument au-dessus d'elle qu'à l'existence absolument en dehors d'elle. La preuve transcendantale de l'existence de Dieu reste donc frappée de subjectivité, et bien qu'elle exprime une tendance légitime de la raison, elle ne peut malgré tout produire en nous qu'une croyance. Kant arrive ainsi à surmonter le dualisme qu'il avait autrefois admis de la croyance et de la raison et à constituer l'idée de la croyance rationnelle. Seulement tandis que plus tard il fera valoir cette idée principalement dans le domaine de la raison pratique, réservant le nom de maximes régulatrices aux hypothèses de la raison quand elles répondent à une exigence théorique, ici il l'applique aussi bien aux démarches suprêmes de la raison théorique qu'aux convictions dépendantes de la raison pratique. « La connaissance de Dieu n'a jamais été plus qu'une hypothèse nécessaire de la raison théorique et pratique... Elle n'en a pas moins une certitude pratique ou un titre de créance tel que, alors même qu'elle ne pourrait pas être démontrée, celui qui veut user de sa raison et de sa libre

---

[1]. P. 281.
[2]. P. 277.
[3]. Cf. *Kritik der reinen Vernunft*, III, p. 455-457, p. 460.

volonté doit nécessairement la supposer, s'il ne veut pas agir comme un animal ou un méchant. Or ce qui est une supposition nécessaire de notre raison est tout comme s'il était lui-même nécessaire. Ainsi les principes subjectifs de la supposition nécessaire sont tout aussi importants que les principes objectifs de la certitude. Une telle hypothèse, qui est nécessaire, se nomme *croyance*... La ferme croyance, qui résulte simplement de ce que quelque chose est une condition nécessaire, est quelque chose de si complètement sûr, de si bien fondé subjectivement, que rien de ce qui repose sur des raisons objectives ne peut être mieux affermi dans l'âme que cela. — *La solidité de cette supposition est tout aussi forte subjectivement que la première démonstration objective de la mathématique,* quoiqu'elle ne soit pas aussi forte objectivement. Si j'ai une ferme conviction subjective, je ne lirai jamais les objections que l'on élève contre... Cette foi subjective est en moi tout aussi ferme et même plus ferme encore que la démonstration mathématique. Car sur cette foi je peux tout parier ; tandis que si je devais tout parier sur une démonstration mathématique, je pourrais hésiter ; il pourrait se faire en effet qu'il y eût ici quelque point sur lequel l'intelligence se fût trompée[1]. »

Précisément parce qu'il admet ce rôle de la foi jusque dans la connaissance théorique de Dieu, Kant peut faire une place, tout en la limitant, aux preuves qui ne prétendent pas à une forme rationnelle aussi pure. Même la théologie transcendantale, qui a l'avantage de nous présenter dans sa pureté le concept de l'Être nécessaire ou de l'Être souverainement réel, a le défaut de nous priver du Dieu vivant, que réclament l'intelligence commune et la conscience[2] ; et puisque d'autre part elle ne peut malgré tout son effort produire que des affirmations relatives aux besoins spéculatifs de la raison, elle ne saurait em-

1. P. 266-267.
2. P. 270-271.

pêcher, tout en gardant un droit de censure, les autres formes de théologie, dont les affirmations sont relatives aux intérêts pratiques de cette raison même. C'est ainsi que la théologie naturelle qui présente Dieu comme cause du monde par intelligence et liberté, si elle n'atteint pas à une puissance de démonstration parfaite, a du moins une puissance de persuasion très profonde ; l'ordre qu'elle se plaît à découvrir dans l'univers excite l'activité et contribue à la culture de l'esprit ; c'est un ordre de fins, plein d'attrait pour une volonté[1]. Assurément la théologie naturelle est exposée à l'anthropomorphisme, puisqu'elle emprunte à l'expérience de la nature humaine les principaux attributs de Dieu[2] ; mais dès qu'elle prend garde que son procédé est purement analogique et ne doit pas aboutir à des assertions dogmatiques, elle a le droit d'en user[3]. Enfin la théologie morale présente Dieu comme un Être souverainement bon et parfaitement saint ; elle est fondée sur la nécessité d'admettre que la loi morale, aussi certaine que les autres connaissances de la raison, exige pour les actions bonnes qu'elle ordonne un bonheur en proportion avec elles. Si l'on ne reconnaît pas que, grâce à un Dieu qui gouverne le monde par une volonté morale, le bonheur est assuré à celui qui par sa vertu s'en est rendu digne, la loi morale peut être un principe servant à juger, elle n'est pas un principe servant à agir. Cette sorte de preuve n'est seulement tirée de raisons pratiques, elle produit elle-même un effet pratique : d'où son importance extrême dans l'éducation de l'homme[4]. Ainsi, malgré de fréquents retours aux traditions dogmatiques en la matière, surtout sur la question de l'optimisme[5], Kant incline à faire prévaloir la théologie populaire sur ce qu'il appelle

1. P. 287-288.
2. P. 272.
3. P. 309 sq. — V. plus loin deuxième partie, chapitre II.
4. P. 288-294.
5. P. 334 sq.

la théologie arrogante : la théologie arrogante, dit-il[1], se targue de son érudition et de sa science ; mais pour mesurer la hauteur d'une étoile, à quoi sert la hauteur d'une tour par rapport à la vallée ? De même la théologie érudite et raisonneuse apporte bien peu pour la connaissance de Dieu en comparaison de la croyance créée par la considération de la loi morale ; ou plutôt elle est souvent une source de sophismes[2].

L'exposition des preuves de l'immortalité et de l'existence de Dieu enveloppe l'idée que Kant se fait de la moralité. Cette idée est bien loin encore d'être épurée de tout alliage eudémoniste. Si Kant n'admet pas que la recherche du bonheur soit le mobile direct de notre con-

---

1. Passage qu'on ne trouve pas dans le manuscrit édité par Pölitz, mais dans les deux autres manuscrits qui fournissent à quelques variantes près le même texte, — cité par Heinze, *Vorlesungen Kants über Metaphysik*, p. 61 (541).

2. C'est une théologie philosophique qu'expose Kant ici, malgré les tendances et les idées nouvelles par lesquelles il modifie les doctrines religieuses du rationalisme ordinaire. Il ne mentionne qu'en passant le Christianisme. — Dans la nouvelle édition de la *Correspondance* se trouvent, parmi des lettres de Kant à Lavater, une lettre du 28 avril 1775, ainsi qu'une lettre complémentaire simplement en projet, qui indiquent ce qu'était alors le Christianisme pour la pensée de Kant. Kant distingue entre la doctrine fondamentale et la doctrine subsidiaire de l'Évangile : la doctrine fondamentale, la pure doctrine du Christ, c'est que nous devons avoir une foi absolue dans l'assistance de Dieu pour achever de réaliser ce qui dans le bien voulu et énergiquement poursuivi par nous dépasse notre pouvoir ; la doctrine subsidiaire, que constituent les dogmes du Nouveau Testament, définit la nature des pratiques par lesquelles nous pouvons obtenir le secours divin. Il est arrivé que les Apôtres ont fait de cette doctrine accessoire la doctrine principale, en raison de la nécessité où ils étaient de s'approprier à l'état des esprits, d'opposer aux miracles anciens des miracles nouveaux, aux conceptions dogmatiques juives des conceptions dogmatiques chrétiennes. Il y a lieu de rétablir dans sa pure vérité le principe de la foi, qui est essentiellement moral, de se convaincre que des statuts religieux peuvent imposer la stricte observance, mais non produire la pure disposition du cœur, que la Religion ajoute uniquement à la morale la pleine et entière confiance dans l'accomplissement, grâce à Dieu, du bien conforme à nos intentions, mais qu'elle n'a pas à nous fournir la fausse et inutile science des voies par lesquelles nous pouvons solliciter avec succès l'assistance divine. Au surplus, aucun livre, aucun enseignement extérieur ne peut se substituer à l'autorité de la loi sainte qui est en nous. *Briefwechsel.* I, p. 167 172. Il semble que le contenu de ces lettres ruine les arguments de portée d'ailleurs peu décisive par lesquels Em. Arnoldt a essayé d'établir une influence de Lessing sur la formation des idées religieuses de Kant. V. *Kritische Excurse im Gebiete der Kant-Forschung*, p. 193 sq.

duite, il conçoit cependant le bonheur plus ou moins idéalisé, non seulement comme la sanction lointaine, mais déjà comme l'effet assez prochain de la vertu. Au-dessus du plaisir animal, au-dessus même du plaisir humain, il y a un plaisir spirituel, tout idéal, qui est défini par de purs concepts de l'entendement[1]. « La *liberté* est le plus haut degré de l'activité et de la vie... Quand je sens qu'une chose s'accorde avec le plus haut degré de la liberté, par conséquent avec la vie spirituelle, cette chose me plaît. Ce plaisir est le plaisir intellectuel. On éprouve en lui une satisfaction sans qu'il y ait jouissance. Un plaisir intellectuel de ce genre se trouve *uniquement dans la morale*. Mais d'où ce plaisir vient-il à la morale ? Toute moralité est l'accord de la liberté avec elle-même. Par exemple, celui qui ment ne s'accorde pas avec sa liberté, parce qu'il est entraîné par le mensonge. *Mais ce qui est d'accord avec la liberté est d'accord avec la vie tout entière. Or ce qui est d'accord avec la vie tout entière cause du plaisir*[2]. » Ainsi l'accord de la liberté avec elle-même, en même temps qu'il constitue l'ordre de la moralité, assure à l'agent le bonheur. Il est concevable par conséquent à un autre point de vue que l'ordre de la moralité puisse avoir pour contenu le bonheur universel auquel tous les êtres moraux participeraient selon ce qui leur est dû, et que chacun d'eux contribuerait par sa conduite à établir. Le bonheur universel, pris pour fin, est pleinement compatible avec la simple intention de bien faire prise comme motif. « Les qualités telles que, par exemple, la force, l'intelligence, etc., dit Kant, ne sont pas encore choses bonnes. L'homme n'est pas encore bon pour cela seul qu'il les possède ; mais la valeur morale tient à l'*usage* qu'il fait de ces qualités. Ce sont des qualités et des facultés pour toutes sortes de fins ; ce n'est pas encore le bien même. Le bien est l'intention de la fin véritable. La disposition bonne, qui

1. P. 170.
2. P. 173.

vise à la fin véritable, est le bien. — Quel est donc le *summum bonum* ? *C'est l'union de la félicité suprême avec le degré suprême de capacité d'être digne de cette félicité.* S'il doit y avoir un souverain bien, le bonheur réel et le bonheur mérité doivent être unis. Mais en quoi consiste ce *mérite?* Dans l'accord pratique de nos actions avec l'*Idée* du bonheur universel. Si nous nous conduisions de telle sorte que le plus grand bonheur fût la conséquence d'une telle conduite au cas où chacun agirait comme nous, alors nous nous comporterions de manière à être dignes d'être heureux. Le bonheur d'une créature ne peut s'accomplir qu'autant que ses actions sont dérivées de l'idée du bonheur universel et s'accordent avec le bonheur universel. La volonté divine est de telle nature qu'elle s'accorde avec l'idée du bonheur universel ; elle dispensera donc le bonheur à chacun dans la mesure où ses actions s'accordent avec ce bonheur, dans la mesure où il s'en sera rendu digne... Si la conduite est d'accord avec l'idée du bonheur universel, elle est aussi d'accord avec la suprême volonté divine. Tel est le point de vue suprême et le fondement de toute moralité[1]. » Ainsi la doctrine du souverain bien n'est pas encore nettement distinguée de la doctrine du devoir, et il ne semble pas encore que la liberté puisse suffire à constituer et à réaliser le système de la moralité sans se rapporter plus ou moins directement au bonheur. Mais comment ce rapport peut-il s'expliquer ou s'établir plus précisément? C'est un problème dont il semble que Kant, avant l'apparition de la *Critique*, et selon les idées qu'il allait bientôt produire, se soit préoccupé.

*
* *

Il se trouve en effet parmi les *Feuilles détachées* qu'a publiées Reicke un fragment de quelque étendue[2], dans lequel

---

1. P. 321-322.
2. *Lose Blätter aus Kants Nachlass*, n° 6, I, p. 9-16.

Kant a esquissé une théorie morale fondée sur une relation de la liberté et du bonheur, analogue à la relation que la *Critique* établira entre le moi de l'aperception et l'expérience. Cependant les termes de l'analogie qui sont empruntés à la doctrine de la *Critique* ne sont pas assez nettement définis pour que l'on puisse supposer cette doctrine même complètement achevée ; en outre la doctrine achevée paraît avoir exclu, comme cadrant mal définitivement avec elle, l'ébauche de système moral que Kant a ici tracée. Il y a donc tout lieu de croire que ce fragment est antérieur à 1781[1]. Voici ce qu'il contient essentiellement :

Les plaisirs qui affectent notre sensibilité sont relatifs à

1. Reicke, en publiant le fragment, l'avait reporté aux années postérieures à 1780, même à 1790. Interrogé par Höffding sur les motifs qui lui avaient fait fixer ces dates, Reicke a reconnu dans une lettre particulière du 10 novembre 1892 qu'il excluait décidément les années postérieures à 1790, que pour des raisons d'écriture il préférerait les années qui ont suivi 1780, mais que rien toutefois n'empêchait absolument d'accepter les années immédiatement antérieures à 1780. Höffding conclut pour son compte que le fragment a été écrit quelque temps avant la dernière rédaction de la *Critique de la Raison pure*. V. l'article cité de Höffding dans l'*Archiv für Geschichte der Philosophie*, VII, p. 461. — D'après Riehl (Compte rendu de l'*Archiv für Geschichte der Philosophie*) le fragment constitue un document important pour la connaissance de l'évolution de la morale de Kant et doit avoir été composé au plus tard vers le milieu de la période 1770-1780. IV, p. 720. — Förster (*Der Entwicklungsgang der kantischen Ethik*, p. 39) place le fragment aux environs de 1774. — Adickes, dans le compte rendu du travail de Förster (*Deutsche Litteraturzeitung*, 21 avril 1894, p. 487) le place aux environs de 1781, probablement avant 1781. — Menzer, dans l'étude déjà citée (*Kantstudien*, III, p. 70) le place avant la *Critique*. — En revanche, Thon (*Die Grundprinzipien der kantischen Moralphilosophie in ihrer Entwickelung*, p. 35) le place entre 1781 et 1784, plus précisément en 1783 ; les raisons qu'il invoque se ramènent à celle-ci : la *Critique de la Raison pure* a insuffisamment défini les rapports du problème de la liberté et du problème moral ; le fragment apporte une définition plus exacte de ces rapports, qui sera elle-même remplacée par une nouvelle définition, celle-ci décisive, dans la *Grundlegung zur Metaphysik der Sitten*. — Il est vrai que la *Critique de la Raison pure* est loin d'avoir constitué définitivement, même les parties essentielles de la morale de Kant, et qu'elle n'est pas, dans les indications qu'elle fournit là-dessus, pleinement cohérente ; mais la conception de la liberté, et incidemment de la moralité, qui est exposée dans la *Dialectique*, origine de la systématisation future, marque un progrès sur les idées du fragment. Thon a invoqué surtout comme terme de comparaison le *Canon de la Raison pure* dans la *Méthodologie transcendantale* ; mais outre que le rapprochement ainsi opéré ne serait pas aussi concluant qu'il le croit, il y a, comme nous le verrons (deuxième partie, chapitre premier), des motifs sérieux de penser

des manières d'être, individuelles ou spécifiques, du sujet ; par suite ils ne dépendent pas de causes nécessairement et universellement valables. Au contraire, les lois qui mettent la liberté en accord avec elle-même dans le choix de ce qui cause le plaisir, fondent pour tout être raisonnable, doué de la faculté de désirer, la réalité objective du bonheur ; et dans ce bien général se trouve aussi son bien [1].

« La matière du bonheur est sensible ; mais la forme en est intellectuelle ; or cette forme ne peut être que la liberté sous des lois *a priori* de son accord avec elle-même, et cela non pas pour rendre le bonheur réel, mais pour que l'idée en soit possible [2]. » « La fonction de l'unité *a priori* de tous les éléments du bonheur est la condition nécessaire de sa possibilité et de son essence. Or l'unité *a priori* est la liberté sous les lois universelles de la volonté de choisir, c'est-à-dire la moralité [3]. » « La moralité est l'idée de la liberté conçue comme principe du bonheur (principe régulateur du bonheur *a priori*). Aussi faut-il que les lois de la liberté soient indépendantes de toute intention qui aurait pour but le bonheur propre, bien qu'ils doivent en contenir la condition formelle *a priori* [4]. » Le principe qui renferme la condition formelle du bonheur est, dit Kant dans une note en marge, « parallèle à l'aperception [5] ».

Quels rapports plus précisément Kant établit-il entre la matière et la forme du bonheur ? D'abord il y a des données ou des exigences naturelles de la sensibilité contre lesquelles la libre volonté ne saurait aller [6] ; Kant paraît même

---

que les idées et les formules de cette dernière partie de la *Critique* sont d'un moment antérieur à l'élaboration définitive des thèses du reste de la *Critique* qui concernent le problème de la liberté et le problème moral. — Il nous semble donc que le fragment a dû être écrit au moins peu de temps avant la *Critique*.

1. P. 9.
2. *Ibid.*
3. P. 10.
4. P. 13.
5. P. 14.
6. P. 10.

soutenir que le principe formel du bonheur n'en saurait créer la matière, qu'il n'enferme pas en lui de mobiles pratiques d'action[1]. Mais on ne saurait non plus composer le bonheur de la somme des plaisirs sensibles ; car il manquerait toujours ce qui est capable de les unir entre eux et de les rattacher à l'action du sujet. En ce sens même on peut dire que le bonheur n'est rien de senti, qu'il est quelque chose de conçu[2] ; il est plutôt dans la forme intellectuelle d'unité que dans la matière sensible. D'autre part, il se distingue profondément de ces plaisirs qui dépendent de la satisfaction apportée par le hasard à des besoins toujours exigeants, de ces plaisirs mal assurés par la contingence des circonstances favorables et par la brièveté de la vie ; il est une disposition développée par la raison, qui se prive sans peine des causes extérieures de jouissance, qui peut, sans en être atteinte, supporter tous les maux et les tourner même à son profit, au regard de laquelle la mort est un état passif, incapable d'en diminuer la valeur interne[3]. Il est, en d'autres termes, le fonds qui ne doit pas manquer pour que l'on puisse s'éprouver véritablement heureux, hors de ces accidents de la fortune qui ne donnent du bonheur que l'apparence[4]. Car au-dessus du bonheur apparent il y a le bonheur réel ; le bonheur réel est défini par des catégories morales. Ces catégories, au lieu de porter sur des objets particuliers, comprennent les objets de la vie et du monde dans leur ensemble ; elles en établissent l'unité, qui est l'unité d'un bonheur empirique possible ; elles représentent donc moins un bien réel que cette forme de la liberté qui convertit les données empiriques en vrais biens ou biens objectifs. Ainsi, par la moralité, l'homme non seulement se rend digne d'être heureux, mais il se rend capable de produire son bonheur ainsi que le bonheur d'autrui, sans que cet effet de sa vertu

1. P. 13.
2. P. 11-12.
3. P. 10-11.
4. P. 10-12.

en soit le mobile. Le bien, c'est la conscience d'être soi-même l'auteur de son propre contentement, c'est une sorte d'*aperceptio jucunda primitiva*[1]. Mais la liberté d'où dérive le bonheur ne peut être cause en ce sens que si elle s'exerce conformément à une loi ; une liberté sans loi, ce serait la faculté de se contredire, d'aller contre la liberté même ; ce serait la source du plus grand mal. Il doit donc y avoir une loi nécessaire *a priori* d'après laquelle la liberté est restreinte aux conditions qui définissent l'accord de la volonté avec elle-même. Cette loi, posée par la raison d'un point de vue universel, détermine ce que l'on peut appeler une volonté pure, un bien pratique pur, qui, quoique formel, mérite le nom de souverain bien ; c'est cette union de la liberté et de la raison dans l'homme qui constitue sa valeur personnelle et absolue[2].

Kant explique par ces considérations pourquoi il est défendu de mentir. Dira-t-on avec les Epicuriens que le mensonge doit être évité parce qu'il porte préjudice, soit à mon bonheur, soit au bonheur d'autrui? Mais je peux être assez prudent pour ne mentir que dans des cas qui ne m'exposent point ; et quant au bonheur d'autrui, qu'autrui y veille ! Dira-t-on avec les Stoïciens que le mensonge, qui fait tort aux autres, doit m'inspirer de l'horreur ? Mais de ce que j'éprouve je suis seul juge, et il se peut que je n'aie pas de si vives susceptibilités de sentiment. Dira-t-on avec les Platoniciens que, comparé aux idées qui expriment le souverain bien, le mensonge est essentiellement mauvais? Mais je n'ai pas conscience d'être arrivé à une connaissance aussi familière de ces idées. Et puis, ne sont-elles pas des produits contingents de mon éducation et de mes habitudes ? Si le mensonge apparaît réprouvé de l'Être suprême, que l'on prétend connaître par la raison, n'est-ce pas parce qu'il est préalablement objet de ma réprobation ? Rien ne peut expli-

[1]. P. 11.
[2]. P. 14-15.

quer le mal qu'il y a dans le mensonge, sinon l'opposition qu'il fait à l'accord de la liberté avec elle-même sous des lois rationnelles [1]. Le principe moral, c'est l'idée d'une volonté universelle et des conditions qui la rendent possible, et cette idée hypostasiée est le souverain bien, source suffisante de tout bonheur [2].

Il semble que ce fragment transpose dans l'ordre de la déduction transcendantale les remarques d'un caractère empirique et psychologique que nous avons relevées dans les *Leçons sur la Métaphysique,* et d'après lesquelles « ce qui est d'accord avec la liberté est d'accord avec la vie tout entière, et ce qui est d'accord avec la vie tout entière cause du plaisir [3]. » Le but de Kant, c'est alors, étant admis que la liberté gouvernée par une loi universelle est la forme de la moralité, de trouver une matière à cette forme. Or il ne croit pouvoir trouver cette matière que dans des états de sensibilité, donnés à leur façon comme le sont les impressions sensibles dans l'expérience ; et, le besoin de symétrie aidant, c'est au niveau de l'entendement, non de la raison, qu'il établit le principe moral. C'est par là, et non pas à coup sûr par un eudémonisme dont les traces subsistent dans la *Critique* et ne s'effaceront jamais complètement, que le fragment peut être considéré comme antérieur à 1781. Certes il faudra encore un temps à partir de 1781 pour que Kant arrive à la conception d'une liberté qui soit à elle-même sa fin et se fournisse à elle-même son contenu, d'une volonté autonome ; mais la *Critique de la Raison pure,* en admettant la causalité pratique des idées par elles-mêmes, affranchissait déjà la liberté de toute relation directe à une matière étrangère ; c'est à la hauteur des affirmations positives réservées par la *Dialectique* qu'elle élè-

---

[1]. P. 13-14.
[2]. P. 16.
[3]. V. dans les « *Lose Blätter* » un autre fragment, qui est comme intermédiaire entre le sens de celui-ci et les vues analogues des *Leçons sur la Métaphysique*. E, 61. II, p. 223-224.

vait définitivement le principe de la moralité. Elle mettait ainsi hors du système la théorie que Kant avait esquissée dans ce fragment.

* * *

Actuellement il n'est pas d'autres sources auxquelles on puisse se reporter avec quelque confiance pour achever de se représenter ce qu'a pu être la pensée de Kant sur les problèmes pratiques avant 1781 [2]. Nous possédons toutefois des éléments considérables du futur système moral, et voici ce que nous en savons : ce système doit être fondé sur la raison ; la raison a un double usage, un usage théorique et un usage pratique ; l'affirmation suprême à laquelle la conduit son usage théorique, l'affirmation de l'existence de

---

2. Sur la foi de Benno Erdmann, Hegler (*Die Psychologie in Kants Ethik*, p. 323-324) a utilisé pour la période antérieure à la *Critique* la *Menschenkunde oder Philosophische Anthropologie* publiée par Starke en 1831 d'après des leçons manuscrites de Kant. Benno Erdmann s'était appuyé sur cette phrase (p. 60), que « l'entendement représente les choses, non pas comme nous en sommes affectés, mais comme elles sont en elles-mêmes » pour soutenir que ces leçons d'Anthropologie dataient d'un temps où Kant n'avait pas encore rompu avec le dogmatisme de la *Dissertation* de 1770, très vraisemblablement de 1773-1774. *Reflexionen Kants*, I, p. 58. Cependant Benno Erdmann eût pu remarquer contre sa thèse, d'abord que pour la *Critique* même il y a une acception dans laquelle on peut dire que l'entendement représente les objets tels qu'ils sont en soi (*Kritik der reinen Vernunft*, III, p. 223), ensuite que, sur la nécessité des sens pour fournir un objet à l'entendement, cette même *Anthropologie* contient des formules d'une précision semblable à celles de la *Critique* (p. 39-41, p. 208). Mais il y a plus : certains indices externes ont été relevés, d'abord par Menzer (*Der Entwicklungsgang der kantischen Ethik*, Kantstudien, III, p. 65-68) puis par Otto Schlapp (*Die Anfänge von Kants Kritik des Geschmacks und des Genies*, p. 8-12, 1899, première partie de l'ouvrage précédemment cité) qui rendent complètement inadmissible la date proposée par Benno Erdmann. Enfin Otto Schlapp a eu sous les yeux une rédaction des Leçons d'Anthropologie de Kant par Chr. Fr. Puttlich, qui est très voisine du texte de Starke et qui porte la date de décembre 1784. Malgré quelques motifs de doute, c'est à cette date de 1784 que conclut finalement Otto Schlapp ; c'était celle qu'avait adoptée, pour des raisons internes, Paul Menzer. Elle est en effet très vraisemblable. L'*Anthropologie* de Starke contient des indications et des développements qui se retrouvent dans les écrits publiés par Kant en 1784-1785 ; p. ex., sur la façon de concilier le droit et le devoir de raisonner en public avec l'obéissance à l'État (p. 215, p. 217) sur la nécessité d'émanciper la raison de toute tutelle extérieure (p. 208), des idées qui seront reproduites dans *Was ist Aufklä-*

Dieu, est nécessaire pour qu'elle ne se contredise pas ; mais comme cette affirmation n'est accompagnée d'aucune intuition intellectuelle qui en saisisse directement l'objet, comme elle ne peut atteindre par pur développement de concepts l'existence qui est, non un prédicat, mais une absolue position, comme enfin elle est une hypothèse pour la raison, non l'expression d'un objet en soi, elle doit être appelée une croyance, — croyance légitime et nécessaire à coup sûr, mais enfin croyance. Dès lors, puisque même théoriquement une place doit être faite à la croyance rationnelle, le rôle qui lui revient au point de vue pratique peut être considérable sans surprendre. L'idée d'une croyance rationnelle exprime bien qu'il y a des exigences et des intérêts de la raison, qui réclament leur satisfaction autrement que par des démonstrations rigoureuses, et qui créent des adhésions là où la certitude proprement dite manque. Il y a donc un ordre de la pratique, qui vaut par des expériences ou des convictions immédiates, — expérience de la liberté, conviction de l'immortalité et de l'existence de Dieu, — dont d'ailleurs la raison théorique épure et développe le concept, mais sans pouvoir leur conférer ni réalité directe, ni efficacité. C'est ainsi que Kant n'arrive pas encore à concevoir que la liberté transcendantale puisse être liée à des motifs d'action, ou comment elle peut l'être ; il ne paraît en élever l'idée au-dessus de toute relation et de toute condition que pour le besoin purement spéculatif de la saisir dans sa « pureté » ; ses recherches ou ses tentatives hésitantes pour la déterminer

---

rung; sur l'impossibilité de constituer rationnellement un concept du bonheur total (p. 262), une critique qui reparaîtra dans la *Grundlegung*; sur le progrès de l'humanité vers une constitution juridique universelle, des considérations qui trouveront place dans l'*Idee zu einer allgemeinen Geschichte*. Hegler avait surtout signalé comme préparant la doctrine critique (mais elles en sont, d'après ce que nous venons de dire, contemporaines) les propositions de l'*Anthropologie* qui veulent que l'action morale repose, non sur des sentiments, mais sur des principes (p. 92, p. 213, p. 275, p. 347, p. 349) et qui distinguent profondément entre ce que l'homme est par sa nature et ce qu'il doit se faire lui-même par sa liberté (p. 349).

plus positivement n'arrivent pas à surmonter le dualisme encore plus fort du transcendantal et du pratique. C'est à la liberté pratique que se rattache la loi morale, ou même que se rattachent les divers impératifs, nettement distingués à nouveau, mais sans que cette distinction, plus logique encore que réelle, s'identifie à la distinction des deux mondes. Bien des idées sont donc prêtes pour le système; c'est le système qui manque.

DEUXIÈME PARTIE

LA CONSTITUTION DE LA PHILOSOPHIE PRATIQUE DE KANT

CHAPITRE PREMIER

LA CRITIQUE DE LA RAISON PURE

Dans la pensée de Kant, la *Critique de la Raison pure* contenait les principes d'un système total et définitif, capable de comprendre les deux objets de toute philosophie : la nature et la liberté [1]. Mais les relations exactes entre les parties essentielles du système, et par suite l'unité même du système, ne sont pas faciles à déterminer. Kant, selon les époques, semble s'être placé à des centres de perspective différents pour considérer son œuvre; et peut-être que, croyant simplement la mieux apercevoir, il l'a assez sensiblement transformée. Certes, si nous nous en rapportons aux déclarations qu'il a faites à un certain moment, nous avons pour expliquer sa philosophie pratique, sans l'isoler artificiellement du reste de la doctrine, un fil conducteur très simple à suivre : « Le concept de la liberté, en tant que la réalité en est démontrée par une loi apodictique de la raison pratique, forme la *clef de voûte* de tout l'édifice d'un système de la raison pure, y compris la spéculative [2]. » Étudier comment Kant a défini et justifié ce concept de la liberté, c'est en effet le meilleur moyen d'orienter, à travers un système aussi complexe que le sien, l'exposé de sa philosophie morale. Mais il n'est pas sûr que l'on soit par là absolument dans le sens du système tel que le présente la *Critique de la Raison pure*. L'idée de la liberté

---

[1]. III, p. 553. — Il va sans dire que, sauf avis contraire, tous les textes cités ou visés dans ce chapitre sont de la première édition de la *Critique*.
[2]. *Kritik der praktischen Vernunft, Vorrede*, V, p. 4.

n'a peut-être pas immédiatement conquis la puissance et la plénitude de signification, qui l'ont érigée en principe de toute la doctrine. Dans la *Critique de la Raison pure*, il se pourrait qu'elle fléchît sous l'importance de la théorie de l'expérience, au point d'avoir paru, à tort d'ailleurs, introduite du dehors. Mais il reste alors à rechercher par quelle évolution de pensée Kant l'a dégagée pour constituer sous elle sa philosophie. N'a-t-il fait que la prendre et la développer telle qu'elle était déjà dans la *Critique de la Raison pure* ? N'y a-t-il, pour toute la période « critique », qu'une idée de la liberté ? Dans ce cas, l'embarras doit être grand pour la reconstruire avec une parfaite cohérence, si l'on tient compte de tous les textes. Non seulement les divers ouvrages de Kant ne s'accordent pas pour lui attribuer un même sens et un même rôle ; mais le désaccord semble être déjà dans tel de ces ouvrages pris isolément. Quelle est la notion de la liberté essentielle à la *Critique de la Raison pure* ? Est-ce la liberté cosmologique conçue comme idée de la raison, et indépendante de l'expérience ? Est-ce la liberté pratique, connue directement par expérience ? A laquelle de ces deux espèces de liberté se rapporte la liberté que réclame l'*Établissement de la métaphysique des mœurs*, identique à la volonté autonome ? Et la liberté intelligible, qui, selon la *Religion dans les limites de la simple raison*, après avoir produit le mal, se convertit au bien, quel rapport a-t-elle, d'une part avec la volonté autonome qui par définition ne peut se mettre hors de la législation morale qu'elle pose, d'autre part avec la liberté intelligible de la *Critique de la Raison pure*, qui est au-dessus de tout changement, par suite de toute conversion possible ? Dans la *Critique de la Raison pratique*, comment se fait-il que la liberté soit d'abord déduite comme un principe, puis admise par postulat ? Il n'est pas étonnant, dans ces conditions, que la théorie kantienne de la liberté ait été jugée obscure et contradictoire[1].

---

1. V. en particulier, Fr. Zange, *Ueber das Fundament der Ethik*, 1872,

Cependant il faut se demander si, pour la juger ainsi, on n'a pas trop supposé d'avance que la pensée de Kant a cessé d'évoluer à partir de 1781 pour ne faire que s'étendre et s'organiser, si les diverses conceptions de la liberté qu'elle a produites n'expriment pas, en même temps que des points de vue divers sur la vie morale et religieuse, des moments divers de son développement. Il y a lieu, en outre, de tenir compte d'un fait : c'est que les ouvrages de Kant les plus considérables, à commencer par la *Critique de la Raison pure*, malgré leur prétention à l'unité systématique, renferment des morceaux disparates, de date différente quant à leur origine et à leur raison d'être [1]. Et ceci tient à la façon même dont Kant a philosophé, surtout pour la préparation de la *Critique* : en procédant, comme il l'a dit, des parties au tout, non du tout aux parties [2].

*
* *

Donc il est arbitraire de vouloir reconstituer par le développement logique de quelques motifs prépondérants d'inspiration la doctrine mise au jour dans la *Critique de la Raison pure* : il paraît plus juste de chercher à y démêler certains courants principaux d'idées qui viennent s'y rejoindre sans s'y confondre entièrement [3]. La *Critique de*

---

p. 118 sq. — C. Gerhard, *Kant's Lehre von der Freiheit*, 1885. — Fr. Jodl, *Geschichte der Ethik in der neueren Philosophie*. II, 1889, p. 27-38. — A. Fouillée, *Critique des systèmes de morale contemporains*, 1883, p. 156 sq.

1. Il est séduisant, mais très téméraire, de chercher à distinguer selon leur date de composition les diverses parties de la *Critique de la Raison pure*, ainsi que l'a fait Adickes dans l'édition qu'il en a donnée, selon le procédé que Benno Erdmann avait appliqué aux *Prolégomènes* dans de meilleures conditions de vraisemblance.

2. V. plus haut le chapitre III de notre *Introduction*.

3. On a singulièrement abusé contre Kant de cette méthode de reconstitution systématique, que lui-même semble d'ailleurs avoir autorisée en quelque mesure quand il dit à propos de Platon : « Il n'y a rien d'extraordinaire à ce que, soit dans la conversation commune, soit dans les livres, par le rapprochement de pensées qu'il exprime sur son objet, on comprenne bien mieux un auteur qu'il ne s'est compris lui-même, cela parce qu'il n'avait pas suffisamment déterminé sa conception et qu'ainsi il parlait et même pensait quelquefois

la Raison pure a été beaucoup moins une conciliation des systèmes opposés[1] qu'une conciliation de Kant avec lui-même ; elle a été l'expression d'un accord laborieusement et méthodiquement poursuivi entre les premières affirmations constitutives de sa pensée et certaines conceptions, lentement formées et plus ou moins imparfaitement, qui lui avaient été suggérées, soit par l'examen de la nature de la science et des titres de créance de la métaphysique, soit par une compréhension plus directe de la vie morale. A cette œuvre de réédification ont concouru tous les efforts antérieurs par lesquels Kant avait confronté et tâché de mettre en rapport les caractères propres des connaissances théoriques, telles qu'elles sont réalisées, et des croyances pratiques, telles qu'elles sont supposées par la conscience, avec les conditions de toute certitude. Or le fond et, si l'on peut dire, la tradition permanente de son esprit, c'est le rationalisme. Kant a été rationaliste par sa première éducation philosophique ; on peut présumer qu'il n'a pas cessé de l'être dans son for intérieur, même pendant la période où il s'attaquait aux procédés de l'école wolffienne ; c'est à l'établissement d'un rationalisme nouveau qu'aboutit la *Critique de la Raison pure*.

Ce qui en fait, semble-t-il, la nouveauté, c'est, non point une réduction du rôle de la raison[2], mais une autre conception de ce rôle. Kant s'est avisé que la raison par elle seule ne produit pas pour nous des connaissances, et, du même coup, que nos connaissances, actuelles ou possibles, ne mesurent pas toute la portée de la raison. Il y a des conditions spéciales à la raison, en tant qu'elle prétend connaître ; mais l'indispensable aveu de ces conditions

---

contrairement à ses propres vues. » III, p. 257. Soit ; mais il se peut que la doctrine des plus grands philosophes ne soit jamais achevée au point de ne contenir aucune cause de dissidence avec elle-même ; et l'achèvement qu'on lui impose peut la détourner de sa direction réelle.

1. Vaihinger, *Kommentar zur Kritik der reinen Vernunft*, I, p. 37-59.
2. « Aucune question concernant un objet donné à la raison pure n'est insoluble pour cette même raison humaine. » III, p. 339.

restrictives ne limite pas la puissance d'affirmation légitime qu'elle enveloppe. La raison, tout au moins chez l'être fini que nous sommes, ne connaît qu'autant que ses concepts s'appliquent au donné de l'expérience. Comment la raison peut comprendre par la science ce qui est donné ou susceptible d'être donné dans l'expérience : c'est ce que la *Critique de la Raison pure* semble d'abord avoir surtout pour but de montrer. Mais il ne faut pas oublier qu'indépendamment de son application à l'expérience, la raison a un contenu propre, une faculté de produire et de lier des concepts, même de poser des objets en idée ; il y a une égale erreur, à prétendre d'une part que toute la raison se réduit à cette raison empiriquement conditionnée d'où résulte le savoir, à croire d'autre part qu'un savoir doit accompagner tout exercice régulier de la raison[1].

Au fond, l'œuvre de Kant s'appuie sur tout l'ensemble des conceptions élaborées par le rationalisme traditionnel, plus particulièrement par le rationalisme de Platon et par celui de Leibniz ; seulement elle n'admet pas que ces conceptions soient indifféremment affectées à tout emploi ou qu'elles soient constitutives de la vérité sur un même plan ; elle les considère, non pas comme déterminées dans leur sens et leur valeur par la réalité dont elles paraissent être les expressions, mais comme susceptibles de se déterminer par la fonction qu'elles sont aptes à remplir ; elle les mesure, autrement dit, moins à leur puissance de représenter des choses en général qu'à leur puissance de s'actualiser utilement. Or, à des degrés et à des points de vue divers, il n'est

---

1. C'est ce que Kant exprime nettement dans un passage en note de la 2ᵉ édition de la *Critique* : « Les catégories dans la *pensée* ne sont pas bornées par les conditions de notre intuition sensible ; elles ont au contraire un champ illimité ; seule la *connaissance* de ce que nous nous représentons par la pensée, la détermination de l'objet, a besoin d'une intuition. En l'absence de cette intuition, la pensée de l'objet peut du reste avoir toujours encore ses conséquences vraies et utiles sur l'*usage de la raison* par le sujet ; or comme cet usage n'a pas pour fin la détermination de l'objet, et par suite la connaissance, mais la détermination du sujet et de son vouloir, le moment n'est pas encore venu d'en traiter. » III, p. 135.

aucune des notions fondamentales du rationalisme qui, dans la doctrine de Kant, ne finisse par recevoir la consécration d'un certain juste usage : principes constitutifs, principes régulateurs, d'application théorique ou d'application pratique, maximes de recherche, postulats, etc.., ce sont là comme les formes différentes sous lesquelles leurs rôles se redistribuent. Réfutation, si l'on veut, mais, en un autre sens, transposition critique de la pensée du dogmatisme, selon laquelle les idées sont des existences ou représentent des existences ; pour Kant, les idées, uniquement parce qu'elles sont telles, doivent être aptes à quelque fonction, qu'il s'agit seulement de bien définir[1].

Or une des conceptions les plus familières à la pensée rationaliste, c'est la distinction d'un monde de l'apparence et d'un monde de la réalité, du monde sensible et du monde intelligible. Cette distinction est vraie pour Kant avant les déterminations spéciales dont la revêt l'idée criticiste : la signification en est logiquement antérieure à la reconnaissance du domaine que gouvernent les catégories. Par là, il semble possible de dissiper quelques-uns des malentendus auxquels a donné lieu la doctrine kantienne des choses en soi. Si Kant fût exclusivement parti de la notion de phénomène, telle qu'elle est déterminée par l'usage immanent des catégories, il n'eût pu proclamer la réalité des choses en soi qu'au prix de la grave contradiction qui lui a été si souvent reprochée. Mais le problème a consisté surtout pour lui, cette distinction étant d'abord pleinement acceptée de son esprit, à expliquer ce qui peut en maintenir et en renouveler la vérité[2]. Aussi le voit-on

---

1. « Les idées de la raison pure ne peuvent jamais être dialectiques en elles-mêmes ; seul l'abus qu'on en fait est nécessairement cause qu'il y a en elles une source d'apparence trompeuse pour nous ; car elles nous sont données par la nature de notre raison, et il est impossible que ce suprême tribunal de tous les droits et de toutes les prétentions de notre spéculation renferme lui-même des illusions et des prestiges originels. Il est donc probable qu'elles auront une destination bonne et appropriée à une fin dans la constitution naturelle de notre raison. » III, p. 450-451. — III, p. 435-436.

2. III, p. 216-217, note.

se servir de l'argumentation proprement criticiste quand il s'agit d'établir que les objets compris dans l'expérience ne sont rigoureusement que des phénomènes, non pas, comme le voulait l'École wolffienne, des choses confusément perçues, tandis qu'il se sert de l'argumentation rationaliste traditionnelle pour conclure que ce qui est phénomène, étant apparence, est l'apparence de quelque chose et suppose derrière soi une réalité[1].

Il est tout d'abord évident que l'existence attribuée aux choses en soi n'est pas l'existence qui figure dans les catégories de la modalité, l'existence qui a pour caractère de ne pouvoir être saisie que dans une intuition sensible. La remarque de Schopenhauer, que la chose en soi n'a jamais été chez Kant l'objet d'une déduction régulière, est parfaitement juste, pour cette raison que la chose en soi est une présupposition indispensable de la doctrine kantienne. Si l'on voulait du reste rechercher pourquoi Kant n'a pas songé un moment à s'interdire l'usage en apparence transcendant du concept d'existence, peut-être y aurait-il lieu d'observer que l'usage transcendant des concepts n'est illégitime qu'autant qu'il vise à fournir des connaissances, et qu'en outre l'existence, dès qu'elle est prise dans son sens complet, et non pas seulement comme expression de ce qui se rattache aux conditions matérielles de l'expérience, est une position absolue, indépendante de toutes les déterminations empiriques qui en feraient une chose relative à d'autres[2].

---

[1]. Par là s'explique que Kant ait paru tour à tour conclure à l'existence des choses en soi en partant du concept des phénomènes, et conclure au caractère phénoménal des représentations en partant de l'affirmation des choses en soi. Il n'y a pas pour cela cercle vicieux dans sa pensée. Ce qui est fondamental à ses yeux, c'est la nécessité de distinguer les choses en soi et les phénomènes, nécessité qui est déjà manifeste quand on présuppose, comme il le fait, l'existence des choses en soi et que par là on détermine négativement ce que sont ces phénomènes, mais qui est réellement fondée lorsque, selon l'idéalisme transcendantal, on définit positivement les phénomènes par les conditions qui les font apparaître à l'esprit.

[2]. V. Benno Erdmann, *Kant's Kriticismus*, p. 45-47. — Volkelt, *Immanuel Kant's Erkenntnisstheorie*, p. 93 sq.

Mais Kant ne se borne pas à affirmer l'existence des choses en soi; il les conçoit comme des causes dont les phénomènes donnés dans la représentation sont les effets [1]. Or il a averti lui-même que la causalité conférée aux choses en soi n'est pas la causalité conçue comme catégorie [2], que c'est une causalité purement intelligible [3]. Aussi, bien qu'indéterminées pour la connaissance humaine, les choses en soi n'en répondent pas moins, par leur réalité et leur causalité, à une exigence de la pensée qui établit en elles le fondement de toutes les données empiriques.

De plus, si ce qu'elles sont dans leur nature reste invariablement inaccessible à notre savoir, la conception du rapport qu'elles peuvent avoir avec les phénomènes — et ceci est important pour l'explication de la doctrine ultérieure — se diversifie en quelque sorte selon les facultés de l'esprit humain devant lesquelles elles se posent. Dans l'*Esthétique transcendantale*, les choses en soi sont simplement la contre-partie de la réceptivité de nos sens; ayant plus de relation avec la matière qu'avec la forme de nos intuitions sensibles, elles paraissent avoir pour fonction essentielle de nous affecter du dehors et de faire ainsi apparaître la multiplicité de nos sensations. Dans l'*Analytique*, elles sont surtout l'objet transcendantal « correspondant à la connaissance et par conséquent distinct aussi de la connaissance [4] ». Si l'objet transcendantal se distingue de la connaissance, cela tient à la double condition que la connaissance doit respecter, de se limiter à des phénomènes, qui ne sont que des représentations sensibles, et cependant de se rapporter à un objet, qui échappe aux vicissitudes de ces représentations; l'objectivité des données de l'expérience, telle que la connaissance l'établit, n'est qu'une détermination, relative à nous, de cet objet transcendantal,

---

1. III, p. 241 ; p. 612.
2. III, p. 241.
3. III, p. 349. — V. Benno Erdmann, *op. cit.* p. 67 sq., 73.
4. III, p. 570.

de cette X dont nous ne pouvons rien savoir, et dont le rôle consiste à fonder pour nos concepts empiriques en général un rapport à un objet[1]. Mais d'un autre côté, tout en étant distinct de la connaissance, l'objet transcendantal correspond à cette connaissance : en effet, si nos connaissances doivent s'accorder entre elles par rapport à un sujet, révélant par là l'action d'une conscience pure et originelle que l'on peut appeler aperception transcendantale, elles doivent aussi s'accorder entre elles par rapport à l'objet, et leur accord, à ce nouveau point de vue, les fonde dans une réalité non-empirique, c'est-à-dire transcendantale[2]. L'objet transcendantal est le corrélatif de l'unité de l'aperception transcendantale[3]. Pour la cohérence et l'objectivité de notre savoir, la fonction de la chose en soi et la fonction de l'aperception transcendantale coïncident pleinement[4]. Ici, la chose en soi se trouve avoir plus de relation avec la forme qu'avec la matière de l'entendement.

Toutefois dans cette affirmation de l'objet transcendantal nous ne dépassons pas la portée d'un entendement lié à une sensibilité. Si Kant admet en effet que la catégorie pure, c'est-à-dire détachée de toute intuition sensible, détermine selon divers modes, à défaut d'un objet particulier, la pensée d'un objet en général[5], s'il soutient ainsi qu'elle s'étend au-delà de ce que fournissent les sens, il la regarde cependant en elle-même comme constitutive d'un entendement fini, par suite comme incapable de concevoir, sans la présence contraignante des phénomènes, la chose en soi implicitement conforme à sa nature[6]. Aussi peut-il sembler que dans la doctrine kantienne l'entendement reçoit de la sensibilité, en même temps que la matière de

---

1. III, p. 573.
2. *Ibid.*
3. III, p. 217, note.
4. V. Benno Erdmann, *Kant's Kriticismus*, p. 28.
5. III, p. 214, note ; p. 215 ; p. 482.
6. « Cet objet transcendantal ne se laisse en aucune façon séparer des données sensibles, parce qu'alors il ne resterait rien pour le faire concevoir ». III, 217, note.

l'expérience, l'affirmation de la chose en soi, et qu'à cette affirmation, dont par lui seul il ne devrait subir pas plus qu'il ne pourrait justifier la nécessité, il ajoute simplement l'attribut corrélatif à sa fonction, l'objectivité intelligible. En d'autres termes, si la sensibilité n'avait pas dû supposer la chose en soi, l'entendement ne l'eût pas supposée, et il eût pu tenir l'objet transcendantal pour une simple projection de ses tendances; mais, parce que les choses en soi sont par ailleurs posées comme existantes, il s'appuie sur elles pour achever d'affranchir la connaissance de la subjectivité de la conscience empirique.

Dès lors, le problème est de définir de quelle faculté relève, non plus indirectement par une sorte de contrainte extérieure ou d'acceptation à demi passive, mais directement et par un acte spontané, l'affirmation des choses en soi. C'est là un problème nécessaire à poser, alors même qu'il serait impossible à résoudre. Admettons qu'il soit résolu. Les choses en soi seraient des objets saisis par une intuition, parce qu'il n'y a qu'une intuition qui puisse nous donner la connaissance d'une existence, et par une intuition de la raison, puisque par définition les choses en soi ne peuvent être données dans une représentation sensible : ce seraient des *noumènes*[1]. Mais cette intuition intellectuelle qu'il nous

---

1. Riehl soutient que le noumène et la chose en soi ne sont pas identiques, que le noumène est une détermination plus particulière de la chose en soi, une détermination, à ses yeux, purement imaginaire. Il insiste sur la réalité et la légitimité de l'affirmation de la chose en soi dans le kantisme, au point de prétendre que la chose en soi, comme objet indépendant de la conscience, est le principe réel de l'unité des phénomènes, dont la conscience ne fournit que la forme idéale. Kant aurait eu le tort de convertir, en vue de la morale, le fondement du sensible en un fondement du supra-sensible et de prendre au sérieux, quand il parle d'un autre mode d'intuition que le nôtre, un simple jeu de possibilités. *Der philosophische Kriticismus*, I, p. 382, p. 423-438. — La distinction de la chose en soi et du noumène peut en effet se justifier, mais par ceci seulement, que l'idée du noumène intervient quand il s'agit de marquer plus précisément le caractère intelligible de la chose en soi, indépendamment de cette contrainte qui nous la fait supposer comme cause de la diversité de nos sensations, et de cette action purement formelle de l'entendement qui projette en elle l'objet transcendantal. D'une façon générale, Riehl me parait avoir méconnu tout l'idéalisme métaphysique impliqué dans le réalisme kantien de la chose en soi. — A l'extrémité opposée, Hermann Cohen résout le réalisme

faudrait pour unir indissolublement, dans un acte de savoir, la réalité et l'intelligibilité des choses en soi nous manque, et l'idée même de noumènes, pour être possible et même nécessaire, n'en reste pas moins négative. Elle est possible, car il n'y a pas de contradiction à admettre un autre mode d'intuition que la sensibilité ; elle est nécessaire, car elle répond à la conscience de la nature subjective de l'intuition sensible, et elle empêche que les données en soient prises pour des choses en soi. Mais elle est négative, car non seulement nous n'avons pas le genre d'intuition qui en réaliserait l'objet pour la connaissance, mais aussi nous ne comprenons pas comment cette intuition peut se produire. Elle apparaît donc surtout comme un concept limitatif, destiné à restreindre les prétentions de la sensibilité ; seulement elle n'est telle que parce qu'en sa signification propre elle dépasse ce qu'elle doit limiter. Qu'est-ce à dire, sinon qu'elle ne peut donner lieu à aucune solution théoriquement déterminée, mais qu'elle est la source de problèmes inévitables dont la position s'exprime par des actes propres de la raison ?

Donc, tandis que dans la doctrine kantienne l'esprit persistant du rationalisme métaphysique restitue, par delà le monde des phénomènes, le monde des choses en soi, la tendance proprement criticiste se manifeste surtout par la recherche des rapports que ce monde des choses en soi peut et doit avoir, autrement qu'au moyen d'une science impossible, avec les facultés humaines. Des choses en soi qui s'imposeraient du dehors à notre raison la convertiraient en une sorte de sensibilité : des choses en soi qui seraient produites par notre raison ne seraient telles que

de la chose en soi en un pur idéalisme ; la chose en soi comme intérieur des êtres, c'est ce que Kant a déclaré inconnaissable, et ce qui d'ailleurs est illusoire ; mais la chose en soi, en tant qu'elle existe, c'est l'idée. *Kants Theorie der Erfahrung*, 2ᵉ éd., 1885, p. 501-526 ; *Kants Begründung der Ethik*, 1877, p. 18-55. — Il se peut que ce soit là l'une des directions ultérieures de la doctrine de Kant, mais ce n'est pas la doctrine conforme à la *Critique de la Raison pure*.

par illusion, puisqu'elles resteraient relatives à la puissance qui les aurait engendrées. La difficulté ne paraît pouvoir être levée que s'il y a des actes positifs et nécessaires de l'esprit réalisant d'eux-mêmes en quelque façon la signification inconditionnée qui appartient aux choses en soi sans cependant être convertis en objets réels pour une connaissance, ou encore déterminant dans le sens d'un usage pratique l'existence des choses en soi. Or il y a de tels actes, par lesquels s'achève régulièrement l'exercice de la raison, et ces actes sont, selon un terme renouvelé du Platonisme, les idées[1]. Mais comment établir que les idées sont conçues à juste titre, non arbitrairement ? Par un procédé analogue à celui qui a mis en évidence la dérivation légitime des catégories ; les catégories, ce sont les formes logiques du jugement, mises en rapport avec la notion d'existence objective ; les idées, ce sont les formes logiques du raisonnement, mises en rapport avec la notion d'existence absolue. Le propre du raisonnement, c'est en effet de faire rentrer de proche en proche les lois les moins générales sous les lois les plus générales, de façon que la majeure initiale offre les caractères d'une complète universalité. Or à cette complète universalité correspond, dans la synthèse des intuitions, la totalité des conditions. Une idée, ce sera donc ce qui représente la totalité des conditions d'un conditionné. Mais comme il n'y que l'inconditionné qui rende possible la totalité des conditions, et comme inversement la totalité des conditions doit elle-même être inconditionnée, une idée peut être définie : le concept de l'inconditionné, en tant qu'il contient un principe de synthèse pour le conditionné[2]. En un sens on peut dire que la raison ne produit aucun concept nouveau, en dehors des concepts de l'entendement ; seulement elle affranchit ces derniers des restrictions de l'expérience ; elle les étend au delà des données empiriques, tout

---

1. III, p. 256 sq.
2. III, p. 261-265.

en les maintenant en rapport avec elles. Les idées ne sont autre chose que des catégories pures élevées à l'absolu, et capables de se rapporter aux catégories ordinaires, de manière à en prolonger sans limites l'application à des objets d'expérience [1].

C'est le rôle le plus manifestement assigné par Kant à la *Dialectique transcendantale*, que de dénoncer l'illusion naturelle et inévitable dans laquelle la raison se perd toutes les fois qu'elle prétend développer des connaissances sur le rapport de l'idée à l'existence de l'objet inconditionné qu'elle exprime. Mais précisément parce que cette illusion est naturelle et inévitable, parce qu'elle ne ressemble pas à ces erreurs qui résultent d'une déviation plus ou moins momentanée de l'esprit et qui peuvent être redressées par une plus sévère application des règles logiques, il faut qu'elle ait un fondement positif dans la nature de la raison [2]. Autant donc la *Dialectique* a souci de ruiner toute présomption d'un savoir plus étendu qui accompagnerait la production des idées, autant elle incline, par une tendance compensatrice, à démontrer que l'acte qui les produit est régulier et essentiel. Si les idées ne comportent pas une déduction de tout point semblable à celle des catégories, il n'y en a pas moins pour elles une espèce de déduction transcendatale, qui établit encore leur rapport à l'expérience possible [3].

Mais comment mettre en relation les objets de la raison qui sont, si l'on peut dire, de la nature des choses en soi, avec les objets de l'expérience, qui ne peuvent être que des phénomènes ? Il y a lieu de distinguer, répond Kant, entre un objet pris absolument et un objet en idée. Les objets fournis par la raison sont des objets en idée, c'est-à-dire que la signification peut en être positive sans qu'ils soient posés absolument en eux-mêmes ; ils valent, non comme

---

1. III, p. 294 ; p. 436.
2. III, p. 244 sq.
3. III, p. 451.

choses, mais comme maximes de recherche dans la poursuite indéfinie de l'unité complète de la connaissance : ils ne seraient des choses en soi que si nous pouvions les dériver de leur essence même, tandis que nous ne pouvons les supposer, tout inconditionnés qu'ils sont, que relativement à nos facultés. Mieux vaut dire encore que ce ne sont pas des objets, mais des schèmes idéaux sous lesquels se représente une unité systématique des objets donnés, achèvement de leur unité empirique. Ainsi les idées ne sont pas des principes constitutifs : ce sont des principes régulateurs dont la fonction est d'indiquer la marche suivant laquelle les objets de l'expérience peuvent être ramenés, dans l'intérêt du savoir, à la plus grande unité possible [1].

Il semble donc que les idées se définissent par une double analogie : l'analogie avec les choses en soi dont elles traduisent à notre usage la rationalité pure et absolue, dont elles aspirent à atteindre et dont il se peut qu'à l'extrême limite elles s'approprient, sous un certain aspect, l'existence ; d'un autre côté l'analogie avec les concepts de l'entendement, vers lesquels elles se retournent, non pas pour leur imposer d'autres objets que les objets empiriques qui sont les leurs, mais pour les stimuler dans leur tâche intellectuelle et pour symboliser ce qu'il y a d'illimité dans les recherches qu'ils gouvernent. La locution *comme si* vaut également pour exprimer le rapport des idées avec les choses en soi et leur rapport avec les catégories sous lesquelles se comprennent les réalités empiriques. A l'égard des objets de l'expérience, quand il s'agit d'en fixer les limites, de façon à circonscrire « ce quelque chose de tout à fait contingent qu'est l'*expérience possible* » [2], elles se comportent comme si les objets inconditionnés qu'elles expriment existaient en soi ; mais quand il s'agit de réclamer pour les objets de l'expérience la plus complète explication, elles se

---

1. III, p. 447 sq. ; p. 451 sq.
2. III, p. 491.

comportent comme si elles étaient, non des choses, mais des lois d'activité intellectuelle indéfinie, posant incessamment des problèmes, au lieu de s'immobiliser en des objets absolus. C'est ainsi que dans l'idée s'unissent l'expression d'une causalité transcendante, indéterminable pour notre savoir, comme celle que doivent posséder les choses en soi, et l'expression d'une causalité immanente telle qu'elle est impliquée dans la catégorie : l'idée tient sa vertu de ce double symbolisme.

L'usage théorique des idées, comme principes régulateurs ou comme maximes, représentant, non pas une détermination directe d'objets, mais l'achèvement en quelque sorte obligatoire de l'action de la raison, découvre déjà ce qui est l'usage véritable et complet des idées, leur usage immanent, c'est-à-dire l'usage pratique. Platon, au dire de Kant, trouvait principalement les idées dans ce qui est pratique, dans ce qui repose sur la liberté[1]. Leur caractère intrinsèque qui est d'élever leur objet au-dessus de l'expérience sensible les met en accord avec les principes fondamentaux de la morale, supérieurs et irréductibles aux règles empiriques. « En effet, à l'égard de la nature, c'est l'expérience qui nous fournit la règle et qui est la source de la vérité ; mais à l'égard des lois morales, c'est l'expérience (hélas !) qui est la mère de l'apparence, et c'est une tentative au plus haut point condamnable que de vouloir tirer de ce qui *se fait* les lois de ce que je dois faire, ou de vouloir les y réduire[2]. » Dans certaines façons de rejeter les idées au nom de l'expérience se révèle bien moins une connaissance positive de la nature humaine qu'une limitation arbitraire de sa puissance. « Quel peut être le plus haut degré auquel l'humanité doit s'arrêter, et combien grande peut être par conséquent la distance qui subsiste nécessairement entre l'idée et sa réalisation, personne ne peut et ne doit le déterminer, précisément parce

---

1. III, p. 257.
2. III, p. 260.

que la liberté est ce qui peut dépasser toute limite assignée[1]. » C'est un préjugé déplorable que celui qui consiste à convertir en obstacles absolus des empêchements momentanés, résultant le plus souvent de l'ignorance ou du mépris de la vérité. La prétendue chimère de la *République* de Platon apparaît comme l'idéal pratique par excellence, dès qu'au lieu de s'imposer en vertu d'intuitions effectivement impossibles, elle exprime, selon le sens profond de l'idée, une constitution ayant pour fin la plus grande liberté possible, au moyen de lois qui font que la liberté de chacun s'accorde avec celle de tous les autres et qui ont de là pour conséquence le plus grand bonheur[2]. Ainsi, d'un côté, tout jugement sur la valeur morale des actes suppose les idées, la conception de l'unité nécessaire et systématique de toutes les fins possibles ; de l'autre, les idées, étant des règles d'action par rapport non à ce qui est, mais à ce qui doit être, sont, au point de vue pratique, douées d'une causalité efficace. Enfin ce n'est pas seulement pour l'humanité, considérée dans sa destination morale, qu'elles posent un maximum de perfection, c'est aussi pour les êtres de la nature, considérés dans leur arrangement et leur harmonie ; elles sont donc la source de la finalité naturelle ; à ce titre, elles permettent d'établir une transition des concepts constitutifs de la nature aux concepts pratiques[3].

Par conséquent il doit être possible de discerner dans la production et l'emploi des idées spéculatives la vertu pratique qu'elles enveloppent. Du rapport qui existe entre la fonction logique et la fonction transcendantale de la raison il résulte que les idées doivent se ramener à trois classes : d'où trois sortes de problèmes, qui consistent à poursuivre jusqu'à l'inconditionné, le premier, l'unité du sujet pensant, le second, l'unité de la série des conditions des phénomènes ; le troisième, l'unité de la condition de tous les ob-

---

1. III, p. 259.
2. III, p. 258-259.
3. III, p. 259-260 ; p. 265-266.

jets de pensée en général¹. De ces trois idées, l'âme, le monde, Dieu, nous ne pouvons tirer aucune connaissance proprement dite ; mais outre qu'il y a un intérêt théorique à développer la connaissance comme si les états internes dérivaient tous d'une substance simple existant en elle-même, comme si les phénomènes naturels devaient se ramener les uns aux autres de façon à fournir des déterminations causales complètes, comme si tous les objets donnés ou concevables formaient une unité absolue dépendant d'une raison originelle et créatrice, cet intérêt théorique laisse apercevoir un intérêt pratique essentiel ; personnalité, causalité libre, finalité, tels sont les aspects sous lesquels l'idée psychologique, l'idée cosmologique, et l'idée théologique se rapportent directement au système de la vie morale.

A dire vrai, dans la première édition de la *Critique*, — et ceci est une marque de l'inachèvement de la doctrine, — la signification pratique de la notion de personnalité est insuffisamment dégagée de l'examen des paralogismes de la psychologie rationnelle². Kant signale surtout les tendances et les convictions morales qui cherchent dans la connaissance dogmatique de l'âme une garantie aussi illusoire qu'inutile pour l'indépendance de la vie spirituelle à l'égard de ses conditions matérielles, et pour la continuation de notre existence après la mort ; ces tendances et ces convictions tirent d'ailleurs leur force et leur valeur ; elles ne peuvent trouver tout au plus dans la *Psychologie rationnelle* qu'un secours négatif contre le dogmatisme matérialiste qui les attaque³.

Avec l'explication de l'idée cosmologique et de l'anti-

---

1. III, p. 269.
2. Dans la deuxième édition, Kant montrera que par le concept de la volonté autonome nous pouvons nous considérer comme une spontanéité pratique déterminant par des lois *a priori* notre propre existence, que par là peut être résolu le problème, insoluble à la spéculation, du rapport du moi en soi à ses états. III, p. 291. Mais ce concept de la volonté autonome n'était pas encore constitué au moment de la première édition.
3. III, p. 588 ; p. 613 ; p. 606.

nomie qui en découle, nous sommes au cœur de la *Dialectique*, et nous touchons en même temps aux pensées génératrices de la philosophie pratique de Kant. Le système des idées cosmologiques, qui était présenté d'abord comme une partie du système des idées transcendantales, semble au contraire par son importance et son extension absorber ce dernier, puisqu'il prend à son compte des problèmes qui, comme celui de la simplicité de la substance et de l'existence d'un être nécessaire, résultent aussi bien de l'idée psychologique et de l'idée théologique. C'est ici qu'est vraiment engagé le procès de toute la métaphysique dogmatique. Mais c'est ici que se découvre le mieux également le rapport qui existe dans l'esprit de Kant entre certaines conceptions métaphysiques fondamentales et les principes de la morale ; il s'agit surtout de voir dans quelle mesure ces conceptions subsistent telles que le rationalisme antérieur les avait élaborées, dans quelle mesure elles sont proportionnées à l'usage pratique qu'elles comportent.

Tout d'abord, ce n'est pas précisément la conception d'un monde comme chose en soi qui engendre les antinomies, car l'existence des choses en soi sera invoquée comme la solution de deux d'entre elles. Mais les antinomies proviennent de ce que, dans les raisonnements sur le monde, tour à tour nous nous représentons comme une connaissance[1], ce qui est jugé par la raison nécessaire en soi, et comme nécessaire en soi ce qui est une connaissance déterminée par l'entendement. En d'autres termes, nous donnons à la catégorie, considérée dans son application immanente, la valeur d'une idée, et nous détournons l'idée, considérée dans sa pureté transcendantale, vers des modes de savoir pareils à ceux que fournit la catégorie. Le monde a-t-il un

---

[1]. « Aussi n'avez-vous qu'à prendre soin de vous mettre d'accord avec vous-mêmes et d'éviter l'amphibolie qui convertit votre idée en une prétendue représentation d'un objet empiriquement donné, et par suite aussi susceptible d'être connu d'après des lois de l'expérience. » III, p. 343.

commencement dans le temps et une limite dans l'espace ; ou bien est-il infini dans l'espace et dans le temps ? Toute substance composée est-elle composée de parties simples ; ou bien n'existe-t-il que le composé ? Existe-t-il pour l'explication des phénomènes, outre les causes naturelles, une causalité libre ; ou bien tout dans le monde arrive-t-il uniquement selon les causes naturelles ? Y a-t-il dans le monde, soit comme sa partie, soit comme sa cause, un être nécessaire ; ou bien n'existe-t-il nulle part, ni dans le monde ni hors du monde, un être qui en soit la cause ? Pour chaque ordre de questions, la thèse et l'antithèse se peuvent également soutenir, du moment que l'on ne distingue pas entre les fonctions respectives de l'entendement et de la raison.

Admettons que le conflit créé par l'opposition des arguments ne puisse avoir de terme. Dans cet embarras, il est du moins possible de rechercher ce qui peut, en dehors de la vérité, nous décider à prendre parti en un sens plutôt qu'en un autre. Les thèses et les antithèses peuvent plus ou moins convenir à certaines dispositions ou à certaines exigences de nos facultés, et, abstraites de leur forme dialectique, marquer des directions de l'esprit, comparables à d'autres points de vue[1]. C'est ainsi que les partisans des antithèses, empiristes ou épicuriens, trouvent dans la position qu'ils ont choisie un avantage surtout spéculatif ; ils laissent l'entendement opérer dans le domaine de l'expérience sans restreindre sa tâche, ici incontestablement féconde, sans lui imposer la poursuite vaine des objets qu'imagine la raison idéalisante. S'ils se bornaient à rabattre par là la présomptueuse curiosité de la raison, à l'avertir que ce qu'elle prend pour un savoir n'est qu'une suite d'affirmations soutenues dans un intérêt moral, non seulement ils échapperaient à toute censure, mais ils rendraient le plus grand des services, en laissant le champ libre, pour ce qui est de la pratique, aux suppositions intellectuelles et à la

---

1. III, p. 330-338.

croyance. Malheureusement ils font d'ordinaire les dogmatistes ; ils nient la possibilité de tout ce qui dépasse l'intuition sensible ; ils se laissent aller à une intempérance d'esprit qui porte aux intérêts pratiques de la raison un préjudice irréparable. De leur côté, les partisans des thèses, dogmatiques ou platoniciens, ont, dans la position qu'ils ont choisie, l'avantage de satisfaire à cette tendance de la raison qui exige une explication achevée, et réclame l'inconditionné pour fonder la série des conditions ; ils sont ainsi d'accord avec l'intelligence populaire, incapable de supporter l'inquiétude d'une recherche sans commencement ni fin, naturellement accommodée à la notion de principes arrêtés et de causes premières. Mais l'avantage qu'ils ont surtout, et dont ne participent pas leurs adversaires, c'est de satisfaire à un intérêt pratique, vivement ressenti par tout homme de jugement sain. « Que le monde ait un commencement, que mon moi pensant soit d'une nature simple et par suite incorruptible, qu'il soit en même temps libre dans ses actions volontaires et élevé au-dessus de la contrainte de la nature, qu'enfin l'ordre entier des choses qui constitue le monde dérive d'un être premier, à qui il emprunte son unité et son enchaînement en vue de fins, ce sont là autant de pierres angulaires de la morale et de la religion[1]. » C'est par là que devant la conscience humaine l'équilibre des thèses et des antithèses est rompu. « Si un homme pouvait s'affranchir de tout intérêt, et, indifférent à l'égard de toutes les conséquences, ne faire entrer en ligne de compte les affirmations de la raison que d'après la valeur de leurs principes, cet homme-là, à supposer qu'il ne connût pas d'autre moyen, pour sortir d'embarras, que d'adopter l'une ou l'autre des doctrines en présence, serait dans un état d'oscillation perpétuel. Aujourd'hui il se trouverait convaincu que la volonté humaine est libre ; demain, s'il considérait la chaîne indissoluble de la nature, il tiendrait pour certain

---

1. III, p. 332.

que la liberté n'est qu'une illusion de son moi, que tout est *nature* uniquement. Mais s'il venait à la pratique et à l'action, ce jeu de la raison simplement spéculative s'évanouirait comme les fantômes d'un rêve, et il choisirait ses principes seulement d'après l'intérêt pratique[1]. »

En invoquant pour les thèses, antérieurement à l'examen critique des antinomies, des titres de créance fournis surtout par l'intérêt pratique, Kant témoigne à quel point les principes de la morale lui paraissaient liés au sort du rationalisme métaphysique. Car le fond de l'augmentation en faveur des thèses est emprunté à des déterminations d'idées par la raison, telles qu'elles s'opéraient dans l'école de Leibniz et de Wolff, affectées seulement en outre d'une application empirique spéciale qui alors les met en opposition directe avec les antithèses ; et la solution des antinomies consiste pour une part à supprimer cette affectation spéciale comme illégitime, de façon à laisser subsister en un certain sens la valeur des affirmations rationnelles. Kant du reste a découvert lui-même son procédé quand il a dit qu'à l'inverse des antithèses qui ne développent qu'une maxime, la maxime du pur empirisme, les thèses s'appuient, non seulement sur le mode d'explication empirique des phénomènes, mais sur des principes intellectuels, qu'elles révèlent une dualité de maximes[2]. La vérité est que les thèses dérivent essentiellement des principes intellectuels, si bien qu'elles seront finalement sauvegardées par cette dérivation même ; qu'elles ne deviennent la contrepartie des antithèses que parce que Kant suppose ces principes engagés dans une connaissance, et dans une connaissance qui selon lui ne peut se réaliser que par l'intuition sensible ; qu'en vertu de l'impossibilité de tout savoir rationnel pur, ces principes sont contraints provisoirement, pour devenir des termes d'antinomie, à se déterminer dans

1. III, p. 337.
2. III, p. 332.

un savoir empirique, jusqu'au moment où, dégagés de leur affectation spéciale et renonçant à produire une science, ils se reconnaissent comme causes d'affirmations légitimes, à coordonner avec les affirmations contraires.

Peut-être la seule thèse de la première antinomie requiert-elle une connexion plus intime des principes intellectuels purs et de leur application à l'expérience, puisqu'elle spécifie que le commencement du monde doit être posé dans le temps comme sa limite dans l'espace. Toutefois Kant observe lui-même que les partisans de la thèse admettent plus ou moins secrètement pour borner le monde sensible, non pas un espace et un temps infiniment vides, mais une sorte de monde intelligible, et il les rappelle à la question, qui concerne, d'après lui, la connaissance et son seul objet possible, à savoir les phénomènes. « Le monde intelligible n'est rien que le concept d'un monde en général, dans lequel on fait abstraction de toutes les conditions de l'intuition de ce monde, et au regard duquel par conséquent il n'est aucune proposition synthétique, ni positive, ni négative, qui soit possible[1]. » Déjà donc, malgré tout, c'est bien la conception métaphysique d'un monde intelligible qui pousse à affirmer la thèse, et qui, libérée de toute prétention à engendrer un savoir, l'affranchirait de son caractère antinomique. Mais cette tendance à reproduire dans les thèses les assertions du rationalisme métaphysique, tout en les contraignant à se chercher une application dans un savoir impossible en soi ou contradictoire avec elles, apparaît bien nettement dans la seconde antinomie. Kant reproduit le raisonnement leibnizien selon lequel le composé implique le simple; seulement tandis que chez Leibniz ce raisonnement conclut, non à des objets de l'intuition sensible, mais à des objets de purs concepts, qui sont les monades, Kant constitue l'opposition à l'antithèse en représentant les substances simples dans l'espace et en

---

1. III, p. 311.

convertissant les monades en atomes : c'est ainsi qu'il crée « le principe dialectique de la monadologie » en imposant l'établissement d'une monadologie physique[1].

Toutefois pour la solution des deux premières antinomies le moment n'est pas venu de déployer entière cette affirmation d'un monde intelligible qui, plus ou moins transposée, inspire les arguments des thèses. Selon le procédé que nous avons tâché d'analyser, Kant approprie cette affirmation à la diversité des questions qu'il doit résoudre. Or les problèmes des limites du monde et de l'existence du simple sont des problèmes essentiellement théoriques, dont la portée pratique n'est qu'indirecte. Des thèses que doit-il donc rester à ce point de vue ? Négativement, la puissance d'opposition restrictive qui empêche les objets des antithèses de s'ériger en absolus et l'entendement de se prendre pour la faculté de l'inconditionné ; positivement, la notion de principes régulateurs qui imposent à la science de ne pas s'arrêter dans la poursuite sans fin des limites du monde et des éléments simples du réel, qui aiguillonnent ainsi l'entendement sans lui permettre de se croire jamais en possession d'une explication totale et suffisante. Le rapport entre le monde intelligible et le monde sensible, que l'interprétation dogmatique des thèses et des antithèses fausse également, devient le rapport entre les problèmes dont la solution adéquate, impossible pour nous, constituerait l'achèvement rationnel du savoir, et les solutions effectives qui, dans les conditions de notre science finie, doivent tendre à cet achèvement sans y prétendre[2].

Mais avec la troisième antinomie, comme d'ailleurs avec la quatrième qui par la nature des arguments opposés n'est guère qu'une reproduction de la troisième, la conception d'un monde intelligible, au lieu de se resserrer en des maximes théoriques idéales, s'identifie avec le principe

---

[1]. III, p. 313-317.
[2]. III, p. 356 sq.

transcendantal de la réalité. Le rationalisme métaphysique, qui reste l'inspirateur des thèses, est reconnu dans sa vérité totale et essentielle ; sans doute la relation du monde intelligible au monde sensible est autrement exprimée ici que dans les doctrines traditionnelles ; la pensée criticiste intervient, selon laquelle cette relation doit être mise à la portée de la raison finie qui est la nôtre, et qui ne saurait être, ni intuitive, ni créatrice ; mais l'identité, ailleurs plus ou moins latente, de la chose en soi et de la causalité rationnelle pure se découvre ici avec évidence.

C'est en parfait accord avec les tendances et les exigences du rationalisme moderne que le problème de la liberté est énoncé maintenant comme un problème cosmologique ; dès le jour où la science a aperçu ou réclamé l'universelle solidarité des choses, il n'a pas été possible de poser et de résoudre le problème de la liberté en fonction des simples données de la conscience ; il a fallu se mettre en quête d'une espèce de liberté qui fût apte comme la nécessité, et concurremment avec elle, à être constitutive du tout cosmique ; de là, au détriment très visible des formes spécifiquement humaines de la liberté, du libre arbitre notamment, la conception d'une liberté en quelque sorte universelle, capable de se réaliser, à des degrés divers, en tous les êtres. En tous les êtres se rencontrent ainsi et se combinent les effets de deux sortes de causalité : de la causalité externe, qui met les états de chaque être sous la dépendance des autres états de l'univers ; de la causalité interne, qui pose chaque être par une opération spontanée dans sa nature propre, qui le fait tel et non pas tel. La principale difficulté devait consister dès lors à définir les rapports de la causalité interne et de la causalité externe en observant scrupuleusement leur signification respective : on les distinguait en les rapportant à deux mondes différents, le monde des substances ou des essences d'un côté, le monde des apparences ou des phénomènes de l'autre ; on les rapprochait en admettant que la causalité externe exprime la causalité interne, comme des apparences bien liées, des phénomènes bien fondés expriment des êtres en soi. Enfin les déterminations morales étaient ajoutées par une relation analytique plus ou moins implicite à la reconnaissance rationnelle de la causalité interne, de la causalité libre. Tel est, si l'on peut dire, le fonds que le rationalisme moderne offrait à Kant sur le problème de la liberté : la solution que lui-même en propose consiste moins à exclure les concepts traditionnellement usités qu'à les approfondir, les épurer, et réformer le genre de relation établi entre eux. Sur quoi se fonde la distinction des deux mondes, le monde de la causalité externe et de la nécessité, le monde de la causalité interne et de la liberté? De quelle manière peut-on concevoir l'expression des êtres en soi dans et par les phénomènes? Comment les déterminations morales se réfèrent-elles à la liberté?

Tout d'abord, selon l'antithèse de la troisième antinomie, la nécessité des lois naturelles ne peut souffrir aucune exception ; comme c'est elle qui fonde l'objectivité des événements, si elle venait à se laisser interrompre en quelque endroit, tout moyen nous manquerait de distinguer le rêve de la réalité. Or la liberté implique une dérogation absolue à la nécessité des lois naturelles ; elle est en effet un pouvoir de commencer inconditionnellement une action, c'est-à-dire de produire un état qui, étant dynamiquement premier, n'ait aucun rapport de causalité avec l'état antécédent de la même cause ; donc la liberté s'oppose à la nécessité, comme l'irrégularité sans loi à la régularité de la loi ; elle rend impossible l'unité de l'expérience ; elle ne nous affranchit de la contrainte de la nature qu'en nous privant du fil conducteur qui guide sûrement notre pensée. Dira-t-on qu'on ne peut comprendre cette dérivation de phénomènes se poursuivant à l'infini sans se rattacher à aucun terme originaire? Mais la nature a bien d'autres énigmes que celle-là : comprendrait-on mieux le changement, c'est-à-dire une succession perpétuelle d'être et de non être, si l'expérience n'en attestait l'existence? Une pareille raison ne saurait nous arrêter quand il s'agit de garantir l'universalité des lois et la réalité empirique des faits.

Cependant c'est cette raison qui a été invoquée par la thèse pour prouver l'existence de la liberté. Il est impossible de remonter la série des causes sans supposer une cause douée d'une spontanéité absolue. Causalité signifie en effet détermination complète. Or la causalité des lois naturelles ne fournit qu'une détermination incomplète, parce que toute cause reconnue à ce titre doit s'expliquer par une cause antécédente, celle-ci par une autre cause antécédente, sans que jamais l'explication puisse pleinement suffire. Il reste donc de l'indéterminé dans la série des conditions qui devrait être et qui ne peut pas être inconditionnellement déterminante; et un ordre de choses qui apparaît indéterminé à son origine même n'est plus pour la pensée qu'une simple possibilité. Ainsi il faut admettre une cause capable de produire quelque chose sans dépendre, pour cette production, d'autres causes antérieures. Dira-t-on que le mode d'opération d'une telle cause reste incompréhensible et mystérieux? Mais on est mal venu à en requérir la claire intelligence, quand on admet la causalité naturelle sans être mieux capable d'expliquer comment elle peut unir par un lien nécessaire des termes hétérogènes. C'est assez que la raison démontre l'existence de la liberté; et elle la démontre avec une insistance dont témoignent à leur façon tous ces philosophes qui, pour rendre compte du mouvement du monde, se sont crus obligés d'affirmer un premier moteur[1].

Ainsi sans la nécessité le monde ne serait qu'imaginaire; sans la liberté il ne serait que possible. Le problème de la nécessité et de la liberté, c'est le problème de la réalité du monde. Pour que le monde soit réel, il faut qu'il soit également constitué par la nécessité et par la liberté. C'est ce

---

[1]. III, p. 316-323.

qu'avait déjà soutenu la métaphysique rationaliste, et aussi que la liberté fonde le réel en son principe, tandis que la nécessité le fonde en ses dérivations. Cette solution n'était grosse de l'antinomie développée par Kant que parce que la liberté et la nécessité étaient des concepts objectivés sans critique sous la forme d'une connaissance, et que le rapport en était établi *in abstracto* en dehors de leurs usages, uniquement selon le degré du savoir concomitant. Et ainsi, pour s'unir, la liberté et la nécessité ne pouvaient que se contredire. Car les phénomènes, auxquels s'appliquait plus spécialement la nécessité externe, étaient pris pour des choses en soi à l'état de manifestation confuse : comment donc, hors d'un incompréhensible syncrétisme, la nécessité pouvait-elle s'accorder avec la liberté?

Entre la nécessité et la liberté l'accord n'est possible que grâce à la doctrine par laquelle Kant a définitivement justifié la vieille distinction du monde intelligible et du monde sensible. Du monde sensible il y a une réalité empirique certaine, fondée sur cette double condition, que les phénomènes sont donnés en intuition sous les formes *a priori* de la sensibilité et qu'ils sont enchaînés selon des lois imposées par les catégories de l'entendement : mais comme les formes de la sensibilité ainsi que les catégories de l'entendement expriment la nature du sujet, il se trouve que les phénomènes ne sont que des représentations ; étant tels, ils reposent sur l'existence des choses en soi. Il serait donc faux de prétendre réduire l'existence du monde à sa réalité empirique, puisque ce serait porter à l'absolu notre entendement et notre sensibilité. En outre, c'est le sens strict de la causalité, d'établir des rapports dynamiques du conditionné à la condition, sans être tenue de représenter ces rapports dans l'intuition sensible, dès qu'elle ne vise pas à une connaissance ; comme alors elle ne conclut à des objets que pour leur existence, elle peut poser la condition hors de la série des termes conditionnés. Ainsi, grâce au caractère phénoménal, désormais pleinement garanti, du monde sensible, grâce au caractère essentiellement synthétique en lui-même du concept de causalité, capable de souffrir l'hétérogénéité la plus extrême du conditionné et de la condition qu'il lie, le monde a à la fois une réalité empirique et une réalité transcendantale, et les choses en soi qui constituent sa réalité transcendantale peuvent être considérées comme les causes de sa réalité empirique[1].

Rien n'empêche donc d'identifier la liberté avec la causalité des choses en soi. La liberté, en effet, au sens cosmologique, c'est « la faculté de commencer de soi-même un état dont la causalité n'est pas subordonnée à son tour, suivant la loi de la nature, à une autre cause qui la détermine quant au temps. La liberté est, dans cette signification, une idée transcendantale pure qui d'abord ne contient rien d'emprunté à l'expérience, et dont, en second lieu, l'objet ne peut être donné d'une façon déterminée dans aucune expérience[2] ». C'est, en d'autres termes, « l'idée d'une spontanéité qui pourrait commencer d'elle-même à agir, sans qu'une autre cause ait dû la précéder pour la déterminer à l'action selon la loi de l'enchaînement causal[3] ». Sur cette liberté transcendantale est fondée la liberté pratique, ou indépendance de notre volonté à l'égard de toute contrainte des mobiles de la sensibilité. A vrai dire, cette liberté pratique, telle que nous la révèle l'expérience psychologique, a un contenu plus compliqué et plus divers que celui qui est exprimé par l'idée de la liberté transcendantale ; et de plus, elle est directement

---

1. III, p. 369-370, p. 372-373. — Caird, qui dans son livre *The critical philosophy of Immanuel Kant*, expose et critique le kantisme d'un point de vue hegelien, note à ce propos (II, p. 64) que la pensée pure chez Kant, hors de l'intuition sensible, est analytique, que par conséquent un tel usage du concept de causalité est contradictoire. Mais il semble bien que pour Kant les concepts peuvent avoir un sens synthétique qui n'a besoin de l'intuition sensible que pour se convertir en connaissance.
2. III, p. 371.
3. *Ibid.*

certaine. Mais elle suppose une spontanéité de l'action qui, théoriquement envisagée, est un problème, juste le problème impliqué dans la conception d'une liberté transcendantale, comme condition première et inconditionnée d'une série de conditions. Les difficultés inhérentes à la question de la liberté sont d'ordre cosmologique et transcendantal, non d'ordre pratique ; la certitude de la liberté pratique nous avertit seulement qu'elles doivent être résolues[1].

Mais nous voyons comment elles peuvent l'être, et nous pouvons récapituler et suivre jusqu'au bout, en les complétant, les moments de la solution. Si les phénomènes prétendaient à la réalité absolue de choses en soi, la liberté serait perdue sans retour. Mais dès que les phénomènes sont tenus pour ce qu'ils sont, c'est-à-dire pour de simples représentations qui s'enchaînent suivant des lois empiriques, d'abord ils n'ont plus le pouvoir d'exclure la liberté pour cela seul qu'elle ne peut pas trouver place parmi eux ; ensuite, n'étant que des phénomènes, ils doivent avoir pour fondement un objet transcendantal qui les détermine comme simples représentations, et il est permis d'attribuer à cet objet transcendantal, avec la propriété de se manifester par des effets qui sont des phénomènes, une causalité qui en elle-même n'est pas phénomène[2]. Ce concept d'une causalité libre en elle-même et tendant d'elle-même à se produire au dehors par des modalités empiriques concorde bien, ainsi qu'on l'a remarqué[3], avec l'ancien concept de la *causa sui*. Volontiers d'ailleurs le rationalisme métaphysique marquait la différence entre la nature de la cause considérée dans son essence et la nature de ses manifestations. Ayant trouvé dans sa doctrine de quoi mieux fon-

---

1. III, p. 320 ; p. 371.
2. III, p. 374.
3. B. Seligkowitz, *Causa sui, causa prima et causa essendi*, Archiv für Geschichte der Philosphie, V, p. 329. — Wundt, *Kants kosmologische Antinomien*, Philosophische Studien. II, p. 517.

der cette différence, Kant en développe complaisamment le sens. Le propre de la causalité libre, c'est de n'être soumise à aucune détermination de temps, car le temps est la condition des phénomènes, non des choses en soi, c'est par suite d'être immuable, de n'avoir rien en elle qui naisse ou meure, de pouvoir commencer d'elle-même ses effets dans le monde sensible, sans que l'action commence en elle ; tandis que le propre de la causalité naturelle, c'est de ne rien comporter qui commence absolument et de soi-même une série, c'est, en disposant tous les événements dans le temps, d'exiger pour chacun d'eux une condition nécessaire antécédente, qui exclut toute action vraiment première.

Or toute cause agissante doit avoir ce que Kant appelle un caractère, c'est-à-dire une loi de sa causalité sans laquelle elle ne serait pas cause ; en tant que doué de causalité libre, un sujet a un caractère intelligible, tandis qu'il a, en tant que phénomène, un caractère empirique ; par son caractère empirique, un sujet est une partie du monde sensible, et ses actions sont des effets qui découlent inévitablement de la nature : par son caractère intelligible, il est indépendant de toute influence de la sensibilité et de toute détermination phénoménale. Cette conception d'un double caractère paraît être primordialement chez Kant toute spéculative : le caractère intelligible rappelle d'assez près les essences réelles de la métaphysique rationaliste, et le caractère empirique se rapporte à lui exactement comme le phénomène théoriquement explicable se rapporte à la chose en soi[1]. Mais Kant, surtout quand il cherche à illustrer pratiquement cette conception des deux caractères, tend à déterminer dans un autre sens le rapport qui les lie : tout en posant pour la raison la nécessité de se manifester par un caractère empirique, il fait de ce caractère empirique, non pas l'expression des lois naturelles, mais le

---

1. III, p. 374-375.

schème du caractère intelligible ; ce que le caractère empirique a de constant à ce point de vue ne tient pas à l'uniformité des conditions phénoménales, mais à l'unité de la règle par laquelle se traduit la causalité de la raison [1] : il y a donc un rapport pratique des deux caractères qui se définit sous leur rapport spéculatif : mais c'est le rapport spéculatif qui, selon la marche de la pensée kantienne, est premier.

De la sorte, sous l'idée métaphysique des choses en soi et de leur rapport avec les phénomènes, se développe une interprétation de la causalité du vouloir humain, déterminée d'un côté par cette idée, de l'autre par ce que contient de nouveau la conception criticiste. Comme l'originalité de la conception criticiste est déjà dans la façon de distinguer le monde sensible et le monde intelligible, elle apparaît encore dans la façon d'établir la communication des deux mondes ; tandis que les doctrines métaphysiques restaient embarrassées dans leur effort pour relier la *causa sui* ou les essences réelles à la réalité donnée, qu'elles recouraient à des explications vainement subtiles, Kant découvre dans la volonté la faculté qui, au lieu de représenter cette liaison, l'accomplit ; par là, on peut dire qu'il soustrait son platonisme aux objections d'un Aristote ; il se défend d'inventer des symboles plus ou moins arbitraires pour expliquer le passage du transcendantal à l'empirique ; il les remplace par le *fait* de la démarche pratique qui enveloppe une raison capable, non pas de comprendre par connaissance l'origine des actes, mais d'en être elle-même l'origine. Dès lors, si les concepts métaphysiques dont il est parti n'ont pas subi en eux-mêmes de transformation radicale, s'ils pèsent encore de tout leur sens traditionnel sur le sens nouveau qu'ils peuvent recevoir de leur application immanente, c'est par une tout autre méthode qu'ils se vérifient et se fournissent un contenu.

1. III, p. 378 ; p. 380 ; p. 382-383.

Donc, sans contredire en rien les lois de la causalité naturelle, il est permis d'admettre, ne fît-on en cela qu'une fiction, que parmi les êtres du monde il en est qui, au-dessus de leurs facultés sensibles, ont une faculté intellectuelle, c'est-à-dire une faculté de se déterminer à l'action, non pas sous des influences empiriques, mais uniquement par des principes de l'entendement. « Appliquons cela à l'expérience[1]. » Nous voyons alors ce qui fait de cette fiction une vérité. L'homme, ainsi que toutes les autres choses de la nature, est soumis, dans ses actions, aux lois de la causalité empirique : seulement, tandis que pour les êtres inanimés et même pour les êtres vivants, il n'y a pas lieu de concevoir d'autres facultés que les facultés déterminées par des objets sensibles, pour l'homme, il y a lieu d'invoquer son titre de « sujet transcendantal » d' « objet intelligible » ; car l'homme qui ne connaît la nature que par ses sens se connaît lui-même par aperception dans des déterminations intérieures qui ne peuvent être rapportées aux impressions du dehors ; il a ces facultés que l'on appelle entendement et raison : et la raison surtout, en ce qu'elle n'est pas astreinte comme l'entendement à se contenter d'un usage empirique de ses idées, autorise à faire valoir en lui l'être en soi[2].

Mais tandis que la causalité des choses en soi par rapport aux phénomènes restait, dans son acception générale, uniquement justifiée par l'axiome métaphysique qui réclame pour les phénomènes empiriques un fondement transcendantal, la causalité de la raison, expression déjà plus immanente de la chose en soi par rapport à ces phénomènes particuliers qui sont les actions humaines, est certifiée, dans une acception pour nous très définie, par le sens et la portée des impératifs pratiques. Ces impératifs pratiques supposent le devoir-être (*das Sollen*), au lieu que l'entendement théo-

1. III, p. 378.
2. III, p. 378-379.

rique ne peut prétendre à connaître dans la nature que ce qui a été, est, ou sera ; en d'autres termes, ils impliquent un rapport de nos actions, non pas à d'autres phénomènes qui les conditionnent, mais à de purs concepts. Sans doute, les actions en rapport avec ce qui doit être, avec de purs concepts, ne se réalisent empiriquement que sous l'empire des circonstances naturelles ; seulement ces circonstances ne concernent pas la détermination de la volonté en elle-même ; elles n'ont trait qu'aux phénomènes qui la traduiduisent. Ainsi la raison, en tant que productrice de concepts et de principes, est douée de causalité ; tout au moins devons-nous, pour expliquer le sens des impératifs, nous la représenter comme telle[1].

Cette causalité de la raison apparaît donc en ce que la volonté procède selon une règle indépendante des lois de la causalité empirique ; elle n'est pas garantie uniquement par la valeur morale de cette règle. Même l'apparente adoption des maximes suggérées par la sensibilité implique leur subsomption sous une règle par pur concept ; elle fait donc intervenir la causalité de la raison. « Que ce soit un objet de la simple sensibilité (l'agréable) ou un objet de la raison pure (le bien), la raison ne cède point au principe qui est donné empiriquement ; mais elle se fait à elle-même avec une parfaite spontanéité un ordre propre selon des idées auxquelles elle va adapter les conditions empiriques, et d'après lesquelles elle considère même comme nécessaires des actions qui cependant ne sont pas arrivées et peut-être n'arriveront pas, en supposant néanmoins de toutes qu'elle possède la causalité à leur égard, car sans cela elle n'attendrait pas de ses idées des effets dans l'expérience[2]. » Tous les impératifs, quels qu'ils soient, fournissent donc la preuve immanente d'un caractère intelligible dans l'homme, sans préjudice, bien entendu, de la

---

1. III, p. 379.
2. III, p. 380.

détermination rigoureuse à laquelle sont soumis les actes de son caractère empirique, et qui permettrait, avec une suffisante connaissance des conditions qui les précèdent ou les accompagnent, de les prédire avec certitude. Est-ce là comme un partage dans l'explication de la volonté humaine? Faut-il dire qu'il y a un concours de la causalité empirique et de la causalité transcendantale pour déterminer les actes volontaires? Nullement. « L'on n'envisage point la causalité de la raison comme une sorte de concours, mais on la considère comme complète en elle-même, alors même que les mobiles sensibles ne lui seraient point du tout favorables, mais tout à fait contraires[1]. » C'est ainsi que le dualisme, d'abord purement spéculatif, de la chose en soi et des phénomènes incline à revêtir une autre forme, à devenir le dualisme de la raison en tant qu'elle est par elle-même capable de produire des actes, et de la raison en tant qu'elle travaille par l'entendement à les faire rentrer sous les lois de la nature, de la raison pratique et de la raison théorique. Il peut donc être question d'une pleine et suffisante causalité de la raison dans les actes volontaires ; les causes naturelles et empiriques, telles que l'entendement les détermine, ne sont pratiques à aucun degré.

Ainsi de plus en plus la notion de la chose en soi se prête à des applications qui la rapprochent davantage de ce type immanent de réalité offert par la volonté humaine : elle s'approprie à cette idée de premier commencement qui, en toute rigueur, ne convient pas plus au monde intelligible qu'au monde sensible. Dans le monde sensible, en effet, « aucune action donnée (parce que toute action ne peut être perçue que comme phénomène) ne saurait commencer d'elle-même absolument ». Dans le monde intelligible, « il n'y a ni *avant*, ni *après*, et toute action est, indépendamment du rapport de temps où elle se trouve avec d'autres phénomènes, l'effet immédiat du caractère

---

[1]. III, p. 384.

intelligible de la raison pure..... Cette liberté de la raison, on ne peut pas la considérer seulement d'une façon négative comme l'indépendance à l'égard des conditions empiriques (car alors cesserait la faculté qu'a la raison d'être une cause de phénomènes), mais on peut aussi la caractériser d'une manière positive comme une faculté de commencer d'elle-même une série d'événements, de telle sorte qu'en elle-même rien ne commence, mais que comme condition inconditionnée de tout acte volontaire, elle ne souffre sur elle aucune des conditions antérieures quant au temps, bien que son effet commence dans la série des phénomènes, mais sans pouvoir y constituer jamais un commencement absolument premier[1]. » Ainsi, bien que dans le monde des choses en soi, rien strictement ne commence, l'idée de premier commencement est tout à fait légitime dans son application à la causalité du vouloir ; elle exprime cet usage analogique de la raison, dont parle Kant ailleurs, et qui consiste à interpréter la réalité empirique comme si elle devait répondre aux exigences des idées. « Dans le cas où la raison même est considérée comme déterminante (dans la liberté), par conséquent dans les principes pratiques, nous devons faire *comme si* nous avions devant nous, non un objet des sens, mais un objet de l'entendement pur, où les conditions ne peuvent plus être posées dans la série des phénomènes, mais hors d'elle, et où la série des états peut être considérée *comme si* elle commençait absolument (par une cause intelligible)[2]. » Dans un monde de phénomènes, qui, soumis aux lois de la causalité naturelle, ne comporte que des commencements relatifs et conditionnés, les actes volontaires doivent être traités comme s'ils étaient des commencements absolus et inconditionnés.

Et c'est ainsi que les traite le jugement moral. « Pour éclaircir le principe régulatif de la raison par un exemple

1. III, p. 382-383.
2. III, p. 460.

tiré de l'usage empirique, non pour le confirmer (car ces sortes de preuves ne conviennent point aux affirmations transcendantales) », prenons une action mauvaise, un mensonge, si l'on veut, qui a jeté un certain trouble dans la société. Il se peut que l'on en détermine de proche en proche à la fois les motifs immédiats, les causes lointaines, toutes les conditions internes ou externes, constantes ou occasionnelles, par les mêmes procédés qui rendent compte de tous les effets naturels : cela n'empêche point cependant d'en blâmer l'auteur. Et sur quoi se fonde ce blâme, sinon sur la pensée que l'action accomplie doit être moralement rapportée, non à ses conditions naturelles antécédentes, mais à la causalité de la raison, qu'elle doit être estimée en soi, en dehors de tout souci d'influence antérieure et de moment, comme une action primitive, immédiatement au pouvoir de la volonté. Nos imputations ne peuvent sans doute se rapporter qu'au caractère empirique, et elles y démêlent souvent mal la part de la nature, du tempérament et de la liberté. Mais identiquement présente à toutes les actions de l'homme dans toutes les circonstances du temps, la raison n'est point elle-même dans le temps, et, par rapport à tout état nouveau, elle est déterminante, non pas déterminable[1].

Le jugement moral est donc fondé sur le caractère intelligible, mais n'en saurait être la règle. Les graduelles appropriations que fait Kant des choses en soi aux exigences de la moralité ne vont pas encore jusqu'à les laisser déterminer par elles dans leur fond ; le sujet moral n'est qu'une dénomination relative du sujet transcendantal. Demander pourquoi la raison ne s'est pas déterminée autrement, c'est une question dépourvue de sens. Demander pourquoi la raison n'a pas déterminé autrement les phénomènes, c'est une question qui, sans être absurde, dépasse de beaucoup la puissance de nos facultés ; c'est comme si l'on deman-

1. III, p. 383-384.

dait pourquoi l'objet transcendantal de notre intuition sensible externe ne donne que l'intuition dans l'espace et pas une autre : tout ce que l'on peut dire, c'est que pour un autre caractère empirique, il eût fallu un autre caractère intelligible[1].

Ainsi la solution du problème de la liberté transcendantale se termine par une nouvelle formule de la conception qui en a été le point de départ, à savoir l'identité essentielle de nature entre les causes inconditionnées des phénomènes naturels et les causes libres des actions humaines. En dépit de la tendance que manifeste Kant à réclamer pour les idées comme telles une vertu pratique efficace, l'idée de la liberté reste sous l'empire de la *chose en soi* à laquelle elle emprunte certaines de ses plus importantes déterminations ; avant d'être le principe rationnel dont la signification immanente est déterminée par la pratique, elle est la chose en soi vue sous l'aspect de sa causalité réelle, quoique incompréhensible. Aussi est-ce justement que l'on a montré la métaphysique leibnizienne contribuant encore à déterminer dans l'esprit de Kant la pensée du monde intelligible[2]. Ces êtres en soi, qui se déterminent d'eux-mêmes à être ce qu'ils sont, sont bien voisins des monades de Leibniz, conçus à la source éternelle de leur existence. Même il faut remarquer que sans l'inspiration rationaliste qui pénètre l'affirmation des choses en soi, le rapport de l'idée à la chose ne pourrait que frapper l'idée d'impuissance ; c'est la secrète affinité de l'idée et de la chose en soi, qui permet à l'idée de la liberté de se rapporter aux choses en soi, non seulement sans y perdre, mais plutôt pour y puiser d'une certaine façon sa causalité. Par là on peut dire que l'existence

---

1. III, p, 384-385.
2. Benno Erdmann, *Kant's Kriticismus*, p. 73-74. V. également son édition des *Prolégomènes*, *Einleitung*, p. LXV. — H. Cohen donne indirectement raison à cette thèse quand il dit que le progrès de la critique a consisté à transformer les conceptions fantaisistes de la monadologie en idées limitatives et régulatives (*Kants Begründung der Ethik*, p. 142). Seulement, au moment de la *Critique de la Raison pure*, cette transformation est loin d'être accomplie.

de la liberté, au sens métaphysique, est présupposée avec celle des choses en soi dans le système kantien. Mais la réalité de la liberté, selon les exigences de la conception, criticiste, n'est pas démontrée, au dire de Kant, par les considérations de la *Dialectique* : tout ce qui est établi, c'est que la liberté est possible, au sens où elle n'est pas contradictoire en soi, ni avec le mécanisme de la nature ; il n'est pas encore établi qu'elle est possible, au sens où il s'agirait d'une possibilité, non pas seulement logique, mais réelle, fondée sur des principes synthétiques *a priori*. A plus forte raison n'est-il pas légitime encore d'en poser la réalité : on a défini la forme sous laquelle elle est concevable, si par ailleurs il est prouvé qu'elle existe[1].

En nous autorisant à concevoir pour la série des phénomènes empiriques une condition intelligible, la solution de la troisième antinomie nous fournit déjà presque explicitement la solution de la quatrième. Seulement ici, la série des phénomènes empiriques, au lieu d'être une suite d'intuitions, est représentée par un concept, le concept de changement, et la conclusion à laquelle aboutit le partisan de la thèse, ce n'est plus la causalité absolue, c'est l'existence absolue de l'Être nécessaire. Or l'existence absolue de l'Être nécessaire n'est contradictoire avec l'existence conditionnée des phénomènes changeants que si elle est conçue comme se confondant avec elle ou comme en étant une partie. Mais dès qu'il est entendu que les phénomènes ne doivent pas être tenus pour des choses en soi, et qu'ici encore la condition peut être hétérogène par rapport au conditionné, nous pouvons admettre que la série des objets changeants a son fondement dans un Être intelligible, libre de toute condition empirique, raison de la possibilité de tous les phénomènes. Dégagée de toute prétention à constituer un savoir, la thèse se ramène à une maxime, selon laquelle le principe qui fonde l'unité systématique de

---

1. III, p. 385.

toute l'expérience ne peut être placé dans l'expérience même. Si elle se donnait pour une preuve de l'existence de Dieu, et elle reproduit en effet la marche de l'argument cosmologique, elle tomberait sous les objections qui atteignent dans la philosophie de Kant toute théologie spéculative[1].

Il est remarquable que l'examen de l'antinomie ait eu pour résultat de lier plus immédiatement à l'existence des choses en soi et d'investir du maximum de réalité objective, non pas la conception qui parachève l'explication de la nature en la rapportant à un Être nécessaire, mais celle qui exprime dans l'affirmation de la liberté la plénitude inconditionnée de la détermination causale. Par là, il apparaît bien que le centre d'expansion de la doctrine n'est pas ici au même point que dans les métaphysiques antérieures. Si l'idée de Dieu est la plus haute idée de la raison, elle n'est pas l'idée la plus capable, au regard de notre intelligence finie, de s'actualiser par des déterminations immanentes ; le rapport de la signification transcendantale à l'usage immanent qui chez Kant tend à remplacer le passage de l'essence à l'existence est plus intrinsèque pour l'idée de la liberté que pour toute autre.

Il n'en reste pas moins que l'idée théologique, impuissante comme toute autre idée à fonder une connaissance, ne se borne pas à fournir des maximes régulatrices : elle revêt aussi, sous une certaine forme, une signification pratique. Kant soutient, comme on sait, que la preuve ontologique est, selon la raison pure, la preuve essentielle de l'existence de Dieu, et qu'elle se retrouve au fond des autres preuves ; il prétend ruiner d'un coup toute théologie spéculative en montrant l'impossibilité de tirer l'existence d'un concept ; mais dans sa pensée, selon ce que nous avons du reste déjà constaté dans les *Leçons sur la métaphysique*, il y a une autre preuve qui, en un sens différent, est plus

1. III, p. 386-389.

essentielle, parce qu'elle remplace l'être souverainement réel de la théologie transcendantale par le Dieu vivant de la théologie naturelle et qu'elle exprime un usage plus immanent de l'idée théologique : c'est la preuve par la finalité[1]. Insuffisante comme preuve, s'inspirant d'une analogie suspecte entre les productions de la nature et les produits de l'art humain, elle a l'avantage de révéler dans la nature une unité faite pour être comprise par une intelligence, de sortir spontanément de la conviction commune et de la fortifier en retour[2]. Elle est fausse en ce qu'elle représente l'unité de la nature comme introduite du dehors par un Être ordonnateur suprême, au lieu de la supposer *a priori* dérivée de la nature même et en conformité avec ses lois générales. Mais la conception même d'une finalité est tellement connexe avec l'idéal transcendantal que seule elle peut le déterminer[3].

Au surplus, si la tendance que nous avons à convertir l'idéal de la raison pure en un être et en une personne ne peut pas se justifier par la prétendue connaissance qu'elle engendre, il n'en est pas moins vrai qu'elle répond à un progrès de la connaissance vers son achèvement normal. « Cet idéal de l'Être souverainement réel est donc, bien qu'il ne soit qu'une simple représentation, d'abord *réalisé*, c'est-à-dire transformé en objet, puis *hypostasié*, enfin même, par un progrès naturel de la raison vers l'achèvement de l'unité, *personnifié*... C'est que l'unité régulatrice

---

1. III, p. 422-428.
2. « Cet argument mérite toujours d'être nommé avec respect. C'est le plus ancien, le plus clair, le mieux approprié à la commune raison humaine. Il vivifie l'étude de la nature en même temps qu'il en tient sa propre existence, et qu'il y puise toujours par là de nouvelles forces. Il introduit des fins et des desseins là où notre observation ne les aurait pas découverts d'elle-même, et il étend notre connaissance de la nature au moyen d'un fil conducteur d'une unité particulière dont le principe est en dehors de la nature. Or ces connaissances agissent à leur tour sur leur cause, c'est-à-dire sur l'idée qui les provoque, et elles fortifient la foi en un suprême auteur du monde jusqu'à en faire une irrésistible conviction. » III, p. 423-424.
3. H. Cohen (*Kants Begründung der Ethik*, p. 95) et Aug. Stadler (*Kants Toleologie und ihre erkenntnisstheoretische Bedeutung*, p. 36-43)

de l'expérience ne repose pas sur les phénomènes eux-mêmes (sur la sensibilité toute seule), mais sur l'enchaînement de ce qu'il y a de divers en eux par l'entendement (dans une aperception), et qu'en conséquence l'unité de la suprême réalité et de la complète déterminabilité (possibilité) de toutes choses semblent résider dans un entendement suprême, par suite dans une intelligence [1]. » Kant, selon une tendance dont nous verrons d'autres effets dans la constitution de son système moral, ne s'en tient pas à ce que l'on pourrait appeler le formalisme vide de l'idée : il est convaincu que l'idée tend à conquérir, selon une déduction progressive, des déterminations de plus en plus riches, en rapport seulement avec l'usage positif de nos facultés.

Ainsi l'usage de l'idée théologique est avant tout dans la supposition *a priori* d'un ordre des fins tel qu'une intelligence peut le concevoir et le fonder, et grâce auquel, dans la nature même, une voie s'ouvre à la volonté pratique et à la moralité. Mais ce qui laisse à cette supposition, prise dans son sens général, un caractère hypothétique, c'est qu'elle ne nous confère pas la puissance de déduire le particulier de la règle universelle ; elle énonce comme un problème la tâche de l'y ramener : de là, dans la relation de l'ordre des fins à l'affirmation de Dieu, un certain caractère de subjectivité : on satisfait par là à un intérêt de la raison. Mais s'il existe des règles universelles de la raison, posées *a priori*, dont le particulier doive se déduire (et il en existe,

---

ont bien montré comment la théorie de la finalité dans la *Critique du Jugement*. n'a fait que développer le sens de la troisième idée transcendantale. Qu'implique en effet l'idéal transcendantal de la raison spéculative ? D'abord l'absolue déterminabilité des choses ; ensuite et en conséquence leur rapport à l'idée d'un tout de la réalité ; enfin le schéme d'une intelligence par laquelle on atteint la plus haute unité formelle. Or la notion de finalité, selon Kant, a pour objet d'établir l'intelligibilité du réel dans ses formes particulières les plus éloignées de la généralité du mécanisme ; elle pose l'idée du tout comme condition de l'existence des parties ; et elle enveloppe l'affirmation d'une intelligence par laquelle seule nous pouvons expliquer l'appropriation de la nature à nos facultés de connaître.

1. III, p. 400, note.

ce sont les lois morales) leur nécessité intrinsèque suppose la nécessité de leur condition : « Puisqu'il y a des lois pratiques, qui sont absolument nécessaires (les lois morales), si ces lois supposent nécessairement quelque existence comme condition de la possibilité de leur force *obligatoire*, il faut que cette existence soit *postulée*, parce qu'en effet le conditionné dont part le raisonnement pour aboutir à cette condition déterminée est lui-même connu *a priori* comme absolument nécessaire. Nous montrerons plus tard au sujet des lois morales qu'elles ne supposent pas seulement l'existence d'un Être suprême, mais qu'encore, comme elles sont absolument nécessaires à un autre point de vue, elles la postulent à juste titre : postulat, à vrai dire, seulement pratique[1]. » L'affirmation de Dieu est donc liée à nos facultés pratiques par une relation qu'énonce le terme encore imparfaitement défini de postulat. Mais nous sortons alors de cette théologie mixte qu'est la théologie naturelle pour entrer dans la théologie morale proprement dite ; nous passons de conceptions encore à demi théoriques, qui n'intéressent la moralité que par leur contact avec elle, à des conceptions exclusivement pratiques qui rattachent la moralité, comme une solution actuellement nécessaire pour nous, à sa condition suprême. Ce passage se fait par la notion d'un ordre des fins, selon que cet ordre des fins est admis comme réglant la spécification de la nature dans le contingent et le particulier, ou qu'il est posé comme devant résulter de l'obéissance à la règle qui oblige notre volonté.

Cependant s'il est de l'essence de la pensée criticiste d'opposer la théologie morale à la théologie spéculative, cette opposition ne suffit pas pour y satisfaire pleinement : il faut encore que la position primordiale de la loi morale par rapport à toutes les autres affirmations pratiques soit établie. Or Kant pose ici encore la loi morale, si nécessaire qu'elle soit en elle-même, sous la condition d'un Être

---

1. III, p. 429-430.

suprême qui la fonde. Il paraît sans doute se rapprocher ailleurs davantage de sa future doctrine des postulats quand il invoque l'existence de Dieu, pour expliquer, non pas la force obligatoire intrinsèque des lois morales, mais leur force obligatoire pour nous et leur efficacité comme mobiles [1]; mais là encore la différence n'est pas rigoureusement marquée entre leur autorité directe et l'autorité en quelque sorte additionnelle qu'elles reçoivent de l'affirmation de Dieu. La façon dont la loi morale oblige et nous oblige reste encore insuffisamment définie : il faudrait pour l'éclaircir un principe, qui deviendra plus tard le principe par excellence : la pensée de Kant y tend ; mais elle ne l'a pas dégagé.

*
* *

Jusqu'à quel point la philosophie de la raison pure détermine-t-elle la doctrine morale dont elle a réservé ou garanti la possibilité ? Une fois découverte la signification pratique des idées transcendantales, peut-on en faire le point de départ d'une déduction des principes moraux ? Ou bien les principes moraux peuvent-ils être aperçus dans leur ordre d'application propre, sans que la *Critique* ait d'autre objet que de les laisser en toute liberté déployer leur sens et établir leur empire sur la vie humaine ? Dans le premier cas, l'extension de la méthode de la *Critique* rendrait plus manifeste l'unité essentielle de la raison dans la diversité de ses usages ; elle donnerait à la morale une certitude comparable à celle de la philosophie transcendantale, elle répondrait mieux à cet idéal rationaliste qui, depuis 1770, avait expressément reconquis l'esprit de Kant. Dans le second cas, l'approfondissement direct des prescriptions morales et des croyances qui y sont liées permettrait mieux d'en comprendre les traits spécifiques et risque-

---

2. III, p. 403-404.

rait moins d'en altérer le naturel ; et cette mise à part de la morale répondrait assez aux façons de voir plus anciennes que Kant devait surtout à l'influence de Rousseau. Maintenant c'était surtout l'idéal rationaliste systématique qui était le plus fort : mais il était d'autant moins capable de se réaliser dans son intégrité que pendant plus longtemps la pensée de Kant avait considéré la valeur des conceptions pratiques comme indépendante de toute organisation rationnelle. Aussi la *Critique de la Raison pure*, outre qu'elle déclare la morale étrangère à la philosophie transcendantale [1], présente-t-elle dans le chapitre II de la *Méthodologie* une esquisse de philosophie morale et religieuse qui, sur certains points, est en désaccord ou ne concorde qu'extérieurement avec les tendances et les conclusions de la *Dialectique* ; en maint endroit on remonte, semble-t-il, vers les conceptions et les formules des *Leçons sur la Métaphysique* [2].

D'abord l'intérêt spéculatif des idées de la raison y est considérablement atténué au profit presque exclusif de leur intérêt pratique ; la liberté du vouloir, l'immortalité de l'âme et l'existence de Dieu y sont conçues comme les fins

---

[1]. « Tous les concepts pratiques se rapportent à des objets de satisfaction ou d'aversion, c'est-à-dire de plaisir ou de peine, par suite, au moins indirectement, à des objets de notre sentiment. Mais comme le sentiment n'est pas une faculté représentative des choses et qu'il est en dehors de la faculté de connaître tout entière, les éléments de nos jugements, en tant qu'ils se rapportent au plaisir ou à la peine, appartiennent par conséquent à la philosophie pratique, non à la philosophie transcendantale en son ensemble, laquelle n'a affaire qu'à des connaissances pures *a priori*. » III, p. 529-530, note. V. p. 532. — « Bien que les principes suprêmes de la moralité, ainsi que ses concepts fondamentaux, soient des connaissances *a priori*, ils n'appartiennent pourtant pas à la philosophie transcendantale ; car les concepts du plaisir et de la peine, des désirs et des inclinations, de la volonté de choisir, etc., qui sont tous d'origine empirique, devraient y être présupposés. » III, p. 51. V. la modification qu'a subie ce dernier passage dans la deuxième édition. — Cf. Vaihinger *Commentar*, I, p. 483, p. 364.

[2] Par son contenu tout ce chapitre II de la *Méthodologie*, sauf peut être en quelques passages mis au point de la *Critique*, semble être un morceau antérieurement composé. C'est à cette conclusion qu'arrive aussi, après une analyse d'une extrême minutie, Albert Schweitzer, *Die Religionsphilosophie Kants von der Kritik der reinen Vernunft bis zur Religion*, etc., 1899, p. 67.

suprêmes de la raison dans leur expression en quelque sorte naturelle, sans être enveloppées dans le système général des idées. « Ces trois propositions demeurent toujours transcendantes pour la raison spéculative, et elles n'ont pas le moindre usage immanent, c'est-à-dire recevable pour des objets de l'expérience, et par conséquent utile pour nous de quelque manière ; mais considérées en elles-mêmes, elles sont des efforts de notre raison tout à fait oiseux et par surcroît encore extrêmement pénibles[1]. » Au reste, le caractère restrictif de la *Critique* est surtout marqué : « Le plus grand et peut-être l'unique profit de toute la philosophie de la raison pure n'est sans doute que négatif ; c'est qu'elle n'est pas un organe qui serve à étendre les connaissances, mais une discipline qui sert à en déterminer les limites, et au lieu de découvrir la vérité, elle n'a que le mérite silencieux de prévenir des erreurs[2]. » S'il y a un canon de la raison pure, c'est-à-dire des principes *a priori* de son légitime usage, il ne peut se rapporter qu'à des déterminations pratiques.

Mais l'essence de ce qui est *pratique* ne se comprend pas ici de la même façon que dans la *Dialectique*. « Est pratique, dit Kant, tout ce qui est possible par la liberté[3]. » Soit ; seulement la liberté n'apparaît ici ni comme une idée, ni comme relevant positivement d'une idée. Tandis que la *Dialectique*, tout en maintenant un certain dualisme entre la liberté transcendantale et la liberté pratique, affirmait cependant, comme une chose à remarquer, « que c'est sur l'idée transcendantale de la liberté que se fonde le concept pratique de la liberté[4], » la *Méthodologie* expose que « la question relative à la liberté transcendantale concerne seulement le savoir spéculatif », que « nous pouvons la laisser de côté comme tout à fait indifférente quand il s'agit de

---

1. III, p. 528-529.
2. III, p. 526.
3. III, p. 529.
4. III, p. 371.

ce qui est pratique[1]. » La liberté pratique, ou faculté de se déterminer indépendamment des impressions sensibles, « peut être démontrée par l'expérience[2] ». « Nous la connaissons par l'expérience, dit encore Kant, comme une des causes naturelles », et nous n'avons pas à nous préoccuper de savoir si ce qui s'appelle liberté par rapport aux impressions sensibles ne pourrait pas à son tour être appelé nature par rapport à des causes plus hautes et plus lointaines. On dirait qu'ici la pratique commence à nous-mêmes, à cette expérience directe de la moralité que Kant nous attribue et qui se manifeste par la résistance à nos penchants. La *Dialectique* avait sans doute autorisé une notion empirique de la liberté[3] dans laquelle devait être compris le contenu psychologique du vouloir humain ; mais elle n'avait pas admis que, sans l'idée, cette notion pût fonder tout un ensemble d'affirmations corrélatives.

Ce défaut de correspondance, ou même ce désaccord entre la doctrine de la *Dialectique* et celle de la *Méthodologie* tiennent sans doute à l'indécision, parfois illogique, avec laquelle Kant se représente encore la loi morale. Si l'on peut écarter le problème de la liberté transcendantale, c'est que, suivant lui, au point de vue pratique, nous ne demandons en premier lieu à la raison que la règle de notre conduite[4] ; or, quelque impérative qu'elle soit, la règle ne nous élève pas à la source pure de toute spontanéité. Si d'autre part l'on peut invoquer en faveur de la liberté pratique le témoignage de l'expérience, c'est que nous constatons en nous le pouvoir de ne pas nous laisser déterminer par ce qui attire immédiatement nos sens, c'est-à-dire « une faculté de surmonter, au moyen des représentations de ce qui est utile ou nuisible même d'une façon éloignée, les impressions produites sur notre faculté

---

1. III, p. 531.
2. III, p. 530.
3. III, p. 320.
4. III, p. 531.

sensible de désirer¹. » Quelque relation qu'elle ait avec la raison, cette liberté qui s'en inspire pour savoir ce qui, par rapport à nous, mérite d'être désiré, « ce qui est bon et profitable », n'est que la liberté fondée sur la clarté intellectuelle des motifs ; c'est donc par une superposition assez injustifiée que Kant passe de la raison qui nous instruit sur les meilleurs objets du désir à la raison qui promulgue des lois pratiques pures, nettement distinctes de tout commandement empiriquement conditionné² : lois de la liberté vraiment objectives, exprimant ce qui doit arriver, tandis que les lois naturelles ne portent que sur ce qui arrive³. « J'admets qu'il y a réellement des lois pures, qui déterminent entièrement *a priori* (sans tenir compte des mobiles empiriques, c'est-à-dire du bonheur) ce qu'il faut faire et ne pas faire, c'est-à-dire l'usage de la liberté d'un être raisonnable en général, que ces lois commandent *absolument* (et non pas seulement d'une façon hypothétique sous la supposition d'autres fins empiriques), et qu'ainsi elles sont nécessaires à tous égards. Je puis supposer à bon droit cette thèse en m'autorisant, non seulement des preuves fournies par les moralistes les plus éclairés, mais encore du jugement moral de tout homme, quand il veut se représenter clairement une loi de ce genre⁴. » Ces lois morales pures témoignent de la puissance qu'a la raison de faire plus qu'unifier en des formules pragmatiques des maximes empiriques de prudence, de constituer une unité systématique absolue des actes humains.

Mais entre ces lois pures et la liberté pratique, telle que Kant l'a entendue, quel rapport peut-il y avoir? Une certaine hétérogénéité subsiste évidemment, et ne pourrait être effacée que si, dans la liberté pratique, la faculté de se déterminer indépendamment des impulsions sensibles était

---

1. III, p. 530.
2. III, p. 529.
3. III, p. 530.
4. III, p. 533.

pure comme la loi, c'est-à-dire inconditionnée. Mais il faut dire que la loi morale n'est peut-être pas conçue jusqu'au bout absolument pure. Si en effet, à la différence des lois pragmatiques, elle ne se définit pas pour nous par le bonheur, elle se définit tout au moins par le droit au bonheur [1]. Elle peut se traduire en cette formule : fais ce qui peut te rendre digne d'être heureux [2]. Et ainsi, bien que le bonheur ne soit pas posé comme l'objet, ni comme le mobile immédiat de la volonté, la représentation en reste cependant assez étroitement liée à l'idée de l'action bonne, au point même de concourir par une influence subalterne à la vertu de la loi morale pour la rendre efficace. La limitation de la liberté ici admise à la liberté pratique rendrait en effet paradoxale, sans quelque autre appui, la puissance souverainement déterminante de la loi morale, « qui est une simple idée [3] ». Aussi dans la suite des questions auxquelles se ramène tout l'intérêt spéculatif et pratique de la raison : que puis-je savoir ? que dois-je faire ? que m'est-il permis d'espérer ? la dernière question se rattache à la seconde, non pas seulement pour surajouter à l'obligation certaine et suffisante de la loi morale une pensée de satisfaction finale, mais pour donner à cette obligation une force pratique, et même une sorte de justification [4]. « Tout espoir tend au bonheur et est à l'ordre pratique et à la loi morale juste ce que le savoir et la loi de la nature sont à la connaissance théorique des choses [5]. » Ainsi la conception de la loi morale est fondée sur la conception du souverain bien, c'est-à-dire d'une juste proportion entre la vertu et le bonheur.

Or comment se représenter l'établissement de cette juste

---

1. III, p. 532.
2. III, p. 533.
3. III, p. 536.
4. « Ces problèmes (la liberté, l'immortalité, Dieu) ont à leur tour une fin plus éloignée, savoir *ce qu'il faut faire*, si la volonté est libre, s'il y a un Dieu et une vie future. » III, p. 529.
5. III, p. 532.

proportion ? Ici la pensée de Kant paraît obéir à deux tendances différentes qui revêtiront dans ses œuvres ultérieures une forme plus explicite. Elles se développent toutes les deux à partir de ce fait, que le monde sensible est incapable d'assurer la réalisation du souverain bien, et elles aboutissent toutes les deux à l'affirmation d'un monde intelligible, mais pour en interpréter diversement le rôle. D'une part, la moralité est conçue en principe comme la cause directe du bonheur dans une société d'êtres raisonnables dont les libres volontés s'accordent sous l'unité systématique des lois morales. Cette société, ou ce monde moral, est un monde intelligible, en ce que la conception en est dégagée de tous les obstacles que rencontre la moralité dans les inclinations sensibles ou dans la corruption de la nature humaine ; ce n'est à ce titre qu'une idée, non un objet d'intuition intellectuelle, mais une idée qui peut avoir une influence sur le monde sensible et le rendre autant que possible conforme à elle-même. Donc, dans ce monde intelligible, la liberté gouvernée par les lois morales produirait d'elle-même le bonheur ; chacun serait l'auteur de son bonheur propre, en même temps que de celui des autres. Mais ce système de la moralité qui se récompense elle-même supposerait pour être réalisé que chacun fît ce qu'il doit : il faudrait que toutes les actions des êtres raisonnables fussent comme si elles émanaient d'une volonté suprême réglant les volontés particulières. Or comme l'obligation d'obéir à la loi morale reste entière pour chacun alors même qu'elle serait violée par les autres, l'ordre juste des volontés qui assurerait l'accord de la vertu et du bonheur est constamment menacé et en fait constamment troublé ; on ne peut définitivement espérer l'avènement du souverain bien qu'en posant comme cause de la nature une raison suprême qui la tournera à la satisfaction des lois morales [1]. Cette idée d'un monde intelligible comme société

---

1. III, p. 534-535.

des êtres raisonnables sera celle qui deviendra fondamentale dans le système de Kant ; en passant à travers sa philosophie de l'histoire, elle perdra l'eudémonisme qui y était attaché, en même temps qu'elle ramènera d'abord à une loi de nécessité rationnelle immanente, puis à une loi d'obligation, l'idée providentialiste, par laquelle se garantit le règne des fins.

D'autre part, le rapport de la moralité au bonheur est conçu, hors de la constitution d'une société idéale des êtres raisonnables, comme indirect ; la moralité est capable de créer le droit au bonheur, non le bonheur qui lui serait proportionné. Les considérations de Kant se réfèrent ici plus visiblement au sujet individuel, qui placé avec sa seule intention morale en face du monde sensible, ne saurait en attendre une satisfaction selon ses mérites. Il faut donc admettre un autre monde que le monde des phénomènes, c'est-à-dire un monde intelligible ; et ce monde intelligible ne pouvant pas être donné ici-bas, il faut nous le représenter comme un monde futur pour nous, conséquence de notre conduite dans le monde actuel. Dieu est le principe de la liaison pratiquement nécessaire entre les deux éléments du souverain bien, qui ne sauraient être naturellement unis [1] ; ici le monde intelligible, c'est avant tout la conception d'une autre vie, compensant, grâce à la médiation d'un sage créateur, l'impuissance de la moralité à créer le bonheur dont elle est digne. « Sans un Dieu et sans un monde actuellement invisible pour nous, mais que nous espérons, les magnifiques idées de la moralité peuvent bien être des objets d'assentiment et d'admiration, mais ce ne sont pas des mobiles d'intention et d'exécution parce qu'elles ne remplissent pas toute la fin qui est assignée naturellement *a priori* précisément par cette même raison à tout être raisonnable, et qui est nécessaire [2] ». « La raison

---

1. III, p. 535.
2. III, p. 536.

se voit forcée d'admettre un tel être (Dieu), ainsi que la vie dans un monde que nous devons concevoir comme futur, ou bien de considérer les lois morales comme de vaines chimères, puisque la conséquence nécessaire qu'elle-même rattache à ces lois devrait s'évanouir sans cette supposition. C'est pourquoi chacun regarde les lois morales comme des *commandements*, ce qu'elles ne pourraient être si elles n'unissaient *a priori* à leurs règles des suites appropriées et si par conséquent elles ne portaient en elles des *promesses* et des *menaces*. Mais c'est aussi ce qu'elles ne pourraient faire, si elles ne résidaient pas dans un Être nécessaire comme dans le souverain bien qui peut seul rendre possible une telle unité en proportion [1]. » Cette autre conception d'un monde intelligible, en perdant ce qui l'érige encore en principe ou en caution de la loi morale, prendra place, non pas dans le système fondamental de la moralité, mais dans le système des postulats.

Une théologie morale est donc au terme de l'effort tenté par la raison pour développer dans leurs conditions et dans leurs conséquences les faits et les nécessités pratiques, et elle se développe en termes très voisins de ceux qui l'avaient présentée comme une expression immanente de l'idéal de la raison pure. « Lorsque du point de vue de l'unité morale comme loi nécessaire du monde, nous pensons à la seule cause qui peut lui faire produire tout son effet et par suite lui donner aussi une force obligatoire pour nous, il ne doit y avoir qu'une volonté unique suprême qui comprend en soi tous ces lois. Car comment trouver en diverses volontés une parfaite unité de fins ? [2] » Or cette conception de l'unité morale du monde n'explique pas seulement l'ordre concordant des fins à réaliser par les volontés ; elle explique encore, par l'extension qu'elle reçoit, la possibilité concrète de l'action morale au sein du monde donné. Elle conduit en effet à admettre une finalité univer-

1. *Ibid.*
2. III, p. 538.

selle de la nature, qui trouve dans la finalité pratique son modèle et sa justification. « Il faut se représenter le monde comme résultant d'une idée, pour qu'il soit d'accord avec cet usage de la raison sans lequel nous nous conduirions nous-mêmes d'une manière indigne de la raison, je veux dire avec l'usage moral, lequel repose absolument sur l'idée du souverain bien[1]. » Voilà pourquoi les recherches sur la nature finissent par se diriger selon la forme d'un système des fins ; seulement cette élévation transcendantale de notre connaissance doit être tenue, non pour la cause, mais pour l'effet de la finalité pratique que nous impose la raison ; même elle se rapporte, en dernier lieu, « à des principes qui doivent être indissolublement liés *a priori* à la possibilité interne des choses et par là à une *théologie transcendantale*, qui fait de l'idéal de la souveraine perfection ontologique un principe d'unité systématique, par lequel toutes choses sont liées selon des lois universelles et nécessaires, puisqu'elles ont toutes leur origine dans l'absolue nécessité d'un Être premier unique[2]. » C'est donc par la notion de finalité, non par celle de liberté, que la doctrine pratique de la *Méthodologie* se lie à la doctrine transcendantale de la *Dialectique*.

Mais la théologie morale qui opère ce lien ne doit servir qu'à nous donner une idée plus complète de notre destination dans le monde ; c'est un motif moral qui la suscite, puisqu'elle cherche à expliquer l'obligation des lois morales et la nécessité d'effets conformes à leur sens ; mais elle ne doit pas aller directement ou indirectement contre ce motif en subordonnant les lois morales, comme contingentes, à une volonté dont nous n'aurions en réalité aucune idée si nous ne nous l'étions pas représentée d'après elles. Les actions obligatoires ne sont pas telles parce qu'elles sont des commandements de Dieu ; mais nous devons les regarder comme des commandements de Dieu parce qu'inté-

---

1. *Ibid.*
2. *Ibid.*

rieurement nous les reconnaissons obligatoires. Au surplus aucune théologie, moins celle-ci que toute autre, ne doit, sous peine de corrompre la sainteté de la loi morale, servir de prétexte à l'exaltation mystique et aux spéculations transcendantes [1].

Quel nom convient donc aux affirmations requises par la loi morale, qui définisse bien à la fois la conviction ferme dont elles sont l'objet et la signification exclusivement pratique qui leur est propre [2] ? Ce qui les caractérise, c'est qu'elles reposent sur des preuves objectives insuffisantes et sur des motifs subjectifs suffisants. Elles sont plus qu'une opinion, moins qu'un savoir. Mais cette façon de les estimer est relative encore à la connaissance théorique et à son idéal de certitude dogmatique ; or c'est seulement leur insuffisance objective qui est théorique ; leur suffisance subjective est pratique : c'est le nom de foi ou de croyance qui leur convient.

La foi peut être plus ou moins ferme ; la pierre de touche ordinaire pour en mesurer la fermeté est le pari. Bien des gens affirment avec une assurance qui semble exclure toute crainte d'erreur. Un pari les embarrasse. A la rigueur, pour telle assertion, pourraient-ils risquer un ducat : si dix ducats étaient en jeu, ils soupçonneraient qu'ils peuvent se tromper. « Représentons-nous par la pensée que nous avons à parier le bonheur de toute la vie, alors notre jugement triomphant s'éclipse tout à fait, nous devenons extrêmement craintifs, et nous commençons à découvrir que notre foi ne va pas si loin [3]. »

La foi diffère, à un autre point de vue, selon le genre d'activité pratique auquel elle est liée. S'agit-il simplement d'habileté ? La foi qui sert de fondement à l'emploi réel de moyens pour certaines actions est contingente, en ce sens que la fin n'a rien de nécessaire. Une autre espèce de

---

1. III, p. 540.
2. III, p. 541-547.
3. III, p. 543-544.

foi est la foi doctrinale qui introduit dans nos jugements théoriques quelque chose d'analogue aux jugements pratiques ; elle ajoute à l'utilité qu'ont certaines idées pour l'achèvement de la connaissance l'affirmation de la réalité de leur objet ; mais elle reste toujours ébranlée par les incertitudes de la spéculation. Il en est tout autrement de la foi morale : une nécessité est d'abord posée, c'est que je dois obéir à la loi morale ; or, suivant mes lumières, il n'y a qu'une condition qui mette en accord cette fin nécessaire avec toutes les autres fins, c'est qu'il y ait un Dieu et une vie future. Si donc la loi morale est la maxime de ma conduite, je croirai en Dieu et en la vie future, sous peine de me contredire. « La conviction n'est pas ici une certitude *logique*, mais une certitude *morale* ; et puisqu'elle repose sur des principes subjectifs (sur la disposition morale), je ne dois même pas dire : *il est* moralement certain qu'il y a un Dieu, mais *je* suis moralement certain, etc... C'est-à-dire que la foi en un Dieu et en un autre monde est tellement unie à ma disposition morale, que je ne crains pas plus le risque de perdre cette foi que je ne crains de pouvoir jamais être dépouillé de cette disposition[1]. » Si l'on objecte que cette foi rationnelle est beaucoup trop relative à des dispositions morales, il faut admettre alors qu'il y a des hommes auxquels tout intérêt moral est étranger ; or c'est un fait, que l'esprit humain prend intérêt à la moralité. En outre l'homme moralement le plus indifférent ne peut s'empêcher au fond de redouter ce qu'il nie, à savoir Dieu et la vie future ; et il est impuissant, du reste, à convertir par la raison ses négations en certitudes. Dira-t-on enfin qu'en prétendant s'ouvrir des perspectives par delà l'expérience, la raison ne fait que répéter deux articles de foi familiers au sens commun ? Mais veut-on que les affirmations qui intéressent tous les hommes dépassent le sens commun et ne puissent être découvertes que par les philosophes ? N'est-ce pas la meil-

---

1. III, p. 546.

leure preuve de la vérité d'une philosophie, que sur les fins essentielles de l'action humaine, elle justifie des idées qui ne sauraient être, sans perdre leur sens, conférées par privilège[1]?

*　*　*

Est-ce la même pensée qui a institué cette discipline savante et compliquée de la raison théorique, et qui accepte à son terme, dans leur signification la plus spontanée et la plus simple, les convictions pratiques de l'humanité? Oui certes, et il ne se peut que l'on ne soit pas frappé de la grandeur de l'effort qui a lié en une doctrine deux dispositions d'esprit aussi diverses. Un système nouveau est fondé, nouveau à coup sûr par rapport aux philosophies antérieures, nouveau aussi à bien des égards par rapport aux conceptions précédentes de Kant. Ce n'est pas seulement une certaine organisation d'idées qui a prévalu : organisation importante d'ailleurs déjà par son seul formalisme, puisque l'on sait à quel point la « systématique » de Kant a agi sur la détermination de ses concepts[2]. C'est une idée maîtresse qui se produit, et qui s'établit désormais, comme une force à la fois de combinaison et d'expansion, au centre de l'œuvre kantienne : c'est l'idée, que la raison, la raison souveraine, est pour nous acte, non représentation, et qu'elle ne peut faire valoir ses notions propres que dans des usages définis par les conditions même de notre expérience scientifique et de notre action pratique. Cependant ces notions mêmes restent celles qu'ont reconnue les métaphysiciens de tous les temps, surtout Platon et Leibniz, et il arrive que le sens traditionnel en domine encore la méthode qui les actualise[3].

1. III, p. 546-547.
2. Cf. Adickes, *Kants Systematik als systembildender Factor*.
3. Il y a une part de vérité dans l'interprétation que Paulsen a donnée du kantisme (V. *Kant*, surtout p. 237-282. — V. aussi l'article justificatif des Kantstudien, *Kants Verhältniss zür Metaphysik*, IV, p. 413-447), malgré les critiques plus que vives qu'elle a soulevées (V. notamment l'article de Goldschmidt,

Ainsi la notion d'un monde intelligible, c'est essentiellement la notion d'un monde de choses en soi qui, tout en restant inconnaissables, n'en imposent pas moins à l'usage de la raison certaines de leurs déterminations ; le monde des idées, dans l'acception que Kant donne à ce dernier mot, demeure au-dessous du monde des choses en soi, et, au lieu de le réduire, doit l'exprimer analogiquement ; c'est donc par delà elle-même que l'idée de la liberté, expression suprême de la raison dans son application immanente, cherchera le fondement de sa réalité, et tournée vers la chose en soi, elle laissera subsister entre elle et la liberté pratique un dualisme encore irrésolu. On comprend par là que la pensée de Kant ait dû se porter dans la suite avec insistance sur le point où s'établit, avec la limitation, la communication possible du monde des phénomènes et du monde des choses en soi, au point où les idées de la raison s'exercent activement ; les choses en soi ont été plus positivement intégrées dans le système, mais en se laissant déterminer davantage par la fonction des idées au lieu de la déterminer davantage. Enfin la loi morale, dans la *Critique de la Raison pure,* apparaît assez imparfaitement définie entre la liberté transcendantale qu'elle justifie pour ainsi dire en dessous et la liberté pratique qu'elle règle en dessus ; elle est encore caractérisée par des attributs trop formels pour établir entre les deux sortes de liberté la relation interne ou l'identité par laquelle se constituera le principe suprême de la philosophie pratique de Kant, et indirectement de la spéculative : la *Critique de la Raison pure* ne contient pas encore le mot, ni explicitement l'idée d'autonomie.

Kants Voraussetzungen und Professor Dr. Fr. Paulsen dans l'Archiv für systematische Philosophie, V, p. 286-323.) La pensée de Kant s'est certainement développée sur un fonds de concepts métaphysiques qu'elle a retenus ; mais Paulsen a tort de croire que la méthode kantienne en justifiant autrement ces concepts n'en a pour ainsi dire pas modifié le sens ; il est ainsi amené à représenter comme des pensées après la *Critique* des pensées certainement antérieures, dont les principes posés par la *Critique* devaient réduire peu à peu la signification traditionnelle.

CHAPITRE II

LES PROLÉGOMÈNES A TOUTE MÉTAPHYSIQUE FUTURE. — LES LEÇONS SUR LA DOCTRINE PHILOSOPHIQUE DE LA RELIGION

La *Critique de la Raison pure* n'était pour Kant qu'une propédeutique à un système, qui devait dans sa partie la plus générale comprendre une métaphysique de la nature et une métaphysique des mœurs ; la première devait traiter des principes rationnels, par purs concepts, de la connaissance théorique des choses ; la seconde, des principes rationnels qui déterminent et obligent *a priori* la conduite, sans faire appel à aucune condition empirique, à aucune donnée anthropologique[1]. Nul doute que Kant n'eût poursuivi sous cette forme régulière le développement de son œuvre[2] en exposant tout d'abord peut-être les solutions des problèmes moraux[3], s'il eût vu la *Critique* accueillie selon sa valeur et sa signification par le public savant, et si lui-même en eût été pleinement satisfait. Mais la *Critique* avait paru obscure ; elle avait été aussi inexactement que diversement interprétée ; d'autre part, la déduction subjective des catégories, qui en était un organe essentiel, n'avait pas affecté aux yeux même de Kant la rigueur démonstrative qu'elle eût dû avoir. Aussi Kant méditait-il un

---

1. III, p. 553.
2. Le 17 novembre 1781, Hartknoch, l'éditeur de la *Critique*, demandait à Kant de lui réserver la publication de sa Métaphysique des mœurs et de sa Métaphysique de la nature. *Briefwechsel*, I, p. 261.
3. Nous savons par Hamann qu'au commencement de 1782, Kant s'occupait activement d'établir les principes de la Métaphysique des mœurs. — Ed. Roth, VI, p. 236.

exposé plus simple et plus clair de sa pensée. Dès le mois d'août 1781, il songeait à un résumé populaire de la *Critique*. On sait combien il fut ému, lorsque le compte rendu des « *Göttinger gelehrte Anzeigen,* » écrit par Garve, raccourci et modifié par Feder, vint en janvier 1782, entre autres objections, lui reprocher son idéalisme. Au besoin de se faire comprendre s'ajoutait pour lui le besoin de se justifier. De là sortirent les *Prolégomènes*. Était-ce le résumé auquel il avait songé, uniquement corrigé et complété pour répondre à l'article en question[1]? Toujours est-il que l'ouvrage nouveau, plus élégant et plus lucide, s'appliquait à présenter sous une forme analytique ce que la *Critique de la Raison pure* avait présenté sous une forme synthétique.

Sur les problèmes moraux et religieux, les *Prolégomènes* n'ajoutent sans doute strictement rien de nouveau à ce que contenait la *Critique* ; mais par ce qu'ils omettent ou ce qu'ils font ressortir, ils indiquent en quel sens Kant poursuivait la détermination de sa pensée. Remarquons d'abord que les conceptions auxquelles ils se réfèrent ne sont pas celles qui se trouvent dans le *Canon de la Raison pure*, mais celles qui sont comprises dans la *Dialectique* ; ils rattachent la moralité au système des idées ; ils ne définissent pas la liberté pratique en dehors de la liberté transcendantale[2]. Le souci plus direct ou plus technique que Kant avait à ce moment des questions morales a pu, de concert avec le désir qu'il avait de défendre son œuvre contre les méprises des critiques, le pousser à traduire en formules plus réalistes la notion des limites de l'expérience et à établir plus catégoriquement, à l'intérieur de sa doctrine,

---

1. Benno Erdmann, *Prolegomena, Einleitung*, p. IV, p. XVI, note ; *Kants Kriticismus*, p. 85. — Contre la thèse de Benno Erdmann, v. Arnoldt, *Kants Prolegomena nicht doppelt redigirt*, 1879, et sur l'ensemble de la question, Vaihinger, *Die Erdmann-Arnoldtsche Controverse*, Philosophische Monatshefte, 1880, p. 44-71.

2. *Prolegomena zu einer jeden künftigen Metaphysik die als Wissenschaft wird auftreten können*, 1783 ; IV, p. 94.

la nécessité d'affirmer les choses en soi[1] ; l'usage pratique de la raison est lié aux choses en soi comme à des principes déterminants[2]. Mais comme d'un autre côté Kant soutient aussi énergiquement que de ces choses en soi nous ne pouvons rien connaître, il s'applique à montrer qu'il y a une façon légitime de concevoir le rapport des choses en soi aux phénomènes. Les concepts de l'entendement n'ont d'usage légitime défini que dans l'expérience et ne comportent pas d'usage transcendant hors de l'expérience ; mais ils peuvent cependant être employés avec des déterminations tirées de l'expérience pour représenter ce rapport des choses en soi aux phénomènes, à la condition de ne pas perdre de vue dans ce cas leur sens exclusivement analogique ou symbolique. L'idée de la liberté, l'idée même de Dieu ne sont intelligibles pleinement pour nous que si elles sont saisies dans ce rapport et ne prétendent pas s'en affranchir.

Assurément, selon la solution de la troisième antinomie, la liberté ne peut être admise que dans le monde des choses en soi, hors du monde des phénomènes régi par la nécessité naturelle ; pourtant une action libre en nous n'est concevable que tout autant qu'elle produit un effet dans la série du temps et que par elle quelque chose commence dans la série des phénomènes. C'est pour cela que nous n'avons pas de concept de la liberté qui convienne à Dieu absolument, en tant que l'action de Dieu, résultant de sa nature uniquement raisonnable, est comme enfermée en elle-même[3]. La liberté, telle que nous la concevons, comporte une influence des êtres intelligibles sur les phénomènes ; elle consiste essentiellement dans le rapport de ces êtres, comme causes, aux phénomènes, comme effets. Elle est donc le pouvoir de déterminer un commencement qui n'a d'autre principe qu'elle-même. Or l'idée d'un premier commence-

---

1. IV, p. 63, p. 99 sq.
2. IV, p. 93-94.
3. IV, p. 92, note.

ment, qui ne saurait valoir exclusivement, ni pour le monde des choses en soi où rien ne commence, ni pour le monde des phénomènes où rien n'est premier, vaut pour signifier la causalité de l'un par rapport à l'autre. Un exemple permet d'éclaircir ce genre de causalité. Il y a en nous une faculté, la raison, dont l'exercice est lié à des principes objectifs de détermination ; ces principes sont des idées pures, et leur puissance déterminante, ne relevant en rien de la nature sensible, n'exprime rien de ce qui est, mais ce qui doit être (*das Sollen*) ; autrement dit, les idées de la raison fournissent des règles universelles, indépendantes de toute condition de temps. Dès lors, quand le sujet raisonnable agit par raison pure, ses actes peuvent être considérés comme absolument premiers, leur rapport au monde sensible n'est pas un rapport de temps ; néanmoins ils se révèlent dans le monde sensible selon un ordre constant, effet des maximes qu'ils ont adoptées. Si au contraire le sujet raisonnable n'agit pas par des principes rationnels, sa conduite reste soumise aux lois empiriques de la sensibilité, à l'enchaînement des causes et des effets dans le temps, bien que sa raison en elle-même reste libre[1]. Ainsi les *Prolégomènes* tendent peut-être davantage à détacher la notion de la liberté de ce qui dans la chose en soi est essentiellement en soi, pour l'identifier au rapport de la chose en soi avec les phénomènes ; ils rapprochent aussi plus directement ce rapport du rapport des principes intelligibles de détermination pratique à l'ordre des penchants sensibles : d'où une réduction déjà marquée de la liberté transcendantale à la forme de la liberté pratique rationnelle qui agit selon ce qui doit être, au lieu qu'elle soit le principe universel de toutes les actions, quelle qu'en soit la moralité. Les *Prolégomènes* semblent donc moins placer les idées de la raison sous l'ombre des choses en soi, pour en expliquer le sens à la lumière des conditions immanentes de l'action.

---

1. IV, p. 91-95.

Même tendance apparaît dans les éclaircissements que fournit Kant sur la détermination des limites de la raison pure, et qui lui sont en grande partie suggérées par le besoin de répondre aux vues de Hume en matière religieuse.

La *Critique de la Raison pure* ne contient qu'une mention rapide et assez vague des idées théologiques de Hume[1] ; elle devait d'ailleurs être terminée ou à peu près, lorsque Kant put prendre connaissance de la traduction que Hamann avait faite des *Dialogues sur la Religion naturelle*[2]. Dans ces *Dialogues*, où la pensée propre de l'auteur ne se révèle pas toujours avec une netteté et une consistance parfaites[3], ce qui apparaît malgré tout comme essentiel, c'est la discussion rigoureuse de l'anthropomorphisme impliqué dans l'usage de la finalité pour la détermination des attributs de Dieu : contre l'orthodoxe Cléanthe, suivant qui « la curieuse adaptation des moyens aux fins dans toute la nature ressemble parfaitement, tout en le surpassant beaucoup, à ce qui se montre dans les produits d'invention humaine : dessein humain, pensée, sagesse, intelligence »[4], le sceptique Philon fait valoir que l'analogie signalée entre les produits de la nature et les œuvres de l'art humain est beaucoup trop incertaine pour fonder un raisonnement qui ne serait décisif que si l'on affirmait la similitude des causes en vertu de la similitude parfaite des effets ; il se plaît à montrer que la nature est trop diverse en ses opérations pour qu'on puisse étendre à l'explication de phénomènes éloignés de nous le mode d'action qui résulte d'une économie des idées dans l'esprit[5] ; il soutient que le monde laisse apercevoir trop

1. III, p. 496.
2. Benno Erdmann, *Prolegomena, Einleitung*, p. vi ; *Kants Kriticismus*, p. 86.
3. V. surtout la dernière partie, dans laquelle Philon semble retirer certaines des objections qu'il avait faites. — V. aussi la lettre de Hume à Gilbert Elliot de Minto (10 mars 1751), dans laquelle il déclare avoir voulu faire de Cléanthe (l'orthodoxe anthropomorphiste) le héros de ses *Dialogues*. Burton, *Life and Correspondence of David Hume*, Edinburgh, 1846, I, p. 331.
4. *The philosophical Works of David Hume*, Edinburgh, II (1866) ; 2ᵉ partie, p. 440.
5. 2ᵉ partie, p. 441 sq.

d'imperfections, naturelles[1] ou morales[2], pour qu'on puisse conclure de là à la perfection et à la sagesse de la divinité : qu'enfin s'il existe un ordre universel, cet ordre n'exige pas nécessairement de principe au delà de la matière et est certainement compatible avec d'autres hypothèses que celles du théisme anthropomorphique[3].

A la vérité, Kant trouvait dans sa pensée antérieure de quoi répondre à ces observations de Hume. Dans les *Leçons sur la Métaphysique*, il avait déjà défendu le théisme, tout en l'affranchissant de ses expressions dogmatiques ; il avait prévenu que l'on tomberait dans l'anthropomorphisme si l'on oubliait que les attributs transférés de l'homme à Dieu ne sont pas les mêmes chez Dieu et chez l'homme, mais seulement analogues[4]. Il avait donc marqué le caractère purement analogique du procédé par lequel on rattache le monde à Dieu comme à sa cause[5]. Dans la *Critique de la Raison pure*, il avait donné plus de précision à ces remarques, en les reliant à sa théorie sur la fonction régulatrice des idées de la raison. Il avait donc repoussé d'une part cette espèce d'anthropomorphisme qui prétend déterminer par des attributs empruntés au monde donné, fût-ce le monde des êtres humains, ce qu'est en soi l'existence de Dieu ; il avait réservé à la théologie transcendantale, à défaut de pouvoirs d'affirmation plus positifs, un droit de censure et d'épuration sur les concepts de Dieu définis par des éléments em-

---

1. 5ᵉ partie.
2. 10ᵉ et 11ᵉ parties.
3. 4ᵉ, 5ᵉ, 6ᵉ, 7ᵉ et 8ᵉ parties.
4. *Vorlesungen über die Metaphysik*, p. 272.
5. « Aucune créature ne peut d'aucune manière saisir Dieu dans une intuition, elle peut le connaître seulement par le rapport qu'il a au monde. Par conséquent nous ne pouvons pas connaître Dieu *comme il est*, mais comme il se rapporte au monde en tant que principe de ce monde ; c'est ce qu'on appelle connaître Dieu par analogie... L'analogie est une proportion entre quatre termes dont trois sont connus et le quatrième inconnu... Nous disons donc : *Le rapport qu'il y a entre les objets des choses et ce que nous nommons en nous entendement, c'est le rapport même qu'il y a entre tous les objets possibles et l'inconnu en Dieu, que nous ne connaissons nullement* et qui, loin d'être constitué comme notre entendement, est d'un tout autre genre », p. 310-311.

piriques, même pratiques[1]. Mais en même temps il justifiait une autre sorte d'anthropomorphisme, un anthropomorphisme, comme il disait, « plus subtil ». En effet l'affirmation de Dieu, comme principe de l'unité systématique du monde, ne peut poser son objet qu'en idée ; elle ne se laisse pas déterminer par les catégories puisque les catégories ne conviennent qu'aux phénomènes et requièrent, pour être appliquées, une intuition ; mais elle peut se laisser schématiser par analogie avec des objets de l'expérience ; dire en ce sens que nous concevons Dieu comme une intelligence suprême, ce n'est pas dire qu'il est tel en soi, mais que nous devons nous le représenter comme tel par rapport au monde[2].

Les *Prolégomènes* confrontent directement les idées de Kant avec la critique de Hume. La raison conçoit Dieu comme l'Être qui contient le principe de toute réalité. Mais veut-elle le penser par de purs concepts de l'entendement ? Elle ne pense alors rien de déterminé. Selon la juste remarque de Hume, il faudrait ajouter aux prédicats ontologiques (éternité, omniprésence, toute-puissance) des propriétés qui définissent l'idée de Dieu *in concreto*. Or ces propriétés ne pourraient être qu'empruntées à l'expérience ; elles seraient dès lors en contradiction avec l'idée à laquelle elles apporteraient un contenu. Si j'attribue à Dieu un entendement, sous quelle forme sera-ce ? Je ne connais positivement qu'un entendement tel qu'est le nôtre, assujetti à recevoir les objets de l'intuition sensible avant de les soumettre aux règles de l'unité de conscience. Si je sépare l'entendement de la sensibilité pour obtenir un entendement pur, je n'ai plus qu'une forme de la pensée sans intuition, incapable par conséquent de saisir des objets ; car d'un entendement qui comme tel aurait une intuition immédiate des objets je n'ai aucune idée. De même, la volonté que je poserais en

---

[1]. III, p. 433.
[2]. III, p. 451-452, 460-461, 468-469.

Dieu ne serait jamais qu'une volonté comme celle que je connais par mon expérience interne, c'est-à-dire qui ne peut se satisfaire que par des objets affectant la sensibilité[1]. Hume soutient donc justement que le déisme qui n'aboutit pas au théisme est trop indéterminé pour servir de fondement à la morale et à la religion, et que le théisme ne peut se constituer que par anthropomorphisme. Seulement il n'a pas vu que les concepts anthropomorphiques, contradictoires en effet s'il s'agit de les appliquer à Dieu en lui-même, sont légitimes dès qu'il s'agit d'exprimer dans notre langage le rapport de Dieu au monde sensible, en respectant ce qu'il y a de positif dans la limite qui sépare l'expérience des choses en soi. Un tel usage de ces concepts constitue une connaissance par analogie, non pas au sens où Hume a pris ce dernier mot, comme une ressemblance imparfaite entre deux choses, mais au sens où il faut le prendre, comme une parfaite ressemblance entre deux rapports qui lient des choses différentes. Attribuer à Dieu une raison, c'est à dire que la causalité de la cause suprême est par rapport au monde ce que la raison humaine est par rapport à ses œuvres. La nature de la cause suprême n'en reste pas moins impénétrable : je compare seulement l'effet que j'en connais, l'ordre du monde, aux effets ordonnés de la raison humaine, et je conclus à l'identité du rapport dans les deux cas. Si je dis encore que le soin du bonheur des enfants est à l'amour paternel ce que le salut du genre humain est à cet attribut de Dieu, au fond inconnu, que j'appelle amour, je n'entends pas par là que cet amour en Dieu ressemble à une inclination humaine ; je ne l'introduis que comme le terme qui me permet de définir pour moi par un symbole représentable ce qui est certain tout d'abord, c'est-à-dire l'égalité de deux rapports. Ainsi tombe la critique de Hume. Elle ne peut plus objecter que l'on dé-

---

1. Kant ne semble donc pas être encore arrivé à la pleine conception d'une volonté pure.

termine Dieu par des concepts contradictoires avec son essence, ni qu'on le laisse indéterminé au point où une détermination est possible pour nous et nous intéresse. A l'origine de cette critique il y a un principe juste, mais incomplet : à savoir, que nous ne devons pas pousser l'usage dogmatique de la raison au delà du domaine de l'expérience possible. Un autre principe doit intervenir, qui a entièrement échappé à Hume : à savoir, que nous ne devons pas considérer le domaine de l'expérience possible comme une chose qui, au regard de la raison, se limite elle-même ; ce qui limite l'expérience doit être en dehors d'elle, et peut soutenir avec elle des rapports déterminables par analogie [1].

L'insistance avec laquelle Kant marque sur ce sujet l'opposition de sa pensée à celle de Hume, dans l'ouvrage où il a dit le plus explicitement ce qu'il devait à Hume, s'explique sans doute par la crainte de voir opérer quelque rapprochement entre les réserves de sa *Dialectique* contre le dogmatisme et les aperçus sceptiques de Hume en matière religieuse. Le public eût pu croire que le « Hume prussien » suivait en tout le Hume écossais. Et d'autre part Kant, en train de poursuivre les conséquences pratiques de sa doctrine générale, se devait à lui-même de signifier qu'elles l'entraînaient dans une tout autre voie [2].

Cependant les *Prolégomènes* n'esquissent même pas une doctrine positive de la moralité : ils se bornent à rappeler les services que la discipline critique rend à la morale ; grâce à cette discipline, les idées transcendantales ne doivent plus nous égarer dans des connaissances spécieuses et dialectiques ; mais la nécessité de les concevoir n'en reste pas moins bien fondée et témoigne d'une disposition métaphysique de la raison qui, comme telle, est invincible. Il reste à découvrir le vrai domaine d'application de ces idées, qui est la morale. « Ainsi les idées transcendantales, si elles ne

---

1. IV, p. 103-109.
2. Cf. Benno Erdmann, *Prolegomena, Einleitung*, p. cviii.

peuvent nous instruire positivement, servent du moins à détruire les affirmations du *matérialisme*, du *naturalisme* et du *fatalisme*, affirmations téméraires et qui rétrécissent le champ de la raison, par là à ouvrir un espace libre aux idées morales en dehors du domaine de la spéculation ; et voilà, ce me semble, ce qui expliquerait dans une certaine mesure cette disposition naturelle [1]. »

*
* *

Kant ne semble donc pas avoir encore exactement déterminé le rapport des idées qui doivent constituer le système de la morale, ni clairement aperçu la conception qui organisera le système. On peut suivre la trace de ses hésitations et de ses recherches à cette époque dans ses *Leçons sur la doctrine philosophique de la Religion*, qu'a publiées Pölitz [2] : c'est dans le semestre d'hiver de 1783-1784 que Kant enseigna à part pour la première fois la théologie philosophique, devant un nombre étonnant d'auditeurs, selon ce que Hamann écrivait à Herder le 22 octobre 1783 [3] ; c'est à cette date que se rapportent, pour des raisons internes [4] et pour des raisons externes [5], avec la plus grande vraisemblance les *Leçons* qui nous ont été conservées.

---

1. IV, p. 111.
2. *Vorlesungen über die philosophische Religionslehre*, 1re édition, 1817 ; 2e édition, 1830. — Nos renvois se réfèrent à la deuxième édition.
3. Ed. Roth, VI, p. 354. — Cf. Em. Arnoldt, *Kritische Excurse*, p. 591-596.
4. V. Walter B. Waterman, *Kant's Lectures on the philosophical theory of Religion*, Kantstudien, III, p. 301-310.
5. Je m'étais adressé à M. le Prof. Heinze, chargé de préparer une partie de l'édition nouvelle des œuvres de Kant, pour savoir s'il n'avait pas quelque manuscrit permettant de fixer par des signes externes la date des *Leçons sur la doctrine philosophique de la Religion* ; M. le Prof. Heinze a bien voulu me répondre qu'un cahier qui a été conservé, et qui donne presque entièrement le même texte que les *Leçons*, indique comme date du commencement des leçons, le 13 novembre 1783. Ce renseignement est confirmé dans la dernière édition (IXe) du *Grundriss* d'Ueberweg-Heinze, III, 1, p. 295. — A remarquer que ces Leçons contiennent quelques passages, p. 65-67, 70-71, littéralement reproduits de la *Critique de la Raison pure*, III, p. 413-414, 417-418.

Ces *Leçons* faites d'après Baumgarten et Eberhard ont de grandes affinités avec la partie des *Leçons sur la Métaphysique* comme avec la partie de la *Critique de la Raison pure* qui sont consacrées à la théologie rationnelle. Elles reproduisent les mêmes grandes divisions de cette théologie en théologie transcendantale, théologie naturelle et théologie morale. La théologie transcendantale, qui essaie de dériver d'un concept l'existence d'un Être nécessaire[1], nous présente de Dieu une idée à coup sûr très épurée, mais très pauvre ; elle est surtout, par rapport aux autres sortes de théologie, propédeutique ; par son caractère strictement rationnel, elle exclut l'anthropomorphisme, mais au prix de toutes les déterminations de Dieu qui nous intéressent ; le déiste qui s'en contente n'est guère en accord avec la conscience du genre humain[2]. La théologie naturelle nous fournit, elle, au lieu d'une substance éternelle agissant aveuglément, un Dieu vivant, cause de toutes choses par son intelligence et sa liberté[3]. Elle ne peut d'ailleurs nous en présenter le concept que comme une hypothèse nécessaire de la raison, qui ne saurait sans danger se convertir en une explication directe des phénomènes de la nature. Elle doit se tenir en garde contre ce qui est son vice naturel, l'anthropomorphisme, non seulement contre l'anthropomorphisme grossier qui, en prêtant à Dieu une figure humaine, trahit trop visiblement son défaut, mais encore contre l'anthropomorphisme subtil, qui en rapportant à Dieu des attributs de l'homme, néglige d'affranchir ces derniers de leurs limites[4]. Ce n'est pas à dire cependant qu'il nous soit défendu de rien affirmer de Dieu qui nous intéresse ; et, comme dans les *Prolégomènes*, Kant combat les objections de Hume contre le théisme. Ici, il les combat comme contradictoires avec la finalité de l'univers. Le monde en général, surtout

1. P. 23 ; p. 360 sq.
2. P. 16.
3. P. 15 ; p. 96.
4. P. 93-94.

les êtres organisés, ne peuvent être les produits d'une nature brute : par quel concours de contingences aveugles pourrait-on rendre intelligible la production d'une simple teigne ? L'hypothèse d'une *summa intelligentia* est incomparablement plus satisfaisante pour la raison que l'hypothèse contraire ; le tout est de se souvenir que cette hypothèse ne saurait prétendre à déterminer ce qu'est Dieu en soi [1]. Le théisme moral est celui qui est vraiment « critique [2] » ; et c'est en même temps celui qui assure l'existence de Dieu sur un fondement inébranlable. En effet, le système des devoirs est connu *a priori* par la raison avec une certitude apodictique ; et ce n'est pas pour le garantir comme tel que Dieu est invoqué ; en ce sens la morale se suffit pleinement à elle-même. Mais du moment qu'elle détermine les conditions sous lesquelles un être raisonnable et libre se rend digne du bonheur, elle doit admettre, sous peine d'infirmer indirectement le système des devoirs dont elle part et d'ébranler la foi en sa réalité objective, que le bonheur doit être réparti à l'honnête homme selon qu'il l'a mérité. Or en fait, dans le cours actuel des choses, non seulement la plus respectable honnêteté ne rencontre pas le bonheur, mais elle est constamment méconnue, persécutée, foulée aux pieds par le vice. Il doit donc y avoir un Être qui gouverne le monde d'après la raison et les lois morales, qui établit pour l'avenir un ordre dans lequel la créature qui s'est rendue digne de la félicité en participera effectivement [3].

Le théisme moral se distingue des diverses formes du théisme spéculatif par le genre de rapport qu'il établit entre l'existence de Dieu et le sujet qui l'affirme. L'affirmation ici ne pourrait être appelée hypothétique que si l'on ramenait toute certitude à la certitude théorique, qui exige pour toute connaissance l'union du concept et de l'intuition : faute

---

1. P. 94 ; p. 123-126.
2. P. 31.
3. P. 31-32 ; p. 139-140 ; p. 156-157.

de pouvoir réaliser cette union, les preuves spéculatives n'ont pas résisté à la critique. Mais, à défaut d'une intuition qui la vérifie, et qui, si elle nous était donnée, aurait pour effet de nous soumettre aux mobiles de l'espoir et de la crainte, l'idée de Dieu peut se rapporter à la condition de l'agent qui doit obéir au devoir, et c'est par là qu'elle se détermine, non plus théoriquement, mais pratiquement. Elle est donc justifiée dès qu'elle se rattache, non pas seulement à des besoins subjectifs, mais à des données objectives de notre raison ; or les impératifs moraux constituent des données de ce genre, aussi certaines que celles qui en mathématiques érigent des suppositions en postulats. Nous dirons donc que l'existence de Dieu est un postulat nécessaire des lois irréfragables de notre nature propre et que la foi qui s'y attache est en elle-même aussi certaine qu'une démonstration mathématique [1]. Cette évidence pratique ne crée pas dans le sujet une disposition à mettre l'affirmation de Dieu au-dessus de la loi morale prise en elle-même [2], mais simplement à rendre la loi efficace comme mobile [3]. Kant insiste sur le danger qu'il y aurait à faire dépendre la morale de la théologie, à confondre par exemple la théologie morale avec la morale théologique [4]: mais il ne paraît pas encore avoir découvert, parmi les motifs de notre conduite en conformité avec le devoir, ceux qui doivent nous déterminer immédiatement. Ce qu'il met en relief, c'est le caractère à la fois rationnel et pratique de la croyance en Dieu, pour laquelle se trouve désormais tout à fait consacré le terme de postulat.

La croyance morale porte plus que sur l'affirmation de Dieu ; elle porte également sur l'affirmation de la liberté et sur celle d'un monde moral : par ces trois affirmations, d'ailleurs étroitement connexes, elle nous élève à une idée

1. P. 32-34 ; p. 141 ; p. 159-160.
2. « Dieu est en quelque sorte la loi morale même, mais personnifiée », p. 146.
3. P. 4 ; p. 142.
4. P. 17.

qui dépasse l'expérience. Mais devant une part de ses titres à l'insuffisance de la raison spéculative, elle ne saurait laisser dénaturer cette idée par une spéculation visionnaire [1].

En somme, les *Leçons sur la doctrine philosophique de la Religion,* si elles manifestent quelque tendance à rationaliser davantage la croyance morale, ne modifient rien, sur la théologie proprement dite, des conceptions exposées dans les *Leçons sur la Métaphysique* et dans la *Critique.* Même sur le problème de la nature du mal, elles s'en tiennent à l'optimisme leibnizien, qui cependant ne concorde guère avec l'idée assez fortement marquée d'un dualisme entre la nature et la moralité [2], — au point de se référer expressément aux *Considérations sur l'optimisme* [3]. Le mal dans le monde n'est que le développement imparfait d'un penchant originel au bien ; il ne saurait résulter d'un principe spécifique et positif [4]. Efforçons-nous de considérer les choses au point de vue du Tout ; dans cet effort les astronomes nous aident par leurs découvertes, qui ont indéfiniment élargi notre horizon [5]. En concevant que tout dans le monde est arrangé pour le mieux, nous sommes conduits à admettre une pareille harmonie pour les fins de la raison [6]. C'est cette conception d'une harmonie des fins de la raison qui relie dans ces *Leçons* à la théologie de Kant l'essai plus neuf qu'elles présentent çà et là d'une doctrine positive de la moralité [7].

Cette doctrine consiste à identifier la moralité avec un système universel des fins ; l'accord de notre conduite avec l'idée d'un système de toutes les fins est le fondement de la moralité d'une action. C'est pourquoi le bonheur ne doit pas être moralement l'objet immédiat de notre vouloir, car

1. P. 174.
2. P. 156-157.
3. P. 184-185.
4. P. 150.
5. P. 185.
6. P. 185-187.
7. V. Walter B. Waterman, *The Ethics of Kant's Lectures on the philosophical Theory of Religion,* Kantstudien, III, p. 415-418.

il ne peut être qu'un ensemble de fins contingentes, variant selon les sujets [1]. En d'autres termes, la notion du bonheur n'est pas la notion d'un Tout, elle est composée uniquement de parties ; elle ne peut servir de règle. Au contraire, la vraie façon de procéder en morale, c'est de partir de l'idée d'un Tout de toutes les fins pour déterminer la valeur de chaque fin particulière. L'usage moral de notre raison nous rapproche ainsi *in concreto*, et uniquement pour la pratique, de l'acte de l'Intelligence suprême qui va du Tout aux parties. L'homme a l'idée d'un Tout de toutes les fins, bien qu'il ne la réalise jamais complètement [2]. Cette idée est à la fois principe et critère. « On peut concevoir deux systèmes de toutes les fins : ou bien *par la liberté,* ou bien *selon la nature des choses.* Un système de toutes les fins par la liberté est atteint suivant les principes de la morale, et est la perfection morale du monde ; en tant seulement que des créatures raisonnables peuvent être considérées comme membres de ce système universel, elles ont une valeur personnelle. Car une bonne volonté est quelque chose de bon en soi et pour soi, et par conséquent quelque chose d'*absolument* bon (*Denn ein guter Wille ist etwas an und für sich Gutes, und also etwas* ABSOLUT *Gutes*). Mais tout le reste ne peut être que quelque chose de conditionnellement bon. Par exemple, la pénétration d'esprit, la santé ne sont quelque chose de bon que sous une condition bonne, c'est-à-dire sous la condition d'un bon usage. Mais la moralité, par laquelle est rendu possible un système de toutes les fins, donne à la créature raisonnable une valeur en soi et pour soi, en en faisant un membre de ce grand royaume de toutes les fins. La possibilité d'un tel système universel de toutes les fins *ne dépendra uniquement que de la moralité.* Car c'est seulement en tant que *toutes* les créatures raisonnables agissent d'après ces lois éternelles de la raison qu'elles peuvent être unies

---

1. P. 145.
2. P. 113-114.

sous un principe commun et constituer ensemble un système des fins. Par exemple, si tous les hommes disent la vérité, il y a entre eux un système des fins possible ; mais dès que l'un d'eux seulement vient à mentir, sa fin propre n'est déjà plus en accord avec les autres. Voilà pourquoi aussi la règle universelle d'après laquelle est estimée la moralité d'une action est toujours celle-ci : « Si tous les hommes faisaient cela, est-ce qu'il pourrait bien y avoir encore une connexion des fins [1] ? » Se déterminer par les lois de la raison ou agir pour constituer un système des fins, ce sont deux façons à peine différentes de traduire les conditions de la conduite morale. « Une action est mauvaise, lorsque l'universalité du principe d'après lequel elle est accomplie est contraire à la raison [2]. »

Un système de toutes les fins, avons-nous vu, ne peut fournir pleinement son contenu à la moralité que s'il est réalisé par la liberté. La liberté doit être supposée chez l'homme, si l'on ne veut pas que la moralité soit supprimée. Cette liberté est-elle la liberté transcendantale, l'absolue spontanéité, la faculté de vouloir *a priori* ? Certes, si l'homme, comme membre de la nature, est soumis au mécanisme, tout au moins à un mécanisme psychologique, il a conscience de lui-même comme d'un objet intelligible. Seulement cette conscience a peine à se certifier elle-même, par le fait que l'homme a des inclinations subjectives ; et le concept d'une absolue spontanéité, valable sans aucune difficulté pour Dieu, ne peut établir sa réalité, ni même en un sens sa possibilité quand il s'agit d'une créature affectée par les choses. L'homme, en tout cas, possède la liberté pratique, c'est-à-dire l'indépendance à l'égard des penchants sensibles. Bien que Kant ne caractérise encore la liberté pratique que négativement, il la rapproche cependant de la liberté transcendantale, d'abord en ne la

---

1. P. 189-190.
2. P. 145.

donnant plus comme un fait d'expérience, ensuite en la présentant comme une idée d'après laquelle nous devons agir et qui acquiert par là une réalité. « L'homme agit d'après l'idée d'une liberté, *comme s'il était libre*, et *eo ipso* il est libre.¹ »

Cependant la pensée de Kant n'est pas encore arrivée à définir par un principe central le rapport qu'il y a entre ces diverses conceptions, idée de la loi morale, idée de la liberté, idée d'un ordre selon la raison, idée d'un système universel des fins. Il n'est aucune de ces conceptions qui ne soit destinée à trouver une place dans la doctrine intégrale : mais quelle place au juste ? En se posant plus près de la liberté transcendantale, la liberté pratique peut moins se laisser imposer du dehors le système des fins qui répond à la loi morale, et pourtant il faut que ce système des fins ait une valeur objective. Il est temps de voir comment Kant a été plus directement conduit à la notion médiatrice.

1. P. 131-132. — Cf. *Grundlegung zur Metaphysik der Sitten*, IV, p. 296.

CHAPITRE III

LA PHILOSOPHIE DE L'HISTOIRE

La volonté est pour Kant la faculté des fins ; la volonté est morale lorsque les fins qu'elle poursuit font partie d'un système rationnel ; mais cette conception d'un ordre des fins, tout en étant très essentielle à la pensée kantienne, avait gardé un caractère spéculatif assez indéterminé ; elle ne s'était pas non plus rattachée par un lien interne à l'idée de la liberté qu'elle suppose. Il semble qu'elle ait dû pour une grande part sa définition pratique à l'effort fait par Kant à cette époque pour esquisser une philosophie de l'histoire.

C'est dans la seconde partie du XVIIIe siècle que la notion d'une philosophie de l'histoire commence à se produire en Allemagne, et à y engendrer divers essais d'exposition ou d'explication de la marche générale et des fins dernières de l'humanité[1]. Cette notion ne tarda pas à bénéficier du concours de la doctrine leibnizienne. Bien que Leibniz, malgré ses connaissances et ses aptitudes d'historien, n'eût pas cherché à éclaircir didactiquement la signification philosophique de l'histoire, il devait, par son optimisme, par sa conception d'un développement à la fois spontané et régulier des êtres, par son principe des indiscernables comme par son principe de continuité, éveiller au moins de

---

[1]. Robert Flint, *La Philosophie de l'Histoire en Allemagne*, trad. française de Ludovic Carrau, 1878, p. 23.

façon indirecte le sentiment d'un intérêt et d'une valeur de toutes les productions humaines, l'idée d'une suite rationnelle de tous les événements humains. Cependant ce sens de sa pensée fut aussi étranger que possible à Wolff et à ses disciples. Le rationalisme wolffien retranche précisément de la philosophie leibnizienne tout ce que contenait de fécond cette idée d'une évolution à la fois naturelle et rationnelle ; et, préoccupé avant tout de constituer le système logique de la vérité, il ne considère qu'avec indifférence ou même avec mépris toutes les représentations que l'humanité s'est données des choses en dehors de ce système. Avant les lumières du siècle il n'y avait que superstition et que barbarie. L'enthousiasme ingénu avec lequel certains wolffiens se félicitent d'être nés en leur temps[1] trahit, avec leur inintelligence du passé, leur impuissance à concevoir pour les croyances et les œuvres spirituelles de l'homme une autre mesure que leur morale et leur théologie naturelle. Si le mouvement de l'*Aufklärung* ne se termina pas tout entier à cette conception plate et stérile, ce fut grâce à une reprise de ce que la pensée de Leibniz avait comme gardé en réserve. Lessing ressuscite le meilleur de l'inspiration leibnizienne : la raison n'est pas née tout entière à un moment ; elle doit se reconnaître jusque dans les croyances et les œuvres qui paraissent l'avoir contredite ou limitée : elle est réelle, quoique à l'état confus, dans cette apparente irrationnalité des pensées et des productions humaines d'autrefois. Le propre de la raison, ce n'est pas de faire rentrer le réel dans ses cadres logiques, c'est de voir en tout ce qui est, en tout ce qui arrive, un microcosme, une monade, un miroir vivant de l'ordre universel qu'elle aspire à comprendre. Ainsi, en se retrouvant dans l'histoire, la raison, au lieu de manquer son objet, en prend une pleine et ample possession. L'ensemble des événements et des actes humains forme une

---

1. V. en particulier Mendelssohn dans l'appendice de son *Phédon*.

série ordonnée dont chaque terme est un degré dans l'expression ou la réalisation de la vérité.

* *

Toutefois, si le leibnizianisme ainsi restauré faisait bien ressortir la finalité de l'évolution humaine, il devait avoir aux yeux de Kant le radical défaut de ne pas la spécifier et de la confondre avec la finalité générale de la nature. Du moment que tout se règle sur la représentation dogmatique d'un ordre de choses sans différences et sans oppositions essentielles, d'un ordre qui ne se manifeste que sous la loi d'un progrès continu et qui ne se diversifie que par analogie avec lui-même, les déterminations de la volonté perdent leur sens originel et leur valeur absolue ; les événements historiques aussi bien que les actes individuels de l'homme ne sont plus moralement qualifiables. — La liberté ne peut se sauver que par une opposition irréductible à la causalité mécanique : cette conception caractéristique de la pensée criticiste avait à lutter contre la séduction de l'esprit leibnizien, incomparable dans l'art de rapprocher les contraires et de les réduire à de simples variétés de points de vue et à de simples différences de moments. Kant venait précisément de rencontrer une thèse qui dérivait de cet esprit dans le livre d'un prédicateur de Gielsdorf, Schulz, livre intitulé *Essai d'introduction à une morale pour tous les hommes sans distinction de Religion.* Il l'expose et la combat en un compte rendu qu'il donne au « *Raisonnirendes Bücherverzeichniss* » (1783)[1]. Il montre les conséquences connexes qu'engendre l'application dogmatique du principe de continuité. Dans l'ordre de l'existence, rien n'est mort, même ce qui semble inorganique : la vie est partout, à des degrés divers ; il n'y a donc pas lieu de faire de l'âme, dans une nature universellement animée, un être à part. Dans l'ordre de la con-

---

1. IV, p. 135-139.

naissance, toute affirmation implique une part de vérité, même l'affirmation d'apparence la plus erronée ; il n'y a pas d'erreur absolue ; ce que l'homme affirme, au moment où il l'affirme, est pour lui une vérité : le redressement d'une erreur se fait par l'apparition d'idées qui manquaient encore ; la vérité d'autrefois devient erreur par le progrès même de la science ; s'il y a une critique de la raison par elle-même, elle ne saurait avoir lieu tandis que la raison affirme, mais plus tard, quand la raison n'est plus au même point et qu'elle a acquis de nouvelles lumières. Enfin, dans l'ordre de l'action pratique, la vertu et le vice n'ont rien d'essentiellement distinct ; ils n'expriment qu'un degré inférieur ou supérieur de perfection ; ils résultent d'une inclination fondamentale, qui est l'amour de soi, déterminée, tantôt par des sensations obscures, tantôt par des représentations claires ; le repentir est absurde, dès qu'il signifie, au lieu d'une disposition à agir désormais autrement, la croyance que l'action aurait pu être autre dans le passé. Il n'y a pas de libre arbitre : la volonté est soumise à la loi stricte de la nécessité : heureuse doctrine, selon l'auteur, et qui donne à la morale tout son prix, qui justifie la sagesse et la bonté divines par le progrès assuré de toutes les créatures vers la perfection et le bonheur. Et il est fort vrai que l'on peut avec de pieuses intentions aller jusqu'à une telle doctrine, et même plus loin : témoin Priestley en Angleterre. Mais ce n'est pas une raison pour adhérer à ce fatalisme universel, qui « convertit toute la façon d'agir de l'homme en un simple jeu de marionnettes » et qui « détruit entièrement le concept d'obligation ». « Le devoir (*das Sollen*) ou l'impératif qui distingue la loi pratique de la loi naturelle nous place aussi en idée tout à fait hors de la chaîne de la nature, tandis que si nous ne concevons pas notre volonté comme libre, cet impératif est impossible et absurde[1]. » Tout en ne voulant considérer ici que la liberté pratique, liée à la

---

1. IV, p. 138.

conscience du devoir, Kant cependant la traite comme une idée, non plus comme un fait d'expérience psychologique. « Le concept pratique de la liberté n'a dans le fait rien du tout à discuter avec le concept spéculatif, qui reste pleinement livré à la métaphysique. Car d'où m'est venu originairement l'état dans lequel aujourd'hui je dois agir, c'est ce qui peut m'être tout à fait indifférent ; la seule question que je me pose, c'est de savoir ce que pour le moment j'ai à faire ; et ainsi la liberté est une supposition pratique nécessaire, et une idée sous laquelle seule je peux considérer les commandements de la raison comme valables. Même le plus obstiné sceptique convient que lorsqu'il est question d'agir, toutes les difficultés sophistiques touchant une apparence universellement trompeuse doivent s'évanouir. Pareillement, le fataliste le plus résolu, celui qui l'est tout le temps qu'il se livre à la pure spéculation, doit cependant, dès qu'il y a matière pour lui à sagesse et à devoir, agir toujours *comme s'il était libre*, — et cette idée produit en réalité l'action qui y correspond, et elle est seule aussi à pouvoir la produire[1]. » Même ce qui fait qu'il y a une vérité, indépendante des façons de voir momentanées, fait aussi qu'il y a une liberté : vérité et liberté sont également garanties par cette raison, dont l'auteur est le premier à se réclamer. « Sans vouloir se l'avouer à lui-même, l'auteur a supposé dans le fond de son âme que l'entendement a la faculté de déterminer son jugement d'après des principes objectifs qui sont valables en tout temps, et qu'il n'est pas soumis au mécanisme des causes qui ne déterminent que subjectivement, et qui peuvent se modifier par la suite : il admettait donc la liberté dans la pensée, sans laquelle il n'y a pas de raison. Il doit semblablement supposer une liberté du vouloir dans l'action, sans laquelle il n'y a pas de moralité[2]. »

1. *Ibid.*
2. IV, p. 139.

* *
*

Voilà comment Kant repoussait en principe cette conception d'origine leibnizienne d'après laquelle les oppositions spécifiques du bien et du mal comme du vrai et du faux se résolvent en des différences de moments et de degrés ; il devait donc être prêt à repousser la philosophie de l'histoire qui, suivant cette conception, ne verrait dans la civilisation et la culture humaines que des effets graduellement apparus de l'évolution de la nature, qui par là se montrerait impuissante à discerner les caractères et les fins propres du développement de l'humanité. Cette philosophie de l'histoire, il eut l'occasion de la combattre chez celui qui devait en être le plus brillant interprète, chez son ancien élève, Herder, au temps juste où lui-même venait d'en présenter sommairement une autre, conforme à l'esprit de sa doctrine. Coïncidence avantageuse pour l'intelligence de l'opposition qu'il y avait entre le leibnizianisme renaissant sous une forme nouvelle et la pensée criticiste travaillant à établir les principes d'une philosophie pratique.

Le concept constitutif de la philosophie de l'histoire est en effet pour Kant le concept de la liberté. Autrement dit, la réalisation pratique de la liberté doit être considérée comme la tâche poursuivie par l'humanité dans son développement historique. Cependant n'est-il pas, selon le kantisme, de l'essence de la liberté d'être, non un effet qui se produit dans le temps et sous l'empire de circonstances empiriques, mais une cause supra-sensible qui se détermine hors du temps ? Sans doute ; et cette notion de la liberté, telle que l'a exposée la *Critique*, subsiste ; mais, ainsi que nous l'avons dit, la *Critique* laisse mal défini le rapport de la liberté comme cause à l'impératif comme loi. Il semble que Kant ait été conduit à lier intrinsèquement la liberté et la loi dans un système de morale, précisément par la représentation qu'il s'est faite de la liberté comme fin idéalement nécessaire et par suite comme loi de l'évolution de l'humanité. En montrant que l'histoire est le progrès de la liberté, il se préparait à concevoir que la liberté peut se prendre elle-même pour contenu, que, capable de se définir matériellement par elle-même, elle ne laisse pas vide la forme qu'elle est comme causalité pure, qu'étant encore la fin essentielle, la fin des fins, elle explique le passage autant que la subordination de l'ordre des volontés empiriques à l'ordre des volontés raisonnables. Cette conception même, que l'histoire est le progrès de la liberté, sera féconde pour l'idéalisme postkantien, et l'on sait comment Hegel se chargera de l'expliquer systématiquement ; mais les premières conséquences en seront chez Kant lui-même la pensée d'où dérivera la *Grundlegung*, et selon laquelle la liberté a une puissance de réalisation immanente qui dispense de justifier et de déterminer la loi autrement que par elle. Kant avait dû s'affranchir de la métaphysique leibnizienne pour fonder son criticisme moral ; mais il ne l'a fondé qu'en passant par une autre métaphysique, une métaphysique quasi-hégélienne [1], dont le semi-dogmatisme ne se résoudra dans le criticisme qu'en lui laissant des apports très significatifs [2].

C'est dans ses leçons d'anthropologie que Kant avait

---

1. Signalons d'après les « *Lose Blätter* » de Reicke, II, 277 sq., 285 sq., que Kant eut l'idée d'une histoire philosophique de la philosophie à la façon de Hegel, d'une histoire *a priori* du développement de la raison à travers les systèmes. — « Il faut avouer, dit M. Renouvier, qu'il y avait à côté de Kant, le créateur du criticisme, un Kant métaphysicien, de qui les doctrines avaient plus d'analogie, quoiqu'il se soit abstenu d'en tirer les conséquences, avec le panthéisme et l'émanatisme qu'avec les postulats de la raison pratique. » *Introduction à la philosophie analytique de l'histoire*, nouvelle édition, 1896, p. 37.

2. Sur la philosophie de l'histoire dans Kant, v. outre l'ouvrage cité ci-dessus de Ch. Renouvier, K. Dietrich, *Die Kant'sche Philosophie*, etc., II Theil, p. 35-64. — R. Fester, *Rousseau und die deutsche Geschichtsphilosophie*, p. 68-86. — F. Medicus, *Zu Kants Philosophie der Geschichte*, Kantstudien, IV, p. 61-67 ; *Kants Philosophie der Geschichte*, Kantstudien, VII, p. 1-22, p. 171-229. V. dans Littré, *Aug. Comte et la Philosophie positive*, 2ᵉ édition, 1864, p. 155-156, une lettre dans laquelle Comte, à qui d'Eichthal avait communiqué, en 1824, une traduction des *Idées*, exprime la plus vive admiration pour cet opuscule qu'il trouve « prodigieux pour l'époque » et qui l'aurait fait, dit-il, hésiter à écrire, s'il l'avait connu plus tôt.

d'abord indiqué les vues qui, plus rigoureusement ordonnées et rattachées à des principes spéculatifs, devinrent l'*Idée d'une histoire universelle au point de vue cosmopolitique*[1]. Au reste sa pensée maîtresse sur ce sujet était déjà connue avant qu'il l'eût exposée pour le public. Une note de la « *Gotaische gelehrte Zeitung* » du 11 février 1784, disait ceci ; « Une idée chère au Prof. Kant, c'est que le but final de l'espèce humaine est d'atteindre la plus parfaite constitution politique, et il souhaiterait qu'il y eût un historien philosophe pour entreprendre de nous offrir à ce point de vue une histoire de l'humanité et de nous montrer à quel point l'humanité aux diverses époques s'est rapprochée ou éloignée de ce but et ce qui lui reste encore à faire pour l'atteindre. » Kant se crut dès lors obligé de donner une explication, faute de laquelle, disait-il, la note n'aurait aucun sens intelligible, et l'article qu'il écrivit dans la « *Berlinsche Monatsschrift* » de novembre 1784 fut l'*Idée d'une histoire universelle*[2].

Telle que Kant la conçoit, la philosophie de l'histoire ne se confond pas avec la science historique proprement dite ; elle ne la néglige pas sans doute, pas plus qu'elle ne la remplace ; elle se propose d'en dégager la signification générale conformément à une idée *a priori* de la destination de l'humanité. Recevable ou non en principe, elle ne doit pas être jugée en tout cas comme si elle avait voulu fournir une méthodologie positive de l'histoire[3] ; ce serait plutôt

---

1. Nous avons dit comment l'*Anthropologie* éditée par Starke se terminait par des considérations sur la nécessité qui force l'espèce humaine dans le développement de ses aptitudes à se constituer de plus en plus en société civile régulière. — V. également dans Benno Erdmann, *Reflexionen Kants*, I, p. 205-219, une série de fragments dont le sens concorde pleinement avec celui du dernier chapitre de l'*Anthropologie* de Starke et celui de l'*Idée d'une histoire universelle*.

2. *Idee zur einer allgemeinen Geschichte in weltbürgerlicher Absicht*, IV, p. 143-157.

3. Elle ne mérite donc pas d'être condamnée pour certains des motifs qu'a envisagés Lamprecht, *Herder und Kant als Theoriker der Geschichtswissenschaft*, Jahrbücher für Nationalöconomie und Statistik, 1897, XIV (LXIX), p. 161-203. V. l'examen détaillé des arguments de Lamprecht dans le premier des articles de Fr. Médicus cités ci-dessus.

la méthodologie transcendantale qu'elle en fournit. « Qu'avec cette idée d'une histoire universelle, qui a en quelque manière un fil conducteur *a priori*, j'aie voulu supprimer l'élaboration de l'histoire proprement dite, comprise d'une façon simplement *empirique*, ce serait une méprise sur mes intentions : je ne présente ici qu'une idée de ce qu'une tête philosophique (qui d'ailleurs devrait être très informée en histoire) pourrait tenter à un autre point de vue[1]. » Cet autre point de vue, c'est celui de la raison, qui exige que les événements historiques réalisent par un progrès certain les fins essentielles à l'espèce humaine. Or une certaine façon empirique de traiter l'histoire ne saurait rendre intelligible la suite des faits qui la constituent. A ne considérer en effet que les mobiles qui déterminent la conduite des individus et des peuples, on ne saurait découvrir en eux l'intention directe de se conformer à un ordre d'ensemble ou de le réaliser. Il faut donc admettre qu'en agissant d'après les motifs les plus individuels les hommes agissent comme s'ils avaient en vue un plan raisonnable, autrement dit qu'une loi de la nature détourne en dépit d'eux leurs actions, primitivement aussi discordantes que possible, vers l'accomplissement de fins régulières. Selon le mot qu'emploiera Hegel[2], et qui traduit bien la pensée de Kant, il y a une « ruse » de la raison par laquelle ce facteur irrationnel qui est l'homme produit des effets qui aboutissent à s'enchaîner rationnellement. « Quel que soit le concept que l'on se fait au point de vue métaphysique de la *liberté de la volonté*, les *manifestations phénoménales* de cette liberté, les actions humaines n'en sont pas moins déterminées aussi bien que tout autre événement de la nature, selon des lois naturelles universelles. L'histoire qui s'occupe du récit de ces manifestations, si profondément qu'en soient cachées les causes, ne renonce pourtant pas à un espoir : c'est que,

---

1. IV, p. 156.
2. *Werke*, IX, p. 41. — V. également IX, p. 26 sq. ; VI, p. 382.

considérant en gros le jeu de la liberté de la volonté humaine, elle puisse en découvrir une marche régulière, et que, de la sorte, ce qui dans les sujets individuels frappe les yeux par sa confusion et son irrégularité, dans l'ensemble de l'espèce puisse être connu comme un développement continu, quoique lent, des dispositions originelles. Ainsi, les mariages, les naissances qui en résultent, et la mort, en raison de la si grande influence qu'a sur ces phénomènes la libre volonté des hommes, paraissent n'être soumis à aucune règle qui permette d'en déterminer d'avance le nombre par un calcul; et cependant les tables annuelles qu'on en dresse dans les grands pays démontrent qu'ils se produisent d'après des lois naturelles constantes, aussi bien que ces incessantes modifications de l'atmosphère, dont aucune ne peut être prévue en particulier, mais qui dans l'ensemble ne manquent pas à assurer dans un train uniforme et ininterrompu la croissance des plantes, le cours des fleuves et tout le reste de l'économie naturelle. Les individus humains et même les peuples entiers ne s'imaginent guère qu'en poursuivant, chacun selon sa façon de voir et souvent l'un contre l'autre, sa fin propre, ils vont à leur insu dans le sens d'un dessein de la nature, inconnu d'eux-mêmes, qui est comme leur fil conducteur, et qu'ils travaillent à l'exécuter, alors que s'ils le connaissaient, ils n'en auraient qu'un médiocre souci. Comme les hommes dans leurs efforts n'agissent pas dans l'ensemble en vertu du seul instinct, tels que les animaux, qu'ils n'agissent pas davantage selon un plan concerté, tels que des citoyens raisonnables du monde, il ne semble pas qu'ils aient une histoire régulièrement ordonnée, comme celle, par exemple, des abeilles et des castors... Il n'y a ici pour le philosophe d'autre ressource que celle-ci : puisqu'il ne peut pas supposer en somme chez les hommes et dans le jeu de leur activité le moindre *dessein* raisonnable qui leur soit *propre,* c'est de rechercher si dans cette marche absurde des choses humaines il ne pourrait pas découvrir un *dessein de la nature* : d'où résulterait pour des créatures qui agissent sans plan à elles la possibilité d'une histoire qui serait cependant conforme à un plan déterminé de la nature. Nous allons voir si nous pouvons réussir à trouver un fil conducteur pour une telle histoire, laissant à la nature le soin de produire l'homme qui soit à même de la comprendre selon cette idée. C'est ainsi qu'elle produisit un Képler, qui soumit d'une façon inattendue les orbites excentriques des planètes à des lois déterminées, et un Newton, qui expliqua ces lois par une cause générale de la nature[1]. »

L'application de la raison à l'histoire est tout d'abord liée à l'affirmation de la finalité. Toutes les dispositions naturelles d'une créature sont déterminées de façon à arriver un jour à un développement complet et conforme à leur but. S'il était possible d'admettre un organe sans usage, une tendance manquant sa fin, la doctrine téléologique de la nature se trouverait contredite ; pour un jeu sans dessein, il ne pourrait y avoir d'explication ; il n'y aurait plus que le hasard « désolant ». Mais chez l'homme toutes les dispositions naturelles ont pour but l'usage de la raison : d'où il suit que le développement de ces dispositions ne peut se produire chez lui comme chez les autres êtres vivants. En effet, la raison est la faculté de dépasser les limites de l'instinct naturel ; elle ne peut pas être bornée par avance dans son extension ; au lieu de s'exercer avec une sûreté et une précision immédiates, elle doit tâtonner, s'instruire, se créer des ressources, conquérir lentement sa clairvoyance ; dès lors, pour qu'elle arrive à la plénitude de son développement et de sa fonction, la vie de l'individu apparaît infiniment trop courte ; il faut que son progrès se poursuive à travers des séries innombrables de générations, capables de se transmettre de l'une à l'autre leurs lu-

---

1. IV, p. 143-144. — Lorsque Kant parle ici d'un dessein ou d'une loi de la nature, qu'il traduit souvent aussi par la sagesse de la Providence, il n'a pas dans l'esprit la nature telle qu'elle est comprise par les catégories, mais pour ainsi dire la nature en Idée, — l'ordre des choses selon la raison, non selon l'entendement.

mières[1]. A l'espèce seule sont réservés les pouvoirs et les moyens de faire épanouir les germes originairement déposés en l'homme ; l'espèce seule peut et doit assurer l'avènement définitif de la raison. « Autrement les dispositions naturelles devraient être considérées pour une grande part comme vaines et sans but ; ce qui détruirait tous les principes pratiques et ce qui par là rendrait suspecte d'un jeu puéril en l'homme seul la nature, dont la sagesse doit servir de principe au jugement de tout le reste de l'économie[2]. » D'autre part, en dotant l'homme de la raison et de la liberté, la nature s'est dispensée de pourvoir à tout ce que la raison et la liberté sont en état de procurer ; mesurant ses dons aux stricts besoins d'une existence commençante, elle ne s'est pas préoccupée de rendre l'homme heureux et parfait ; elle a voulu que l'art d'organiser sa vie et de remplir sa destinée lui fût activement confié, et que sa perfection fût son œuvre comme son bonheur. Elle lui a laissé le mérite en même temps que l'obligation de l'effort souvent pénible qui devait l'élever d'une grossièreté extrême à la plus industrieuse habileté ; elle s'est souciée, non qu'il eût une vie aisée et contente, mais qu'il pût s'en rendre digne, elle a voulu qu'il pût conquérir moins des jouissances qu'une estime de lui-même fondée sur la raison[3].

Pour le forcer à développer ses dispositions en se sens, elle use d'un moyen détourné, mais sûr ; elle stimule ces deux penchants contradictoires qu'il y a en lui, et dont l'un le porte à se réunir en société avec ses semblables, dont

---

1. IV, p. 144-145. — Cependant pour Kant les exigences de la finalité, en réservant à l'espèce le pouvoir de développer sur terre les facultés humaines, ne laissent pas de s'appliquer à l'individu ; alors, elles obligent de conclure, selon un argument que Kant a souvent exposé, à la continuation de son existence dans une autre vie. — V. Benno Erdmann, *Reflexionen Kants*, I, n° 680, p. 215. « La disproportion entre nos dispositions naturelles et leur développement en chaque *individu* fournit le principe de la foi en l'immortalité ». Ainsi le même argument sert à justifier la conception transcendante de l'immortalité personnelle et la conception quasi-positiviste de l'immortalité de l'espèce.
2. IV, p. 145.
3. IV, p. 145-146.

l'autre le porte à faire valoir sans réserve ses désirs individuels et par conséquent à menacer de dissolution la société où il est entré. Cette « insociable sociabilité » des hommes est cause qu'ils ne peuvent ni renoncer à la vie sociale, qui d'ailleurs est la condition nécessaire de la culture et des progrès de leurs facultés, ni en accepter d'emblée la règle trop stricte, qui limiterait leurs prétentions à tous en les mettant tous au même niveau. Par les obstacles qu'ils se créent les uns aux autres, ils s'excitent à se dépasser mutuellement ; ils se contraignent au travail, à la mise en valeur de toutes leurs aptitudes[1]. La société civile est l'enclos où l'humanité va laborieusement, mais sûrement, à sa fin. « C'est ainsi que dans un bois, les arbres, justement parce que chacun cherche à ôter à l'autre l'air et le soleil, se forcent l'un l'autre de chercher le soleil au-dessus d'eux et prennent de la sorte une belle et droite croissance, au lieu que ceux qui en liberté et séparés les uns des autres poussent leurs branches à leur gré croissent rabougris, tortus et courbés. Toute culture et tout art, ornement de l'humanité, le plus bel ordre social sont des fruits de l'insociabilité qui est contrainte par elle-même de se discipliner et de développer complètement, par une habileté forcée, les germes de la nature[2]. » Ce labeur incessant d'où résulte, avec la civilisation, un accroissement continu de lumières convertit peu à peu les vagues instincts moraux du début en principes pratiques déterminés ; elle transforme le consentement forcé et, pour ainsi dire, pathologique à la vie sociale en la volonté vraiment morale de s'associer et de former un tout. Ainsi les hommes voient avec le temps tourner à des effets heureux la lutte née de leurs passions. « Sans ces qualités, en soi assurément non aimables, d'insociabilité, d'où provient la résistance que chacun doit nécessairement rencontrer dans ses prétentions égoïstes, ce

---

1. IV, p. 146-147.
2. IV, p. 148.

serait une vie de bergers d'Arcadie, dans la plénitude de l'union, du contentement et de l'amour réciproque, une vie où tous les talents resteraient éternellement enfouis dans leurs germes ; les hommes, doux comme les agneaux qu'ils font paître, n'assureraient à leur existence guère plus de valeur que n'en a celle de ce troupeau d'animaux domestiques ; ils ne rempliraient pas le vide de la création par rapport à la fin qu'elle a en tant que nature raisonnable. Grâces soient donc rendues à la nature pour les incompatibilités qu'elle suscite, pour l'émulation de la vanité curieuse, pour le désir insatiable de posséder ou encore de commander ! Sans cela, toutes les excellentes dispositions naturelles qui sont dans l'humanité sommeilleraient éternellement enveloppées. L'homme veut la concorde ; mais la nature sait mieux ce qui est bon pour l'espèce ; elle veut la discorde. L'homme veut vivre à l'aise et satisfait ; mais la nature veut qu'il sorte de l'indolence et de l'état de contentement inactif, qu'il se jette dans le travail et dans la peine, de façon qu'il invente aussi des moyens de s'en dégager en retour par son habileté. Les mobiles naturels qui le poussent dans ce sens, les causes originelles de l'insociabilité et de la résistance continuelle, d'où résultent tant de maux, mais qui en revanche provoquent à une nouvelle expansion des forces et par suite à un plus complet développement des dispositions naturelles, décèlent donc sans doute l'arrangement d'un sage créateur, et non pas, semble-t-il, la main d'un esprit malfaisant qui se serait mêlé de gâcher son œuvre magnifique ou l'aurait par jalousie détériorée [1]. »

Que doit-il donc finalement résulter de cet antagonisme de tendances et d'efforts ? Quelle condition fait à l'humanité le progrès auquel la nature la contraint [2] ? Kant, à la

---

1. IV, p. 147-148.
2. Ce progrès, selon l'*Anthropologie* éditée par Starke, ne peut aller que du mal au bien, car le mal se détruit lui-même, n'étant capable de susciter directement que les moyens de le surmonter, tandis que le bien s'étend et s'accroît indéfiniment, p. 369.

différence de Herder qui se plaît à faire ressortir dans leur ensemble tous les facteurs et tous les aspects de la civilisation humaine, ne retient comme produit essentiel de l'évolution des hommes en société que l'idée et le fait d'un système social régulier, c'est-à-dire d'une constitution civile qui fonde et fait régner universellement le droit. Il subordonne en tous cas les autres formes de la vie spirituelle à cette détermination pratique. Le progrès humain a pour terme spécifique l'établissement de la liberté. Mais la liberté, si on la considère en chaque individu, ne peut s'exercer qu'en subissant la limite de la liberté d'autrui ; elle n'échappe à cette contrainte et elle ne conquiert la protection qui lui est due qu'en se disciplinant elle-même, c'est-à-dire en acceptant la règle extérieure, sanctionnée par un irrésistible pouvoir, qui à la fois l'assure la plus grande possible et en circonscrit l'usage pour chacun des membres de la société[1]. C'est précisément cette transition de la liberté sauvage et sans frein à la liberté gouvernée en même temps que garantie par la loi, qu'opère la concurrence forcée des hommes. Ennemi des penchants mêmes que d'abord elle croit servir, la violence doit de plus en plus se réduire elle-même au profit de l'ordre juridique par lequel la volonté générale s'impose aux volontés particulières[2]. Mais toujours prête pendant longtemps à faire de nouveau irruption, elle a besoin d'être contenue par autorité : il faut à l'homme un maître. Cependant ce maître, interprète et garant de la volonté générale, chef suprême de la justice, qu'il soit un ou plusieurs, n'en est pas moins un homme, sujet à se laisser entraîner par les mêmes passions injustes qu'il est chargé de réprimer. Quel maître aura-t-il à son tour pour le forcer à la justice[3] ? Si donc c'est le plus grand problème pour l'espèce humaine d'arriver à l'établissement d'une constitution fondée sur le droit,

---

1. Cf. Starke, *Kant's Menschenkunde*, p. 372.
2. Cf. Starke, *Kant's Menschenkunde*, p. 369.
3. Cf. Starke, *Kant's Menschenkunde*, p. 370. — Benno Erdmann, *Reflexionen Kants*, I, n° 664, p. 209.

c'est un problème dont la solution ne peut être que malaisée et tardive, et ne peut se poursuivre que par des approximations successives. Ce n'est qu'après beaucoup de tentatives infructueuses que peuvent se rencontrer et se combiner dans une suffisante mesure les conditions indispensables à la mise en pratique d'un tel idéal, à savoir : des notions exactes sur la nature d'une constitution possible, une expérience étendue et formée au contact des choses, et par-dessus tout une bonne volonté, prête à reconnaître le meilleur et à le réaliser [1].

Ce qui d'ailleurs complique le problème et en entrave la solution, c'est l'antagonisme des différents États, entre lesquels existe la radicale insociabilité qui exista jadis entre les individus. Mais il est permis de penser que les mêmes maux qui forcèrent les individus à se soumettre à la régularité des lois civiles forceront les États à chercher pour les rapports internationaux une constitution régulière. Le fardeau de plus en plus lourd des dépenses militaires, les misères sans nombre que la guerre engendre, les souffrances de l'industrie et du commerce atteints par les répercussions, quand ce n'est pas par les coups directs de la lutte : tout cela doit peu à peu convaincre les peuples de la nécessité de sortir de la sauvagerie sans loi pour entrer dans une fédération où chacun d'eux, même le plus petit, tiendra ses droits et sa sécurité, non de sa propre puissance ou de sa propre décision, mais de la volonté collective des États légalement organisée. Kant adopte donc, tout en l'appropriant aux conceptions directrices de sa philosophie de l'histoire, cette idée de la paix perpétuelle qui avait déjà séduit avant lui de nobles esprits [2]. Il lui enlève tout caractère d'utopie idyllique en la présentant comme une maxime idéale d'action plutôt que comme une fin prochaine, et il explique comment elle n'est valable et efficace qu'à la condition d'émerger du

---

1. IV, p. 146-149.
2. V. Victor Delbos, *Les idées de Kant sur la paix perpétuelle*, Nouvelle Revue, 1er août 1899, CXIX, p. 410-429.

conflit des peuples, au lieu d'apparaître comme un rêve immédiat de bonheur. « Si chimérique que puisse paraître cette idée, et de quelque ridicule qu'on l'ait poursuivie comme telle chez un abbé de Saint-Pierre ou chez un Rousseau (peut-être parce qu'ils la croyaient trop près de se réaliser), c'est l'inévitable moyen de sortir de la situation où les hommes se mettent les uns les autres, et qui doit forcer les États, quelque peine qu'ils aient à y consentir, de prendre juste la résolution à laquelle fut contraint, tout autant contre son gré, l'homme sauvage : je veux dire renoncer à sa liberté brutale et chercher repos et sécurité dans une constitution régulière[1]. » Ainsi l'histoire de l'espèce humaine serait l'accomplissement d'un plan secret de la nature en vue de produire une constitution politique parfaite, réglant les relations des États entre eux aussi bien que les relations des individus dans un État. La philosophie a son millénarisme, mais qu'elle peut affirmer autrement que par une prophétie de visionnaire ; car, d'une part, l'idée qu'elle annonce peut être dès à présent un principe de détermination pour les volontés ; et d'autre part, il est possible de reconnaître que la marche effective de l'humanité est en ce sens. En effet, la nécessité même de soutenir la lutte contre leurs voisins a forcé les États à assurer le mieux possible toutes les conditions de prospérité intérieure et de contentement général, et parmi ces conditions il n'en est pas de plus importante que la liberté. Par le droit qu'elle reconnaît à chacun de conduire ses affaires comme il l'entend, de professer les croyances qu'il préfère, de concourir pour sa part à la science et à l'œuvre de raison, la liberté civile est une source de satisfaction et d'énergie que l'on ne saurait, dans la concurrence des peuples, resserrer sans dommage ; elle est un intérêt de premier ordre devant lequel s'inclinent forcément les vues ambitieuses des politiques. Il arrive donc que, développée souvent et respectée pour accroître les chances de succès

---

[1]. IV, p. 150.

dans la guerre, elle fait triompher un principe d'organisation juridique qui n'aura qu'à s'étendre pour limiter la guerre et finalement l'abolir. L'arbitrage qu'offrent spontanément les nations voisines qui, sans participer à la lutte, en subissent pour leur tranquillité et leurs intérêts le désastreux contre-coup, est comme l'essai d'institution de ce grand corps politique, sans modèle dans le passé, que composera la fédération des peuples[1].

Tel est donc le développement de l'espèce humaine, et telle en est la fin. Cette union juridique des hommes, qui doit faire de chacun d'eux un citoyen du monde[2], est l'idée sous laquelle l'histoire universelle doit être traitée, si l'on ne veut pas que la suite des événements qui en sont la matière ne soit qu'un chaos, en complète opposition avec l'ordre qui règne partout ailleurs. En outre, toute tentative philosophique pour la traiter de la sorte, en nous donnant une conscience plus nette de l'idée qu'elle aspire à dégager, en favorise l'avènement et concourt de la sorte aux intentions de la nature[3]. Mais par rapport à cet idéal quel est l'état du temps présent ? Nous avons, répond Kant, à un très haut degré cette culture que donnent la science et l'art. Nous avons jusqu'au dégoût cette sorte de civilisation qui travestit l'idée de la moralité dans la dignité extérieure du point d'honneur et dans la politesse conventionnelle des relations sociales. Mais il nous manque cette éducation vraiment morale, faute de laquelle tout n'est qu'apparence et que misère, mais que les États sont peu portés à favoriser, parce qu'elle n'est possible que par un libre usage de la raison et qu'ils voient dans ce libre usage de la raison une res-

---

1. IV, p. 150-152.
2. Dans l'*Anthropologie* de Starke, Kant exprime avec plus de réserves, — et avec une distinction curieuse, — l'idéal cosmopolitique. Ce sont les chefs d'États qui doivent avoir leur regard fixé, non seulement sur le bien de leur pays, mais sur celui du monde entier. Quant aux citoyens, ils ne peuvent et ne doivent pas avoir de vues cosmopolitiques, à l'exception des savants dont les livres peuvent être utiles au monde, p. 373.
3. IV, p. 153-157.

triction intolérable à leur autorité[1]. Serait-ce donc que le conflit est inévitable entre la puissance légitime de l'État et le légitime exercice de la raison ?

*
* *

C'est à cette question que Kant répond dans l'article où il s'associe, en l'expliquant, à l'esprit de son temps qui réclame des lumières[2]. A dire vrai, le seul obstacle aux lumières ne vient pas du despotisme des gouvernements. La paresse, l'indolence, le goût des habitudes contractées, le respect des traditions et des formules nous font aimer cette servitude dans laquelle nous sommes quand nous nous en remettons à autrui du soin de diriger nos pensées. Il est si commode, quand il faudrait faire effort pour prendre possession de sa raison, d'accepter la tutelle et de donner procuration. *Sapere aude!* Aie le courage de te servir par toi-même de ta raison : c'est la parole qui est le plus difficile à faire entendre. Les préjugés restent forts et menaçants contre ceux qui, après les avoir partagés, s'en sont affranchis et veulent à leur tour en affranchir leurs semblables. Au surplus, l'action libératrice doit compter avec les circonstances, et ne saurait jamais être trop avisée. Ce n'est pas une révolution qui peut émanciper les esprits, car une révolution ne rompt avec une espèce de préjugés que pour en produire une autre espèce : c'est une réforme tout intérieure qu'il faut, et qui ne peut être que lente. Ceux qui la souhaitent et veulent la préparer n'ont à demander au pouvoir qu'une chose, la liberté.

« Cependant j'entends proclamer de tous les côtés : *ne raisonnez pas*! L'officier dit : ne raisonnez pas, mais faites l'exercice! Le conseiller aux finances : ne raisonnez pas, mais payez! L'ecclésiastique : ne raisonnez pas, mais

---

1. IV, p. 152.
2. *Beantwortung der Frage: Was ist Aufklärung*, 1784, IV, p. 161-168.

croyez ! Il n'y a qu'un seul prince dans le monde qui dise ; *raisonnez* tant que vous voulez et sur tout ce que vous voulez ; *mais obéissez* [1]. » Ce mot de Frédéric II enferme la vraie solution. Il faut en effet distinguer entre l'usage de la raison qui est permis dans l'exercice d'une fonction civile, l'usage que Kant appelle privé, et l'usage de la raison qui est permis au savant et au critique, l'usage que Kant appelle public. Or les limites que l'État impose justement à l'usage privé de la raison ne doivent pas en borner l'usage public. Le fonctionnaire n'a pas à discuter les ordres de ses chefs quand il les reçoit : ce n'est pas le moment de raisonner, c'est celui d'obéir. Mais il doit avoir le droit de faire, en individu raisonnable, hors de son service, la critique des institutions sociales, et de la fonction même qu'il exerce. L'officier doit pouvoir réclamer dans des études publiques une meilleure organisation militaire, le conseiller aux finances une meilleure répartition de l'impôt, l'ecclésiastique une interprétation plus vraie des dogmes de son Église. La liberté de penser par soi-même sur tous les sujets : voilà le droit essentiel. Toute mesure prise ou toute organisation tentée contre l'usage de ce droit est un crime contre l'humanité.

Au moment où nous sommes, l'humanité est loin d'être éclairée ; mais elle s'éclaire, malgré les obstacles que rencontre ce besoin croissant de lumière ; l'esprit public qui se forme par là peu à peu ne peut que réagir de plus en plus sur les gouvernements et leur faire comprendre qu'il importe de traiter l'homme, qui est plus qu'une machine, selon sa dignité. Nous sommes donc en marche vers l'idéal juridique et moral que la nature a assigné comme fin à l'espèce humaine [2].

Ainsi Kant reprend à son compte l'idée de l'*Aufklärung*, selon laquelle l'humanité ne remplira ses fins que par l'usage

---

1. IV, p. 162.
2. IV, p. 166-168. — Cf. *Was heisst : sich im Denken orientiren*, IV, p. 352-353, note.

de la raison. Mais cet usage de la raison, il l'entend tout autrement. Sa philosophie de l'histoire apporte une solution nouvelle au problème des rapports de la nature à la culture de l'esprit et à la civilisation. La tendance du siècle qui s'était réflétée si fidèlement dans la philosophie *des lumières* portait à croire que la culture de l'esprit et la civilisation doivent conduire de plus en plus sûrement l'homme au bonheur. Rousseau, par ses paradoxes, avait secoué cette crédulité. Il avait montré une opposition radicale là où l'on voyait une harmonie, et il avait paru souhaiter par endroits un retour à cet état de nature si malencontreusement abandonné. Kant s'inspire de Rousseau, mais sans abandonner la conviction rationaliste de son temps ; considérant que la civilisation a rompu avec la nature, il n'admet pas qu'elle puisse avoir pour fin le bonheur que la nature donnait ; c'est même le plus souvent aux dépens du bonheur qu'elle va dans son sens véritable, qui est l'établissement de la liberté dans les relations des hommes ; c'est-à-dire qu'elle doit se réformer de plus en plus en se rattachant à un principe intérieur ; la pure disposition morale doit s'élever de plus en plus au-dessus de la culture intellectuelle et de la civilisation proprement dite ainsi que des biens factices qui en dépendent : là sera le plein usage de la raison. De là une tout autre interprétation que l'interprétation eudémoniste pour l'ordre historique des événements humains. Ainsi que Kant l'a noté[1], pour le plan d'une histoire universelle, ce qui importe, c'est la nature de la constitution civile et de l'État ; l'idée qui l'explique, alors même qu'elle ne serait jamais complètement réalisée, c'est l'idée, non du bonheur, mais du droit.

* *

Mais ce n'est pas avec le leibnizianisme logiciste et utilitaire des derniers représentants de l'*Aufklärung* que Kant a

---

1. Benno Erdmann, *Reflexionen Kants*, I, n° 695, p. 219.

eu à mesurer expressément sa philosophie de l'histoire ; c'est avec un leibnizianisme de sentiment et d'intuition, mêlé d'un certain spinozisme, et aussi d'un naturalisme à la Rousseau, tel qu'il apparaît dans les *Idées de Herder sur la Philosophie de l'Histoire de l'Humanité*[1].

L'ouvrage de Herder se composait à la fois d'explications empruntées aux sciences de la nature et de descriptions historiques. C'est qu'en effet la philosophie de l'histoire qu'il développait s'appuyait tout entière sur cette idée, que l'homme est un rejeton de la nature, le suprême produit de la puissance créatrice de notre planète, et que par conséquent, en dépit de son éminente dignité, les lois historiques ne sont qu'un cas des lois naturelles. Cette idée exigeait donc d'abord une étude des conditions physiques de l'apparition de l'homme sur cette terre, puis des considérations sur les états, les événements, les destinées diverses qu'il a traversées dans la suite des temps. La notion d'humanité, prise dans toute l'extension de son double sens, physique et moral, devait servir de lien aux deux parties : un seul fait avait assigné à l'homme une autre destinée que celle des espèces animales : le fait de la station droite. Mais hors ce fait irréductible, ce sont les mêmes forces qui ont déterminé l'organisation animale de l'homme et qui déterminent son organisation spirituelle, et c'est le plein achèvement des facultés qu'elles enveloppent qui est sa fin suprême. Moralité et religion sont comme les fleurs de la vie spirituelle de l'homme, laquelle n'est que l'épanouissement de sa vie physique.

On conçoit que le sévère criticisme de Kant se soit senti en opposition directe avec ces vues. Il lui dicta, sur la première partie de l'ouvrage de Herder, un compte rendu assez rigoureux[2]. Les éloges mêmes en étaient ironiques, ou

---

1. V. Victor Delbos, *Le problème moral dans la philosophie de Spinoza et dans l'histoire du Spinozisme*, 1893, p. 285-290.
2. Dans la *(Jenaische) Allgemeine Literaturzeitung*, 1785, IV, p. 171-181.

immédiatement suivis de réserves. Kant relevait l'originalité ingénieuse et persuasive de l'auteur, sa pénétration dans la découverte et sa hardiesse souvent fantaisiste dans l'usage des analogies, son art d'assimiler à sa propre façon de penser les matériaux de son travail. C'était donc une tout autre philosophie de l'histoire que celle qu'on entend d'habitude, peu soucieuse de l'exactitude logique dans la détermination des concepts et la vérification des principes, faite surtout de larges aperçus sans cesse variés, de vives et engageantes peintures d'objets maintenus dans un obscur lointain. Après avoir rappelé à grands traits les principales conceptions de Herder, Kant examinait de plus près certaines d'entre elles. Lorsque, par exemple, Herder invoque la marche toujours ascendante des organisations pour conclure à la continuation de l'existence de l'homme après la mort, comment ne voit-il pas que des organisations supérieures à la nôtre peuvent être possibles dans d'autres planètes sans qu'elles continuent précisément les existences d'ici-bas? Et quand il invoque la transformation de la chenille en papillon, comment ne remarque-t-il pas que la palingénésie suit, non la mort de l'insecte, mais un état de chrysalide? C'est sur des raisons morales ou, si l'on veut, métaphysiques, non sur des analogies tirées de la création visible, que l'on peut asseoir l'affirmation de l'immortalité. Herder, il est vrai, se défend de toute métaphysique ; mais quand il suppose comme principe des productions organiques tout un royaume de forces invisibles, n'est-ce pas de la métaphysique qu'il fait, et de cette métaphysique très dogmatique, qui consiste à expliquer ce que l'on ne comprend pas par ce que l'on comprend moins encore? L'unité de la puissance organisatrice qui se manifeste dans toutes les espèces vivantes est une idée qui est hors du champ de l'observation. Enfin, quand il prétend déterminer les rapports qu'il y a entre la figure de l'homme et la conformation de son cerveau d'une part, d'autre part la disposition à la marche droite, il se livre à des recherches qui dépassent tout emploi légitime de la raison aussi bien dans le domaine de la physiologie que dans celui de la métaphysique. Mais ce sont sans doute ces obscures questions d'origine qui expliquent les obscurités de l'ouvrage ; dans la suite l'auteur sera sur un terrain plus ferme ; il faut souhaiter qu'il impose à son génie une plus ferme discipline, qu'il préfère les concepts définis et les lois éprouvées aux brillantes conjectures sans preuves. Tel est le genre de travail qu'exige la philosophie : c'est un travail qui consiste à tailler les pousses jeunes au lieu de les laisser répandre leur sève en des branches luxuriantes.

Herder ressentit vivement la sévérité du compte rendu. Il n'avait sans doute pas une notion très exacte de ce qui le séparait de Kant. Peu attiré par les nouvelles formes scolastiques que la pensée de Kant avait revêtues, il s'était moins attardé à la lecture de la *Critique* qu'à celle de la *Métacritique* de Hamann *sur le purisme de la raison pure*[1]. Il fut défendu contre Kant dans un article du « *Deutscher Merkur* », dont l'auteur était, sous un nom de convention, le futur Kantien Reinhold. Accusé d'avoir opposé à la puissante originalité du livre un étroit esprit et une intolérance d'école, Kant réclame encore pour la discipline que doit s'imposer la raison dans l'interprétation de l'expérience[2]. Mais la réponse directe au compte rendu des *Idées* vint de Herder lui-même qui, dans la seconde partie de son livre, ne se contenta pas de se défendre, mais prit l'offensive contre la philosophie kantienne de l'histoire. Herder s'élevait contre les métaphysiciens qui substituent des abstractions à l'impression vive des choses et aux faits historiques ; d'accord avec Hamann, il affirmait la dépendance de l'esprit humain à l'égard de la nature comme à l'égard de la tradition et de la coutume. Il faisait du bonheur, sous les diverses formes qu'il peut affecter, la fin de l'activité hu-

---

1. A l'une de ses premières pages Herder cite avec admiration un ouvrage de Kant ; mais c'est l'*Histoire universelle de la nature et théorie du ciel*.
2. IV, p. 181-184.

maine. Il critiquait surtout avec énergie la thèse de Kant, selon laquelle l'homme est un animal qui a besoin d'un maître ; il discerne, non sans pénétration, dans cette thèse de Kant les origines de cet « Étatisme » qui en effet s'imposera si fort à la pensée allemande post-kantienne. Il retourne les termes de cette proposition mauvaise ; ce qu'il faut dire, ce n'est pas : l'homme est un animal qui a besoin d'un maître ; mais : l'homme qui a besoin d'un maître n'est plus qu'un animal. Il ne veut donc pas admettre la nécessité de cet État, que Kant conçoit comme une machine extérieure bien montée. Il en revient même, par horreur pour l'institution sociale ainsi comprise, à la glorification de l'état de nature selon Rousseau, qu'il avait cependant qualifié de fiction romanesque. Enfin il déclare inintelligible la conception qui fait résider le progrès humain dans l'espèce : ou l'espèce n'est que la suite concrète des générations qui se succèdent, ou elle n'est qu'une notion générale, sans fondement, aboutissant à une philosophie « averroïste ».

Dans le compte rendu de cette seconde partie Kant maintient ses critiques et répond aux attaques. Il loue sans doute Herder pour la richesse de ses réflexions, pour son art magistral de disposer les notions reçues de divers côtés. Mais il dénonce le manque de discernement rigoureux dans le choix des matériaux, la fantaisie des conjectures, le vague dans lequel restent des concepts comme celui de race. Il parle avec ironie du style de Herder qui cache la pensée sous une extrême abondance d'images poétiques et qui tourne la description scientifique à l'effusion lyrique. Il justifie sa propre thèse, que l'homme a besoin d'un maître : parole légère et mauvaise, dit Herder : légère, sans doute parce que l'expérience de tous les peuples la confirme ; mauvaise, mais c'est plutôt sans doute un mauvais homme qui l'a dite. La nature, selon ce que prétend Herder, n'a pas souci de l'établissement des États, mais du bonheur des individus ; comme si le bonheur, chose aussi variable que possible selon les individus et les époques, pouvait être la mesure des fins de la Providence et le principe de l'intelligence de l'histoire. Ce qui peut servir de mesure, ce qui seul a une valeur absolue, ce n'est pas ce que l'homme sent, c'est ce qu'il est capable de se faire, non le simulacre de bonheur que chacun se forge, mais le progrès de l'activité et de la culture spirituelles. Or ce progrès est lié à l'existence d'une constitution politique fondée sur le droit. Voilà pourquoi l'établissement d'un ordre juridique universel est le but de l'histoire. Voilà pourquoi aussi c'est l'espèce, non l'individu, qui est chargée de remplir la destinée humaine. L'espèce : non pas, comme l'a cru Herder, une entité réalisée, mais la série des générations en tant qu'elle forme un tout dont la loi est autre que celle des parties, en tant qu'elle poursuit dans une marche illimitée une fin idéale. Cette conception d'un progrès indéfini de l'humanité n'est pas, quoi qu'en dise Herder et pour parler sa langue, un acte de lèse-majesté contre la nature. Est-ce de l'averroïsme ? Sans doute Herder, qui jusqu'alors jugeait déplaisant tout ce qui se donnait pour philosophie, a voulu par le fait et l'exemple offrir au monde un modèle dans l'art véritable de philosopher[1].

Cette polémique exprimait bien l'opposition profonde qu'il y avait entre les deux façons de comprendre la philosophie de l'histoire. Dans l'histoire, Kant était surtout porté à reconnaître la loi rationnelle qui la gouverne, qui en convertit la fin en une idée, qui fait de cette fin une fin en soi : d'où un optimisme de pure conception, qui explique pour le mieux, sans le réduire, et même en le justifiant, l'antagonisme des forces agissantes au cours de l'histoire. Herder, au contraire, a l'intuition optimiste de tous les événements humains, la foi dans la valeur suffisante de toutes les époques et de toutes les individualités, l'adhésion de sentiment à tout ce qu'il considère. L'un et l'autre croient à l'avènement de la raison et au progrès de l'huma-

---

1. IV, p. 184-191.

nité. Mais chez Kant la raison traverse l'histoire en faculté militante qui doit conquérir l'empire sur la nature sensible et qui ne le conquiert qu'en mettant cette nature en opposition avec elle-même ; l'humanité n'accomplit son œuvre et ne se réalise comme telle que sous une discipline : elle passe seulement de la discipline qu'elle subit à la discipline qu'elle se donne, et dont l'expression suprême est un ordre juridique universel, effet et condition de sa liberté. Pour Herder, la raison sort d'elle-même de la nature, et tout le développement de la nature tend à la raison : la concurrence et la lutte sont des accidents extérieurs et momentanés : l'humanité révèle progressivement ses puissances en accord, et si elle ne peut être libre que par relation à un ordre, c'est à l'ordre harmonieux de l'univers, non à l'ordre restrictif de la contrainte légale ; elle se reconnaît mieux dans un large sentiment d'équité que dans la pratique de la stricte justice. — Deux esprits et deux manières complètement disparates, dont le hégélianisme opérera la fusion[1].

*
* *

Peu après la publication de la *Grundlegung zur Metaphysik der Sitten*, Kant revint à la philosophie de l'histoire pour compléter sommairement l'esquisse qu'il avait tracée. Il

1. V. Haym, *Herder*, II, 1885, p. 260. — On trouve chez Wundt (*Logik*, II, 2, 2ᵉ éd., 1895, p. 422-425) un parallèle entre ces deux conceptions de la philosophie de l'histoire. Les idées générales de Wundt, en particulier son idée de la *Volksseele*, devaient assez naturellement l'incliner à une préférence pour Herder. Bien que Herder ait abusé des analogies spécieuses et des combinaisons de concepts logiquement insoutenables, bien qu'il ait trop concédé à la foi en des fins transcendantes, il a eu le mérite d'avoir le premier une conception génétique de l'histoire, de n'avoir fait entrer en ligne de compte que des forces immanentes à l'humanité, et d'avoir assigné comme fin à l'évolution humaine le développement du contenu tout entier des puissances de l'esprit. Kant avait beau jeu pour signaler les faiblesses de Herder ; mais sa propre conception est tout à fait partielle et exclusive : au lieu de considérer la culture humaine dans son ensemble, elle la subordonne à un idéal politique, — et à un idéal politique purement individualiste, malgré les apparences : car la société n'est pour Kant, comme pour Rousseau, que l'œuvre des libertés qui se reconnaissent et se limitent réciproquement.

appliquait au problème des origines les conceptions mêmes qu'il avait appliquées au problème de la fin de l'histoire. Seulement, remarquait-il, si, pour déterminer la fin de l'histoire, il est possible et indispensable de s'appuyer sur les documents et sur les faits, il n'en est pas de même quand il s'agit d'en déterminer les origines. A défaut d'un récit exact, que peut-on? Oser des conjectures qui vaudront surtout si elles se donnent comme telles, et si elles se développent en suivant le fil conducteur de la raison unie à l'expérience. Les *Conjectures sur le commencement de l'histoire de l'humanité*[1] sont une interprétation de la *Genèse*, suggérée peut-être par celle que Herder avait présentée dans le X° livre de ses *Idées* et écrite certainement pour s'opposer à elle. Elles tentent d'expliquer rationnellement ce moment de crise radicale où l'homme a rompu avec la nature et inauguré son histoire. Sans prendre l'homme au degré le plus rudimentaire où l'on peut le supposer, on peut se le représenter d'abord comme capable de se tenir debout, de marcher, de parler, et, dans une certaine mesure, de penser, mais encore guidé dans l'exercice de ces diverses opérations par le seul instinct. Il obéit alors à la voix de la nature, et il s'en trouve bien. Mais la force secrète de sa raison l'agite, et l'incline à rechercher pour la satisfaction de ses penchants d'autres objets que ceux que lui avaient indiqués ses besoins. Ainsi se produisit la tentation, d'où résulta la chute. Car la raison ne peut intervenir dans la satisfaction des instincts qu'en les contrariant; excitée par l'imagination, elle crée des désirs artificiels, d'autant plus impérieux, qu'ils détournent vers des objets infiniment variés et accrus l'impulsion des objets naturels. Ainsi l'homme a voulu choisir sa nourriture, au lieu de s'en tenir à la règle instinctive qui lui permettait certains aliments et lui en interdisait d'autres. Ainsi il a soustrait l'appétit sexuel à sa loi première de périodicité et d'uniformité, en apprenant à

---

1. *Muthmasslicher Anfang der Menschengeschichte*, 1786, IV, p. 315-336.

ajourner et à se faire refuser ce que son penchant réclamait ; par là d'ailleurs il reconnut indirectement la liberté réciproque des sexes ; du désir physique il fut conduit à l'amour, par l'amour, de l'impression de l'agréable au goût de la beauté, d'abord dans l'espèce humaine, puis dans la nature ; avec le sentiment de la pudeur, il se prépara des jouissances plus libres et plus vives, en même temps qu'il témoignait d'un empire sur lui-même et d'une délicatesse intime qui annonçaient en lui un être fait pour la véritable vie sociale et pour la moralité. Ainsi il devint encore un être préoccupé de l'avenir, appliquant sa réflexion à le deviner et à l'ordonner, éclairé par sa prévoyance même sur la nécessité et l'incertitude de son effort, n'apercevant pour terme du labeur auquel il est contraint et de l'inquiétude qui l'agite que la mort, — la mort, sort commun des animaux, mais objet d'effroi pour l'homme seul, qui seul la sait d'avance inévitable. Enfin, lorsqu'il s'est servi des animaux pour sa nourriture et ses besoins, il a montré par là qu'il n'était plus de leur société, qu'il était une fin de la nature, et il a pressenti également que, dans la société nouvelle qu'il formait, aucun de ses semblables ne devait servir d'instrument, et que tous devaient être traités comme des fins en soi. « Ainsi il était préparé de loin aux limitations que la raison devait un jour imposer à sa volonté dans son rapport avec ses semblables : préparation beaucoup plus nécessaire à l'établissement de la société que la sympathie et l'amour[1]. » Voilà comment s'achève l'affranchissement de la raison, qui n'est plus au service des désirs, mais qui en fondant l'égalité de tous les êtres raisonnables apparaît comme un principe par lui-même suffisant[2].

Vainement l'homme, au milieu des chagrins de la vie, se retourne vers le paradis perdu, c'est-à-dire vers l'état primitif de simplicité, d'ignorance et de paix ; l'inexorable

---

1. IV, p. 320.
2. IV, p. 315-321.

loi qui le pousse au développement de ses facultés met entre ses regrets et la légendaire demeure une barrière infranchissable. Au fond une scission s'est produite entre la destinée de l'individu et celle de l'espèce. L'individu, pour avoir usé de sa liberté contre l'instinct, s'est rendu physiquement et moralement misérable ; mais l'espèce, elle, profite des peines et même des fautes de l'individu, et c'est elle qui progressivement réalise les aptitudes de l'humanité. Rousseau a bien vu que le grand problème était de résoudre, par l'éducation autrement comprise et par la société autrement constituée, l'opposition qui existe entre les deux destinées différentes de l'homme. Ainsi « l'histoire de la nature commence par le bien, car elle est l'œuvre de Dieu, l'histoire de la liberté par le mal, car elle est l'œuvre de l'homme [1] ». Et le mal qu'a ainsi introduit la liberté ne s'est pas seulement manifesté par la dure nécessité du travail, mais encore par la nécessité infiniment plus affligeante de la guerre. Seulement il faut savoir reconnaître jusque dans l'horreur des luttes sanglantes l'indispensable moyen par lequel la Providence a tiré l'homme d'un état de stagnation et de corruption. « Il faut avouer que les plus grands maux qui pèsent sur les peuples civilisés nous sont attirés par la *guerre*, et non pas tant par la guerre passée ou présente que par les *préparatifs* ininterrompus et même sans cesse multipliés à la guerre future... Mais y aurait-il donc cette culture, cette étroite union des classes de la république pour la conquête réciproque de leur bien-être, et l'accroissement de la population, et même ce degré de liberté, qui quoique très resserré par des lois subsiste encore, si cette guerre toujours redoutée n'imposait pas même aux chefs d'État ce *respect de l'humanité* ! Qu'on en juge par la Chine, qui par sa situation peut redouter sans doute quelque incursion imprévue, mais non un ennemi puissant, et où en conséquence toute trace de liberté est anéantie. Au

---

1. IV, p. 321-322.

degré donc de culture où l'espèce humaine se trouve encore, la guerre est un moyen indispensable de la conduire encore plus avant ; et ce n'est qu'après une culture achevée (qui le sera, Dieu sait quand) que la paix perpétuelle nous serait salutaire, et ne serait d'ailleurs possible que par elle[1]. » De même, la brièveté de la vie est cause que l'homme s'abandonne moins à lui-même, qu'il surveille davantage, dans ses rapports avec autrui, les sollicitations dépravées de certains de ses penchants. En tout cas les maux dont nous nous plaignons ne sont imputables qu'à nous en tant qu'individus, et il y aurait injustice de notre part à en accuser la Providence ; ils ne résultent pas d'un péché primitif qui se transmettrait comme une disposition héréditaire ; car des actions volontaires ne peuvent provenir de l'hérédité ; ils résultent du mauvais usage que chacun de nous fait de sa raison ; dans l'histoire de la chute primitive nous reconnaissons notre propre histoire ; en d'autres termes nous confessons, sondant nos cœurs, que dans les mêmes circonstances nous n'aurions pas agi autrement. A titre individuel, nous sommes donc bien les auteurs du mal dont nous subissons les conséquences ; mais il ne suffit point que par là la Providence soit mise hors de cause ; il faut reconnaître qu'elle a tourné au bénéfice de l'espèce le mal accompli par l'individu[2].

Que l'on compare ce *providentialisme* à l'optimisme leibnizien que Kant tenait de son éducation philosophique et que naguère encore il juxtaposait à sa théologie morale : l'inspiration en est certainement tout autre. Il résulte d'une application de la pensée rationaliste, non plus seulement à ce contenu de la religion naturelle qu'elle-même avait contribué à produire, mais au contenu de la religion positive : c'est un premier essai pour comprendre la religion dans les limites de la pure raison. Cependant la raison reçoit

---

1. IV, p. 327.
2. IV, p. 321 ; p. 329.

elle-même de cet objet nouveau une autre façon de se concevoir et de se déterminer ; au lieu de mettre hors d'elle les apparences du mal en les réduisant de plus en plus, elle se reconnaît comme la cause effective du mal réel, à la suite de sa rupture avec la nature. Mais en même temps elle s'est posé comme loi de ne tenir que d'elle-même le principe de son développement.

*
* *

La philosophie de l'histoire a eu une extrême importance dans la constitution de la philosophie pratique de Kant. Issue d'observations exprimées dans les leçons d'anthropologie, elle avait été pour la plus grande part publiée et en tout cas pleinement conçue avant la *Grundlegung*. Elle est une combinaison singulière des influences que Kant avait reçues, et elle joue pour la morale kantienne un rôle médiateur entre les conceptions éparses de la période antecritique et le système critique de la raison pratique. Elle se présente d'abord avec toutes les apparences d'une spéculation métaphysique et, comme telle, elle ne peut qu'avoir beaucoup retenu de l'esprit rationaliste. De fait, elle pose, comme expression suprême de la finalité, la nécessité pour la raison de se réaliser ; elle admet en conséquence une loi de progrès qui gouverne les actions humaines, en dépit des motifs individuels dont elles résultent, et pour laquelle elle n'a pas craint, même plus tard, de prendre à son compte la formule stoïcienne : *fata volentem ducunt, nolentem trahunt*[1]. Cependant elle ne saurait être interprétée littéralement, comme si la *Critique de la Raison pure* n'avait pas été conçue avant elle ou en même temps qu'elle ; il serait donc inexact sans doute de voir dans cette loi des événements autre chose qu'un fil conducteur, comme le redit Kant, qu'une idée régulatrice ou une maxime : d'où

---

1. *Zum ewigen Frieden*, VI, p. 432.

il résulte, en vertu de la connexion qu'il y a entre l'usage théorique propre aux idées et leur usage pratique, que la loi des actes humains, envisagée théoriquement comme une nécessité idéale, peut et doit pratiquement être représentée comme obligation. C'est par explication de l'esprit de la *Critique* que la philosophie de l'histoire se convertit en philosophie pratique : plus tard, dans la *Critique du Jugement*[1], elle se dépouillera de sa forme métaphysique pour revêtir la forme criticiste, et elle se subordonnera à cette même philosophie pratique qu'elle a si puissamment contribué à déterminer.

En effet ce que l'histoire, rationnellement comprise, manifeste, fournit la matière pure et cependant réelle de l'obligation : à savoir, l'avènement de la liberté par l'union juridique des individus, qui, sous l'aspect du droit, deviennent des personnes. Si cet avènement de la liberté, dans le cours de l'histoire, paraît tenir à l'empire des circonstances extérieures, la raison qui le conçoit comme devant être dans l'avenir, en pose actuellement l'idée : elle exprime en idée, par suite en le dotant d'une valeur pratique absolue, ce qu'elle admet comme fin du développement historique ; elle détermine l'idéal obligatoire avec l' « humanité fin en soi », avec le « règne des fins ». On voit donc en quel sens il faut interpréter cette remarque, que la conscience morale chez Kant revient à être une anticipation de la fin du développement historique[2]. D'autre part, puisque la conception du règne des fins est l'acte propre de la raison dans son usage pratique, elle doit s'exprimer dans le langage qui convient à la pratique et être dite un acte de volonté ; la volonté, — la volonté pure, — c'est le nom de la raison pratique. Ainsi la volonté apparaît comme le sujet de la législation qui établit la liberté par l'ordre juridique des personnes : voilà donc constitué le concept de

---

1. *Kritik der Urtheilskraft*, V, p. 314-315.
2. Höffding, *Rousseaus Einfluss auf die definitive Form der kantischen Ethik*. Kantstudien, II, p. 16.

l'autonomie de la volonté. En même temps la liberté transcendantale et la liberté pratique se relient, en un sens que la *Critique de la Raison pure* n'avait fait qu'indiquer : le véritable monde intelligible, en fonction de la causalité de l'Idée, c'est la société des êtres raisonnables se réalisant sous les lois universelles qu'ils ont instituées. La vieille conception platonicienne prend, par l'intermédiaire de Rousseau, une signification pratique nouvelle.

Mais il y a une autre pensée que Kant doit à Rousseau, plus ou moins librement compris, et qui, mêlée à des impressions ou à des souvenirs de son éducation chrétienne et piétiste, a traversé, même quand il a cru la surmonter, sa doctrine morale ; c'est la pensée d'un antagonisme entre la destinée de l'homme comme individu et sa destinée comme espèce[1]. A cette pensée est due ce qu'il y a de spécifiquement pratique dans son criticisme, l'opposition de la moralité et de la nature, et par là une bonne part du pessimisme que l'on a relevé dans sa philosophie[2]. Une doctrine morale doit avoir pour but la conciliation des deux destinées différentes de l'homme, non par la méconnaissance du dualisme irréductible de la nature et de la raison ou par le rêve chimérique d'une nouvelle fusion de la raison dans la nature, mais par la constitution du système intégral de la raison pratique. Ce système, sous le nom de loi morale, identifie à l'idée de l'impératif, tel qu'il s'impose à la conscience du sujet individuel, l'idée de la loi de l'humanité telle qu'elle a été dégagée des vues sur la fin de l'espèce. D'où, dans le kantisme, deux tendances qui tra-

---

1. V. les objections que M. Renouvier a faites, selon son criticisme, à l'idée de l'antagonisme entre la destinée de l'individu et celle de l'espèce. *Introduction à la philosophie analytique de l'histoire*, Nouvelle édition, 1896, p. 37.

2. V. Ed. von Hartmann, *Zur Geschichte und Begründung des Pessimismus*, 2e éd., p. xv-xx, p. 164-137 ; *In welchem Sinne war Kant ein Pessimist*, Philosophische Monatshefte, xix, 1883, p. 463-470. — Volkelt, *Die pessimistischen Ideen in der kantischen Philosophie*, Beilage zur Allgemeinen Zeitung, 1880, n° 301, n° 303 (27 et 29 octobre); *Schopenhauer* (Frommanns Klassiker), 1900, p. 230.

vaillent à s'unir, mais qui s'accompagnent chacune d'un cortège d'idées assez différentes, la tendance éthico-juridique et la tendance éthico-religieuse. La même philosophie de l'histoire, qui a déterminé la prépondérance de l'une d'elles dans la constitution d'une morale telle que la présente la *Grundlegung*, a contenu aussi le principe de leur dualisme.

CHAPITRE IV

LES FONDEMENTS DE LA MÉTAPHYSIQUE DES MŒURS

Les *Fondements de la Métaphysique des mœurs*[1] sont le premier ouvrage de Kant qui expose dans son ensemble la doctrine morale de la philosophie critique ; ils sont même, à vrai dire, le premier ouvrage dans lequel Kant ait traité directement et systématiquement de la morale. Nous savons qu'à différentes époques Kant avait médité un tel livre[2] ; c'est sous des inspirations diverses que le plan en avait été plusieurs fois conçu, bien que l'objet en restât à peu près constamment désigné par le titre de *Métaphysique des mœurs*[3]. Il paraît donc naturel de supposer que la *Grundle-*

---

1. *Grundlegung zur Metaphysik der Sitten*, 1785.
Il m'a paru, après réflexion, qu'il valait mieux conserver la traduction devenue usuelle chez nous du titre de l'ouvrage ; elle est incomplète, en ce qu'elle ne rend pas surtout l'*action de fonder* exprimée par le mot « *Grundlegung* » ; mais elle est moins pénible et moins inexacte même que d'autres traductions possibles, fatalement forcées, soit de faire violence aux habitudes de notre langue, soit d'effacer l'annonce du caractère *fondamental* et *préliminaire* attribué par Kant à son œuvre. Abbott, pour sa traduction anglaise, a adopté *Fundamental principles of the metaphysic of morals*.

2. V. la lettre de Hamann à J.-G. Lindner, du 1ᵉʳ février 1764 (*Schriften*, Ed. Roth, III, p. 213), ainsi que sa lettre à Herder, du 16 février 1767 (*Ibid.*, p. 370). — V. les lettres de Kant à Lambert, du 31 décembre 1765 et du 2 septembre 1770 (*Briefwechsel*, I, p. 53 et p. 93) ; sa lettre à Herder, du 9 mai 1767 (*Ibid.*, p. 71) ; ses lettres à Marcus Herz, du 7 juin 1771, du 21 février 1772, et de la fin de 1773 (*Ibid.*, p. 117, p. 124, p. 137-138). — V. les lettres de Hamann à Hartknoch, du 7 mai 1781 (Gildemeister, *Hamann's Leben und Schriften*, 2ᵉ éd., 1875, II, p. 368), et du 11 janvier 1783 (*Schriften*, VI, p. 236). — V. plus haut, p. 144, p. 156-157, p. 247.

3. L'ouvrage avait cependant été annoncé, dans le catalogue de la foire de la Saint-Michel de 1765, parmi les livres à paraître prochainement, sous le titre de *Critique du goût moral*, *Kritik des moralischen Geschmackes* ; mais

gung avait été primitivement entreprise pour mettre enfin à exécution un ancien projet, en même temps que pour remplir une partie essentielle du programme tracé dans *l'Architectonique de la Raison pure*[1]. Cependant, s'il fallait prendre à la lettre certaines indications contenues dans des lettres de Hamann, le travail qui aboutit à la *Grundlegung* aurait commencé par être une « *Anticritique* » dirigée contre le *Cicéron* de Garve ; ce serait dans la suite qu'il se serait converti en des prolégomènes à la morale ; sous cette dernière forme, il aurait été terminé vers septembre 1784[2]. Mais l'on peut difficilement croire que cette *Anticritique* ait été dans la pensée de Kant un ouvrage indépendant, devenu ensuite, par métamorphose, la *Grundlegung* : le nom d'*appendice*, par lequel Hamann la désigne dans une lettre ultérieure[3], traduit sans doute avec plus de fidélité les intentions que Kant avait pu avoir. Comment aurait-il convenu à Kant d'aborder par la voie détournée de la polémique des problèmes auxquels il entendait donner le plus tôt possible une solution doctrinale ? Car il écrivait à Mendelssohn le 16 août 1783 : « Cet hiver, je terminerai la première partie de ma morale, sinon en totalité, au moins pour la plus grande part. Ce travail est susceptible d'être plus populaire ; mais il est bien loin d'avoir en lui-même cet attrait, si puissant pour élargir l'esprit, qu'engendre à mes yeux la perspective de déterminer la limite et tout le contenu de la raison humaine dans son ensemble ;

---

bien qu'alors Kant estimât que la méthode à suivre devait être une méthode d'analyse psychologique (v. plus haut, p. 102), il ne renonçait pas à présenter sa tentative comme une métaphysique de la morale. V. la lettre à Lambert, du 31 décembre 1765, citée plus haut.

1. III, p. 553-554.
2. V. diverses lettres de Hamann à Herder (*Schriften*, VI, p 373-374 ; Gildemeister, *op. cit.*, III, p. 12 ; Otto Hoffmann, *Herders Briefe an Joh. Georg Hamann*, 1889, p. 266) et à Scheffner (Gildemeister, III, p. 7, p. 35), relatées dans la notice dont Paul Menzer a fait suivre la *Grundlegung* dans l'édition de l'Académie de Berlin, IV, p. 626-628, et complétées par des communications inédites dues à A. Warda.
3. Lettre inédite à Herder, du 28 mars 1785 ; communiquée par Warda à Menzer. *Ibid.*, p. 628.

ajoutez-y ce motif principal, que même la morale, si elle doit, à son achèvement, pousser par-dessus elle jusqu'à la Religion, faute d'un travail préparatoire et d'une détermination sûre de cette première sorte, va s'embarrasser inévitablement dans des difficultés et des doutes, ou bien se perdre dans la chimère et l'exaltation visionnaire[1] ». C'est donc à une exposition directe de sa morale que Kant songeait ; et ce n'est sans doute qu'incidemment qu'il y a mêlé dans sa pensée cette critique de Garve, dont la trace ne se laisse pas retrouver aisément dans son œuvre achevée[2]. Faut-il maintenant, par cette première partie de sa morale, dont il parle à Mendelssohn, entendre simplement la première partie d'un livre destiné à développer entièrement sa doctrine, ou plutôt un livre indépendant, mais limité à une partie du système? Il n'est pas facile d'en décider. Tout ce qu'on peut supposer, d'après des indications de Kant[3], c'est que le travail entrepris devait être primitivement plus compréhensif ou plus complet, qu'il a voulu être d'abord une Métaphysique des mœurs, puis tenté d'être une Critique de la Raison pratique, qu'en devenant une *Grundlegung*, un exposé préliminaire, il a cherché d'une part à garder quelque chose de la « popularité » de la Métaphysique des mœurs[4], d'autre part, à aborder les inévitables problèmes d'une Critique de la Raison pratique, sans s'engager encore à les examiner dans toute leur ampleur. Quoi qu'il en soit, il ne semble pas, du moins à première vue, que ces divers changements d'intention aient trop marqué dans l'ouvrage même. « Dans ce livre, a pu dire Schopenhauer, nous trouvons le fondement, par suite l'essentiel de son Éthique, exposé avec une rigueur systé-

---

1. *Briefwechsel*, I, p. 325.
2. Peut-être est-il permis de supposer qu'il en est resté quelque chose dans les critiques, plusieurs fois renouvelées, que Kant dirige contre les méthodes et les conceptions morales des philosophes populaires.
3. IV, p. 239-240.
4. Voilà pourquoi sans doute les exemples sont multipliés dans l'ouvrage afin d'illustrer la théorie.

matique, un enchaînement et une précision qui ne se trouvent dans aucun autre de ses ouvrages[1]. »

*
* *

Le dessein du livre ne peut bien se comprendre que si l'on poursuit en toute rigueur l'idée d'une Métaphysique des mœurs[2]. Qui dit métaphysique dit connaissance *a priori*, par concepts purs, d'un objet[3]. Il existe des disciplines rationnelles, comme la Logique, qui sont *a priori*, mais qui ne portent que sur des conditions préjudicielles de la connaissance, indépendamment de tout objet défini ; il existe des espèces de connaissances, qui, comme la Physique empirique ou l'Anthropologie, portent sur des objets donnés des sens ou sur des mobiles donnés du vouloir, mais qui ne sont pas *a priori* et qui par suite ne peuvent prétendre à une certitude apodictique. Est proprement métaphysique la connaissance qui est capable de dépasser à la fois le simple formalisme logique et le simple empirisme, qui peut, en d'autres termes, se constituer à elle-même, par la seule raison, un objet déterminé. S'il doit y avoir une science apodictiquement certaine des lois du vouloir, comme il y a une science apodictiquement certaine des lois de l'expérience externe, ce ne peut être qu'une Métaphysique des mœurs. La Métaphysique des mœurs se distingue de la

1. *Die Grundlage der Moral*, Ed. Grisebach (Reclam), III, p. 498.
2. Cf. *Kritik der reinen Vernunft*, III, p. 553-554.
3. Sur ce qu'il faut entendre par la métaphysique la terminologie de Kant n'est pas toujours bien précise, ni bien constante. Il suffit de rappeler ici que pour Kant il y a, sous le nom de métaphysique, une science *a priori*, légitime et nécessaire, d'objets déterminables par purs concepts ; parmi ces objets, ceux qui sont réels et qui peuvent et doivent être compris de la sorte, ce sont, d'une part, la nature matérielle, d'autre part, la volonté raisonnable. Ainsi conçue, cette métaphysique immanente se distingue à la fois de la métaphysique transcendante qui prétend à tort à la connaissance des choses en soi, et de la mathématique qui, tout en étant *a priori*, procède, non par concepts, mais par construction de concepts. Kant a étendu aussi l'usage du terme de métaphysique, dans son sens légitime, à la discipline propédeutique qui détermine les conditions et les limites d'une connaissance rationnelle pure, c'est-à-dire à la critique.

Métaphysique de la nature, en ce qu'elle a affaire, non aux lois de ce qui est, mais aux lois de ce qui doit être par la liberté ; cette différence n'est pas pour affaiblir l'obligation qui lui incombe d'être une œuvre sans mélange de la pure raison [1].

Le pire est, dans toute recherche, cet amalgame de données empiriques et de concepts rationnels, par lequel on se flatte de concilier les exigences de la pensée spéculative et le souci de l'expérience [2]. Le goût du public s'y prête à coup sûr très complaisamment, et il autorise à traiter de songe-creux les philosophes qui prétendent montrer jusqu'où va la puissance propre de la raison pure. Cependant ce qui a assuré le progrès dans tous les ordres de l'activité humaine, c'est la division du travail : n'est-il pas évident que pour constituer d'un côté une science strictement rationnelle, pour coordonner de l'autre des expériences particulières, il faut deux genres de talents très différents, sinon opposés, qu'une même personne peut difficilement réunir ? Kant s'élève donc avec beaucoup de force contre l'éclectisme superficiel des philosophes populaires : à leur procédé de confusion, qui met en œuvre pour toute connaissance les facultés les plus hétérogènes, il oppose l'idée d'une science fondamentale, la Métaphysique, qui ne relève que d'une faculté, la raison ; contre leur prétention à traiter des plus diverses matières avec une égale compétence, il fait valoir la nécessité de l'aptitude spéciale que la Métaphysique impose, comme toute autre forme du savoir ou de l'art humain [3].

Cependant il peut sembler que l'examen des problèmes moraux réclame la considération directe de la nature humaine et doive en conséquence se fonder sur la psychologie ou l'anthropologie [4]. Mais Kant repousse vigoureusement

---

1. IV, p. 235-236.
2. Cf. *Kritik der reinen Vernunft*, III, p. 554. — *Metaphysische Anfangsgründe der Naturwissenschaft*, IV, p. 359.
3. IV, p. 236-237, p. 257.
4. Il ne saurait être question ici, bien entendu, que de la psychologie empirique, la psychologie rationnelle étant impossible à constituer comme science.

toute intrusion de données psychologiques ou anthropologiques dans la philosophie morale pure[1]; en cela il ne fait

— Psychologie empirique et anthropologie sont souvent prises par Kant l'une pour l'autre ; elles ont pour objet commun, en effet, la connaissance de la nature humaine. Elles se distinguent pourtant à certains égards ; la psychologie est une « anthropologie du sens intime » (*Kritik der Urtheilskraft*, V, p. 475), tandis que l'anthropologie proprement dite emploie non seulement le sens intime, mais aussi les sens externes (*Anthropologie in pragmatischer Hinsicht*, VII, p. 474 ; *Fortschritte der Metaphysik*, VIII, p. 570; cf. Heinze, *Kants Vorlesungen*, p. 155 [635]) ; de plus, la psychologie est une science théorique, tandis que l'anthropologie est susceptible d'être en outre une science pratique, c'est-à-dire pragmatique et morale, et a été considérée surtout par Kant comme telle. Cf. *Kritik der reinen Vernunft*, 2ᵉ édit., III, p. 13-14.

Sur la question des rapports de la psychologie et de la morale chez Kant, v. Hegler, *Die Psychologie in Kants Ethik*, 1891, particulièrement le chapitre 1ᵉʳ, p. 5-45.

1. Cette exclusion de la psychologie, quand il s'agit d'établir les fondements de la morale, est également prononcée à maintes reprises dans les ouvrages ultérieurs de Kant. — « La détermination particulière des devoirs, comme devoirs des hommes, en vue de leur division, n'est possible que quand le sujet de cette détermination (l'homme) a été connu selon la nature qu'il a réellement, dans la mesure du moins où cela est nécessaire relativement au devoir en général ; mais cette détermination n'appartient pas à une Critique de la raison pratique en général, qui n'a qu'à faire connaître complètement les principes de la possibilité, de l'étendue et des limites de cette dernière faculté, sans référence spéciale à la nature humaine. » *Kritik der praktischen Vernunft*, V, p. 8 ; v. p. 9, note. — Cf. *Kritik der Urtheilskraft*, V, p. 184, note. — Même la *Métaphysique des mœurs*, qui, ayant pour objet cette détermination particulière des devoirs, est obligée de considérer plus directement la nature humaine, s'oppose à toute usurpation des données psychologiques sur les concepts purement rationnels qui doivent fonder la morale. V. notamment tout le chapitre sur l'*Idée et la nécessité d'une Métaphysique des mœurs* ; en voici quelques passages, particulièrement significatifs : « Les lois morales n'ont force de lois que tout autant qu'elles peuvent être saisies comme fondées *a priori* et comme nécessaires. Il y a plus, les concepts et les jugements sur nous-mêmes et sur notre conduite ne signifient absolument rien de moral, quand ils contiennent ce qu'il n'est possible d'apprendre que de l'expérience ; et si d'aventure on se laisse induire à convertir en des principes moraux quelque chose qui a été puisé à cette dernière source, on court le risque de tomber dans les erreurs les plus grossières et les plus funestes » VII, p. 12. « La connaissance des lois morales n'est pas tirée de l'observation de l'homme par lui-même et de l'animalité en lui » p. 13. « De même que dans une Métaphysique de la nature il doit y avoir aussi des principes de l'application de ces principes suprêmes universels d'une nature en général à des objets de l'expérience, de même il ne se peut qu'une Métaphysique des mœurs en soit dépourvue ; et nous devrons prendre souvent pour objet la *nature* particulière de l'homme, qui n'est connue que par l'expérience, pour montrer en elle les conséquences qui résultent des principes moraux universels : sans que cependant ceux-ci perdent rien de leur pureté, ou que leur origine *a priori* soit ainsi rendue douteuse. Ce qui revient à dire qu'une Métaphysique des mœurs ne peut être fondée sur l'anthropologie, mais qu'elle peut cepen-

d'ailleurs que reproduire ses conceptions essentielles sur l'indépendance de toute connaissance ou de toute recherche *a priori* à l'égard de la psychologie [1]. Diverses causes ont

dant s'y appliquer. — Le pendant d'une Métaphysique de mœurs, comme second membre de la division de la philosophie pratique en général, serait l'anthropologie morale, qui contiendrait seulement les conditions subjectives, tant contraires que favorables, de l'accomplissement, dans la nature humaine, des lois posées par la première partie de cette philosophie, la production, l'extension et l'affermissement des principes moraux (dans l'éducation de l'école et l'instruction populaire) ainsi que d'autres doctrines et préceptes de ce genre, s'appuyant sur l'expérience. Cette anthropologie est indispensable ; mais elle ne doit pas précéder la métaphysique, ni être mêlée avec elle », p. 14. « *L'Anthropologie*, qui dérive de connaissances d'expérience, ne peut porter aucun préjudice à l'*Anthroponomie*, établie par la raison qui institue une législation inconditionnée », VII, p. 209.

[1]. En tout ordre de recherches et de connaissances Kant s'est proposé avant tout de séparer, comme il le dit, l'empirique du rationnel. Voilà pourquoi dès qu'une science doit à ses yeux se constituer *a priori*, elle doit du même coup s'opposer à toute intrusion de la psychologie. C'est ainsi que la logique générale se divise pour lui en logique pure et en logique appliquée : « dans la première nous faisons abstraction de toutes les conditions empiriques sous lesquelles s'exerce notre entendement... Une logique générale, en même temps que pure, n'a donc affaire qu'à des principes *a priori*... Une logique générale est dite appliquée, lorsqu'elle a pour objet les règles de l'usage de l'entendement sous les conditions subjectives empiriques dont nous instruit la psychologie... La logique générale, comme logique pure, n'a pas de principes empiriques ; par conséquent elle ne tire rien (comme on se le persuade parfois) de la psychologie, qui n'a ainsi absolument aucune influence sur le canon de l'entendement.. Quant à ce que j'appelle la logique appliquée..., elle est une représentation de l'entendement et des règles de son usage nécessaire *in concreto*, à savoir sous les conditions contingentes du sujet qui peuvent contrarier et favoriser cet usage, et qui dans leur ensemble ne sont données qu'empiriquement... Il y a entre la logique générale et pure d'une part, et la logique générale appliquée de l'autre le même rapport qu'entre la morale pure, qui contient uniquement les lois morales nécessaires d'une volonté libre en général, et la doctrine de la vertu proprement dite, qui considère ces lois dans leur rapport aux obstacles que leur opposent les sentiments, les inclinations et les penchants auxquels l'homme est plus ou moins soumis. Celle-ci ne peut jamais fournir une science véritable et démontrée, parce que, tout comme la logique appliquée, elle a besoin de principes empiriques et psychologiques », *Kritik der reinen Vernunft*, III, p. 83-84. (Remarquons que plus tard Kant considérera la doctrine de la vertu, la *Tugendlehre*, comme appartenant à la Métaphysique des mœurs et comme fondée à ce titre sur des principes *a priori* ; mais il aura aussi établi de plus en plus nettement qu'une métaphysique doit, pour comprendre telle ou telle espèce d'objets, et qu'elle peut, sans compromettre son caractère *a priori*, rapporter ses principes purs à l'explication d'un concept empirique. — *Metaphysische Anfangsgründe der Naturwissenschaft*, IV, p. 359-360.) — Cf. *Kritik der reinen Vernunft*, 2e éd., *Vorrede*, III, p. 13-14. — *Logik* : « Certains logiciens supposent, à vrai dire, dans la logique des principes *psychologiques*. Mais introduire de tels principes dans la logique est aussi absurde que tirer la morale de la vie », VIII, p. 14, p. 18.

contribué à produire le mélange, si facilement admis, de l'anthropologie et de la philosophie morale pure : d'abord, un certain souci d'accommoder l'exposé de la philosophie morale à l'intelligence commune ; ensuite l'idée, très spécieuse en effet, que des lois faites pour régler la vie de l'homme doivent nécessairement tenir compte de ce qu'est l'homme. Mais sur le rôle que joue l'intelligence commune dans la constitution d'une philosophie morale, comme sur les caractères que doit présenter la vulgarisation d'une telle philosophie, il y a des équivoques à dissiper. Certes il est juste de supposer que tout homme, même le plus vulgaire, doit être capable de connaître ce qu'il est obligé de faire, et il faut même constater qu'en matière morale l'intelligence commune fait preuve d'une sûreté et d'une pénétration merveilleuses. Mais l'intelligence commune, qui a en elle

— Sur la conception d'une logique pure, selon cet esprit, v. Husserl, *Logische Untersuchungen* (1900-1901), et spécialement la première partie, *Prolegomena zur reinen Logik*.

D'un autre côté, par la nature des problèmes qu'elle doit résoudre comme par celle de la méthode qu'elle emploie, la Critique est pleinement indépendante de la psychologie. L'explication de la possibilité des jugements synthétiques *a priori* n'est pas une explication génétique, portant sur les origines en quelque sorte historiques de ces jugements, mais une explication transcendantale, destinée à en justifier l'objectivité et à en circonscrire les usages légitimes. Comme il est dit dans les *Prolégomènes*, « il s'agit ici, non de l'origine de l'expérience, mais de ce qui est contenu en elle. De ces deux problèmes, le premier ressortit à la psychologie empirique ; encore même ne pourrait-il jamais recevoir d'elle tout le développement convenable sans le second qui ressortit à la critique de la connaissance et en particulier à la critique de l'entendement », IV, p. 52. La séparation de la Critique et de la psychologie, en dépit de quelques équivoques d'expression ou de quelques incertitudes, est absolument requise par l'esprit du kantisme (V. Ém. Boutroux, *La méthode de Kant*, dans ses leçons de la Sorbonne sur la philosophie de Kant, publiées par la Revue des Cours et Conférences, 1894-1895, 3e année, 1re série, p. 296-303. — H. Cohen, *Kants Theorie der Erfahrung*, 2e éd., p. 72 sq. ; p. 294-299 ; *Logik der reinen Erkenntniss*, 1902, p. 510. — A. Riehl, *Der philosophische Kriticismus*, I, p. 289, p. 294-311. — H. Cohen et Riehl combattent la tentative de Fries pour fonder psychologiquement la critique de la raison ; la légitimité de cette tentative, au point de vue même de Kant, est soutenue dans Ueberweg-Heinze, *Grundriss der Geschichte der Philosophie*, 9e éd., 1901, III, 1, p. 384-385, note. — V. également, en conformité avec les thèses de Cohen, Vorländer, dans son édition de la *Critique de la raison pure: Introduction*, p. xvii, p. xxxii-xxxiii). — D'une façon générale, tout ce qui rentre dans la philosophie transcendantale, — et sous ce terme au sens élargi il arrive à Kant de comprendre, avec la Critique proprement dite,

tout ce qu'il faut pour juger du bien et du mal, n'est pas compétente pour discerner d'elle-même le principe de ses jugements ; elle mêle spontanément ce principe aux cas particuliers, et par là, outre qu'elle est impuissante à le comprendre *in abstracto* comme il est nécessaire, elle est constamment exposée, sous l'influence des inclinations sensibles, à le fausser. Elle est donc l'objet indispensable et immédiat de la philosophie morale ; elle n'est pas cette philosophie même. Quant à lui rendre cette philosophie accessible, c'est assurément une fort louable tentative, mais qui doit venir à son heure, c'est-à-dire lorsque les concepts fondamentaux de cette philosophie ont été déterminés avec une entière rigueur. L'esprit de vulgarisation, légitime quand la science est faite, ne saurait pénétrer dans l'œuvre même de

la totalité du système de la raison pure, — doit être expliqué uniquement *a priori*, sans recours à la psychologie. Après les jugements d'expérience, ce sont les jugements moraux, puis ce sont enfin les jugements esthétiques eux-mêmes qui rentrent dans la philosophie transcendantale. Le jugement de goût, comme l'appelle Kant, suppose un principe subjectif, qui détermine, non par des concepts, mais par le sentiment, et pourtant d'une manière universellement valable, ce qui plaît ou déplaît. Ce principe, Kant le nomme un *sens commun (ein Gemeinsinn)*. Or, du moment qu'il exprime la propriété qu'a un sentiment de pouvoir et de devoir être universellement partagé, il ne saurait se fonder, pour être admis, « sur des observations psychologiques », *Kritik der Urtheilskraft*, V, p. 245. « Dans la nécessité à laquelle prétendent les jugements esthétiques il se trouve un moment important pour la Critique de la faculté de juger. Car elle fait reconnaître précisément en eux un principe *a priori*, et elle les enlève à la psychologie empirique dans laquelle sans cela ils devraient rester ensevelis parmi les sentiments du plaisir et de la tristesse (n'ayant pour se distinguer que l'insignifiante épithète de sentiments *plus délicats*), afin de les ranger, eux, et, au moyen d'eux, la faculté de juger dans la classe de ces jugements qui s'appuient sur des principes *a priori* et de les faire rentrer, comme tels, dans la philosophie transcendantale. » *Ibid.*, p. 274. V. également l'opposition que Kant établit entre une explication transcendantale des jugements esthétiques, comme est la sienne, et une explication purement psychologique, comme est celle de Burke, qui fournit seulement une matière aux recherches de l'anthropologie empirique. *Ibid.*, p. 285-287. — V. aussi *Ueber Philosophie überhaupt*, VI, p. 395-396. — Cf. Hermann Cohen, *Kants Begründung der Æsthetik*, 1889, p. 147-149, p. 211. — Ainsi, en même temps que Kant a étendu l'objet de la philosophie transcendantale, il a voulu affranchir les explications qui en relevaient de la juridiction de la psychologie.
Sur la question des rapports de la psychologie et de la philosophie dans Kant, et sur les controverses qu'elle a soulevées, v. Bona Meyer, *Kants Psychologie*, 1870.

la science ; ou il ne réussit alors qu'à favoriser, soit ce fastidieux éclectisme qui use indistinctement de toutes les ressources de la raison et de l'expérience pour former des semblants de preuve, soit cette paresse de la pensée que l'assurance d'être aisément comprise dispense de tout effort vers la profondeur [1].

Il est pareillement juste de prétendre que, pour être appliquée à l'homme, la morale requiert une certaine connaissance de la nature humaine. Mais ici encore il s'agit de ne pas intervertir l'ordre régulier des démarches de l'esprit ; il s'agit de comprendre qu'avant d'être appliquée la morale doit être fondée, et que les déterminations psychologiques qui en manifestent l'application possible *in concreto* ne sauraient en établir le fondement. Encore même faut-il observer que l'application doit se faire ici, non pas par une accommodation des lois nécessaires de toute volonté raisonnable aux conditions contingentes de la volonté

---

1. IV, p. 238, p. 251-253, p. 257-258. — Kant, à maintes reprises, a directement ou indirectement examiné la question de savoir dans quelle mesure une philosophie peut être populaire. Dans un discours en latin qu'il avait écrit en 1775 à l'occasion de sa « promotion », et dont Borowski déclare avoir encore le manuscrit sous les yeux, il avait traité « de la façon plus aisée et de la façon plus profonde d'exposer la philosophie », *Darstellung des Lebens Immanuel Kant's*, p. 32. — Quand il écrivit les *Observations sur le sentiment du beau et du sublime*, il essaya visiblement de se dégager du style d'école (V. plus haut, p. 107). Mais l'on sait avec quelle insouciance de la forme et de la clarté extérieure il a écrit ses principaux ouvrages. Il ne mettait pas d'ailleurs l'obscurité qu'on lui reprochait sur le seul compte de sa négligence ; il affirmait, non sans vivacité, que la précision et la profondeur des idées exigent souvent le sacrifice de l'élégance et de la « popularité » ; il posait catégoriquement en principe qu'avant de se rendre accessible au monde, une science doit être constituée avec une exactitude toute scolastique. Il laissait à d'autres le soin, s'il y avait lieu, de vulgariser son œuvre, non sans exprimer parfois le désir de la vulgariser lui-même ; il paraît avoir senti et regretté de plus en plus le dommage que causait à son influence philosophique sa façon ordinaire d'écrire. — Les auteurs que Kant cite comme modèles de philosophes populaires sont, dans l'antiquité, Cicéron, parmi les modernes, Shaftesbury, Mendelssohn, Garve. — V. *Prolegomena, Vorrede*, IV, p. 9-12. — *Kritik der reinen Vernunft*, 2ᵉ éd., *Vorrede*, III, p. 27, p. 31-32. — *Metaphysik der Sitten, Vorrede*, VII, p. 4. — *Logik*, VIII, p. 19, p. 46-48, p. 142. — Lettres à Marcus Herz, de janvier 1779, *Briefwechsel*, I, p. 230, à Mendelssohn, du 16 août 1783, I, p. 323, à Kästner, de mai 1793, II, p. 412, à Bouterwek, du 7 mai 1793, II, p. 417.

humaine, mais par une sorte de subsomption de la nature humaine sous les règles qui gouvernent toute nature raisonnable. Dans le système complet de la philosophie morale, il y a une place pour l'anthropologie ; il faut seulement que cette place soit marquée avec exactitude. De même que la physique empirique ne vient qu'après la Métaphysique de la nature, l'anthropologie pratique ne doit venir qu'après la Métaphysique des mœurs [1].

1. IV, p. 236, p. 237, p. 258, note, p. 260. — Il n'est pas très aisé, à cause des variations de la pensée de Kant et des incertitudes de sa terminologie, de marquer exactement l'objet et le rôle de l'anthropologie, dans ses rapports avec la philosophie théorique et avec la philosophie pratique. On peut, je crois, avec Emil Arnoldt (*Kritische Excurse im Gebiete der Kant-Forschung*, p. 343-356), partir de ce fait, que Kant a conçu de bonne heure l'anthropologie complète comme divisée en 3 grandes espèces : 1º l'anthropologie théorique, qui se confond pour une part avec la psychologie empirique (v. plus haut, p. 304, note), et qui a pour objet de rechercher ce que l'homme est naturellement ; 2º l'anthropologie pragmatique, qui étudie les dispositions naturelles de l'homme selon l'usage qu'il en peut faire sous la seule règle de son intérêt bien compris et de son bonheur ; 3º enfin l'anthropologie morale, qui étudie ces mêmes dispositions dans leur rapport avec la loi morale. De ces trois espèces d'anthropologie, l'anthropologie pragmatique est la seule dont Kant ait directement traité dans les Leçons qu'actuellement nous possédons de lui : les deux groupes de *Leçons* publiées par Starke, *Kant's Menschenkunde oder philosophische Anthropologie*, *Kant's Anweisung zur Menschen und Weltkenntniss* ont ce caractère, ainsi que les *Leçons* publiées par Kant en 1798, *Anthropologie in pragmatischer Hinsicht*. Dans la *Préface* de ce dernier ouvrage, Kant oppose l'anthropologie au point de vue physiologique et l'anthropologie au point de vue pratique. Ici le mot « pratique », qui, dans son sens large, comprend chez Kant à la fois ce qui est pragmatique et ce qui est moral, désigne ce qui est pragmatique. VII, p. 431-434.

Quel rapport a l'anthropologie morale avec la Métaphysique des mœurs ? Si l'on ne considère la distinction de ces deux disciplines qu'à un point de vue formel, on peut dire que Kant l'a constamment maintenue. Mais ce qui a varié dans sa pensée, c'est l'idée de l'objet que doit se proposer l'anthropologie morale, selon la forme qu'a prise l'exécution de la Métaphysique des mœurs. Dans la *Grundlegung*, la conception de la Métaphysique des mœurs, en ses traits essentiels, est intimement liée à la conception d'une Critique de la Raison pratique ; par là elle est présentée avant tout comme une science absolument pure ; tantôt elle paraît laisser à l'anthropologie pratique le soin de réaliser l'application de ses principes à la nature humaine, tantôt elle paraît pouvoir réaliser elle-même, à un moment ultérieur, cette application. (Il me paraît certain, comme à Arnoldt, *op. cit.*, p. 348, que la philosophie morale appliquée, distinguée en un passage de la philosophie morale pure, IV, p. 258, note, n'est point l'anthropologie pratique). L'anthropologie pratique de la *Grundlegung* semble bien être identique à la *Tugendlehre* de la *Critique de la Raison pure*, qui suppose, comme on l'a vu plus haut (p. 305, note) des principes empiriques et psychologiques. Plus tard,

Les systèmes qui prétendent expliquer la moralité par la constitution essentielle ou par quelque propriété spéciale de la nature humaine, ou encore par les circonstances de fait où l'homme se trouve placé dans le monde, ont tous ce vice radical, de ne pouvoir fournir tout au plus que des règles générales et, en dernière analyse, subjectives, au lieu de lois universelles, véritablement objectives, de la volonté[1]. Le premier motif pour lequel Kant condamne ce genre de systèmes est donc tiré de sa conviction rationaliste, selon le sens strict de la *Critique* : la vérité de la morale, comme celle de la science, n'est comprise comme telle que si elle est exclusivement déduite de la forme pure de la raison, non du contenu matériel de l'expérience. Mais à ce motif théorique s'ajoute un motif pratique : lorsque la morale s'appuie sur des considérations empiriques, elle fournit par là à la volonté des mobiles sensibles qui la corrompent, soit en la détournant du devoir, soit en l'invitant à chercher dans le devoir autre chose que le devoir même. Au con-

---

lorsque Kant eut écrit sa *Critique de la raison pratique*, il put constituer à part une *Métaphysique des mœurs*, selon les conditions qu'il avait à diverses reprises énoncées (*Kritik der reinen Vernunft*, III, p. 557 ; *Metaphysische Anfangsgründe der Naturwissenschaft*, IV, p. 359 ; *Kritik der Urtheilskraft*, V, p. 187), c'est à-dire une science qui, sans cesser d'être pure dans ses principes et ses procédés, empruntât à l'expérience son objet spécial ; cette science par là absorbait naturellement, au moins pour une grande part, la matière de l'ancienne anthropologie pratique ; il ne lui répugnait pas d'accepter le nom de *Tugendlehre* pour un de ses titres ; sans sortir d'elle-même elle s'appliquait, de l'aveu même de Kant, à des données anthropologiques (v. plus haut, p. 304, note). L'anthropologie morale garde cependant une raison d'être ; elle est moins l'appropriation de la morale rationnelle pure à l'homme que l'étude des conditions subjectives ainsi que des moyens divers qui favorisent ou entravent l'accomplissement du devoir ; la pédagogie en est une des parties les plus importantes.

Il est permis de supposer que si Kant a maintenu des lignes de démarcation entre la Métaphysique des mœurs et l'anthropologie, son anthropologie n'a pas laissé plus d'une fois de pénétrer, plus ou moins transfigurée, dans sa métaphysique. Au fait, bien des remarques qu'il avait faites au cours de ses études d'anthropologie se retrouvent utilisées à un point de vue « métaphysique » ou « transcendantal ». Quant à ses leçons d'anthropologie, elles seraient sorties, d'après ce que soutient Benno Erdmann, de ses leçons de géographie physique (*Reflexionen Kants*, I, p. 37 sq.). Cette thèse est combattue par Arnoldt, *op. cit*, p. 283-316.

1. IV, p. 258, p. 273, p. 290.

traire, dès que la morale cesse de recourir à ces arguments suspects, dès qu'elle s'applique à n'énoncer les lois de la moralité que dans leur pureté rationnelle, elle est en mesure d'agir puissamment sur les âmes, ou plutôt elle découvre une influence du devoir d'autant plus efficace que celui-ci cherche moins à se fortifier d'influences étrangères [1]. Kant, dans l'établissement de la Métaphysique des mœurs, ignore donc de parti pris les propriétés de la nature humaine, afin de rendre d'autant plus certain et d'autant plus souverain l'empire de la loi morale sur l'homme [2].

Mais il ne suffit pas qu'une telle Métaphysique se justifie par les exigences intellectuelles auxquelles elle répond et par les exigences pratiques auxquelles elle satisfait ; il faut qu'elle se justifie par l'analyse directe de son objet même. Or l'idée commune du devoir implique en toute évidence que les lois morales ne constituent une obligation que parce qu'elles valent, non pour l'homme en particulier, mais pour tout être raisonnable en général. Nous reconnaissons, par exemple, que le précepte qui nous ordonne de ne pas mentir ne s'applique pas seulement à nous selon les conditions contingentes de notre existence, mais qu'il possède une nécessité intrinsèque par laquelle il s'impose à tout être doué de raison [3]. Ce qu'il faut donc substituer à l'observation de la nature humaine, c'est le concept de l'être raisonnable. Maintes fois Kant répète que la loi morale existe pour les êtres raisonnables en général, et non pour l'homme simplement. Ce n'est pas qu'il veuille ainsi identifier la moralité à une sorte d'action surhumaine, ou qu'il fasse intervenir, pour offrir un modèle à l'homme, la représentation d'êtres surhumains [4]. Même il ne méconnaît pas sans

---

1. IV, p. 238, p. 258-260. — Cf. *Kritik der praktischen Vernunft*, V, p. 157 sq. — *Die Religion*, VI, p. 142-143, p. 157. — *Metaphysik der Sitten*, VII, p. 14.
2. H. Cohen, *Kants Begründung der Ethik*, p. 146.
3. IV, p. 237, p. 256.
4. Cette façon de considérer la loi morale dans son rapport aux êtres raisonnables en général, et non pas seulement à l'homme, a été souvent critiquée.

doute que c'est l'homme qui lui suggère directement le concept de l'être raisonnable en général. Mais il n'admet pas que ce concept soit formé par une sorte de généralisation de certains caractères ; s'il le pose en lui-même, et s'il paraît l'investir d'une réalité propre, c'est uniquement parce qu'il considère la raison comme une faculté, au sens fort du mot, et non pas seulement comme l'attribut d'une nature donnée, — comme la faculté d'établir des lois, qui confère le titre de raisonnables à tous les êtres qui en ont conscience ou qui en participent. Que la raison existe en quelque sorte avant l'être raisonnable, et l'être raisonnable avant l'homme, ce n'est pas réaliser des abstractions, à la façon des scolastiques : car on ne crée pas par là une ontologie nouvelle, on marque seulement l'ordre vrai de dépendance entre les éléments qui constituent la moralité. Il y a certes, chez Kant, ce qu'on peut nommer un réalisme moral, comme il y a un réalisme de la science ; mais ce réalisme est tout entier dans l'affirmation, que la nécessité de la morale, comme celle de la science, ne doit être

---

— Kant, objecte Schopenhauer, fait de la raison pure une chose qui subsiste par soi, une hypostase ; voilà comment il est amené à parler d'êtres raisonnables en général. Mais nul ne peut légitimement concevoir un genre qui ne nous est connu que par une espèce donnée ; car on ne peut transporter au genre que ce qui est tiré de l'espèce unique. Si pour constituer le genre on enlève à l'espèce certains de ses attributs, qui sait si l'on n'a pas justement supprimé les conditions sans lesquelles les qualités restantes ne sont plus possibles ? Nous ne connaissons la raison que dans l'homme : parler de l'être raisonnable en dehors de l'homme, c'est comme si l'on parlait d'êtres pesants en dehors des corps. « On ne peut se défendre du soupçon, que Kant a ici un peu songé aux bons anges, ou du moins qu'il a compté sur leur concours pour persuader le lecteur. » *Ueber die Grundlage der Moral*, *Werke* (Reclam), III, p. 511-512. — V. également la critique de la conception de Kant chez Trendelenburg, *Der Widerstreit zwischen Kant und Aristoteles in der Ethik*, *Historische Beiträge zur Philosophie*, III (1867), p. 186-187. — La conception de Kant, qui a surtout pour objet de libérer la vérité morale de tout élément empirique, n'implique nullement dans sa pensée actuelle l'existence d'une hiérarchie d'êtres raisonnables en dehors de l'homme. Ce qu'on peut dire seulement, c'est que la représentation d'un monde d'êtres raisonnables en général, avant d'être adaptée, comme elle l'est ici, aux exigences de la philosophie critique, a revêtu une forme imaginative et mystique. V. plus haut, première partie, ch. I, p. 77-80, ch. II, p. 133-144. — Cf. Hegler, *Die Psychologie in Kants Ethik*, p. 137-143.

résolue dans aucun de ses objets matériels, qu'elle tient à sa légalité rationnelle, à sa *Gesetzmässigkeit*. Donc parler des lois qui déterminent la volonté d'un être raisonnable en général, c'est simplement énoncer les conditions qui font que la volonté humaine est déterminable par des lois ; l'apparent dualisme des êtres raisonnables et des hommes n'est pas défini par un rapport de genre à espèce, mais par la distinction qu'il faut établir entre l'élément rationnel de toute moralité objective et la réalité empirique dans laquelle cet élément est engagé ; plus simplement, c'est parce que les lois morales valent pour la volonté d'un être raisonnable en général, qu'elles valent pour notre volonté propre [1].

Ceci revient à exprimer en d'autres termes la nécessité de séparer la Métaphysique des mœurs de toute psychologie et d'exclure les doctrines qui partent, pour fonder la morale, de la considération de la nature humaine. Assurément, par là, Kant paraît bien en complet désaccord avec la tradition la plus persistante des écoles morales. Une des idées le plus particulièrement accréditées parmi les philosophes, c'est que le bien de l'homme se définit par la perfection de l'activité qui lui est propre et résulte de l'achèvement de sa nature ; originairement cette idée appartient à la philosophie ancienne ; et c'est Aristote qui l'a développée avec le plus de force et de richesse [2]. Cependant l'opposition

---

1. IV, p. 256. — H. Cohen, qui soutient vigoureusement l'indépendance de l'Éthique à l'égard de la psychologie et qui défend contre Schopenhauer la conception kantienne de l'être raisonnable en général (*Kants Begründung der Ethik*, p. 123 sq.) pousse la thèse jusqu'à l'extrême paradoxe quand il dit que, même s'il n'existait pas d'hommes, la moralité n'en devrait pas moins être (p. 140). L'objectivisme kantien, qu'il met très justement en lumière, ne va pas cependant jusqu'à réaliser en soi les nécessités de la pensée, en supprimant d'une manière absolue leur rapport à la conscience. — Cf. Otto Lehmann, *Ueber Kant's Principien der Ethik und Schopenhauer's Beurteilung derselben*, 1880, p. 22-26. — V. aussi la réponse de Ch. Renouvier à la critique de Schopenhauer (*Kant et Schopenhauer*, Critique philosophique, 9ᵉ année, 1880, I, p. 27).

2. V. Brochard, *La morale ancienne et la morale moderne*, Revue philosophique, 1901, LI, p. 1-12.

qui existe réellement entre la morale aristotélicienne et la morale kantienne[1] est imparfaitement caractérisée, quand on soutient que la première concerne véritablement l'homme réel, tandis que la seconde se rejette de parti pris hors du monde où vit et se meut l'humanité; l'opposition résulte plutôt de la façon dont l'une et l'autre comprennent le rapport de la théorie à l'application; chez Aristote, au moins dans l'Éthique proprement dite, la théorie se règle sur l'application et même peut à certains égards s'effacer devant elle[2]; chez Kant, la théorie règle l'application et doit, par suite, se constituer hors d'elle; la morale est bien faite

1. Voir les conclusions tout aristotéliciennes par lesquelles Ed. Zeller termine sa critique de la morale de Kant. (*Ueber das Kantische Moralprincip und den Gegensatz formaler und materialer Principien, Vorträge und Abhandlungen*, III, 1884, p. 179-188). — Trendelenburg reproche à Kant d'avoir exclu l'aristotélisme surtout par omission, de n'avoir pas cherché dans Aristote le modèle des doctrines qui dérivent la moralité de quelque propriété spécifique de la nature humaine, de n'avoir défini, pour la combattre, l'idée de perfection que par des caractères externes. (V. cette dernière critique exposée également par Schleiermacher dans ses *Grundlinien einer Kritik der bisherigen Sittenlehre*, première section, notamment p. 47-48, *Werke, zur Philosophie*, I). Trendelenburg reproche en outre à Kant d'avoir poursuivi une forme d'universalité en quelque sorte hypermétaphysique. (*Der Widerstreit zwischen Kant und Aristoteles in der Ethik, Historische Beiträge*, III, p. 171-212). Trendelenburg résume ses arguments et ses réflexions dans les 3 thèses suivantes (p. 213-214) : « 1° Kant a démontré que l'universel est le contenu et le motif de la volonté raisonnable. Mais il n'a pas démontré que ce soit l'universel formel qui doive et puisse être principe. La démonstration, qu'il doit être principe, est défectueuse; la démonstration, qu'il peut être principe, c'est-à-dire qu'il possède une force impulsive, n'est même pas tentée. — Dans la direction d'Aristote se trouve un principe qui unit l'universel et le propre; c'est un universel, non formel, mais spécifique; 2° Kant a démontré que la volonté pure est la bonne volonté. Mais Kant n'a pas démontré que la volonté pure ne puisse avoir de motif empirique, d'objet d'expérience. On n'a pas le passage de la volonté bonne et pure *in abstracto* à la volonté réelle. — Dans la direction d'Aristote se trouve un principe qui ne renonce pas à la bonne volonté, mais qui la remplit; 3° Il a été démontré par Kant que le plaisir ne saurait être le mobile de la bonne volonté : autrement le mobile serait l'égoïsme. Mais Kant n'a pas démontré que le plaisir soit exclu de la vertu, et que néanmoins la raison survienne après coup dans le conditionné pratique avec des exigences de bonheur. — Dans la direction d'Aristote se trouve un principe qui ne se dessaisit pas du plaisir, mais qui l'engendre de lui-même. » Sur les rapports de la morale aristotélicienne et de la morale kantienne, v. L. Ollé-Laprune, *Essai sur la morale d'Aristote*, 1881, p. 211-233.

2. *Eth. Nic.*, I, 1, 1095 a, 5 ; 2, 1095 b, 6 ; 7, 1098 b, 1 ; II, 2, 1103 b, 26.

pour être appliquée à l'homme ; mais redisons qu'avant d'être appliquée la morale doit être fondée.

La question de méthode est donc de première importance : quelle méthode Kant va-t-il employer ?

A vrai dire, il ne fait ici qu'indiquer la façon dont il emploiera cette méthode ; mais nous savons comment elle s'est formée, et comment elle a été déjà mise en œuvre[1]. Si Kant la plie aisément à l'usage qu'il en veut faire dans la morale, ce n'est pas précisément pour cet usage qu'il l'a d'abord constituée. Il en a de bonne heure aperçu le modèle dans la science mathématique de la nature, telle que Newton l'avait édifiée[2], et c'est après diverses incertitudes et variations qu'il a réussi à en fixer le sens. Selon Newton, dans l'examen des problèmes scientifiques, il faut faire précéder la synthèse de l'analyse. « A la faveur de cette espèce d'analyse, on peut passer des composés aux simples et des mouvements aux forces qui les produisent, et en général des effets à leurs causes, et des causes particulières à de plus générales jusqu'à ce qu'on parvienne aux plus générales. Telle est la méthode qu'on nomme analyse. Pour la synthèse, elle consiste à prendre pour principes des causes connues et éprouvées, à expliquer par leur moyen les phénomènes qui en proviennent, et à prouver ces explications[3]. » Transportée dans la Métaphysique avec les changements qui conviennent, cette méthode devra, en premier lieu, dans l'ordre des faits à expliquer, expérience scientifique ou jugement moral, retrouver par analyse les éléments simples et purs qui jouent le rôle de condition nécessaire, puis, une fois ces éléments séparés, poser le principe qui les rend capables d'expliquer synthétiquement et même de démontrer les faits initiaux. Seulement il peut sembler qu'à cause de la fusion intime des éléments purs et des éléments

---

1. Riehl, *Der philosophische Kriticismus*, I, p. 221, p. 228, p. 237, p. 242, p. 342-345.
2. V. plus haut, première partie, ch. II, p. 98.
3. *Traité d'optique*, question XXXI, trad. Coste, 1720, II, p. 580-581.

empiriques dans la connaissance scientifique et la connaissance morale l'analyse se rapproche ici autant et plus de l'analyse employée par la chimie que de l'analyse employée par la science mathématique de la nature[1] ; mais il reste que par cette analyse tout abstraite[2], radicalement différente de celle qu'autrefois Kant avait cru pouvoir, selon l'exemple des Anglais, appliquer à la conscience morale de l'homme, il faut chercher à « isoler[3] » les éléments purs qui constituent le système de la raison[4].

1. *Kritik der reinen Vernunft*, III, p. 554 ; 2º éd., *Vorrede*, p. 20, note. — *Kritik der praktischen Vernunft*, V, p. 97, p. 169.
2. *Ueber eine Entdeckung...*, VI, p. 15-16, note.
3. Vaihinger, *Commentar*, II, p. 120-123.
4. La conclusion de la *Critique de la raison pratique* rappelle avec une netteté particulière les origines, le sens et la portée de la méthode employée par Kant. Kant vient d'écrire la phrase si souvent citée : « Deux choses remplissent l'âme d'une admiration et d'un respect toujours nouveaux et toujours croissants, à mesure que la réflexion y revient plus souvent et s'y applique davantage : le *ciel étoilé au-dessus de moi et la loi morale en moi.* » Il ajoute donc un peu après : « Mais si l'admiration et le respect peuvent bien exciter à la recherche, ils ne sauraient en tenir lieu. Qu'y a t-il donc à faire pour instituer cette recherche d'une manière utile et appropriée à la sublimité de l'objet? Des exemples peuvent ici servir d'avertissement, mais aussi de modèle. La contemplation du monde a commencé par le spectacle le plus magnifique que les sens de l'homme puissent présenter et que notre entendement, dans sa plus grande extension, puisse embrasser, et elle a fini — par l'astrologie. La morale a commencé avec le plus noble attribut qui soit dans la nature humaine, et dont le développement et la culture offrent en perspective des avantages infinis, et elle a fini — par l'exaltation visionnaire ou la superstition. Tel est le sort de tous les essais rudimentaires... Mais lorsque, quoique tardivement, la maxime fut venue en honneur de bien examiner préalablement tous les pas que la raison doit faire et de ne pas la laisser s'avancer autrement que par le sentier d'une méthode bien déterminée d'avance, alors la façon de juger du système du monde reçut une tout autre direction, et, avec celle-ci, obtint un résultat incomparablement plus heureux. La chute d'une pierre, le mouvement d'une fronde, décomposés dans leurs éléments et dans les forces qui s'y manifestent, traités mathématiquement, engendrèrent enfin cette vue claire et à jamais immuable sur le système du monde, qui peut toujours, par une observation constamment en progrès, espérer de s'étendre, mais qui n'a pas à craindre d'avoir jamais à reculer. Or cet exemple peut nous engager à suivre la même voie en traitant des dispositions morales de notre nature, et nous faire espérer le même succès. Nous avons pour ainsi dire sous la main les exemples de la raison jugeant en matière morale. En les décomposant dans leurs concepts élémentaires, et en employant, à défaut de la méthode *mathématique*, un procédé analogue à celui de la chimie pour arriver à *séparer* l'empirique d'avec le rationnel qui peut se trouver en eux, par des essais réitérés sur la raison commune des hommes, on peut nous faire connaître avec certitude à l'état pur l'un et l'autre de ces éléments, ainsi que ce que chacun d'eux est capable de

L'objet de cette analyse, ce sera ici le jugement commun des hommes en matière morale. Ce jugement offre à la raison métaphysique un point de départ aussi ferme, sinon d'abord aussi visiblement assuré, que l'expérience scientifique[1]; il n'a pas en tout cas à être essentiellement réformé, pas plus qu'il n'a besoin d'être rapporté à un autre ordre de choses que celui qu'il enveloppe ; il doit contenir en lui-même le principe de sa certitude propre. En dépit de ce que prétend l'intellectualisme, la vérité morale est directement accessible à tout homme ; tout homme peut la reconnaître, dès que sa réflexion est sollicitée, selon le procédé socratique, à la découvrir. C'est Kant lui-même qui paraît rapprocher son œuvre de celle de Socrate[2], et l'on sait que ce rapprochement a été souvent fait[3]. Mais si Socrate et

faire par lui seul ; ainsi on préviendra, d'un côté, l'aberration d'un jugement encore fruste et non exercé, de l'autre, (ce qui est beaucoup plus nécessaire), ces *extravagances géniales* qui, comme il arrive aux adeptes de la pierre philosophale, sans aucune investigation et aucune connaissance méthodique de la nature, promettent des trésors imaginaires et en font gaspiller de véritables. » V, p. 167-169. — Contre cette prétention de Kant à être le Newton de la morale, v. Gizycki, *Die Ethik David Hume's*, 1878, p. VII-VIII. Newton, dit Gizycki, n'a pas déduit la gravitation *a priori* ; il l'a induite comme un fait général ; il unit étroitement l'expérience et la pensée ; Kant, au contraire, méconnaît les droits de l'expérience.

1. Cf. *Kritik der praktischen Vernunft*, V, p. 95-96.
2. IV, p. 252. — Cf. *Kritik der reinen Vernunft, Vorrede zur zweiten Ausgabe*, III, p. 25. — *Tugendlehre*, VII, p. 178. — Il y a un Socrate de la seconde moitié du XVIIIe siècle : un Socrate caractérisé surtout par son opposition à la philosophie spéculative et par son goût exclusif de la vérité pratique, par sa confiance dans les lumières naturelles du bon sens, par sa conception courageuse de la dignité morale et de l'indépendance du philosophe. On sait comment Rousseau le met en parallèle avec Jésus-Christ. Mendelssohn fait de lui le héros de son *Phédon*. Eberhard publie une *Nouvelle apologie de Socrate*, Hamann des *Mémoires de Socrate*. Le hollandais Hemsterhuys qui eut tant de vogue parmi les écrivains allemands de la fin du XVIIIe siècle et du commencement du XIXe, et que Kant, nous dit Hamann, admirait extraordinairement (*Schriften*, VI, p. 374) présente Socrate comme le personnage philosophique par excellence. Lessing dans ses *Pensées sur les Frères Moraves* fait parler Socrate ou plutôt Dieu par la bouche de Socrate pour inviter les hommes à se garder des spéculations aussi inutiles qu'aventureuses et à tourner leur regard sur eux-mêmes. *Lessings Werke* (Kürschner), XIII (Boxberger), p. 293.
3. V. notamment Ed. Zeller, *Die Philosophie der Griechen*, II, 1 (4e éd., 1899), p. 135 — Vaihinger, *Commentar*, I, p. 2. — Paulsen, *Kant*, p. 55-56. — Riehl, *Philosophie der Gegenwart* (1903), p. 183. — Le premier

Kant sont animés d'une même foi dans la valeur du jugement pratique des hommes, s'ils s'entendent l'un et l'autre à le considérer comme la donnée indispensable et suffisante de leurs recherches en morale, ce n'est pas à dire, tant s'en faut, que leurs méthodes se ressemblent. Socrate analyse les opinions communes pour en dégager l'élément matériel de définitions universelles ; il veut induire de ces opinions tout le contenu susceptible de rentrer dans un concept simplement logique. Kant, lui, ne se contente pas de ramener à des types généraux les appréciations de la conscience commune ; il vise à dégager des jugements moraux l'élément formel, d'où résulte la fonction même de juger ; il poursuit le concept proprement métaphysique, pur de tout alliage empirique, et capable de produire par lui seul la vérité dont il doit rendre compte.

Telle est l'espèce d'analyse que mettent en œuvre, dans leur plus grande partie, les *Fondements de la Métaphysique des mœurs* ; les résultats en sont exposés dans les deux premières sections du livre : ils aboutissent à la détermination du principe sur lequel se fonde l'idée universellement reçue de la moralité[1]. Dans la troisième section seulement,

---

peut-être qui ait comparé Kant à Socrate pour avoir ramené, lui aussi, la philosophie du ciel sur la terre est Jacob dans sa *Prüfung der Mendelssohnschen Morgenstunden*, 1786, (v. Benno Erdmann, *Kant's Kriticismus*, p. 117). — On a cependant parfois relevé une opposition essentielle entre les deux philosophes. Ziegler (*Geschichte der Ethik*, I, p. 61) soutient que la doctrine de Socrate est diamétralement contraire aux principes moraux de Kant. — Karl Joël (*Der echte und der Xenophontische Socrates*, I, 1893, p. 174 sq.) voit dans le kantisme une réaction contre la pensée socratique. Socrate proclame la souveraineté de la raison théorique sur l'action, Kant, au contraire, le primat de la raison pratique. Le rationalisme est la tendance la plus profonde de la philosophie depuis Socrate jusqu'à Wolff ; le kantisme fait obstacle à cette tendance, qui reprend sa force ensuite et s'achève chez Hegel ; c'est à Hegel, non pas à Kant, qu'il faudrait comparer Socrate. Mais Joël ne peut opposer en ce sens Socrate et Kant que parce que d'un côté il fait de Socrate un pur dialecticien rationaliste ne s'appliquant aux questions morales que pour les résoudre dans la réflexion intellectuelle, et parce que de l'autre il méconnaît, contre toute justesse, le fond solide de rationalisme qui se trouve dans l'idée kantienne de la raison pratique.

1. On pourrait donc dire que, pour la morale, Kant a écrit des *Prolégomènes* avant d'écrire la *Critique*. On sait en effet, par les déclarations de Kant, que la méthode employée dans les *Prolégomènes* est la méthode analytique,

qui est comme l'esquisse d'une Critique de la Raison pratique, la démonstration synthétique intervient : elle a pour objet d'expliquer la nécessité du principe en lui-même, de façon à retrouver et à justifier en même temps la conscience morale commune [1].

* * *

L'analyse de la conscience morale commune nous permet d'abord de définir ce qu'il faut entendre par le *bien*. Le terme en effet est équivoque : c'est ainsi que l'on considère comme des biens les dons de la nature ou de la fortune. Que l'intelligence, la vivacité et la sûreté du juge-

---

tandis que la méthode employée dans la *Critique de la raison pure* est la méthode synthétique. *Prolegomena*, IV, p. 22, p. 24, p. 27 (V. Vaihinger, *Commentar*, I, p. 412-413). L'exposition analytique a pour caractère d'être plus aisée à comprendre, plus populaire. — Cf. *Logik*, VIII, p. 143.
L'exposition analytique reproduit-elle l'évolution historique de la pensée kantienne ? C'est ce que soutient, au moins pour ce qui est des problèmes théoriques, Kuno Fischer, *Geschichte der neuern Philosophie*, IV, p. 338-340, et c'est ce que conteste A. Riehl, *Der philosophische Kriticismus*, I, p. 339-342. Riehl observe que la méthode analytique, impuissante par elle-même à justifier le fait dont elle part, à savoir la certitude de la science, ne pouvait répondre aux exigences de démonstration qui préoccupaient l'esprit de Kant. Mais précisément l'argumentation de Riehl est beaucoup trop dominée par l'idée de la forme achevée de la méthode kantienne. Kant, en inaugurant ses démarches, a considéré d'emblée la science comme certaine, et il en a analysé les conditions, sauf à s'apercevoir que cette certitude, dont il n'avait jamais douté, n'était finalement démontrable que par la méthode synthétique. Il me paraît donc que Kuno Fischer, malgré certaines formules impropres, a raison en gros (V. plus haut, introduction, ch. III, p. 54-61). — Pour ce qui est des problèmes moraux, on ne peut pas dire en termes aussi simples que l'exposition analytique et régressive représente le développement historique de la pensée de Kant. Certes il semble bien que par l'analyse Kant avait peu à peu dégagé et étudié isolément des concepts tels que celui de la bonne volonté, de l'obligation, de l'impératif catégorique, de la société des êtres raisonnables, etc. Mais la *Critique de la raison pure* fournissait, avec le concept transcendantal de la liberté, le principe de la démonstration synthétique, avant que tous les éléments de la moralité fussent analysés jusqu'au bout. Ce qui reste cependant vrai, c'est que la *Grundlegung*, en découvrant par l'analyse de la conscience morale commune une relation intime entre l'idée déjà ancienne de l'impératif catégorique et l'idée toute nouvelle de l'autonomie de la volonté, a fourni le moyen de faire passer à l'acte la démonstration synthétique : voilà pourquoi on peut dire dans une certaine mesure que l'exposition analytique reproduit ici encore assez fidèlement la marche réelle de la pensée de Kant.

1. IV, p. 240, p. 293.

ment, comme aussi le courage, la décision, la persévérance dans les desseins soient des qualités à bien des égards précieuses ; que le pouvoir, la richesse, l'honneur, la santé, le parfait contentement de son sort, soient des avantages en eux-mêmes fort désirables ; ceci ne se conteste pas. Mais ce que la conscience ne saurait admettre, c'est que ces biens soient qualifiés de moraux : ils ne déterminent pas par eux-mêmes l'usage qu'on en doit faire, et cet usage peut être mauvais. Même certaines dispositions intérieures de l'âme, comme la possession de soi, la juste mesure, quelque favorables qu'elles paraissent souvent à la moralité, n'ont pas, tant s'en faut, cette valeur absolue que leur attribuaient les anciens ; elles peuvent, elles aussi, se prêter à un mauvais emploi : le sang-froid d'un scélérat ne le rend-il donc pas plus odieux ? Ne peut être véritablement bon que ce qui l'est par soi, et ce qui l'est par soi l'est absolument. Par suite, « il n'est pas possible de concevoir dans le monde, ni même en général hors du monde, absolument rien qui puisse sans restriction être tenu pour bon, si ce n'est seulement une BONNE VOLONTÉ[1]. »

La bonne volonté : telle est la formule immédiate du concept au nom duquel juge la conscience. En sa teneur littérale, cette formule rappelle l'εὐδοκία du *Nouveau Testament*, la *bona voluntas* de la *Vulgate*. Toujours est-il que Kant, à l'occasion, en a volontiers rattaché le sens à l'esprit du Christianisme qui réclame avant tout la pureté de cœur ou d'intention, et qui affirme l'intériorité essentielle de la vie morale[2]. Mais ce qu'il se propose ici, c'est de la définir et de l'expliquer.

Ce qui constitue la bonne volonté, ce n'est pas son aptitude à atteindre tel ou tel but, ce n'est pas son succès dans l'accomplissement de telle ou telle œuvre, c'est purement et simplement son vouloir même, c'est-à-dire qu'elle tient

---

1. IV, p. 240-241. — V. plus haut, p. 89-90, p. 96-97, p. 261.
2. V. plus loin le chapitre sur la *Religion dans les limites de la simple raison*.

sa valeur, non du résultat de son action, mais de son action seule et de la maxime qui l'inspire. Telle quelle, sans avoir besoin d'être justifiée par la réussite de ses desseins, bien mieux, sans être le moins du monde condamnée par son incapacité de les faire aboutir parfois contre les obstacles extérieurs, elle est en elle-même incomparablement supérieure à tout ce qu'elle pourrait réaliser pour le plus grand contentement de nos inclinations. Ce n'est point par l'utilité ou l'inutilité de ses actes qu'on peut la juger. L'intention reste donc l'élément caractéristique de la moralité[1]. Non pas que Kant ait prétendu par là isoler l'intention des actes qui peuvent ou doivent la traduire au dehors ; il a soin d'avertir qu'on ne doit pas la confondre avec une simple velléité, avec une simple direction du désir, sans recours à tous les moyens dont on dispose ; il prend comme type du cas extrême dans lequel la pleine suffisance de la bonne volonté apparaît, non le cas où cette bonne volonté se contente de la pureté intérieure de sa maxime, mais le cas où, dans son plus grand effort, elle est tenue en échec par la malveillance de la nature[2]. Autre chose est de circonscrire le caractère essentiel par lequel la volonté se définit, autre chose de rompre les liens qui unissent normalement dans la pratique ce caractère du vouloir aux actes par lesquels le vouloir s'accomplit[3].

Mais attribuer une valeur absolue à la bonne volonté sans tenir compte de l'utilité de ses actes, n'est-ce pas un paradoxe suspect ? On dira sans doute que la conscience commune, portant en elle ce paradoxe, le justifie par là même :

1. Cf. C.-A. Vallier, *De l'intention morale*, 1883. — V. un commentaire pénétrant de cette conception de la *bonne volonté* dans A. Hannequin, *Notre détresse morale et le problème de la moralité*, 1898, p. 9-10.
2. IV, p. 242.
3. Cf. *Die Religion*, VI, p. 162, note. — Kant, dans la *Religion*, rappelle le précepte évangélique qui commande que les pures intentions se manifestent par des actes, VI, p. 258. — C'est pourtant la parole de l'Evangile : « Vous les reconnaîtrez à leurs fruits », que Hegel se plaît à opposer à la morale de la volonté subjective et de la conscience individuelle abstraite. *Encyclopädie, Hegel's Werke*, VI, p. 278-279. — V. également *Encyclopädie*, VII, 2, p. 390-391 ; *Philosophie des Rechts*, VIII, p. 202-204.

qui sait cependant si elle n'est pas dupe de quelque secret penchant aux conceptions transcendantes et aux visions chimériques[1]? Il faut donc en soumettre l'autorité à une contre-épreuve, qui nous apprendra si c'est bien pour produire essentiellement en nous une bonne volonté que la raison est préposée au gouvernement de notre vie.

Admettons que la raison nous ait été dévolue, non pas pour faire que notre volonté puisse être bonne en elle-même, mais pour l'éclairer et la diriger dans la poursuite du bonheur. Alors l'idée d'une finalité de la nature se trouverait radicalement contredite. Cette idée implique en effet que chez les êtres vivants tout organe est exactement approprié à la fin qu'il doit remplir. Mais la raison est la faculté la moins propre qui soit à procurer sûrement le bonheur, et un instinct eût certainement mieux averti l'homme des moyens à employer pour réussir à être heureux. Encore si la raison n'était chez nous que pour contempler l'admirable disposition de nos puissances et pour s'y complaire ! Mais elle tend spontanément à être pratique ; et dès qu'elle s'occupe de nos besoins, non seulement elle est incapable de les satisfaire, mais encore elle les multiplie et les aggrave. De plus, à mesure qu'elle se cultive elle-même davantage, elle peut moins trouver dans ce qu'on appelle les jouissances de la vie le vrai contentement. Consultez les hommes qui ont cherché le plaisir dans les luxes divers de l'existence, même dans ces luxes élevés qui sont les arts et les sciences : ils avoueront que leur joie fut décevante et sans proportion avec leur effort, ils montreront moins de dédain que d'envie pour l'humanité commune, plus docile aux suggestions du simple instinct naturel ; fatalement ils en sont venus à la haine de la raison, à ce que Kant nomme d'un terme pla-

1. IV, p. 242. — Hamann écrivait à Herder le 14 avril 1785 : « Au lieu de la raison pure, il s'agit ici d'une autre chimère, d'une autre idole, la bonne volonté. Que Kant soit une de nos têtes les plus subtiles, même son ennemi doit le lui accorder ; malheureusement cette subtilité est son mauvais génie. » *Schriften*, Éd. Roth, VII, p. 242. — V. aussi Gildemeister, *Hamanns Briefwechsel mit F. H. Jacobi*, 1868, p. 364.

tonicien la « misologie[1] ». Ce n'est pas là simplement humeur chagrine, ingratitude envers la bonté de la Cause qui gouverne le monde: c'est la preuve d'un dualisme irréductible entre le bonheur auquel tendent nos inclinations et la raison qui ne peut être pratique que pour une tout autre fin. Dès lors, quelle peut être la destination de la raison, si ce n'est de produire une volonté bonne, non par les satisfactions qu'elle donne aux demandes de l'inclination, mais par elle-même et sa disposition propre[2]? Cet argument, à la place où il est développé, n'a sans doute qu'une portée indirecte ; fondé sur le concept de finalité, qui est simplement régulateur, il ne saurait affecter le sens d'une preuve dogmatique. Mais nous savons que les idées, si elles ne peuvent produire une connaissance conforme à leurs exigences, ont au moins la vertu d'exclure l'objet qui les contredit, en même temps que le droit de systématiser selon leur point de vue l'ordre de la nature : il est donc légitime d'affirmer que la fonction de la raison doit non pas assurément être déterminée par la finalité, mais s'accorder avec elle. Seulement jusqu'alors on a mal défini cette fonction, parce que l'on a vu dans ce que l'on appelle la civi-

---

1. « Une certaine misologie, écrivait Kant à Marcus Herz le 4 février 1779, résulte, comme telle sorte de misanthropie, de ce que l'on aime à vrai dire dans le premier cas la philosophie, dans le second cas l'humanité, mais de ce qu'on les trouve ingrates l'une et l'autre, soit que l'on ait trop présumé d'elles, soit que l'on attende d'elles avec trop d'impatience la récompense de ses efforts. Cette humeur morose, je la connais aussi ; mais un regard favorable de toutes deux nous réconcilie bien vite avec elles, et ne sert qu'à rendre plus solide encore l'attachement qu'on leur a. » *Briefwechsel*, I, p. 231. — V. aussi les considérations sur les causes et les formes de cette « misologie », dans Starke, *Kant's Menschenkunde*, p. 227-228. — Cf. Otto Schlapp, *op. cit.*, p. 241. — Cf. *Kritik der reinen Vernunft*, III, p. 562. — V. la lettre de Christian Gottfried Schütz à Kant, 20 sept. 1785, *Briefwechsel*, I, p. 385. — V. le passage du *Phédon*, 89 D sq., où Platon explique que le plus grand des maux, c'est de haïr la raison, et comment « la misologie et la misanthropie dérivent de la même source ».

2. IV, p. 242-244. — Cf. *Kritik der Urtheilskraft*, V, p. 443-444, p. 447 note. — Kant présente ailleurs cet argument d'une façon plus simple et plus directe quand il dit que la raison, si elle n'était en nous que pour nous assurer le bonheur, ne différerait pas de l'instinct animal. *Kritik der praktischen Vernunft*, V, p. 65. — Contre cet argument, v. A. Fouillée, *Critique des systèmes de morale contemporains*, p. 148-149. (Paris, F. Alcan.)

lisation, dans l'harmonie nécessaire et immédiate de la raison et du bonheur, la marque et l'effet de l'ordre vrai des choses ; dès qu'il a été, au contraire, reconnu avec Rousseau que la culture de la raison, bien loin de rendre l'homme plus heureux, lui enlève la jouissance du bonheur naturel[1], il faut admettre que le rôle de la raison ne peut être ni engendré, ni conditionné par cet objet. En d'autres termes, la raison n'est une faculté spécifiquement pratique que si la volonté qu'elle gouverne peut être bonne par elle seule.

Mais, dans les conditions où nous sommes placés, toute volonté n'est pas bonne nécessairement, ni d'emblée ; aussi le concept de la bonne volonté ne se prêtera-t-il à une analyse exacte que s'il est ramené à un autre concept, qui comprenne, avec la bonne volonté, les obstacles ou les limitations qu'elle rencontre : ce nouveau concept sera celui de devoir. La bonne volonté est celle qui agit par devoir. A quoi donc pourra-t-on reconnaître une action de ce genre ?

Sur l'idée du devoir, comme sur celle du bien, des équivoques sont possibles, qu'il faut dissiper. Certes on ne prendra jamais pour des actes accomplis par devoir des actes qui sont directement contraires au devoir. Mais il se peut que des actes soient conformes au devoir, sans que ce soit par devoir qu'ils aient été accomplis. L'agent a pu s'y résoudre, sans même y être porté par une inclination immédiate, en s'inspirant simplement de l'intérêt bien entendu. Il n'est pas sûr, par exemple, qu'un marchand qui sert loyalement tous ses clients sans distinction agisse par devoir ; ce marchand peut s'être dit simplement que son commerce bénéficiera de la confiance qu'il saura inspirer : seuls des principes de probité, indépendants de toute vue intéressée, pourraient faire sa conduite morale. Dans des cas pareils toutefois la distinction reste assez aisée à marquer entre les actions qui ne sont qu'extérieurement conformes au devoir et les actions qui sont accomplies par devoir véritablement.

---

1. V. plus haut, p. 115-128, p. 160-161, p. 274 sq., p. 297.

Elle est singulièrement plus difficile à établir quand les actions sont telles qu'elles peuvent être également accomplies par devoir et par inclination immédiate. C'est un devoir pour moi de conserver ma vie, et même, indirectement, d'assurer mon bonheur. Mais naturellement je tiens à la vie, et naturellement je cherche à être heureux. Comment déterminer ici ce devoir uniquement par son caractère moral? Il faut supposer des cas dans lesquels l'amour naturel de la vie et le désir naturel du bonheur ont été tellement mis en échec par les circonstances qu'ils ont été annihilés ou même qu'ils se sont changés en leurs contraires. De l'homme qui, éprouvé par toutes les douleurs, ne se laisse pas abattre, et qui, désirant la mort, conserve par force d'âme la vie qu'il n'aime pas, on peut dire qu'il agit moralement; on peut le dire aussi de l'homme qui, atteint profondément dans sa santé et ne pouvant guère espérer pour l'avenir ce qu'on appelle le bonheur, sacrifie cependant à ce bonheur incertain une jouissance présente. C'est aussi un devoir d'être bienfaisant; mais il y a des âmes ainsi faites que sans aucun motif d'intérêt ou de vanité, elles aiment à répandre la joie autour d'elles, qu'elles se complaisent dans le bonheur d'autrui comme dans leur œuvre propre. Mais si aimables qu'elles soient, cependant leur façon d'agir, quand elle ne résulte que d'un sentiment naturel de sympathie, ne vaut pas moralement mieux que l'ambition, par exemple, qui, elle aussi, dans certains cas, s'accorde à merveille avec l'intérêt public. A quoi donc reconnaîtra-t-on la bienfaisance véritablement morale? Que l'on suppose un homme en qui la violence des chagrins personnels a arrêté net l'élan des inclinations sympathiques, un homme d'ailleurs doué d'endurance et d'énergie, porté par là à attendre des autres qu'ils sachent souffrir comme il sait souffrir lui-même; si cet homme en vient à surmonter cet état d'insensibilité pour bien faire à autrui comme il le doit : alors son action a une incontestable valeur morale. Et c'est sans doute dans ce sens que l'Écriture Sainte nous ordonne d'aimer notre prochain, fût-il notre ennemi; car l'amour comme inclination ne saurait se commander; le seul amour qui soit compatible avec une prescription est un amour *pratique* qui vient de la volonté, non un amour *pathologique* qui résulte de la sensibilité; l'amour pratique, ordonné et soutenu à la fois par des principes, doit se produire en dehors et même à l'encontre des suggestions et des caprices de l'amour pathologique[1].

Ainsi la bonne volonté, ou volonté d'agir par devoir, ne se révèle sûrement que lorsqu'elle est en lutte avec les dispositions naturelles, et il semble bien que Kant finisse par faire du caractère qui permet de la reconnaître le caractère même qui la constitue[2]. D'où le rigorisme de sa morale. Par la défaveur qu'il paraissait jeter sur les bons sentiments spontanés et sur la joie de vivre, par l'âpre austérité qu'il paraissait imposer à l'accomplissement du devoir, ce rigorisme ne fut pas sans provoquer de vives répugnances, même chez les amis de Kant. Le caractère, l'éducation, le pays d'origine, l'âge même du philosophe en furent rendus responsables. Körner, par exemple, apercevait dans certaines parties de son œuvre les traits rudes et froids de l'homme du Nord[3]. Lichtenberg se demandait si maintes théories de Kant, surtout celles qui avaient trait à la loi morale, n'étaient pas le produit d'un âge « où les passions et les opinions ont perdu leur force[4] ». Dans une lettre à Gœthe du 21 décembre 1798, Schiller parlait de l'aspect morose de la philosophie pratique de Kant, et déplorait que cette sereine intelligence n'eût pas réussi à surmonter de sombres impressions de jeunesse. « Il reste toujours chez Kant quelque chose qui comme chez Luther rappelle *le moine*, le moine qui sans doute s'est ouvert les portes de son cloître, mais sans pouvoir effacer entière-

---

1. IV, p. 245-247. — V. *Kritik der praktischen Vernunft*, V, p. 87. — *Metaphysik der Sitten*, VII, p. 205.
2. Cf. *Kritik der praktischen Vernunft*, V, p. 166.
3. Lettre à Schiller du 31 mai 1793, *Schillers Briefwechsel mit Körner*, éd. Goedeke, 2ᵉ éd., II, 1878, p. 69.
4. *Bemerkungen vermischten Inhalts* (Reclam), p. 130.

ment la trace du séjour qu'il y a fait[1]. » On connaît surabondamment son épigramme : « Scrupule de conscience : Je sers volontiers mes amis ; mais hélas ! je le fais avec inclination, et ainsi je me sens souvent tourmenté de la pensée, que je ne suis pas vertueux.. — Décision : Il n'y a pas d'autre parti à prendre ; tu dois chercher à en faire fi et à accomplir alors avec répugnance ce que le devoir t'ordonne[2]. » Cependant cette répugnance, qui est présentée

---

1. *Briefwechsel zwischen Schiller und Goethe in den Jahren* 1794 bis 1805, 2ᵉ éd., 1856, Stuttgart et Augsburg, t. II, p. 166-167. — V. aussi la lettre du 2 août 1799, II, p. 229. — V., pour contraste, le portrait de Kant par Herder, cité plus haut, p. 48, note.

2.   GEWISSENSSKRUPEL.
  Gern dien'ich den Freunden, doch thue' ich es leider mit Neigung,
  Und so wurmt es mir oft, dass ich nicht tugendhaft bin.
                                    ENTSCHEIDUNG
  Da ist kein anderer Rath, du musst suchen, sie zu verachten,
  Und mit Abscheu alsdann thun, wie die Pflicht dir gebeut.

Il ne faudrait pas croire du reste que sur ce sujet même il y eût entre Kant et Schiller une radicale divergence d'idées. D'une façon générale, Schiller a moins voulu tempérer, comme on le dit d'ordinaire, le rigorisme kantien, que le compléter. A maintes reprises nous trouvons dans ses lettres des déclarations très nettes sur la nécessité méthodique et la valeur fondamentale du rigorisme tel que Kant l'a conçu V. notamment la lettre à Körner du 18 février 1793, où, faisant profession de kantisme, il tient par-dessus tout à distinguer la moralité et la beauté (*Op. cit.*, II. p. 17-24). Parmi les lettres à Gœthe, v. principalement celle du 28 octobre 1794 : « La philosophie kantienne, sur les points essentiels, ne pratique aucune indulgence, et elle a un caractère trop rigoriste pour qu'il y ait avec elle des accommodements possibles. Mais cela lui fait honneur à mes yeux, car cela montre combien peu elle peut supporter l'arbitraire. Aussi une telle philosophie ne veut-elle pas non plus qu'on la paye de révérences », I, p. 25. — V. aussi la lettre du 2 mars 1798, II, p. 56-57. — Même dans son écrit *Sur la Grâce et la Dignité*, où il montre en quoi la morale kantienne ne le satisfait pas pleinement, il juge le rigorisme bien fondé en principe. Le contentement sensible, dit-il, est la justification que l'on donne d'habitude à l'action raisonnable. « Si la morale a enfin cessé de parler ce langage, c'est à l'immortel auteur de la Critique qu'on le doit ; c'est à lui qu'appartient la gloire d'avoir restauré la saine raison en l'affranchissant de la raison philosophante... Pour être pleinement certain que l'inclination n'intervient pas dans la détermination, il vaut mieux l'apercevoir en lutte qu'en accord avec la loi de la raison ; car il peut trop aisément arriver que sa sollicitation seule lui assure sa puissance sur notre volonté. Comme en effet dans l'action morale l'essentiel est, non pas la légalité des actes, mais uniquement la conformité des intentions à la loi, on n'attribue justement aucune valeur à cette considération, que dans le premier cas il est habituellement plus avantageux que l'inclination se trouve du côté du devoir. Une chose paraît donc bien certaine, c'est que l'assentiment de la sensibilité, même s'il ne rend pas suspecte la conformité de la volonté au devoir, n'est pourtant pas en état de

ici comme inséparable de la soumission au devoir, serait elle-même un mobile sensible ; ce sont les mobiles sensibles de toute sorte que Kant a prétendu exclure de la moralité. Il n'en reste pas moins que, malgré cette inexacti-

la garantir... Jusqu'à présent, je crois être en parfait accord avec les rigoristes de la morale ; mais j'espère par cela même ne pas être rangé parmi les latitudinaires, si ces prétentions de la sensibilité, qui, dans le champ de la raison pure et pour ce qui est de la législation morale, ont été pleinement récusées, j'essaie encore de les admettre dans le champ des phénomènes et pour ce qui est de l'exécution réelle du devoir moral. » Schiller explique donc que l'homme, n'ayant pas seulement à accomplir des actions morales particulières, mais à devenir dans tout lui-même un être moral, doit travailler à unir le devoir et le plaisir, à se rendre joyeuse l'obéissance à la raison. Il ajoute : « Dans la philosophie morale de Kant, l'idée du devoir est exposée avec une dureté qui éloigne d'elle, en les effarouchant, toutes les Grâces, et peut aisément induire une intelligence faible à chercher la perfection morale dans la voie d'un ascétisme ténébreux et monacal. » Schiller affirme encore que « sur le fonds même des choses, après les arguments apportés par Kant, il ne peut plus y avoir de discussion parmi les têtes pensantes qui veulent être convaincues ». Si une pensée essentiellement juste s'est laissé aller à des exagérations et à des impropriétés de langage, cela a tenu sans doute au temps où Kant est apparu et aux adversaires qu'il avait à combattre. « D'une part il devait être révolté d'un grossier matérialisme dans les principes moraux, que l'indigne complaisance des philosophes avait mis comme un oreiller sous le caractère amolli de l'époque. De l'autre, il devait avoir son attention éveillée par un principe non moins suspect, ce principe de la perfection, qui, pour réaliser l'idée de la perfection universelle, ne se mettait guère en peine sur le choix des moyens. Il se porta donc du côté où le danger était le plus clair et la réforme la plus urgente... Il n'avait pas à instruire l'ignorance, mais à rectifier l'aberration. C'était une secousse qu'il fallait pour opérer la cure, non des paroles caressantes et persuasives... Il fut le Dracon de son temps, parce qu'il ne l'estima ni digne, ni susceptible d'avoir encore un Solon... » *Schillers Werke* (Kürschner), XII, 1 (Boxberger), p. 89 sq. — C'est à ces réflexions et à ces réserves que répondit Kant dans une note de la 2ᵉ édition de la *Religion* : « M. le Pʳ Schiller, dans son traité écrit de main de maître *sur la grâce et la dignité*, désapprouve cette façon de représenter l'obligation en morale, comme impliquant en elle une disposition d'âme bonne pour un chartreux ; mais puisque nous sommes d'accord sur les principes importants, je ne peux même sur ce point admettre qu'il y ait entre nous dissentiment ; il s'agit seulement de nous bien entendre l'un l'autre. — Je l'avoue volontiers : au *concept du devoir*, en raison précisément de sa dignité, je ne peux ajouter aucune *grâce*. Car ce concept enferme une contrainte inconditionnée, avec laquelle la grâce est en opposition directe. La majesté de la loi (comme celle du Sinaï) inspire une vénération (non la crainte qui repousse, ni non plus l'attrait qui engage à la familiarité) : par où est éveillé un *respect* qui est comme celui du serviteur envers son maître, mais celui-ci dans le cas présent étant en nous-mêmes, un *sentiment de la sublimité* de notre destination propre, lequel nous ravit plus que toute beauté. — Mais la vertu, c'est-à-dire l'intention solidement établie de remplir exactement son devoir, est bienfaisante encore dans ses conséquences, au delà de tout ce que peut produire dans le monde

tude, l'épigramme de Schiller a été la citation favorite de tous ceux qui ont combattu le rigorisme kantien[1].

Kant d'ailleurs est en effet « rigoriste »; il ne faut pas essayer de lui épargner un qualificatif qu'il considérait

la nature ou l'art ; et l'image splendide de l'humanité, exposée sous cette forme-là, permet fort bien l'accompagnement des grâces, de ces grâces qui, quand il ne s'agit encore que du devoir, se tiennent à une distance respectueuse. Mais si l'on prend garde à la gracieuseté des effets que la vertu, si elle trouvait accès partout, propagerait dans le monde, alors la raison moralement dirigée met la sensibilité en jeu, au moyen de l'imagination... — Demande-t-on maintenant de quelle espèce est le caractère *esthétique* et pour ainsi dire le *tempérament de la vertu*, s'il est fier, par suite *joyeux*, ou bien anxieusement déprimé et abattu : il est à peine nécessaire de répondre. Cette dernière disposition de l'âme, disposition servile, ne peut jamais exister sans une haine cachée de la loi, et le cœur joyeux dans l'*accomplissement* de son devoir (non la façon de le *reconnaître* selon son gré) est une marque de la sincérité de l'intention vertueuse », VI, p. 117-118, note. V. plus abondamment développées les réflexions dont est sortie cette note : *Lose Blätter*, C 1, I, p. 122-128. « Des personnes, y remarque Kant, qui sont aussi pleinement d'accord que possible sur le fond des choses, en viennent souvent à se contredire, parce qu'elles ne s'entendent pas sur les mots » p. 126. En dehors des passages que nous avons déjà cités, et qui témoignent bien que Schiller admettait, au moins pour la détermination du principe moral, le rigorisme kantien, on peut signaler : *Vom Erhabenen* (Éd. Kürschner, XII, p. 125-126); *Ueber das Pathetische* (*Ibid.*, p. 161-162); dans les *Lettres sur l'éducation esthétique* adressées au prince de Schleswig-Holstein-Augustenburg, et qui sont pleines de l'inspiration kantienne, la 6e lettre, du 3 décembre 1793 (XII, 2, p. 118 sq); dans les *Lettres sur l'éducation esthétique de l'homme*, la 1re lettre (XII, 1, p. 218), la 13e lettre (p. 256, note). — Quant à l'épigramme même, elle pourrait bien avoir été dirigée moins contre Kant que contre ces kantiens dont la fidélité servile et le zèle intempestif avaient plus d'une fois provoqué l'irritation de Schiller. — Cf. Kuno Fischer, *Schiller als Philosoph*, 2e éd., 1892, II, p. 92-98 (264-270), surtout Vorländer, *Ethischer Rigorismus und sittliche Schönheit*, Philosophische Monatshefte, XXX, p. 225-280, p 371-405, p. 534-577, et Kurd Lasswitz, *Kant und Schiller*, dans *Wirklichkeiten*, 1900, p. 341-358

1. V. notamment Hegel (*Philosophie des Rechts*, Werke, VIII, p. 162) et Schopenhauer (*Die Grundlage der Moral*, éd. Grisebach, III, p 514-515). « Théorie qui révolte le vrai sens moral, dit ce dernier, apothéose de l'insensibilité, directement opposée à la morale chrétienne, qui au-dessus de tout met l'amour, et sans lui ne trouve de prix à rien [1re aux Corinth., 13, 3]. Idée de pédant sans délicatesse qui moralise... Pour moi, j'ose dire que le bienfaiteur dont il nous a fait le portrait, cet homme sans cœur, impassible en face des misères d'autrui, ce qui lui ouvre la main (s'il n'a pas encore d'arrière-pensée), c'est une peur servile de quelque dieu : et qu'il appelle son fétiche « impératif catégorique » ou Fitzliputzli (*sic*), il n'importe. Car qu'est-ce qui pourrait donc toucher un cœur dur comme celui-là, sinon la peur ? » Tout en repoussant le rigorisme, Schopenhauer d'ailleurs félicite Kant d'avoir exclu l'eudémonisme : « Kant a dans l'Éthique le grand mérite de l'avoir purifiée de tout eudémonisme » (*Ibid.*, p. 497). — V. aussi *Die Welt als Wille und Vorstellung*, Ed. Grisebach, I, p. 666-668, p. 664.

comme un éloge[1] ; mais à l'usage du mot s'associent d'ordinaire certaines idées qui ne traduisent pas très justement ou qui même dénaturent le sens de la pensée kantienne.

N'oublions pas d'abord quel est le problème que Kant veut résoudre : il s'agit, pour lui, d'établir le fondement de la morale. Or la morale peut-elle être fondée sur les inclinations, plus précisément, sur l'idée qui représente le plus grand contentement possible de toutes les inclinations humaines, sur l'idée de bonheur ? Étant, comme nous l'avons vu, une science pure, une métaphysique des mœurs « complètement isolée[2] », elle ne peut que procéder par des déterminations strictes, exclusives de tout ce qui n'est pas compatible avec ces conditions[3] : dès lors, au point de vue méthodologique autant qu'au point de vue pratique, l'idée du bonheur ne saurait, en quelque mesure que ce soit, définir ou constituer le principe du devoir. Kant est l'ennemi résolu de la conception wolfienne qui admettait la possibilité et même la réalité d'une harmonie directe entre la faculté inférieure et la faculté supérieure de désirer[4] ; il affirme, lui, l'hétérogénéité radicale de la sensibilité et de la raison.

C'est qu'en effet l'idée du bonheur, quand on l'examine, ne saurait être une idée rationnelle pure, capable de servir de principe. Il y a contradiction entre la matière et la forme de cette idée. Par sa forme, elle pose un tout absolu,

---

1. *Die Religion*, VI, p. 116. Kant appelle *rigoristes*, en les opposant aux *latitudinaires*, ceux qui refusent d'admettre au point de vue moral un milieu entre être bon et être mauvais, soit dans les actes, soit dans les caractères humains. « On nomme communément ceux qui adoptent cette sévère manière de penser (d'un nom qui est censé contenir en lui un blâme, mais qui en réalité est un éloge) des *rigoristes*. »

2. IV, p. 258.

3. Rosenkranz, suivant son hegelianisme, critique l'opposition de la sensibilité et de la moralité qu'il considère comme une invention arbitraire de Kant, comme un effet de cette « manie de limitation », qui s'était d'ailleurs communiquée de lui à Schiller. *Geschichte der Kant'schen Philosophie*, *Kants Werke*, XII, p. 210-213.

4. Baumgarten, *Metaphysica*, § 693, 4ᵉ éd., 1757, p. 266.

le maximum du bien-être possible pour le présent et pour l'avenir ; elle exigerait donc, si elle devait être exactement déterminée, la pleine connaissance de toutes les conditions qui peuvent nous rendre heureux. Faute de cette omniscience, nous nous contentons d'observations et de règles empiriques. Par sa matière donc, l'idée du bonheur ne se compose que de données particulières plus ou moins justement généralisées. Elle est en fin de compte un idéal; non pas de la raison, mais de l'imagination : idéal tellement incertain que l'homme en quête de jouissance le sacrifie sans délai à une inclination plus pressante et de satisfaction plus sûre ; idéal tellement indéterminé que, chacun désirant sans nul doute être heureux, personne cependant ne peut dire au juste ce qu'en conséquence il souhaite et veut véritablement[1]. Ainsi le rigorisme de Kant est lié à son dualisme méthodique du rationnel et de l'empirique, à sa conception de la Métaphysique des mœurs comme science rationnelle pure[2] : il est la conséquence ou l'expression directe de son rationalisme propre[3].

L'idée du bonheur ne peut donc constituer ni totalement ni même partiellement le devoir ; mais quel rapport gardent avec le devoir, dans l'ensemble de la vie, les inclinations résumées sous cette idée? Sur cette question, la pensée Kantienne a été jugée souvent indécise[4]. Kant, selon Schleiermacher, n'a pu surmonter le conflit entre

---

1. IV, p. 247, p. 266-267. — Cf. *Kritik der Urtheilskraft*, V, p. 443.
2. Cf. *Metaphysik der Sitten*, VII, p. 12.
3. H. Schwarz dans ses articles, *Der Rationalismus und der Rigorismus in Kants Ethik*, Kantstudien, II, p. 50-68, p. 259-276, conteste qu'il y ait un lien direct et nécessaire entre le rationalisme de Kant et son rigorisme; il prétend, entre autres choses, que le rationalisme de Kant, étant formel, exige d'autant plus, pour l'accomplissement de fins réelles, une application de la volonté à la matière fournie par les inclinations : de la même façon que les formes et les catégories *a priori* produisent l'expérience par leur application à la matière fournie par les sens (p. 60). Mais l'argumentation de Schwarz repose sur une interprétation inexacte du formalisme kantien ; la raison formelle de Kant n'est pas pour cela sans contenu, ainsi que nous le verrons plus loin.
4. Même abstraction faite de la doctrine des postulats, qui sera examinée à son heure, quand viendra l'étude de la *Critique de la raison pratique*.

l'acceptation et l'exclusion du bonheur[1]. Il arrive en effet à Kant de prescrire d'une part une résistance entière à l'influence des inclinations. « Les inclinations, dit-il, comme sources du besoin, ont si peu une valeur absolue qui leur donne le droit d'être désirées pour elles-mêmes, que bien plutôt en être pleinement affranchi doit être le vœu universel de tout être raisonnable[2]. » « L'homme s'attribue une volonté qui ne laisse mettre à son compte rien de ce qui appartient simplement à ses désirs et à ses inclinations, et qui au contraire conçoit comme possibles par elle, bien mieux, comme nécessaires, des actions qui ne peuvent être accomplies qu'avec un renoncement à tous les désirs et à toutes les impulsions sensibles[3]. » La moralité apparaît donc d'une part comme un effort contre les inclinations. Mais d'autre part elle n'implique pas le moins du monde l'ascétisme[4]. Kant affirme d'abord très catégoriquement

---

1. *Grundlinien einer Kritik der bisherigen Sittenlehre, Sämmtliche Werke, zur Philosophie*, I, p. 148.
2. IV, p. 276.
3. IV, p. 305. Cf. p. 244, p. 253, p. 273. — Cf. *Kritik der praktischen Vernunft* : « ... Car les inclinations changent, croissent avec la faveur qu'on leur accorde, et laissent toujours après elles un vide encore plus grand que celui qu'on a cru combler. Voilà pourquoi elles sont toujours *à charge* à un être raisonnable, et quoiqu'il n'ait pas la puissance de s'en dépouiller, elles le forcent cependant à souhaiter d'en être délivré. Même une inclination à ce qui est conforme au devoir (par exemple, à la bienfaisance) peut sans doute rendre beaucoup plus aisée l'efficacité des maximes *morales*, mais elle ne peut en produire aucune... L'inclination est aveugle et servile, qu'elle soit ou non d'une bonne nature, et la raison, là où il s'agit de moralité, ne doit pas seulement jouer vis-à-vis d'elle le rôle de tutrice, mais, sans avoir égard à elle, elle doit, comme raison pure pratique, n'avoir souci que de son intérêt propre. Même ce sentiment de pitié et de tendre sympathie, quand il précède la considération de ce qui est le devoir et qu'il devient principe de détermination, est à charge aux personnes même de pensée droite ; il porte le trouble dans leurs maximes réfléchies et produit en elles le désir d'en être débarrassées et d'être uniquement soumises à la raison législatrice. » V, p. 124. V, p. 85. — Cf. *Kritik der Urtheilskraft*, V, p. 213, p. 280. — Cf. *Metaphysik der Sitten* : « Le devoir est une *contrainte* pour une fin assumée à contre-cœur. » VII, p. 189. Cf. p. 182, p. 198, p. 205.
4. Cf. Georg Simmel, *Kant*, 1904, p. 110-112. — Ce que Kant appellera, dans la *Métaphysique des mœurs*, l' « ascétique morale » consiste simplement en une discipline des penchants, et voici ce qu'il en dit : « La discipline que l'homme exerce sur lui-même ne peut être méritoire et exemplaire que par le sentiment de joie qui l'accompagne. » VII, p. 298. — Il n'y a donc pas

que les hommes poursuivent le bonheur par une nécessité de leur nature ; ce n'est même pas là seulement une fin à laquelle ils tendent en fait ; c'est une fin qui se déduit de leur qualité d'être finis en même temps que raisonnables [1]. Dès lors comment pourrait-on leur demander d'y renoncer? Aussi Kant ne demande-t-il pas du tout qu'ils y renoncent; bien plus, il considère comme un devoir pour chacun de travailler à son bonheur ainsi qu'au bonheur d'autrui. « Assurer son propre bonheur est un devoir (du moins indirectement) ; car le fait de n'être pas content de son état, de vivre pressé par de nombreux soucis et au milieu de besoins non satisfaits pourrait devenir facilement une grande *tentation d'enfreindre ses devoirs*[2]. » En outre, et ceci est une obligation directe, « je dois chercher à assurer le bonheur d'autrui », mais « non pas comme si j'étais intéressé par quelque endroit à sa réalité[3] ». La morale paraît donc non seulement tolérer, mais encore exiger qu'à certains égards les inclinations de l'homme soient satisfaites [4].

lieu de parler de l'ascétisme de Kant, à moins de donner à ce mot un sens très large et très indéterminé, comme le fait par exemple Bender (*Metaphysik und Asketik*, Archiv für Geschichte der Philosophie VI, p. 1-42, p. 208-224, p. 301-331), qui d'ailleurs n'expose l' « ascétisme » de Kant qu'à l'appui de sa thèse générale, historiquement très discutable, selon laquelle toute explication métaphysique de la moralité a pour complément nécessaire l'ascétisme.

1. IV, p. 263, p. 278. — Cf. *Kritik der praktischen Vernunft* : « Être heureux est nécessairement le désir de tout être raisonnable, mais fini, et c'est par conséquent un véritable principe de détermination pour sa faculté de désirer... » V, p. 26.
2. IV, p. 247.
3. IV, p. 289.
4. Cf. *Kritik der praktischen Vernunft* : « L'homme est un être qui a des besoins en tant qu'il appartient au monde sensible, et, sous ce rapport, sa raison a certainement une charge qu'elle ne peut décliner à l'égard de la sensibilité, celle de s'occuper des intérêts de cette dernière, et de se faire des maximes pratiques en vue du bonheur de cette vie, et même, quand il est possible, d'une vie future. » V, p. 65. — « Mais cette *distinction* entre le principe du bonheur et le principe de la moralité n'est pas pour cela *de plano* une opposition des deux principes, et la raison pure pratique n'exige pas que l'on *renonce* à toute prétention au bonheur, mais seulement que, dès qu'il s'agit de devoir, on n'aille *point s'y référer*. Ce peut même à certains égards être un devoir que de prendre soin de son bonheur : d'un côté, parce que le bonheur (auquel se rapportent l'habileté, la santé, la richesse) renferme des

A dire vrai, la pensée de Kant n'est pas pour cela contradictoire, ni même aussi incertaine qu'elle pourrait sembler[1]. Le rapport des inclinations à la moralité peut être en effet diversement compris, selon qu'il s'agit de leur rapport au principe moral, ou de leur rapport aux maximes de la volonté, ou enfin de leur rapport aux objets du devoir. Avec le principe moral, qui doit être, ainsi que nous le savons, essentiellement objectif et rationnel, qui ne peut être découvert et établi que par une science *a priori*, par une Métaphysique, l'idée du bonheur, titre général des fins subjectives de l'homme et des motifs simplement empiriques de prudence, est radicalement incompatible. Là-dessus les *Fondements de la Métaphysique des mœurs* consomment la rupture avec l'eudémonisme. Au surplus le devoir, ainsi que Kant ne se lasse pas de le répéter[2], ne saurait sans absurdité nous commander ce que nous recherchons inévitablement. Mais si la loi morale ne souffre pas d'être confondue avec la règle du bonheur, elle ne peut empêcher que la tendance au bonheur ne soit une tendance essentielle de notre na-

---

moyens d'accomplir son devoir ; de l'autre, parce que le manque de bonheur (la pauvreté, par exemple) renferme des tentations de le violer. Seulement travailler à son bonheur ne peut jamais être immédiatement un devoir, encore moins un principe de tout devoir. » V, p. 97-98. — Cf. *Kritik der Urtheilskraft*, V, p. 485, note. — Selon la *Métaphysique des mœurs*, les fins qui sont en même temps des devoirs sont le perfectionnement de soi-même et le bonheur d'autrui ; le soin de son propre bonheur, s'il n'est pas une obligation directe, est présenté aussi comme une obligation indirecte. VII, p. 188-192.

1. On pourrait supposer qu'elle a varié, à partir même de la *Grundlegung*, et que, selon les moments ou les motifs principaux des ouvrages de Kant, elle a plus ou moins accordé à l'idée de bonheur. Mais cette supposition ne serait pas fondée ; dans toutes les œuvres ultérieures consacrées à la philosophie pratique, on trouve, comme dans la *Grundlegung*, en même temps que le rigorisme, la part faite à la nécessité ou au devoir indirect de poursuivre le bonheur. Plus que les autres ouvrages, la *Grundlegung* peut-être accentue le rigorisme : la raison en est que Kant s'y propose avant tout d'établir le fondement de la morale, et d'y bien marquer le caractère essentiel de sa doctrine. Mais sa pensée, comme nous l'avons vu, n'y est pas exclusive du droit qu'ont les inclinations à être, dans une certaine mesure, satisfaites : voilà pourquoi elle peut être éclaircie et commentée par des passages des ouvrages futurs.

2. Cf. *Kritik der praktischen Vernunft*, V, p. 39. — *Kritik der Urtheilskraft*, V, p. 213, note. — *Die Religion*, VI, p. 100, note. — *Metaphysik der Sitten*, VII, p. 189.

ture, et par suite non seulement elle peut accepter que dans de certaines limites cette tendance soit satisfaite, mais encore elle peut ériger en obligation au moins indirecte que dans certaines circonstances elle le soit ; on peut sans contradiction exclure le bonheur de la formule du principe moral, et le réintégrer, sous des conditions et dans une mesure définies, parmi les fins que le devoir permet ou même prescrit ; on peut concevoir, ainsi que l'indique Kant[1], que la raison ait, chez les êtres que nous sommes, deux tâches à remplir, l'une inconditionnée, qui est la production d'une bonne volonté, l'autre conditionnée, qui est la réalisation du bonheur ; elle ne détruit sa puissance pratique qu'en méconnaissant la première de ces tâches, ou en ne la mettant pas à son rang suprême. Sous cet aspect, et quand il s'agit uniquement des objets d'application du devoir, il n'est pas étonnant que la morale kantienne apparaisse moins éloignée des morales ordinaires ; ce qu'elle proscrit alors des inclinations, c'est surtout leur prétention à se satisfaire sans discernement, sans limites, et par des actions contraires à la loi[2] : elle se caractérise seulement par ceci, qu'elle cherche dans le pur devoir pris en lui-même le principe des distinctions et des limitations qu'elle leur impose. Elle ne considère donc pas que les inclinations essentiellement soient mauvaises ; elle les tient même

1. IV, p. 244.
2. Cf. *Kritik der praktischen Vernunft* : « La raison pure pratique ne porte de *préjudice* à l'amour de soi, lequel s'éveille en nous comme un sentiment naturel et antérieur à la loi morale, qu'en lui imposant la condition de s'accorder avec cette loi, alors il est nommé *l'amour de soi raisonnable vernünftige Selbstliebe*). » V, p. 77 (Kant dira plus tard, il est vrai, que cette expression « amour de soi raisonnable » doit être écartée à cause de son ambiguïté, et qu'un amour de soi raisonnable devant résulter du respect du devoir, il vaut mieux en énoncer, en termes purs, le principe exclusivement moral. Mais au même endroit il reconnaît qu'il est naturel de poursuivre le bonheur et légitime d'y employer la raison, à condition que cette tâche reste toujours subordonnée, matériellement et formellement, à l'acceptation absolue des maximes morales. *Die Religion*, VI, p. 139-140, note). — « La liberté consiste précisément à limiter toutes les inclinations, par conséquent à ramener l'estimation de la personne elle-même à la condition de l'observation de sa loi pure. » *Kritik der praktischen Vernunft*, V, p. 83.

expressément pour bonnes[1]. Mais pas plus qu'elle ne les admet à déterminer le principe de la moralité, elle ne les admet à servir de maximes au sujet ; par là elle est rigoriste[2]. Ce rigorisme a paru choquant parce qu'il semblait condamner les bons sentiments et interdire la joie naturelle de bien faire ; ce n'est pas là toutefois la pensée qui l'a inspiré. Kant s'oppose à ce que les inclinations nous fournissent des maximes, même quand elles nous orientent dans le sens de l'action vertueuse, parce qu'il veut qu'on les considère alors indépendamment de leur contenu, dans la propriété en quelque sorte formelle qu'elles ont d'être subjectives, ennemies des principes[3] ; en ce sens certainement il exclut de la moralité l'acte accompli par inclination *(aus Neigung)*[4] ; mais il n'en exclut pas, au moins en droit, quoi que dise l'épigramme de Schiller, l'acte accompli avec inclination *(mit Neigung)*; il conçoit comme idéal de la créature raisonnable qu'elle aime à suivre le devoir[5] ; seule-

---

1. Cette affirmation n'est nulle part plus nette que dans l'ouvrage où Kant a développé la théorie du mal radical. « Les inclinations naturelles, *considérées en elles-mêmes*, sont *bonnes*, c'est-à-dire qu'elles ne sont pas à proscrire ; il ne serait pas seulement vain, mais encore pernicieux et blâmable de vouloir les extirper ; on doit plutôt se borner à les maîtriser, afin qu'elles ne se détruisent pas elles-mêmes réciproquement, mais qu'elles soient amenées à cet accord en un tout, que l'on nomme bonheur. » *Die Religion*, VI, p. 152. V. aussi p. 122, p. 129.

2. Voici un passage qui exprime bien clairement que les inclinations, comme maximes de la volonté, doivent être radicalement exclues, mais, comme principes de fins naturelles en rapport avec les fins morales, simplement disciplinées et limitées : « L'essentiel de toute détermination de la volonté par la loi morale est en ceci : que la volonté soit déterminée uniquement par la loi morale, comme volonté libre, par suite non seulement sans le concours, mais encore à l'exclusion de toutes les impulsions sensibles, et au préjudice de toutes les inclinations, en tant qu'elles pourraient être contraires à cette loi. » *Kritik der praktischen Vernunft*, V, p. 77.

3. Cf. *Die Religion*, VI, p. 130, p. 152, note.

4. IV, p. 246. — « Die Handlung, die nach diesem Gesetze, mit Ausschliessung aller Bestimmungsgründe aus Neigung, objektiv praktisch ist, heisst Pflicht. » *Kritik der praktischen Vernunft*, V, p. 85.

5. Cf. *Kritik der praktischen Vernunft*, V, p. 88. — Cf. *Metaphysik der Sitten* : « Ce qu'on ne fait pas avec joie, mais seulement comme une corvée, n'a aucune valeur morale interne pour celui qui obéit ainsi à son devoir. » VII, p. 297. — Cf. *Die Religion*, VI, p. 117-118, note. — *Lose Blätter*, I, p. 127. — V. R. Soloweiczik, *Kants Bestimmung der Moralität*, Kantstudien, V, p. 407-415. — Theodor Lipps, qui d'ailleurs interprète juste-

ment comme il sait cette créature finie, partant assujettie à des besoins et à des désirs, il craint qu'elle ne laisse l'inclination remonter jusqu'à la source même de son acte ; il pose donc en principe que, dans notre condition humaine, l'inclination, avec sa puissance spontanée d'attachement, ne saurait, quelque forme qu'elle revête, remplacer sans corruption essentielle le motif rationnel accepté dans sa rigueur. Voilà pourquoi les cas dans lesquels le devoir nous apparaît le plus clairement sont ceux dans lesquels il suppose la lutte contre les inclinations : ces cas extrêmes sont des illustrations « populaires » de l'antagonisme permanent qu'il y a entre le devoir et les inclinations, comme maximes de la volonté, — entre le devoir qui, pour la moralité, doit suffire à tout et les inclinations qui prétendent faussement se substituer au devoir et valoir comme lui[1]. Quelles que soient les dispositions personnelles d'esprit et de caractère qui ont pu le susciter, et alors même que l'expression en semble paradoxale ou démesurée, le rigorisme de Kant est

ment et accepte même en son principe la pensée de Kant, d'après laquelle l'inclination ne doit pas déterminer la volonté, attribue donc faussement à Kant d'avoir exclu de la moralité l'action accomplie avec inclination. *Die ethischen Grundfragen*, 1899, p. 121.

1. Un des endroits où Kant a le plus complètement expliqué sa pensée sur les rapports du bonheur avec le devoir, se trouve dans sa *Réponse à quelques objections de M. le Pr Garve, Ueber den Gemeinspruch : Das mag in der Theorie richtig sein, taugt aber nicht für die Praxis*, 1793 : « J'avais provisoirement, en forme d'introduction, défini la morale comme une science qui enseigne, non pas comment nous devons être heureux, mais comment nous devons devenir dignes du bonheur. Je n'avais pas négligé de faire remarquer à ce sujet que l'on n'exige point par là de l'homme, quand il s'agit d'observer le devoir, qu'il *renonce* à sa fin naturelle, le bonheur, — car il ne le peut pas, non plus qu'aucun être raisonnable fini en général, — mais qu'il doit, quand le commandement du devoir intervient, faire complètement *abstraction* de cette considération ; il ne doit absolument pas en faire la *condition* de l'accomplissement de la loi qui lui est prescrite par la raison ; bien mieux, il doit, autant que possible, chercher à s'apercevoir qu'aucun *mobile* venu d'elle ne s'immisce à son insu dans la détermination du devoir ; on y parvient en se représentant le devoir comme lié plutôt à des sacrifices que coûte son accomplissement (la vertu) qu'aux avantages qui en sont la conséquence, afin de le concevoir avec l'entière autorité qui lui appartient, autorité qui exige une obéissance sans condition, qui se suffit à elle-même, et n'a besoin d'aucune autre influence... » VI, p. 309 sq. — Cf. Bruno Bauch, *Glückseligkeit und Persönlichkeit in der kritischen Ethik*, 1902, p. 39-68.

comme son criticisme¹ : son criticisme repose sur l'hétérogénéité de la sensibilité et de l'entendement, et n'admet pas que l'homme possède une faculté d'intuition intellectuelle qui en saisirait l'unité fondamentale ; son rigorisme repose sur l'hétérogénéité de la sensibilité et de la raison, et n'admet pas que l'homme possède une inclination immédiate au bien qui en réaliserait d'emblée l'accord essentiel ; en l'homme toute inclination, comme toute intuition, est exclusivement sensible².

Aussi l'action ne tire-t-elle pas sa valeur morale des conséquences qu'elle engendre ou qu'elle paraît devoir engendrer, et qui ne peuvent être estimées que par leur rapport à la sensibilité, c'est-à-dire par le plaisir ou la peine qu'elles procurent ou qu'elles promettent. La volonté en général est conçue comme liée, soit à la série de ses effets matériels, soit à la maxime qu'elle prend pour règle : c'est cette dernière liaison, non la première, qui permet de la qualifier moralement. La volonté bonne n'est donc pas celle qui agit pour atteindre une fin ou pour réaliser un objet du désir ; c'est celle qui agit par une maxime indépendante de toute fin et de tout objet de cette sorte ; c'est celle qui ne se laisse déterminer que par la loi morale³.

Mais comment la loi morale, c'est-à-dire un concept purement intellectuel, peut-elle servir de mobile ? Nous savons, par une lettre à Marcus Herz de la fin de 1773⁴, et aussi par les *Leçons sur la Métaphysique*⁵, à quel point cette question avait préoccupé Kant. Elle est ici définitivement résolue, grâce sans doute à l'idée que dans l'intervalle il s'était faite de la liberté comme faculté pratique inconditionnée⁶. Il est

---

1. Cf. *Kritik der praktischen Vernunft*, V, p. 87 sq., p. 152.
2. « ... weil alles Gefühl sinnlich ist. » *Ibid.*, p. 80.
3. IV, p. 247-249.
4. *Briefwechsel*, I, p. 137-138. — V. plus haut, première partie, ch. III, p. 159.
5. *Vorlesungen über die Metaphysik*, p. 187. — V. plus haut, p. 165-166.
6. Cf. *Kritik der praktischen Vernunft*, V, p. 76, p. 167.

un sentiment qui comme tel est capable de nous déterminer à agir, sans être lui-même provoqué en nous par des impressions sensibles, un sentiment qui est directement lié à la représentation de la loi morale, et qui, engendré par la loi, a la loi même pour objet ; ce sentiment, c'est le respect. Nous dirons donc que le devoir est la nécessité d'agir par respect pour la loi. Par sa nature et par son rôle, comme par sa provenance, le respect est un sentiment tout à fait original. Les autres sentiments se ramènent à l'inclination ou à la crainte ; il n'est, lui, ni crainte, ni inclination ; il a cependant quelque analogie avec l'une et avec l'autre, avec la crainte, en ce qu'il se rapporte à une loi que subit notre sensibilité, avec l'inclination, en ce qu'il se rapporte à une loi que pose notre volonté[1]. Il est, en d'autres termes, la conscience de notre subordination à l'autorité absolue de la loi, et par là il limite les prétentions de notre amour-propre, par là il nous humilie ; mais il est aussi la conscience de notre participation à la valeur infinie de la loi, et par là il rehausse l'estime que nous pouvons avoir de nous-mêmes ; il nous fait reconnaître notre dignité[2]. Il ne peut s'adresser qu'à la loi ; il ne s'adresse jamais à des choses ; s'il paraît assez souvent s'adresser à des personnes, c'est que ces personnes, par telles de leurs actions ou de leurs qualités, sont

---

1. Cf. *Kritik der praktischen Vernunft* : « Les choses peuvent exciter en nous de l'*inclination*, et même de l'amour..., ou de la crainte..., mais jamais du *respect*. Ce qui ressemble le plus à ce sentiment, c'est l'*admiration*... Mais tout cela n'est point du respect. » V, p. 81.

2. Cf. *Kritik der praktischen Vernunft*, p. 77 sq. — « Le respect, remarque en outre ici Kant, est *si peu* un sentiment de *plaisir* qu'on ne s'y laisse aller qu'à contre-cœur envers un homme. On cherche à trouver quelque chose qui puisse en alléger le fardeau, quelque motif de blâme, afin de nous dédommager de l'humiliation que nous inflige un tel exemple. Même les morts, surtout si l'exemple qu'ils donnent paraît inimitable, ne sont pas toujours à l'abri de cette critique. Bien plus la loi morale elle-même, dans sa *solennelle majesté*, n'échappe pas à ce penchant que nous avons à nous défendre du respect... Mais par contre il y a *si peu* en cela un sentiment de *peine*, que lorsqu'on a une bonne fois répudié la présomption et donné à ce respect une influence pratique, on ne peut plus se lasser de contempler la majesté de la loi morale, et que l'âme croit s'élever elle-même d'autant plus qu'elle voit cette sainte loi plus élevée au-dessus d'elle et de sa fragile nature. » p. 82.

plus ou moins directement des exemples ou des symboles de la loi accomplie [1]. Ainsi le respect est comme un produit spontané de la raison en nous ; mais s'il est le mobile, il n'est pas le fondement de notre moralité [2]. Il est le moyen par lequel, dans notre condition d'êtres finis, la loi morale détermine notre vouloir ; mais ce n'est pas lui qui *en principe* rend cette détermination possible : la représentation de la loi reste la condition irréductible et souveraine [3].

Invoquer ici le respect, ce n'est pas « se réfugier dans un sentiment obscur au lieu de porter la lumière dans la question par un concept de la raison [4] »; car le respect dérive *a priori* du concept intellectuel de la loi. Kant prétend expliquer rationnellement la possibilité d'un mobile moral pur. On peut du reste se demander si le respect est pour lui un sentiment proprement dit, radicalement distinct sans doute des autres sentiments, mais ayant comme eux une nature spécifique et concrète, ou bien s'il n'est pas simplement l'expression du rapport qui s'établit d'une part entre la loi devenant, par une puissance aussi réelle qu'inexplicable, un mobile de la volonté, et d'autre part l'ensemble de notre sensibilité [5]. Quoi qu'il en soit, ce qui dans l'évolution

---

1. Cf. *Kritik der praktischen Vernunft*, p. 81.
2. Cf. *Kritik der praktischen Vernunft*, p. 77, p. 80. — *Kritik der Urtheilskraft*, V, p. 226.
3. IV, p. 248-249. — Schleiermacher, pour combattre l'opposition établie entre la loi de la nature et la loi morale, comme entre ce qui est et ce qui doit être, tâche de montrer contre Kant que la loi morale, prise en elle-même, n'est qu'une formule théorique, qu'elle n'est pratique que par cette première réalisation d'elle-même dans notre conscience, qui est le respect. « Ce respect de la loi, dit-il, constitue donc proprement en premier lieu la loi, il est la réalité de la loi. » *Ueber den Unterschied zwischen Naturgesetz und Sittengesetz, Werke, zur Philosophie*, II, p. 408-409. — Kant défend d'avance le plus qu'il peut sa pensée contre cette interprétation ; la puissance pratique de la loi est toute en elle : elle ne saurait dériver à aucun degré du mobile produit par elle ; le respect ne peut être premier dans l'ordre de la moralité. — Cf. *Kritik der praktischen Vernunft*, V, p. 80.
4. IV, p. 249, note.
5. Dans la *Grundlegung* il apparaît plutôt comme un sentiment spécial, et dans les œuvres ultérieures il est souvent aussi présenté comme tel. Or comme un sentiment concret enveloppe une conscience de soi ou un rapport à soi, Kant, en divers passages de la *Critique de la raison pratique*, rapproche plus ou moins le respect d'un amour de soi raisonnable (V, p. 78), d'une approbation

de la pensée kantienne est ici véritablement nouveau, c'est l'idée qu'un sentiment ou qu'un état du sentiment, indispensable pour la réalisation de la raison par le sujet, peut être déterminé *a priori*. C'est par là que la philosophie transcendantale peut maintenant comprendre la morale qui, selon la *Critique de la Raison pure*, en était encore exclue, « parce que tous les concepts pratiques se rapportent à des

de soi (*Selbstbilligung*, p. 85), d'un contentement de soi (*Selbstzufriedenheit*, p. 123), d'une faculté de se suffire (*Selbstgenugsamkeit*, p. 125) ; c'est le respect de soi-même (p. 167) qui rend l'homme plus accessible à la loi morale. Il semble que par cette façon d'entendre le respect Kant donne à sa pensée une forme plus saisissable, plus populaire, plus voisine en tout cas des définitions wolfiennes qui admettaient dans la volonté pure quelque chose des tendances du moi. C'est ainsi que certains de ses contemporains ont interprété le rôle attribué au respect dans sa doctrine. V. Brastberger, *Untersuchungen über Kants Kritik der praktischen Vernunft*, 1792, p. 139. — Au contraire, en d'autres passages, Kant présente le respect, non comme un sentiment, mais comme un effet de la loi sur le sentiment (*Kritik der praktischen Vernunft*, V, p. 83, p. 84). « C'est quelque chose, dit-il, de tout à fait sublime dans la nature humaine, que cette propriété qu'elle a d'être immédiatement déterminée à des actions par une loi pure de la raison, et même de tenir, par suite d'une illusion, l'aspect subjectif de cette déterminabilité intellectuelle pour quelque chose d'esthétique, et pour l'effet d'un sentiment sensible particulier (car un sentiment intellectuel serait une contradiction). » *Ibid.*, p. 123. — Le respect n'est donc pas d'après cela un sentiment parmi les autres, fût-ce un sentiment privilégié. Il marque plutôt en premier lieu la limite imposée aux inclinations sensibles par un jugement de la raison qui prononce la suprématie de la loi morale, et ainsi il n'affecte l'apparence d'une impulsion que parce qu'il combat par une influence au fond purement rationnelle les impulsions de la sensibilité. *Ibid.*, p. 79-80. Il marque en second lieu comme une disposition de la sensibilité à reconnaître, même quand elle en souffre, l'autorité de la loi ; il est donc, à ces deux points de vue, moins un sentiment particulier qu'un genre spécial de rapport entre la représentation de la loi et notre sensibilité en général. Seulement on ne doit pas oublier que notre sensibilité n'est que la condition de l'apparition du respect, tandis que la cause véritable en est la raison pure pratique. *Ibid.*, p. 80. Par là aussi, le respect, loin d'être une conséquence de la détermination de la volonté par la loi, est sans doute plus justement la forme subjective de cette détermination. « Le respect pour la loi n'est pas un mobile pour la moralité : mais il est la moralité même, considérée subjectivement comme mobile. » *Ibid.*, p. 80. On évite ainsi l'illusion qui nous porte à croire qu'antérieurement à la loi morale il peut y avoir quelque sentiment qui nous dispose à la moralité, ou qui permette de juger des actions, ou qui soit capable de fonder la loi. *Ibid.*, p. 80-81, p. 96, p. 122-123.

Cependant n'y a-t-il pas contradiction entre cette dernière thèse et le chapitre de l'*Introduction* à la *Doctrine de la vertu* qui a pour titre *Æsthetische Vorbegriffe der Empfänglichkeit des Gemüths für Pflichtbegriffe überhaupt*. Parmi les prédispositions naturelles de l'âme à être affectée par le concept du devoir, Kant range le respect (*Achtung*) : c'est, dit-il, un sentiment d'un genre particulier, non un jugement sur un devoir à remplir. Car si c'était

objets de notre sentiment[1] » : c'est par là qu'en vertu d'une extension naturelle elle pourra comprendre dans la suite tous les sentiments qui, comme les sentiments esthétiques, sont liés *a priori* à des représentations[2]. De la sorte encore, elle couvrira de sa forme et de sa juridiction propre l'affinité qu'autrefois Kant avait signalée, mais par analyse simplement psychologique, entre la vertu et les sentiments esthétiques, surtout le sentiment du sublime[3].

un jugement, comme il faudrait un état subjectif pour nous le représenter, un respect comme sentiment serait indispensable pour nous donner la conscience du respect comme jugement. En tout cas, c'est sur la loi morale que le respect est fondé, et le devoir, improprement énoncé, de s'estimer soi-même se ramène, en ce qu'il a d'essentiel, au respect de la loi, VII, p. 202, p. 206. Il n'y a donc pas lieu finalement d'opposer le respect, tel qu'il est présenté ici, comme disposition antérieure à la moralité effective, non du reste à la loi morale, et le respect, tel qu'il est présenté dans la *Critique de la raison pratique*, comme conséquence ou expression subjective de la moralité. — Dorner, qui relève une différence de sens entre les deux concepts (*Ueber die Principien der Kantischen Ethik*, 1875, p. 23), l'explique par une interprétation forcée et même inexacte de la pensée kantienne : le respect, comme prédisposition naturelle à la moralité, serait le respect dont l'homme est capable dans l'état de chute, quand les inclinations sensibles le dominent ; ce serait un sentiment faible ; le respect, comme conséquence ou expresion subjective de la moralité, ce serait le respect s'imposant aux inclinations sensibles ; ce serait un sentiment fort : la différence serait de degré entre les deux. Mais Dorner a le tort d'identifier, là où Kant ne le fait pas, *vorsittlich* et *unsittlich*, et d'admettre une sorte de respect inférieur destiné à opérer, contrairement au kantisme, un passage gradué de l'état de mal à l'état de bien. — Dans la *Métaphysique des mœurs*, aussi bien que dans la *Critique de la raison pratique*, le respect est considéré comme l'effet de la loi morale sur l'âme ; seulement la *Critique* insiste plus sur ce qui est le fondement transcendantal du respect, tandis que la *Doctrine de la vertu* le considère surtout dans la disposition originaire qu'a la sensibilité à recevoir l'influence de la raison. V. Hegler, *Die Psychologie in Kants Ethik*, p. 212-215.

1. V. plus haut, p. 234. — V. aussi *Kritik d. reinen Vernunft*, III, p. 392. — « Nous avons maintenant ici le premier, et peut-être aussi l'unique cas, où nous puissions déterminer par des concepts *a priori* le rapport d'une connaissance (c'est ici une connaissance d'une raison pure pratique) au sentiment du plaisir ou de la peine... Donc le respect pour la loi morale est un sentiment qui est produit par un principe intellectuel, et ce sentiment est le seul que nous connaissions parfaitement *a priori*, et dont nous puissions apercevoir la nécessité. » *Kritik der praktischen Vernunft*, V, p. 77-78.

2. *Kritik der Urtheilskraft*, V, p. 226-227. — V. H. Cohen, *Kants Begründung der Æsthetik*, p. 142-143.

3. V. plus haut, première partie, ch. II, p. 107-115. — Dans la *Critique de la faculté de juger* le sentiment du sublime et le sentiment du respect pour la loi sont intimement rapprochés. « Le sentiment de notre incapacité à atteindre une idée, *qui est pour nous une loi*, est le *respect*. Or l'idée de la

Le respect doit donc être considéré comme l'effet original de la loi sur le sujet ; un autre sentiment, même plus élevé d'apparence, qui prétendrait se substituer à lui, ne pourrait que fausser en nous la notion de notre devoir[1]. En résumé, puisque la volonté doit s'abstraire et de la considération des fins et de l'influence des inclinations, il ne peut rester pour la déterminer, objectivement, que la loi, subjectivement, que le respect pour cette loi[2]. Voilà où nous conduit l'analyse de la conscience commune : pour savoir maintenant quels sont les caractères, quel est le contenu, quel est le principe rationnel de la loi, il faut nous engager plus avant dans la « Métaphysique des mœurs ».

*
* *

Une présupposition indispensable de la Métaphysique des mœurs, c'est que la loi morale est *a priori*. Kant, à vrai

compréhension de tout phénomène, qui peut nous être donné, dans l'intuition d'un tout, est une idée qui nous est imposée par la raison, laquelle ne connaît d'autre mesure valable pour tout le monde et immuable que le tout absolu. Or notre imagination, même dans son plus grand effort, témoigne de ses limites et de son inaptitude à l'égard de ce qu'on attend d'elle, de cette compréhension d'un objet donné en un tout de l'intuition (par conséquent à l'égard de l'exhibition de l'idée de la raison); mais en même temps aussi elle montre que sa destination est de chercher à s'approprier à cette idée comme à une loi. Ainsi le sentiment du sublime dans la nature est un sentiment de respect pour notre propre destination ; mais par une sorte de substitution (en convertissant en respect pour l'objet le respect que nous éprouvons pour l'idée d'humanité dans le sujet que nous sommes) nous rapportons ce sentiment à un objet de la nature qui nous rend comme visible la supériorité de la destination rationnelle de nos facultés de connaître sur le plus grand pouvoir de la sensibilité. » V, p. 264-265. — V. p. 252, p. 279-280. — Sur l'indépendance du respect à l'égard de toute jouissance, même de la jouissance occasionnée par des concepts qui éveillent les idées esthétiques, V, p. 346.

1. Kant admet du reste que l'idéal est l'amour de la loi, mais il ajoute que cet idéal est irréalisable pour des créatures finies et peut être aisément dénaturé par elles : d'où la nécessité de s'en tenir au respect. *Kritik der praktischen Vernunft*, V, p. 87-90. — *Die Religion*, VI, p. 244. — Il a cherché à définir par la conception du souverain bien les rapports normaux qui doivent exister entre l'amour et le respect : dans le souverain bien, conçu comme fin proposée par la raison, l'homme cherche quelque chose qu'il puisse aimer, tandis que la loi, en dehors de la considération du souverain bien, lui inspire simplement le respect. *Die Religion*, VI, p. 101, note. — V. également: *Das Ende aller Dinge*, VI, p. 369-370.

2. IV, p. 248, p. 251.

dire, ne se met pas en peine de justifier longuement cette présupposition. Moins soucieux de défendre le rationalisme en général, qui a toujours été sa conviction intime et préalable, que d'expliquer son rationalisme à lui, il s'en tient là-dessus aux plus simples arguments d'école[1] ; il se borne à affirmer que la loi morale énonce, non ce qui est, mais ce qui doit être, qu'elle exprime une vérité indépendante des circonstances particulières, et qu'elle vaut pour tous les êtres raisonnables[2]. Étant ainsi nécessaire, étant universelle, dans le double sens où Kant entend l'universalité, c'est-à-dire, étant valable pour tous les cas et pour toutes les intelligences, la loi morale possède les deux caractères qui selon la tradition philosophique, plus particulièrement selon les Wolffiens[3], et enfin selon Kant lui-même, font conclure à une origine rationnelle. Kant développe surtout les motifs spéciaux qui, dans l'ordre de la pratique, le portent plus qu'un autre à marquer par opposition à la certitude de la loi l'incertitude de l'expérience. Il écarte d'abord la méprise possible qui consisterait à croire que l'analyse précédemment opérée de la conscience commune a dû traiter le devoir comme un concept empirique : la conscience commune est un usage pratique de notre raison ; le devoir doit s'identifier avec l'élément rationnel qu'elle implique. Ce qui empêche d'ailleurs de dériver la loi morale de l'expérience, c'est l'impossibilité de prendre jamais sur le fait une action morale authentique. Une action morale, pour être telle, ne doit pas seulement être conforme au devoir ; il faut encore qu'elle soit accomplie par devoir. Or, en ce qui concerne nos semblables, nous ne sommes jamais sûrs de la maxime qui

---

1. Cf. *Kritik der praktischen Vernunft* : « Ce qui pourrait arriver de plus fâcheux à ces recherches, ce serait que quelqu'un fît cette découverte inattendue qu'il n'y a nulle part de connaissance *a priori* et qu'il n'en peut y avoir. Mais il n'y a de ce côté aucun danger. Ce serait tout juste comme si quelqu'un voulait démontrer par la raison qu'il n'y a pas de raison... » V, p. 12.
2. IV, p. 256, p. 290.
3. V. Baumgarten, *Logica*, § 474.

inspire leur conduite, puisque nous n'en constatons que les effets extérieurs ; et en ce qui nous concerne, malgré notre clairvoyance la plus appliquée, quelle peine nous avons à sonder nos intentions secrètes et à les atteindre dans leur fond [1] ! En déclarant ainsi que nous parvenons mal par l'observation de nous-mêmes à démêler les mobiles intimes de nos actes, Kant se ressouvient sans doute de ce que son éducation religieuse lui a appris sur l'abîme mystérieux de nos cœurs ; mais explicitement il se réfère à ces réflexions des moralistes qui aperçoivent dans les motifs en apparence les plus vertueux et les plus désintéressés les mouvements d'un amour-propre insinuant et subtil [2]. De telles réflexions, observe-t-il, ne sont pas faites pour porter atteinte à l'idée de la moralité, puisque dans leur amertume c'est cette idée même qu'au fond elles opposent à la fragilité et à la corruption de la nature humaine ; mais le doute qu'elles autorisent, c'est qu'il y ait réellement dans le monde quelque véritable vertu. « Dans le fait, il est absolument impossible d'établir par expérience avec une pleine certitude un seul cas où la maxime d'une action, conforme du reste au devoir, ait reposé uniquement sur des principes moraux et sur la représentation du devoir [3]. » Rien n'est donc plus

---

1. Cf. *Die Religion*, VI, p. 115. p. 158. p. 163, p. 172. — *Ueber den Gemeinspruch : Das mag in Theorie richtig sein*, VI, p. 315-316. — *Metaphysik der Sitten*, VII, p. 196, p. 255. — V. aussi IV, p. 267. — V. plus haut, p. 97.

2. Peut-être pense-t-il à la Rochefoucauld qu'il connaissait, et dont il cite ailleurs, parmi les motifs de croire à la méchanceté humaine et de soupçonner un fond de vices déguisés sous l'apparence de la vertu, la maxime, que « dans l'adversité de nos meilleurs amis, nous trouvons souvent quelque chose qui ne nous déplait pas ». *Die Religion*, VI, p. 127.

3 IV, p. 254-255. — « Alors même qu'il n'y aurait jamais eu un seul homme pour pratiquer à l'égard de la loi morale une obéissance sans condition, la nécessité objective d'être un tel homme n'en reste pas moins entière et n'est pas moins évidente par elle-même. » *Die Religion*, VI, p. 157. — On trouve chez Rousseau un même sens pessimiste de la réalité dès qu'elle est jugée selon l'idéal rationnel de la société : « A prendre le terme dans la rigueur de l'acception, il n'a jamais existé de véritable démocratie et il n'en existera jamais. » *Contrat social*, l. III, ch. IV. — « Ceci fait voir qu'en examinant bien les choses on trouverait que très peu de nations ont des lois. » *Ibid.*, l. III, ch. XV.

faux, ni même plus funeste que de vouloir tirer la moralité d'exemples : les meilleurs exemples ne sont pas sûrs ; et ils ne valent en tout cas que s'ils sont éclairés et justifiés par la loi. « Même le Saint de l'Évangile ne peut être reconnu pour tel qu'à la condition d'avoir été comparé à notre idéal de perfection morale ; aussi dit-il de lui-même : pourquoi m'appelez-vous bon, moi (que vous voyez)? Nul n'est bon (le type du bien) que Dieu seul (que vous ne voyez pas)[1]. » L'imitation doit être exclue de la morale ; si les exemples ont parfois quelque utilité, elle ne peut être qu'en ceci : rendre la loi en quelque sorte visible, et témoigner qu'elle est praticable. Ainsi les concepts moraux ne peuvent, sans compromettre à la fois leurs caractères intrinsèques et leur influence pratique, se laisser extraire de l'expérience ; ils ne dépendent, ni dans leur origine, ni dans leur sens, ni dans leur objet, de conditions contingentes ; c'est pourquoi la Métaphysique des mœurs, ainsi que nous l'avons vu, établit les lois, non pas de la nature humaine, mais des êtres raisonnables en général[2].

Voilà donc poussée à l'extrême, en même temps que justifiée par l'opposition de la raison et de l'expérience, l'antithèse familière à la conscience commune entre ce qui doit être et ce qui est[3]. Ce qui doit être, c'est-à-dire ce que

---

1. IV, p. 256-257, — V. dans la *Religion* la théorie de la personnification du bon principe.
2. IV, p. 254-257, p. 279.
3. IV, p. 235-236, p. 256, p. 275. — Cette opposition entre ce qui doit être et ce qui est, considérée comme indispensable en ce sens à la constitution de la morale, a été souvent critiquée, à des points de vue d'ailleurs fort divers. Pour Hegel, par exemple, cette opposition est l'œuvre de l'entendement, qui ne peut en effet relier ses abstractions à la réalité, et la prééminence attribuée à ce qui doit être n'est que l'expression du mode négatif et imparfait selon lequel ce même entendement limite ses propres connaissances ; l'idée, telle qu'elle est pour la raison, n'est pas à ce point impuissante que sa vérité consiste à ne pas être réellement, mais seulement à devoir être. De cette opposition entre le devoir et l'être, que Kant a jugée essentielle, résultent les nombreuses contradictions de sa morale, celle-ci notamment, que la moralité, ayant sa condition fondamentale dans cette opposition, se détruirait elle-même en réalisant pleinement son objet par l'accord de la réalité avec la raison. *Phänomenologie des Geistes*, II, p. 451-476. — *Encyclopädie*, VI, p. 10-11, p. 97-98,

la philosophie pratique a essentiellement à déterminer, est complètement indépendant de toute réalité donnée. Mais comment la philosophie pratique va-t-elle déterminer ce qui doit être ?

*
* *

On s'exposerait peut-être à mal comprendre les démarches de la pensée de Kant dans cette seconde section de la *Grundlegung*, si l'on voulait y voir la mise en œuvre d'une méthode unique, destinée à résoudre un problème unique. La vérité paraît être que Kant obéit là, simultanément ou alternativement, aux deux préoccupations qui se sont disputé l'objet de son livre : établir les principes généraux d'une Métaphysique des mœurs, esquisser une Critique de

p. 186 (V. dans H. Cohen, *Ethik des reinen Willens*, 1904, p. 314, la défense du kantisme contre l'identification hégélienne du rationnel et du réel). — Schleiermacher aussi soutient contre Kant l'identité à la fois actuelle et progressive du devoir et de l'être pour ce motif que d'une part le devoir (*das Sollen*) qui n'aurait pas un commencement de réalisation ne serait qu'une forme vide, et que d'autre part les diverses sortes d'êtres ne réalisent qu'imparfaitement et qu'approximativement leur loi, en sorte que celle-ci reste pour elles un modèle et un idéal. *Ueber den Unterschied zwischen Naturgesetz und Sittengesetz, Zur Philosophie*, II, p. 397-417. — Pour Schopenhauer, le πρῶτον ψεῦδος de Kant consiste à avoir voulu chercher en morale des lois de ce qui doit arriver, ce qui doit arriver n'arrivât-il jamais « Tout au rebours de Kant, je dis, moi, que le moraliste, comme le philosophe en général, doit se contenter d'expliquer et d'éclaircir le donné, par suite ce qui est ou ce qui arrive réellement, pour parvenir à le rendre *intelligible*, et qu'à ce compte il a beaucoup à faire, beaucoup plus qu'on n'a fait jusqu'ici, après des milliers d'années écoulées. » *Ueber die Grundlage der Moral, Werke*, éd. Grisebach (Reclam), III, p. 500. — Simmel soumet à une analyse psychologique et critique la distinction kantienne : il s'applique à montrer que si parfois le devoir (*das Sollen*) paraît tirer sa force de son opposition à la réalité donnée, quand il s'agit, par exemple, de faire prévaloir sur la morale courante un idéal nouveau, le plus souvent au contraire il n'est que l'expression des faits, de la pratique normale, imposant à l'individu les mœurs de la société ou de la race. En d'autres termes le devoir tire sa matière, selon les cas, de ce qui est ou de ce qui n'est pas : preuve qu'il ne peut rien expliquer par lui-même, n'étant qu'un concept formel impuissant à se donner lui-même un contenu. *Einleitung in die Moralwissenschaft*, 1892-1893, t. I, p. 65-84. — Sur les objections que l'on peut faire, au nom d'une science positive des mœurs, aux morales déductives *a priori*, spécialement à la morale kantienne, considérée comme connaissance de ce qui doit être, v. Lévy-Bruhl, *La morale et la science des mœurs*, 2ᵉ éd., 1905, p. 14-19 (Paris, F. Alcan).

la raison pratique. Ce qui fait que, malgré cette dualité d'intentions, les idées s'enchaînent assez pour donner à la *Grundlegung* l'apparence d'un ouvrage parfaitement lié, c'est qu'en employant la méthode analytique pour remonter jusqu'au concept fondamental de la Critique, Kant rencontre des expressions de la loi morale au point où elles peuvent servir de principes à la déduction des devoirs. Ainsi, d'une part, il s'efforce de dégager par voie régressive les notions constitutives de la puissance pratique de la raison, de façon à atteindre cette puissance à son origine même ; d'autre part, il embranche sur chacune de ces notions, à mesure qu'elle est découverte, le procédé déductif qui peut, à partir d'elle, rendre compte d'un ensemble d'obligations. On comprend dès lors que si ces deux développements de la pensée de Kant peuvent, surtout au début, être assez concordants, ils ne sont pas cependant assez identiques de sens pour maintenir dans le fond, aussi intacte qu'elle paraît être, l'homogénéité des formules qui les expriment ; et c'est sans doute aussi pour ne les avoir pas distingués que l'on a souvent mal interprété le contenu de la doctrine.

La conception initiale est celle de la loi pratique. Qu'il y ait une loi pratique, comme loi, c'est ce qu'exige le principe d'après lequel toute chose dans la nature agit selon des lois. Qu'il y ait une loi pratique, comme pratique, c'est ce qui résulte de la faculté qu'ont les êtres raisonnables, et qu'ils ont seuls, d'agir selon la représentation des lois. Ainsi se définit proprement, en son pur concept, la volonté : elle est le pouvoir d'agir suivant des règles qu'elle se représente ; donc, comme la raison lui est indispensable pour dériver ses actes de lois, la volonté n'est autre chose que la raison pratique. Kant semble prendre d'abord cette expression de *raison pratique* dans un sens indéterminé ; il n'identifie pas d'emblée la raison pratique à la raison morale ; même en maints endroits il tend à présenter la raison pratique comme un genre dont la raison pure pratique d'un côté, et de l'autre la raison techniquement ou empiriquement pratique sont des espèces, d'ailleurs entre elles irréductibles. Mais ce qui doit être établi par la démonstration ultérieure, c'est que seule la raison pure est véritablement pratique. Supposons dans tous les cas un être en qui raison et volonté ne feraient qu'un, ou, pour parler un langage plus usuel, en qui la raison déterminerait immédiatement la volonté : les actions de cet être seraient nécessaires subjectivement comme elles le sont objectivement ; sa volonté, autrement dit, ne choisirait jamais que ce que la raison, dégagée de toute influence étrangère, considère comme pratiquement nécessaire, c'est-à-dire comme bon. Mais si nous avons affaire à un être qui, tout en étant raisonnable, est fini, dont par conséquent la volonté est soumise aussi à des mobiles sensibles, c'est-à-dire à des conditions subjectives qui ne s'accordent pas toujours avec les lois objectives, alors, comme chez l'homme, la nécessité des lois objectives devient, pour une volonté qui ne s'y conforme pas inévitablement d'elle-même, une contrainte ; elle est un commandement ; elle a pour formule un *impératif*[1].

Qu'est-ce donc qu'un impératif[2] ?

Le caractère commun de tous les impératifs, quels qu'ils soient, ce qui fait qu'ils se traduisent par le verbe « devoir », c'est qu'ils énoncent le rapport de lois objectives du vouloir en général à l'imperfection subjective de la volonté de tel ou tel être raisonnable, de la volonté humaine, par exemple ; ils ne s'appliquent donc pas à une volonté sainte comme est la volonté divine. A la volonté qu'ils gouvernent, ils ordonnent de se déterminer par des règles, et non par de simples impressions ou sensations ; ils lui représentent, contre son ignorance ou ses dispositions mauvaises, l'action à accomplir ; ils définissent ce qui est néces-

---

1. IV, p. 260-261. — Cf. *Kritik der praktischen Vernunft*, V, p. 19-21, p. 34.
2. V. plus haut, p. 99, p. 165, p. 222-223.

saire « selon le principe d'une volonté bonne en quelque façon » ; ils sont tous des expressions de la raison [1].

Mais ils ne le sont pas tous de la même manière et au même titre ; car ils commandent ou hypothétiquement ou catégoriquement. Les *impératifs hypothétiques* ne déclarent l'action pratiquement nécessaire que comme moyen en vue d'une fin ; ils subordonnent donc ce qu'ils commandent à cette fin, comme à une condition. Quant à cette fin elle-même, elle peut dans certains cas être simplement possible, c'est-à-dire représenter tel objet plus ou moins directement en rapport avec le développement des facultés humaines ; c'est ainsi que les sciences, dans leur partie pratique, établissent que certaines fins sont possibles pour nous, et elles indiquent en même temps par des règles ou des impératifs les moyens de réaliser ces fins ; c'est ainsi encore que l'éducation prépare à atteindre toutes sortes de fins que l'on peut avoir à se proposer dans la vie, mais qui peut-être en fait ne seront jamais poursuivies. Les impératifs hypothétiques qui commandent en vue de fins simplement possibles sont des impératifs *problématiquement pratiques* ou des impératifs *techniques* ; ce sont des règles de l'*habileté* [2]. Mais les impératifs commandent aussi en vue de fins réelles, comme

---

[1]. Sur ce que tous les impératifs, et non pas seulement l'impératif catégorique, sont fondés sur la raison, v. encore *Kritik der praktischen Vernunft*, V, p. 20.

[2]. Sigwart critique la distinction établie par Kant entre l'éthique et la technique pour cette raison que la pensée de toute action morale contient nécessairement un élément technique, c'est-à-dire l'application des lois de causalité expérimentalement découvertes à la connaissance des moyens appropriés ; il ne suffit pas même de prétendre que la fin proprement dite de notre conduite ainsi que la maxime qui nous la fait choisir sont purement morales ; car pour adopter raisonnablement une fin, il faut la considérer comme réalisable, et le problème de sa réalisation est un problème technique (*Vorfragen der Ethik*, 1886, p. 26-27). — A vrai dire, Kant n'a jamais nié que la réalisation matérielle de l'acte moral ne fût sous la dépendance de conditions techniques ; il n'a sans doute jamais pensé que l'on dût se proposer *in concreto* des fins reconnues irréalisables ; il a voulu définir quelle devait être en toute circonstance la maxime de notre conduite et déterminer par cette maxime seule l'élément moral de notre action. Sa pensée est simplement celle-ci : il faut que l'homme se décide selon le devoir avant de rechercher par quels moyens il peut accomplir matériellement ses devoirs.

celles que poursuivent effectivement tous les hommes sous le nom de bonheur ; ils énoncent alors les moyens que nous devons employer pour nous rendre heureux ; les impératifs hypothétiques de ce genre sont *assertoriquement pratiques* ou *pragmatiques* ; ce sont des conseils de la *prudence*.

En opposition avec les impératifs hypothétiques sous toutes leurs formes, il y a l'*impératif catégorique*[1]. L'im-

---

1. La distinction de deux genres irréductibles d'impératifs, dans son expression formelle, est résultée, comme nous l'avons vu (p. 99), de la critique du concept wolffien de l'obligation, critique qui avait amené Kant à marquer la différence essentielle de la nécessité *problématique* et de la nécessité *légale*. Quant à la détermination de l'objet des impératifs et à la subdivision des impératifs hypothétiques, elles répondent à la conception que Kant s'était faite, pour ses leçons d'anthropologie, de trois doctrines différentes sur les fins de l'homme, une doctrine du bonheur, une doctrine de l'habileté et une doctrine de la sagesse (V. la lettre à Marcus Herz de la fin de 1773, *Briefwechsel*, I, p. 138-139, et Starke, *Kant's Menschenkunde*, p. 4). — Ceci témoigne que Kant n'a pas introduit la notion des impératifs hypothétiques uniquement pour définir par contraste la notion de l'impératif catégorique.

Kant a-t-il toujours maintenu dans les mêmes termes la distinction de l'impératif catégorique et des impératifs hypothétiques, ainsi que la subdivision des impératifs hypothétiques en règles de l'habileté et en conseils de la prudence ? Dans la *Critique de la raison pratique*, il paraît tendre à faire rentrer les conseils de la prudence dans les règles de l'habileté (« les impératifs hypothétiques contiennent simplement des principes de l'habileté ». V, p. 20) ; il remarque en outre que les règles universelles d'habileté impliquées dans les principes de l'amour de soi sont des propositions techniques (nous avons vu que dans la *Grundlegung* les impératifs de l'habileté sont dits techniques), et qu'à ce titre elles sont théoriques, non pas essentiellement pratiques : elles ne concernent pas en effet la détermination de la volonté en elle-même ; elles fournissent seulement à cette volonté, quand elle veut une certaine fin, la connaissance des moyens propres à l'atteindre (V, p. 26-27). On dirait donc que Kant, en même temps qu'il fait rentrer tous les impératifs hypothétiques dans le genre de l'habileté, établit entre les impératifs hypothétiques et l'impératif catégorique la même distinction qu'entre les principes théoriques simplement appliqués, par suite techniques, et les principes spécifiquement pratiques. Les ouvrages ultérieurs paraissent présenter encore plus nettement sous cette forme le caractère général des impératifs hypothétiques et leur rapport à l'impératif catégorique. Ainsi dans l'*Introduction* de la *Critique de la faculté de juger*, Kant distingue les principes techniquement pratiques et les principes moralement pratiques ; les premiers, « qui sont ceux de l'art et de l'habileté en général, ou encore de la prudence, considérée comme une habileté à avoir de l'influence sur les hommes et sur leur volonté », se rapportent à la philosophie théorique ; ils montrent comment la volonté peut produire un effet selon les règles de la causalité naturelle ; au contraire les principes moralement pratiques concernent la détermination de la volonté en elle-même, indépendamment de toute fin préalable, et appartiennent à la philosophie pratique strictement entendue (V, p. 177-178). De même, l'*Introduction* de la *Métaphysique des mœurs* renvoie à la philosophie théorique tout ce qui dans la

pératif catégorique représente une action comme nécessaire objectivement, sans rapport quelconque à une condition ou

conduite est affaire d'art et réserve à la philosophie pratique l'établissement des lois propres de la volonté (VII, p. 14-15) ; elle fait correspondre à la distinction des impératifs inconditionnés et des impératifs conditionnés celle des impératifs pratiques et des impératifs techniques (p. 18-20). Cf. Heinze, *Vorlesungen Kants*, p. 161 [641].

Partant de là, on a soutenu qu'il s'était produit sur ce sujet dans la pensée de Kant une transformation, d'ailleurs juste, mais dont la conséquence logique serait la ruine de la doctrine des impératifs. D'une part, en effet, les impératifs hypothétiques, d'abord ramenés à une seule espèce, aux impératifs de l'habileté, puis résolus en propositions théoriques, ne méritent plus le nom d'impératifs ; ce sont des formules des nécessités naturelles qui enchaînent les déterminations de la volonté aux besoins et aux désirs qu'elle tend à satisfaire : ce sont des lois, au sens scientifique et vraiment rationnel. Mais d'autre part, les impératifs catégoriques ne sont pas des lois ; le fait de commander à une volonté, même sans condition et sans réserve, n'implique en soi rien d'universel, suppose même plutôt une décision d'espèce, et arbitraire (Carl Stange, *Der Begriff der « hypothetischen Imperative » in der Ethik Kants*, Kantstudien, IV, p. 232-247 ; *Einleitung in die Ethik*, I (1900), p. 120, p. 130-131).

Cependant il est inexact de parler de transformation dans la pensée de Kant sur ce sujet ; car, dans la *Grundlegung*, la prudence, au sens le plus strict, est définie « l'habileté dans le choix des moyens qui peuvent nous conduire à notre plus grand bien-être possible » (IV, p. 264) ; en outre le rapport est déjà bien marqué entre les règles de l'habileté et les propositions théoriques de la science (p. 263). On ne peut même pas dire que la *Critique de la raison pratique* ait ramené décidément à l'unité les deux espèces d'impératifs hypothétiques, puisque la *Préface* maintient la distinction des impératifs en principes de détermination *problématiques*, *assertoriques* et *apodictiques* (V, p. 11, note). Et l'on peut observer d'autre part que dans la *Critique de la raison pure* (III, p. 543) se trouve déjà la distinction simplifiée de l'activité pratique de l'homme en habileté et en moralité. En réalité les rapports entre ce que Kant entend par prudence et ce qu'il entend par habileté ne sont pas toujours constants, et il semble qu'il y ait tantôt un objet de la prudence distinct de celui de l'habileté, tantôt un objet de l'habileté beaucoup plus général que celui de la prudence, et le comprenant comme un cas particulier (V. *Grundlegung*, IV, p. 264, note ; Starke, *Kants Menschenkunde*, p. 4-5). Peut-on dire que Kant ait ramené la prudence à l'habileté ? Mais l'*Anthropologie* qu'il a publiée, et qui se propose de déterminer l'usage le plus habile que l'homme puisse faire de ses connaissances, est intitulée « au point de vue pragmatique », non au point de vue technique. Il semble en définitive que Kant n'ait ramené les conseils de la prudence aux règles de l'habileté que lorsqu'il considérait surtout les procédés de culture également indispensables à la recherche éclairée du bonheur et au développement des aptitudes humaines en général, mais qu'il ait plutôt fait du besoin de bonheur le stimulant de l'habileté, sauf à admettre que la culture par laquelle s'acquiert et se fortifie l'habileté est souvent en conflit avec le bonheur individuel et n'assure tous ses avantages que dans l'espèce. Mais de toute façon il ne paraît pas avoir entièrement résolu les impératifs hypothétiques dans des lois théoriques n'exprimant que des nécessités naturelles ; si ces impératifs ne sont pas pratiques au sens strict du mot, ils le restent en un sens large ; ils expriment l'usage de certaines propositions théoriques par une volonté, qui ne se borne pas à poursuivre certaines fins inévi-

à une autre fin, comme bonne en soi[1]. Il a trait, non pas tables, ou simplement possibles, mais qui doit encore les poursuivre selon la raison : voilà pourquoi ils se traduisent par le verbe « *sollen* », non par le verbe « *müssen* ». Kant a pu dire que les impératifs hypothétiques ne sont pas des lois, mais simplement des préceptes pratiques, parce que des lois de la volonté doivent la déterminer comme telle indépendamment de toute inclination ou de toute fin présupposée en elle ; seulement il a toujours soutenu que sans être des lois, ils viennent cependant de la raison, hors de laquelle il n'y a que des mobiles subjectifs et contingents, non des maximes et des règles. — Quant à prétendre que la notion d'impératif ne comporte aucune universalité, et que par suite un impératif catégorique ne peut être une loi, c'est abuser de la métaphore enveloppée dans le mot, et c'est oublier que la notion d'impératif a été dégagée par Kant du conflit qui peut exister et qui existe en fait chez un être raisonnable fini entre sa raison et sa sensibilité.

1. C'est une des objections adressées à Kant avec le plus d'insistance, que celle qui invoque contre sa doctrine l'autorité despotique qu'il aurait conférée au devoir, et qui voit là une simple reproduction ou transposition des façons de commander du *Décalogue*. Schopenhauer s'est plu particulièrement à développer cette objection. Il note que le premier exemple donné par Kant : tu ne mentiras point, *du sollt* (sic) *nicht lügen* transcrit littéralement la formule biblique selon la traduction allemande consacrée. « A l'introduction en morale du concept de *loi* (*Gesetz*), de *précepte* (*Vorschrift*), de *devoir* (*Soll*), je ne connais d'autre origine que celle-ci, qui est étrangère à la philosophie, le décalogue de Moïse... Quand un concept ne peut se réclamer d'une autre origine que celle-là, il ne saurait de but en blanc s'imposer en intrus dans l'éthique philosophique ; mais il doit être repoussé jusqu'à ce qu'il se présente accrédité par une preuve régulière » (*Ueber die Grundlage der Moral*, p. 501-502 ; v. aussi un peu plus loin p. 502, p. 505). C'est pour une part dans le même esprit que M. Fouillée examine la morale kantienne dans sa *Critique des systèmes de morale contemporains* : « Kant persiste à faire du devoir un impératif catégorique, un ordre absolu, une loi despotique émanée d'un Sinaï intelligible » (p. 236). « Le kantisme est la religion *hors* des limites de la raison ; Kant est le plus sublime et le dernier des Pères de l'Église » (p. 404). — M. Brochard dit pareillement : « Kant a eu le tort de ne point soumettre à la critique l'idée fondamentale de sa doctrine... Fonder le bien sur le devoir, faire précéder l'idée du bien de l'idée d'un commandement absolu et injustifié, dire que l'impératif catégorique est en dernière analyse un *sic volo, sic jubeo* ou une consigne arbitraire, c'est une gageure que Kant a bien pu tenter, mais qu'il paraît difficile de tenir jusqu'au bout. En tout cas c'est une question de savoir si, en posant ainsi le problème, ce grand esprit n'a pas été dupe d'une illusion, et si, voulant constituer une science purement philosophique et rationnelle de la morale, il n'a pas pris pour point de départ une idée toute religieuse que lui suggérait son éducation protestante » (*La morale ancienne et la morale moderne*, Revue Philosophique, LI, 1901, p. 8-9 ; v. aussi *La morale éclectique*, Revue Phil., LIII, 1902, p. 131-133).

Peut-être n'est-il pas sans intérêt d'observer tout d'abord qu'entre sa doctrine et le *Décalogue* Kant a eu plutôt conscience d'une opposition profonde ; le Décalogue, tel qu'il est compris dans la foi juive, est lié à un système théocratique ; s'appuyant sur l'autorité extérieure, il ne réclame aussi que l'observance extérieure et ne fait appel qu'à des sanctions extérieures ; c'est au christianisme qu'il revient d'avoir introduit le principe intérieur de l'intention morale (*Die Religion*, VI, p. 224 sq.). Cependant Kant semble justifier le

à la matière de l'action et aux conséquences qui y sont liées, mais à la forme de l'action et à l'intention dont elle dérive, quel qu'en soit le résultat effectif ou éventuel. Il est *apodictiquement pratique*, ou *moral* ; il énonce les ordres de la *moralité*. Règles de l'habileté ou conseils de la prudence, les impératifs hypothétiques permettent qu'on s'affranchisse de leurs commandements, puisque la fin qui en est la con-

reproche qui lui a été fait quand il exprime l'autorité de la loi par le *sic volo, sic jubeo* (*Kritik der praktischen Vernunft*, V, p. 33), ou quand il dit encore : « L'impératif catégorique, d'où procèdent dictatorialement ces lois, ne saurait entrer dans la tête de ceux qui ne sont accoutumés qu'aux explications physiologiques, bien qu'ils se sentent eux-mêmes irrésistiblement contraints par lui » (*Tugendlehre*, VII, p. 180). Selon Kant, dit Paul Janet, « le devoir est sa raison à lui-même. La loi est la loi. *Sit pro ratione voluntas.* Mais une loi qui n'est qu'une loi, qui commande sans donner de raison, est toujours quelque chose d'arbitraire ... La loi du devoir, s'imposant à la volonté sans dire pourquoi, ne serait encore qu'une tyrannie » (*La Morale*, 1874, p. 43). Mais le *sit pro ratione voluntas* ainsi ajouté ou sous-entendu, c'est-à-dire l'identification du devoir à un décret absolu, est une interprétation de la pensée kantienne tout à fait inexacte, même quand on la rencontre chez des adeptes de l'impératif catégorique (V. Vallier, *De l'intention morale*, p. 19). Le *sic volo, sic jubeo* ne s'adresse qu'à la sensibilité, à laquelle et à l'encontre de laquelle il signifie la loi de la raison. On est trop porté à regarder l'impératif catégorique comme le dernier mot de la doctrine kantienne. Rien de plus inexact. Il n'est qu'une formule plus précise du problème lui-même, qui est justement de rechercher comment un impératif catégorique est possible ; il n'est donc pas, tant s'en faut, la solution finale. Loin de présenter le devoir comme une loi sans raison, Kant se propose au contraire de le fonder en raison contre ceux-là même « qui ne sont accoutumés qu'aux explications physiologiques ». — Cf. Em. Boutroux, *La morale de Kant et le temps présent*, Revue de Métaphysique et de Morale, XII, 1904, p. 529-530. — Ch. Renouvier, *Kant et Schopenhauer*, Critique philosophique, 9ᵉ année, 1880, I, p. 25-26.

D'un tout autre point de vue, Herbart, tout en louant beaucoup Kant d'avoir répudié l'eudémonisme (*Rede, gehalten an Kant's Geburtstag, Werke*, éd. Kehrbach, III, p. 69-70 ; *Bemerkungen über die Ursachen, welche das Einverständniss*, etc., III, p. 235), même d'avoir vu que ce n'est pas une matière de la volonté, mais seulement la forme qui peut être l'objet de déterminations morales (*Geburtstagsrede*, III, p. 70 ; *Replik*, etc., II, p. 514), lui reproche d'avoir posé originairement le devoir et l'impératif catégorique ; l'impératif catégorique a le grand défaut de supposer une scission de la volonté en volonté qui commande et en volonté qui obéit (*Allgemeine praktische Philosophie*, II, p. 337-338 ; *Handschriftliche Bemerkungen*, II, p. 468 ; *Bemerkungen über die Ursachen*, etc., III, p. 236) et d'emprunter sa forme à la logique (*Replik*, etc., II, p. 514). — Cependant le dualisme dont Kant est parti, outre qu'il ne s'est pas exprimé dans le sens que lui prête Herbart, pourrait sans doute être défendu comme plus proche des données de la conscience morale que l'idée d'un vouloir homogène et absolument égal à tout autre vouloir.

dition est laissée à la décision arbitraire de la volonté. Au contraire, l'impératif catégorique, parce qu'il commande à la volonté indépendamment de tout but, la lie immédiatement, sans admettre en droit la possibilité d'une détermination opposée, à l'action qu'elle doit accomplir : par où il apparaît qu'étant seul inconditionnellement nécessaire [1], il est seul proprement une loi [2], tandis que les impératifs hypothétiques sont simplement des principes [3].

Le problème capital qu'il nous faut résoudre est celui-ci : comment un impératif catégorique est-il possible ? La signification et la portée de ce problème seront plus claires, si nous nous demandons par contraste comment sont possibles des impératifs hypothétiques. Le caractère que nous avons à expliquer dans tous les impératifs, quels qu'ils soient, c'est la contrainte qu'ils exercent sur la volonté. Or il nous est aisé de rendre compte de ce caractère, quand il s'agit des impératifs hypothétiques. C'est ainsi que les impératifs de l'habileté supposent simplement que qui veut la fin veut les moyens ; ils partent du concept préalable d'une fin poursuivie par une décision plus ou moins arbitraire, et ils en déduisent le concept des moyens qu'il faut raisonnablement employer pour l'accomplissement de cette fin ;

---

1. Schopenhauer soutient que l'idée d'un devoir inconditionné, du moment qu'elle est séparée de toute hypothèse théologique, est une *contradictio in adjecto* ; un devoir n'a de sens que par son rapport à une menace de châtiment ou à une promesse de récompense ; nul n'accepte un devoir sans salaire; toute obligation acceptée crée un droit (*Ueber die Grundlage der Moral*, p. 502-505 ; *Die Welt*, 1, p. 356, p. 662-663 ; *Neue Paralipomena*, Ed. Grisebach (Reclam), p. 155). — Sur cette façon évidemment très restrictive d'entendre le terme de devoir pour le rendre incompatible avec l'idée de l'impératif catégorique, v. Zange, *Ueber das Fundament der Ethik*, p. 24, et Otto Lehmann, *Ueber Kant's Principien der Ethik*, etc., p. 79-100.

2. La *Critique de la raison pratique* verra dans l'impératif catégorique plutôt une sorte d'expression ou d'application de la loi que la loi inconditionnée elle-même. Du reste Kant dira ailleurs expressément que l'impératif catégorique se distingue d'une loi pratique en ce que celle-ci représente la nécessité d'une action en elle-même, sans décider si cette action est intrinsèquement propre au sujet et nécessairement produite par lui, comme c'est le cas chez un être saint, ou si elle n'est pas nécessairement réalisée, comme c'est le cas chez l'homme (*Metaphysik der Sitten*, Einleitung, VII, p. 19).

3. IV, p. 261 sq.

alors même que ces moyens impliqueraient des connaissances synthétiques, ils n'en resteraient pas moins reliés à la fin par un rapport purement analytique ; un rapport analytique, n'ajoutant rien à un concept, n'exige pas non plus d'éclaircissement particulier.

Il en est de même, au fond, des impératifs de la prudence ; ils ne diffèrent de ceux de l'habileté qu'en ceci, qu'ils partent du concept d'une fin réelle, poursuivie par une inclination naturelle et irrésistible. Sans doute le bonheur, quoiqu'il soit universellement désiré, n'est pas l'objet d'une notion claire et déterminée, et il ne comporte souvent par suite que des moyens également peu précis et peu définis ; mais cette indétermination ne change pas la nature du lien par lequel la volonté rattache dans ce cas les moyens à sa fin ; si le bonheur ainsi que les moyens d'y arriver pouvaient être exactement connus, il n'y aurait à cet égard aucune différence entre les impératifs de l'habileté et ceux de la prudence. La même explication vaut donc en principe pour les deux espèces[1].

Mais l'impératif catégorique ne se borne pas à prescrire un acte logiquement présupposé dans un vouloir antérieur ; il lie véritablement la volonté à la loi, au lieu de lier simplement, sous l'apparence de la loi, la volonté à telle de ses déterminations matérielles ; par conséquent aussi, il lie la volonté à la loi, non par les actions particulières que la volonté accomplit, mais par la maxime qui sert de principe à ses actions. Or cette liaison originale, qui n'est pas plus une donnée d'expérience qu'une relation analytique, comment en rendre compte ?

Avant d'en poursuivre la raison, il faut en rappeler le sens et en fixer la formule. Le concept de l'impératif catégorique ne suppose aucune condition extrinsèque mais il suppose intrinsèquement, outre la loi, la nécessité que la maxime, c'est-à-dire le principe subjectif de notre action,

---

1. IV, p. 265-267.

soit conforme à cette loi. Or ce qui est le propre d'une loi, c'est l'universalité ; l'impératif catégorique ne peut donc se définir que par l'universalité de la loi, à laquelle la maxime de la volonté doit se conformer. Il s'énoncera ainsi : *Agis uniquement d'après la maxime qui fait que tu peux vouloir en même temps qu'elle soit une loi universelle*[1].

Cette détermination de l'impératif catégorique n'introduit ni fins, ni motifs qui soient empruntés à l'expérience, et dont la représentation resterait inévitablement subjective ; elle est exclusivement formelle. Mais à supposer qu'elle soit propre à signifier comment nous devons agir, peut-elle spécifier ce que nous devons faire ? Dépourvue comme elle l'est de tout contenu matériel, comment pourrait-elle faire sortir d'elle les diverses applications de l'impératif catégorique[2] ? Il faut cependant, si elle n'est pas vaine, qu'elle

---

[1]. IV, p. 267-269. — On a souvent fait valoir contre cette règle de Kant l'idée de l'individualisation progressive ou nécessaire de la conscience. D'après Simmel, par exemple, Kant aurait dû séparer la forme impérative du devoir de la forme de l'universalité, qui ne tiennent l'une à l'autre qu'en raison de l'origine sociale du commandement moral ; une plus grande différenciation dans les rapports humains, un sentiment croissant de plus hautes nécessités idéales enlèvent au criterium de l'universalité une bonne part de sa valeur ; au surplus ce criterium exclut de la considération de l'acte les éléments qui le définissent dans les cas particuliers. *Einleitung in die Moralwissenschaft*, II, p. 23 sq., p. 50 sq. — Mais Simmel interprète trop la pensée kantienne comme si elle devait nécessairement appuyer un jugement universel sur un jugement simplement collectif ; il paraît croire en outre, bien à tort, que l'universalisation de la maxime ne peut porter que sur les éléments les moins spécifiés de l'acte ; elle doit comprendre de l'acte en réalité tout ce par quoi il donne lieu à une qualification morale dans une circonstance donnée. Enfin la règle de l'universalité ne serait incompatible avec la transformation des rapports humains que si elle avait prétendu définir matériellement une fois pour toutes la nature de ces rapports : ce qui n'est pas le cas.

[2]. Ce genre de difficulté a été de bonne heure opposé à Kant. V. Joh. Chr. Zwanziger, *Commentar über Hr. Prof. Kants Kritik d. pr. Vernunft*, 1794, p. 40 sq. — Schleiermacher, *Grundlinien einer Kritik der bisherigen Sittenlehre*, Philosophische Schriften, I, p. 97-98. — Herbart, *Zur Lehre von der Freiheit des menschlichen Willens*, Vierter Brief, Ed. Kehrbach, X, p. 254. — Beneke, *Grundlegung zur Physik der Sitten*, 1822, p. 27-44. — Hartmann, *Phänomenologie des sittlichen Bewusstseins*, 1879, p. 339. — V. les auteurs et les ouvrages cités dans les notes suivantes concernant les formules de l'impératif catégorique et leur application. — Sur ce problème général de la détermination du devoir dans le kantisme, v. une critique d'ensemble dans A. Fouillée, *Critique des systèmes de morale*, p. 197-239.

enferme le principe de tous les devoirs[1]. N'est-il pas inévitable que, pour ne point récuser son rôle, elle s'adjoigne par des procédés plus ou moins détournés des éléments étrangers, même des notions empiriques, au détriment de sa pureté ?

Mais avant tout il est nécessaire de savoir comment Kant concevait la question à résoudre. Il ne s'agissait nullement pour lui de déduire nos actions, en ce qu'elles ont de matériel, de la forme d'une législation universelle [2]; il s'agissait de déterminer par cette forme uniquement les maximes dont doivent procéder ces actions pour être qualifiées de morale, et d'indiquer du même coup le critère qui permet de les reconnaître comme telles. Or là-dessus il s'est inspiré plus ou moins inconsciemment de la philosophie rationaliste traditionnelle; il en a seulement épuré les procédés et interprété les règles selon l'esprit de son criticisme.

En effet, dans mainte doctrine rationaliste, la déduction des devoirs s'opérait plus ou moins aisément grâce au rapprochement ou à l'identification de certains concepts. Par exemple, l'idée que la moralité est un accord avec soi-même ou avec l'ordre de la nature, y était étroitement liée à l'idée que le système des choses exprime la loi de notre conduite, qu'il conforme les conséquences de nos actes à leur valeur, que par suite, connu dans sa vérité et accepté à ce titre, il représente la direction idéale de notre vouloir, en même temps qu'il fonde la certitude de l'utilité ou de la bienfaisance des actes accomplis sous son empire. Cependant, malgré l'apparente homogénéité de ces divers concepts, les doctrines de ce genre tendaient inévitablement et aboutissaient souvent en fait à l'empirisme et à un certain formalisme : à l'empirisme, en ce que la détermination des devoirs, loin d'être réglée par une notion de l'utilité uni-

---

1. IV, p. 269.
2. « Tous les cas qui se présentent pour des actions possibles sont seulement empiriques. » *Kritik d. pr. Vernunft*, V, p. 72.

quement rationnelle, s'y opérait le plus souvent au nom des relations d'utilité exhibées ou confirmées par l'expérience ; à un certain formalisme, en ce que la connaissance de l'ordre de la nature, impossible à réaliser par les intelligences pour le détail du monde et de la vie, faisait place à la simple idée d'un ordre général des choses, servant de principe ou de modèle à la détermination de la volonté.

Or, si Kant est peu disposé à accepter ce syncrétisme de concepts divers, surtout avec les expressions dogmatiques qu'il revêt, il n'en a pas moins retenu la conviction de certains rapports entre l'idée de la législation pratique, celle d'un accord de la volonté avec elle-même, celle d'un ordre universel de la nature, et celle même d'une utilité finale des actes conformes à cet ordre. Et bien qu'il ait distingué entre les usages à faire de ces diverses idées, et qu'il en ait usé autrement, il en a suivi d'une certaine façon le courant, quand il a voulu montrer comment de l'impératif unique précédemment énoncé on peut « déduire comme de leur principe tous les impératifs du devoir ».

Il est possible, en effet, dès que l'on conçoit une loi universelle, de concevoir en même temps une nature, puisqu'une nature, au sens formel de ce mot, exprime l'existence des objets, en tant qu'elle est déterminée par des lois. Comme nous savons qu'alors l'existence des objets est garantie par les lois mêmes, nous pourrons rechercher, pour ce qui est de nos actions, si la maxime dont elles procèdent peut, convertie en loi, leur conférer une existence en quelque sorte objective, et constituer avec elles comme un ordre de la nature. Au cas où il apparaîtrait que les maximes de la volonté ne peuvent, universalisées, constituer un tel ordre, c'est qu'elles seraient mauvaises. D'où cette nouvelle façon de traduire l'impératif : *Agis comme si la maxime de ton action devait par ta volonté être érigée en loi universelle de la nature*[1].

1. IV, p. 269.

Kant cherche à vérifier sa formule par quatre exemples, ordonnés, selon la division, admise de son temps, des devoirs en devoirs envers soi-même et devoirs envers les autres hommes, devoirs parfaits et devoirs imparfaits. Il est loin d'avoir développé ces exemples avec une entière clarté, et il les a exposés ainsi à des méprises assez excusables comme à des objections assez spécieuses.

Voici, dit-il d'abord, un homme qui réduit au désespoir par une série de malheurs a pris la vie en dégoût : lui est-il permis d'y mettre fin par le suicide ? Sa maxime serait dans ce cas la suivante : par amour de moi-même, je pose en principe d'abréger ma vie, si en la prolongeant j'ai beaucoup plus de maux à en craindre que de satisfactions à en espérer. Ainsi entendu, l'amour de soi peut-il devenir une loi universelle de la nature ? A coup sûr, non. Car « une nature dont ce serait la loi de détruire la vie même juste par le sentiment dont la fonction spéciale est de pousser au développement de la vie, se contredirait elle-même, et, par suite, ne subsisterait pas comme nature[1] ». En d'autres termes, il est impossible de concevoir un ordre de la nature, dont la loi serait la maxime d'une volonté qui, selon les circonstances contingentes et les impressions subjectives, tournerait contre la vie la disposition fondamentale à vivre[2].

---

1. IV, p. 270.
2. Selon Hegler (*Die Psychologie in Kants Ethik*, p. 98-99), on évite la contradiction logique signalée par Kant en observant que la détermination de l'amour de soi tend, non pas à conserver la vie purement et simplement, mais à obtenir de la vie le plus de jouissance possible : d'où, logiquement, la possibilité de se décider au suicide dès que la vie ne contient plus, au lieu de promesses de bonheur, que des menaces de peines. — Mais Hegler a d'abord littéralement mal compris les explications de Kant. Kant n'a pas dit que l'amour de soi ait la charge de la conservation de la vie ; il a dit qu'en acceptant l'amour de soi comme maxime, et comme maxime qui dans tel cas pouvait porter au suicide, on faisait un usage *arbitraire* du sentiment qui nous pousse au développement de la vie, si bien qu'une telle maxime ne saurait jamais, sans contradiction, être érigée en loi de cet ordre régulier et durable qu'on appelle une nature. Que ce soit là la pensée de Kant, c'est ce qui résulte de l'exposition du même exemple dans la *Critique de la raison pratique*. « De même la maxime que j'adopte à l'égard de la libre disposition de ma vie est sur le champ déterminée,

Considérons maintenant un homme qui est poussé par la gêne où il est à emprunter. Il sait qu'il ne pourra pas rendre l'argent dont il a besoin si on le lui prête ; mais il sait aussi que s'il ne promet pas de le rendre, jamais personne ne le lui prêtera. Supposons qu'il se décide selon la maxime suivante : quand je suis à court d'argent, j'en emprunte, et je promets de le rendre, tout en sachant que je n'en ferai jamais rien. Une telle maxime, inspirée par l'amour de soi ou par l'intérêt personnel, peut-elle devenir une loi universelle de la nature ? Pas davantage, et la contradiction se manifeste ici encore. « Car l'universalité d'une loi, selon laquelle tout homme se croyant dans le besoin pourrait promettre n'importe quoi, avec l'intention de ne pas tenir sa promesse, rendrait impossibles les promesses elles-mêmes, et l'objet que l'on se propose d'atteindre par leur moyen ; personne, en effet, ne croirait plus à ce que l'on lui promet, et tout le monde rirait de pareilles démonstrations, comme de vaines feintes[1]. » Autrement dit, la maxime d'une fausse promesse est incapable de devenir une loi de la nature, parce qu'elle se contredit elle-même ; il est, en effet, contradictoire de vouloir des promesses, qui, en elles-mêmes, impliquent la sincérité dans les rapports, et, cependant, par intérêt personnel, de les vouloir fausses, c'est-à-dire destructrices de cette sincérité : voilà en quel sens une fausse promesse rend impossible en droit toute promesse. Et nous pouvons observer qu'en fait le résultat des fausses

---

dès que je me demande comment elle devrait être pour qu'une nature dont elle serait la loi pût subsister. Évidemment personne ne pourrait dans une telle nature mettre *arbitrairement* fin à sa vie, car un pareil arrangement ne serait pas un ordre de choses durable. » (V, p. 47, voir aussi p. 73.) — Hegler ajoute que si l'on peut admettre comme contradictoire la maxime par laquelle on se détermine au suicide, c'est sans avoir besoin de la convertir en loi de la nature : le détour est inutile ; le suicide, selon l'exemple de Kant, dérive de la tendance à la vie et cependant il supprime radicalement cette tendance. — Ici encore Hegler me paraît mal interpréter la pensée de Kant. Il n'y a pas contradiction entre la tendance à la vie, empiriquement considérée, et le suicide, si l'on ne considère pas la tendance à la vie comme l'objet d'une volonté qui veut en même temps constituer un ordre de choses durable.

1. IV, p. 270.

promesses ne peut être que d'éveiller la défiance, qui est cause qu'on n'y croit plus[1].

1. Kant a rapporté cet exemple sous des formes semblables ou analogues, soit encore dans les *Fondements*, soit dans la *Critique de la raison pratique*. « Posons-nous, par exemple, la question suivante : Ne puis-je pas, quand je suis dans l'embarras, faire une promesse avec l'intention de ne pas la tenir ?... Si je veux résoudre de la manière qui soit la plus rapide tout en étant infaillible le problème de savoir s'il est conforme au devoir de faire une promesse trompeuse, je n'ai qu'à me poser la question suivante : Serais-je satisfait de voir ma maxime (à savoir de me tirer d'embarras par une promesse fallacieuse) prendre la valeur d'une loi universelle (aussi bien pour moi que pour les autres ?)... Je m'aperçois bientôt que si je peux bien vouloir le mensonge, je ne puis d'aucune façon vouloir une loi universelle qui ordonnerait de mentir. Car, avec une pareille loi, il n'y aurait plus, à vrai dire, de promesses ; il serait vain en effet de déclarer ma volonté touchant mes actions futures à d'autres hommes, qui ne croiraient pas à cette déclaration, ou qui, s'ils y ajoutaient foi étourdiment, me paieraient exactement de la même monnaie : de telle sorte que ma maxime, du moment qu'elle serait érigée en loi universelle, se détruirait elle-même nécessairement. » (*Grundlegung*, IV, p. 250-251.) — « Je me suis fait, par exemple, une maxime d'augmenter mes ressources par tous les moyens sûrs. J'ai maintenant entre les mains un *dépôt*, dont le propriétaire est mort sans laisser aucun écrit à ce sujet. C'est naturellement le cas de mettre en pratique ma maxime. A présent je veux seulement savoir si cette maxime peut avoir aussi la valeur d'une loi pratique universelle. Je l'applique donc au cas actuel, et je me demande si elle pourrait prendre la forme d'une loi, par suite, si je pourrais bien par une maxime instituer en même temps la loi suivante : il est permis à chacun de nier un dépôt, quand personne ne peut prouver qu'il lui a été confié. Je m'aperçois aussitôt qu'un tel principe se détruirait lui-même comme loi, parce qu'il ferait qu'il n'y aurait plus de dépôt. » (*Kritik der praktischen Vernunft*, V, p. 28-29.) — « Si je veux soumettre à l'épreuve de la raison pratique la maxime que j'ai l'intention de suivre quand je porte un témoignage, je considère toujours ce qu'elle serait, si elle avait la valeur d'une loi universelle de la nature. Il est évident qu'une telle loi contraindrait chacun à dire la vérité. En effet, que des dépositions soient données comme probantes, tout en étant intentionnellement fausses, c'est ce qui ne peut s'accorder avec l'universalité d'une loi de la nature. » (*Ibid.*, V, p. 47.)

On a maintes fois objecté à l'explication donnée par Kant dans cet exemple qu'elle fonde l'immoralité de l'acte non sur la contradiction intrinsèque de la maxime érigée en loi avec elle-même, mais sur la contradiction tout extrinsèque des conséquences de l'acte avec le dessein de la volonté. Cette considération des conséquences est apparue comme une dérogation au rationalisme pur de la morale kantienne, puisqu'elle n'est possible que par l'observation empirique du contre-coup de nos actes dans la vie sociale, et comme une grave altération de l'idée du pur devoir, puisqu'elle semble avoir pour principal objet de démontrer que l'égoïsme qui a inspiré la maxime est un égoïsme imprudent, exposé à être puni par où il a péché. Selon Schopenhauer, la conversion de la maxime en loi universelle signifie simplement ceci, que dans le rapport que j'ai avec une action inspirée par une telle maxime, je dois me considérer non seulement comme *actif* au moment présent, mais encore comme éventuellement *passif* à d'autres moments : la contradiction inhérente à la maxime

Supposons en troisième lieu un homme doué de talents
naturels, qui, s'ils étaient cultivés, feraient de lui un être

immorale veut donc finalement dire que si ma volonté édictait aujourd'hui, ayant le rôle actif, la maxime du mensonge, plus tard, quand elle aurait le rôle passif, elle révoquerait son édit, et ainsi se donnerait à elle-même un démenti. (*Ueber die Grundlage der Moral*, p. 536-540; *Die Welt*, I, p. 665-666.) Après Schopenhauer bien des critiques ont soutenu, avec des nuances différentes, que Kant avait fait entrer en ligne de compte, principalement ou accessoirement, pour le jugement des actes la répercussion certaine ou probable de ces actes, telle que l'expérience la révèle, soit sur l'intérêt individuel, soit sur l'intérêt public. (V. St. Mill, *L'utilitarisme*, Trad. Le Monnier, p. 7. — Kirchmann, *Erläuterungen zu Kant's Grundlegung*, 1875, p. 24-25. — Ed. Zeller, *Vorträge und Abhandlungen*, III, p. 164-167. — Wundt, *Ethik*, 2ᵉ éd., 1892, p. 368. — Windelband, *Geschichte der neuern Philosophie*, II, 1880, p. 114-115. — Jodl, *Geschichte der Ethik in der neueren Philosophie*, II, 1889, p. 18. — Hegler, *Die Psychologie in Kants Ethik*, p. 99. — Simmel, *Kant*, p. 97-98. — Otto Lehmann, *Ueber Kants Prinzipien der Ethik und Schopenhauers Beurtheilung derselben*, p. 70 sq. — A. Cresson, *La morale de Kant*, 1897, p. 104-105. — Stange, *Einleitung in die Ethik*, p. 148-149. — Schwarz, *Der Rationalismus und der Rigorismus in Kants Ethik*, Kantstudien, II, p. 64-65. — Bollert, *Materie in Kants Ethik*, Archiv für Geschichte der Philosophie, XIII, p. 495 sq., etc.) — Disons d'abord que Kant a toujours voulu distinguer sa règle rationnelle d'appréciation des règles simplement utilitaires qui définissent la maxime de la volonté par la considération des conséquences. « ... Je peux me demander enfin si ce ne serait pas agir plus *habilement* que de me comporter en cette occasion d'après une maxime universelle et de me faire une habitude de ne pas promettre sans avoir l'intention de tenir. Mais il m'apparaît bientôt qu'une pareille maxime repose toujours sur la crainte des conséquences. Or c'est tout autre chose d'être sincère par devoir ou de l'être par appréhension des conséquences fâcheuses. » (*Grundlegung*, IV, p. 250.) Un peu plus loin encore (p. 278, note), Kant proteste contre la tendance possible à identifier ses règles directrices avec le précepte vulgaire *quod tibi non vis fieri*, etc. (juste la confusion commise par Schopenhauer). La question est donc de savoir si contre son intention expresse, par méprise ou par impossibilité de faire autrement, Kant a appuyé la règle des actions sur la considération utilitaire des conséquences. Mais cette considération n'intervient qu'en dernier lieu pour vérifier extérieurement, si l'on peut dire, non pour soutenir la règle rationnelle ; l'impossibilité d'un ordre de la nature où le mensonge serait la loi suffit pour faire rejeter la maxime de mentir ; à cette impossibilité qui est intrinsèque se rattache ensuite le fait empirique, que le mensonge tourne en fin de compte au détriment de l'individu qui le commet ou de la société ; le précepte *quod tibi non vis fieri*, à supposer qu'il soit complet, et il ne l'est pas, dérive, selon la remarque expresse de Kant, de la règle rationnelle, et ne la fonde pas (p. 278, note). Seulement il y a lieu de relever chez Kant une disposition à accepter l'idée souvent soutenue par des doctrines antérieures, et selon laquelle il y a une concordance profonde entre l'ordre rationnel de la nature et les relations réelles d'utilité ; un passage de la *Critique de la raison pratique* en témoigne ; « La typique de la faculté de juger nous préserve de l'*empirisme* de la raison pratique, lequel place les concepts pratiques, ceux du bien et du mal, simplement dans des conséquences de l'expérience (dans ce qu'on nomme bonheur), bien qu'il soit vrai de dire que le bon-

utile à bien des égards. Étant dans une situation aisée, il heur et les conséquences utiles en nombre infini d'une volonté déterminée par l'amour de soi, si cette volonté se constituait elle-même en même temps à titre de loi universelle de la nature, pourraient certainement servir de type tout à fait approprié au bien moral, mais sans toutefois s'identifier avec lui. » (V, p. 74.) Mais si Kant relie ainsi la réalité empirique des conséquences utiles à l'idée d'un ordre de la nature régi par des lois universelles, il n'en reste pas moins que c'est par l'idée de cet ordre, non par l'estimation des conséquences, que la maxime immorale, universalisée, se contredit. (V. Kuno Fischer, *Geschichte der neuern Philosophie*, V, II, p. 73. — Baumann, *Ueber den wahren Sinn des obersten Satzes der Kantischen Moral*, dans *Sechs Vorträge aus dem Gebiete der praktischen Philosophie*, 1874, p. 64-83. — V. aussi A. Fouillée, *Critique des systèmes de morale*, p. 215 sq., qui sur ce point défend pour une grande part Kant contre la critique de Schopenhauer : critique, note-t-il, « souvent superficielle et injuste »). Certains des auteurs cités plus haut objectent encore à Kant que sa déduction des devoirs n'est pas strictement rationnelle, puisqu'elle emprunte des traits importants à l'expérience. Mais si Kant a prétendu déduire les devoirs de l'impératif catégorique, il n'a pas prétendu en déduire, dans leur fonds matériel, les actions par lesquelles les devoirs s'accomplissent ; il sait bien que ces actions se produisent dans le monde sensible ; il n'en considère le contenu que tout autant qu'il se rattache à des règles ou à des maximes de la volonté, seuls objets de systématisation rationnelle.

Hegel a critiqué d'un autre point de vue la règle kantienne. Il observe d'abord en thèse générale que la loi morale, telle que Kant l'a conçue, si elle prescrit comment il faut agir, n'en est pas moins impuissante à dire ce qu'il faut faire dans toutes les circonstances ; elle dit plutôt ce qu'il ne faut pas faire ; elle n'est absolue que négativement, non positivement. Enfermée dans son identité abstraite, elle tente vainement d'en tirer des déterminations concrètes ; elle n'aboutit qu'à des tautologies. Suffit-il, par exemple, de prétendre que la maxime de ne pas restituer un dépôt, érigée en loi universelle, rendrait tout dépôt impossible ? Mais, peut-on répondre, s'il n'y avait pas de dépôts, quelle contradiction y aurait-il ? Dira-t-on que sans dépôts la propriété serait difficile et même finalement impossible à maintenir ? Mais la même question pourrait se poser pour la propriété que pour le dépôt, et l'on n'aboutirait en dernière analyse qu'à cette affirmation tautologique ; la propriété, si elle est propriété, doit être nécessairement propriété. (*Ueber die wissenschaftlichen Behandlungsarten des Naturrechts, Werke*, I, p. 349-355 ; *Vorlesungen über die Geschichte der Philosophie*, XV, p. 592. — Cf. Caird, *The critical philosophy of Kant*, II, p. 186 sq.) — Effectivement la philosophie de Kant reste trop critique pour requérir la déduction nécessaire des formes d'existence qui donnent lieu à des rapports moraux et à des actions morales : elle en admettrait plutôt, vis-à-vis de la raison pratique, la contingence.

Dans son récent ouvrage (*Kant*, p. 98-102), Simmel, après avoir soutenu que le criterium de l'utilité s'introduit d'une façon inexplicable dans la doctrine kantienne, insiste sur ce qu'a au contraire d'important et de profond le criterium de la rationalité logique de la maxime. Il observe toutefois que si je ne peux vouloir comme loi universelle le vol d'un dépôt ou un faux témoignage, la contradiction ne se manifeste que tout autant que s'impose à moi par ailleurs la valeur de la propriété ou du témoignage ; la règle kantienne ne sert donc qu'à éclaircir et à purifier, non à constituer l'idée de valeurs morales dont le principe est ailleurs. — V. aussi *Einleitung in die Moralwissenschaft*, II, p. 69 sq.

aime mieux se livrer au plaisir que s'appliquer à étendre et à perfectionner ses dispositions natives. Voici donc sa maxime : pour des jouissances qui m'attirent davantage, je renonce à cultiver mes facultés. Cette maxime peut-elle devenir une loi universelle de la nature? Assurément, en un sens, car elle ne se contredit pas, et une nature dont elle serait la loi pourrait parfaitement subsister ; et, cependant, au fond elle ne le peut pas ; car elle est en contradiction avec l'idée d'une volonté qui ne se borne pas à respecter les conditions logiques d'un ordre de la nature, qui en établit aussi essentiellement les conditions réelles et positives. En ce sens, l'homme qui préfère l'oisiveté à tout effort pour se cultiver ne peut pas vouloir que sa maxime devienne une loi universelle de la nature ; « car en sa qualité d'être raisonnable, il veut nécessairement que toutes ses facultés atteignent leur plein développement, parce qu'elles sont capables de lui servir pour toutes sortes de fins possibles, et qu'elles lui ont été données à cet effet[1] ». Autrement dit, la volonté, sous peine de restreindre arbitrairement son droit à établir un ordre de la nature qui provienne d'elle, doit vouloir tout ce qui peut contribuer à remplir en quelque sorte cet ordre ; or le développement des facultés humaines, en élargissant le champ des fins possibles et en assurant les moyens de les réaliser, est par là pour elle un objet nécessaire[2].

1. IV, p. 271.
2. Hegler (*op. cit.*, p. 99-100) soutient que la maxime ici ne présente de contradiction que si l'on interprète et l'on complète la pensée de Kant de la façon suivante : la négligence des facultés et des talents est une maxime contradictoire parce qu'il est naturel et nécessaire à la volonté de les cultiver en vue de l'avenir pour toutes sortes de fins utiles. Il y aurait donc, ajoute Hegler, une application du concept de l'être raisonnable qui va au delà du raisonnement formel. — Mais Hegler estime à tort que la maxime ici est en opposition avec des tendances ou des besoins de l'être raisonnable ; elle est en opposition avec l'idée de sa volonté, considérée comme constitutive, par sa forme législatrice, d'un ordre de la nature, — et d'un ordre de la nature aussi plein que possible de réalité pratique, ajouterons-nous volontiers pour dégager le postulat implicite de la pensée kantienne. Or ce postulat est une espèce de transposition de l'idée rationaliste, selon laquelle la raison requiert pour se satisfaire, non pas seulement l'intelligibilité pure et simple, mais encore le maximum de

Voici enfin un homme dont les affaires sont prospères, et qui voit certains de ses semblables aux prises avec de grandes difficultés ; il peut les aider ; mais il se dit : qu'importe ? Qu'autrui soit heureux s'il le peut et comme il l'entend ; je n'attenterai certainement pas à son bonheur, mais je me réserve de n'y pas contribuer. Une telle maxime peut sans doute à la rigueur être conçue comme une loi universelle de la nature, et, dans ces conditions « l'espèce humaine pourrait sans doute fort bien subsister, même mieux assurément que lorsque tout le monde a sans cesse à la bouche les mots de sympathie et de bienveillance, s'empresse même à l'occasion d'exercer ces vertus, mais en revanche trompe dès qu'il le peut, fait bon marché du droit des hommes ou y porte atteinte à d'autres égards ». Mais s'il est possible de concevoir une loi de la nature selon cette maxime, il est impossible de la vouloir. « Car une volonté qui prendrait ce parti se contredirait elle-même ; il peut, en effet, se présenter bien des circonstances où nous ayons besoin de l'affection et de la sympathie des autres, et alors, en vertu de cette même loi issue de notre volonté, nous nous enlèverions tout espoir d'obtenir l'assistance que nous désirons pour nous-mêmes[1]. » En d'autres termes, un ordre de la nature suppose qu'il y a entre les êtres des relations positives et objectives de réciprocité ; l'égoïste qui reste indifférent au malheur des autres ne peut donc ériger sa maxime en loi de la nature, et c'est pour cela qu'il n'a aucun droit, le cas échéant, de compter sur l'assistance des autres ; il a fait de ses semblables des étrangers pour lui[2].

---

déterminations intelligibles. La considération de l'utilité, qui intervient ensuite, est ici encore comme une vérification extérieure, non une justification de la règle, quoi que dise Lehmann (*op. cit.*, p. 73).

1. IV, p. 271.
2. « Supposons un ordre des choses où chacun verrait avec une parfaite indifférence les maux d'autrui, et mettons que tu en fasses partie : y seras-tu bien avec l'accord de ta volonté ? » (*Kritik der praktischen Vernunft*, V, p. 73.)
— « Être bienfaisant, c'est-à-dire seconder autant qu'on le peut autrui dans la peine et aider à son bonheur, sans en rien espérer en retour, est le devoir de tout homme. Car tout homme qui se trouve dans la peine désire être assisté

Ainsi il faut que nous *puissions vouloir* que toute maxime de notre action devienne une loi universelle de la nature. Le caractère de ce *pouvoir vouloir* ne s'entend bien que si l'on ne perd pas de vue que la volonté est essentiellement pour Kant la faculté d'agir d'après la représentation de règles : d'où il suit que la tendance à universaliser la maxime est immanente à la volonté même et ne saurait être pour elle un procédé indiqué du dehors. Il s'agit dès lors que la règle ne soit pas fausse ; elle peut l'être à deux points

par ses semblables. Or s'il manifestait sa maxime, de ne pas vouloir à son tour secourir les autres dans leur peine, c'est-à-dire s'il en faisait une loi universelle de permission, pareillement personne, s'il était lui-même dans la peine, ne lui apporterait son aide, ou du moins tout le monde serait autorisé à la lui refuser. Ainsi la maxime inspirée par l'amour de soi, si elle est érigée en loi universelle, se contredit elle-même ; par conséquent la maxime de la bienfaisance envers ceux qui sont dans la peine, cette maxime qui tend au bien de tous, est le devoir universel des hommes, pour cette raison qu'ils doivent être considérés comme des hommes vivant semblablement côte à côte, c'est-à-dire comme des êtres raisonnables soumis à des besoins et réunis par la nature en un même séjour pour se prêter mutuellement assistance. » (*Tugendlehre*, VII, p. 261.) — C'est surtout ce dernier exemple que l'on a recueilli pour prétendre que Kant n'avait pu établir ses règles d'appréciation morale que sur des considérations d'utilité. « Voilà exprimée, dit Schopenhauer, aussi clairement qu'elle puisse jamais l'être, la thèse, que l'obligation morale repose pleinement sur une *réciprocité* supposée, qu'elle est ainsi tout bonnement égoïste, qu'elle reçoit de l'égoïsme son sens ; car c'est l'égoïsme qui, sagement et sous la réserve d'un traitement réciproque, se prête à un compromis. » (*Ueber die Grundlage der Moral*, p. 538 ; *Die Welt*, I, p. 665-666.) — Voir une critique analogue dans les ouvrages cités plus haut de Wundt, Kirchmann, Jodl (aux pages indiquées), de Cresson, p. 104-105, Stange, p. 148, Hegler, p. 100, et aussi dans l'étude de Sigwart, *Vorfragen der Ethik*, p. 27. — Il ne me paraît pas cependant qu'ici encore Kant ait voulu justifier sa règle par le fait que l'égoïsme provoque en retour l'égoïsme. D'abord, comme il le note, pour l'insensibilité comme pour le mensonge, ce fait n'est pas à ce point certain en toute circonstance, qu'il puisse fonder une règle. « A la vérité chacun sait bien que s'il se permet en secret quelque tromperie, ce n'est pas une raison pour que tout le monde fasse de même, ou que s'il est, sans qu'on s'en aperçoive, indifférent à l'égard des autres, tout le monde n'est pas pour cela dans la même disposition envers lui. » (*Kritik der praktischen Vernunft*, V, p. 73.) — La pensée de Kant me paraît plutôt être celle-ci : dans un ordre de la nature, dont ma volonté serait législatrice par ses maximes, je ne peux ériger en droit la recherche de mon bonheur que si j'assigne également pour objet à ma volonté le bonheur d'autrui, car une maxime limitée à l'amour de soi, et subordonnée par conséquent aux conditions subjectives que l'amour de soi comporte, ne peut être convertie en loi ; par mon indifférence à l'égard d'autrui, je n'empêche pas qu'une nature subsiste ; mais je renonce à la faire subsister par ma volonté. Un passage important de la *Critique de la raison pratique* me semble

de vue : elle peut l'être par la contradiction logique qu'elle recèle, dans les cas, par exemple, de manquement aux devoirs stricts ; elle est alors impossible absolument à concevoir dans l'universel ; elle peut l'être aussi par la négation pratique d'elle-même, dans les cas, par exemple, de manquement aux devoirs larges ; elle est alors impossible à concevoir dans l'universel comme constitutive par elle-même d'un ordre de la nature. Dans les premiers cas, c'est la règle telle quelle qui se contredit ; dans les seconds cas, c'est la volonté en son essence même[1]. Mais dans les deux espèces de cas, le criterium n'en reste pas moins rationnel, puisqu'il exprime d'une part l'inviolabilité, d'autre part la puissance d'extension de la raison dans le domaine pratique. On ne saurait donc prétendre qu'en parlant de *pouvoir vouloir* ou de *ne pas pouvoir vouloir* Kant n'ait fait qu'énoncer tout

confirmer cette interprétation. « Il est indéniable que tout vouloir doit avoir aussi un objet, par conséquent une matière ; mais cette matière n'est pas par cela même le principe déterminant et la condition de la maxime... C'est ainsi que le bonheur d'autrui pourra être l'objet de la volonté d'un être raisonnable... La matière de la maxime peut donc sans doute subsister, mais elle ne doit pas en être la condition ; car autrement elle serait impropre à se convertir en loi. Par conséquent la simple forme d'une loi, qui limite la matière, doit être en même temps une raison d'ajouter cette matière à la volonté, mais non de la présupposer. Que la matière soit, par exemple, mon bonheur personnel. Cette recherche du bonheur, si je l'attribue à chacun (comme je peux le faire dans le cas présent pour des êtres finis) ne peut devenir une loi pratique *objective* que tout autant que j'y comprends le bonheur d'autrui. Par suite la loi qui commande de concourir au bonheur d'autrui ne résulte pas de cette supposition, que le bonheur est pour chacun un objet qu'il se choisit selon son gré, mais uniquement de ce que la forme de l'universalité, dont la raison a besoin comme d'une condition nécessaire pour donner à une maxime de l'amour de soi la validité objective d'une loi, devient le principe de détermination de la volonté ; et ainsi ce n'était pas l'objet (le bonheur d'autrui) qui était le principe déterminant de la volonté pure, mais c'était seulement par la simple forme d'une loi que je limitais une maxime fondée sur une inclination, afin de lui procurer l'universalité d'une loi et de l'approprier ainsi à la raison pure pratique. » (V. p. 36-37. — V. également *Grundlegung*, IV, p. 289 ; *Tugendlehre*, VII, p. 259.) Le passage de la *Doctrine de la vertu* qui a été cité plus haut, et que Schopenhauer a incomplètement reproduit, témoigne que pour Kant la bienfaisance doit être exercée sans esprit de retour, qu'elle repose avant tout sur l'idée d'une liaison réciproque des êtres raisonnables finis, liaison qui ne peut être positive et objective qu'à la condition de ne pas prendre le simple amour de soi pour mobile et qui doit être voulue telle pour que la volonté par ses maximes fonde un ordre de la nature.

1. IV, p. 272.

simplement, au moins pour certains devoirs, les décisions immédiates ou les impulsions de la conscience morale ; il reste au contraire là-dessus fidèle à la tradition des doctrines rationalistes selon lesquelles la moralité trouve à la fois dans les lois de la raison son fondement et sa formule. De ces doctrines mêmes il retient l'idée d'un ordre de la nature où les agents et leurs actes doivent trouver place [1]. Seulement, selon l'esprit de sa philosophie, il ne fait intervenir l'ordre de la nature que par ce qui en pose la vérité, c'est-à-dire par la forme législative dont cet ordre dérive ; et il ne le fait intervenir que pour opérer le passage de la législation pratique universelle telle que l'explique l'impératif catégorique aux divers devoirs réels [2].

[1]. C'est précisément ce que reproche Ch. Renouvier à Kant dans l'interprétation qu'il a donnée des critères et des exemples kantiens. Par une fidélité persistante à certains préjugés métaphysiques Kant, selon lui, a eu le tort d'attribuer aux lois et aux méthodes de la raison une sorte d'objectivité d'ordre naturel. Il eût dû exclure cette idée d'une loi de la nature pour parler exclusivement d'une loi de l'association des êtres raisonnables ; il eût pu alors présenter sa règle sous la forme suivante : Agis toujours de telle manière que la maxime de ta conduite puisse être érigée par ta conscience en loi universelle, ou formulée en un article de législation que tu puisses regarder comme la volonté de tout être raisonnable (*Science de la morale*, I, p. 99) ; d'autre part il a eu tort de croire que, l'idée d'obligation une fois posée, une logique impersonnelle suffisait pour mettre au jour les conséquences ou les inconséquences des maximes ; l'acte qui décide que telle ou telle maxime peut ou non être portée à l'universel est un acte de conscience ; loin de reposer sur la possibilité d'une nature quelconque, la règle qui l'exprime n'est que l'extension à un nombre illimité d'agents de la formule qui gouverne les rapports de deux membres en société : Agis toujours de telle manière que la maxime applicable à ton acte puisse être érigée par ta conscience en loi qui te soit commune avec ton associé. Ainsi le principe du respect et de l'égalité des personnes est chez Renouvier antérieur au principe de la généralisation des maximes. Renouvier reprend les exemples de Kant pour les corriger dans cet esprit (ch. xviii, xix, xxiii).

[2]. Kant, dans la *Critique de la raison pratique*, tâchera de marquer et de limiter avec plus de précision la portée de cette règle qu'il considérera comme un « type » de la loi morale et qu'il rattachera à la « faculté de juger pure pratique ». Il dira : « Aussi cette comparaison de la maxime de ses actions avec une loi universelle de la nature n'est-elle pas non plus le principe de détermination de sa volonté » (V, p. 73). — Hegler estime qu'il y a là une modification de la pensée kantienne, puisque le procédé de comparaison appartient, non plus à l'acte proprement dit de la détermination, mais à la faculté de subsumer les actions particulières sous la loi morale (*op. cit.*, p. 101-102). — On peut cependant observer que dans la *Grundlegung* ce procédé de comparaison n'intervient pas pour justifier l'acte proprement dit de la détermination, mais pour lui fournir les moyens de se reconnaître dans les cas particu-

Donc ce qu'on appelle le *formalisme* kantien ne doit pas signifier une doctrine dont le principe et les règles sont en soi indéterminés et ne se déterminent effectivement que par un emprunt plus ou moins déguisé à la réalité empirique. La méprise vient sans doute de ce que Kant, dans cette deuxième section de la *Grundlegung,* a, comme nous l'avons dit, opéré, en les mêlant constamment, deux tâches distinctes, l'une qui consiste à remonter par l'analyse jusqu'aux conditions dernières du devoir, l'autre qui consiste à montrer comment l'on peut appliquer l'impératif catégorique aux cas fournis par l'expérience, à déduire de la formule de l'impératif certains devoirs saillants. Or l'application de l'impératif catégorique à certaines actions n'exige en aucune façon que ces actions détournent dans le sens de leur contenu matériel la signification de l'impératif ; elle suppose simplement que ces actions, en tant qu'issues de la volonté d'un être raisonnable, sont susceptibles d'être déterminées par l'élément formel constitutif de cette volonté, à savoir l'aptitude à agir selon des concepts, selon la représentation de règles [1]. Quant à l'explication analytique de

liers ; il sert à établir une déduction des divers devoirs. Kant en outre y énonce la nécessité d' « une faculté de juger (*Urtheilskraft*) affinée par l'expérience, tant pour discerner les circonstances dans lesquelles les lois morales trouvent leur application que pour leur assurer l'accès de la volonté humaine et les rendre efficaces dans la conduite pratique » (IV, p. 237). — H. Cohen soutient aussi que par là la *Critique* a distingué rigoureusement la loi pratique d'une loi de la nature, à l'encontre de la *Grundlegung* (*Kants Begründung der Ethik*, p. 193). — Certes elle a marqué plus fortement la distinction ; mais dans la *Grundlegung* même Kant avait déjà noté le rôle simplement typique ou analogique qu'il attribuait à l'idée d'une loi universelle de la nature : « Puisque cette propriété qu'a la volonté de valoir comme une loi universelle pour des actions possibles a de l'analogie avec cette liaison universelle de l'existence des choses selon des lois universelles, liaison qui est l'élément formel de la nature en général... » (IV, p. 285.) Ce qui est vrai, c'est que la *Critique* s'est proposé une meilleure distribution systématique et une plus complète épuration des concepts pratiques.

1. « Car la volonté placée juste au milieu entre son principe *a priori*, qui est formel, et son mobile *a posteriori*, qui est matériel, est comme à la bifurcation de deux routes ; et puisqu'il faut pourtant qu'elle soit déterminée par quelque chose, elle devra être déterminée par le principe formel du vouloir en général, du moment qu'une action aura lieu par devoir ; car alors tout principe matériel lui est enlevé. » IV, p. 248.

l'idée de devoir, qui, dominant la question de savoir comment l'impératif catégorique est applicable, prépare la réponse à la question de savoir comment l'impératif catégorique est possible, elle ne sort pas du formalisme à coup sûr, et elle n'en doit pas sortir : car qu'est-ce, à ce point de vue, que le formalisme, sinon l'expression et le résultat de la méthode qui consiste à déterminer par de purs concepts, hors de tout recours à l'expérience, les éléments et les lois de l'objet à expliquer? C'est donc simplement l'extension, *mutatis mutandis*, au problème de la possibilité de l'impératif catégorique, de cet idéalisme transcendantal ou idéalisme formel qui a été déjà employé à résoudre le problème de la possibilité de l'expérience [1]. Or, aux yeux de Kant, si la raison pure peut paraître indéterminée pour tel usage illégitime qu'on en prétend faire, elle n'en a pas moins une puissance propre de se déterminer par ses concepts et ses idées, de se donner à elle-même un contenu.

Il est donc licite autant qu'indispensable de poursuivre jusqu'au bout par la même méthode l'analyse de ce qu'implique la volonté d'un être raisonnable soumis au devoir. Toute volonté de ce genre, avons-nous dit, est une faculté d'agir conformément à la représentation de certaines lois; mais toute volonté est aussi une faculté d'agir en vue de certaines fins. Seulement il y a des fins que le sujet se propose à son gré, et qui tiennent uniquement leur valeur de leur rapport avec un état particulier de sa faculté de désirer : ce sont des fins subjectives ou relatives, qui ne répondent pas à la représentation de lois objectives et universelles. La détermination de la volonté pour de telles fins ne peut relever que d'impératifs hypothétiques. Il faut donc

---

[1]. Cf. Vorländer, *Der Formalismus der kantischen Ethik in seiner Nothwendigkeit und Fruchtbarkeit*, 1873. — Victor Delbos, *Le kantisme et la science de la morale*, Revue de Métaphysique et de Morale, VIII, 1900, p. 135-144. — August Messer, *Kants Ethik*, 1904, p. 157-193. — V une justification partielle en même temps qu'une critique du formalisme kantien dans F. Rauh, *Essai sur le fondement métaphysique de la morale*, 1891, p. 172-182.

qu'il y ait pour la volonté, si l'impératif catégorique est possible, une fin d'une autre espèce, posée par la seule raison, et valable pour tout être raisonnable. Où trouver cette fin ? Elle ne peut être que dans l'être raisonnable lui-même, considéré, en tant que tel, comme sujet de toutes les fins possibles, et qui, à ce titre, ne peut être subordonné à aucune fin particulière. L'être raisonnable s'identifie pratiquement avec la raison et ne doit pas plus que la raison se laisser ramener à quelque condition étrangère. Par suite tout être qui se représente comme raisonnable ou qui est représenté comme tel doit se prendre ou être pris pour une fin objective, pour une fin en soi. La nature raisonnable existe comme fin en soi, c'est-à-dire qu'elle possède cette valeur absolue qu'il faut bien mettre quelque part, pour qu'il y ait un principe pratique suprême[1]. C'est une fin indépendante de tout résultat à obtenir, et de là vient que nous la concevons d'une façon négative[2]. Voilà donc ce qui doit être, dit Kant, la « matière[3] » de toute bonne volonté : matière pure, peut-on ajouter, et dont la position n'empêche pas Kant d'être fidèle au *formalisme*, ou mieux au *trancendantalisme*.

Mais Kant, par souci de montrer encore comment, en cette nouvelle expression, l'impératif catégorique est applicable, a mêlé dans son exposition au raisonnement tiré de la considération de l'être raisonnable la notion d'humanité sur laquelle ne devait porter que la spécification concrète de son raisonnement[4] ; et il a encouru ainsi le reproche,

---

1. Schopenhauer critique encore, et par le même procédé, cette idée de *fin en soi* comme une *contradictio in adjecto*. Être fin, dit-il, c'est être l'objet d'une volonté ; c'est donc toujours être relatif à cette volonté. Otez à une fin ce caractère relatif en ajoutant « en soi », vous n'avez plus qu'une idée aussi dépourvue de sens que celle d' « ami en soi » ou d' « oncle en soi ». Il n'y a pas de valeur absolue : toute valeur est comparative et relative. *Ueber die Grundlage der Moral*, p. 541-542.
2. IV, p. 275-276, p. 285-286.
3. IV, p. 285.
4. Dans la *Critique de la raison pratique*, qui doit éclaircir de la façon la plus rigoureuse les principes purs de la moralité, la notion de l'humanité fin

maintes fois répété, d'avoir introduit la nature humaine comme matière, et même comme principe dissimulé de l'impératif catégorique[1]. Dans sa pensée cependant, l'humanité ne doit être considérée comme fin en soi que parce qu'elle est la forme sous laquelle la nature raisonnable nous est *donnée*. Est-il donc besoin de rappeler son affirmation catégorique, que la loi morale doit être définie en fonction de l'être raisonnable, et non pas seulement de l'homme ? C'est comme expression donnée de la nature raisonnable que l'humanité doit être comprise comme fin en soi, et dans l'humanité, tous les hommes[2]. A ce titre l'homme a une valeur qui ne se mesure pas, comme celle des objets de nos inclinations, par l'usage que nous en pouvons faire pour le contentement de notre sensibilité, une valeur qui n'est pas simplement relative et conditionnée comme celle qu'ont les êtres de la nature dépourvus de raison, justement nommés pour cela des *choses* ; il a une valeur absolue qu'il tient de sa raison et qui fait de lui une *personne*. De là cette nouvelle formule de l'impératif catégorique : *Agis de telle sorte que tu traites l'humanité aussi bien dans ta personne que dans la personne de tout autre toujours en même temps comme une fin et jamais simplement comme un moyen*[3].

en soi n'apparaît qu'incidemment (V, p. 91-92, p. 137-138), et en tout cas elle n'intervient point comme ici pour servir de lien entre la formule de la législation universelle et la formule de l'autonomie (v. V, p. 46). En revanche, dans la *Métaphysique des mœurs* qui suppose une constante application des principes, Kant fait de cette notion un grand usage.

1. Schleiermacher, *Kritik der bisherigen Sittenlehre*, p. 49. — Trendelenburg, *Historische Beiträge*, III, p. 187-188. — Paul Janet, *La Morale*, p. 47-52. — A Fouillée, *Critique des systèmes de morale*, p. 226-230, etc.

2. La raison législatrice, dira Kant dans la *Doctrine de la vertu* (VII, p. 259), qui enveloppe dans son idée de l'humanité en général l'espèce entière, et par suite moi... »

3. IV, p. 276-277. — Contre une façon assez fréquente de citer cette formule en supprimant les mots « en même temps » et « simplement » il est bon de remarquer que Kant ne conteste en aucune façon la nécessité, soit naturelle, soit sociale, pour l'homme d'être un moyen au service de certains besoins ou de certaines inclinations ; il réclame seulement que l'usage que l'homme fait

Appliquant cette nouvelle formule aux mêmes exemples que précédemment, Kant montre que l'homme qui se suicide dispose de l'humanité en sa personne comme si elle était uniquement un moyen de lui rendre la vie confortable et supportable, que celui qui fait une promesse trompeuse dispose des autres comme s'ils n'étaient pas fins en soi et comme s'ils devaient être simplement des instruments pour ses desseins, que celui qui néglige de se cultiver, en ne collaborant pas à la plus grande perfection possible de l'humanité, considère qu'il peut user de l'humanité en lui selon ses goûts, que celui enfin qui se refuse à être bienfaisant, s'il n'empêche pas l'humanité de se conserver, la laisse être fin en soi, mais ne la veut pas telle par son concours positif [1].

Ainsi l'impératif catégorique implique la subordination de toute valeur à la valeur absolue de la personne. Cette notion de la personnalité prend désormais dans la philosophie pratique de Kant une importance extrême, et elle y imprime profondément les caractères par lesquels, logiquement et historiquement, elle se définit. Dans son expression la plus abstraite, elle est fondée par Kant sur l'idée de l'existence de sujets raisonnables, capables d'agir par leur raison même [2]; elle est donc radicalement distincte de tout ce qui, sous le nom de besoins et d'inclinations, constitue notre simple individualité; elle est plutôt l'identification avec l'universel [3]. C'est pratiquement qu'elle se détermine, et elle ne requiert nullement, comme nous savons, la détermination, du reste impossible, des sujets comme

---

alors de sa personne reste libre et ne contredise pas non plus la loi essentielle de cette liberté intérieure.

Schopenhauer reconnaît à cette formule le mérite de dégager avec beaucoup de finesse un des traits les plus caractéristiques de l'égoïsme humain, la pensée toujours présente, même quand elle se dissimule hypocritement, d'employer autrui pour ses propres fins (*Ueber die Grundlage der Moral*, p. 544-546).

1. IV, p. 277-279.
2. Voilà pourquoi elle est équivalente de l'idée même de liberté. *Kritik der praktischen Vernunft*, V, p. 91.
3. « L'idée de la loi morale est la personnalité même. » *Die Religion*, VI, p. 122.

substances[1]. Dans son expression plus concrète, c'est à l'idée de l'humanité qu'elle se rattache, de l'humanité « considérée tout à fait intellectuellement[2] », conçue dans sa capacité de réaliser une sorte de volonté universelle, législatrice pour des fins objectives communes[3]. En même temps, elle retient et développe les deux significations qu'elle tient de sa double origine, à la fois chrétienne et juridique. La personnalité, c'est l'homme en ce qu'il a de plus intérieur, l'homme dans sa plus intime union avec la loi morale qui est sainte : voilà pourquoi l'humanité est sainte en sa personne[4]. Cependant cette inviolabilité de la personne, mise au-dessus de tout, même des sentiments en apparence philanthropiques et généreux qui prétendent servir autrui sans son consentement, ne peut être garantie que dans un ordre où seule la loi gouverne, pour les affranchir de tout arbitraire, les mutuelles relations humaines : de là l'esprit « juridique » qui anime la doctrine kantienne, et qui comprend la moralité comme une légalité interne, assurant l'égalité réciproque des agents volontaires, et « limitant toutes les fins subjectives[5] ».

1. V. dans la *Critique de la raison pure* l'examen des paralogismes de la psychologie rationnelle, spécialement du troisième, III, p. 594-597.
  On sait que la « personne » au point de vue théorique désigne pour Kant le sujet logique qui a conscience de son identité numérique dans la diversité des représentations, mais qui ne saurait être déterminé comme substance. Sur les divers sens du terme de personne, et leur rapport chez Kant, v. Daniel Greiner, *Der Begriff der Persönlichkeit bei Kant*, Archiv für Geschichte der Philosophie, X, p. 40-84.
2. *Die Religion*, VI, p. 122.
3. V. plus haut le chapitre sur la philosophie de l'histoire.
4. Cf. *Kritik der praktischen Vernunft*, V, p. 91, p. 137-138.
5. IV, p. 279. — Ce caractère juridique et par suite limitatif de la morale kantienne a été relevé tantôt contre elle, tantôt en sa faveur. C'est ainsi que Schleiermacher, dominé par sa conception romantique du monde et de la vie, fait un grief à Kant d'avoir restreint par là la libre expansion des énergies humaines, d'avoir pris pour type de la loi morale la loi civile, et non pas, quoi qu'il en dise, la loi de la nature, — car la loi de la nature admet avec l'organisation l'extrême variété des êtres et des formes, — d'avoir donc voulu plier à une même discipline toutes les individualités (*Kritik der bisherigen Sittenlehre*, p. 62 sq., p. 97-99, p. 131-132. V. aussi *Ueber die Religion*, 4e éd., 1831, p. 41 sq.). — En retour Charles Renouvier estime que le plus grand titre de la morale kantienne est dans son caractère juridique, et c'est

Toutefois la souveraineté de la loi ne s'impose pas à la volonté du dehors ni d'en haut, et il suffit de rapprocher les deux précédentes formules de l'impératif pour comprendre qu'elle dérive de la volonté même. Si d'une part, en effet, l'être raisonnable ne doit agir que d'après des maximes capables de constituer un système de lois pour une nature possible, et si d'autre part il doit être traité et se traiter lui-même comme fin en soi, c'est qu'il ne peut pas être simplement au service de la législation universelle à laquelle ses maximes doivent se conformer, c'est qu'il doit édicter de lui-même cette législation. Nous arrivons ainsi à l'idée de la volonté de tout être raisonnable conçue comme volonté législatrice universelle : idée essentielle qui, analytiquement dégagée du concept de l'impératif catégorique, enveloppe le principe par lequel se démontrera définitivement, dans la troisième section de la *Grundlegung*, la légitimité de ce concept.

En effet, le paradoxe de l'impératif catégorique, c'est que nous devions obéir à la loi uniquement parce que c'est la loi, et par respect pour elle. Quand il s'agit des impératifs hypothétiques, le motif de notre obéissance est quelque intérêt, sinon toujours visible, du moins toujours possible à découvrir. Mais ici tout intérêt doit être exclu, du moins tout intérêt fondé sur des besoins et des inclinations sensibles. Et il faut cependant, pour pouvoir nous déterminer, que nous nous intéressions en quelque façon à la loi, que d'une certaine manière nous trouvions notre moi en elle. Or cet intérêt immédiat et tout intellectuel pour la loi s'explique, du moment que nous sommes, comme êtres raisonnables, les auteurs de la législation à laquelle, comme êtres raisonnables et sensibles à la fois, nous sommes soumis. Par là aussi il apparaît pourquoi toutes les tentatives faites jusqu'à ce jour pour découvrir le principe de la mora-

---

selon cet esprit qu'il a conçu sa *Science de la morale*. V. dans la Critique philosophique, 11ᵉ année, II, et 12ᵉ année, I, ses articles intitulés : *Réponse à différentes objections contre le principe juridique de la morale*.

lité ont inévitablement échoué. On voyait bien que l'homme était lié par son devoir à une loi ; mais on ne s'apercevait pas que cette loi, tout en étant universelle, jaillissait de sa volonté, et l'on appliquait à rechercher par quelles contraintes et quels stimulants étrangers elle pouvait s'imposer à lui ; on ramenait ainsi le devoir à n'être qu'un impératif hypothétique. Au contraire, s'il y a un impératif catégorique, il ne peut ordonner qu'une chose, c'est d'agir toujours selon la maxime d'une volonté qui, en même temps qu'elle poursuit tel ou tel but, se prend elle-même pour objet en tant que législatrice universelle. Le principe fondamental de la moralité, c'est l'*autonomie*[1].

De la sorte Kant conçoit visiblement pour l'ordre moral le rapport du sujet à la loi tel que Rousseau l'avait conçu pour l'ordre social : l'obéissance à la loi se justifie par la faculté d'en être l'auteur, et loin de détruire la liberté, la suppose et la manifeste[2]. Selon cette analogie même il aboutit à une détermination qu'il juge véritable et féconde, parce qu'elle est pratique, de l'idée d'un monde intelligible ou d'une société des esprits[3]. Puisque en effet les différents êtres raisonnables doivent fonder par leur volonté une législation universelle et qu'ils doivent se traiter réciproquement comme fins en soi, il devient possible et légitime de se représenter leur union systématique sous des lois communes ; et c'est ce que Kant appelle le « règne des fins ». Un Tout de toutes les fins comprend sans doute essentiellement les volontés fins en soi avec les fins que ces volontés

---

1. IV, p. 279-280, p. 286. — Par cette idée d'autonomie, qui apparaît ici nettement pour la première fois, Kant peut enfin rattacher systématiquement la liberté pratique à la raison pure. — C'est à bon droit qu'il prétend être le premier à l'avoir exprimée sous cette forme et pour ce but : cette originalité lui fut cependant contestée par Nicolaï, qui s'appuyait sur des analogies superficielles pour soutenir que Wolff avant Kant, dans sa *Deutsche Moral*, § 24, avait exposé la même idée de l'autonomie. V. en particulier *Ueber meine gelehrte Bildung*, 1799, p. 118, note.

2. « L'obéissance à la loi qu'on s'est prescrite est liberté. » Rousseau, *Contrat social*. L. I, ch. VIII.

3. V. plus haut, p. 134 sq., p. 239 sq., p. 260-262.

se proposent par leur raison ; mais tout en faisant abstraction des différences individuelles qu'il y a entre les êtres raisonnables et aussi du contenu de leurs fins particulières, il comprend aussi ces fins particulières, dans la mesure où elles ne portent pas atteinte à l'accord fondamental des volontés [1].

Ce règne des fins n'est à vrai dire qu'un idéal, mais qui peut être réalisé par la liberté. De droit tout être raisonnable en est membre, par le fait qu'il y institue la législation à laquelle il obéit. Pourtant les êtres raisonnables finis, même lorsque leurs maximes se mettent d'accord avec cette législation, ne possèdent pas, soit la pleine indépendance à l'égard des besoins qui les assure d'une constance absolue dans leurs maximes, soit la pleine puissance de réaliser tout ce qu'ils veulent ; et de plus leurs maximes ne sont pas nécessairement d'accord avec cette législation. Aussi la nécessité d'agir selon la législation qui rend possible un règne des fins prend-elle pour eux la forme d'une obligation ou d'un devoir. Quand, au contraire, un être raisonnable a une volonté qui s'accorde nécessairement avec cette législation, c'est-à-dire une volonté sainte, et une puissance adéquate à sa volonté, il n'est pas seulement un membre du règne des fins, il en est le chef [2].

Un règne des fins se conçoit par analogie avec un règne de la nature. Mais la nature est-elle un règne ? Non certes, si l'on ne considère en elle que les lois causales qui déterminent l'enchaînement de ses phénomènes. Oui cependant, si l'on remarque que seul son rapport à des êtres raisonnables regardés comme ses fins permet de la comprendre

---

1. IV, p. 281. — C'est donc avec quelque exagération que Simmel attribue à Kant une sorte de radicalisme moral, qui ne voudrait admettre, en fait de valeurs, que des valeurs morales directement ou indirectement (*Kant*, p. 81, p. 112, p. 114 sq.). S'il est parfaitement vrai que la loi morale est pour la hiérarchie des valeurs la mesure suprême, il est vrai également qu'elle laisse s'introduire dans le règne des fins des actions qui peuvent simplement s'accorder avec elle sans être déterminées par elle, des actions permises (v. encore IV, p. 287).

2. IV, p. 282, p. 287-288.

dans son unité totale et systématique. Si donc la nature peut nous fournir l'image d'un règne des fins, c'est parce que le règne des fins nous conduit à concevoir la nature comme un règne. La dualité subsiste cependant entre les deux, comme entre une idée théorique chargée d'éclaircir ce qui est et une idée pratique commandant de réaliser ce qui n'est pas et ce qui doit être. En conséquence on peut dire que nous avons avant tout l'obligation d'agir comme si le règne de la nature devait se mettre en harmonie avec le règne des fins, bien que nous ne puissions jamais avoir une connaissance déterminée de cet accord, et que même, dans les bornes de notre observation, nous le trouvions plutôt en défaut, soit pour ce qui est de la juste réciprocité entre les maximes des personnes, soit pour ce qui est de la juste proportion entre la vertu et le bonheur. Du reste, « quand même nous concevrions le règne de la nature et le règne des fins réunis sous un chef, et quand même le second de ces règnes acquerrait ainsi une réalité véritable au lieu d'être une simple idée, il y aurait là assurément pour cette idée un bénéfice qui lui viendrait de l'addition d'un mobile puissant, mais en aucune façon d'un accroissement de sa valeur intrinsèque; car malgré cela il n'en faudrait pas moins se représenter ce législateur unique et infini lui-même comme jugeant de la valeur des êtres raisonnables seulement d'après leur conduite désintéressée, telle qu'elle leur est prescrite à eux-mêmes en vertu de cette idée uniquement. L'essence des choses ne se modifie pas par leurs rapports externes, et ce qui, abstraction faite de ces rapports, constitue seul la valeur absolue de l'homme est aussi la mesure d'après laquelle il doit être jugé par qui que ce soit, même par l'Être suprême [1] ».

L'idée d'un règne des fins donne une valeur à toute action qui s'y rapporte et permet de constituer la hiérarchie des valeurs. Toute valeur s'estime comme un prix ou

---

1. IV, p. 287. — Cf. *Kritik der reinen Vernunft*, III, p. 537-539. — *Kritik der Urtheilskraft*, V, p. 457.

comme une dignité. Quand une chose a un prix, elle peut s'échanger ou être remplacée par une chose équivalente ; quand une chose est au-dessus de tout prix et que par suite elle ne peut se remplacer par rien d'équivalent, elle a de la dignité. Les choses qui ont simplement du prix ont, selon l'expression de Kant, soit un prix marchand (*Marktpreis*), soit un prix de sentiment (*Affectionspreis*); elles ont un prix marchand quand elles se rapportent aux besoins et aux penchants généraux de l'homme : telles sont, par exemple, l'ardeur et l'habileté dans le travail ; elles ont un prix de sentiment quand, sans contenter des penchants et des besoins, elles procurent cette satisfaction qui s'attache au jeu libre et désintéressé de nos facultés : telles sont la bonne humeur, la vivacité d'imagination, la verve de l'esprit. Elle ont une valeur incomparable, c'est-à-dire une dignité, quand elles contribuent à la moralité et qu'elles se rapportent directement à l'homme comme sujet moral : telles sont la loyauté dans les promesses, la bienveillance par principes [1]. Ni la nature ni l'art ne peuvent suppléer aux qualités morales ; car la nature et l'art ne touchent en nous que notre intérêt ou notre goût ; les qualités morales, elles, résultent d'une action par laquelle notre volonté, indépendante de toute inclination ou disposition subjective, est identique à la loi et en reçoit son éminente valeur. « En effet nulle chose n'a de valeur en dehors de celle que la loi lui confère. Or la législation même qui détermine toute valeur doit avoir précisément pour cela une dignité, c'est-à-dire une valeur inconditionnée, incomparable, que traduit le mot de *respect*, le seul qui fournisse l'expression convenable de l'estime qu'un être raisonnable doit avoir pour elle. L'*autonomie* est donc le principe de la dignité de la nature humaine et de toute nature raisonnable [2]. » Ainsi la

---

1. Cf. *Anthropologie*, VII, p. 614.
2. IV, p. 284. — V. l'article de F. Pillon, *La morale indépendante et le principe de dignité*, dans l'ancienne *Année philosophique*, 1868 (Première année, 1867), p. 261-362.

législation propre au règne des fins, à la république des volontés, fait tout estimer selon la dignité de la personne, et n'autorise qu'en les subordonnant à cette dignité les actions par lesquelles les sujets raisonnables sont des moyens [1].

Nous voici donc en possession de trois façons de représenter le principe de la morale. La première considère dans les maximes leur forme : c'est celle qui énonce que les maximes doivent être choisies de façon à pouvoir être converties en lois universelles de la nature ; la seconde considère dans les maximes leur matière ; c'est celle qui énonce que l'être raisonnable est fin en soi et doit à ce titre restreindre les fins subjectives et arbitraires ; la troisième considère les maximes dans leur détermination complète : c'est celle qui énonce que toutes les maximes émanant de notre propre législation doivent concourir à un règne des fins qui serait comme un règne de la nature. Il y a là selon Kant un progrès dont les moments peuvent être marqués par les catégories de la quantité ; on va de l'*unité* de la forme, qui est l'universalité, à la *pluralité* de la matière, et de là à la *totalité* du système des fins. Néanmoins ces diverses formules expriment toujours au fond la même loi et

---

1. Cf. H. Cohen, *Ethik des reinen Willens*, 1904, p. 302-306. — C'est par là que la pensée kantienne a pu être développée ou utilisée dans un sens socialiste, qu'elle a paru bonne à plusieurs, en raison de sa double signification, morale et critique, pour compléter ou rectifier les expressions matérialistes et dogmatiques du socialisme. Divers représentants du néo-kantisme allemand depuis A. Lange, — notamment H. Cohen, Natorp, Staudinger, K. Vorländer, etc., — inclinent à un tel socialisme idéaliste, dont Kant leur fournit le principe éthique et la méthodologie rationnelle. V. principalement dans cet ordre d'idés l'ouvrage considérable de Stammler, *Wirtschaft und Recht nach der materialistischen Geschichtsauffassung*, 1896. — Dans les controverses même auxquelles a donné lieu la crise actuelle du marxisme, la question de la part à faire à la pensée kantienne a été plus d'une fois soulevée. Là-dessus v. K. Vorländer, *Kant und der Socialismus*, Kantstudien, IV, p. 361-412 ; *Die Neukantische Bewegung im Sozialismus*, Ibid., VII, p. 23-84. — F. Krueger, *Eine neue Sozialphilosophie auf Kantischer Basis*, Ibid., VI, p. 284-298. — Il faut d'ailleurs reconnaître que si certaines idées directrices de la morale de Kant peuvent servir de principes ou de cadres à des théories socialistes, sa propre philosophie du droit a été dans ses lignes essentielles surtout individualiste et libérale. V. Henry Michel, *L'idée de l'Etat*, 2e éd., 1896, p. 47-52.

ne diffèrent qu'en ce que, pour lui ménager un plus facile accès auprès de nous, elles la rapprochent de plus en plus de l'intuition et du sentiment : de là du reste peuvent découler des erreurs quand il s'agit de juger moralement, et mieux vaut alors en référer, selon la stricte méthode, à la règle initiale, qui est : *Agis d'après la maxime qui peut en même temps s'ériger elle-même en loi universelle*[1]. Cependant cette recommandation de Kant ne peut porter que sur l'usage des expressions analogiques par lesquelles il a essayé de montrer comment l'impératif catégorique est applicable ; elle n'atteint pas le travail graduel d'analyse par lequel il a dégagé les notions pures dont procèdent les trois formules, et qui, en aboutissant à la notion de l'autonomie, a préparé la réponse à la question de savoir comment l'impératif catégorique est possible.

Ce qui reste toujours dès à présent établi, c'est ce que cette notion seule de l'autonomie peut définir le véritable principe de la morale. Et d'autre part c'est bien la notion de l'hétéronomie de la volonté qui est la source de tous les faux principes moraux. Quand en effet la volonté reçoit sa loi de son objet en vertu du rapport qu'elle a avec lui, — que ce rapport soit fondé sur l'inclination ou qu'il le soit sur des représentations de la raison, — elle ne peut reconnaître d'autres impératifs que les impératifs hypothétiques ; elle ne se tient pour obligée de faire une chose que parce qu'elle en veut quelque autre. Or tous les systèmes défectueux ou erronés ont ce caractère de ne pouvoir pas comprendre l'impératif catégorique dans sa signification inconditionnée et sa provenance pure, autrement dit, de subordonner la volonté à quelque matière qui l'empêche de se prendre pour législatrice suprême. Ces systèmes peuvent d'abord être divisés en deux groupes, selon qu'ils invoquent des principes empiriques ou des principes rationnels. Les premiers, qui se rapportent au concept du bonheur,

---

[1]. IV, p. 284-285.

font reposer le bonheur, soit sur la sensibilité physique, soit sur le sentiment moral ; les seconds, qui se rapportent au concept de perfection, regardent la perfection, soit comme produite par notre volonté, soit comme existant en soi et comme déterminant, sous le nom de la volonté de Dieu, les lois de la volonté humaine [1].

De ces quatre systèmes celui qu'il faut rejeter avant tous les autres, c'est le système du bonheur personnel : non seulement parce qu'il est en contradiction évidente avec le jugement moral, mais encore parce que, réduisant le bien à un calcul bien fait, il détruit toute distinction spécifique entre les mobiles de la vertu et ceux du vice. Le système du sentiment moral, supérieur au précédent en ce qu'il fait à la vertu l'honneur de lui attribuer immédiatement la satisfaction qu'elle nous donne et le respect qu'elle nous inspire, n'en est pas moins, logiquement, de la même espèce que lui, en ce qu'il détermine la volonté par un intérêt empirique, par la promesse d'un surcroît de contentement. Contre ce système qu'il avait autrefois si volontiers accepté des Anglais, surtout de Hutcheson, Kant renouvelle les objections de son rationalisme ; il n'y a, selon lui, qu'une défaillance de la pensée qui puisse expliquer cet appel au sentiment, et il n'y a qu'une méconnaissance de la nature essentiellement variable et relative du sentiment qui puisse expliquer le choix d'une pareille mesure du bien et du mal. Quant à la doctrine de la perfection, elle a le grand défaut d'être indéterminée et de rester par là ouverte à des notions

---

[1]. Dans la *Critique de la raison pratique* Kant présente un tableau, qu'il estime complet, des principes matériels et hétéronomes de détermination ; ces principes se divisent d'abord en principes subjectifs et principes objectifs ; les principes subjectifs se divisent à leur tour en principes externes, qui sont, d'abord l'éducation (Montaigne), puis la constitution civile (Mandeville), et en principes internes, qui sont, d'abord le sentiment physique (Épicure), puis le sentiment moral (Hutcheson) ; les principes objectifs se divisent aussi en principes internes, qui se ramènent à la perfection (Wolff et les stoïciens) et en principes externes, qui se ramènent à la volonté de Dieu (Crusius et divers théologiens moralistes). V, p. 43. — V. la critique de ce tableau dans Schleiermacher, *Kritik der bisherigen Sittenlehre*, p. 37.

impures ou altérées. La perfection qu'acquiert l'homme, c'est l'aptitude pour toutes sortes de fins, qui ne sont pas toujours des fins morales. Sous sa forme théologique, la doctrine de la perfection, quand elle fait dériver la moralité de la volonté infiniment parfaite de Dieu, étant donné que nous n'avons aucune intuition de la perfection divine, ne peut la déterminer que par nos propres concepts, notamment nos concepts moraux, et alors elle tourne dans un cercle ; ou bien elle la définit par des attributs qui n'ayant aucun rapport avec la moralité, pouvant même être en opposition avec elle, ne sauraient en constituer la raison. Sous sa forme ontologique, la doctrine de la perfection est à coup sûr préférable ; mais elle n'a guère de critère précis pour discerner dans le réel le maximum de ce qui nous convient, et elle finit toujours par supposer tacitement cette moralité qu'elle doit expliquer. D'une façon générale, la doctrine de la perfection a sans doute le mérite de ne pas laisser à la sensibilité le soin de décider en matière morale ; il n'en reste pas moins qu'elle est un système d'hétéronomie, et que tous les systèmes d'hétéronomie, qu'ils fassent ou non intervenir la raison, ont ce commun caractère de se fonder sur un rapport des objets à un état particulier du sujet, qui ne peut être connu que par l'expérience et qui ne peut s'exprimer par une loi apodictique telle que doit être la loi morale. La volonté absolument bonne, celle dont le principe est un impératif catégorique, doit rester indéterminée à l'égard de tous les objets, et ne contenir que la forme du vouloir en général : c'est par là qu'elle peut être autonome[1].

*
* *

Avec la découverte de l'idée d'autonomie, notre analyse est arrivée au point extrême où elle pouvait parvenir dans l'éclaircissement du devoir, si toutefois le devoir est une

1. IV, p. 289-293. — V. *Kritik d. pr. Vernunft*, V, p. 42-45.

vérité; mais en même temps elle a touché au concept qui nous permettra de convertir cette dernière condition en certitude, et d'aborder le problème essentiel : comment un impératif catégorique est-il possible ? Seulement, pour résoudre ce problème, un changement de méthode est indispensable ; ce qu'il faut maintenant, c'est démontrer la possibilité d'un usage synthétique de la raison pure pratique. En effet les jugements par lesquels s'énonce l'impératif catégorique sont des jugements synthétiques *a priori*, qui lient, sans que l'attribut soit contenu dans le sujet, à l'idée d'une volonté affectée par des désirs sensibles l'idée de la volonté pure d'un être raisonnable, ou encore à l'idée de la volonté bonne l'idée d'une législation universelle[1]. Or des jugements pratiques de ce genre étendent le champ de la philosophie transcendantale, qui jusqu'alors n'avait paru connaître, en fait de jugements synthétiques *a priori*, que des jugements théoriques[2], et puisque ces jugements prétendent eux aussi à la réalité objective, c'est de la *Critique* seule également qu'ils peuvent recevoir leur justification finale[3]. La troi-

---

1. Kant, dans la *Grundlegung*, indique sous ces deux formes différentes la synthèse qu'opère le principe moral (IV, p. 268, p. 288, p. 293, p. 295, p. 302). La première de ces deux formes concerne plutôt l'être raisonnable fini, en qui la raison ne détermine pas immédiatement la volonté et doit par suite revêtir le caractère d'un impératif ; la seconde concerne tout être raisonnable en général et le considère par suite sous l'aspect de l'autonomie. Dans la *Critique de la raison pratique*, la seconde forme est la seule qui soit indiquée, et cela se comprend, puisque c'est celle qui est la plus intimement unie à l'idée d'une raison pure pratique en général (V, p. 33). Dans la *Doctrine de la vertu*, la synthèse est indiquée encore d'une autre façon : par opposition au principe du droit qui est simplement analytique, car il ne porte que sur les conditions extérieures sous lesquelles une volonté libre peut poursuivre ses fins sans déterminer ces fins mêmes, le principe moral est synthétique, car il lie à cette volonté des fins qu'il détermine comme des devoirs (VII, p. 200-201). — Cf. Fr. Rauh, *Essai sur le fondement métaphysique de la morale*, p. 154 sq.

2. Il faut se rappeler que la *Critique de la raison pure* ne voulait pas encore comprendre dans la philosophie transcendantale le principe de la moralité (V. plus haut, p. 234). D'autre part, même les *Prolégomènes* semblent encore n'admettre des jugements synthétiques *a priori* que dans l'ordre de la connaissance, et ne laissent pas soupçonner qu'il y ait des jugements pratiques de cette sorte. — Cf. Vaihinger, *Commentar*, I, p. 364-365.

3. IV, p. 288, p. 293.

sième section de la *Grundlegung* se propose d'être un essai réduit de cette Critique.

Elle part du concept de la liberté, seul capable d'opérer la liaison entre l'idée d'une volonté absolument bonne et l'idée d'une volonté dont la maxime est une loi universelle. Qu'est-ce donc que la liberté ?

La liberté peut d'abord être définie négativement. La volonté étant une espèce de causalité qui appartient aux êtres vivants en tant qu'ils sont raisonnables, la liberté est la propriété qu'a cette causalité d'agir indépendamment de causes étrangères ; tandis que la nécessité naturelle a pour caractère d'imposer aux êtres dépourvus de raison des façons d'agir déterminées par l'influence de causes extérieures.

Mais la liberté peut aussi être définie positivement et en son essence même. Qui dit causalité dit loi. Ou bien la liberté est une fiction absurde, ou bien, étant cause, elle doit agir d'après une loi ; et étant une cause indépendante de toute influence étrangère, elle doit agir d'après une loi qui soit sa loi, d'après une loi qu'elle ait elle-même posée. Qu'est-ce à dire, sinon qu'une volonté libre est une volonté autonome ? Mais la proposition d'après laquelle la volonté est à elle-même sa loi est une autre façon d'exprimer le principe selon lequel la volonté doit agir uniquement par des maximes susceptibles de se convertir en lois universelles ; or c'est là précisément la formule même de l'impératif catégorique, de telle sorte qu'une volonté libre et une volonté soumise à des lois morales, c'est tout un. Si donc nous pouvions saisir en elle-même la liberté de la volonté, il nous serait possible d'en faire sortir par simple analyse toute la moralité avec son principe. Mais nous ne le pouvons pas ; et voilà pourquoi, en son sens positif, elle doit se borner à nous fournir le terme, grâce auquel se lient les deux notions du jugement synthétique *a priori* plus haut énoncé. Nous savons en effet que pour unir deux concepts synthétiquement il faut un troisième terme : dans l'ordre de la connaissance théorique, c'est par l'intuition sensible que s'opère la liaison d'une chose comme cause avec une autre chose comme effet. Mais la liberté par définition échappe à l'intuition sensible, et l'intuition intellectuelle qu'il faudrait pour l'apercevoir en elle-même nous manque : ce qui fait qu'elle a besoin d'être démontrée et qu'elle ne peut l'être cependant pour soi, mais uniquement pour la fonction synthétique qu'elle doit remplir[1] ; ce qui fait aussi qu'elle remplira cette fonction d'une façon originale et sans produire une connaissance, puisque c'est sans intuition possible qu'elle aura à unir un sujet et un prédicat distincts.

Pourquoi donc et en quel sens la liberté peut-elle être attribuée à notre volonté? Est-ce au nom de l'expérience faite sur la nature humaine? Mais cette prétendue expérience ne saurait fournir ce qui par son essence ne peut être justifié qu'*a priori* ; de plus le concept de liberté persiste toujours, même quand l'expérience nous montre le contraire de ce qui, la liberté supposée, en est nécessairement représenté comme la conséquence[2]. Kant n'admet donc plus, comme il l'admettait encore dans la *Critique de la raison pure*[3], que la liberté pratique soit démontrable par l'expérience. Est-ce alors parce que la moralité implique la liberté? Soit ; mais comme la moralité ne s'impose à nous que parce que nous sommes des êtres raisonnables, il reste à prouver que la liberté appartient en général aux êtres raisonnables comme tels. Cependant cette preuve qui serait extrêmement compliquée s'il fallait poser le fondement théorique de la liberté, et qui serait même impossible s'il fallait démontrer théoriquement la liberté comme réelle, peut être simplifiée en même temps que plus étroitement adaptée à notre dessein. Il suffit d'expliquer qu'un être raisonnable doué de volonté ne peut agir que sous l'idée de la liberté et doit faire de cette idée la condition de ses actes. Or telle est bien en effet la vérité. Car le concept de cet être implique

---

1. IV, p. 294-295. — Cf. *Kritik der pr. Vernunft*, V, p. 33.
2. IV, p. 295, p. 303.
3. V. plus haut, p. 236.

celui d'une raison pratique, d'une raison douée de causalité à l'égard de ses objets : une raison qui a conscience d'être le principe de ses jugements ne saurait recevoir même pour une part sa direction du dehors, sous peine de voir transférer à des impulsions extérieures son pouvoir causal. Dès lors, comme ce qui est ici en question, c'est, non pas une réalité donnée à connaître, mais une action à produire, on peut affirmer qu'un être qui ne peut agir que sous l'idée de la liberté est par là même au point de vue pratique réellement libre : autrement dit, les mêmes lois qui obligeraient un être libre n'en valent pas moins pour un être qui ne peut agir qu'en concevant sa propre liberté. Voilà en quel sens nous sommes autorisés à attribuer une volonté libre à tout être raisonnable [1].

Mais d'où vient en définitive que les lois morales nous obligent ? Assurément ce n'est pas par intérêt que nous nous soumettons à l'impératif catégorique : il faut pourtant que nous prenions quelque intérêt à nous y soumettre. Comment cela donc est-il possible ? Ce n'est pas donner une explication suffisante que de ramener en principe le devoir au vouloir d'un être raisonnable en qui la raison ne connaîtrait pas d'obstacles, sauf à ajouter que, pour des êtres raisonnables affectés en outre de mobiles sensibles, la nécessité de l'action devient un commandement ; car on se borne alors à reconnaître que la liberté et la soumission de la volonté à sa législation sont, par le caractère d'autonomie qui leur est propre à toutes deux, deux concepts identiques ; et si le résultat de cette analyse n'est pas sans valeur, puisqu'il nous permet de définir avec plus de précision le principe de la moralité, il n'offre pas toutefois une raison définitivement satisfaisante de l'obligation ; l'identité des deux concepts ne permet pas en effet que l'on use de l'un pour expliquer l'autre, et elle fait même naître ici un soupçon de cercle vicieux : n'est-ce pas pour expliquer la

---

[1]. IV, p. 295-296. — V. plus haut, p. 263.

soumission à la loi morale que nous avons supposé la liberté, et n'est-ce pas pour admettre la liberté que nous avons justifié la soumission à la loi morale ? Et incapables de sortir de ce cercle, n'avons-nous pas compté avant tout, pour faire accepter l'autorité de la loi, sur la complaisante adhésion des âmes bien pensantes ?

Il nous reste cependant une ressource : c'est de rechercher si en nous concevant libres nous nous plaçons au même point de vue que lorsque nous nous représentons nous-mêmes d'après nos actions, envisagées comme des effets visibles que nous avons sous les yeux.

Ici intervient la distinction du monde sensible et du monde intelligible, introduite d'abord pour expliquer l'ordre vrai dans la relation de ces deux concepts : loi morale et liberté. Les raisons de cette distinction, Kant les exprime ici sous leur forme la plus générale, et, de son propre aveu, un peu en gros. Il prétend que le plus simple bon sens peut les découvrir. Sans réflexions subtiles, dit-il, on peut comprendre que les représentations qui nous viennent du dehors et nous laissent passifs, comme les représentations des sens, ne nous font connaître les objets que tels qu'ils nous affectent, et non tels qu'ils sont en eux-mêmes : d'où la nécessité d'admettre entre les phénomènes et les choses en soi une distinction essentielle, de telle sorte que les phénomènes restent relatifs à notre sensibilité, tandis que les choses en soi, fondement des phénomènes, ne peuvent tomber sous notre connaissance. Or cette distinction s'applique à l'homme même. Car d'un côté, l'homme, d'après ce que lui révèle le sens intime, ne peut se flatter de se connaître tel qu'il est en soi ; il est incapable de saisir autre chose que la manière dont sa conscience est affectée ; tout ce qu'il sait de lui, il le sait, non pas *a priori*, mais empiriquement ; c'est qu'il ne peut se produire lui-même [1]. Mais au-dessus de ce sujet empirique

---

1. V. dans la *Critique de la raison pure* l'examen des paralogismes de la psychologie rationnelle.

qu'il est, composé uniquement de phénomènes, il doit nécessairement admettre quelque chose qui lui sert de fondement, c'est-à-dire son Moi véritable, par suite, en opposition avec la passivité de ses perceptions qui le fait membre du monde sensible, une activité pure, d'une puissance de production immédiate, qui le fait membre d'un monde intelligible. Or il trouve réellement en lui une faculté par laquelle il se distingue de toutes les choses, par laquelle il se distingue aussi de lui-même, en tant qu'être affecté par des objets, et cette faculté est la raison. Comme spontanéité pure, la raison est encore supérieure à l'entendement, dont les concepts n'ont pas par eux-mêmes d'objets et doivent se contenter de soumettre les représentations sensibles à des règles en les unissant dans une même conscience ; par la production des idées, la raison conçoit un autre monde que le monde sensible, et ainsi elle marque à l'entendement lui-même ses limites [1].

Ainsi un être raisonnable, en tant qu'intelligence, doit se considérer comme appartenant au monde intelligible, tandis que par ses facultés inférieures il appartient au monde sensible. Comme membre du monde intelligible, il est indépendant de toute détermination par les causes empiriques ; il ne peut concevoir la causalité de sa volonté propre que sous l'idée de liberté ; or à l'idée de liberté est lié le concept de l'autonomie, et à celui-ci le principe universel de la moralité. Comme membre du monde sensible, l'être raisonnable est soumis aux lois de la nature qui, d'une part, ne sont pour sa volonté que des principes d'hé-

---

[1]. Kant, dans la *Critique de la raison pure* (V. notamment III, p. 37, p. 247 sq., p. 520) et dans les *Prolégomènes* (V. notamment IV, p. 75-77), avait déjà marqué cette distinction profonde de l'entendement et de la raison, et en avait signalé l'importance ; il l'a énoncée plus fortement à mesure que s'est développée sa philosophie pratique. Il l'a même exprimée à la fin, occasionnellement, il est vrai, en des termes qui dépassaient sans doute sa pensée, lorsqu'il a distingué entre les jugements de la raison (*Vernunfturtheile*) et les jugements de l'entendement (*Verstandesurtheile*) comme entre des jugements qui impliquent nécessité et des jugements empiriques (*Ueber die Buchmacherei. Erster Brief an Herrn Friedr. Nicolai*, 1798, VII, p. 316). — V. Vaihinger, *Commentar*, I, p. 230.

téronomie, qui, d'autre part, servent à expliquer ses actions comme phénomènes dans leur rapport avec d'autres phénomènes.

De la sorte est dissipé le soupçon de cercle vicieux élevé tout à l'heure sur le raisonnement qui passait de la liberté à l'autonomie et de l'autonomie à la loi morale, et en même temps se trouve expliquée la possibilité de l'impératif catégorique. Il n'y a pas cercle vicieux, parce que, en se concevant libre, l'homme se considère comme appartenant au seul monde intelligible, tandis qu'en se concevant soumis au devoir il se considère comme appartenant à la fois aux deux mondes[1]. En outre, la possibilité de l'impératif catégorique est fondée : l'idée du monde intelligible, impliquée dans le concept de liberté, permet de lier à l'idée d'une volonté bonne l'idée d'une volonté instituant par ses maximes une législation universelle ; elle joue, mais pratiquement, un rôle analogue à celui de l'intuition sensible, pour rendre possible la synthèse contenue dans les principes. En d'autres termes la volonté bonne agit selon des lois universelles parce que ces lois expriment ce qu'elle veut nécessairement dans le monde intelligible dont elle fait partie. Si l'homme en effet appartenait uniquement au monde intelligible, toutes ses actions seraient toujours d'elles-mêmes conformes au principe de l'autonomie de la volonté pure. Mais l'homme appartient aussi au monde sensible ; s'il n'appartenait qu'à ce dernier monde, ses actions se conformeraient à la loi des désirs et des inclinations, ne connaîtraient d'autre règle que le bonheur, repo-

1. Dans la *Critique de la raison pratique*, Kant établira autrement qu'il n'y a pas cercle vicieux, c'est-à-dire sans recourir à la distinction et au rapport des deux mondes ; il usera de la différence classique entre la *ratio essendi* et la *ratio cognoscendi* ; la liberté est la *ratio essendi* de la loi, la loi est la *ratio cognoscendi* de la liberté (V, p. 4). — Dans une réponse à Kiesewetter qui était revenu sur cette difficulté (*Briefwechsel*, II, p. 137), Kant répond qu'il n'y a pas cercle, parce que la liberté conçue comme causalité de la volonté des êtres raisonnables et la loi morale inconditionnée sont deux déterminations simplement réciproques de l'idée transcendantale, antérieurement posée, d'une liberté cosmologique. (Lettre du 20 avril 1790, *Briefwechsel*, II, p. 152).

seraient sur des principes d'hétéronomie. Donc, comme l'homme appartient aux deux mondes, dont l'un, le monde intelligible, est le fondement de l'autre, le monde sensible, il est obligé de reconnaître que ses actions doivent être conformes à la loi du monde intelligible. On voit ainsi en quel sens encore le principe moral est une proposition synthétique *a priori* : à l'idée d'une volonté affectée par des désirs sensibles s'ajoute, dit Kant, l'idée de cette même volonté, comme faisant partie du monde intelligible, et comme renfermant la loi de la première : à peu près comme aux intuitions du monde sensible s'ajoutent des concepts de l'entendement qui par eux-mêmes n'expriment que la forme de lois en général et par là rendent possibles les propositions synthétiques *a priori* sur lesquelles repose toute la connaissance de la nature.

L'usage pratique que le commun des hommes fait de la raison confirme la justesse de cette déduction. Il n'est personne, pas même le pire scélérat, qui ne reconnaisse l'excellence des vertus qu'on lui offre en exemple, alors même que tous ses actes paraissent les contredire ; il montre par là qu'il se transporte en idée dans un ordre de choses bien différent de ses désirs actuels ; il croit être meilleur quand il se met par la pensée à la place d'un membre du monde intelligible, quand, autrement dit, il a conscience d'une bonne volonté qui édicte pour la mauvaise volonté qu'il a, comme membre du monde sensible, cette loi dont il reconnaît l'autorité tout en la transgressant[1].

Cependant la distinction des deux mondes ne sert pas seulement à expliquer le rapport de la loi obligatoire du devoir au principe de l'autonomie ; elle sert aussi à résoudre l'apparente contradiction de la nécessité et de la liberté. Car nous savons que tout ce qui arrive est déterminé par l'enchaînement des causes naturelles ; la nature est un concept de l'entendement qui prouve sa réalité en se ma-

---

1. IV, p. 296-303.

nifestant comme condition de la possibilité de l'expérience ; tandis que la liberté n'est qu'une idée de la raison dont la réalité objective est en soi douteuse. Pour la théorie, c'est sans doute la voie de la nécessité qui est la mieux frayée et la plus praticable ; mais pour la pratique, c'est la voie de la liberté qui seule est possible à suivre. Ni la philosophie la plus subtile, ni l'intelligence la plus vulgaire ne trouvent dans leurs arguties de quoi ébranler la liberté. Le droit de s'attribuer une volonté libre provient en effet chez l'homme de la conscience qu'il a d'une raison indépendante à l'égard des causes de détermination purement subjectives. Cela suffit à la rigueur pour que la philosophie pratique puisse se constituer, et ce n'est pas à elle qu'il revient de montrer l'accord possible de la nécessité et de la liberté ; pour éviter l'embarras où la jetterait ce difficile problème, elle demande à la philosophie théorique de le résoudre. C'est ce que fait cette dernière en établissant que le même être peut sans contradiction, comme phénomène, être soumis à certaines lois, et, comme être en soi, être indépendant de ces mêmes lois, que l'homme doit se concevoir de cette double manière puisqu'il a conscience de lui-même comme d'un objet affecté par les sens et aussi comme d'une intelligence. Voilà pourquoi l'homme s'attribue une volonté si radicalement distincte de ses inclinations sensibles, qu'il conçoit comme possibles et comme nécessaires des actes opposés à ces inclinations ; voilà pourquoi il ne souffre pas que ces inclinations lui soient imputées comme si elles étaient son véritable moi, ne se croyant responsable que de la complaisance qu'il leur témoigne quand il leur accorde, au détriment des lois rationnelles, une influence sur ses maximes.

En s'introduisant ainsi par la pensée dans un monde intelligible, la raison pratique ne dépasse point ses limites ; elle ne les dépasserait que si elle voulait, en pénétrant dans ce monde, s'y *apercevoir*, s'y *sentir*. « Le concept d'un monde intelligible est donc seulement un *point de vue* auquel la raison se voit obligée de se placer en dehors des phénomènes, *afin de se concevoir elle-même comme pratique*[1]: » Aussi, si la raison essayait de déterminer ce monde par une connaissance, dont elle tirerait ensuite quelque mobile pour la volonté, elle dénaturerait la moralité en même temps qu'elle dépasserait cette fois ses limites. Du monde intelligible, c'est-à-dire du système complet des êtres raisonnables comme choses en soi, nous ne connaissons que la condition formelle, c'est-à dire l'idée d'une législation universelle instituée par les maximes de la volonté, l'idée de l'autonomie[2].

Si la conception que Kant présente ici de la liberté reste étroitement liée à la solution que la *Critique de la raison pure* avait donnée de la troisième antinomie, elle en dépasse pourtant à certains égards le sens. Ce n'est pas seulement une application, c'est une réalisation que l'idée transcendantale de la liberté trouve dans la notion pratique de la loi morale, et il advient logiquement ainsi que le sujet raisonnable, qui n'obéit à cette loi que parce qu'il l'institue dans son universalité, devient, plus que l'objet transcendantal, l'occupant du monde intelligible. Le monde intelligible est dit simplement une « idée » ou un « point de vue » : cela implique que sa réalité objective tient essentiellement, non pas à l'existence de la chose en soi comme chose, mais à l'action de la volonté qui réalise pratiquement l'idée. La volonté autonome, la volonté pure, par son efficacité, tend à refouler davantage les déterminations métaphysiques qu'en vertu de son emploi traditionnel la chose en soi prêtait à la causalité inconditionnée de la raison[3]. Elle prévaut, en tout cas, dans la pensée de Kant, sur la notion du caractère intelligible qui exprimait en termes quasi ontologiques, et sans la définir exactement dans son rapport avec la loi mo-

---

1. IV, p. 306.
2. IV, p. 303-306.
3. V. plus haut, p. 218-228, p. 245-246, p. 249-250.

rale, la règle de la décision propre du sujet[1]. Ici il apparaît que la liberté, comme faculté législative universelle, doit être rationnellement antérieure à la liberté, comme faculté de commencer suivant une certaine maxime une série d'actes. Ainsi entendue, la liberté est, dans toute la force du mot, une vérité : elle est, du moins pour nous, la vérité première.

Aussi n'y a-t-il pas lieu, quand on a expliqué par la liberté comment l'impératif catégorique est possible, de rechercher comment est possible la liberté elle-même. Car là où cesse une détermination par les causes naturelles dans quelque expérience réelle ou possible, là cesse aussi toute explication. Or la liberté est une idée incapable de s'exhiber dans aucune expérience et qui en conséquence ne peut être ni connue par concepts ni aperçue par intuition : elle ne vaut que comme supposition nécessaire de la raison, fondée sur la conscience d'une volonté distincte des désirs sensibles. Tout ce qu'elle peut faire au point de vue théorique, c'est justifier de sa possibilité en établissant qu'elle n'est pas contradictoire, c'est par conséquent se tenir sur la défensive. En elle-même elle ne peut pas plus être expliquée que ne peut être expliqué — ce qui du reste revient au même — l'intérêt immédiat que nous prenons à la loi morale, c'est-à-dire la législation universelle impliquée dans les maximes de notre volonté, sans recours à un autre mobile. Assurément il y a en nous un sentiment de plaisir ou de satisfaction lié à l'accomplissement du devoir, il y a ce sentiment moral, dont quelques philosophes ont fait à tort la mesure de nos jugements moraux ; mais c'est précisément la même insoluble question, de savoir comment une pure idée rationnelle telle que la loi morale peut par elle-même produire un effet sur la sensibilité et créer en celle-ci

---

[1]. La théorie du caractère intelligible est absente de la *Grundlegung* : elle reparaîtra, avec certaines modifications assez sensibles, semble-t-il, dans la *Critique de la raison pratique* et aussi, mais très effacée, dans la *Religion*. V. plus loin, p. 451-457, p. 619.

des dispositions. Il est impossible de faire comprendre théoriquement la nécessité d'un principe pratique inconditionné, d'expliquer pourquoi la raison pure est pratique par elle-même. Mais cette impossibilité n'est pas l'objet d'une déclaration arbitraire ; elle est tirée du caractère interne de la raison humaine, qui, d'un côté, ne peut pas chercher dans le monde sensible, au préjudice du principe moral, un intérêt saisissable, mais empirique, qui, de l'autre côté, ne peut pas s'aventurer dans le monde intelligible pour chercher à y atteindre des objets hors de ses prises : trop heureuse encore lorsque, obligée d'admettre au terme de son effort une nécessité inconditionnée, elle peut, sans s'évertuer inutilement à en rendre compte par ailleurs, découvrir le concept ou la loi qui s'accorde avec cette nécessité et la détermine. Et ainsi, si nous ne comprenons pas la nécessité pratique inconditionnée de l'impératif catégorique, nous comprenons du moins son incompréhensibilité, et c'est tout ce qu'on peut exiger d'une philosophie qui veut bien aller jusqu'aux extrêmes limites de la raison humaine, mais qui garde le souci de ne pas les dépasser[1]. Au reste, remarque Kant, et très discrètement il indique ici le complément que doit recevoir sa doctrine de la loi morale par une conception du souverain bien, « l'idée d'un monde intelligible pur, conçu comme un ensemble de toutes les intelligences, dont nous faisons partie nous-mêmes comme êtres raisonnables (sans cesser d'autre part d'être en même temps membres du monde sensible) reste toujours une idée d'un usage possible et licite en vue d'une croyance rationnelle, quoique tout savoir s'arrête aux frontières de ce monde ; par le magnifique idéal d'un règne des *fins en soi* (des êtres raisonnables), dont nous ne pouvons faire partie comme membres qu'en ayant soin de nous conduire d'après des maximes de la liberté comme si elles étaient des lois de la nature,

---

[1]. IV, p. 307-311. — V. la critique de ces observations finales de Kant par Herbart, *Zur Lehre von der Freiheit*, Vierter Brief, X, p. 253.

elle est destinée à éveiller en nous un vif intérêt pour la loi morale [1] ».

*
* *

Ainsi, dans les *Fondements de la métaphysique des mœurs*, la recherche d'un premier principe de la moralité a conduit Kant à définir systématiquement l'idée d'une raison pure pratique, et cela, dans le double sens, à la fois négatif et positif, qu'exige ou qu'autorise la *Critique de la raison pure* ; et elle l'y a conduit de façon à pouvoir fournir le point de départ d'une *Critique de la raison pratique* et même à pouvoir dessiner déjà cette nouvelle *Critique*. L'analyse qui a graduellement ramené la notion de la bonne volonté et du devoir à celle de l'autonomie a exclu de la détermination du principe moral tout élément qui ne serait pas « pur », et elle a dégagé aussi le motif interne d'efficacité par lequel la raison pure a la puissance de se réaliser d'elle-même et devient ainsi « pratique ». En outre la position de la liberté comme faculté pratique *a priori*, l'explication de la loi pratique universelle considérée comme la condition grâce à laquelle la liberté acquiert une valeur objective, répondent à l'exigence de toute Critique, qui réclame qu'on découvre l'origine pure des concepts rationnels et que l'on en définisse aussi l'usage immanent.

Cette morale que Kant venait d'exposer était donc en son fond pleinement rationaliste ; elle l'était même plus que toutes les autres morales qui prétendaient l'être, puisqu'elle rejetait d'une façon « rigoriste » tout mélange de l'expérience ou des mobiles sensibles avec la raison. Cependant elle combattait le dogmatisme de ces morales, non seulement sur le point où elles admettaient comme principes déterminants de la volonté des objets de la sensibilité antérieurs à la loi, mais sur le point aussi où elles admettaient

---

1. IV, p. 310.

des objets d'entendement supérieurs à la loi. Était-ce à dire que Kant eût renoncé à établir un lien quelconque entre le principe de la moralité et les affirmations métaphysiques ordinairement introduites pour justifier ce principe? Nullement ; mais il n'entendait point que ces affirmations, comme celles de l'immortalité et de l'existence de Dieu, fussent le fondement de la morale. Dans cet esprit, la *Grundlegung* n'indiquait que par de sommaires allusions la place qu'elles devaient occuper dans une philosophie pratique complète[1] ; toutefois ces allusions nous témoignent que si pour Kant la conception du souverain bien devait plus que jamais rester subordonnée à la loi morale[2], si en outre elle ne pouvait pas être l'objet d'une connaissance comme celle que prétendait en vain fournir la métaphysique dogmatique, elle gardait cependant, à un certain point de vue, pour le sujet raisonnable sa vérité. Une occasion survint, qui permit à Kant de renouveler là-dessus, peu de temps après la publication de la *Grundlegung*, l'expression de sa pensée.

Cette occasion, ce fut la fameuse querelle qui, à propos du spinozisme, réel ou prétendu, de Lessing, mit aux prises Jacobi et Mendelssohn, la philosophie du sentiment et le rationalisme de l'*Aufklärung*. Sollicité vivement de prendre parti[3], Kant eut surtout le souci de marquer quelle était vis-à-vis des adversaires en présence sa position propre. Il se rangeait certes plutôt du côté de Mendelssohn que de celui de Jacobi ; mais s'il était rationaliste avec Mendelssohn, il ne souffrait pas cependant que la raison pût s'aventurer dans la connaissance des objets supra-sensibles ; si, d'un autre côté, il admettait avec Jacobi une place pour la croyance, il pouvait encore moins accepter que cette croyance pût ou

---

1. V. plus haut, p. 379, p. 396.
2. Nous avons vu (p. 232-233, p. 238) que dans la *Critique de la raison pure*, l'idée du souverain bien paraît ajouter encore à l'autorité de la loi.
3. V. en particulier les lettres qu'écrit à Kant à ce moment Biester, l'un des fondateurs de la *Revue de Berlin*, organe de l'*Aufklärung* (*Briefwechsel*, I, p. 410, p. 429-434, p. 439). — Voir la lettre de Marcus Herz, du 27 février 1786 (*Ibid.*, I, p. 409).

s'imposer du dehors ou être livrée à l'inspiration du sentiment. La critique dans le rationalisme, la rationalité dans la foi : voilà ce qu'il opposait aux deux partis adverses.

Ce fut le thème principal de l'article qu'il publia en octobre 1786 dans la *Revue de Berlin* sous le titre : *Qu'est-ce que s'orienter dans la pensée*[1] ? L'article se référait aux *Heures matinales* de Mendelssohn récemment parues[2], ainsi qu'à son écrit *aux amis de Lessing*, de l'autre côté aux *Lettres* de Jacobi sur *la doctrine de Spinoza* ainsi qu'à son écrit *contre l'imputation de Mendelssohn*.

Dans les deux écrits de Mendelssohn Kant trouvait l'indication d'une maxime de recherche, qui se retournait logiquement contre le dogmatisme métaphysique de l'auteur, qui, mal entendue comme elle se prêtait à l'être, devenait tout naturellement une arme contre le rationalisme même, mais qui, bien interprétée et approfondie, pouvait être admise par la philosophie critique et en même temps la confirmer. Cette maxime, c'est qu'il faut que la pensée ait pour ses démarches spéculatives quelque principe qui lui permette de s'orienter. Mendelssohn appelait le principe en question tantôt sens commun, tantôt saine raison, tantôt simple bon sens ; malheureusement il mettait cette idée juste d'un principe d'orientation au service de l'exaltation visionnaire, de la *Schwärmerei* : indirectement, quand il la laissait à ce point ambiguë que son adversaire pouvait la reprendre comme l'expression d'un sens intuitif et mystérieux de la vérité ; directement, quand il en usait lui-même pour développer démonstrativement un prétendu savoir des choses

---

1. *Was heisst : sich im Denken orientiren?* IV, p. 337-353. — V. aussi, de la même époque, *Bemerkungen zu Jacob's Prüfung der Mendelssohnschen Morgenstunden.* 1786, IV, p. 463-468. — Cf. la lettre de Kant à Christian Gottfried Schütz de la fin de novembre 1785 (*Briefwechsel*, I, p. 405-406), les lettres de Jacob à Kant du 26 mars 1786 (*Ibid.*, p. 412-415), et du 17 juillet 1786 (*Ibid.*, p. 434-438), la lettre de Kant à Jacob du 26 mai 1786 (*Ibid.*, p. 427).

2. V. la lettre de Mendelssohn à Kant du 16 oct. 1785 (*Ibid.*, p. 389). — Dans la *Préface* de son ouvrage, Mendelssohn parlait de Kant comme du philosophe « qui réduit tout en poussière » (des alles zermalmenden Kant).

supra-sensibles. Et cependant il eût suffi d'étendre et de préciser cette idée pour être à même d'expliquer quelle doit être, en ce qui concerne les objets supérieurs à l'expérience, l'attitude de la saine raison [1].

Qu'est-ce, en effet, d'une façon générale, que s'orienter ? C'est, d'une région donnée du monde — supposé que l'horizon soit divisé en quatre régions — trouver les trois autres, et tout d'abord l'Orient. Quand nous voyons le soleil dans le ciel à midi, il nous est aisé de discerner les quatre régions : mais pour cela il nous faut aussi un moyen subjectif de distinction, un *sentiment* de la différence entre la droite et la gauche. Que ce sentiment nous fasse défaut, et qu'un jour, par miracle, tous les astres, en conservant leur forme et leur situation respective, se mettent à suivre une direction inverse : notre œil ne remarquerait pas la nuit suivante, à la clarté des étoiles, le moindre changement. Voilà donc sur quoi repose l'orientation géographique. De même, pour m'orienter dans un espace donné en général, il faut que je puisse distinguer entre ma droite et ma gauche ; sans cela, je ne saurais, par exemple, me reconnaître dans une chambre obscure dont les objets familiers auraient eu leur ordre général interverti, tout en gardant les uns par rapport aux autres la même position. Comme l'orientation géographique, l'orientation mathématique suppose le sentiment d'une distinction entre mes deux côtés.

N'y a-t-il donc pas pareillement un principe subjectif pour l'orientation de soi-même dans la pensée ? Certes, s'il s'agit des objets du monde sensible, il y a pour le jugement qui les détermine des règles objectives, par elles-mêmes, semble-t-il, suffisantes. Mais s'il s'agit de dépasser les limites de l'expérience, d'aller vers un monde qui, au lieu de nous fournir des objets d'intuition, paraît seulement marquer la place pour une intuition possible, il faut bien alors à la raison, pour diriger sa démarche, quelque principe

---

1. IV, p. 339-340.

subjectif de distinction. Ce principe, c'est un besoin qu'elle ressent d'affirmer la réalité de certaines idées, sans qu'elle puisse cependant en administrer jamais la preuve théorique suffisante.

Toutefois il y a lieu d'expliquer comment ce besoin est un droit, et à quelle condition il peut se satisfaire. Il faut d'abord que les idées que l'on prétend déterminer par delà l'expérience se montrent à la raison exemptes de contradiction ; il faut de plus en concevoir l'objet dans son rapport avec les objets de l'expérience, non pas pour lui donner une forme sensible, mais pour savoir s'il est compatible avec l'usage défini de notre entendement. Il faut enfin que ces idées ne servent pas à développer des hypothèses destinées à remplacer, pour des objets de l'expérience, les explications existantes ou possibles par des causes sensibles, par des causes perçues ou susceptibles de l'être. C'est ainsi qu'il n'y a aucun intérêt et qu'il peut même y avoir un grave préjudice pour la raison à admettre l'influence d'êtres de la nature purement spirituels : car on ne peut rien dire de leur mode d'action. Il n'y a donc pas là un véritable besoin de la raison, mais seulement une curiosité mal disciplinée qui s'égare en des fictions stériles. Il en est tout autrement du concept d'un Être premier, conçu comme intelligence suprême et en même temps comme souverain bien. Que nous soyons forcés de donner pour fondement à toute possibilité l'existence d'un Être absolument réel, que nous ne puissions pas rendre compte suffisamment de l'existence des choses dans le monde et de la finalité qui s'y rencontre à un degré admirable sans supposer une Cause intelligente, c'est là un besoin véritable de la raison, puisque la raison ne peut concevoir qu'à ce prix la parfaite intelligibilité du donné ; elle a donc des motifs subjectifs suffisants d'affirmer ce qu'elle ne peut point démontrer théoriquement.

Cependant la raison, outre un usage théorique, a un usage pratique ; pour le premier de ces deux usages, son besoin n'est que conditionné ; elle est forcée d'admettre l'existence de Dieu quand elle veut juger des premières causes de ce qui est contingent ; pour le second de ces deux usages son besoin est inconditionné ; ici, il faut qu'elle juge. La loi morale conduit en effet à l'idée du souverain bien, qui comprend à la fois ce qui est possible dans le monde par la liberté, à savoir la moralité, et ce qui relève de la nature, non plus de la liberté humaine, à savoir le plus grand bonheur dans une juste proportion avec la moralité. La raison a donc besoin d'admettre ce souverain bien dépendant, et pour le garantir, une intelligence suprême, qui est le souverain bien indépendant : non point certes afin de dériver de là l'autorité obligatoire de la loi morale ainsi que le mobile qui porte à l'observer, — ce serait enlever à l'action sa valeur — mais afin d'exclure l'opinion qui tiendrait la moralité pour un idéal sans objectivité par le fait que serait dépourvue d'existence l'idée qui l'accompagne indissolublement.

C'était donc par un besoin de la raison, non par le progrès d'une prétendue connaissance, que Mendelssohn à son insu s'orientait dans la pensée spéculative. Si son effort n'était pas entièrement vain, en ce qu'il permettait de découvrir au fond, sous l'illusoire apparence des démonstrations objectives, l'action des motifs subjectifs d'affirmer, il avait le fâcheux inconvénient d'ouvrir la voie, par le dogmatisme de la connaissance rationnelle, au dogmatisme de l'inspiration irrationnelle. Il n'échappait pour son compte à ce danger que par le souci qu'il avait de régulariser, à l'exemple de Wolff, par une méthode scolastique toutes les démarches de l'esprit. Au reste quand il en appelait à la saine raison, que faisait-il sinon avouer l'impuissance de la raison démonstrative ? Il eût sans doute donné à cet aveu toutes ses conséquences, s'il eût eu, avec une plus longue vie, cette aptitude qu'a la jeunesse à modifier sa pensée selon les changements survenus dans l'état des sciences. Il eût compris alors la nécessité d'une Critique pour ne pas laisser la raison s'employer indistinctement à toutes ses tâches sans une limitation exacte de ses usages[1].

Il importe donc que la décision de la saine raison reçoive une détermination plus précise qui la ramène à sa source véritable. Aucun terme ne convient mieux pour elle que celui-ci : *foi de la raison (Vernunftglaube)*[2]. Foi de la raison, et non pas seulement foi rationnelle, car toute foi, même la foi historique, est une foi rationnelle, la raison étant toujours en fin de compte la pierre de touche de la vérité. Le caractère essentiel d'une foi de la raison, c'est qu'elle ne repose point sur d'autres données que celles qui sont contenues dans la raison pure. Kant reprend pour les définir les distinctions et les critères qu'il avait déjà indiqués ailleurs, notamment dans la *Méthodologie transcendantale* de la *Critique de la raison pure*[3] ; il insiste seulement davantage sur la relation de la foi à la raison pure comme à son principe, et il marque en termes plus saillants les rapports de la foi avec la science. La foi de la raison n'est pas, comme l'opinion, un état provisoire de la pensée qui peut par la conquête d'arguments objectifs nouveaux se transformer en un état de certitude scientifique : elle n'est pas, en tant que foi, comme le soutenaient des représentants de l'*Aufklärung*, une forme confuse et subordonnée de connaissance, destinée à disparaître peu à peu devant la puissance croissante des idées claires et distinctes ; elle dérive d'un besoin nécessaire qui, dans notre condition humaine, ne saurait jamais trouver nulle part un substitut. Quand ce besoin se manifeste en matière théorique, il donne lieu à des hypothèses que nous admettons parce que nous ne pouvons pas, pour certains effets donnés, trouver d'autre principe d'explication, et qu'il réclame un tel principe[4]. Quand il se

---

1. IV, p. 340-346.
2. Cf. *Krikik der reinen Vernunft*, III, p. 546. — V. E. Sänger, *Kants Lehre vom Glauben*, 1903, p. 50.
3. III, p. 541 sq. — V. plus haut, p. 243-245. — V. plus loin, p. 485 sq., p. 590 sq.
4. Ces hypothèses correspondent à ce que Kant nommait, dans le passage rappelé de la *Critique de la raison pure*, la foi doctrinale.

manifeste en matière pratique, la foi qui en dérive s'appelle un postulat de la raison ; et si elle ne satisfait pas à toutes les conditions logiques de la certitude, elle ne le cède en rien au plus sûr savoir : elle en diffère quant à l'espèce. Elle ne peut, en effet, comme l'opinion ou la foi historique, être ébranlée un jour par des arguments qui la surprendraient en quelque sorte du dehors ; la conscience qu'elle enveloppe de son invariabilité lui permet d'être absolument ferme[1].

La foi de la raison, ainsi comprise, sert de fondement à toute autre foi, même à toute révélation ; elle ne peut être remplacée, ni suscitée par aucune inspiration, comme par aucun enseignement extérieur, si grande qu'en soit l'autorité. Une révélation ne peut être acceptée de moi que si elle est jugée par moi divine, que si, par suite, elle présente des caractères qui ne peuvent être déterminés que par l'idée que préalablement ma raison possède de la divinité. Il n'y a donc pas de Religion qui puisse être révélée sans la raison et hors de la raison[2]. Contester à la raison le droit qui lui appartient de parler la première sur des objets suprasensibles, c'est ouvrir la porte toute grande aux divagations mystiques, mais aussi à l'athéisme ; vouloir faire de la rai-

1. Ailleurs Kant insistera sur le caractère de sincérité avec soi-même que comporte la foi dans son expression et son extension ; pour tout ce qui ne peut être exprimé comme vérité théorique objective il faut cette condition formelle essentielle, la véracité. Dans la *Critique de la raison pure* Kant faisait appel au pari pour énoncer la formule de la croyance (V. plus haut, p. 243) : là il fait appel à une sorte de serment intérieur pour en mesurer la véracité (*Ueber das Misslingen aller philosophischen Versuche in der Theodicee*, VI, p. 90-93).

2. Kant, du reste, reconnaît que c'est du Christianisme qu'il tient la notion de la foi et de sa portée, ainsi qu'en témoigne une note de la *Critique de la faculté de juger* : « L'intervention de ce terme de *foi* et de cette idée particulière dans la philosophie morale peut paraître suspecte parce qu'ils ont été introduits tout d'abord avec le Christianisme, et il se pourrait que l'on ne vît dans l'emploi du mot qu'une imitation flatteuse de sa langue. Mais ce n'est pas l'unique cas où cette Religion admirable, dans l'extrême simplicité de son exposition, ait enrichi la philosophie de concepts moraux bien plus déterminés et plus purs que ceux que celle-ci avait pu fournir jusque-là, mais qui une fois venus au jour sont *librement* approuvés par la raison et acceptés comme des concepts qu'elle aurait pu et dû trouver d'elle-même et introduire en elle. » V. p. 486. — Cf. la lettre à Jacobi du 30 août 1789, *Briefwechsel*, II, p. 74.

son un usage arbitraire, sous prétexte que toute loi est une borne au génie, c'est laisser la place libre à l'autorité extérieure, publique ou privée, qui saura bien replacer la raison sous le joug d'autres lois : de toute façon, c'est porter la plus grave atteinte à la liberté de la pensée. « Hommes de grandes capacités d'esprit et de larges idées, s'écrie Kant en visant Jacobi et ses amis ! Je respecte vos talents et j'aime votre sentiment de l'humanité. Mais avez-vous bien réfléchi à ce que vous faites et où aboutiront vos attaques contre la raison[1] ? » Or voici, ajoute-t-il, la marche inévitable des choses. Le génie se complaît d'abord dans son audacieux élan ; il est ivre de la joie d'avoir brisé les chaînes par lesquelles les lois de la raison l'enserraient ; il enchante aussi les autres par des sentences impérieuses et de brillantes promesses ; il occupe avec éclat cette royauté que détenait si mal la lente et pesante raison. Mais à la longue, comme une inspiration intérieure ne saurait créer un lien entre les hommes, il accueille volontiers les données extérieures érigées en vérités, les traditions converties en enseignements : il souffre ou il sollicite les obligations imposées à la conscience du dehors ; il consacre l'asservissement de la raison aux faits, c'est-à-dire la superstition[2].

Il revient donc à la Critique le grand mérite de résoudre le conflit entre le rationalisme dogmatique et la philosophie du sentiment[3], en dénonçant la fausse idée qui les unit

---

1. IV, p. 350.
2. IV, p. 351-353. — V. la lettre de Kant à Marcus Herz du 7 avril 1786 (*Briefwechsel*, I, p. 419). — V. la lettre à Jacobi citée plus haut, dans laquelle Kant explique avec bienveillance dans la forme, mais sans concession sur le fond, son article de la *Revue de Berlin* (*Briefwechsel*, II, p. 73-74). V. aussi la réponse de Jacobi, du 15 novembre 1789, qui s'efforce de montrer que son mysticisme est en même temps un vrai rationalisme et que, malgré la différence des méthodes, ses conclusions concordent avec celles de Kant (*Ibid.*, p. 99-103). — Cf. Lévy-Bruhl, *La philosophie de Jacobi*, p. 174 sq.
3. Kant revenant à la question qui avait été l'origine de la querelle, la question du sens et de la portée du spinozisme, s'étonne que des hommes instruits aient pu trouver quelque affinité entre le spinozisme et sa propre philosophie. La Critique contient au contraire la réfutation la plus radicale du spinozisme, puisqu'elle rejette toute prétention à la connaissance des choses supra-sensibles et que le spinozisme est le produit le plus authentique d'une telle prétention.

ensemble, et qui est l'idée d'une dualité irréductible de la raison et de la foi, en justifiant dans son opposition à la connaissance proprement dite et dans son rapport direct avec la loi morale l'idée d'une foi de la raison.

*
* *

« Il me fallut supprimer le *savoir* afin de trouver place pour la *foi*[1]. » Cette parole fameuse se rencontre dans la *Préface* de la seconde édition de la *Critique de la raison pure*[2]; si elle signifie une disposition déjà ancienne de la pensée de Kant, elle n'en porte pas moins, en sa concision expressive[3], la marque de ses préoccupations actuelles[4], et, en même temps, par les considérations qui l'accompagnent, elle témoigne que la foi dont le rôle est revendiqué a, avec

---

Le spinozisme admet des pensées qui pensent par elles-mêmes et fait ainsi du sujet pensant un accident ; il estime qu'il suffit pour établir la possibilité réelle d'un être que le concept n'en soit pas contradictoire : autant de thèses en désaccord avec la Critique. IV, p. 349. V. *Bemerkungen zu Jakob's Prüfung*, IV, p. 466. Dans son travail (p. 189, p. 191), Jacob repoussait dans le même sens l'idée qu'il y eût du spinozisme dans le kantisme. — V. F. Heman, *Kant und Spinoza*, Kantstudien, V, p. 273 sq.

1. III, p. 25.
2. Dès avril 1786, Kant avait songé à une réédition et à une revision de son ouvrage ; la publication nouvelle en eut lieu en 1787 (V. les notes de Benno Erdmann dans l'édition de l'Académie de Berlin, III, p. 555-558). On sait à quelles nombreuses controverses a donné lieu depuis Jacobi et Schopenhauer la différence des deux éditions. V. en particulier Benno Erdmann, *Kants Kriticismus*, qui, par la richesse des renseignements et la minutieuse analyse des textes, apporte de grandes lumières pour l'examen de la question, bien qu'on puisse trouver étroite l'idée que l'auteur se fait de la tendance essentielle de la *Critique*, inexactes certaines de ses interprétations et très discutable sa conclusion finale. — Rappelons simplement qu'en dehors de l'addition de petits passages et de nombreuses modifications de détail dans la forme, les nouveautés importantes de l'édition de 1787 sont : une *Préface* tout autre, des remaniements de l'*Introduction*, de la *Déduction des concepts purs de l'entendement* (seconde et troisième section), du chapitre sur le *fondement de la distinction de tous les objets en général en phénomènes et en noumènes*, du chapitre *sur les paralogismes de la psychologie rationnelle*.
3. V. dans la première édition de la *Critique* (III, p. 496) une formule qui s'en rapproche : « Car il doit vous suffire encore que vous soyez à même de parler le langage d'une *foi* solide, justifiée au regard de la plus sévère raison, quand même vous devriez renoncer à celui de la *science*. »
4. Un passage considérable de la nouvelle *Préface* (III, p. 22-27) s'inspire des mêmes idées que l'article *qu'est-ce qu'orienter dans la pensée ?*

un sens exclusivement pratique, sa condition justificative dans la Critique et son origine dans la raison.

Il est en effet à remarquer que la nouvelle édition, loin d'atténuer le caractère rationaliste de la *Critique*, le met au contraire plus fortement en relief, déjà même au point de vue théorique. Kant, dans l'intervalle, avait publié les *Premiers principes métaphysiques de la science de la nature*[1], et ayant éprouvé par là la force et la fécondité de sa méthode, il pouvait se flatter plus que jamais de pouvoir présenter une doctrine positive complète de la connaissance *a priori*[2] ; de la Critique doit sortir la Métaphysique immanente qui éliminera, en la remplaçant, la Métaphysique transcendante. Aussi, dans la nouvelle *Préface*, Kant insiste-t-il sur ce que doit être la Métaphysique quand elle veut mériter le nom de science ; il reconnaît pour elle la nécessité de procédés dogmatiques si l'on entend par là une démonstration conduite avec rigueur par la seule raison pure à partir de principes *a priori*[3]. Il proclame que c'est à l'exemple des sciences qu'il a conçu la nécessité et le moyen de la réformer. Comment en effet les mathématiques et la science de la nature ont-elles mis fin un jour, par une révolution subite, à leur incertitude et leurs tâtonnements ? C'est en se rendant compte que la seule considération passive des objets ne peut en apporter l'explication, que la raison ne peut avoir l'intelligence que de ce qu'elle produit selon son plan à elle, qu'elle doit donc avec ses principes anticiper sur les choses à connaître au lieu de se laisser conduire par elles. « Que l'on cherche donc une fois si nous ne réussirions pas mieux dans les problèmes de la Métaphysique en supposant que les objets doivent se régler sur notre connaissance, ce qui s'accorde déjà mieux avec ce que nous désirons expliquer, c'est-à-dire avec la possibilité d'une connaissance *a priori* de ces objets, qui doit établir quelque

1. *Metaphysische Anfangsgründe der Naturwissenschaft* (1786).
2. V. la *Préface* de l'ouvrage, IV, p. 357-368.
3. III, p. 27.

chose sur eux, avant qu'ils nous soient donnés. Il en est ici comme de la pensée première de Copernic : voyant qu'il ne pouvait venir à bout d'expliquer les mouvements du ciel, lorsqu'il supposait que l'ensemble des astres tourne autour du spectateur, il chercha s'il ne vaudrait pas mieux supposer que c'est le spectateur qui tourne et que les astres restent immobiles[1]. » Selon cette analogie, il apparaît que les difficultés dans lesquelles se débattait la Métaphysique s'évanouissent dès que l'on admet que notre intuition sensible et nos concepts de l'entendement, au lieu de se modeler sur leurs objets, déterminent, au contraire, la condition qui nous les fait percevoir et connaître : c'est ainsi qu'ils sont véritablement *a priori*[2].

Au point de vue pratique, la nouvelle édition non seulement confirme, mais encore accroît la portée rationaliste de la Critique. Nous avons vu que, dans la première édition, la philosophie transcendantale devait laisser en dehors d'elle le principe moral à cause des concepts empiriques de plaisir, de peine, de désirs, d'inclinations qu'il doit nécessairement supposer[3]. La seconde édition corrige, du reste incomplètement, ce passage en faisant remarquer que ces concepts, qui du reste ne servent jamais de fondement aux prescriptions morales, ne figurent dans l'exposition d'un système de la moralité que parce qu'ils représentent les obstacles à surmonter ou les mobiles à s'interdire[4]. Mais Kant, tout en laissant réimprimer dans son *Introduction* que la philosophie transcendantale n'est que celle de la raison pure spéculative, avait bien signifié au contraire dans la nouvelle *Préface* que la philosophie transcendantale est aussi celle de la raison pratique. La connaissance *a priori*, y disait-il, peut se rapporter à son objet de deux manières ; ou bien elle a seulement à le déter-

1. III, p. 18.
2. III, p. 15-22.
3. V. plus haut, p. 234.
4. III, p. 51.

miner, alors qu'il est donné, et dans ce cas elle est connaissance théorique ; ou bien elle a à le rendre réel, et dans ce cas elle est connaissance pratique. Dans les deux cas — et ici Kant reproduit les considérations initiales de la *Grundlegung* — la partie pure de la connaissance doit être traitée à part, sans mélange avec ce qui vient d'autres sources [1].

Cependant cet affermissement et même cette augmentation du rôle de la raison laissent subsister plus que jamais la nécessité d'en limiter l'usage spéculatif à l'expérience réelle ou possible. Ce qui nous pousse à dépasser l'expérience, c'est l'idée de l'inconditionné que la raison exige justement pour tout ce qui est conditionné afin de parfaire ainsi la série des conditions. Or, si les objets de notre expérience étaient des choses en soi, cette idée ne pourrait plus être conçue sans contradiction, puisqu'elle devrait se trouver au sein du conditionné même [2]. Par là est vérifiée la thèse, que les objets de l'expérience ne sont que des phénomènes ; par là aussi il apparaît que le seul moyen de découvrir ce que la raison peut tenter en dehors d'eux, c'est de mesurer d'abord et de fixer la puissance qui lui appartient par rapport à eux [3]. En d'autres termes, si la raison doit suivre une marche dogmatique, elle ne justifie pas pour cela le dogmatisme : car le dogmatisme, c'est la raison procédant dogmatiquement sans avoir soumis sa puissance propre à une critique préalable [4].

Par cette stricte détermination du rôle théorique de la raison, la Critique sert les intérêts de la morale. Dans la première édition, l'utilité de la critique, hors l'établissement des principes de l'expérience possible, était présentée comme négative [5]. La Critique, disait Kant dans son *Intro-*

1. III, p. 14.
2. III, p. 19-20.
3. III, p. 22, p. 47-48.
4. III, p. 27.
5. III, p. 140, p. 529.

duction, en restreignant l'exercice de la raison et en la préservant de toute erreur, n'est pas une doctrine, mais simplement une propédeutique dont l'utilité n'est que négative, si réelle qu'elle soit : « au point de vue de la spéculation », ajoute la seconde édition, marquant par là qu'à un autre point de vue cette utilité peut devenir positive [1]. De fait, tandis que la première édition se contentait de réserver, au nom de la Critique, l'usage pratique de la raison [2], la *Préface* de la seconde édition affirme nettement que la limitation de la raison dans son usage spéculatif est directement solidaire de l'extension de la raison dans son usage pratique. L'utilité négative de la Critique est l'envers de son utilité positive. Si en effet on ne se contente pas d'un coup d'œil superficiel sur ses résultats, on ne peut manquer de reconnaître que les principes sur lesquels s'appuie la raison spéculative pour s'égarer hors de ses limites ont pour conséquence, non pas d'élargir, mais de rétrécir l'emploi de notre raison ; car ces principes, tenant en dépit de tout la raison enfermée dans l'expérience sensible, en détruisent indirectement l'usage pratique nécessaire. Dire donc que la Critique ne rend pas de service positif en limitant les prétentions spéculatives du dogmatisme, c'est

---

1. III, p. 49. — Hartenstein a omis de prévenir que c'était là une addition de la 2ᵉ édition. — Cette addition montre d'autant plus la préoccupation actuelle de Kant qu'elle est en dehors du développement régulier des idées dans ce passage ; il est même curieux de constater dans les notes jetées par Kant sur son exemplaire de la *Critique de la raison pure* (1ʳᵉ édition) qu'il avait ajouté ici pour expliquer que la Critique ait simplement une utilité négative : « originairement et immédiatement, *anfänglich und unmittelbar* » (Erdmann, *Nachträge zu Kants Kr. d. reinen Vernunft*, 1881, p. 11): voulant sans doute marquer plutôt que l'utilité dérivée serait dans la constitution d'un système doctrinal de la raison pure, ce qui serait en effet mieux en harmonie avec l'ensemble de ce passage. — Cf. Vaihinger, *Commentar*, I. p. 466-467.
2. III, p. 260, p. 531-532. — Les *Prolégomènes*, tout en redisant que la *Critique* a l'avantage de réserver un espace libre aux idées morales (V. plus haut p. 255) semblent aller un peu plus loin quand ils font valoir en outre l'utilité intrinsèque d'une philosophie qui, comme celle-ci, « puise aux sources pures de la raison, où l'usage spéculatif de la raison dans la métaphysique et son usage pratique dans la morale doivent nécessairement trouver leur unité ». IV, p. 111.

comme si l'on soutenait que la police n'a point d'utilité positive parce que sa fonction consiste à empêcher les violences ou usurpations éventuelles. Au surplus, en décidant que toute connaissance se réduit aux seuls objets de l'expérience, la Critique fait une réserve importante : à savoir, que si nous ne pouvons connaître des objets comme choses en soi, nous pouvons du moins les penser comme tels. Autrement on serait conduit à cette assertion absurde qu'il y a des manifestations phénoménales sans qu'il y ait rien qui se manifeste[1]. Mais dès que la Critique a montré qu'il y a une distinction fondamentale entre les choses données dans l'expérience et les choses en soi, les idées suprêmes de la Métaphysique, c'est-à-dire Dieu, la liberté, l'immortalité, parce qu'elles ne peuvent donner lieu à des vues transcendantes, peuvent et doivent être admises selon le besoin qu'en a la raison dans son usage pratique nécessaire. La raison spéculative ne peut en effet dans ce cas rien opposer à leur possibilité, elle reconnaît donc le droit qu'a la raison pratique de les déterminer en vertu des exigences de la moralité. Ainsi la liberté peut être sauvée réellement du mécanisme de la nature sans d'ailleurs l'endommager à son tour dans son domaine propre, au lieu d'être vainement défendue par des distinctions verbales comme celle de la nécessité pratique objective et de la nécessité pratique sub-

---

1. Il est certain que pour répondre aux accusations d'idéalisme Kant a intégré de plus en plus positivement la chose en soi dans son système : là-dessus la thèse générale de Benno Erdmann (*op. cit.*) reste juste, alors même qu'elle est parfois fondée sur de faux arguments, comme celui qui consiste à interpréter dans la *Réfutation de l'Idéalisme* (2ᵉ édition) les choses hors de moi comme des choses en soi (Cf. V. Delbos, *Sur la notion de l'expérience dans la philosophie de Kant*, Bibliothèque du Congrès international de philosophie, IV, 1902, p. 374). Est-ce là, comme le prétend Benno Erdmann, une régression vers la vieille ontologie, favorisée par la force croissante des préoccupations morales chez Kant ? Nullement, à ce qu'il semble. Car les déterminations pratiques des choses en soi en refoulent de plus en plus les déterminations ontologiques. Ce qui paraît plus vrai, c'est que l'esprit de Kant est de plus en plus sensiblement en marche vers un système complet de la raison pure, capable de fournir, selon les conditions fixées par la Critique, l'équivalent positif des anciennes métaphysiques.

jective[1] ; c'est alors la claire idée de nos devoirs, en opposition avec les mobiles sensibles, qui nous en donne la conscience. De même, ce n'est pas la preuve tirée de la simplicité de sa substance qui peut nous assurer de la persistance de l'âme après la mort, pas plus que ce n'est la preuve tirée de l'idée d'un Être souverainement réel ou toute autre preuve qui s'y réfère, qui peut nous assurer de l'existence de Dieu. Mais que l'on rappelle à l'homme cette disposition naturelle qui fait que rien de temporel ne peut le satisfaire et remplir entièrement sa destinée ; qu'on l'invite à contempler l'ordre magnifique et la prévoyance qui éclatent de toutes parts dans la nature : de là naîtra irrésistiblement la croyance pratique, fondée sur des principes rationnels, en une vie future et en un sage auteur du monde. La Critique ne porte atteinte qu'au monopole des écoles et à leur prétention arrogante de tenir seules le dépôt de la vérité : elle est en parfait accord au contraire avec l'intérêt profond et universel de l'humanité, pour laquelle elle réclame le droit à l'insouciance des disputes théologiques et métaphysiques, qu'elle rend à ses convictions pratiques spontanées. Donc, quand elle se livre à une recherche approfondie des limites de la connaissance, elle n'est pas une école nouvelle : elle met fin plutôt au scandale de la lutte des écoles. Elle détruit dans leurs racines le matérialisme, le fatalisme, l'athéisme, aussi bien que l'idéalisme et le scepticisme ; elle seule peut victorieusement combattre l'incrédulité des esprits forts et le dogmatisme des visionnaires. Lorsque les gouvernements se mêlent des affaires des savants, ils feraient mieux, dans leur sollicitude pour les sciences comme pour les hommes, de favoriser la liberté d'une critique qui seule est capable de développer en une trame solide l'ouvrage de la raison, au lieu de protéger le despotisme ridicule des écoles, toujours prêtes à

---

1. Ceci vise Mendelssohn. — Cf. *Bemerkungen zu Jakob's Prüfung*, IV, p. 466.

crier au danger public quand on déchire leurs toiles d'araignées[1].

Kant s'applique donc particulièrement à montrer dans cette nouvelle édition que le principe critique, selon lequel notre connaissance ne peut porter que sur des objets d'expérience, constitue, par l'extension pratique de la raison, un principe positif d'affirmation. De ce que les catégories ont besoin d'une intuition pour rendre la connaissance possible, il ne suit point qu'elles soient restreintes aux limites de notre intuition sensible ; elles ont dans la pensée un champ illimité, elles peuvent donc comporter des définitions réelles d'un autre ordre, touchant le sujet et sa volonté[2]. Sans doute encore les choses en soi ne peuvent être dites des noumènes qu'en un sens négatif ; mais que comme telles elles enferment, sans que nous puissions les connaître, des déterminations intelligibles possibles, qu'exprime le terme « noumène » dans son sens positif, c'est ce que Kant paraît dans la rédaction nouvelle affirmer avec plus de netteté[3].

La revision du chapitre consacré à l'examen des paralogismes de la raison pure a eu en partie pour but de rassurer contre les conséquences en apparence négatives de cet examen. En établissant l'impossibilité de décider dogmatiquement quoi que ce soit sur la nature de l'âme, la Critique soumet du même coup le matérialiste à cette sentence ; et si elle écarte les preuves spéculatives de la vie future, également subtiles et inefficaces, elle autorise une autre preuve, tirée de la raison commune et admirablement propre à produire la conviction. La raison n'a en effet pour cela qu'à suivre sa pente à concevoir un ordre des fins qui lui soit propre, qu'à s'en représenter l'analogie avec le système des fins de la nature tout en se fondant sur la loi morale, pour pouvoir dépasser les bornes de ce dernier

---

1. III, p. 22-27.
2. III, p. 135, note.
3. III, p. 216-220.

système. Dans la nature, chez les êtres vivants en particulier, il n'est rien, selon la raison, qui ne soit approprié à son but et qui ne se justifie par sa destination ; il est impossible, suivant cette analogie, que l'homme « qui pourtant peut seul contenir en lui le but final de toutes ces choses » fasse exception à cette règle. En effet les dispositions de sa nature, — et il n'est pas seulement question par là de ses talents et de ses penchants, mais surtout de la loi morale — sont tellement supérieures aux avantages qu'il en pourrait tirer dans la vie présente qu'elles resteraient en désaccord avec le principe d'un ordre universel s'il ne devait pas y avoir une autre vie ; la certitude de la valeur incomparable de la moralité l'autorise donc à espérer, s'il s'en est rendu digne, de devenir « le citoyen d'un monde meilleur dont il a l'idée[1] ». Voilà la preuve irréfutable, dont la puissance sur les âmes ne tient nullement à une connaissance purement théorique de ce que nous sommes dans le fond, mais à la conscience de notre raison « comme faculté pratique en elle-même[2] ».

Mais il se trouve en outre que certains problèmes, exclusivement spéculatifs d'apparence, et insolubles sous la forme que les écoles leur ont donnée, reçoivent au point de vue pratique un sens et une solution. Dans la psychologie rationnelle on s'efforce vainement de comprendre comment le Moi en soi peut produire ses états empiriques : car d'un côté le Moi en soi ne pourrait être saisi que par une intuition intellectuelle qui nous fait défaut, et d'un autre côté ses états empiriques témoignent uniquement de la réceptivité de l'intuition sensible. Cependant « supposez qu'il se

---

1. III, p. 286-288. — Cette preuve qui ne représente pas, au moins expressément, la vie future comme le moyen de l'accord entre la vertu et le bonheur, mais plutôt comme le développement d'une moralité affranchie des obstacles de l'existence actuelle, reproduit la preuve par analogie des *Leçons sur la métaphysique* (V. plus haut p. 171-172), mais en y ajoutant une garantie plus ferme au moyen de la loi morale conçue comme loi pratique de la raison. Elle définit plus rigoureusement par là le contenu de ce qui sera dans la *Critique de la raison pratique* le postulat de l'immortalité.
2. III, p. 288.

trouve par la suite, non pas dans l'expérience, mais dans certaines lois de l'usage de la raison pure établies *a priori* et concernant notre existence (lois qui ne sont pas par conséquent de simples règles logiques) une occasion de nous supposer tout à fait *a priori législateurs* au regard de notre propre *existence* et même déterminant aussi cette existence : ainsi se découvrirait une spontanéité, par laquelle notre réalité serait déterminable sans avoir besoin pour cela des conditions de l'intuition empirique, et nous nous apercevrions alors que dans la conscience de notre existence *a priori* quelque chose est contenu qui peut servir à déterminer cette existence à nous qui n'est absolument déterminable que d'une manière sensible, à la déterminer toutefois par rapport à une certaine faculté interne relative à un monde intelligible (d'ailleurs simplement conçu) »[1]. Ainsi, grâce à l'idée maîtresse de la *Grundlegung*, — l'idée de la volonté autonome, — la raison pratique apparaît capable non seulement de se suffire, mais de prêter ses déterminations propres à certains concepts issus de la raison théorique : l'extériorité relative des deux raisons l'une par rapport à l'autre tend à disparaître devant une conception plus « architectonique », selon laquelle « l'idée de la liberté, en tant que la réalité en est démontrée par une loi apodictique de la raison pratique, forme la *clef de voûte* de tout l'édifice d'un système de la raison pure, y compris même la spéculative [2] ». — Ces paroles initiales de la *Critique de la raison pratique*, prête pour l'impression peu de temps après que le remaniement de la *Critique de la raison pure* avait été terminé, découvrent bien l'esprit dans lequel Kant avait opéré çà et là ce remaniement.

1. III, p. 291. — V. plus haut. p. 207.
2. *Kritik der praktischen Vernunft*, V, p. 3-4.

CHAPITRE V

LA CRITIQUE DE LA RAISON PRATIQUE

Il était naturel qu'après avoir écrit les *Fondements de la Métaphysique des mœurs* Kant songeât à préparer une Critique de la raison pure pratique : non seulement parce que, d'après sa déclaration même, il estimait une telle Critique nécessaire pour la constitution légitime d'une Métaphysique des mœurs [1], mais encore parce qu'il devait être désireux de poursuivre méthodiquement l'exécution de son programme philosophique, c'est-à-dire de soumettre à l'examen de la Critique tous les usages possibles de la raison pure [2]. La *Grundlegung* avait sans doute esquissé dans sa dernière section cette seconde Critique ; mais là n'avait pas été, semble-t-il, son objet principal. Dans sa plus grande partie, elle était consacrée à établir la formule du principe moral : tâche importante, à coup sûr nouvelle, quand bien même l'on se plairait à relever que la nouveauté est seulement dans la formule et non dans le principe ; car il est bien vrai d'un côté que le monde n'a pas attendu la philo-

---

1. *Grundlegung*, IV, p. 239.
2. Kant écrivait à Schütz, le 13 septembre 1785 : « Je vais maintenant sans plus de délai m'occuper de l'achèvement complet de la Métaphysique des mœurs. » (*Briefwechsel*, I, p. 383.) Adickes conclut de ce passage que Kant n'avait pas eu d'abord l'intention de faire suivre la *Grundlegung* d'une Critique de la raison pure pratique. (*Kants Systematik*, p. 138.) Cette conclusion ne me paraît pas certaine ; outre que le contexte ne donne pas ici plus de précision à la phrase, il ne faut pas oublier que Kant concevait dans un sens large la Critique comme une œuvre de métaphysique ; c'est, disait-il à l'occasion, la Métaphysique de la métaphysique (Lettre à Marcus Herz, du 11 mai 1781, *Briefwechsel*, I, p. 252).

sophie pour sortir de l'erreur ou de l'ignorance sur le devoir ; et il suffit d'autre part de se rappeler ce que signifie en mathématiques une formule, et comment elle a l'avantage de déterminer exactement les moyens de résoudre un problème, pour ne pas traiter d'insignifiante et d'inutile une formule qui détermine de même tout devoir en général [1]. Il n'en reste pas moins que la formule du devoir, après avoir été posée, réclame d'être justifiée ; si dans la *Grundlegung* cette justification a été finalement tentée, elle n'a pu l'être que d'une façon incomplète et comme l'imposait la méthode analytique précédemment suivie ; elle n'a mis à l'œuvre la méthode synthétique que pour répondre à la question dégagée de l'analyse de la conscience commune : comment un impératif catégorique est-il possible [2] ? Mais, pourrait-on dire pour interpréter la pensée de Kant, dans l'ordre de la science, la loi générale de la gravitation, telle qu'elle est chez Newton, n'est pas seulement vraie parce qu'elle permet de comprendre les lois de Képler : elle est vraie en elle-même [3]. Ou encore la vérité du « Je pense » n'est pas relative à la simple nécessité de fonder la science mathématique de la nature ; elle repose essentiellement sur elle-même, et c'est de là que lui vient précisément sa vertu de démontrer la certitude de la science au lieu de l'accepter simplement comme un fait. Ici donc le devoir, avec la formule qui l'énonce, devra être déduit d'une faculté *a priori* de la raison, ou pour mieux dire, de la raison pure elle-

---

1. *Kritik der praktischen Vernunft*, V, p. 8.
2. C'est simplifier inexactement les rapports des *Fondements de la Métaphysique des mœurs* et de la *Critique de la raison pratique* que de dire avec J. Eduard Erdmann (*Grundriss der Geschichte der Philosophie*, III, 1866, p. 346) et avec Kuno Fischer (*Geschichte der neuern Philosophie*, V, p. 81) que le premier ouvrage a pour objet la loi morale, le second la faculté de la réaliser, c'est-à-dire la liberté. Car, comme on sait, les *Fondements* s'occupent, dans leur dernière section, de la liberté et esquissent la *Critique* : la différence de fond est dans la méthode suivie. V. plus haut, p. 318-319, note.
3. V. Em. Boutroux, *La morale de Kant : la raison pure pratique*, dans les Leçons de la Sorbonne publiées par la Revue des cours et conférences, 9ᵉ année (1900-1901), 2ᵉ série, p. 577-584.

même en tant qu'elle est spécifiquement pratique. A cette condition le système de la morale se soutient de lui-même par lui seul *(besteht durch sich selbst)*[1]. Par conséquent ce qu'il faut d'abord établir, c'est l'existence d'une raison pure pratique ; d'où résultera ensuite l'obligation de la défendre contre toute subordination avouée ou déguisée de sa puissance à celle d'objets extérieurs à elle, qu'ils soient empiriques ou transcendants. Voilà comment se définissait, dans l'entreprise du nouvel ouvrage, la double tâche que suppose toute Critique : la première, qui est de découvrir et de justifier des principes *a priori*, la seconde, qui est d'en circonscrire exactement l'emploi, d'en interdire tout usage qui ne serait pas immanent.

L'ouvrage parut en 1788[2] : il portait le titre de *Critique de la raison pratique*[3].

---

1. *Kritik der praktischen Vernunft*, V, p. 8. — On pourrait objecter que dans l'*Eclaircissement critique de l'analytique* (V, p. 95-97) et à la fin de la *Méthodologie* (V, p. 169 ; voir plus haut, p. 316-317, note), Kant fait reposer l'existence de la raison pure pratique sur un appel au jugement moral commun ou sur l'analyse de ce jugement. Mais dans ces passages, il ne s'agit pas de conduire la démonstration que doit développer la *Critique de la raison pratique*. Même difficulté pourrait être et a été en réalité soulevée pour la seconde édition de l'*Introduction* de la *Critique de la raison pure*. Kant, en effet, a ajouté au texte de la première des considérations reprises des *Prolégomènes* sur ce que la mathématique pure et la physique pure sont des sciences existantes, au sujet desquelles il y a lieu seulement de se demander comment elles sont possibles, non si elles le sont (III, p. 42-48). Suit-il de là que pour lui la méthode analytique doive prévaloir sur la méthode synthétique ? Non certes. Qu'il ait mêlé négligemment deux façons différentes de traiter son problème, dont l'une seulement a une pleine rigueur démonstrative, tandis que l'autre n'a qu'une valeur d'explication préparatoire et de commentaire (Riehl, *Der philosophische Kriticismus*, I, p. 341-342, note) ; ou plutôt qu'en invoquant la certitude réellement reconnue de la science, il ait marqué que telle devait être la fin de sa démonstration, sans en faire pour cela le moyen (Vaihinger, *Commentar*, I, p. 414, p. 417) : toujours est-il qu'il n'a pu songer à infirmer la portée supérieure ou décisive qu'avait à ses yeux la méthode synthétique. Et c'est de la même façon qu'on peut résoudre la difficulté semblable qui apparaît ici ; la vérité du jugement moral, telle que l'analyse peut la dégager, n'entre pas dans la démonstration de la *Critique* ; elle en est le terme.

2. Il était prêt pour l'impression à la fin de juin 1787, ainsi qu'en témoigne une lettre à Schütz (*Briefwechsel*, I, p. 467).

3. La locution « raison pratique » se trouve par là définitivement fixée dans la terminologie kantienne. Que Kant fût porté à allier ainsi les deux mots, c'est ce qu'on peut voir dans son *Programme des cours pour le semestre*

Pourquoi ne s'intitulait-il pas Critique de la raison pure pratique, comme il l'eût dû, d'après l'annonce de la *Grund-*

d'hiver 1765-1766, où il dit que, par ses leçons sur la *Géographie*, ses auditeurs apprendront ce qui peut « les préparer à une raison pratique » (II, p. 320). Mais il est évident que cette alliance de mots a pour lui maintenant une tout autre portée, puisque la raison qui est pratique est une raison pure. Dans la *Critique de la raison pure*, on peut bien saisir la trace de l'effort encore inachevé fait pour la justifier en ce sens nouveau, puisque Kant dit, montrant par là qu'il y a une opposition à surmonter, « la raison pure, mais pratique » (III, p. 265, p. 537) et que tout en employant le terme de *raison pratique* (III, p. 540), il dit encore plus volontiers la raison *dans son usage pratique*. Dans la *Grundlegung*, la locution « raison pratique » est désormais franchement employée et considérée comme synonyme de « volonté » (IV, p. 260, p. 289).

Cette locution paraît reproduire l'*intellectus practicus* de la scolastique, le νοῦς πρακτικός d'Aristote, et Schopenhauer, dans sa *Critique de la philosophie kantienne*, a signalé cette identité littérale des termes, en indiquant sommairement la différence de sens (*Die Welt*, I, p. 652 sq.). — Julius Walter, dans son livre *Die Lehre von der praktischen Vernunft in der griechischen Philosophie*, 1874, p. v, a donc eu tort de reprocher à Schopenhauer de n'avoir pas observé qu'Aristote était, plus que Descartes et que Platon, à l'origine de cette formule d'une *raison pratique* : c'est qu'il ne s'est reporté qu'à un passage du *Fondement de la morale*, III, p. 532-535. — La signification que Kant donne à l'idée de la raison pratique est tout à fait différente de celle qu'a le νοῦς πρακτικός chez Aristote. Le νοῦς πρακτικός n'est pas tel par lui-même ; il le devient en vue de l'objet désirable, qui lui est antérieur et qui seul est premier moteur ; il ne meut qu'en se combinant avec le désir pour produire l'action. Sa vérité propre consiste en ce que, partant de la fin en vue, il établit au moyen d'un raisonnement régulier, d'une délibération en forme, les conditions de la réalisation de cette fin ; son activité est donc essentiellement théorique. S'il se distingue de la raison théorique proprement dite, c'est que celle-ci s'applique à un objet qui ne peut être autrement, tandis qu'il porte sur ce dont les principes peuvent être autres qu'ils ne sont. — V. l'ouvrage cité de J. Walter, en particulier p. 259-276 ; Ed. Zeller, *Die Philosophie der Griechen*, II, 2, 3ᵉ édit., 1879, p. 581-587, p. 649 sq., et Aristote, *Traité de l'âme, traduit et annoté par* G. Rodier, 1900, II, p. 536-541.

Schopenhauer, surtout dans son *Fondement de la morale* (loc. cit.), estime, et en grande partie justement, que l'origine de l'idée kantienne de la raison pratique est dans cette psychologie rationnelle dont Kant a prétendu cependant démontrer l'inanité, plus précisément dans la distinction que Platon a proposée, que Descartes a présentée en termes rigoureux, que Leibniz et Wolff ont reprise entre le pouvoir de connaître qu'exerce l'âme dans son rapport avec le corps et le pouvoir de connaître qu'elle exerce sans le concours du corps comme *intellectus purus* : la forme inférieure et la forme supérieure de la volonté, également distinctes, sont corrélatives à ces deux pouvoirs de connaître. Il faut seulement ajouter aux indications de Schopenhauer que la prétention de Kant a été de montrer que cette raison pure peut être pratique par elle-même et par sa loi propre, sans dépendre de la connaissance préalable d'un objet.

Schopenhauer s'élève à ce propos (*Die Welt*, I, p. 653 sq. ; *Ueber die Grundlage der Moral*, III, p. 528-531) contre la confusion que Kant établit entre l'action raisonnable et l'action vertueuse. C'est, dit-il, faire violence à la

*legung*¹, et d'après son objet même ? Ce ne pouvait être assurément à cause du dualisme que Kant avait admis un temps entre le « pur » et le « pratique »; car ce dualisme, dont il restait des traces visibles dans la première *Critique*, avait été éliminé de la doctrine développée par la *Grundlegung*. Et c'était bien du reste l'idée d'une raison pure pratique que Kant se proposait ici avant tout de déterminer et de justifier ; seulement il estimait que la Critique, comme discipline limitative, devait porter non sur la puissance pure, mais sur la puissance pratique de la raison. « Pourquoi, disait-il au début, cette Critique est intitulée, non pas Critique de la raison *pure* pratique, mais simplement Critique de la raison pratique en général, quoique le parallélisme de la raison pratique avec la spéculative paraisse exiger le premier titre, c'est ce qu'explique suffisamment ce traité. Il doit seulement montrer qu'*il y a une raison pure pratique*, et c'est dans cette intention qu'il en critique tout le *pouvoir pratique*. S'il y réussit, il n'a pas besoin de critiquer le *pouvoir pur lui-même* pour voir si en s'attribuant par simple présomption un tel pouvoir la raison n'excède pas ses droits (comme cela arrive à la raison spéculative). Car si comme raison pure elle est réellement pratique, elle prouve par le fait même sa réalité ainsi que celle de ses concepts, et tout argument captieux dirigé contre la possibilité, pour elle, d'être ainsi est en pure perte². » Ici,

---

langue. Une conduite raisonnable est celle qui au lieu de se régler sur des impressions se règle sur des concepts, sans que la valeur morale en soit par là nécessairement définie : l'expression qui la qualifierait le mieux est celle de prudence. Elle s'oppose donc surtout à l'action irréfléchie et arbitraire, livrée au hasard des conséquences. Raison et vice peuvent fort bien aller ensemble, comme aussi déraison et générosité. Si la conduite raisonnable paraît souvent se rapprocher de la vertu en ce qu'elle implique une modération qui prévient tout excès, elle est aussi l'ennemie des actions sublimes et héroïques qui troublent l'équilibre d'une vie bien ordonnée. — Cette critique de Schopenhauer est visiblement liée à son idée propre de la raison et à ce qu'il y a d'antirationaliste dans sa philosophie; c'est de très bonne heure qu'il l'a conçue (Cf. ses *Anmerkungen zu Kant*, de 1813: *Schopenhauer's Nachlass*, Ed. Grisebach, III, p. 86).

1. IV, p. 239.
2. V, p. 3.

comme dans l'ordre théorique, la Critique n'a lieu d'exercer sa censure que si préalablement l'existence de la raison pure est démontrée. Or, ici, l'existence de la raison pure est démontrée, en même temps que sa puissance effective, par la corrélation qu'il y a entre le concept de loi pratique et le concept de liberté. Par elle-même la raison peut déterminer la volonté ; elle n'a donc qu'à chercher en elle-même pour l'y découvrir la règle de son emploi, et quand elle l'a découverte, elle comprend manifestement qu'elle peut et qu'elle doit déterminer la volonté par elle seule. Ainsi elle ne commet d'abus qu'à se méconnaître elle-même, qu'à laisser sortir de sa sphère propre, pour être subordonnée à des conditions empiriques, la puissance pratique qui émane d'elle. Il apparaît dès lors que la Critique proprement dite consiste simplement à lui rendre la conscience qu'elle est raison pure, en montrant à quel point est mal fondée la tendance de la raison empiriquement conditionnée à constituer le principe déterminant de la volonté. Ce qui en toute matière est illégitime, c'est l'usage transcendant de la raison : seulement, tandis qu'en matière théorique cet usage transcendant consiste à poursuivre hors de l'expérience la connaissance d'objets supra-sensibles, en matière pratique, il consiste à user de déterminations empiriques pour construire un objet dont devrait dépendre l'exercice de la volonté : un tel objet, posé antérieurement à la volonté et à sa loi propre, affecterait donc, même formé d'éléments sensibles, le caractère d'une chose en soi[1]. Il y

---

1. Reprochant à Kant de n'avoir pas fait une critique de la moralité et du devoir, M. Fouillée observe que de cette façon-là « chaque moitié de la raison est tour à tour critiquée, puis plus ou moins exemptée de toute critique ; le beau rôle passe successivement d'une partie à l'autre selon qu'il s'agit de science ou de morale : dans la sphère de la spéculation, c'est la raison pure qui est au banc des accusés et l'expérience prononce le réquisitoire ; dans la sphère de la pratique, tout change : c'est l'empirisme qui est l'accusé et la raison pure l'accusateur. » *Critique des systèmes de morale*, p. 131. — V. également A. Fouillée, *La Raison pure pratique doit-elle être critiquée ?* Revue philosophique, janvier 1905, LIX, p. 1-33. — Cependant, dans l'ordre de la spéculation, ce n'est pas la raison pure elle-même qui est au banc des accusés, tant s'en faut, puisque, comme source des formes *a priori* de la sensibilité,

a donc, selon Kant, une unité essentielle d'esprit dans cette façon en apparence double d'entendre la Critique ; dans les deux cas, ce qu'il s'agit de sauvegarder, c'est la faculté législative de la raison, également compromise par le dogmatisme de l'ancienne métaphysique et par celui des doctrines d'hétéronomie. Pour faire d'elle-même un usage immanent, la raison, si elle doit d'une part s'interdire de franchir les limites de l'expérience possible, doit d'autre part rejeter tout principe extérieur de détermination qui interviendrait entre elle et son application à la volonté : d'où il suit que la Critique de la puissance pratique de la raison ne peut être qu'une autre façon de confirmer que la raison véritablement pratique est pure[1].

Ainsi se définit le problème essentiel que doit résoudre la *Critique de la raison pratique*. La Critique de la raison spéculative se demandait comment la raison peut connaître

---

des catégories de l'entendement, et même des idées, elle est positivement justifiée ; c'est un certain usage de ses idées qui prétendrait les convertir en objets de connaissance. Or, si ce dernier usage des idées de la raison est proscrit, ce n'est pas au nom de l'expérience accusatrice ; car l'expérience elle-même a dû être accusée ou plutôt critiquée ; base de toute la doctrine, l'*Esthétique transcendantale* a établi du même coup, et qu'il y a des formes *a priori* de l'intuition sensible, et que les objets donnés sous ces formes ne peuvent être que des représentations, partant des phénomènes, non des choses en soi ; ici donc également la Critique est sortie de la raison pure elle-même et non de l'expérience se dressant en quelque sorte devant la raison avec une autorité indépendante ; le droit de censure que la Critique exerce est intimement lié à sa tâche positive qui est l'établissement des facultés *a priori* de l'esprit. Si maintenant, dans la *Critique de la raison pratique*, l'empirisme est accusé, c'est parce qu'il est inévitablement dogmatique ; au point de vue théorique, l'expérience considérée comme le lieu unique et nécessaire d'application des concepts intellectuels n'est que l'ensemble des phénomènes sensibles, c'est une expérience *critiquée* et qui tient de l'entendement les conditions de sa possibilité ; qu'au contraire, on cherche dans l'expérience un principe de détermination pour la volonté, on est forcé de la concevoir à ce titre plus ou moins implicitement comme une chose en soi qui, par son action préalable, porte atteinte à la faculté législative de la raison.

1. V, p. 15-16. — Cf. *Grundlegung*, IV, p. 289 : Kant vient de montrer que tous les faux principes de la moralité ont leur source dans la notion de l'hétéronomie de la volonté, et il remarque : « Ici comme partout ailleurs dans son usage pur la raison humaine, tant que la Critique lui a fait défaut, a essayé toutes les fausses routes possibles avant de réussir à trouver la seule qui soit la vraie. » — V. aussi la *Préface* de la 2ᵉ éd. de la *Critique de la raison pure*, III, p. 22.

a priori des objets, et elle répondait à cette question, d'abord en expliquant comment des intuitions, faute desquelles un objet ne peut être ni donné ni connu, sont possibles *a priori*, ensuite en montrant que toutes ces intuitions sont sensibles et par conséquent ne peuvent donner lieu à aucun savoir hors des limites de l'expérience. La Critique de la raison pratique se demande, non pas comment sont possibles les objets de la faculté de désirer, — car cette question qui se rapporte en réalité à la connaissance théorique de la nature est du ressort de la Critique de la raison spéculative, — mais comment la raison peut déterminer la maxime de la volonté, si c'est par elle-même et par la loi pure qu'elle fournit, ou si c'est par le concours de représentations empiriques [1].

Le problème ainsi posé comportera en thèse générale pour être résolu le même plan, les mêmes démarches et les mêmes procédés d'exposition que le problème de la Critique de la raison spéculative. Kant se laisse sans doute ici conduire par cet amour de la symétrie formelle qui lui a été maintes fois reproché par Schopenhauer et par d'autres [2], mais aussi par un sentiment très fort de la concordance qu'il voit s'établir entre les solutions des deux sortes de problèmes [3]. Il distinguera donc d'abord une *doctrine élémentaire* et une *méthodologie*, et dans la doctrine élémentaire une *analytique* et une *dialectique*. L'analytique, au sens étroit, se divisera à son tour en analytique des *principes* et analytique des *concepts*; au sens large [4], elle comprendra aussi une *esthétique*, dont l'objet sera le rapport nécessaire de la raison pure pratique avec la sensibilité,

---

1. V, p. 48.
2. Schopenhauer, *Die Welt*, I, p. 549-551, p. 572, p. 582, p. 598, p. 601, p. 645, p. 652, p. 668. — Adickes, *Kant's Systematik*, p. 140 sq.
3. V, p. 110-111.
4. Kant étend ici le domaine que dans la *Critique de la raison pure* il assignait à l'analytique; car il y fait entrer l'esthétique. « L'analytique de la raison pure théorique, dit-il ici, se divisait en esthétique transcendantale et en logique transcendantale. » V, p. 94.

autrement dit, le sentiment moral. Il y aura donc correspondance parfaite entre les divisions des deux Critiques. Seul l'ordre des divisions sera interverti. C'est que la raison pratique ayant affaire à des objets, non pour les connaître, mais pour les réaliser, n'a pas à s'appuyer sur les données de l'intuition sensible, mais au contraire sur l'idée d'une causalité indépendante de toute condition empirique ; au lieu donc d'aller des sens aux concepts et des concepts aux principes, c'est des principes que nécessairement elle doit partir pour aller de là aux concepts et des concepts, s'il est possible, aux sens [1]. Cependant le motif de cette différence extérieure dans l'ordre suivi est trop profond pour ne pas exprimer ou produire une différence plus interne ; et nous verrons en effet que le genre de déduction appliqué aux principes de la raison pure pratique sera à certains égards tout autre.

*
* *

La présupposition de la *Critique de la raison pratique* paraît être celle-ci : il y a des lois pratiques. Cette présupposition ne doit pas être cependant confondue avec une simple acceptation, sans preuves, de l'existence du devoir. Elle se justifie, dans la pensée de Kant, par deux sortes de considérations : la première, c'est que, comme il le disait dans la *Grundlegung*, « toute chose de la nature agit d'après des lois [2] » et que toute loi véritable procède de la raison ;

---

1. V, p. 16, p. 94-95. — Où Kant manifeste bien le formalisme de son exposition, c'est quand il dit que la marche de l'analytique doit être semblable à celle d'un raisonnement, qu'elle doit partir de l'universel qui forme la majeure (principe moral), pour aller au moyen de la subsomption d'actions possibles (bonnes ou mauvaises) sous ce principe, laquelle constitue la mineure, à la détermination subjective de la volonté (c'est-à-dire à l'intérêt qui s'attache au bien pratique possible), laquelle est la conclusion, p. 95. — V. Adickes, *Kant's Systematik*, p. 149.

Il n'est pas sans intérêt de signaler que la démonstration de la possibilité de principes pratiques *a priori* se présente au début de la *Critique* sous forme de définitions, de théorèmes, de corollaires, de scolies, de problèmes, rappelant par là une ambition familière aux métaphysiciens.

2. IV, p. 260.

la seconde, c'est que des lois théoriques, telles que la Critique les détermine, ne peuvent être appliquées que par abus à ce qui n'est pas donné dans une intuition, à ce qui ne peut être produit que par une volonté. Des lois pratiques sont d'abord des lois, dans le sens rationnel et universel du mot, des lois faute desquelles il n'y aurait place que pour le hasard, c'est-à-dire ici pour l'arbitraire ; et elles sont ensuite pratiques, en ce sens qu'elles se rapportent directement à la volonté comme telle, c'est-à-dire à la faculté d'agir d'après des principes[1]. Ce que nous appelons des principes, ce

1. La *Critique de la raison pratique* ne nous met pas d'emblée, comme le soutient M. Fouillée (*Kant a-t-il établi l'existence du devoir ?* Revue de métaphysique et de morale, XII, p. 493-523) dans le pur moralisme, mais dans le pur rationalisme critique. Il y a d'ailleurs lieu de distinguer le devoir en tant que la notion s'en dégage de l'analyse de la conscience commune, et la loi morale, en tant qu'elle exprime en nous l'action directe de la raison pure pratique. Que Kant se soit dispensé de démontrer l'existence du devoir proprement dit, c'est ce qu'il paraît malgré tout difficile de soutenir si l'on se souvient que la *Grundlegung* a pour principal objet de répondre à cette question : comment un impératif catégorique est-il possible ? Que Kant dise ailleurs que la loi morale proprement dite n'a besoin d'aucun principe pour sa justification et se soutient par elle-même, cela signifie d'après le contexte même des passages cités par M. Fouillée (*Kr. d. pr. Vernunft*, V, p. 50) que comme expression de la raison pure pratique la loi morale ne comporte pas de preuves descendant en deçà ou remontant au delà de cette raison, et qu'elle est notre façon à nous de connaître cette raison. C'est donc à prouver l'existence de cette raison que s'applique Kant, — en partant d'ailleurs de la présupposition qu'il y a des lois pratiques. Et la preuve consistera à mettre en évidence le lien interne qui unit dans la volonté la puissance pure et la puissance pratique de la raison.

C'est aussi pour avoir trop facilement admis que le devoir et la loi pratique formelle sont deux termes de tout point équivalents et convertibles, que M. Fouillée reproche à Kant (*loc. cit.*, p. 498) de n'avoir pas traduit fidèlement par l'idée d'une législation formelle universelle la notion que l'humanité commune se fait du devoir. A vrai dire, il s'agit ici, non de traduction, mais d'explication. Or, si Kant admet volontiers que la conscience commune juge sainement pour tout ce qui est du devoir, il n'admet pas qu'elle juge infailliblement, tant s'en faut, pour ce qui est de l'explication du devoir, et il insiste à maintes reprises sur les explications fausses et dangereuses que peuvent suggérer les inclinations. En d'autres termes, si la philosophie critique prend pour irréductible le *fait* de la moralité sans essayer de le réduire, comme le rationalisme dogmatique, à un fait d'un autre genre, elle se propose d'en rendre compte rationnellement, et c'est pour cela qu'elle développe l'idée d'une législation formelle universelle. C'est là-dessus que Kant reste fidèle à l'esprit rationaliste, selon lequel les représentations ou les croyances qui accompagnent dans la conscience le fait de la moralité ne sauraient être d'emblée comme telles, et sans prendre un autre caractère, érigées en explications.

sont des propositions qui contiennent un ensemble de règles pour la détermination de la volonté. Ces principes sont subjectifs ou se nomment des maximes lorsque le sujet ne les considère comme valables que pour sa volonté seule ; ils sont objectifs au contraire et constituent des lois pratiques quand le sujet les reconnaît comme valables pour la volonté de tout être raisonnable[1]. La question est donc de savoir si, parmi les principes d'après lesquels le sujet agit, il en est qui puissent être tenus, non pas seulement pour des maximes, mais pour des lois.

Kant répond à cette question en distinguant entre les principes matériels et les principes formels. Les principes matériels sont ceux qui supposent pour la détermination de la volonté un objet ou une matière de la faculté de désirer. Étant tels, ils ne peuvent être qu'empiriques. En effet un objet du désir ne peut devenir un principe de détermination que si le sujet, par la représentation qu'il en a, se promet un plaisir à le réaliser. Or il n'y a pas de représentation de cette sorte dont on puisse savoir *a priori* si elle est liée au plaisir ou à la peine, ou encore si elle est indifférente. De cela l'expérience seule peut nous avertir. — Étant empiriques, les principes matériels ne peuvent fournir de lois pratiques ; car une loi doit avoir une nécessité objective fondée *a priori*. Or les principes matériels ne reposent que sur une capacité subjective d'éprouver du plaisir et de la peine, qui, outre qu'elle n'est connue qu'empiriquement, n'existe pas au même degré chez tous les êtres raisonnables. — Il résulte de cette argumentation même que tous les principes pratiques matériels sont d'une seule et même espèce, puisqu'ils ont tous ce caractère commun de s'appuyer sur un rapport de la représentation au sujet, par suite, en fin de compte, sur un sentiment. Or, comme la conscience d'une satisfaction qui accompagne constamment les actes de l'existence s'appelle le bonheur,

---

[1]. V, p. 19.

et que la recherche du bonheur a pour règle l'amour de soi, on peut dire que tous les principes pratiques matériels rentrent dans le principe général de l'amour de soi ou du bonheur personnel [1].

La distinction radicale des principes matériels et des principes formels peut seule assurer véritablement la distinction correspondante d'une faculté de désirer inférieure et d'une faculté de désirer supérieure. Cette dernière distinction, familière à l'école wolffienne, perd toute sa portée dès qu'elle est présentée comme simplement relative à l'origine des objets désirés [2]. Que ces objets en effet soient représentés par les sens ou par l'entendement (et il ne faut pas oublier que pour les Wolffiens la dualité des sens et de l'entendement n'est pas irréductible), ces objets ne déterminent forcément la volonté que par l'intermédiaire d'un sentiment de plaisir dans le sujet : ils ne comptent pour elle que par le nombre, l'intensité et la durée des jouissances qu'ils lui promettent ; ils ne sauraient admettre d'autre mesure, et en fait ils n'en admettent pas d'autre chez les hommes qui emploient toute leur activité à les rechercher. Croire qu'il y a des plaisirs qui par leur délicatesse constituent pour la volonté des motifs d'un ordre spécifiquement distinct, c'est être sujet à la même illusion que ces ignorants qui, se mêlant de métaphysique, s'imaginent qu'à force de raffiner la matière on peut en faire un être spirituel. Épicure a été beaucoup plus conséquent en reconnaissant que tout plaisir, comme principe de détermination

---

[1]. V, p. 21-23. — En faisant correspondre une opposition de valeur morale à l'opposition spéculative de l'empirique et du rationnel, Kant est fidèle à l'esprit du rationalisme ; il prétend seulement définir plus rigoureusement et fonder cette opposition. — Contre ce parallélisme de l'opposition spéculative et de l'opposition pratique, v. Ueberweg-Heinze, *Grundriss der Geschichte der Philosophie*, 9ᵉ éd., III, 1, p. 349-350, note. — Contre l'idée de la réduction de tous les principes matériels au principe de l'amour de soi, et sur la possibilité et même la nécessité d'admettre que le principe pratique suprême comporte comme les principes théoriques un contenu matériel, v. la controverse instituée par Cantoni, *Emmanuele Kant*, II (1884), p. 216 sq.

[2]. V. Hegler, *Die Psychologie in Kants Ethik*, p. 56 sq. — Max Dessoir, *Geschichte der neueren deutschen Psychologie*, I, 1894, p. 295-296.

pour la volonté, est de même nature que les plaisirs des sens les plus grossiers : ce qui ne l'empêchait pas cependant, autant qu'on le peut conjecturer, de soutenir que les plaisirs peuvent dériver de sources plus hautes que les sens [1]. Il n'existe donc de faculté de désirer supérieure que si elle est déterminée immédiatement par la raison, que si elle exclut toute influence préalable du sentiment de plaisir ou de peine [2].

Ainsi dès qu'on admet, comme il le faut, qu'une volonté a une loi propre, on doit reconnaître que cette loi ne peut être que formelle : car dès que dans une loi on fait abstraction de toute matière, que reste-t-il, sinon la seule forme d'une législation universelle ? C'est dans ce sens défini qu'une volonté ou raison pratique enveloppe une raison pure.

C'est même en tant que raison pure qu'une volonté est

[1]. Cf. V. Brochard, *La théorie du plaisir d'après Epicure*, Journal des Savants. Nouvelle série, 2e année, 1904, p. 212.

[2]. V, p. 23-26. — Kant définit la faculté de désirer : le *pouvoir qu'a un être d'être par ses représentations cause de la réalité des objets de ces représentations* (V, p. 9, note). Il est certain qu'une telle définition est wolffienne, en ce sens que la causalité de cette faculté de désirer est liée intimement à la présence et à l'action des facultés représentatives. Mais où elle prend une portée nouvelle, c'est par la propriété qu'a chez Kant la représentation de se rapporter à sa loi pure avant de se rapporter à son objet. Ainsi la définition, au lieu d'être moitié métaphysique, moitié psychologique, est transcendantale et critique.

On dira que la faculté de désirer, en ce qu'elle peut avoir de positif, nous est révélée par l'expérience et qu'à ce titre elle ne saurait rentrer dans un système de raison pure. M. Fouillée a encore récemment insisté sur ce fait, que les notions par lesquelles Kant se définit notre puissance pratique, si elles ne sont pas entièrement imaginaires, ne peuvent être que des emprunts à l'expérience (*Kant a-t-il établi l'existence du devoir?* Revue de Mét. et de Mor., XII, p. 504 sq.). Mais, peut-on répondre, il y a une expérience, au sens large et indéterminé, que le plus strict philosophe de la raison pure n'a pas à récuser : à savoir celle qui nous présente ce qu'il s'agit de comprendre ; l'important est seulement qu'elle ne prétende pas l'expliquer. Kant du reste a répondu à cette difficulté dans une note de la *Critique de la faculté de juger* (V, p. 183-184), qu'il faut rapprocher de la note citée plus haut : l'observation empirique et psychologique, dit-il en somme, indique ce qui est à définir ; mais la définition se fait avec des caractères fournis par l'entendement pur, c'est-à-dire avec des catégories. On suit en cela l'exemple du mathématicien qui laisse indéterminées les données empiriques de son problème et n'en soumet que les rapports compris dans une synthèse pure aux concepts de l'arithmétique, généralisant par là la solution du problème.

véritablement pratique : entre la loi rationnelle de cette volonté et sa causalité, il y a une liaison tellement intime qu'elles sont, par leur signification essentielle, comme convertibles l'une dans l'autre. Nous pouvons, en effet, en nous appuyant sur les propositions précédentes, nous demander successivement ce que doit être la nature d'une volonté que l'on suppose déterminée uniquement par la forme législative de ses maximes, et ce que doit être la loi d'une volonté que l'on suppose en elle-même libre. Dans le premier cas, étant donné que la forme de la loi ne peut être représentée que par la raison, qu'elle n'est donc pas un objet des sens et n'appartient point au monde des phénomènes, la représentation de cette forme est pour la volonté un principe de détermination radicalement distinct de tous ceux qui proviennent du monde des phénomènes, tel qu'il est régi par la causalité naturelle. Et comme elle est en outre le seul principe de détermination qui puisse servir de loi à la volonté, l'on doit conclure que la volonté est en elle-même indépendante de la causalité naturelle des phénomènes, et cette indépendance est, au sens strict du mot qui est le sens transcendantal, la liberté. — Dans le second cas, étant admis qu'un principe matériel est toujours empirique et qu'une volonté n'est libre que tout autant qu'elle est déterminable indépendamment de toute condition empirique suscitée par le monde sensible, on doit conclure qu'une volonté libre ne peut avoir d'autre loi qu'une loi formelle.

Liberté et loi pratique inconditionnée sont donc des concepts corrélatifs ? Sont-ce même deux concepts distincts, et ne peut-on pas supposer qu'une loi pratique inconditionnée n'est autre chose que la conscience qu'une raison pure pratique prend d'elle-même, tandis que cette raison pure pratique est identique au concept positif de liberté[1] ?

---

1. Cf. V, p. 49. — Dans la *Grundlegung*, l'impératif catégorique est fondé sur la liberté, car il n'est pas précisément la loi même dont Kant traite

Soit ; mais une question resterait toujours; qui est de savoir par où commence pour nous la connaissance de la raison pure pratique, si c'est par la liberté ou si c'est par la loi. Certes, sans la liberté, la loi ne se trouverait pas en nous ; il est bien sûr que la liberté est la *ratio essendi* de la loi ; mais il nous est cependant impossible d'avoir de la liberté une conscience immédiate. En effet, le concept que nous avons de la liberté, en dehors de la loi, est purement négatif ; il ne peut en outre être déterminé par l'expérience, puisque l'expérience relève d'une loi qui est en opposition avec lui. De plus, comme loin de servir à l'explication scientifique des phénomènes, il est plutôt de nature à la gêner et à la détruire, sans doute il ne serait pas imposé à la raison spéculative et ne lui aurait pas imposé du même coup le plus embarrassant des problèmes, s'il n'avait été suscité par la loi morale. La loi est donc la *ratio cognoscendi* de la liberté. L'expérience, du reste, confirme dans des cas significatifs que c'est la conscience de devoir faire une chose qui nous donne la conscience de pouvoir la faire[1].

Ainsi c'est par la loi que se révèle à nous la raison pure pratique, et cette loi a pour caractère d'exclure des maximes de la volonté toute règle qui repose soit sur l'expérience, soit sur une volonté extérieure, de ne laisser subsister pour elles d'autre règle que la forme objective d'une loi en général. D'où la formule de cette loi fondamentale : *Agis de telle sorte que la maxime de ta volonté puisse valoir toujours en même temps comme principe d'une législation universelle.* C'est là une proposition synthétique *a priori*, mais d'un genre spécial, puisqu'elle ne se fonde sur aucune intuition, ni intellectuelle, ni empirique[2]. Elle serait, il est vrai, analytique si l'on pouvait supposer d'abord la liberté de la

---

ici, mais une expression de cette loi pour un être qui est à la fois raisonnable et sensible ; la question ne s'est pas posée alors comme elle se pose ici. V. plus haut, p. 391 sq, p. 417, p. 425, note.

1. V, p. 28-32, p. 165. — Cf. *Die Religion*, VI, p. 143-144, note.
2. V. plus haut, p. 385.

volonté ; mais, pour avoir de cette dernière un concept positif, il nous faudrait une intuition intellectuelle dont nous ne disposons point. Comment donc l'appeler, puisqu'elle est saisie immédiatement comme vraie, sans pouvoir être conclue de données antérieures, sans être dérivée, comme il est impossible qu'elle le soit, de la conscience de la liberté ? Cette conscience de la loi est, dit Kant, « un fait de la raison » *(ein Factum der Vernunft)*. Ce n'est pas, a-t-il soin d'ajouter, un fait empirique, mais le fait unique de la raison qui s'annonce par là originairement législative[1]. Que ce mot « fait » qui, appliqué à la loi pratique, apparaît ici pour la première fois, ait quelque chose de singulier, c'est ce que trahit la réserve même dont Kant, dans plusieurs passages, en accompagne l'emploi[2]. Mais il n'est pas pour cela, quoi que prétende Schopenhauer[3], contradictoire avec l'idée d'une connaissance par raison pure ; il exprime que nous éprouvons directement en nous par la conscience de la loi l'action de la raison pure pratique, sans pouvoir cependant apercevoir par intuition ou comprendre par concept comment cette action se produit ; c'est assez que nous sachions que cette action doit se produire : ce qui résulte de la démonstration antérieure[4].

1. V, p. 33. — Voir également p. 6, p. 45, p. 46. — Cf. Reicke, *Lose Blätter*, E. 3, II, p. 8.
2. « *Gleichsam als ein Factum* », V, p. 50, p. 58, p. 96, p. 109.
3. *Ueber die Grundlage der Moral*, p. 525. — Condamnerait-on comme incompatible avec le rationalisme de son système la formule de Spinoza, qui marque elle aussi, tout en présupposant, il est vrai, l'intuition intellectuelle, une sorte d'appréhension directe et originale du principe fondamental de notre existence : « Sentimus experimurque nos æternos esse ? » *Eth*., V, prop. XXIII.
4. Dans les *Prolégomènes*, Kant emploie aussi le mot « *Factum* » pour désigner le fait incontestable de la validité objective de la science : *fait* dont part la méthode analytique pratiquée dans les *Prolégomènes*, tandis que la méthode synthétique employée dans la *Critique* part de la raison même et en déduit toute la connaissance (IV, p. 22). Le *fait* dont il s'agit là n'est pas évidemment assimilable non plus à une donnée empirique quelconque, puisqu'il signifie la réalité d'une certitude objective. Ici, la *Critique de la raison pratique* aboutit à démontrer la nécessité de ce *fait* analogue, qui apparaîtrait plus proche du point de départ si l'on pratiquait, comme dans la plus grande partie de la *Grundlegung*, la méthode analytique.

Kant étendra, dans la *Critique de la faculté de juger*, l'emploi du terme

Ce fait de la raison se retrouve avec une pleine évidence dès que l'on analyse les jugements que les hommes portent sur la valeur de leurs actions. Car ces jugements impliquent toujours que, quelle que soit la force de l'inclination, la raison demeure incorruptible, et qu'elle confronte la maxime suivie par la volonté avec la volonté pure, c'est-à-dire avec la volonté qui, se considérant comme pratique *a priori*, ne reconnaît d'autre principe de détermination que la forme d'une législation universelle. Ainsi l'idée d'une loi qui s'applique à une volonté revient à l'idée d'une volonté qui institue elle-même sa propre loi : législation pratique universelle et autonomie sont synonymes ; ou encore l'autonomie, c'est la liberté conçue dans son identité avec la loi[1].

La volonté d'un être raisonnable est donc une volonté *pure*, puisqu'elle est la faculté de se déterminer par la seule représentation de la loi, puisqu'elle est même la faculté de poser la loi dont la représentation la détermine. Mais elle n'est pas nécessairement une volonté *sainte*, s'il arrive que cet être raisonnable soit en même temps soumis à des besoins et à des mobiles sensibles. C'est le cas de l'homme. Voilà pourquoi, bien qu'elle ne cesse pas d'émaner de sa volonté, la loi morale, quand elle s'applique à l'homme, prend la forme d'un impératif : la nécessité objective de l'action conforme à la loi apparaît comme une contrainte, et le rapport de la volonté à la loi comme un rapport de dépendance ; seulement il n'y a qu'un impératif catégorique qui puisse traduire pour nous une loi en elle-même inconditionnée, qui puisse exprimer une loi au sens précis de ce dernier mot ; les impératifs hypothétiques ne présentent,

---

de « fait » à la liberté même ; il dira qu'elle est une *res facti*, une *Thatsache* ; l'idée de la liberté démontre sa réalité par les lois pratiques de la raison pure et conformément à ces lois dans des actions réelles, par suite dans l'expérience. De toutes les idées de la raison pure, elle est la seule qu'il faille compter parmi les *scibilia*. V, p. 482-483. — V. plus loin, p. 591-592.

1. V, p. 35.

eux, que des préceptes. L'action morale nous est donc imposée comme un devoir : ce qui ne veut dire, du reste, ni que le devoir soit adéquat en extension aux lois pratiques, — car nous pouvons concevoir un être en qui la raison serait le seul principe déterminant de la volonté, — ni que les lois pratiques admettent une forme d'action qui leur soit supérieure, — car pour échapper aux conditions restrictives du devoir, des êtres raisonnables, tels que l'Être infini, n'en respectent pas moins spontanément ces lois. Ainsi la sainteté qui est au-dessus du devoir n'est pas au-dessus de la loi : elle est à ce titre une idée pratique qui doit servir de type à tous les êtres raisonnables finis ; et c'est parce que la loi leur met devant les yeux cette idée, tout en l'appropriant à leur condition, qu'elle mérite d'être appelée sainte. Nous devons tendre à la sainteté, et nous ne pouvons prétendre qu'à la vertu ; c'est-à-dire que nous devons surtout nous assurer par nos maximes d'un progrès continu vers cet idéal à la fois nécessaire et inaccessible, en prenant bien garde que la conviction de l'avoir atteint n'est pas seulement dépourvue de certitude, qu'elle est encore très périlleuse à la vie morale [1].

L'autonomie de la volonté *(des Willens)* est donc l'unique principe des lois morales et de tous nos devoirs ; au contraire, toute hétéronomie du libre arbitre *(der Willkühr)* non seulement ne peut fonder aucune obligation, mais est encore directement contraire à la moralité [2]. Le caractère

---

1. V, p. 19-20, p. 33-35, p. 85 sq. — On aperçoit là l'idée sur laquelle Fichte insistera tant, l'idée qu'il n'y a pas de plus funeste illusion pour l'agent moral que la certitude dogmatique de pouvoir considérer à un moment sa tâche comme achevée.

2. V, p. 35. — Il n'est pas très aisé de marquer les rapports et les différences de sens qu'ont dans la terminologie kantienne les deux termes *Wille* et *Willkühr*. Le mot *Wille* est souvent employé dans un sens général, qui peut comprendre celui de *Willkühr* (v. *Metaphysik der Sitten*, VII, p. 10) ; par exemple, tandis qu'ici (V, p. 35) Kant dit *Heteronomie der Willkühr*, il dit dans la *Grundlegung* (IV, p. 289) *Heteronomie des Willens*. D'autre part, quoi que prétende Hegler (*op. cit.*, p. 169), *Willkühr* est parfois employé par Kant là où peut-être, à tort ou à raison, on attendrait plutôt *Wille*, quand il s'agit de la volonté divine (v. *Kritik der praktischen Vernunft*, V, p. 34 ;

d'hétéronomie qui est le propre des principes matériels les condamne tous, et Kant s'applique à classer, en opposition avec sa doctrine, les doctrines qui s'appuient sur de tels

Benno Erdmann, *Reflexionen Kants*, II, n° 1529, p. 441). Mais il y a des cas où *Wille* est employé, non *Willkühr* ; c'est lorsqu'il y a lieu de désigner la volonté qui pose la loi morale. (On pourrait cependant relever ce passage de la *Critique de la raison pratique*, p. 39 : « Was nach dem Princip der Autonomie der Willkühr zu thun sei... », mais il ne faut pas l'entendre sans doute en ce sens que la *Willkühr* serait le sujet du principe de l'autonomie, mais en ce sens qu'elle en relève.) Au reste, les définitions de la *Willkühr*, telles qu'elles ont été constamment reproduites par Kant, ont été originairement énoncées en fonction de la liberté pratique, non de l'idée transcendantale de la liberté (v. Pölitz, *Kant's Vorlesungen über die Metaphysik*, p. 179-185 ; *Kritik der reinen Vernunft*, III, p. 371, p. 530. — Si Kant emploie le terme *Willkühr* dans l'éclaircissement de l'idée cosmologique de la liberté (III, p. 380), c'est qu'il s'agit là d'une *application* de cette idée au libre arbitre humain, non d'une *détermination* de cette idée par le concept de l'autonomie). Ce qu'il y a de spécifique dans la *Willkühr* désigne d'ordinaire le libre arbitre humain, et ce qui caractérise ce libre arbitre, c'est que, tout en étant affecté par la sensibilité, il n'est pas nécessairement déterminé par elle. Quels sont donc, à ce point de vue, ses rapports avec la volonté strictement entendue *(Wille)*? « De la volonté, dit Kant dans la *Métaphysique des mœurs* (VII, p 23), procèdent les lois ; du libre arbitre les maximes. *Von dem Willen gehen die Gesetze aus ; von der Willkühr die Maximen.* » Or les maximes peuvent être en fait soit conformes, soit contraires à la loi (aussi Kant dans la *Religion*, pour désigner la faculté qui choisit le mal et qui peut se convertir au bien, emploie-t-il constamment le terme *Willkühr*). A ne consulter que l'expérience, on serait donc tenté de penser que le libre arbitre a sa liberté dans la puissance d'opter pour ou contre la loi. Mais ce n'est pas là-dessus que peut se fonder la liberté du libre arbitre ; elle ne peut pas consister essentiellement dans la faculté qu'aurait le sujet raisonnable de se décider contre sa raison législatrice ; elle tient essentiellement et positivement à la propriété que possède la raison pure d'être pratique par elle-même. En nous, comme êtres sensibles, le pouvoir intimement lié à la législation interne de notre raison devient, par un acte inexplicable, un pouvoir opposé à cette législation, c'est-à-dire au fond une impuissance. Le libre arbitre humain se fonde donc sur la volonté autonome, et il s'en distingue par la possibilité d'employer au mal une puissance dont la source est dans la raison pure. Par conséquent, si l'on identifiait la liberté avec la faculté de choix entre les contraires, il faudrait dire que la volonté *(der Wille)* qui n'a de rapport qu'à la loi n'est ni libre, ni non-libre, puisqu'elle a trait non pas aux actions mêmes, mais à la législation qui vaut pour les maximes de ces actions. Ou bien si elle peut être dite libre, c'est en ce sens qu'elle a pour fonction essentielle, non d'obéir à la loi, mais d'être législatrice (*Metaphysik der Sitten*, p. 10-11, p. 23-24. — *Lose Blätter*, E. 18, II, p. 80 ; E. 36, II, p. 140). — En développant la remarque qui vient d'être indiquée, que la volonté *(der Wille)* n'a pas trait aux actions mêmes, Kant est amené à en présenter sous un autre aspect les rapports avec la *Willkühr*. La volonté *(der Wille)* est alors plutôt la faculté de choisir la règle de l'action, tandis que la *Willkühr* est la faculté d'en réaliser l'objet. La volonté est la faculté des maximes. Bien qu'à ce titre elle soit le pouvoir de prendre pour fin une chose ou son contraire, ce qui fait que Kant

principes [1]. De ces dernières doctrines, il en est deux qu'il combat plus particulièrement : ce sont celles qui reposent sur des principes matériels subjectifs internes, la doctrine du bonheur et la doctrine du sens moral.

A coup sûr, le désir d'être heureux se trouve chez tous les hommes, et la maxime par laquelle on en fait un principe de détermination pour la volonté est constante. Mais si légitime que puisse être dans de certaines limites et surtout sous certaines conditions la recherche du bonheur, il est radicalement faux et absurde de l'ériger en loi pratique. Elle ne peut donner lieu tout au plus qu'à des règles générales résumant avec plus ou moins d'exactitude un certain nombre d'indications empiriques et de dispositions subjectives plus ou moins uniformes, mais qui participent toujours et de l'incertitude de toute expérience et de l'insuffisance de notre expérience. En réalité, il y a matière ici pour une diversité infinie de jugements. Ce qui peut nous assurer un avantage vrai et durable, surtout un avantage pour toute la vie, reste enveloppé d'une impénétrable obscurité, et la raison qui s'emploie à assurer le bonheur est incapable de comprendre pour cette tâche toutes les données qu'il faudrait. Au contraire, l'intelligence la plus commune peut sans instruction spéciale discerner ce qu'elle doit faire selon la loi morale, et quelles maximes peuvent révéler la forme d'une législation universelle, quelles maximes ne le peuvent point. On a beau, du reste, ennoblir le bonheur pour en faire une fin légitime de la volonté ; on a beau déclarer que le bonheur à poursuivre n'est pas seulement le bonheur de l'agent, mais aussi celui de ses semblables ; il reste toujours que c'est la loi morale seule qui peut conférer au bonheur une dignité, qui peut imposer le soin du bonheur d'autrui comme obligation restric-

---

l'appelle de ce nom et la distingue encore de la *Willkühr*, c'est que, supposant l'usage d'une règle, elle est directement liée à l'exercice de la raison en nous. (*Metaphysik der Sitten*, VII, p. 10. — *Lose Blätter*, E. 3, II, p. 9; E. 9, II, p. 28.) — Cf. Benno Erdmann, *Reflexionen Kants*, II, n° 1548, p. 445.

1. V, p. 42-45. — V. plus haut, p. 382-384.

tive du souci de notre bonheur propre ; ce n'est jamais le bonheur, comme objet du désir, qui peut fournir le principe moral. D'ailleurs les règles qui nous guident dans la poursuite du bonheur ont avec notre volonté un tout autre rapport que la loi morale : ce sont de simples conseils, tandis que la loi morale édicte des ordres[1]. Il y a donc là une opposition essentielle, et, pour la saisir, il suffit d'écouter la voix de la raison qui tient là-dessus dans la conscience du commun des hommes un langage si clair et si impérieux ; il n'y a pour la méconnaître que ces spéculations embrouillées des écoles qui mettent tout à l'envers et qui sont assez aventureuses pour rester sourdes de parti pris à cette « céleste voix[2] ». Si l'on tient en effet le bonheur pour la règle suprême de la vie, on ne comprend guère que l'homme qui a perdu au jeu se borne à s'affliger, tandis que l'homme qui a triché au jeu doit se mépriser. On ne s'explique pas cette idée de démérite qui accompagne la violation de la loi, et qui seule peut rendre raison de la punition. Car une punition n'est légitime que si elle a pour principe la loi morale, c'est-à-dire que si elle est juste, et que si le sujet même qu'elle frappe en reconnaît au fond la justice. Admettons que le crime ne soit tel que par la peine qu'il encourt, comme l'exige la doctrine du bonheur : il suffit d'écarter la peine pour rendre bonne ou indifférente l'action jusque-là réputée mauvaise. La punition comme la récompense n'a véritablement son sens que si elle se règle sur la justice, non sur le bonheur ; la considérer même comme un moyen dont se servirait une personne supérieure pour pousser des êtres raisonnables vers le bonheur, leur but final, ce serait détruire chez ces êtres toute liberté et ne les faire agir que par un mécanisme extérieur[3].

1. V, p. 26-30, p. 36-40, p. 96-98. — V. plus haut, p. 330 sq., p. 383.
2. V, p. 37.
3. V, p. 40-41. — Sur cette façon d'entendre la punition, tout opposée à celle des écrivains de l'*Aufklärung*, et sur l'importance qu'elle a pour l'explication de la philosophie religieuse de Kant, v. Ritschl, *Die christliche Lehre von der Rechtfertigung*, 2ᵉ éd., I, 1889, p. 437.

C'est une opinion plus raffinée, mais tout aussi fausse, que d'admettre à la place de la raison, sous le nom de sens moral, un certain sens particulier qui désignerait la conduite à tenir, et grâce auquel la conscience de la vertu serait immédiatement liée au contentement et au plaisir, celle du vice au trouble de l'âme et à la douleur. C'est encore, quoique plus indirectement, asseoir la moralité sur la recherche du bonheur personnel. En ce qu'elle paraît avoir de plus élevé, cette doctrine commet une interversion grave. La satisfaction de soi qui accompagne la vertu, le remords qui accompagne le vice, ne sont pas des sentiments préalables à la loi morale, et qui en constituent l'autorité ; ce sont des sentiments qui en dérivent. Que ces sentiments se produisent à la suite d'un accomplissement ferme et régulier du devoir, et qu'en raison de ce rapport, selon ce rapport même, ils méritent d'être cultivés, rien n'est plus vrai[1]. Mais si on les place à l'origine de la moralité, ils ne peuvent que ruiner le devoir, pour mettre simplement à la place un jeu mécanique d'inclinations plus délicates en lutte parfois avec des inclinations plus grossières[2].

Aucun principe matériel ne peut fournir à la volonté la maxime susceptible d'être érigée en loi universelle, ni permettre d'apprécier exactement la valeur des actions humaines.

*
* *

Nous savons que la raison pure est pratique, et que seule elle l'est véritablement, en d'autres termes, que la raison est capable de déterminer par elle seule la volonté, et qu'elle est seule aussi à pouvoir fournir, à l'exclusion de tout principe empirique ou matériel, la loi d'une volonté comme volonté : le « fait » de la loi morale est l'irrécusable manifestation de la raison pure pratique.

---

1. Cf. *Tugendlehre*, VII, p. 202-204.
2. V, p. 41-42, p. 80-81. — V. plus haut, p. 383.

Par ce fait, nous dépassons les limites que la Critique de la raison spéculative avait assignées à la connaissance ; mais nous les dépassons avec l'autorisation de cette Critique même, et sans agrandir du reste par là le champ de notre savoir théorique. En établissant qu'il n'y a pas de connaissance scientifique hors de l'expérience, la Critique avait du même coup admis la possibilité et même, en un sens, la nécessité de concevoir un monde de choses comme noumènes ; mais de ce monde elle ne pouvait offrir qu'une idée indéterminée et négative ; la loi morale, maintenant, nous en donne, à défaut d'une vue qui nous reste toujours impossible, une détermination positive pratique ; car, outre qu'elle se révèle à nous comme la loi de ce monde, elle nous impose d'y conformer le monde sensible où nous vivons. De la sorte, l'idée d'une nature, où la raison pure produirait le souverain bien si elle était douée d'une puissance physique suffisante, d'une nature dont les êtres ne connaîtraient d'autre principe d'action que l'autonomie morale, conquiert la réalité qui lui manquait, non plus par son rapport à l'expérience, comme l'idée d'une nature sensible, mais par son rapport à la volonté, dont elle est à la fois le fondement et l'objet[1].

L'analytique de la raison pratique doit donc présenter de ses principes une justification analogue à celle qu'a présentée des siens l'analytique de la raison spéculative : elle ne peut cependant répondre à cette exigence ni suivant le même ordre, ni surtout par le même procédé. Quand elle a exposé, comme elle l'a fait, le principe suprême de la raison pratique, comment peut-elle le déduire ? Pourtant une déduction est toujours indispensable pour montrer qu'un concept ou un principe pur n'exprime pas simplement une disposition subjective, et l'on peut dire qu'absolument elle devrait être comme le développement de la spontanéité de l'esprit, saisie à sa source même. Mais la puissance qu'il

---

1. V, p. 45-48.

faudrait pour pénétrer dans nos facultés jusqu'à leur origine radicale nous fait défaut, et nous devons dès lors, pour en marquer et en circonscrire l'exercice légitime, user de détour. C'est ainsi que dans la Critique de la raison spéculative la déduction des concepts purs de l'entendement a consisté à montrer qu'ils constituaient les principes de la possibilité de l'expérience : l'identité de ces concepts avec les conditions de l'expérience possible a fourni la preuve de leur validité. Mais cet expédient est ici hors d'emploi : car, en matière pratique, comme il s'agit, non pas de connaître, mais de réaliser des objets, l'expérience ne pourrait intervenir qu'en s'introduisant au sein des principes eux-mêmes et qu'en altérant ainsi à fond la pureté de la raison Toutefois ce qui rend ici une déduction de ce genre impossible paraît également la rendre inutile : si l'on ne peut tirer de l'expérience un seul cas qui nous exhibe la loi morale en acte, la loi morale n'en a pas moins une certitude apodictique indépendante de l'expérience, et qui n'a aucun besoin d'être corroborée par ailleurs ; fait indéniable de la raison pure, elle est à ce titre suffisamment justifiée par la conscience que nous en avons *a priori* ; aussi est-ce à elle seule et non pas à quelque puissance étrangère, succédané de l'expérience manquante, qu'il appartient de fixer les conditions sans lesquelles elle ne peut déterminer immédiatement une volonté ; elle n'a point à être déduite, c'est elle, au contraire, qui doit servir à déduire [1].

Précisément ce qu'elle sert à déduire, c'est cette faculté impénétrable qu'aucune expérience ne peut démontrer, mais que la raison spéculative, en poursuivant l'inconditionné dans l'ordre de la causalité, a dû admettre au moins comme possible, c'est-à-dire la liberté. La liberté n'était pour la raison spéculative qu'une idée cosmologique, exempte en elle-même de contradiction, indispensable à concevoir et suffisante par cela seul pour limiter les pré-

---

1. V, p. 49-50.

tentions de l'entendement, mais simplement négative malgré tout, et encore dépourvue des déterminations qui auraient la vertu d'en fonder, par delà la possibilité abstraite et logique, la possibilité réelle et transcendantale, ou même la réalité objective[1]. Ces déterminations, c'est la loi morale qui les apporte : dans le concept problématique et vide d'une causalité inconditionnée elle introduit la notion d'une volonté qui agit indépendamment de toute condition empirique en ne prenant pour principe que la forme d'une législation universelle. Or, comme la déduction des concepts purs de l'entendement mettait en lumière leur intime accord avec l'expérience, cette déduction de la liberté met en lumière l'intime accord des deux espèces de raison entre elles. Car, d'un côté, la loi morale prouve sa réalité, non pas uniquement pour elle-même, mais encore pour la Critique de la raison spéculative, en fournissant un contenu à un concept qui n'était jusqu'alors admis que négativement sans être compris, et qui maintenant se trouve justifié et défini par l'exercice d'une fonction positive. D'un

[1]. V, p. 3-4, p. 6, p. 7, p. 15, p. 31-32, p. 46, p. 49 sq., p. 98, p. 109.
— La *possibilité* que la raison spéculative reconnaît à la liberté ne paraît pas toujours entendue par Kant dans un sens absolument identique ; elle n'est souvent que la simple possibilité logique, qui autorise l'admission du concept uniquement par l'absence de contradiction ; elle paraît parfois plus proche de la possibilité réelle qui introduit le concept au nom d'une certaine exigence positive de la raison théorique. C'est ainsi que dans des passages tout voisins (p. 51), Kant nous dit qu'en certifiant la liberté, la loi morale « est parfaitement suffisante pour contenter un besoin de la raison théorique, forcée d'*admettre* au moins la possibilité d'une liberté », puis que « l'idée de la liberté, comme d'un pouvoir d'absolue spontanéité, n'est pas un besoin, mais *en ce qui concerne sa possibilité*, un principe analytique de la raison pure spéculative ». La *Critique de la raison pratique* tend visiblement ne reconnaître à la liberté, du point de vue spéculatif, qu'une possibilité logique, afin d'accroître d'autant la fonction de la raison pratique ; elle attribue à la raison pratique, et non plus à un besoin théorique, l'origine de l'impulsion qui a porté la raison spéculative jusqu'à la conception des idées (V, p. 31-32, p. 58) ; elle incline donc à soutenir que ce qui revient à la raison spéculative dans le concept de liberté, c'est uniquement sa recevabilité logique. Quant aux déterminations positives et immanentes de ce concept, elles ne peuvent venir que de la loi morale qui en garantit ainsi la possibilité réelle, ou même la réalité objective.
— Kant prend volontiers ici la possibilité réelle et la réalité objective pour synonymes ou équivalentes, ce qui s'entend fort bien, la possibilité étant, dans ce cas, la justification d'une puissance pratique de réaliser des objets.

autre côté, elle rassure la raison spéculative en lui témoignant que la production des idées, bien qu'elle engendre inévitablement dans l'ordre de la connaissance une dialectique, n'en reste pas moins en elle-même bien fondée. Elle révèle, en résumé, qu'il y a pour la raison proprement dite non pas seulement un usage transcendant qui l'égare dans des spéculations vaines ou contradictoires, mais encore un usage immanent qui fait d'elle, dans le champ de l'expérience[1], une cause efficace agissant uniquement par des idées[2].

Cependant cette façon de dépasser par la pratique les limites de l'entendement théorique ne viole-t-elle pas la défense, prononcée par la Critique, de faire un usage suprasensible des catégories ? A en juger ainsi, l'on comprendrait mal, d'après Kant, ce que la Critique exactement a prohibé et ce qu'elle permet ; surtout l'on ne se rendrait pas compte de toute la portée positive de la doctrine par laquelle elle a justifié contre l'empirisme de Hume le concept de cause comme concept de la raison pure. — Que prétendait Hume en effet ? Que le concept de cause exprime une liaison nécessaire entre des choses distinctes, mais qu'une liaison entre des choses distinctes ne peut être saisie que dans l'expérience, et qu'une liaison saisie dans l'expérience ne peut jamais être nécessaire ; que, par conséquent, le concept de cause est une illusion due à l'habitude de percevoir certaines choses constamment associées, qu'il ne possède qu'une nécessité subjective arbitrairement érigée en nécessité objective. — Conclusion, dont le scepticisme ruine directement la science de la nature, et menace fort, quoi qu'ait voulu Hume, les mathématiques elles-mêmes ; con-

---

1. Par l'emploi de ce mot d' « expérience » qui, mal compris, pourrait paraître contredire sa doctrine, Kant veut marquer que les éléments intelligibles de notre volonté n'en font pas une faculté surnaturelle liée à la connaissance d'objets transcendants, mais une faculté positive d'agir au sein même de la réalité où nous nous trouvons. Il insistera de plus en plus, comme nous le verrons, sur ce sens véritable de sa pensée.
2. V, p. 50-53.

clusion qui suscita dans l'esprit de Kant tout le travail de la Critique, et à laquelle seule en effet la Critique permet d'échapper, par cette thèse essentielle, qu'il faut bien se garder de prendre les objets de l'expérience pour des choses en soi. Car, du moment que les objets de l'expérience ne sont que des phénomènes, pourquoi ne pourraient-ils pas, tout en étant distincts, être liés dans l'expérience par les conditions même qui rendent l'expérience possible ? Et c'est là tout juste la vérité [1]. Mais la valeur objective du concept

---

1. V, p. 54-57. — De quelque façon qu'il faille déterminer le moment, la nature et la portée de l'influence exercée par Hume sur Kant, — et là-dessus les thèses sont nombreuses et variées (v. un exposé sommaire de ces thèses au début des articles de Benno Erdmann, *Kant und Hume um 1762*, Archiv für Geschichte der Philosophie, I, p. 62-63 ; v. aussi Vaihinger, *Commentar*, I, p. 340 sq.) — il suffit d'indiquer ici comment Kant a expliqué le rapport de sa pensée avec celle de Hume. V. outre ce passage de la *Critique de la raison pratique*, la *Critique de la raison pure* (III, p. 505-510, p. 562 ; — passages de la 2ᵉ édition : III, p. 46, p. 113), les *Prolégomènes* (IV, p. 5-9, p. 20-21, p. 59-62), les *Premiers principes métaphysiques de la science de la nature* (IV, p. 365-366, note), ainsi que le travail sur *les Progrès de la métaphysique* (VIII, p. 526). Kant présente toujours la théorie de Hume comme consistant essentiellement à avoir montré que la liaison de la cause et de l'effet, supposée objectivement nécessaire, ne peut pas l'être réellement parce qu'elle est synthétique et qu'elle n'est par suite donnée que dans l'expérience. Il déplore que les adversaires de Hume, Reid, Oswald, Beattie, Priestley, préoccupés de réfuter avant tout ses conclusions, n'aient pas compris le sens profond du problème impliqué dans sa critique. « Je l'avoue franchement : l'avertissement de David Hume fut précisément ce qui, il y a bien des années, interrompit pour la première fois mon sommeil dogmatique et donna à mes recherches dans le champ de la philosophie spéculative une direction tout autre. J'étais bien éloigné de prêter l'oreille à ses conclusions... » (*Prolegomena*, IV, p. 8). A ces conclusions comment Kant, d'après ce qu'il nous déclare, a-t-il échappé ? D'abord il s'est demandé si les objections de Hume ne comportaient pas une extension universelle, et il a découvert que le concept de la liaison de la cause et de l'effet n'était pas le seul par lequel l'entendement prétendit se représenter *a priori* la connexion des choses, que la métaphysique ne comprenait que des concepts de ce genre. Il a donc cherché à fixer le nombre de ces concepts, et y ayant réussi selon son désir, c'est-à-dire en partant d'un principe unique, il s'est proposé de les déduire. Il a ainsi acquis la certitude qu'ils dérivaient, non de l'expérience, mais de l'entendement pur. Si donc Hume a justement observé que sans l'enseignement de l'expérience il est impossible de connaître d'une manière déterminée soit la cause par l'effet, soit l'effet par la cause, il a conclu faussement de la contingence de ce que nous déterminons d'après la loi à la contingence de la loi-même, il a confondu l'acte par lequel nous passons du concept d'une chose à l'expérience possible, — acte qui se produit *a priori* et qui constitue la réalité de ce concept, — avec la synthèse des objets de l'expérience réelle, laquelle est toujours empirique (III, p. 508). Il eût été conduit à reconnaître l'existence de jugements synthétiques *a priori*,

de cause n'a pas été seulement prouvée par son rapport à l'expérience qui en spécifie l'emploi ; elle a été déduite de l'entendement pur qui seul pouvait imposer à l'expérience la règle d'une liaison nécessaire : si bien que les limites de l'application de ce concept pour la connaissance théorique ne sauraient être les limites de sa signification intrinsèque et de toute son application possible. Il y a donc, pourrait-on dire, antérieurement à ses applications, un concept objectif de la causalité, concept essentiel, quoique encore simplement formel : que ce concept se réalise par l'intuition, et de là sortira la connaissance théorique. Mais de ce que pour nous toute intuition est sensible, de ce que, par con-

---

s'il eût remarqué que les jugements des mathématiques, dont il admettait la nécessité, étaient eux-mêmes synthétiques, et non pas analytiques, comme il le croyait (III, p. 46 ; IV, p. 20 ; V, p. 55). Mais il se laissa plutôt aller à partager l'erreur commune des empiristes, cette erreur que réfute cependant le seul fait de l'existence d'une mathématique pure et d'une science universelle de la nature (III, p. 113). Par là aussi sa tentative pour réprimer les élans aventureux de la raison ne put aboutir à une décision ferme ; car il dut se borner à conjecturer que la raison avait des bornes (*Schranken*) sans avoir le moyen certain d'en fixer les limites (*Grenzen*) (Cf. *Prolegomena*, IV, p. 98 sq.). Il se contenta d'exercer une censure au lieu d'établir une critique, et il ne fut pas à même de distinguer entre les justes droits de l'entendement et les prétentions abusives de la raison (III, p. 505-506).

Une des causes qui empêchèrent Hume de passer de la solution sceptique à la solution critique, c'est qu'il traita, au dire de Kant, les liaisons des phénomènes comme des liaisons de choses en soi (IV, p. 59-60 ; V, p. 56). Kant rapporte volontiers aux antinomies, à ce qu'il appelle l'antithétique de la raison, l'origine de sa découverte fondamentale sur les principes de la distinction des choses en soi et des phénomènes (*Kritik der Urtheilskraft*, V, p. 356. — *Kritik der praktischen Vernunft*, V, p. 112-113. — V. la lettre de Jean Bernoulli, du 16 novembre 1781, *Briefwechsel*, I, p. 259). Or l'effet produit sur lui par la conscience des antinomies, il le caractérise par la même expression que l'avertissement de David Hume : elle l'a réveillé de son sommeil dogmatique. (V. la lettre de Kant à Garve, citée plus haut, p. 57. — *Kritik der reinen Vernunft*, III, p. 293. — *Prolegomena*, IV, p. 86.) Il est permis de croire que c'est elle qui a imprimé à l'esprit de Kant la secousse la plus forte, tout au moins la plus décisive, car la possibilité de comprendre en son principe le conflit de la raison avec elle-même permet de le résoudre d'une façon ferme et positive, tandis que le simple fait de signaler des contradictions partielles et de soulever des doutes n'est pas, nous dit Kant dans un passage qui vise certainement Hume, « le moins du monde propre à procurer à la raison un état de repos ; ce n'est qu'un moyen de l'éveiller de son doux rêve dogmatique » (III, p. 503). Le scepticisme n'a pas une vue nette du problème qu'il pose ; c'est la Critique qui, par la conception des antinomies, le saisit dans tout son sens et peut l'examiner méthodiquement avec succès.

séquent, toute connaissance théorique d'un objet comme noumène nous est interdite, il ne résulte point que le concept de cause, applicable en lui-même à des objets supra-sensibles comme à des objets sensibles, ne puisse être déterminé par des objets supra-sensibles, si c'est à un autre point de vue[1]. Or précisément, à un autre point de vue, la loi morale, impliquant la liberté, est une façon de réaliser ce concept ; elle le réalise comme un pouvoir inconditionné d'êtres qui, par leur volonté pure, appartiennent à un monde intelligible. Mais la réalité qu'elle lui confère ainsi doit être bien entendue comme une réalité exclusivement pratique, qui ne saurait d'aucune façon — toute intuition pour la saisir nous faisant défaut — être convertie en un objet de connaissance théorique. Nous nous savons libres ; nous ne savons pas ce qu'est en elle-même notre liberté. On voit donc pourquoi il n'y a ni inconséquence ni énigme indéchiffrable dans le droit qu'a la raison, pour son usage pratique, à une extension qui lui est rigoureusement impossible pour son usage spéculatif : c'est qu'en elle-même, avant ces deux usages qui la déterminent si différemment, la raison a déjà une portée objective générale ; le tout est qu'elle ne laisse pas, par une illégitime confusion de domaines, les conditions de sa réalisation pratique se transformer en données ou en matériaux de savoir ; il ne faut pas, en résumé, que la raison pratique profite de son juste pouvoir de dépasser l'expérience pour favoriser une restauration du dogmatisme[2].

*
* *

Le concept de la liberté exige donc, pour être défini en même temps que pour être rendu objectivement certain,

---

1. Voir la critique de cette thèse de Kant par Renouvier, *Psychologie rationnelle*, II, p. 219.
2. V, p. 6-7, p. 13-14, p. 53-60, p. 139, p. 140-144, p. 147. — Cf. *Kritik der Urtheilskraft*, V, p. 496-497. — V. plus haut, p. 194-196.

l'union des deux sortes de raison ; il est une idée transcendantale pratiquement vérifiée et réalisée, c'est-à-dire qu'il ne peut être traité que par des procédés rationnels[1]. Kant trouve surprenante autant que fausse la prétention de le démontrer par voie psychologique ; il combat avec une particulière vivacité la thèse des wolffiens qui se bornent à l'expliquer par un examen attentif de la nature de l'âme et des mobiles de la volonté, qui croient l'affranchir de la nécessité ou l'accorder avec elle par la découverte d'un degré supérieur de clarté dans certaines des représentations déterminantes. Une telle méthode, en dépit des apparences qu'elle revêt parfois, reste toujours au fond purement empirique, et elle ne peut consacrer, au lieu de la liberté véritable, qu'une illusion de liberté. La notion de la liberté à laquelle elle s'arrête n'est en effet qu'une notion comparative, c'est-à-dire une notion d'après laquelle un être est plus libre quand la cause déterminante de son action, au lieu d'être hors de lui, est en lui. Cette notion n'est pas réellement différente de celle que l'on a dans l'esprit lorsqu'on parle du libre mouvement d'un corps lancé dans l'espace, parce que ce corps, dans son trajet, n'est poussé par aucune force extérieure, ou encore lorsqu'on appelle libre le mouvement d'une montre, parce qu'elle pousse elle-même ses aiguilles. Pour la démonstration de la liberté véritable, de celle « qui doit être donnée pour fondement à toutes les lois morales et à l'imputation selon ces lois[2] », la question n'est pas de savoir si les principes de détermination résident dans le sujet ou hors de lui, et, dans le premier cas, s'ils viennent de l'instinct ou s'ils sont conçus par la raison. Puisqu'on admet que les représentations déterminantes ont leur cause dans un état précédent, que

---

1. « Le concept de la liberté est la pierre d'achoppement de tous les *empiristes*, mais c'est aussi la clef des principes pratiques les plus sublimes pour les moralistes *critiques*, qui voient par là combien il leur est nécessaire de procéder *rationnellement*. » V, p. 7-8.
2. V, p. 101.

celui-ci a sa cause dans un autre état précédent, et ainsi de suite, peu importe que ces représentations soient intérieures, que leur genre propre de causalité soit psychologique et non mécanique, elles n'en sont pas moins soumises aux conditions nécessitantes du temps écoulé, qui, au moment où nous agissons, ne sont plus en notre pouvoir. La nécessité ne cesse pas d'être ce qu'elle est, même quand elle se manifeste par des représentations internes au lieu de forces externes, dès qu'elle embrasse des êtres dont toute l'existence est déterminable dans le temps ; l'*automate spirituel* de Leibniz n'est pas plus libre qu'un automate matériel. Vainement donc on recourt à cette distinction de l'intérieur et de l'extérieur, ou encore des idées claires et des idées confuses, pour sauver la liberté. « C'est là un misérable subterfuge par lequel quelques-uns encore se laissent leurrer et pensent ainsi avoir résolu, grâce à une petite façon de jouer sur les mots, ce difficile problème que des siècles ont travaillé en vain à résoudre... Si la liberté de notre volonté n'était pas autre que cette dernière (que la liberté psychologique et comparative de cette sorte, et non la liberté transcendantale, c'est-à-dire absolue), elle ne vaudrait pas mieux au fond que la liberté d'un tournebroche, qui lui aussi, une fois monté, exécute de lui-même ses mouvements[1]. »

---

1. V, p. 99-102, p. 7-8. — V. plus haut, p. 81-84. — Kant savait bien qu'il avait à lutter contre la persistance ou le retour offensif de la doctrine leibnizienne sur les rapports de la nécessité et de la liberté (v. plus haut, p. 266-268. — Cf. *Bemerkungen zu Jakob's Prüfung*, IV, p. 466-467). Dans l'automne de 1787, alors que la *Critique de la raison pratique* était prête, mais sans être encore publiée, Ulrich faisait paraître un écrit intitulé *Eleutheriologie oder über die Freiheit und Nothwendigkeit*. Ulrich était un leibnizien, qui dans ses *Institutiones logicae et metaphysicae*, 1785, avait cependant paru s'acheminer vers Kant en ce qui concerne la théorie de la connaissance (v. la discussion de ses critiques par Kant dans les *Premiers principes métaphysiques de la science de la nature*, IV, p. 363-366), mais qui annonçait aussi son inébranlable adhésion au déterminisme. « Quam innoxia sit omnisque periculi exsors *Deterministarum* sententia, quae sint e diverso incommoda et pericula opinionis *Indeterministarum*... alio loco ac tempore, peculiari scriptione, plenioris *Eleutheriologiae* initia continente, dicetur », § 355. L'*Eleutheriologie* justifia en effet le déterminisme ; elle combattit la

* *
  *

Il faut donc en revenir à la solution que la Critique de la raison spéculative avait préparée et que la Critique de la raison pratique confirme et complète. La raison spéculative pose le problème par sa tendance à poursuivre et sa prétention à atteindre l'inconditionné dans l'ordre de la causalité ; elle aboutit à une antinomie qui met en présence l'affirmation de la causalité inconditionnée dans la série illimitée des causes naturelles et l'affirmation de la causalité inconditionnée hors de cette série. Ainsi que Kant le rappelle[1], la Critique a fourni le moyen de lever l'antinomie et de la lever par l'admission, à des points de vue différents, des deux thèses opposées, car ici il ne s'agit pas, comme dans les antinomies mathématiques, de catégories qui ne puissent opérer que dans l'homogène la synthèse du conditionné et de la condition ; la catégorie dynamique de la causalité, n'exigeant que l'*existence* d'une condition pour le conditionné, comporte entre les deux une hétérogénéité possible. Dès lors il se peut qu'il n'y ait pas de terme assignable à la suite des causes naturelles, et que cependant il

---

doctrine kantienne de la liberté, en remarquant, avec raison du reste, que le principe en est dans la conception de la subjectivité du temps. Kant fournit sur le livre une note à Kraus qui la transforma en un compte rendu pour l'*Allgemeine Literaturzeitung* du 25 avril 1788 (v. Reicke, *Kantianu*, p. 53. V. aussi *Lose Blätter* D 5, I, p. 196-199 ; D 9, I, p. 207-208, où se trouvent des brouillons en vue de cette critique d'Ulrich). Vaihinger a réédité ce compte rendu en essayant de marquer ce qui y appartenait à Kant, c'est-à-dire de beaucoup la plus grosse partie, et ce qui y appartenait à Kraus (*Ein bisher unbekannter Aufsatz von Kant über die Freiheit*, Philosophische Monatshefte, XVI, 1880, p. 193-208). Le sens général de l'article concorde avec les observations que présente ici la *Critique de la raison pratique*. Kant insiste sur l'impossibilité de justifier, avec le déterminisme, et sans le secours de la Critique, la distinction du physique et du moral dans les actions humaines, sur celle d'accorder avec l'idée du devoir l'existence d'un pouvoir toujours conditionné, sur la vanité de tous les efforts que tente le déterminisme pour se soustraire à ses conséquences fatalistes en s'appuyant sur le progrès que fait le sujet dans la connaissance des causes. — V. la lettre de Kant à Reinhold, du 7 mars 1788, *Briefwechsel*, I, p. 504-505.

1. V, p. 3, p. 50-51, p. 108-109.

y ait hors de l'intuition sensible une causalité absolue ; et c'est précisément ce qu'autorise à admettre la théorie qui a établi, par l'idéalité de l'espace et du temps, la distinction des phénomènes et des choses en soi. Les phénomènes sont soumis à la loi de la causalité naturelle, et le sujet pensant dans l'intuition interne qu'il a de lui-même, dans ce qu'il est pour sa conscience empirique, ne peut être, comme tous les objets déterminables dans le temps, qu'un phénomène[1]. Mais les choses en soi sont indépendantes du mécanisme, et le sujet pensant, en tant que par sa conscience pure il se reconnaît comme chose en soi, s'attribue la liberté. Conformément à ce qu'il avait soutenu dans la *Critique de la raison pure*, Kant déclare donc que s'il nous était possible de pénétrer dans l'âme d'un homme pour y découvrir tous les motifs, même les plus légers et les plus secrets, qui la sollicitent, de tenir compte en même temps de toutes les causes externes qui peuvent agir sur elle, nous pourrions calculer la conduite future de cet homme avec autant de certitude qu'une éclipse de soleil ou de lune. Et pourtant nous continuerons à le tenir pour libre : à bon droit, du reste. Car si nous avions une intuition intellectuelle du sujet qu'il est en lui-même, nous verrions que toute cette suite de phénomènes, en tant qu'elle se rapporte à la loi morale, découle de sa spontanéité absolue. A défaut de cette intuition, la loi morale nous garantit que si d'une part ses actions se rapportent comme phénomènes à l'être sensible qu'il est, d'autre part l'être sensible qu'il est se rapporte au substrat supra-sensible qui est au fond de lui[2].

---

1. Que le sujet ne se saisisse par le sens intime que comme phénomène, c'était là une thèse par laquelle la doctrine kantienne rompait particulièrement avec la doctrine des wolffiens, et sur laquelle aussi Kant juge nécessaire de retenir l'attention, V, p. 6. — Cf. *Bemerkungen zu Jacob's Prüfung*, IV, p. 467. — Cette théorie de Kant avait été critiquée de divers côtés, notamment par Pistorius dans le compte rendu des *Prolégomènes* qu'il avait donné à la *Bibliothèque allemande universelle*, 1784, LIX, p. 322-357 (d'après Benno Erdmann, *Kant's Kriticismus*, p. 106).

2. V, p. 6, p. 45, p. 51-52, p. 99 sq.

Cependant cette solution met-elle fin à la difficulté traditionnelle tirée des rapports de la liberté humaine avec l'existence de Dieu conçu comme Cause première et toute-puissante ? Sans avouer que cette difficulté est peut-être extérieure à son système, et même en reconnaissant qu'elle est mal aisée à écarter entièrement, Kant soutient qu'en tout cas sa doctrine peut mieux que toute autre la lever. Assurément, si les actions de l'homme qui s'accomplissent dans le temps étaient des actions de l'homme comme chose en soi et non pas seulement de l'homme comme phénomène, il n'y aurait pas de salut possible pour la liberté. L'homme serait comme une marionnette ou comme un automate de Vaucanson, façonné et mis en mouvement par le Maître suprême de toutes les œuvres d'art. Automate pensant, il serait dupe d'une illusion en prenant pour la liberté la spontanéité dont il a conscience, et qui cependant de proche en proche doit se résoudre dans la puissance d'impulsion d'une force étrangère. On n'échappe pas à cette conséquence en considérant, avec Mendelssohn, le temps et l'espace comme des conditions qui ne sont inhérentes qu'à l'existence des êtres finis comme tels, et en prétendant élever Dieu au-dessus de ces conditions. Car dès que l'on ne distingue pas dans les êtres leur existence comme phénomènes et leur existence comme choses en soi, la causalité divine dans son rapport avec les créatures est inévitablement assujettie à leurs conditions et perd de la sorte son indépendance et son infinité. La logique oblige donc de faire de l'espace et du temps des déterminations essentielles de l'Être premier, et de regarder, avec le spinozisme, toutes les choses qui dépendent de cet Être comme des accidents qui lui sont inhérents, et non comme des substances. Posons au contraire, par l'idéalité du temps comme de l'espace, la distinction des phénomènes et des choses en soi : d'un côté Dieu pourra être dit véritablement créateur, la création ne se rapportant alors qu'à des noumènes ; de l'autre, ce n'est pas à lui, mais au sujet agissant conçu comme chose en soi que devra être attribuée l'origine de la nécessité qui gouverne les phénomènes visibles : la liberté de l'homme, restant le fondement transcendantal de son existence empirique, sera donc sauvegardée[1].

Voilà comment la philosophie critique est en mesure de résoudre une question que les métaphysiciens dogmatiques ont plutôt éludée qu'abordée. A vrai dire, il semble bien que cette question doive se poser pour eux plus que pour Kant, et qu'elle soit introduite ici comme une question d'école, non comme un problème issu du développement normal de la Critique[2]. Kant en effet prend soin de nous déclarer que l'affirmation de la liberté est pour nous la vérité première, par rapport à laquelle d'autres vérités sont sans doute possibles pour nous, mais au delà de laquelle nous ne pourrions essayer de remonter sans nous perdre. Si nous voulions tenter de réaliser l'idée de Dieu comme Être nécessaire, selon la thèse de la quatrième antinomie, sans passer préalablement par l'idée de la liberté, nous précipiterions notre pensée dans l'abîme de l'inconnaissable, puisque nous prétendrions atteindre un Être posé en dehors de nous, et dont la relation avec le monde sensible nous resterait absolument inexplicable. « Le concept de la liberté est le seul qui nous permette de ne pas sortir de nous-mêmes afin de trouver pour le conditionné et le sensible l'inconditionné et l'intelligible. Car c'est notre raison elle-même qui par la loi pratique suprême et inconditionnée se connaît, ainsi que l'être qui a conscience de cette loi (notre propre personne), comme appartenant au monde intelligible pur, et même détermine à vrai dire la façon dont cet être, comme tel, peut agir[3]. »

Qu'en plaçant ainsi l'idée de la liberté, non l'idée de Dieu, au sommet de son système, Kant reste fidèle à l'inspiration de la Critique de la raison pure, cela est

---

1. V, p. 104-108.
2. Cf. *Die Religion*, VI, p. 144, note. — V. Schopenhauer, *Ueber die Freiheit des Willens*, Ed. Grisebach, III, p. 449-450.
3. V, p. 110.

incontestable ; comme aussi sans doute en soutenant que cette idée est déterminable essentiellement et exclusivement par notre faculté pratique [1]. Cependant l'examen plus approfondi et plus précis du rôle que joue cette dernière faculté n'a pas été sans modifier, en la développant dans un certain sens, la conception que la *Critique de la Raison pure* avait exposée de la liberté transcendantale. La *Critique de la raison pure*, ainsi que nous l'avons vu [2], maintenait le rapport pratique de la raison aux actions volontaires de l'homme sous le rapport spéculatif des choses en soi aux phénomènes, et ne faisait de la volonté obligée par les impératifs qu'une application en quelque sorte subordonnée de la causalité des choses en soi ; elle présentait le caractère intelligible comme la loi fondamentale de cette causalité, moralement spécifiée en ses effets plus qu'en elle-même. Ici, au contraire, — après la doctrine constituée dans la *Grundlegung*, — la loi morale, fournissant à l'idée de la causalité libre le contenu qui en justifie la réalité, tend à identifier pleinement cette idée avec elle ; c'est donc par rapport à la loi morale que se détermine directement le caractère. La causalité de la raison, au lieu d'exprimer simplement pour la pratique la causalité de la chose en soi, paraît l'absorber toute : c'est l'être raisonnable qui se donne à lui-même son caractère intelligible, d'où dérive l'unité de sa vie sensible comme phénomène [3].

---

1. V. plus haut, p. 229, p. 222-226.
2. V. plus haut, p. 220-221.
3. V. notamment V, p. 102 : « Mais le même sujet qui, d'un autre côté, a conscience de lui-même comme d'une chose en soi, considère aussi son existence, *en tant qu'elle n'est pas soumise aux conditions du temps*, et se considère lui-même comme ne pouvant être déterminé que par des lois qu'il se donne par sa raison même. Dans cette existence qui est la sienne, il n'y a rien pour lui d'antérieur à la détermination de sa volonté, mais toute action et en général tout changement de détermination de son existence tel qu'il est pour le sens intime, même toute la suite de son existence comme être sensible, ne doit être considérée dans la conscience de son existence intelligible que comme conséquence, et jamais comme principe déterminant de sa causalité comme *noumène*. A ce point de vue l'être raisonnable peut, de toute action contraire à la loi et accomplie par lui, quoique, comme phénomène, elle

Sans doute, comme dans la *Critique de la raison pure*, Kant explique ici par le caractère intelligible cette uniformité de conduite qui apparaît chez les hommes, particulièrement la tendance au mal qui se manifeste si tôt chez certains d'entre eux, et qui résiste à toutes les bonnes influences de milieu et d'éducation ; il explique de même que des dispositions et des actions mauvaises, malgré l'enchaînement naturel des circonstances qui les déterminent dans le temps, restent imputables à l'individu, puisqu'elles sont la conséquence de mauvais principes immuables librement choisis. « Tout ce qui résulte, dit-il, du libre arbitre *(Willkühr)* d'un homme, comme est certainement toute action faite avec intention, a pour fondement une causalité libre *(eine freie Causalität)*, qui, dès la première jeunesse, exprime son caractère dans ses manifestations phénoménales (les actions)[1]. » Mais si la constance du caractère paraît commu-

soit suffisamment déterminée dans le passé et sous ce rapport inévitablement nécessaire, dire à bon droit qu'il aurait pu ne pas la commettre ; car elle appartient, avec tout le passé qui la détermine, à un phénomène unique, au phénomène du caractère qu'il se donne à lui-même, et d'après lequel il s'attribue, comme à une cause indépendante de toute sensibilité, la causalité de ces phénomènes. »
Notons encore que Kant n'emploie ici le mot « caractère » que pour désigner le caractère intelligible et qu'il ne parle pas du caractère empirique. Il semble ainsi effacer le dualisme trop exclusivement spéculatif des deux caractères tel qu'il l'avait développé dans la *Critique de la raison pure*, pour marquer d'avantage l'influence directe de la règle d'action adoptée par le sujet sur sa vie sensible. « La *vie sensible* a relativement à la conscience *intelligible* de son existence (de la liberté) l'unité absolue d'un phénomène *(absolute Einheit eines Phänomens)*, qui, en tant qu'il contient uniquement des manifestations phénoménales *(Erscheinungen)* de l'intention qui a rapport à la loi morale (du caractère), ne doit pas être jugé d'après la nécessité naturelle... » (V. p. 103). Ainsi, tandis que dans la *Critique de la raison pure* le caractère empirique que l'homme possède « comme toutes les autres choses de la nature » (III, p. 378) paraît souvent unir assez indistinctement les phénomènes donnés à la représentation sensible et les phénomènes volontaires (v. sur cette question, et sur tout le problème des deux caractères l'étude de Falckenberg, *Ueber den intelligiblen Charakter ; zur Kritik der Kantischen Freiheitslehre*, Zeitschrift für Philosophie und philosophische Kritik, Neue Folge, LVII, 1879, p. 29-85, 209-250), ici au contraire apparaît plus nettement la conception de ce qu'on pourrait nommer la vie sensible pratique, c'est-à-dire de la vie sensible fondée, non pas sur la causalité de la chose en soi en général, mais sur la liberté dans son rapport immédiat avec la loi morale.

1. V. p. 104. — Le libre arbitre *(Willkühr)* n'est pas ici appelé à choisir lui-même les maximes et à constituer le caractère, comme il le sera dans la

niquer une même valeur d'ensemble à toutes les actions accomplies, elle n'empêche point que chacune de ces actions, prise isolément, ne relève du jugement moral, que même chacune d'elle ne soit libre à tout moment [1]. En effet, quand il s'agit de la loi de notre existence intelligible, qui est la loi morale, la raison ne connaît pas de distinction de temps, elle ne recherche point si tel acte, accompli après d'autres, n'a pas reçu de ces derniers sa nature et son sens, mais si cet acte nous appartient véritablement : dès qu'il nous appartient, elle le juge comme s'il formait à lui seul un tout complet, d'après la spontanéité absolue de la liberté. Aussi le repentir, que les fatalistes conséquents, comme Priestley, traitent d'absurde, — et à bon droit suivant les principes de leur doctrine, — est-il en réalité un sentiment légitime ; car, bien qu'il porte sur un acte passé, par conséquent irréparable, il porte sur lui, non pour la place qu'il a occupée dans le temps, mais pour l'effet authentique qu'il est d'une décision libre [2]. Kant incline donc à éliminer de sa théorie du caractère intelligible le substantialisme plus ou moins explicite qui était en elle [3] ; bien qu'à cer-

---

Religion dans les limites de la simple raison ; il n'est que l'instrument ou le véhicule de la décision prise par la liberté transcendantale pratique.

1. « Satisfaire au commandement catégorique de la moralité est au pouvoir de chacun en tout temps » *(zu aller Zeit)*. V. p. 39.
2. V, p. 102-103.
3. En s'appropriant la théorie kantienne de la liberté (*Die Welt als Wille und Vorstellung*, Ed. Grisebach, I, p. 218-222, p. 374-399, p. 637-644. — *Ueber die Freiheit des Willens*, III, p. 460-462, p. 474-477. — *Ueber die Grundlage der Moral*, III, p. 556-561. — *Parerga und Paralipomena*, IV, p. 148), Schopenhauer a précisément surtout retenu ce substantialisme qu'il fait tourner ensuite au bénéfice de sa doctrine sur le primat de la volonté. Un des grands mérites de Kant à ses yeux, c'est d'avoir rigoureusement appliqué à la question de la liberté la formule « *Operari sequitur esse* », d'avoir usé de sa distinction entre les phénomènes et les choses en soi pour mettre les actions particulières parmi les phénomènes et leur principe dans la volonté libre comme chose en soi. Il se trouve précisément que la philosophie de Schopenhauer présente la doctrine des deux caractères sans aucun rapport immédiat à la loi pratique inconditionnée, telle qu'elle était donc à peu près dans la pensée de Kant antérieurement à l'idée de l'autonomie, c'est-à-dire d'une détermination immanente de la liberté par le concept d'une législation universelle. Pour justifier la liberté du caractère intelligible, Schopenhauer invoque surtout, comme le faisait Kant, la responsabilité ; tandis

tains égards il continue d'admettre à l'origine du caractère l'action intemporelle du noumène accomplie une fois pour toutes, cependant il la tient précisément pour une action, et pour une action en rapport direct avec la loi morale, non plus pour une détermination essentielle de la chose en soi comme chose ; s'il ne dit pas expressément encore qu'elle soit capable de se renouveler en elle-même, il n'en admet pas moins la légitimité du jugement moral qui traite comme premier et nouveau, quelque rigoureuse qu'en soit la connexion avec les phénomènes antécédents, tout phénomène volontaire émané d'elle.

Toutefois, en engendrant ainsi une conception du caractère intelligible plus conforme aux conditions immanentes de la vie morale, la fusion de la liberté transcendantale et de la liberté pratique ne supprime pas, et même par endroits ne fait que rendre plus saillant un dualisme enveloppé dans la doctrine [1]. Kant paraît mettre sur le même plan la liberté identique à la loi, dont elle n'est en quelque sorte que la puissance propre de réalisation, et la liberté constitutive d'un caractère, qui peut être mauvais autant que bon, et qui, en tout cas, aurait pu être autre qu'il n'est. Nous retrouvons donc ici, sans qu'elles soient intrinsèquement liées par un rapport de hiérarchie explicite, deux concep-

---

que Kant en approfondissant sa pensée avait identifié la liberté en ce qu'elle a de plus essentiel avec la volonté autonome, Schopenhauer maintient d'un côté la signification cosmologique réaliste de l'idée de liberté et insiste très fortement de l'autre sur l'immutabilité du caractère.

1. Riehl a très justement indiqué comment le caractère intelligible, chez Kant, enveloppe originairement une dualité de sens, en rapport avec les deux sortes de libertés, comment aussi la causalité de la chose en soi a imposé ses déterminations à la causalité de la raison en général. — Il présente à la suite une libre interprétation de cette idée du caractère intelligible, qu'il transporte de l'individu à l'espèce, et qu'il définit : le caractère moral de l'humanité comme espèce, en tant qu'il est distinct de son caractère naturel. Ce caractère se réalise au cours de l'histoire humaine et n'est achevé que dans son idée ; la vie morale de l'individu y concourt au lieu d'en résulter (*Der philosophische Kriticismus*, II, 2, 1887, p. 277-280). — La conception du caractère intelligible, ainsi transformée, paraît à certains égards se rapprocher de celle de la fin intelligible que la philosophie kantienne de l'histoire assigne à l'espèce humaine.

tions de la liberté : l'une, qui est celle que la *Grundlegung* a définie, et qui met essentiellement en relief l'autonomie de la volonté ; l'autre, qui est reprise de la *Critique de la raison pure* tout en étant plus exclusivement adaptée aux déterminations morales, et qui représente surtout la faculté de commencer par soi-même une série d'états. A vrai dire, ces deux conceptions semblent se rattacher l'une à l'autre par l'exigence commune qu'elles expriment d'un pouvoir indépendant de la suite des événements empiriques et des mobiles sensibles : mais il n'en reste pas moins que par leurs définitions positives elles divergent, l'une servant à réaliser l'idée d'une volonté législative universelle, d'une volonté, comme disait Kant ailleurs, absolument bonne, l'autre servant à expliquer par une spontanéité absolue l'origine première des actes humains, quelle qu'en soit la valeur morale, et à établir la responsabilité du sujet qui les accomplit[1]. Comment donc, en fin de compte, une liberté dont l'existence ne saurait être garantie que par la loi morale, et qui même ne fait qu'un avec la loi, peut-elle être capable d'agir contre la loi même ? Sous un seul nom, il y a bien là, semble-t-il, deux espèces de liberté radicalement différentes[2].

---

1. Il arrive plus d'une fois à Kant de lier dans ses formules ces deux fonctions différentes de la liberté. Exemple : « ... cette liberté qui doit être donnée pour fondement à toutes les lois morales et à l'imputation selon ces lois. » V, p. 101. « ... sans cette liberté, qui seule est pratique *a priori*, il n'y a pas de loi morale possible, ni d'imputation selon cette loi. » *Ibid.* Cependant dans ces textes, comme dans des textes analogues, on discerne, plus ou moins confusément, une persistance de la conception plus ancienne de Kant qui posait dans la liberté un fondement de la loi, distinct et comme séparé à certains égards de la loi même.
2. V. plus haut, p. 192-193. — V. Cantoni, *Emanuele Kant*, II, p. 93 sq. — Cette difficulté avait dès le premier moment attiré l'attention des partisans mêmes de la philosophie kantienne. Devait-on la résoudre en disant comme certains que la volonté n'est libre que dans les actions morales ? Reinhold dans ses *Lettres sur la philosophie Kantienne* (*Briefe über die Kantische Philosophie*, I, 1790, II, 1792 ; v. notamment la 8e lettre du second volume, p. 262-308) s'élève contre cette interprétation : ce nouveau déterminisme des kantiens, comme l'ancien déterminisme des leibniziens, a, dit-il, le grand défaut de ramener la liberté à la raison ; il n'en diffère que parce que la raison qu'il considère est pratique au lieu d'être théorique. Reinhold soutient, lui, que la raison pratique de Kant n'est pas telle parce qu'elle agit comme volonté, mais

Il n'est pas douteux que, selon l'esprit qui anime l'œuvre nouvelle de Kant, ce ne soit la liberté identique à la loi pratique, la liberté constitutive de la volonté autonome, qui soit véritablement première[1]. Et il est possible que l'ambiguïté apparente de sa doctrine se dissipe dans une certaine mesure, si l'on songe que pour lui la volonté, c'est avant tout la faculté d'agir par des principes, de subsumer, par conséquent, sous des règles les motifs ou mobiles qui la déterminent[2]. Or ces principes et ces règles

uniquement parce qu'elle fournit par elle seule à la volonté des prescriptions. « Ceci ne peut être assez redit aux amis de la philosophie kantienne : la raison pratique n'est pas une volonté, bien qu'elle appartienne essentiellement à la volonté et qu'elle s'exprime dans tout vouloir proprement dit. L'action de la raison pratique est uniquement involontaire (*unwillkührlich*). L'action de la volonté, qu'elle soit conforme ou contraire à la raison pratique, est une action de libre arbitre (*willkührlich*). Dans le vouloir moral, la raison pratique n'agit en elle-même et pour elle-même ni plus ni moins que dans le vouloir immoral ; dans les deux cas elle établit la loi » (p. 293). Il faut maintenir que la liberté est « dans l'indépendance de la personne à l'égard même de la contrainte de la raison pratique » (p. 272). Reinhold explique la liberté comme faculté distincte de la raison pratique par la coexistence de la raison et de la sensibilité en nous ; mais il néglige de mettre en lumière un élément qui pour Kant reste caractéristique de la *Willkühr* humaine, à savoir l'adoption d'une forme rationnelle ou d'une règle, même quand le contenu matériel en est emprunté à la sensibilité (Cf. Schelling, *Zur Erläuterung des Idealismus der Wissenschaftslehre*, Werke, I, p. 430-442). — Ne serait-ce pas malgré tout aux remarques de Reinhold que devrait être rapportée la tendance ultérieure de Kant à mieux marquer la différence de la volonté législatrice et du libre arbitre, et même à refuser parfois pour la première le nom de liberté? V. plus haut, p. 434, note. — Cf. *Briefwechsel*, II, p. 395-396 ; p. 475. — Herbart, entre autres, a relevé comme contradictoire la conception kantienne d'une liberté qui par elle-même est immédiatement identique avec la loi morale et qui pourtant reste capable de mal (*Analytische Beleuchtung des Naturrechts und der Moral*, X, p. 440-441). — V. *Sur la théorie kantienne de la liberté*, dans le Bulletin de la Société française de philosophie, V, 1905, n° 1.

1. Cette conception de la liberté, à l'exclusion complète, ou peu s'en faut, de l'autre, est développée dans la partie initiale de la *Critique* qui traite des *Principes de la raison pure pratique*. C'est plus loin, dans l'appendice intitulé *Éclaircissement critique de l'analytique de la raison pure pratique* que les deux conceptions sont surtout mêlées, avec une prévalence évidente de la conception qui, tout en garantissant maintenant l'existence de la liberté par la loi morale, fait surtout de la liberté une faculté spontanée d'agir en opposition possible aussi bien qu'en accord avec la loi ; ici la formule et les façons de parler sont visiblement plus proches de celles qu'employait la *Critique de la raison pure* dans la *Dialectique*.

2. « Le *bien* ou le *mal* désignent toujours un rapport à la *volonté*, en tant que celle-ci est déterminée par la *loi de la raison* à faire de quelque chose son objet ; et, ainsi considérée, la volonté n'est jamais immédiatement déter-

ont au moins dans leur forme quelque chose de rationnel qui, comme tel, ne laisse pas réduire aux tendances subjectives particulières que souvent ils comprennent ; leur adoption est indépendante de toute condition antérieurement posée dans le temps, puisque c'est par elle seulement que les actes sont donnés dans le temps ou y deviennent susceptibles d'être moralement qualifiés. Toute volonté est donc libre, même lorsqu'elle n'use que d'une raison empiriquement conditionnée, parce que c'est tout de même la raison qu'elle met en jeu dans le choix qu'elle fait de ses règles de conduite. Ainsi la raison, dans le rapport qu'elle a avec la faculté de désirer, peut ne fournir d'elle qu'une forme capable simplement d'embrasser des objets matériels et d'en faire des principes d'action ; ou bien elle peut fournir en plus un contenu adéquat à cette forme, la représentation d'une loi inconditionnée, par elle-même déterminante ; dans les deux cas la volonté est libre ; seulement, dans le premier cas, la volonté ne réalise pas en quelque sorte la liberté qu'elle possède ; elle se laisse affecter par des lois pathologiques qui lui sont extérieures ; dans le second cas, la volonté réalise véritablement sa liberté ; elle exerce son droit d'être pratique par elle seule, de poser d'elle-même la législation morale universelle à laquelle elle obéit. — Le *fait*, que certains êtres raisonnables sont aussi des êtres sensibles, explique cette double fonction possible de la raison[1].

*
* *

La raison n'est véritablement et spécifiquement pratique que quand elle est pure ; elle est constituée d'abord comme telle par l'idée d'une loi inconditionnée ; mais elle doit

---

minée par l'objet et par la représentation de l'objet, mais elle est une faculté de se faire d'une règle de la raison le motif déterminant d'une action (par laquelle un objet peut devenir réel) ». V. p. 64.

[1]. De ces êtres, nous dit Kant, « la raison n'est pas, par sa nature seule, nécessairement conforme à la loi objective », V. p. 76.

comprendre en outre la représentation d'un objet conçu comme un effet qui peut être produit par la liberté en rapport avec cette loi ; c'est-à-dire qu'elle suppose non seulement des principes, mais encore le concept d'un objet. Il y a donc lieu d'instituer ici, comme dans la *Critique de la raison pure*, une *analytique des concepts*. Étant admis que nous sommes obligés par la loi, elle devra déterminer ce à quoi nous sommes obligés.

Seulement l'analytique des concepts suit ici, au lieu de la précéder, l'analytique des principes ; et si Kant, quoi qu'on en ait dit, n'a jamais regardé comme vaine ni voulu laisser irrésolue la question de savoir quel est l'objet de l'obligation énoncée par la loi, il s'est efforcé de placer cette question à son rang selon la Critique, par suite à un autre rang que celui qui lui était assigné par les doctrines morales ordinaires. C'était en effet un trait commun à toutes les écoles, que de définir en premier lieu l'objet à réaliser, et de n'établir qu'ensuite et que par rapport à cet objet la règle qui prescrit ou qui conseille de le réaliser. En particulier, chez Wolff et ses disciples, l'idée de perfection servait de fondement à l'idée d'obligation, et nous avons vu que Kant, de bonne heure, avait jugé défectueuse la façon dont les Wolffiens liaient ces deux idées l'une à l'autre[1]. Les tentatives de critique et de rénovation qu'avait depuis ce moment accomplies sa pensée le conduisaient maintenant à admettre que l'idée formelle d'obligation, si l'on en comprend le formalisme non plus dans un sens simplement logique, mais dans un sens transcendantal, est capable de déterminer le concept de l'action que nous devons vouloir.

Mais pour cela il faut nous rappeler qu'autre chose est la volonté proprement morale de cette action, autre chose le pouvoir physique de l'exécuter. Ce dernier pouvoir est soumis aux lois de la nature, telles que peut les com-

---

[1]. V. plus haut, p. 98-101.

prendre la connaissance théorique, ou même, dans le cas présent, notre simple expérience. Il ne dépend donc pas strictement de la volonté. Par suite ce qu'il nous faut établir ici, c'est le moyen de discerner, au point de vue moral, la possibilité ou l'impossibilité de vouloir l'action par laquelle un objet serait réalisé, en supposant que nous eussions pour le réaliser la puissance physique nécessaire.

A cet égard les seuls objets de la raison pratique sont le bien et le mal ; ils désignent tous deux, selon un principe de la raison, un objet nécessaire, l'un de la faculté de désirer, l'autre de la faculté d'aversion. Or si nous prétendons définir le bien et le mal antérieurement à la loi, et pour les faire servir de fondement à la loi, ils perdent tout caractère moral. En effet, que peuvent-ils signifier avant la loi et en dehors d'elle ? Rien de plus que la promesse d'un plaisir ou la menace d'une peine, liée à la représentation de tel acte, et par laquelle serait inévitablement déterminée la causalité du sujet. Or, comme il nous est impossible d'apercevoir *a priori* quelle représentation sera accompagnée de plaisir, quelle représentation sera accompagnée de peine, l'expérience seule permet alors de décider ce qui est bon ou ce qui est mauvais, et cette expérience, nous ne pouvons la faire que par le sentiment. Serait bon ainsi ce qui est plaisir ou moyen pour le plaisir, serait mauvais ce qui est peine ou cause de peine. L'intervention de la raison pourrait être requise pour comprendre les relations plus ou moins lointaines des moyens aux fins et pour fournir des règles selon ces relations ; mais elle n'aboutirait jamais qu'à définir ce qui est bon pour quelque autre chose, ce qui est utile pour le plaisir, non ce qui est bon en soi absolument. Ainsi, comme nous ne saurions avoir d'intuition intellectuelle d'un bien supra-sensible, nous ne pouvons trouver de milieu entre prendre pour principe la loi ou prendre pour principe le bien sensible, entre fonder la moralité et la détruire.

Que penser dès lors de la vieille formule des écoles : *Nihil appetimus nisi sub ratione boni ; nihil aversamur nisi sub ratione mali ?* Elle est équivoque ; car le « *sub ratione boni* » peut signifier, soit que nous voulons une chose sous l'idée du bien, c'est-à-dire conformément à la loi qui gouverne notre volonté, soit que nous la voulons en conséquence de l'idée du bien sous laquelle elle se présente à nous du dehors. Et cette ambiguïté s'aggrave du fait que, dans la langue latine comme dans d'autres langues, les idées de bien et de mal, qu'elles se rapportent à l'agréable et au désagréable d'une part, à ce qui est moralement obligatoire et moralement défendu de l'autre, n'ont qu'une même expression. La langue allemande, plus heureuse en l'occasion, a deux séries distinctes de mots : pour le premier cas, *das Wohl* et *das Uebel* (ou *Weh*), pour le second cas, *das Gute* et *das Böse*. Or la formule en question tout à fait fausse, si l'on identifie *bonum* et *das Wohl,* devient incontestablement vraie si elle signifie que la faculté de désirer selon la raison ne peut vouloir que *das Gute. Das Wohl* et *das Uebel* désignent un rapport d'objets donnés ou susceptibles de l'être à la sensibilité ; *das Gute* et *das Böse* désignent un rapport de quelque chose à la volonté qui s'en fait un objet en tant qu'elle est déterminée par la loi de la raison.

Il y a donc une opposition essentielle entre le bien moral et le bien physique, entre le mal moral et le mal physique. Que l'on raille le stoïcien qui s'écriait au milieu des plus vives souffrances : Douleur ! Tu ne me feras jamais dire que tu sois un mal ! Le stoïcien avait raison. Car la douleur qui le torturait ne diminuait que son bien-être sans diminuer la valeur de sa personne ; le moindre mensonge qu'il eût eu à se reprocher eût suffi au contraire pour abattre sa fierté. Cette opposition apparaît déjà, mais simplement relative, quand pour prévenir un mal physique ou y mettre fin l'homme consent à endurer un autre mal, qui devient à ce titre un bien ; elle n'est véritable et absolue que lorsque la raison ne règle pas seulement notre action en vue de quelque effet sensible, mais quand elle la règle immédiatement et par elle seule dans sa maxime et qu'elle lui impose ainsi d'être bonne en elle-même.

Ainsi se justifie l'apparent paradoxe qui consiste à déterminer les concepts du bien et du mal, non pas antérieurement à la loi morale, mais postérieurement à elle et par elle ; c'est le seul moyen d'échapper au vice de toutes les doctrines d'hétéronomie, qui, en quelque endroit qu'elles mettent d'abord le bien, sont condamnées par la logique de leur principe et par les limites de nos facultés à ne nous le faire connaître que par son rapport à notre sensibilité[1].

La façon dont des concepts se rapportent à des objets est définie par des catégories. Ici cependant, comme il s'agit de ramener à une unité synthétique, non pas une diversité d'intuitions données, mais une diversité de désirs, on peut dire que les concepts du bien et du mal sont des modes d'une catégorie unique, la catégorie de la causalité, en tant que le principe qui la détermine est la représentation d'une loi que la raison se donne à elle-même[2]. Les actions de la volonté ont ce caractère, de rentrer, d'une part, sous une loi de la liberté, de l'autre, sous les lois de la nature : on conçoit donc qu'il y ait une correspondance générale, puis plus précisément des affinités et des différences entre les catégories de la nature et celles de la liberté. Qu'il doive y avoir une affinité entre les deux ordres de catégories, cela tient à ce que les actions, tout en partant du sujet, ne sont cependant possibles que relativement à des phénomènes, et que leur rapport à la nature ne peut être conçu que selon les catégories de l'entendement ; mais d'autre part ces catégories ne peuvent

---

1. V. p. 61-68, p. 8-9.
2. On retrouve ici la trace de la tentative faite par Kant à un autre moment pour établir la liberté, parallèlement à l'aperception transcendantale, comme un principe d'unification à priori ; seulement alors la liberté paraissait mise au même niveau que l'entendement en ce que, au lieu d'être capable de produire par elle seule l'action, elle avait besoin de s'appliquer à la matière sensible du bonheur, juste comme l'entendement a besoin de s'appliquer à la matière sensible des perceptions. V. plus haut, p. 181-185.

plus être prises dans leur usage théorique, puisque ce qu'il s'agit d'expliquer, ce n'est plus comment le « Je pense » comprend les représentations, mais comment la forme de la volonté pure s'impose pratiquement et doit se réaliser dans le monde ; et de là vient la différence qu'il y a entre les deux ordres de catégories. Les catégories de la liberté[1] ont sur celles de la nature l'avantage d'avoir une valeur objective immédiate, puisque au lieu d'avoir à attendre que des intuitions leur permettent de se réaliser, elles sont capables de produire la réalité qu'elles signifient ; elles se rapportent aux déterminations d'un libre arbitre *(einer freien Willkühr)* qui a pour fondement nécessaire et suffisant une loi pure pratique *a priori*[2]. En signalant ainsi une essentielle analogie entre la liberté et le moi de l'aperception transcendantale, conçus comme sources de catégories, en établissant la suprématie de la liberté sur le « Je pense » pour la détermination de la réalité objective, Kant ouvre visiblement les voies à cette doctrine de Fichte, selon laquelle l'intelligence, dans sa matière et dans sa forme, ne fait que manifester et réfléchir l'action de la liberté[3].

Les concepts du bien et du mal ne constituent donc un objet pour la volonté que parce qu'ils sont soumis à une règle préalable de la raison. Mais comment décider qu'une action, qui nous est possible dans l'ordre des choses sensi-

---

1. Voici le tableau des catégories de la liberté, tel que Kant le présente : I. Quantité : 1º subjectif, d'après les maximes ; 2º objectif, d'après des principes ; 3º principes *a priori*, aussi bien objectifs que subjectifs. — II. Qualité : 1º règles pratiques d'action ; 2º règles pratiques d'omission ; 3º règles pratiques d'exception. — III. Relation : 1º à la personnalité ; 2º à l'état de la personne ; 3º réciproque d'une personne à l'état des autres. — IV. Modalité : 1º le licite et l'illicite ; 2º le devoir et le contraire au devoir ; 3º le devoir parfait et le devoir imparfait. — Cette table des catégories assez artificiellement dressée, comme on voit, est loin d'avoir eu dans la pensée de Kant la même importance et la même puissance d'application que les catégories de l'entendement. Tandis que la Métaphysique de la nature chez Kant est rigoureusement construite d'après ces dernières, la Métaphysique des mœurs ne se conforme guère au plan que devrait lui imposer le tableau des catégories de la liberté.
2. V., p. 68-71.
3. V. Xavier Léon, *La philosophie de Fichte*, 1902, p. 183 sq. (Paris, F. Alcan).

bles, est le cas qui rentre dans la règle ? Ou encore, comment ce qui est conçu *in abstracto* dans la règle peut-il être appliqué *in concreto* à une action ? Il y a là un problème malaisé à résoudre, puisque tous les cas possibles d'action qui se présentent sont empiriques et relèvent par là de la loi de la causalité naturelle, et qu'ils exigent cependant qu'on leur applique une loi de la liberté, que l'on considère comme leur convenant parfaitement l'idée supra-sensible du bien moral. A vrai dire, un problème analogue s'était déjà imposé dans la *Critique de la raison pure*, quand il avait fallu rechercher comment les concepts purs de l'entendement peuvent s'appliquer aux données d'une faculté hétérogène, la sensibilité ; entre l'entendement et la sensibilité il avait été indispensable de chercher un intermédiaire, et on l'avait trouvé dans l'imagination transcendantale, faculté capable de représenter *a priori* les formes originaires de la pensée par des relations de temps, c'est-à-dire de schématiser les catégories. Grâce aux schèmes purs pouvait donc s'exercer la faculté de juger (*die Urtheilskraft*) qui subsume sous les règles universelles les cas particuliers. Une solution analogue doit pouvoir se rencontrer, qui rende possible le fonctionnement de la faculté de juger pratique. Seulement où sera l'intermédiaire entre la loi de la liberté et les événements du monde sensible ? Elle ne peut être dans une détermination spéciale de l'intuition, puisqu'alors la loi de la liberté serait entièrement sacrifiée au mécanisme de la nature. Mais on pose mal la question quand plus ou moins inconsciemment on recherche ici un intermédiaire qui rende théoriquement applicable aux événements sensibles la loi de la liberté ; c'est de la possibilité d'une application pratique qu'il s'agit. La façon dont nos actions sont des événements du monde sensible relève des concepts de l'entendement et de l'imagination qui schématise ces concepts. Mais la façon dont elles rentrent sous les lois de la liberté ne peut être exprimée que pratiquement, et il est ici requis que l'intermédiaire retienne des événements du monde, non le caractère sensible qui en fait des données, mais le caractère formel qui en fait des objets déterminables par des lois. Cet intermédiaire, c'est donc l'entendement conçu comme la faculté de lois de la nature en général, avant toute application à une matière. En d'autres termes, ce que l'entendement apporte pour remplir cette fonction, c'est la forme de la loi, par laquelle étant capable de comprendre la nature sensible, il est capable aussi d'en faire le type d'une nature intelligible, à la condition, bien entendu, de ne pas transporter à celle-ci les intuitions dont il use pour constituer avec ses concepts des connaissances. De là résulte la règle du jugement en matière pratique ; l'action que j'ai en vue devant arriver d'après la loi d'une nature dont je ferais moi-même partie, pourrais-je la regarder comme possible par ma volonté ? La maxime de cette action, autrement dit, peut-elle subir victorieusement l'épreuve qui consiste à lui imposer la forme d'une loi de la nature ? Certes cette comparaison de la maxime de notre action avec une loi universelle de la nature n'est pas le principe déterminant de notre volonté : mais l'idée de la loi universelle de la nature n'en est pas moins un *type* qui nous sert à juger la maxime selon des principes moraux. Ainsi la liberté et la nature ont des rapports, sinon théoriquement, du moins pratiquement déterminables, par lesquels il apparaît que la moralité, tout en relevant par sa loi d'un monde supérieur, doit et peut être réalisée en ce monde [1].

L'important est de ne pas donner la valeur de concepts à ce qui appartient simplement à la *typique* des concepts, c'est-à-dire de ne pas tenir les concepts moraux pour des expressions de l'expérience que gouvernent les lois de la nature, d'autre part de ne pas leur appliquer de prétendues facultés d'intuition qui convertiraient en schème ce qui n'est que symbole. Le propre de la faculté de juger, c'est de ne prendre de la nature sensible que ce que la raison

---

[1]. V. p. 71-74. — V. plus haut. p. 359 sq., p. 369-370, note.

conçoit par elle-même, la conformité à la loi, la *Gesetzmässigkeit*, et de ne transporter dans le monde intelligible que ce qui peut se représenter réellement par des actions dans le monde sensible selon la règle formelle d'une loi de la nature en général. C'est là le véritable rationalisme de la faculté de juger. Il nous tient en garde à la fois contre l'empirisme et contre le mysticisme. Mais le danger qui vient de l'empirisme est le plus redoutable, car l'empirisme extirpe la moralité jusque dans ses racines, tandis que le mysticisme, outre qu'il n'est pas absolument incompatible avec la pureté de la loi, suppose un état d'exaltation des facultés imaginatives qui ne peut être ni communément répandu ni durable [1].

*
* *

Le rapport véritable qui a été découvert entre les principes de la raison pratique et les concepts du bien et du mal confirme une fois de plus que seule la loi morale doit déterminer immédiatement la volonté. Si la volonté a besoin pour agir d'un sentiment préalable, de quelque espèce qu'il soit, son action, même conforme à la loi, peut avoir un caractère légal ; elle n'a pas de caractère moral ; elle est bonne quant à la lettre, elle ne l'est pas quant à l'esprit. On conçoit sans peine que chez un Être raisonnable infini la loi détermine immédiatement la volonté ; mais comment peut-elle déterminer la volonté d'un être dont la raison ne se conforme pas nécessairement d'elle-même à la loi objective, et qui a par conséquent besoin d'un mobile pour se déterminer. C'est la loi elle-même qui doit être le mobile ; comment il se fait qu'elle le soit, c'est une question insoluble, la même au fond que celle qui consisterait à se demander comment est possible une volonté libre [2]. Mais ce que,

---

1. V. p. 74-75. — V. plus haut, 141-143, note.
2. V. plus haut, p. 395-396.

comme mobile, la loi doit produire dans l'âme, voilà ce qu'il nous faut chercher[1].

Le mobile moral doit agir sur notre sensibilité, sans lui emprunter directement quoi que ce soit ; et il est vrai en effet que si la loi morale ne détruit pas l'amour de soi qui est naturel à l'homme et qui peut légitimement réclamer certaines satisfactions, elle le contraint à se limiter et à devenir raisonnable ; surtout elle ruine la présomption, qui est la tendance de l'homme à s'estimer soi-même avant la moralité et en dehors d'elle ; en écartant de la sorte tous les obstacles que les inclinations opposent à son empire, elle nous prépare à éprouver, par l'humiliation de notre sensibilité, un sentiment d'un tout autre ordre, qui est le respect. Mais le respect, en ce qu'il a de positif, dérive de la loi morale elle-même, c'est-à-dire de la forme d'une causalité intelligible. Il ne tient donc à la sensibilité que par le contre-coup général qu'il a sur elle, par la discipline rigoureuse à laquelle il la soumet, par l'interdiction qu'il prononce contre sa prétention de fournir des maximes. Il tient essentiellement à la liberté, dont il signifie la présence et l'efficacité dans l'individu. Si par certains côtés il peut ressembler à certains sentiments, par la pureté de son origine et de son influence, il en reste radicalement distinct. C'est de l'admiration qu'on le rapprocherait le plus justement ; encore faut-il observer que l'on peut admirer sans respecter, que si un Voltaire peut par son talent susciter l'admiration, il ne saurait par son caractère inspirer le respect. En tout cas, à travers les qualités naturelles ou acquises des personnes, c'est toujours à la personnalité que le respect s'adresse, en tant qu'elle réalise la moralité ou qu'elle est capable de la réaliser.

Le respect pour la loi est le seul sentiment moral véritable ; il est lié comme tel à la représentation rigoureuse de la loi comme commandement et comme contrainte, la seule

---

1. V. plus haut, p. 338 sq.

qui vaille pour nous dans notre condition d'êtres finis. Si nous sommes en effet des membres législateurs d'un royaume moral que notre liberté rend possible, nous en sommes aussi les sujets, non les chefs, c'est-à-dire que nous ne devons faire intervenir aucun mobile qui prétende remplacer ou dépasser le mobile de la loi. Devoir et obligation : voilà les seuls mots qu'il nous convient d'écouter pour diriger notre conduite.

Certes, il est bien vrai en lui-même le précepte qui nous ordonne d'aimer Dieu par-dessus tout et notre prochain comme nous-mêmes. Encore faut-il le bien entendre. Il ne saurait être question d'aimer Dieu par inclination, car Dieu n'est pas un objet des sens, ni d'aimer ainsi notre prochain, car un tel amour de sentiment, s'il peut être réel, est indépendant de notre volonté et échappe à toute prescription. Le précepte évangélique ne peut donc ordonner qu'un amour *pratique*. Aimer Dieu, c'est aimer à suivre ses commandements. Aimer son prochain, c'est aimer à remplir ses devoirs envers lui. Cependant l'amour ainsi entendu n'est pas une disposition d'esprit que nous puissions produire en nous immédiatement ; il représente un idéal de sainteté auquel nous devons tendre par un progrès sans fin, mais qui, loin d'abolir le respect, le présuppose toujours en nous comme condition indispensable de l'effort pour l'atteindre. Une créature finie, en qui la raison et la sensibilité s'opposent nécessairement, n'est pas plus capable d'un attachement spontané à la loi pratique qu'elle n'est capable d'une intuition intellectuelle des objets supra-sensibles [1].

Rien donc n'est plus faux ni plus dangereux que la tendance à croire qu'il y a des actions nobles, sublimes, magnanimes, dont le mérite dépasse celui des actions accomplies simplement par devoir. Dans cette funeste erreur se rencontrent des philosophes sévères comme les Stoïciens, qui remplacent la soumission à la loi par une sorte de fierté

---

[1]. V, p. 76-90.

héroïque, et les auteurs de romans, les éducateurs sentimentaux, qui glorifient les premiers mouvements du cœur alors même qu'ils s'emportent contre la sensiblerie[1]. Assurément il est très beau de faire du bien à ses semblables par amour pour eux et par sympathie, d'être juste envers eux par amour de l'ordre ; mais ce n'est point là la maxime qui nous convient, à nous autres hommes. Il ne faut pas que, semblables à des soldats volontaires, nous concevions le chimérique orgueil de rejeter la discipline de la raison pour ne suivre que les impulsions de notre sens propre : de si vaines présomptions ne peuvent qu'être confondues par la majesté souveraine du devoir. « *Devoir!* s'écrie Kant, mot grand et sublime, toi qui ne renfermes rien pour gagner les bonnes grâces par insinuation, mais qui réclames la soumission, sans pourtant employer, pour mettre en mouvement la volonté, de ces menaces qui éveillent dans l'âme une aversion naturelle ou l'épouvante, en te contentant de poser une loi qui trouve d'elle-même accès dans l'âme, qui s'assure malgré nous le respect (sinon toujours l'obéissance), devant laquelle se taisent toutes les inclinations quoiqu'elles travaillent contre elle en secret : quelle origine est digne de toi ? Et où trouve-t-on la racine de ta noble tige qui repousse fièrement toute parenté avec les inclinations, cette racine dont doit être issue la condition indispensable de cette valeur que les hommes seuls peuvent se donner à eux-mêmes ? Ce ne peut être rien de moins que ce qui élève l'homme au-dessus de lui-même (comme partie du monde sensible), ce qui le lie à un ordre de choses que l'entendement seul peut concevoir... Ce ne peut être que la *personnalité*, c'est-à-dire la liberté et l'indépendance à l'égard du mécanisme de la nature entière[2]... » Voilà de quelle façon

---

1. V. p. 90. — C'est Rousseau qui paraît bien être ici visé.
2. V. p. 91. — On songe naturellement à l'apostrophe célèbre de Rousseau dans l'*Emile* : « Conscience ! conscience ! instinct divin, immortelle et céleste voix ; guide assuré d'un être ignorant et borné, intelligent et libre ; juge infaillible du bien et du mal, qui rend l'homme semblable à Dieu : c'est toi qui fais l'excellence de sa nature et la moralité de ses actions ; sans toi je ne

la loi morale est un mobile ; elle l'est en tant qu'elle fait reconnaître à l'homme la sublimité de son existence suprasensible, et en tant qu'elle produit subjectivement en lui, dans l'état de dépendance où il est aussi à l'égard de sa nature sensible, un sentiment de respect pour sa plus haute destination[1].

*
* *

Il peut paraître que, pour tout ce qui touche à l'explication de la moralité, l'œuvre de Kant est dès à présent terminée. Cependant elle ne l'était pas dans sa pensée, et cela, pour des motifs personnels sans doute, mais aussi pour des raisons susceptibles, à ses yeux, d'un développement et d'une justification philosophiques. Kant n'avait jamais cessé d'admettre qu'il y eût un lien entre les conditions de la vie morale et certaines affirmations portant, par delà l'expérience sensible, sur l'existence de Dieu et l'immortalité ; c'était seulement sur la nature de ce lien, ainsi que sur l'ordre de priorité à établir entre les deux espèces de vérités liées, que ses idées s'étaient opposées à celles des métaphysiciens dogmatiques[2]. Le lien devait-il être brisé par cela seul que le principe moral excluait toute détermination de la volonté par un objet extérieur à la loi ? Mais le principe moral le plus pur ne saurait empêcher une volonté déterminée par lui et uniquement par lui de se rapporter à un objet en conformité avec lui, et qui réalise, pour l'ensemble des objets pratiques, l'inconditionné. En outre, selon la philosophie critique, un objet inconditionné ne peut pas

---

sens rien en moi qui m'élève au-dessus des bêtes, que le triste privilège de m'égarer d'erreurs en erreurs à l'aide d'un entendement sans règle et d'une raison sans principe » (Livre IV, profession de foi du vicaire savoyard). — V. encore chez Kant une apostrophe du même genre : « O sincérité ! Astrée qui t'es enfuie de la terre vers le ciel, comment peut-on de nouveau te ramener vers nous, toi, le principe de la conscience, par suite de toute Religion intérieure ?... » (*Die Religion*, 2e édition, VI, p. 289).

1. V. p. 91-93.
2. V. plus haut, p. 125-126, p. 130 sq., p. 170-179, p. 237 sq.

être conçu absolument en soi, sans relation au conditionné dont il est le fondement ; or quel est ici le conditionné pratique ? C'est précisément le bonheur, dont l'idée représente l'objet essentiel de nos inclinations sensibles et ne peut donc, sans apparaître comme indéterminée ou imaginaire, être portée à l'absolu, mais exprime tout de même pour nous une fin relative nécessaire[1]. Tandis que dans la *Critique de la raison pure*, Kant admettait que l'Inconditionné est indéterminé par rapport aux objets d'expérience déterminés par l'entendement, ici, au contraire l'indétermination première est du côté du conditionné ; là l'Inconditionné se déterminait en quelque mesure pour le conditionné de l'expérience dont il requérait la plus complète explication possible ; ici c'est le conditionné des tendances sensibles qui se détermine pour l'Inconditionné de la raison pratique auquel il fournit un terme indispensable d'application. Quoi qu'il en soit, c'est, nous le savons, une démarche familière à la pensée de Kant, que d'essayer de retrouver, après les distinctions profondément établies, une certaine unité des notions distinguées : comme tout autre dualisme, le dualisme des inclinations naturelles et de la volonté pure doit trouver quelque principe d'unification. Ce principe, c'est l'idée de la totalité de l'objet de la raison pratique, autrement dit, l'idée du souverain bien[2].

---

1. V, p. 112-113.
2. Le kantien Charles Christian Erhard Schmid, dans son *Essai d'une philosophie morale* (*Versuch einer Moralphilosophie*, 1790) exposait la doctrine du souverain bien sous le titre suivant : *Union absolue de la raison pratique pure et de la raison pratique empirique* (*Absolute Vereinigung der reinen und empirischen praktischen Vernunft*, p. 148).

Lorsque Hermann Cohen soutient (*Kants Begründung der Ethik*, p. 305 sq.) que selon le pur esprit du kantisme, le souverain bien ne peut être que la loi morale elle-même prise pour objet, ou la société morale des êtres raisonnables, il paraît d'abord perdre de vue que l'une des maximes essentielles de la pensée kantienne est que l'inconditionné, comme objet, doit toujours se poser en relation avec le conditionné ; il ne prend peut-être pas garde non plus que chez Kant l'explication transcendantale de la volonté suppose que l'on distingue entre le concept par lequel la volonté se détermine, et l'effet causé par cette détermination — effet qui est l'objet de la volonté, au sens précis (V. V, p. 9, note). — Cf. Axel Hägerström, *Kants Ethik*, p. 460-463.

Le souverain bien peut s'entendre de deux façons, selon le sens que l'on donne au mot *souverain*. *Souverain* peut signifier *suprême (supremum)* ou *complet (consummatum)*. Dans le premier cas, il désigne une condition qui est elle-même inconditionnée ; dans le second cas, un tout qui n'est point partie d'un tout plus grand de la même espèce. Le souverain bien est donc, d'une part, la vertu telle qu'elle résulte du strict accomplissement de la loi morale ; il est, d'autre part, en même temps que la vertu, le bonheur en proportion avec elle. Si la vertu est le bien suprême, elle n'est pas le bien complet, objet de la faculté de désirer propre à des êtres raisonnables finis ; elle réclame l'adjonction du bonheur[1]. C'est elle, du reste, qui joue le rôle de condition puisqu'elle est par elle-même absolument bonne, tandis que le bonheur est le conditionné, puisqu'il n'est bon qu'à certains égards et qu'il n'est véritablement justifié que par une conduite vertueuse. Kant, pour marquer cette connexion des deux éléments du souverain bien, reprend une de ses anciennes définitions de la vertu[2], que la *Grundlegung* avait négligée, sans en effacer pourtant tout à fait la trace[3] : la vertu est ce qui nous rend dignes d'être heureux[4].

Le problème du souverain bien continue donc d'appartenir par certains côtés à la philosophie pratique, et dans les termes mêmes où Kant l'avait précédemment posé, c'est-à-dire comme le problème d'un juste accord entre la vertu et le bonheur[5]. Par son énoncé comme par les dispositions

---

1. Cf. *Grundlegung* : « La bonne volonté peut donc n'être pas le seul bien ni le bien complet ; mais il faut y voir le bien suprême *(das höchste Gut)*, et à ce titre la condition que suppose tout autre bien, même toute aspiration au bonheur. » IV, p. 244. — V. une critique des divers sens du terme « souverain bien » et de son application dans Em. Arnoldt, *Ueber Kants Idee vom höchsten Gut*, 1874.
2. V. plus haut, p. 179, p. 238, p. 258.
3. « La bonne volonté paraît ainsi constituer la condition indispensable même de ce qui nous rend dignes d'être heureux. » IV, p. 241. — Cf. p. 287.
4. V, p. 116-117.
5. V. *Vorlesungen über die Metaphysik*, p. 321 sq. ; *Kritik der reinen Vernunft*, III, p. 521 sq. ; *Was heisst sich im Denken orientiren ?* IV, p. 345.

d'esprit qu'il manifeste, il se rapporte sans doute à un temps où la formule exacte du principe moral n'avait pas été encore pleinement dégagée. Et par la façon dont il se développe encore ici, il rappelle plus d'une fois, malgré l'effort visible pour en systématiser les données avec l'explication plus récemment achevée de la loi morale, ce moment de la pensée kantienne, où la philosophie pratique ne réclamait à la philosophie transcendantale que le droit de poser librement ses concepts propres, au lieu de prétendre s'en approprier et en certifier les idées. Faut-il en conclure que Kant a laissé simplement survivre dans son œuvre nouvelle d'anciennes façons de présenter les croyances connexes à la moralité? Nullement. Car ce ne serait pas tenir compte d'une préoccupation qu'il eut toujours, et qui était d'établir aussi le rapport de l'idéal défini *in abstracto*[1] aux puissances et aux fins humaines. Que la moralité soit en son principe ce qu'on a démontré qu'elle était, à savoir la conformité des maximes de la volonté à une loi inconditionnée : c'est là une solution qui peut subsister intacte, sans préjudice d'une autre question : qu'implique la moralité pour le sujet qui est résolu à la réaliser? Quelle est, par les exigences et selon les conséquences de la moralité, l'intégrale destination de l'homme? Après le problème : que dois-je faire? le problème : que puis-je espérer? On comprend sans peine que pour la solution de ce dernier problème les concepts mis en œuvre se rapprochent davantage de la considération immédiate des intérêts humains, et quel qu'en soit l'accord ultérieurement établi avec le sens possible d'idées transcendantales, puissent pour une bonne part tenir leur contenu d'un temps antérieur à l'exposition systématique de ces

---

[1]. On peut voir l'indice de cette préoccupation ici présente dans le passage du début de la *Dialectique* (V. p. 113-114), où Kant rappelle ce qu'il a dit maintes fois (V. notamment *Kritik der reinen Vernunft*, III, p. 552) qu'il y a une fonction de la philosophie qui n'est pas seulement pour l'école, mais pour le monde, et qui consiste à établir le rapport de toute connaissance aux fins essentielles de la raison humaine.

idées ; leur survivance n'est pas seulement de fait, elle est de droit.

Kant considère donc que la position du problème du souverain bien non seulement ne contredit pas l'idée d'une détermination exclusive de la volonté par la loi, mais même, sous la condition de la respecter, est pratiquement et logiquement réclamée par elle [1]. Il reproche aux modernes d'avoir souvent omis ce problème ou de l'avoir tenu pour accessoire [2], et il loue les anciens de l'avoir examiné avec soin, même quand ils l'ont mal résolu. Deux écoles de la Grèce ont eu surtout le mérite de l'aborder franchement :

[1]. D'après Schopenhauer, la doctrine du souverain bien achève de démasquer la théologie déguisée sous les principes abstraits de la morale (*Ueber die Grundlage der Moral*, III, p. 505-506, p. 549-550. V. aussi *Die Welt*, I, p. 664). — On sait que cette doctrine a été souvent représentée comme une sorte d'addition extérieure à la morale kantienne, avec laquelle elle serait réellement incompatible, et que même des adeptes de cette morale ont voulu soit l'exclure, soit la réformer en un sens très différent. Il faut cependant observer qu'elle répond, non pas seulement à la conviction personnelle de Kant, mais encore à une disposition essentielle de sa pensée : le fait de négliger l'examen des rapports qu'il y a entre la vertu et l'ordre de la nature, en supprimant une question que la raison a le droit de poser, en abandonne la solution explicite ou implicite, soit à l'empirisme, soit au dogmatisme ; à l'empirisme, en ce sens que la réduction de la vertu au bonheur ne pourra que prévaloir aisément contre l'idée d'une vertu isolée, incapable de se représenter un accord de ses fins avec celles de la nature sensible ; au dogmatisme surtout, en ce sens que l'exigence d'une harmonie finale entre les deux espèces de fins sera, si la Critique n'intervient, facilement convertie en l'affirmation d'une unité essentielle des deux, déterminée au fond par une loi de la nature. — Ch. Renouvier accepte pleinement la position du problème du souverain bien ; il la justifie en des formules, qui, si elles ne traduisent pas d'une façon strictement historique cette partie de la philosophie kantienne, en font cependant bien comprendre l'esprit. « Le postulat qui réclame l'harmonie entre l'ordre complet et connu de la raison et l'ordre inconnu des phénomènes en leur enchaînement total est le *complément de la science de la morale* : non pas un *postulat de la morale*, c'est-à-dire nécessaire pour la fonder, mais plutôt en ce sens un *postulat des passions*, nécessaire pour les légitimer et les faire entrer dans la science : une induction pour l'accord de la morale avec l'ordre et le développement des fins objectives dans le monde, et, par suite, un moyen de son ferme établissement dans l'esprit humain à qui cet ordre, quel qu'il soit, ne peut rester indifférent »(*Science de la morale*, I, p. 177-178). « La science (de la morale) *demande* une croyance non pas pour se fonder, mais pour se satisfaire en dehors d'elle-même et ne point se clore avant d'avoir conçu son propre rapport avec la nature », (*Ibid.*, I, p. 290). Cf. *Essais de Critique générale*, 2ᵉ essai, 2ᵉ éd., 1875, III, p. 108 sq. — *L'essence du criticisme*, dans la Critique philosophique, 1ʳᵉ année, 1872, I, p. 68-70.

[2]. V. p. 68.

l'école épicurienne et l'école stoïcienne. Mais, avec des intentions contraires, elles tombèrent l'une et l'autre dans la même faute : cédant à cette tendance qui a si souvent porté les esprits subtils à méconnaître les différences réelles des choses pour les ramener, vaille que vaille, à l'unité d'un même concept, elles traitèrent le rapport de la vertu et du bonheur, non pas comme un rapport synthétique, mais comme un rapport analytique ; elles supprimèrent ainsi toute liaison réelle et causale entre la vertu et le bonheur. Le concept de la vertu, disaient les Épicuriens, est déjà contenu dans la maxime qui recommande de poursuivre son propre bonheur : le bonheur est donc tout le souverain bien, et la vertu n'en peut être distinguée relativement que comme titre général des moyens à employer pour l'atteindre. Le sentiment du bonheur, disaient les Stoïciens, est déjà contenu dans la conscience de la vertu : la vertu est donc tout le souverain bien et le bonheur ne peut en être distingué relativement que comme état du sujet qui a réussi à la conquérir. Qu'ils partent des principes sensibles ou des principes intellectuels de détermination, les uns et les autres n'en admettent pas moins entre ces deux ordres de principes qui sont si radicalement hétérogènes une simple liaison logique[1]. Au fond la possibilité du souverain bien repose sur une synthèse des deux éléments unis en son concept, et, comme d'autre part, elle est nécessaire *a priori*, la déduction doit en être transcendantale[2].

Or c'est ici que se manifeste la dialectique de la raison pratique, qui, comme la raison théorique, est condamnée inévitablement à entrer en conflit avec elle-même, quand elle applique aux phénomènes comme s'ils étaient des choses en soi le principe selon lequel il y a pour tout con-

---

1. V. la critique de cette interprétation que Kant donne du stoïcisme et de l'épicurisme selon une conception du souverain bien qui lui est propre, dans Schleiermacher, *Grundlinien einer Kritik der bisherigen Sittenlehre*, p. 95.
2. V, p. 117-119.

ditionné un inconditionné[1]. La recherche d'un rapport de causalité entre la vertu et le bonheur donne naissance à une antinomie. On peut en effet, si on laisse à ce rapport un caractère plus ou moins indéterminé, et si d'autre part on invoque certaines liaisons équivoques données dans la conscience entre la moralité et le sentiment, prétendre au même titre, soit que le désir du bonheur engendre les maximes de la vertu, soit que les maximes de la vertu engendrent le bonheur. Les deux propositions, dans le sens où elles se présentent, sont également fausses : la première, parce qu'il est absolument impossible, ainsi que l'a démontré l'*analytique*, que le désir du bonheur produise un principe de détermination véritablement moral ; la seconde, parce que l'enchaînement des causes et des effets qui résulte dans le monde des actes de la volonté ne se règle pas sur les intentions de celle-ci, mais sur les lois générales de la nature telles que les établit l'entendement théorique. Ainsi la réalisation du souverain bien paraît devoir être tenue pour impossible ; mais si elle l'est, elle entraîne la fausseté de la loi morale, à qui elle est liée comme objet nécessaire d'une volonté déterminée par cette loi. Il faut donc, puisque la certitude de la loi morale est inébranlable, que l'antinomie puisse être résolue[2].

1. Dans la *Grundlegung* Kant employait en un sens assez différent le terme de *dialectique* ; il l'appliquait à désigner, non l'illusion inévitable de la raison dans sa tendance à déterminer la totalité de son objet pratique, mais la sophistique naturelle qui cherche à accommoder le devoir aux impulsions ou aux exigences de notre sensibilité. « De là naît une *dialectique naturelle*, je veux dire un penchant à sophistiquer contre ces lois strictes du devoir, à révoquer en doute leur validité, tout au moins leur pureté et leur rigueur, à les plier davantage, quand c'est possible, à nos désirs et à nos inclinations... Ainsi se développe insensiblement dans la raison pratique commune, lorsqu'elle se cultive, aussi bien que dans la raison théorique, une *dialectique* qui la force à chercher du secours dans la philosophie ; et la première, pas plus que la seconde, ne pourra trouver de repos que dans une Critique complète de notre raison », IV, p. 253.

2. V, p. 119-120. — La fausseté des deux thèses de l'antinomie pourrait, semble-t-il, avoir aussi bien pour conséquence la suppression du problème du souverain bien ; mais Kant a toujours admis que, si les contradictions du dogmatisme ruinaient certaines solutions, elles laissaient cependant un sens à des problèmes posés par la raison. V. plus haut, p. 196, note.

Elle peut l'être, selon Kant, toujours grâce à la distinction heureusement fondée du monde sensible et du monde intelligible. Et elle peut l'être en un sens qui, comme pour l'antinomie de la raison spéculative sur la liberté et la nécessité, ne rejette pas tout en bloc des propositions soutenues. Cependant, bien que Kant s'applique à présenter les solutions de ces deux antinomies comme correspondantes et symétriques, il institue en réalité une nouvelle façon d'échapper au conflit de la thèse et de l'antithèse. Après examen des antinomies mathématiques, comme on sait, thèses et antithèses restaient également fausses ; après examen des antinomies dynamiques, thèses et antithèses étaient considérées comme vraies, mais à des points de vue différents. Après examen de l'antinomie de la raison pratique, la conception qui fait dériver la vertu de la recherche du bonheur demeure absolument fausse, tandis que la conception qui fait dériver le bonheur de la vertu n'est fausse qu'à un point de vue, et peut, à un autre point de vue, être admise comme vraie. L'idéalisme critique trace ici sa ligne de démarcation, non plus entre les thèses antagonistes, mais entre deux expressions antagonistes d'une même thèse, à l'exclusion préalable et absolue de l'autre. Si l'on admet que c'est suivant les lois du monde sensible que la vertu engendre le bonheur, la thèse reste fausse ; mais si l'on reconnaît que la vertu suppose dans la loi morale un principe de détermination purement intellectuel, il n'est plus impossible que la moralité de l'intention soit la cause intelligible d'un effet sensible, qui serait le bonheur en proportion avec elle. Cette connexion causale serait nécessaire, tout en n'étant pas immédiate, tout en exigeant, pour devenir efficace, l'action de l'Auteur de la nature. En tout cas, l'antinomie de la raison pratique ne serait plus insoluble, l'une des thèses étant légitime, à la condition de ne pas prendre pour un rapport entre des phénomènes plus ou moins considérés comme des choses en soi un rapport entre des choses en soi et des phénomènes. En outre la solution de l'antinomie marque bien contre divers philosophes tant anciens que modernes l'impossibilité de trouver dans cette vie même, c'est-à-dire dans le monde sensible, une juste proportion entre la vertu et le bonheur, en même temps qu'elle permet d'interpréter en termes exacts les liens que l'on croit apercevoir dans la conscience entre le sentiment et la moralité. Dire en effet, dans le sens élevé qu'Épicure donnait à sa pensée, que la vertu est le plus sûr moyen d'arriver au bonheur, c'est admettre que le sujet ne se sentira heureux que dans la mesure où il aura conscience de son honnêteté, c'est supposer derrière le mobile sensible auquel il paraît obéir une intention morale logiquement antérieure et irréductible à ce mobile. D'un autre côté, les sentiments de satisfaction qui accompagnent l'accomplissement du devoir ne revêtent la forme d'attraits sensibles et de motifs d'action que grâce à l'illusion fréquente qui nous fait confondre ce que nous faisons avec ce que nous sentons. Si enfin, pour être épurés, ils se laissent ramener à une sorte de contentement intellectuel de nous-mêmes, ils ne peuvent jamais désigner sous ce nom qu'un état négatif, la conscience d'être affranchis des penchants et de n'avoir besoin de rien; ils ne nous apportent pas ce bonheur positif que la vertu réclame comme son droit. Le rapport réel entre la vertu et le bonheur ne peut donc être qu'un rapport pratique déterminé entre notre existence intelligible et notre existence sensible [1].

Mais les principes qui rendent ce rapport possible sont pour une part sous notre empire, pour une part hors de notre pouvoir bien qu'encore exigibles en notre faveur. Nous devons et nous pouvons sans doute conformer nos intentions à la loi morale ; seulement le souverain bien implique en outre que cette conformité soit parfaite. Or de cette perfection, qui est la sainteté, aucun être n'est capable dans le monde sensible à aucun moment de son existence :

1. V. p. 120-125.

la pureté et la fermeté de l'intention morale y ont toujours à lutter contre l'influence des maximes suggérées par les inclinations. Dès lors, puisque ce parfait accord de la volonté avec la loi morale ne peut jamais être donné et qu'il reste cependant pratiquement nécessaire, nous devons admettre qu'il doit se réaliser par un progrès indéfini. Mais ce progrès indéfini n'est possible que si l'on suppose une existence et une personnalité indéfiniment persistantes de l'être raisonnable, que si l'on admet, en d'autres termes, l'immortalité de l'âme. L'affirmation de l'immortalité n'intervient donc pas ici, comme précédemment [1], pour garantir d'emblée l'accord de la vertu et du bonheur, mais pour assurer au sujet moral la condition indispensable à la perpétuité obligatoire de son effort. En outre, de la limite que la loi du devoir imposait à nos prétentions morales [2] elle paraît faire maintenant une limite mobile qui remonte, sans jamais y atteindre, vers le terme véritablement dernier, la loi de sainteté. Mais en représentant comme une fin nécessaire, quoique pour nous irréalisable dans sa plénitude absolue, l'achèvement de la vertu par delà les restrictions et les obstacles de notre nature sensible, loin de contredire la doctrine de la raison pratique, elle la confirme et la complète. Car elle fournit, selon Kant, le plus sûr moyen de résister, d'une part à la tentation impure de dépouiller la loi morale de sa sainteté pour l'accommoder à notre faiblesse, d'autre part à la tentation illusoire d'embrasser dès cette vie, selon des rêves théosophiques, l'objet inaccessible de la volonté, d'une façon générale, à toutes les doctrines qui directement

---

1. V. plus haut, p. 171-173, p. 240. — Cependant cette affirmation est présupposée par l'affirmation ultérieure de Dieu, conçu comme principe d'un juste accord entre la vertu et le bonheur. En outre, ici même, Kant parle incidemment de l'avenir de *béatitude* réservé à l'homme dont les intentions sont immuablement dirigées vers la sainteté (V, p. 129, note). — Kant, même plus tard, dira encore de l'immortalité, qu'elle est « un état dans lequel le bonheur ou le malheur doit échoir à l'homme, en rapport avec sa valeur morale. » *Verkündigung des nahen Abschlusses eines Tractats zum ewigen Frieden in der Philosophie*, VI, p. 494.
2. V, p. 86, p. 89.

ou indirectement bornent ou arrêtent l'effort par lequel nous devons tendre à l'observation parfaite des prescriptions inflexibles de la raison. La seule chose qui nous soit donc possible, mais la chose nécessaire aussi, c'est le progrès constant des degrés inférieurs aux degrés supérieurs de la moralité, au cours duquel nous acquérons la conscience d'une intention éprouvée et d'une résolution immuable : par là nous pouvons avoir « la consolante espérance, sinon la certitude » de conserver en nous ces dispositions essentielles, même dans une autre vie que la vie présente ; et d'un autre côté, pour le jugement de Dieu qui saisit dans une seule intuition intellectuelle la totalité de ce que nous voulons être, le progrès nous vaut la possession achevée de ce à quoi il tend [1].

La réalisation nécessaire du souverain bien postule, après l'immortalité, par laquelle s'achève la vertu, l'existence de Dieu, par laquelle se réalise l'accord de la vertu et du bonheur. « Avoir besoin du bonheur, en être digne, et pourtant ne pas y participer, c'est ce qui ne peut pas du tout s'accorder avec le vouloir parfait d'un Être raisonnable qui aurait en même temps la toute-puissance, lorsque nous essayons seulement de concevoir un tel être [2]. » En ces termes généraux, une pareille foi, dictée, prétend Kant, par « le jugement d'une raison impartiale », était aussi celle des philosophes et des écrivains de l'*Aufklärung*. Mais elle s'exprimait chez eux en des formules superficiellement optimistes et dogmatiques qui choquaient dans Kant et son esprit critique et son Christianisme. Croire que le développement de la vie présente suffit pour proportionner le bonheur à la vertu, c'est concilier confusément et sans droit les deux ordres hétérogènes de lois théoriques et de lois pratiques qui le gouvernent ; et c'est rendre Dieu inutile. Il suffit au contraire de marquer exactement ce que sont

---

1. V, p. 128-130. — Cf. *Die Religion*, VI, p. 142.
2. V, p. 116.

entre elles, dans leur rapport au sujet, la nature et la moralité pour rendre Dieu nécessaire. En effet le bonheur est un état du sujet à qui tout arrive selon son gré ; il implique donc une harmonie de la nature avec les fins poursuivies par ce sujet. Mais la loi morale pose comme obligatoires des principes de détermination qui sont indépendants du rapport de la nature à notre faculté de désirer, et la puissance qu'elle garantit, si elle peut produire des intentions et des maximes, ne peut en aucune façon régler le cours des choses. Notre liberté, qui fait de nous des êtres agissant dans le monde, ne fait pas de nous des auteurs du monde. Par conséquent, s'il doit y avoir un bonheur lié à la moralité et en proportion avec elle, il ne peut être assuré que par l'existence d'une Cause de la nature, distincte de la nature, et contenant en elle le principe de cette liaison et de cette proportion. Remarquons bien que « cette Cause suprême doit renfermer le principe de l'accord de la nature, non pas seulement avec une loi de la volonté des êtres raisonnables, mais avec la représenta- de cette *loi*, en tant que ceux-ci en font le *principe suprême de détermination de leur volonté,* par suite non seulement avec les mœurs considérées quant à la forme, mais avec leur moralité comme principe de leur détermination, c'est-à-dire avec leur intention morale[1] ». Mais un être qui est capable d'agir selon la représentation de certaines lois est une intelligence, et un être dont la causalité est déterminée par cette représentation est une volonté. Donc la Cause suprême de la nature, qui renferme en elle la condition du souverain bien, est telle en tant qu'intelligence et volonté. Elle est le souverain bien primitif qui rend possible le souverain bien dérivé, ou le meilleur monde. Toutefois cette affirmation de Dieu, exclusivement relative à la raison pra-

---

1. V. p. 131. — La *Critique de la faculté de juger*, dans ses lignes essentielles, s'appliquera à marquer le rapport de la nature à la moralité conçue en elle-même et dans sa loi autant qu'aux sujets moraux conçus dans leurs intentions. Cf. notamment V, p. 462-463, note.

tique, ne retient de Dieu que les attributs strictement nécessaires pour comprendre par lui la possibilité du souverain bien. Elle ne détermine aucun des prédicats transcendantaux qui lui sont rapportés par la raison théorique ; si elle comprend des prédicats tirés de notre propre nature, comme une intelligence et une volonté, c'est à la condition, d'abord de les dépouiller de tous les caractères empiriques qu'ils revêtent chez nous, ensuite de n'en conserver que les caractères pratiques purs, ceux qui ont trait au rapport de la causalité divine avec la représentation de la loi, soit pour elle, soit pour d'autres êtres raisonnables, et des conséquences qui s'y rattachent[1]. Mais à ce compte et dans ces limites, elle nous fournit de Dieu un concept exactement déterminé. La philosophie théorique, elle, ne peut, en toute rigueur, ni prouver l'existence de Dieu, ni définir ses attributs. En introduisant Dieu pour expliquer le système des phénomènes naturels, elle avoue qu'elle est au bout de ses explications ; quand elle s'efforce de le connaître au moyen de simples concepts, elle ne peut par aucun raisonnement légitime conclure de ce qui est dans l'entendement à un objet hors de l'entendement ; si elle invoque l'ordre et la finalité du monde, comme elle ne s'appuie que sur l'observation d'une petite partie de ce monde et qu'elle ne peut non plus comparer ce monde même à tous les mondes possibles, elle peut en quelque mesure affirmer une Cause sage, bonne, puissante, mais non souverainement sage, souverainement bonne, souverainement puissante. Qu'on lui accorde le droit de combler cette lacune par une hypothèse tout à fait raisonnable, qui suppose par delà les bornes de notre observation un ordre analogue à celui que nous observons, et qui lui permette d'attribuer à l'Auteur du monde toute perfection possible : il n'en reste pas moins que c'est un droit qu'elle prend, non une lumière qu'elle fournit, et

---

[1]. C'est une détermination *par analogie,* dit encore Kant dans l'*Analytique,* V. p. 60. — Cf. *Kritik der reinen Vernunft,* III, p. 538. — *Kritik der Urtheilskraft,* V, p. 458, p. 470, p. 479.

un droit dont l'usage doit recevoir d'ailleurs sa consécration. La philosophie pratique, au contraire, exigeant Dieu comme condition de l'*existence* d'un objet à produire, et d'un objet le plus parfait possible, qui est le souverain bien, peut à la fois assurer l'existence de Dieu et le concevoir doué d'une souveraine perfection. Elle peut même, à son point de vue, lui restituer une partie des attributs que la raison théorique concevait pour lui, mais à vide. Elle peut le dire omniscient, pour qu'il soit capable de pénétrer jusqu'à nos plus secrètes intentions dans tous les cas et dans tous les temps, omnipotent, pour qu'il puisse départir à notre conduite les conséquences qu'elle mérite, etc... En tout cas, c'est de la raison pratique, non de la raison spéculative, qu'est issu dans sa plénitude positive le concept de Dieu ; la raison spéculative n'a servi qu'à lui chercher des interprétations ou des confirmations extérieures, qu'à lui prêter trop souvent le faux éclat d'une apparente science[1].

Ainsi, par l'idée du souverain bien, la morale conduit à la Religion. Si les écoles de l'antiquité n'ont pas su frayer ce chemin à leur doctrine, c'est qu'elles ont considéré à tort l'usage des forces naturelles comme suffisant pour permettre à l'homme la réalisation de sa fin suprême. Les Épicuriens, en adoptant le faux principe de la recherche du bonheur, ramenaient le souverain bien aux proportions d'une prudence assez mesquine qui ne dépassait pas l'horizon de la vie sensible. Les Stoïciens, eux, en faisant de la vertu la condition du souverain bien, adoptèrent sans doute un principe vrai ; mais ils commirent la faute de rabaisser la loi pour exalter l'homme ; ils crurent en effet d'une part que toute la vertu requise par la loi peut être atteinte en cette vie, et d'autre part ils attribuèrent à l'homme sous le nom de sagesse une puissance bien supé-

---

1. V, p. 130-131, p. 143-147. — Cf. *Kritik der reinen Vernunft*, III, p. 538. — *Kritik der Urtheilskraft*, V, p. 458.

rieure à celle que comporte notre nature ; ils remplacèrent la Religion par l'héroïsme, prétendant à la fois libérer le sage de tout désir de bonheur qui ne serait pas le contentement de sa conscience, et l'exempter de toute défaillance, même de toute tentation. Il leur a manqué de comprendre que le sentiment des énergies intérieures de l'âme est loin d'être adéquat à la pure représentation de la loi : il leur a manqué aussi, comme Kant l'indique, de comprendre l'origine et la profondeur du mal[1]. Le Christianisme, au contraire, « quand même on ne le considérerait pas encore comme doctrine religieuse », satisfait pleinement à toutes les exigences de la raison pratique. Il ordonne la sainteté des mœurs, tout en déclarant que l'homme ne peut arriver qu'à la vertu, c'est-à-dire à la résolution d'agir selon la loi par respect pour elle, et tout en l'avertissant de la puissance des mobiles impurs qui peuvent à chaque moment altérer son intention. Ce qu'il nous enseigne donc comme obligatoire, c'est le progrès indéfini vers la sainteté, et c'est par là qu'il nous communique le juste espoir de la perpétuité de notre vie morale. S'il proclame que ce progrès peut être inauguré par nous ici-bas, il reconnaît que le bonheur qui y doit correspondre n'est pas en notre pouvoir et ne peut nous être donné que dans une existence future, qu'il est pour nous un objet d'espérance[2].

Kant prétend donc que, soit pour la conception de la morale, soit pour celle des rapports de la morale avec la Religion, sa doctrine est en parfait accord avec le Christianisme. Mais n'est-ce pas là un retour à la morale théologique, par conséquent à une morale d'autorité extérieure et d'hétéronomie ? Nullement ; car tel n'est pas le Christianisme dans son esprit. « Le principe chrétien de la *morale* n'est pas théologique (partant hétéronomie), mais il est l'autonomie de la raison pure pratique par elle-même, parce que cette morale fait de la connaissance de Dieu et de sa

1. Cf. *Die Religion*, VI, p. 153. — V. plus loin, p. 628.
2. V, p. 132-135, p. 88.

volonté la base, non de ces lois, mais de l'espoir d'arriver au souverain bien sous la condition d'observer ces lois, et parce qu'elle place le véritable *mobile* propre à nous les faire observer, non pas dans les conséquences désirées, mais uniquement dans la représentation du devoir, comme étant la seule chose dont la fidèle observation nous rende dignes de nous procurer ces conséquences[1]. » Si, du reste, la considération du souverain bien mène droit à la Religion, entendue en un sens rationnel, c'est sans porter atteinte à la suprématie inconditionnée de la loi morale. Sans doute la Religion consiste à nous faire regarder tous les devoirs comme des commandements de Dieu[2], mais elle ne nous les présente pas pour cela comme des prescriptions arbitraires et contingentes d'une volonté étrangère ; elle doit les maintenir comme des lois essentielles de toute volonté libre, qui ne revêtent le caractère de commandements divins que parce que seule une volonté moralement parfaite et toute-puissante, telle qu'est la volonté de Dieu, est capable de nous assurer de la réalisation du souverain bien, ordonné par notre devoir même. Il n'y a donc pas là une corruption de l'esprit de désintéressement dans lequel on doit obéir à la loi ; il n'y a point un recours à des mobiles étrangers, comme l'espérance et la crainte, qui convertis en maximes anéantiraient toute la valeur morale des actions. Il y a simplement la juste et sainte confiance dans l'avènement d'un règne de Dieu, arrivant selon la loi morale et en vertu de ce qu'elle requiert[3]. En ces matières la plus légère confusion peut altérer la pureté des idées. Si l'on peut dire en un sens que le souverain bien est le principe déterminant de la volonté, on ne doit jamais perdre de vue qu'il l'est par la loi morale comprise en lui comme son élément premier et irréductible[4]. De même la morale n'est jamais en soi une

---

1. V. p. 135.
2. Cf. *Kritik der Urtheilskraft*, V, p. 495. — *Die Religion*, VI, p. 252. — *Der Streit der Facultäten*, VII, p. 353, etc...
3. V. p. 135-137.
4. V. p. 114-115. « Dans la question du *principe* de la morale, dit Kant

doctrine du bonheur, car elle impose des devoirs et ne fournit pas de règles aux inclinations intéressées, et en outre elle met un frein à ce besoin illimité d'être heureux qui nous pousse ; mais quand elle a fait valoir comme absolue la loi qui lui est propre, elle éveille en nous le désir de travailler sous cette loi au triomphe du souverain bien : et alors, mais alors seulement et avec les réserves indiquées, elle devient une doctrine du bonheur — une doctrine qui, du reste, n'apporte pas de science démonstrativement certaine, mais qui justifie un légitime espoir[1].

Voilà comment la morale s'achève dans la Religion sans se fonder jamais sur elle ; si elle doit s'achever dans la Religion, c'est parce que, être à la fois raisonnable et sensible, l'homme ne peut attendre de lui seul ni la puissance de soutenir indéfiniment sa bonne intention contre les maximes que sa sensibilité lui suggère, ni surtout celle de produire par l'accomplissement du devoir la satisfaction due aux exigences, devenues dès lors des droits, de cette même sensibilité. Cependant la morale ne se fonde pas sur la Religion, parce que c'est dans la ferme disposition à obéir à la loi que se trouve l'origine immanente du besoin auquel la Religion répond, parce que en conséquence l'établissement préalable d'une doctrine religieuse remplacerait par un lien logique extérieur le lien pratique interne qui rattache au principe moral l'affirmation de l'immortalité et l'affirmation de Dieu.

*
* *

Pour désigner les affirmations qui nous expliquent la

---

ailleurs, la doctrine du *souverain bien*, comme fin dernière d'une volonté déterminée par elle et conforme à ses lois peut être tout à fait omise et laissée de côté (comme épisodique). » *Ueber den Gemeinspruch*, etc., VI, p. 311. V. d'ailleurs les explications que Kant dans cet écrit fournit contre l'interprétation de Garve sur les rapports du principe moral avec l'idée du souverain bien.

1. V. p. 136. — Cf. *Die Religion, Varrede*, VI, p. 97-101.

possibilité du souverain bien, Kant adopte définitivement le terme de « postulats[1] ».

Ce sont des postulats de la raison pratique; et, à ce titre, ils se distinguent des postulats qui relèvent de la raison théorique. Pourtant des postulats qui relèvent de la raison théorique paraissent contenir un élément pratique, tandis que les postulats de la raison pratique contiennent un élément théorique : d'où la nécessité de rechercher quel sens précis Kant donne à la distinction. Dans la *Critique de la raison pure*, Kant ne veut pas qu'on entende par postulat une proposition reçue comme immédiatement certaine, sans justification et sans preuve ; ce sont, dit-il, de récents auteurs qui ont imposé au mot cette signification, différente de celle qu'il a pour les mathématiciens et qui doit lui rester. Or pour les mathématiciens un postulat est une proposition pratique, qui ne contient rien de plus que la synthèse par laquelle nous nous donnons un objet et nous en produisons pour nous le concept : par exemple, d'un point donné, avec une ligne droite donnée, décrire sur une surface un cercle. Si une telle proposition ne peut être démontrée, c'est que le procédé qu'elle réclame est précisément celui qui nous permet d'engendrer la figure. Cependant la possibilité de l'objet ainsi engendré est ailleurs théoriquement garantie : aussi l'action de le réaliser par telle méthode reste-t-elle subordonnée à des règles théoriques et n'ajoute-t-elle au fond rien à ce qu'il est selon son concept théorique. C'est en s'inspirant de ce sens que Kant appelait les principes de la modalité des postulats de la pensée empirique : ces principes, selon lui, n'étendent

---

[1]. « Je n'ai pu trouver de meilleur terme pour désigner cette nécessité de la raison, qui est subjective, tout en étant vraie et inconditionnée. » V, p. 11, note. — V. plus haut, p. 232; p. 259; p. 404. — V. Ernst Laas, *Kants Stellung in der Geschichte des Conflicts zwischen Glauben und Wissen*, 1882, p. 15 sq. — P. Lorentz, *Ueber die Aufstellung von Postulaten als philosophische Methode bei Kant*, Philosophische Monatshefte, XXIX, p. 412-433. — Cf. Schelling, *Abhandlungen zur Erläuterung des Idealismus der Wissenschaftslehre*, Werke, I, p. 416, p. 444-452.

en rien le concept des choses mêmes et ne font qu'y ajouter, par la détermination des règles de leur possibilité, de leur réalité ou de leur nécessité dans l'expérience, leur rapport à notre façon de les connaître ; voilà pourquoi ils ne sont synthétiques que subjectivement[1].

Un postulat, dans l'ordre théorique, avait donc aux yeux de Kant pour principal caractère de marquer l'action par laquelle le sujet réalise pour lui une connaissance, sans étendre ou restreindre par là en quoi que ce soit le contenu essentiel de cette connaissance, et en se réglant au fond sur ce qu'elle implique : c'est dans cette mesure qu'il est subjectif. Si dans l'usage qu'en font les mathématiques, il paraît contenir un élément pratique, c'est qu'il énonce la possibilité d'employer, si l'on veut, tel procédé pour arriver à la connaissance de tel objet. Mais dans ce cas la relation de l'objet à l'action du sujet n'est pas immédiate : autrement dit, la nécessité de l'objet reste fondée sur une loi de l'objet même, non sur une action du sujet. C'est que cette action du sujet n'est pas pratique, au sens précis du mot ; implicitement ou explicitement, elle obéit à des principes purement théoriques ; elle n'a pas en elle-même son principe propre. « C'est le terme de *postulat* de la raison pure pratique qui pourrait surtout encore occasionner une méprise, si l'on en confondait le sens avec celui qu'ont les postulats de la mathématique pure, lesquels impliquent une certitude apodictique. Or ces derniers postulent la *possibilité d'une action*, dont on a auparavant reconnu *a priori* théoriquement avec une entière certitude l'objet comme possible. Celui-là au contraire postule la possibilité d'un *objet* même... d'après des lois *pratiques* apodictiques, et par suite uniquement au profit d'une raison pratique : car alors cette certitude de la possibilité postulée n'est pas du tout théorique, et par conséquent apodictique ; c'est-à-dire que ce n'est pas une nécessité reconnue par rapport à l'objet,

---

[1]. III, p. 204-205.

mais une supposition nécessaire par rapport au sujet, pour l'observation de ses lois objectives, mais pratiques[1]. »

Par la nature de ce qu'il affirme un postulat de la raison pratique est une proposition théorique[2], car il porte sur l'*existence* d'un objet, qui, tout en rendant possible la réalisation du souverain bien par notre volonté, n'a pas à attendre de notre volonté sa propre réalisation, d'un objet qui en lui-même devrait et pourrait être connu, si nous avions pour le connaître des facultés appropriées à ce qu'il est. L'affirmation d'un tel objet, quel qu'en soit le motif primordial et quelle qu'en soit la valeur finale, reste donc, au regard de la raison spéculative et de ses exigences en fait de démonstration, une simple hypothèse, sans certitude apodictique ; mais, au regard de la raison pratique, ce n'est pas une hypothèse simplement permise, comme est par exemple une hypothèse qu'introduit la raison spéculative quand elle veut, sans que la science le réclame strictement, pousser son usage jusqu'au bout et atteindre quelque principe dernier d'unification[3] ; c'est une hypothèse nécessaire. On peut la dire subjective en deux sens : en ce sens d'abord, qu'elle ne comporte pas de preuve théorique suffisante ; en ce sens surtout, qu'elle dérive d'un besoin de la raison. Elle n'en est pas moins objectivement valable, s'il est bien entendu que la nécessité qui lui confère cette valeur objective n'est ni aperçue, ni connue théoriquement, mais repose sur la loi pratique[4]. — Cependant,

---

1. V. p. 11, note. — « La géométrie pure a des postulats, propositions pratiques qui ne contiennent rien de plus que la supposition, qu'on *peut* faire une chose, s'il est de quelque façon requis qu'on *doive* la faire, et ce sont, dans cette science, les seules propositions qui concernent une existence. Ce sont donc des règles pratiques soumises à une condition problématique de la volonté. Mais ici la règle dit qu'on doit purement et simplement se comporter d'une certaine manière. » V, p. 32.
2. V. p. 128, p. 132.
3. V. p. 5, p. 148. — Cf. *Kritik der reinen Vernunft*, III, p. 510 sq. — *Was heisst sich im Denken orientiren*, IV, p. 345.
4. V. p. 4-5, p. 11, note, p. 60, p. 128, p. 131, p. 138 sq., p. 140 sq., p. 152 sq.

avait-on objecté à Kant[1], peut-on conclure d'un besoin à la réalité de son objet ? Un amoureux tout plein de l'image d'une beauté qu'il a vue en rêve aurait-il le droit de soutenir que cette beauté existe réellement ? — L'objection assimile faussement un besoin fondé sur l'inclination à un besoin fondé sur la raison. La raison qui reconnaît dans la loi morale un principe absolument certain de détermination pour la volonté ne peut être pleinement satisfaite que si elle admet en outre les conditions sans lesquelles le souverain bien, prescrit par cette loi, serait impossible. Cette supposition n'est pas préalable à la loi morale : elle en découle, et elle est, en un sens, aussi nécessaire qu'elle ; mais elle en découle, selon un rapport logique, non spécifiquement pratique[2] ; c'est-à-dire que si elle est nécessaire par rapport à l'obligation, elle n'est pas elle-même obligatoire ; ce ne peut jamais être un devoir d'admettre l'existence d'une chose[3] ; l'affirmation d'une existence est toujours, en droit, du ressort de la raison théorique ; s'il nous est impossible qu'elle devienne une connaissance, elle ne peut donc être qu'une croyance.

On voit par là comment Kant s'efforce de maintenir en étroite connexion le caractère subjectif et le fondement rationnel du postulat. Le postulat est une vérité, dont la certitude est garantie par la loi pratique ; mais c'est une vérité qui n'est pas donnée au sujet par un savoir, et dont l'affirmation par conséquent est pour lui un besoin ou un droit, ou une foi, ces divers termes servant à marquer qu'ici c'est la nécessité d'un acte qui fonde pour le sujet la nécessité d'un objet. Le postulat est une foi pure pratique de la

---

1. Cette objection avait été faite par Wizenmann dans un article du *Musée allemand*, février 1787. — V, p. 149-150, note.
2. Cf. *Kritik der Urtheilskraft* : « Cette preuve ne signifie pas : il est aussi nécessaire d'admettre l'existence de Dieu que la validité de la loi morale ; par conséquent celui qui ne peut se convaincre de la première peut se croire dégagé des obligations de la seconde. Non !... » V. p. 465.
3. V. p. 131-132. — « Une croyance commandée est un non-sens. » V. p. 150. — Cf. *Logik*, VIII, p. 66 sq.

raison[1]. Kant s'applique ici davantage à en mettre en évidence ce qu'il a de rationnel, et il n'opposerait plus sans doute aussi catégoriquement qu'il l'a fait ailleurs[2] la certitude morale et la certitude logique ; il persiste pourtant à penser que l'affirmation contenue dans le postulat, précisément parce qu'elle dérive d'un besoin de la raison, qu'elle est liée à un intérêt immédiat pour la moralité, qu'elle ne s'impose vraiment au sujet que sous l'influence de sa bonne intention, peut revêtir une forme personnelle : « L'honnête homme peut dire : je *veux* qu'il y ait un Dieu, que mon existence en ce monde soit encore, en dehors de l'enchaînement des causes naturelles, une existence dans un monde intelligible pur, enfin que ma durée soit infinie. A cela je m'attache fermement, et ce sont des croyances que je ne me laisse pas enlever ; car c'est le seul cas où mon intérêt, dont il ne m'est *permis* de rien rabattre, détermine inévitablement mon jugement[3]. » De même encore la façon de se représenter les conditions de la possibilité du souverain bien dépend de la loi par un rapport qui exclut toute option de notre part; cependant si l'on songe que l'impuissance à comprendre autrement que par l'existence de Dieu l'accord de la vertu et du bonheur est au fond une impuissance de *notre* raison, non une preuve absolue d'impossibilité, qu'en outre notre raison peut concevoir, sinon déterminer une harmonie de la nature et de la moralité se produisant en vertu des lois de l'univers[4], il est permis d'estimer que l'assentiment à un ordre d'affirmations qui tourne au bénéfice de la raison pratique les limitations de la raison théorique a quelque chose d'une préférence et

---

1. V. p. 132, p. 150.
2. *Kritik der reinen Vernunft*, III, p. 545-547. — V. plus haut, p. 244. Ce qui fait, dit Kant ailleurs, *Logik*. VIII, p. 70, qu'en matière de foi on doit plutôt dire : *Je suis certain*, c'est que cette certitude étant incommunicable par des moyens objectifs, moi seul peux en juger la valeur et la solidité.
3. V, p. 149.
4. De même, et pour de semblables motifs, l'impossibilité de ramener au mécanisme ce que nous rapportons à la finalité est, d'après la *Critique de la faculté de juger*, simplement relative à notre raison limitée.

d'un choix ; ainsi le pur intérêt moral, s'appuyant sur la censure de le Critique, fonde ce qu'on peut appeler une maxime de croyance : « Cette foi n'est pas commandée, mais elle dérive de l'intention morale même comme une libre détermination de notre jugement, avantageuse par rapport à la moralité (qui nous est commandée), et de plus conforme au besoin théorique de la raison... ; par suite, si elle peut parfois chanceler même dans les âmes bien intentionnées, elle ne saurait jamais déchoir en incrédulité[1]. » Ainsi il semble que parfois Kant fasse dans le postulat une part plus large à l'élément pratique et volontaire ; ce n'est pas cependant par restriction de l'élément logique et théorique. Seulement il lie les conditions de la possibilité du souverain bien tantôt à la loi elle-même et au jugement rationnel qui s'en représente les conséquences pour le sujet que nous sommes, tantôt à l'intention morale, qui résolue à poursuivre l'objet total de la loi, adhère à tout ce qui, selon la raison, est nécessaire pour que cet objet se réalise[2].

1. V, p. 150-152. — Cette foi de la raison n'est, d'après ce que dit Kant ailleurs, nullement indispensable pour faire un honnête homme, comme était, par exemple, Spinoza, qui ne la professait point, et elle serait même pernicieuse si elle devait rendre intéressées les maximes de la conduite ; mais par l'absence de cette foi, l'effort est limité, la puissance de la loi morale méconnue, et le sentiment de respect qui s'attache à elle plus ou moins secrètement affaibli. — *Kritik der Urtheilskraft*, V, p. 465-467.

2. V. notamment pour le premier cas, V, p. 130, pour le second, p. 149. — Il arrivera à Kant, pour bien manifester l'élément pratique et volontaire du postulat, d'employer des formules partiellement en désaccord avec la pensée exprimée ici. Voici en effet ce qu'il dit dans l'*Annonce de la prochaine conclusion d'un traité de paix en philosophie*, 1796: « Un *postulat* est un impératif pratique donné *a priori*, qui n'est susceptible de recevoir pour sa possibilité aucune explication (par suite non plus aucune preuve). Ce qu'on postule donc, ce ne sont pas des choses ou en général l'*existence* de quelque objet, mais seulement une maxime (une règle) de l'action d'un sujet », VI, p. 415, note. En même temps qu'il fait du postulat un impératif, Kant paraît donc indiquer que la nécessité propre au postulat porte directement, non sur l'objet affirmé, mais sur l'attitude du sujet qui affirme. Cependant il emploie immédiatement après des expressions qui semblent le ramener à sa pensée antérieure : « Si donc c'est un devoir d'agir en vue d'une certaine fin, il faut que je sois également en droit de supposer (*so muss ich auch berechtigt sein, anzunehmen*) que les conditions existent, sous lesquelles seules cet accomplissement du devoir est possible. » (*Ibid.*) — Au reste, dans un écrit de

*
* *

A quelles affirmations convient en somme le terme de postulat ? Incontestablement à l'affirmation de l'immortalité et à celle de l'existence de Dieu : et il semble bien, par divers passages, que Kant entend le leur réserver exclusi-

la même année, Kant notait que l'impératif concerne l'action, non la foi. *Von einem neuerdings erhobenen vornehmen Ton in der Philosophie*, VI, p. 473. — V. plus loin comment dans la *Doctrine de la vertu* (VII, p. 251, p. 299) Kant, pour dénoncer l' « amphibolie » qu'il y a dans l'idée de devoirs envers Dieu, ramène la foi religieuse pure à un devoir envers soi-même. — Il y a lieu peut-être ici de rappeler que la foi impliquée dans le postulat ne doit jamais, d'après Kant, ni être assimilée à une opinion, ni être estimée comme une vraisemblance : l'opinion en effet concerne des choses qui n'échappent à nos sens que momentanément ou à cause de leur imperfection, mais qui par nature seraient susceptibles d'être données dans une expérience sensible ; quant à la vraisemblance, elle n'est qu'une opinion plus rapprochée de la certitude. De toute façon, au regard de notre raison, ce qui dépasse l'expérience peut être tenu pour possible ou impossible à devenir l'objet d'un savoir déterminé, mais non pour vraisemblable ; il ne faut pas prendre les limites expressément reconnues de notre raison pour de simples bornes du développement empirique de notre pensée. Voilà pourquoi, du reste, toute foi véritable, portant sur le supra-sensible, ne peut être que pratique ; c'est qu'il n'y a pas de milieu pour la raison pure entre la connaissance et la foi. — V. *Kritik der Urtheilskraft*, V, p. 481-487. — *Von einem neuerdings erhobenen vornehmen Ton in der Philosophie*, VI, p. 472-473, note.

Diverses doctrines qui se rattachent à Kant plus ou moins directement ont étendu et renforcé l'élément pratique et volontaire de la croyance. C'est ainsi que Fichte, dans la *Destination de l'homme*, en partant de l'idée « que la raison pratique est la racine de toute raison » (*Die Bestimmung des Menschen*, éd. Kehrbach, p. 102), développe au nom des exigences de la conscience un système de la croyance qui complète le système de la science en posant d'une part la réalité du monde qui est le théâtre de notre action et la matière de nos devoirs, d'autre part, la nécessité d'admettre, pour la réalisation de nos fins morales, un autre monde que celui-ci (p. 85 sq.). — Ch. Secrétan soutient que la croyance au devoir, ainsi que toutes les convictions qui sont indispensables pour expliquer sans le dénaturer le fait de la conscience morale, sont obligatoires et par suite libres. « Je ne suis pas logiquement obligé de croire au devoir ; mais j'y suis tenu moralement » (*Le principe de la morale*, p. 127. — V. p. 134. — Cf. Fr. Pillon, *La philosophie de Charles Secrétan*, 1898, p. 63-67). — Ch. Renouvier et Fr. Pillon, fidèles à leur conception générale selon laquelle la certitude étant, non pas un simple état de l'entendement, mais un acte de la personne entière, comprend, outre des éléments de représentation, des éléments de passion et de liberté, ont reproché à Kant de n'avoir pas assez marqué la place que doit occuper la croyance dans le système de la raison pratique. « Kant s'est trop souvent exprimé comme s'il y avait dans cette dernière raison quelque chose comme ce que ses adversaires prétendaient trouver dans la raison théorique, quelque chose qui se poserait comme un axiome de géométrie et s'imposerait forcément à un agent moral au lieu

vement[1]. A ces deux postulats cependant il en ajoute parfois, d'une façon assez inattendue, un troisième, qui n'est pas toujours identiquement nommé ; si bien que l'on a pu se demander s'il n'était pas porté par ses tendances personnelles, beaucoup plus que par la stricte logique, à développer sur le modèle de quelque catéchisme chrétien une foi en trois articles[2].

Ce troisième postulat qui parfois s'ajoute ainsi aux deux autres ou s'intercale entre eux, c'est tantôt le monde intelligible ou règne de Dieu[3], tantôt le souverain bien à réaliser par nous[4], tantôt la liberté[5]. Mais la conception d'un

---

de se proposer à sa foi et d'être soumis, comme toute autre croyance, à sa libre acceptation » (Ch. Renouvier, *Les labyrinthes de la métaphysique*, dans la Critique philosophique, 8ᵉ année, 1879, I, p. 297). Contre ces restes de dogmatisme rationaliste, il y a lieu de dire que la liberté est affirmée par un acte de liberté, le devoir par un acte de devoir. « La loi morale suit la volonté en tous ses actes ; elle ne peut s'imposer à la volonté sans s'imposer du même coup à l'entendement. De là vient que nous posons la croyance à l'obligation, non comme nécessaire, mais comme obligatoire, que nous repoussons le doute sur la valeur des prescriptions de la conscience, non comme absurde, mais comme immoral. C'est en vertu de la liberté et de l'obligation que nous croyons à l'obligation et à la liberté. C'est au nom de la loi morale que nous affirmons la réalité de la loi morale et de ses postulats. On croit au devoir, non parce qu'on ne peut pas ne pas y croire, on y croit parce qu'on se sent tout à la fois libre et obligé d'y croire. Et cette foi obligatoire au devoir a une portée plus grande encore que n'avait pensé Kant. Elle soutient tout l'édifice de la représentation, données empiriques et catégories... » (Fr. Pillon, *La place de la morale en philosophie*, Critique philosophique, 1ʳᵉ année, 1872, I, p. 353). « La croyance au devoir conduit à la croyance à la liberté, parce qu'elle la suppose, et cette dernière croyance se présente elle-même comme un devoir dès qu'elle est vue dans cette relation, puisque la réalité de son objet est une condition de la réalité de l'objet de la première. » (Ch. Renouvier, *Essai d'une classification systématique des doctrines philosophiques*, dans la Critique religieuse, supplément, p. 496.)

1. V. notamment : V, p. 4, p. 5, p. 130. — Lorsqu'il explique le sens et la portée d'un postulat de la raison pure pratique, Kant paraît même souvent avoir uniquement en vue l'existence de Dieu. V. en particulier : V, p. 148.

2. E. Laas, *Kants Stellung*..., p. 16-17. — V. ce que dit Kant ailleurs du *Credo* en trois articles, par lequel est professée la foi de la raison pure pratique (*Ueber die Fortschritte der Metaphysik*, VIII, p. 560).

3. V. p. 143.

4. V. p. 131. — Dans la *Critique de la faculté de juger*, Kant comprendra aussi, parmi les choses de foi, en même temps que l'immortalité et l'existence de Dieu, le souverain bien à réaliser dans le monde par la liberté, dont elles sont les conditions. V, p. 483.

5. V. p. 138, p. 139, p. 140, p. 149. — Cf. Benno Erdmann, *Reflexionen Kants*, II, n° 1561, p. 435.

monde intelligible, ou règne de Dieu, au sens où Kant l'a définie un peu auparavant[1], ne fait guère qu'exprimer la possibilité du souverain bien, en insistant seulement sur la nécessité et l'efficacité de l'intervention de Dieu pour nous l'assurer. Quant à la possibilité du souverain bien elle-même, outre qu'elle est liée directement à la loi morale, comme objet de la volonté que celle-ci détermine, elle paraît moins pouvoir devenir un postulat distinct qu'être l'affirmation générale dont certaines conditions sont spécifiées par les postulats. Pour ces deux premiers cas, ce qu'il faut relever, c'est, avec quelque inconséquence, surtout un double emploi. La question est plus délicate pour le cas, le plus fréquent et le plus significatif, où Kant admet comme autre postulat la liberté. « Ces postulats, dit-il, sont ceux de l'*immortalité,* de la *liberté,* considérée positivement (comme causalité d'un être en tant qu'il appartient au monde intelligible) et de l'*existence de Dieu...* Le second découle de la supposition nécessaire de l'indépendance à l'égard du monde sensible et de la faculté de déterminer sa volonté d'après la loi d'un monde intelligible, c'est-à-dire de la liberté[2]. » Cette façon de traiter la liberté comme un postulat, qui n'apparaît que dans la *Dialectique,* paraît être en contradiction avec les thèses de l'*Analytique,* selon lesquelles la liberté identique à la loi, si elle est pour nous certaine par elle, est également certaine comme elle, et devient à ce titre le fondement des postulats[3].

---

1. « Le monde dans lequel les êtres raisonnables se vouent de toute leur âme à la loi morale est comme un *règne de Dieu,* où par la puissance d'un Être saint, qui rend possible le souverain bien dérivé, la nature et les mœurs sont dans une harmonie que chacun des deux éléments ne produirait pas par lui-même. » V, p. 134-135.
2. V, p. 138. — « Comment la liberté est-elle seulement possible, et comment doit-on se représenter théoriquement et positivement cette espèce de causalité, c'est ce qu'on n'aperçoit point par là, mais seulement qu'il y a une telle liberté, postulée par la loi morale et en vue d'elle. » V, p. 139.
3. « Le concept de la liberté, en tant que la réalité en est établie par une loi apodictique de la raison pratique, forme la *clef de voûte* de tout l'édifice d'un système de la raison pure, y compris la spéculative, et tous les autres

Pour lever la difficulté, on pourrait être tenté de dire qu'il y a eu là de la part de Kant un usage simplement approximatif du terme de postulat, puisque après tout on peut lire aussi dans l'*Analytique* que les lois morales « sont nécessaires comme postulats pratiques [1]. » Mais ici l'application de ce terme à la liberté ne peut être accidentelle, puisqu'elle est faite en même temps à l'immortalité et à l'existence de Dieu. On pourrait plus justement observer que le groupement de ces trois affirmations sous un même titre a pu être imposé à Kant par l'habitude qu'il avait de présenter ensemble Dieu, la liberté et l'immortalité comme les objets suprêmes de la métaphysique [2], et, en cherchant derrière cette habitude même un motif plus profond, on pourrait invoquer l'intention qu'il avait de montrer comment les trois postulats correspondent juste aux trois idées

---

concepts se lient à celui-ci, et reçoivent avec lui et par lui consistance et réalité objective... De toutes les idées de la raison spéculative, la liberté est la seule dont nous puissions connaître *a priori* la possibilité, sans toutefois l'apercevoir, car elle est la condition de la loi morale, que nous connaissons. Les idées de *Dieu* et de l'*immortalité* ne sont pas les conditions de la loi morale, mais seulement celles de l'objet nécessaire d'une volonté déterminée par cette loi... Par là les idées de Dieu et de l'immortalité reçoivent, au moyen du concept de liberté, une réalité objective... » V, p. 3-5. — V. p. 110.

1. V, p. 49. — « Le principe fondamental de la moralité, dit Kant dans la *Critique de la raison pratique*, dont dérivent tous les postulats, n'est pas lui-même un postulat » (V, p. 138); ce qui ne l'empêchera pas d'écrire dans la *Critique de la faculté de juger* : « Si le principe suprême de toutes les lois morales est un postulat, la possibilité de leur objet suprême, par suite aussi la condition sous laquelle nous concevons cette possibilité, se trouvent par là du même coup postulées » (V, p. 484).

2. V. en particulier *Kritik der reinen Vernunft*, III, p. 528 ; 2ᵉ éd., p. 37 et p. 271 (Cf. Vaihinger, *Commentar*, I, p. 230). — Dans la *Critique de la faculté de juger*, après avoir rappelé de la même façon que Dieu, la liberté et l'immortalité sont les trois problèmes essentiels de la métaphysique, après avoir dit à nouveau que ces problèmes ne peuvent recevoir de solution déterminée qu'au point de vue pratique, Kant ajoute cependant cette observation, qui remet la liberté à part : « Il reste cependant en ceci toujours remarquable, que parmi les trois idées pures de la raison, *Dieu*, la *liberté*, et l'*immortalité*, celle de la liberté est le seul concept du supra-sensible, qui prouve sa réalité objective en la manifestant dans la nature (au moyen de la causalité qui est conçue en lui) par l'effet qu'il peut avoir dans cette même nature ; et c'est précisément par là qu'il rend possible la liaison des deux autres avec la nature, et le rapport de toutes trois ensemble à la Religion. » V, p. 488-489.

transcendantales, l'idée psychologique, l'idée cosmologique, l'idée théologique, et leur confèrent une réalité objective pratique [1]. Il n'en reste pas moins à se demander pourquoi Kant, après avoir attribué à la liberté une place privilégiée et unique, la remet ailleurs au niveau des autres postulats.

C'est qu'à vrai dire la liberté, telle qu'il la considère ici, non plus identique à la loi, mais « postulée par la loi », n'est pas la faculté qu'a la volonté pure d'être autonome et d'instituer une législation universelle, mais le pouvoir dévolu au sujet d'accomplir sa tâche morale sous l'empire de cette législation, de l'accomplir contre les obstacles qui peuvent lui venir de la nature, avec la pleine confiance qu'il a tout ce qu'il faut pour l'accomplir et qu'en l'accomplissant il acquiert un droit à l'existence effective des autres conditions du souverain bien. Que ce pouvoir ait sa racine dans la volonté autonome, Kant certes maintenant ne peut que l'admettre ; mais ce pouvoir s'en distingue toutefois, en ce qu'il est relatif à l'état du sujet humain et qu'il a avant tout à opérer son œuvre dans ce monde. Ce qui dans ce pouvoir reste théoriquement inexplicable et ce qui est un objet nécessaire de foi, c'est la suffisante capacité qu'il enveloppe de produire dès ici-bas la vertu et de promouvoir par elle tout le « règne de Dieu ». Ainsi, malgré sa référence à l'idée cosmologique, la liberté est ici plutôt conçue sous la forme que réclame l'obéissance à la loi, non plus comme la puissance pratique en soi, mais comme la puissance pratique humaine assurée de pouvoir faire tout ce qu'elle doit, si elle le veut, et de recevoir pour la réalisation de sa fin totale la subvention de Dieu à ce qui lui manque : elle est un principe premier d'action qu'accompagnent, chez l'être raisonnable fini, en même temps que le respect de la loi qui la garantit et l'obéissance à cette loi, la croyance à la vertu et à l'avènement de toutes les conséquences que la vertu

---

1. V. p. 138-140.

requiert[1]. Elle est donc absolument indépendante de toutes les déterminations que retient inévitablement la chose en soi, même quand la chose en soi est simplement posée sans pouvoir être connue ; si elle est expressément rattachée à l'idée cosmologique d'un monde intelligible, il semble qu'elle en refoule l'élément, à vrai dire, encore spéculatif, par lequel cette idée devenait ailleurs le fondement de tout le système de la raison, pour y introduire une signification exclusivement éthico-religieuse. Elle ne paraît point se manifester par un caractère constitué une fois pour toutes : elle est plutôt l'origine d'un progrès dont le terme est l'accord de la moralité parfaite et de la parfaite félicité ; elle est, en somme, le premier commencement d'une destinée.

C'est qu'elle est directement liée, non plus à la loi inconditionnée par laquelle se détermine une volonté pure, mais au système des conditions qui rendent possible pour la vo-

---

[1]. Cette interprétation me paraît confirmée par le rapprochement de divers passages empruntés à des écrits ultérieurs de Kant. Dans son travail *sur les progrès de la métaphysique depuis Leibniz et Wolff*, Kant traitant des trois idées qui constituent « la connaissance pratiquement dogmatique du suprasensible », l'idée de la liberté, pour ce qui est du supra-sensible en nous, l'idée de Dieu, pour ce qui est du supra-sensible au dessus de nous, et l'idée de l'immortalité, pour ce qui est du supra-sensible après nous, remarque que l'idée de la liberté comprend, outre l'*autonomie* de la raison pure pratique, l'*autocratie*, c'est-à-dire « la faculté d'atteindre ici bas dans la vie terrestre au but final moral, pour ce qui en est la condition formelle, à savoir la moralité, et cela parmi tous les obstacles que peuvent nous susciter les influences exercées par la nature sur nous comme êtres sensibles, mais grâce à la qualité que nous avons d'être en même temps des êtres intelligibles. Cette faculté est la *foi en la vertu* comme principe en nous dirigé vers le souverain bien. » VIII, p. 557. — « Pour des êtres finis, qui sont *saints*, dit-il encore dans l'*Introduction* de la *Doctrine de la vertu* (c'est-à-dire qui ne peuvent même jamais avoir la tentation de violer le devoir), il n'y a pas de doctrine de la vertu, mais simplement une doctrine des mœurs, et cette dernière est une autonomie de la raison pratique, tandis que la première contient en même temps l'*autocratie* de cette raison, c'est-à-dire une conscience de la *faculté* de pouvoir triompher de nos inclinations contraires à la loi, conscience qui n'est pas sans doute immédiatement perçue, mais qui est justement concluc de l'impératif catégorique moral. » VII, p. 186-187. — Dans l'*annonce de la prochaine conclusion de la paix perpétuelle en philosophie*, la liberté, mise au nombre des trois postulats, est définie « la faculté qu'a l'homme de soutenir l'accomplissement de ses devoirs (comme s'ils étaient des commandements de Dieu) contre toute puissance de la nature ». VI, p. 494.

lonté d'un être raisonnable fini, l'accomplissement d'un objet prescrit par cette loi. Kant, il est vrai, reprend pour les concepts théoriques qui correspondent à ces conditions la thèse qu'il avait précédemment soutenue pour le concept de la causalité inconditionnée, à savoir que ces concepts reçoivent de la loi pratique apodictique un usage immanent et une réalité objective ; mais il ne fait plus de la liberté telle qu'il l'entend ici le concept premier dont l'extension se communique aux autres ; il la classe parmi les postulats, qui, loin d'être préformés dans les idées, simplement « y conduisent », et qui, en fin de compte, n'apportent de solution aux « problèmes » de la raison spéculative qu'après avoir entièrement résolu des problèmes pratiques[1]. Certes il présente le plus souvent en des termes univoques l'acte par lequel la raison pratique confère l'objectivité aux idées, « qu'elles soient contenues *a priori* dans la détermination nécessaire de la volonté ou qu'elles soient inséparablement liées à l'objet de cette volonté[2]. » Pourtant cet acte, dans le premier cas, unit plus intimement l'idée et sa réalité objective, car l'idée d'une causalité inconditionnée est un sujet adéquat à la détermination que fournit la loi inconditionnée ; dans le second cas, au contraire, les idées ne sont objectivement déterminées qu'en perdant bon nombre de leurs attributs théoriquement concevables et qu'en se référant à des prédicats pratiques formés pour la plupart en dehors de ce qu'elles représentent directement. Que la réalité objective pratique se manifeste aux deux termes extrêmes de la doctrine sous deux formes si diverses, d'abord, par la conscience de la loi, avec la cer-

---

1. V. p. 138 sq.
2. V. p. 5. — Cf. la partie de l'*Analytique* qui a pour titre : *Du droit qu'a la raison pure, dans l'usage pratique, a une extension qui lui est absolument impossible dans l'usage spéculatif*, et la partie de la *Dialectique* qui est intitulée : *Comment est-il possible de concevoir une extension de la raison pure au point de vue pratique, sans étendre pour cela sa connaissance au point de vue spéculatif ?* V. p. 53-60, p. 140-146 (v. également p. 138-140).

titude apodictique d'une vérité première, puis par la considération du but final de la volonté, avec le caractère d'une vérité appropriée, qui est chose de foi[1] : cela marque sans doute aux yeux de Kant la façon dont il faut désormais « s'orienter dans la pensée[2] » ; mais cela rappelle aussi qu'avant d'être expliquée comme foi de la raison la croyance pratique avait évoqué de son seul fait d'être pratique, et en dehors de la raison, ses titres de légitimité, et qu'en se rationalisant dans la suite, elle a tendu à préserver de toute altération et même de toute transposition de sens son contenu initial.

*
* *

Quoi qu'il en soit, cet acte par lequel la raison pratique rend constitutives et immanentes des idées qui étaient simplement transcendantes et régulatrices manifeste au fond l'accord des deux sortes de raisons et les garantit en quelque mesure l'une par l'autre[3]. On s'explique par là qu'en dehors de leurs usages positifs strictement limités, d'une part la connaissance dans l'expérience possible, d'autre part la moralité par la loi pratique, il soit mal aisé d'établir rigoureusement dans la région où elles se rejoignent leurs apports respectifs. En un sens, on peut dire que pour Kant la raison pratique commence aux limites de l'entendement proprement dit[4], s'il est vrai que les idées conçues par la raison ne sont pas en elles-mêmes indifférentes à leurs déter-

---

1. V. plus haut, p. 139. — V. l'usage que fait Kant, dans la *Critique de la faculté de juger* et ailleurs, de la distinction entre une preuve κατ'ἀλήθειαν et une preuve κατ'ἄνθρωπον. V, p. 477. — VIII. p. 568.
2. A cette philosophie de la subjectivité, Hegel a de bonne heure objecté qu'elle ne pouvait s'empêcher de supposer dans l'objet de la foi l'identité de l'idée et du réel, que le dualisme de la science et de la croyance résulte d'une conception de la raison exclusivement négative, et qu'appeler postulat l'affirmation de la réalité absolue de l'idée suprême est quelque chose d'irrationnel (*Glauben und Wissen oder die Reflexionsphilosophie der Subjectivität*, *Werke*, I, p. 47-51).
3. V. p. 139-142.
4. Cf. l'*Introduction* à la *Critique de la faculté de juger*. — V. plus haut, p. 509-510.

minations ultérieures, mais qu'elles les appellent et qu'elles y tendent[1]. En un autre sens, on peut dire que la raison pratique ne commence qu'avec la position du principe moral, si avant ce moment les idées de la raison ne sont pas sûres d'avoir, non pas même tels objets, mais un objet en général[2]. A la vérité, sous la dualité des usages, « il n'y a toujours qu'une seule et même raison, qui, au point de vue théorique ou au point de vue pratique, juge d'après des principes *a priori*[3] ». Mais la reconnaissance de cette unité de la raison ne doit non plus jamais abolir la dualité des usages. Le rapport à l'objet, défini en fonction de la raison pratique, ne peut point être représenté dans une connaissance, — ni dans une connaissance comme celle que nous procure la science, et qui ne peut jamais dépasser l'expérience, ni dans une connaissance comme celle dont rêvent, avec les métaphysiciens dogmatiques, les théosophes et les mystiques.

Suit-il de là que la raison théorique et la raison pratique doivent rester en présence et se coordonner l'une avec l'autre, sans plus ? Ce serait les exposer à un constant conflit, et aussi méconnaître le caractère qu'elles ont d'avoir, en dehors de leurs conditions générales communes, des intérêts propres par lesquels elles peuvent se comparer. L'intérêt de la raison spéculative, c'est de pousser la connaissance jusqu'aux principes *a priori* les plus élevés : supposé qu'elle puisse atteindre pleinement cette fin et qu'elle n'ait pas à avouer l'existence, en dehors d'elle, de principes pratiques originaux: elle aurait le droit de se considérer comme la mesure du tout, même de la valeur de nos besoins pratiques. Mais il se trouve que ses prétentions à étendre la connaissance jusqu'au point extrême où elle voudrait la pousser sont illégitimes ; il se trouve que la volonté pure a ses lois à elle, et que par ces lois se découvre

---

1. V. p. 148, note.
2. V. p. 142.
3. V. p. 127. — Cf. *Grundlegung*, IV, p. 239. — *Prolegomena*, IV, p. 111.

une raison pure pratique capable de déterminer immédiatement à son point de vue l'Inconditionné : l'intérêt de la raison théorique doit donc le céder à l'intérêt de la raison pratique. Ainsi se justifie ce que Kant appelle le *primat* de la raison pure pratique dans son union avec la raison pure spéculative[1] : primat qui établit entre les deux raisons un rapport de hiérarchie, non de causalité, et qui n'autorise en aucune façon l'esprit dogmatique à tenter par quelque voie que ce soit la réduction de la raison spéculative à la raison pratique[2].

La connaissance des limites de la raison spéculative, l'aveu de la suprématie de la raison pratique, loin de marquer un défaut dans l'ordre de la nature, expriment au contraire la plus sage appropriation de nos facultés à notre destinée. Serions-nous tentés de traiter la nature de marâtre, parce qu'elle ne nous a pas donné en partage la puissance d'esprit et les lumières que réclame notre inépuisable curiosité ? Mais admettons qu'elle nous ait servis à souhait : douée d'une vue infiniment plus pénétrante, notre raison n'appliquerait plus tout son savoir, d'une part qu'à calculer les plus sûrs moyens de satisfaire à nos inclinations, d'autre part qu'à nous représenter avec une certitude qui les ferait comme tomber sous nos yeux Dieu et l'éternité dans toute leur majesté redoutable : la loi morale, si elle méritait encore ce nom, ne serait plus que la traduction d'intérêts liés, soit à la prudente administration de notre nature sensible, soit à l'extatique contemplation d'objets supra-sensibles. Au lieu d'agir directement par elle-même sur nous, de nous pousser à la lutte et à l'effort nécessaires, notre raison laisserait agir les mobiles extérieurs de la crainte et de l'espérance, elle laisserait se perdre cette valeur morale

---

1. V. p. 125-127.
2. On sait comment Kant désavoua plus tard la filiation que Fichte prétendait établir entre la *Critique* et la *Doctrine de la science* ; il demandait que son système fût compris selon ce qu'il était réellement et à la lettre, non selon le contresens que Fichte lui imposait en prétendant mieux en saisir, à travers la lettre, l'esprit. VIII, p. 600.

des actions qui seule fait le prix de la personne et même le prix du monde au regard de la suprême sagesse. « La conduite des hommes, aussi longtemps que leur nature resterait ce qu'elle est actuellement, serait donc changée en un simple mécanisme, où, comme dans un jeu de marionnettes, tout *gesticulerait* bien, mais où l'on chercherait en vain la *moindre vie* sur les figures. Or, comme il en est tout autrement pour nous, comme avec tous les efforts de notre raison, nous n'avons sur l'avenir qu'une perspective fort obscure et incertaine, comme Celui qui gouverne le monde nous laisse seulement conjecturer et non apercevoir, ni prouver clairement son existence et sa majesté ; comme au contraire la loi morale qui est en nous, sans nous faire avec certitude aucune promesse ni aucune menace, réclame de nous un respect désintéressé, sauf d'ailleurs à nous permettre, une fois que le respect est devenu actif et dominant, alors seulement et seulement par ce moyen, des perspectives tout de même assez voilées sur le royaume du supra-sensible, il peut y avoir place pour une intention véritablement morale, ayant immédiatement la loi pour objet, et la créature raisonnable peut se rendre digne de participer au souverain bien, qui correspond à la valeur morale de sa personne et non pas seulement à ses actions. Ainsi ce que nous enseigne d'ailleurs suffisamment l'étude de la nature et de l'homme pourrait bien encore ici se trouver exact, à savoir que la sagesse impénétrable, par laquelle nous existons, n'est pas moins digne de vénération pour ce qu'elle nous a refusé que pour ce qu'elle nous a donné en partage[1]. »

*
* *

Comme la *Critique de la raison pure*, la *Critique de la raison pratique* a une *Méthodologie*. Cette méthodologie consiste à déterminer ici, non plus les procédés à suivre

---

1. V. p. 152-153.

pour constituer un système complet de la connaissance scientifique, mais l'ensemble des moyens à employer pour préparer aux lois morales un accès dans l'âme humaine et leur assurer une influence efficace sur les maximes de la volonté, c'est-à-dire pour rendre pratique subjectivement la raison objectivement pratique.

C'est le problème de la culture morale qui se pose par là, et il n'y a pas d'autre façon de le résoudre que celle qui se réfère strictement aux caractères de la loi. Ce qu'il faut toujours représenter en principe, sans faire appel à d'autres motifs, c'est la nécessité d'obéir à la loi uniquement par respect pour elle. Si pour tâcher d'amener au bien une âme inculte ou dégradée, il est parfois permis de recourir à l'action des mobiles sensibles, il faut, dès que ce moyen provisoire et exceptionnel a produit quelque effet, ne plus jamais évoquer que le motif moral dans toute sa pureté. Dira-t-on que la simple exhibition de la seule vertu est destinée à rester sans puissance ? Si cela était, il faudrait désespérer de la moralité ; mais cela n'est point. Que l'on observe la finesse d'esprit et la compétence indiscutable avec lesquelles des hommes d'intelligence, d'éducation et de condition très différentes savent répondre à toute question qui se pose sur la valeur de telle action, sur le caractère de telle personne. Également sincères, les uns peuvent se montrer indulgents, les autres sévères dans leurs jugements ; mais qu'est-ce donc que la sévérité, sinon un hommage rendu à l'absolue pureté de la vertu qui ne doit souffrir aucune concession déguisée à des motifs inférieurs ? Et qu'est-ce que l'indulgence, sinon la confiance extrême dans la possibilité de la vertu, inévitablement compromise si l'on découvrait toujours dans tout bon exemple quelque secrète malice. Preuve certaine, que si notre esprit n'est pas fait en général pour les raffinements et les subtilités de la théorie, il l'est admirablement pour l'exactitude et la pénétration des jugements pratiques. La moralité aura d'autant plus d'empire sur le cœur humain qu'on la montrera plus pure. Et là où elle apparaît la plus pure, c'est dans ces cas, comme l'histoire en rapporte, où le devoir ne peut être accompli qu'au prix des plus grandes tortures physiques et morales, où toutes les circonstances qui peuvent le rendre cruel à remplir semblent conjurées contre la vaillance d'une âme, qui demeure malgré tout inébranlable. C'est par de tels exemples que le jugement des enfants apprend à s'exercer, et selon sa direction naturelle. Mais qu'on n'aille pas le fausser en représentant de bonnes et grandes actions sous la forme séduisante qui peut provoquer un enthousiasme passager, mais qui n'assure pas la fermeté des principes et la constante égalité avec soi-même. Les actions que l'on dit supérieures au devoir deviennent par là dépendantes de motifs inférieurs au devoir, et le fait de paraître réservées à une élite ne peut que les rendre suspectes. Ce n'est pas au-dessus du devoir que nous devons nous élever, mais au-dessus des mobiles sensibles ; du moment que nous avons conscience que nous le devons, nous le pouvons. On sera peut-être tenté de dire qu'une si sévère représentation de la loi morale n'est pas propre à rendre meilleures de jeunes âmes. La vérité est que l'expérience n'en a jamais été faite.

Dans l'œuvre de l'éducation morale, il conviendrait donc de procéder de la sorte ; d'abord provoquer pour toutes les actions que le sujet accomplit ou qu'il voit accomplir autour de lui l'exercice de son jugement moral, de façon à le faire discerner si elles sont objectivement conformes à la loi, et à quelle espèce de devoirs elles se rapportent ; ensuite l'inviter à examiner si les actions sont aussi subjectivement d'accord avec la loi, c'est-à-dire si elles ne sont pas seulement de fait moralement correctes, mais encore d'intention moralement bonnes. Or il n'est pas douteux que cette occupation du jugement ne nous fasse prendre goût de plus en plus à la loi morale d'après laquelle nous jugeons ; seulement elle n'est pas encore l'intérêt qui s'attache aux actions pour elle-même et pour leur moralité. « Elle fait seulement qu'on se plaît à une telle action de juger, et elle donne à la vertu ou à la manière de penser d'après des lois morales une forme de beauté que l'on admire, mais que l'on ne recherche pas encore pour cela (*laudatur et alget*); c'est ainsi que tout ce dont la contemplation produit subjectivement une conscience de l'harmonie de nos facultés représentatives, ce par quoi nous sentons fortifié tout notre pouvoir de connaître (entendement et imagination) produit une satisfaction qui peut aussi être communiquée à d'autres, quoique pourtant l'existence de l'objet nous laisse indifférents, parce que cet objet n'est considéré que comme une manière de découvrir en nous la disposition à des talents qui nous élèvent au-dessus de l'animalité[1]. » A cette éducation préparatoire il faut ajouter une éducation plus décisive, dont l'objet est de montrer, par des exemples où l'intention se manifeste parfaitement pure, d'abord la perfection négative de la volonté, qui consiste à s'affranchir de la tyrannie des besoins et des inclinations et nous procure ainsi le sentiment de nous suffire, puis sa perfection positive qui consiste dans le devoir d'agir selon la loi, et qui nous procure ainsi par la conscience de la liberté le respect de nous-mêmes. Telles sont les maximes les plus générales de la Méthodologie[2].

Elles se fondent sur cette idée, que nous faisons partie de deux mondes, dont l'un, le monde sensible, quand nous le saisissons dans son immensité matérielle, anéantit la créature animale que nous sommes, dont l'autre, le monde intelligible, quand nous nous y rapportons par notre raison, nous relève infiniment et nous assure la destinée qui convient à une personne. La contemplation de l'univers visible, surtout éclairé par la science, en nous découvrant notre

---

1. V, p. 166. — Nous avons là une des théories qui seront bientôt développées dans la *Critique de la faculté de juger*. Kant se mit à préparer celle-ci, aussitôt la *Critique de la raison pratique* terminée. V. lettre à Schütz du 25 juin 1787 (*Briefwechsel*, I, p. 467); lettre à Jacob de la fin de 1787 (*Ibid.*, p 471).
2. V, p. 157-167. — Cf. *Die Religion*, VI, p 142-144.

petitesse d'êtres sensibles, nous provoque déjà aux sentiments que nous ne pouvons manquer d'éprouver en reconnaissant, grâce à la loi morale, notre grandeur d'êtres raisonnables. « Deux choses remplissent l'âme d'une admiration et d'un respect toujours nouveaux et qui s'accroissent à mesure que la réflexion s'en occupe plus souvent et avec plus d'insistance : *le ciel étoilé au-dessus de moi et la loi morale en moi*[1]... »

*
* *

Ainsi s'achève la *Critique de la raison pratique* : l'idée qui la domine, et par laquelle la pensée de Kant continue à se déterminer et à s'organiser, c'est l'idée que les deux sortes de raisons s'accordent et se complètent, et que leur accord est la preuve fondamentale de leur respective validité. L'irréductible diversité de leurs usages ne peut que rendre plus manifeste l'intimité des relations par lesquelles elles s'unissent. Sans doute elle s'oppose à ce que leur unité profonde se réalise pour nous en quelque type achevé de raison intuitive ou objectivement démonstrative, à ce qu'il y ait pour nous une espèce de raison en soi pourvue d'un contenu adéquat, dont la raison théorique et la raison pratique se borneraient à fournir des développements dictincts ; elle assure ainsi les limites de la science et de la moralité, et elle permet de caractériser par des termes différents, selon la façon dont elles se rapportent à leurs objets, l'exercice régulier de nos facultés. Cependant la *Critique de la raison pratique*, qui la justifie plus que jamais, montre aussi sous quelle forme légitime les deux raisons tendent l'une vers l'autre, la raison spéculative en posant par la production des idées des problèmes inévitables qu'elle ne peut cependant, sans risquer de s'égarer, résoudre par elle-même positivement, la raison pratique en ap-

1. V. p. 167-169. — V. plus haut, p. 79, p. 316, note.

portant d'elle-même, et rien que pour satisfaire à ses exigences propres, des solutions immanentes à ces problèmes ; et elle établit de ce point de vue entre les deux une hiérarchie qui sauvegarde toutefois la maîtrise de chacune dans son domaine[1]. Elle témoigne donc que si la Critique reste l'ennemie du dogmatisme, elle reste la plus fidèle amie de la raison, et l'auxiliaire la plus sûre de son juste effort pour embrasser dans l'idée d'un système total ce qui théoriquement nous est accessible et ce qui pratiquement nous intéresse.

1. V. p. 3-7.

CHAPITRE VI

LA CRITIQUE DE LA FACULTÉ DE JUGER

La *Critique de la Faculté de juger*[1], dans son unité la plus visible, se présente comme la solution d'un problème que faisait logiquement surgir l'évolution de la philosophie morale de Kant. Après s'être appliqué à définir strictement la Raison pratique dans sa fonction propre, après en avoir affirmé la suprématie sur la raison théorique, Kant n'en avait pas moins maintenu que c'est une seule et même Raison qui se manifeste dans la dualité de ses usages[2]. Mais il ne pouvait sans doute estimer suffisant que cette unité fût affirmée d'une façon simplement formelle, sans se démontrer par quelque action de l'esprit médiatrice entre la législation de la raison théorique et la législation de la raison pratique. Que ce soit une même Raison qui donne nais-

---

1. *Kritik der Urtheilskraft*, 1790. — Avant l'*Introduction* qui a pris place dans cet ouvrage, Kant en avait écrit une autre dont il renonça à se servir à cause de sa trop grande étendue. Il la communiqua quelques années plus tard à Jac.-Sig. Beck, lui laissant la liberté d'en faire l'usage qu'il voudrait. (V. les lettres de Kant à Beck, du 4 décembre 1792, *Briefwechsel*, II, p. 381-382; du 18 août 1793, *Ibid.*, p. 426, et les lettres de Beck à Kant, du 10 novembre 1792, *Ibid.*, p. 372. et du 30 avril 1793, *Ibid.*, p. 411.) Beck en fit un extrait, qu'il publia dans un appendice au second volume de son *Auszug aus Kants kritischen Schriften* (1794), sous le titre : *Anmerkungen zur Einleitung in die Kritik der Urtheilskraft*. Les éditeurs de Kant l'ont admis dans leurs éditions, — justement, étant donnée l'exactitude avec laquelle Beck composait ses extraits de l'œuvre de Kant. Hartenstein l'intitule dans sa seconde édition *Ueber Philosophie überhaupt, zur Einleitung in die Kritik der Urtheilskraft*, VI, p. 373-404. Benno Erdmann l'a joint aussi à son édition de la *Critique de la Faculté de juger*, sous le titre : *Beck's Auszug aus Kant's ursprünglichem Entwurf der Einleitung in die Kritik der Urtheilskraft*, p. 341-373.

2. V. plus haut, p. 500.

sance à la Métaphysique de la nature et à la Métaphysique des mœurs, c'est ce qui n'est pas établi réellement, si les principes de ces deux sortes de métaphysique restent irréductibles dans leur opposition réciproque. Pour la certitude comme pour l'achèvement du système, il fallait chercher comment peut s'opérer l'union entre les deux[1]. Seulement, comme le principe de cette union ne peut être que transcendantal, il suppose que les termes à unir ont été distingués essentiellement, comme ils doivent l'être, par des définitions pures : de là le nouvel effort de Kant pour tracer la véritable ligne de démarcation entre ce qui est théorique et ce qui est pratique.

On confond, en effet, très souvent ce qui est pratique selon les concepts de la nature et ce qui est pratique selon le concept de la liberté. Or ce qui est pratique selon les concepts de la nature n'a comme tel rien de spécifique et n'est au fond qu'une application de formules théoriques. Par exemple, les règles de l'art et de l'industrie, comme celles de la prudence et de l'habileté humaines, sont souvent dites pratiques parce qu'elles servent aux besoins ou à la conduite de la vie ; mais elles n'expriment en fin de compte que la possibilité de mettre en œuvre à cet effet certaines connaissances plus ou moins exactes ; elles ne sont donc que des conséquences ; elles ne renferment pas de principes propres. Dira-t-on qu'elles deviennent pratiques par cela même que c'est la volonté qui en use ? Mais si l'on entend par volonté la faculté d'être déterminé par des mobiles naturels, il est aisé de voir que l'action d'une telle volonté ne requiert d'autres règles que celles qui sont tirées de la connaissance de ses dispositions et de celle des circonstances parmi lesquelles elle s'exerce : ces règles ne diffèrent des propositions théoriques ordinaires que par la façon dont le sujet se les représente, non par leur contenu. D'une manière générale, ces règles, comme celles de l'art et de l'industrie, seraient plus

---

1. V. p. 201-204. — *Ueber Philosophie überhaupt*, VI, p. 403-404. — Cf. *Kritik der reinen Vernunft*, III, p. 538.

justement nommées techniques que pratiques[1]. Pour que des propositions soient pratiques véritablement, il faut qu'elles fassent dériver l'action de sa forme seule, c'est-à-dire de la loi propre de la volonté, et non, directement ou indirectement, des conditions sensibles qui ne peuvent introduire dans la volonté que des règles étrangères. Elles sont alors des principes du vouloir ; et alors seulement elles peuvent constituer une philosophie distincte de la philosophie théorique[2].

La philosophie théorique et la philosophie pratique sont donc rigoureusement délimitées l'une vis-à-vis de l'autre par les concepts dont elles résultent, la première par le concept de la nature que fournit l'entendement, la seconde par le concept de la liberté qui émane de la raison. Si le concept de la nature peut représenter ses objets dans l'intuition, il ne peut les représenter que comme des phénomènes, non comme des choses en soi ; si le concept de la liberté peut représenter par son objet comme une chose en soi, il ne peut pas le représenter dans l'intuition ; à cet égard, ils sont donc impénétrables l'un à l'autre, et ils ne se rencontrent que négativement, dans leur commune impuissance à produire une connaissance proprement dite du supra-sensible. Cependant, bien qu'ils paraissent fonder deux mondes radicalement distincts, il ne faut pas oublier, d'abord, qu'ils se rapportent l'un et l'autre à l'expérience[3], ensuite que le concept de liberté implique la réalisation possible, dans le monde sensible, des fins posées par la volonté morale[4]. C'est donc sous un autre aspect que Kant, ici, examine surtout le problème de la liberté ; il s'applique à concevoir la liberté non plus seulement en elle-même, ou dans la législation inconditionnée qui est la sienne, mais dans l'action efficace qu'elle doit avoir sur le monde donné,

---

1. V. plus haut, p. 351-352, note.
2. V. p. 177-185. — *Ueber Philosophie überhaupt*, VI, p. 375-379.
3. V. p. 181. — Cf. *Kritik der praktischen Vernunft*, V, p. 51.
4. V. p. 182, p. 202.

en vertu d'un accord à découvrir entre son concept et le concept de la nature.

Cet accord, Kant le demande à la *Faculté de juger*, à l'*Urtheilskraft*, entendue dans un sens nouveau ; mais l'*Urtheilskraft*, par la définition qu'il en donne comme d'un principe transcendantal, sert à systématiser tout un ensemble de considérations antérieures qui l'avaient déjà porté à apercevoir plus ou moins nettement dans la beauté et la finalité des intermédiaires entre la nature et la moralité.

*
* *

L'idée d'une intime relation entre la beauté et la moralité a été acceptée de Kant du jour où il a pris intérêt aux questions esthétiques, c'est-à-dire au moment où il s'est éloigné du rationalisme wolffien pour se rapprocher des philosophes anglais [1]. Lier l'esthétique et le moral, c'est en effet l'un des caractères de la pensée anglaise depuis Shaftesbury, pendant une bonne part du xviiie siècle. Kant ayant, sous cette influence, rapporté la moralité à un sentiment, avait été de même conduit, ainsi qu'en témoignent les *Observations*, à voir dans le sentiment du beau et du sublime une disposition très voisine du sentiment moral et très propre à le favoriser. Désormais il exprima volontiers cette pensée, que « le goût a quelque chose de fin, quelque chose d'analogue à la moralité [2] », que le goût développe puissamment la sociabilité humaine. « Hume, disait-il dans ses leçons d'anthropologie, affirme contre Rousseau que la grossièreté des anciennes mœurs rendait les hommes insociables entre eux et incapables de moralité, et que c'est

---

1. V. plus haut, p. 106-115.
2. Dans les leçons d'anthropologie rédigées par Th.-Friedrich Brauer, 1779, d'après Otto Schlapp, *Kants Lehre vom Genie und die Entstehung der « Kritik der Urtheilskraft »*, 1901, p. 196. — L'ouvrage de Schlapp contient une certaine quantité de matériaux inédits, tirés des manuscrits des leçons de Kant (V. plus haut, p. 129, note), mais assez arbitrairement choisis, à ce qu'il semble, et assez médiocrement utilisés.

l'affinement du goût, qui, sans être le seul à produire cet effet, nous améliore toutefois insensiblement [1]. »

Cependant, si l'influence des Anglais décida Kant à parler toujours du goût comme d'une faculté distincte de la faculté de connaître, elle resta conciliable avec une certaine influence persistante ou renouvelée du rationalisme wolfien sur son esprit en ce qui touche les rapports de la moralité et de la beauté. Les leçons de Logique, où Kant traitait des questions d'esthétique, en raison de « la très proche parenté des matières [2] », sans vouloir faire du beau une forme confuse de la perfection intelligible [3], insistèrent maintes fois sur le parallélisme du « logique », par là aussi du « moral » avec l' « esthétique ». De ce point de vue-là, la beauté, dans sa perfection sensible, était présentée comme un moyen d'illustrer la moralité, de la rendre accessible et praticable. La perfection esthétique, disait Kant, doit souvent prêter secours à la perfection logique pour éclaircir l'objet, cela, à cause de notre faiblesse et de notre extrême dépendance à l'égard du sensible. « C'est ainsi qu'en morale on cherche à montrer l'universel dans des exemples. La vertu est agréée dans des concepts ; mais pour qu'elle soit agréée aussi dans la réalité phénoménale, il faut que l'exemple la rende sensible [4]. » Si la morale pure, dit-il encore, comme la métaphysique et la mathématique, exigent cette perfection logique qui se caractérise avant tout par la détermination profonde des principes, par la *Gründlichkeit*, la morale pratique admet et réclame la beauté [5]. La

---

1. *Ibid.*
2. *Nachricht von der Einrichtung der Vorlesungen im Winterhalbenjahre* 1765-1766, II, p. 318-319. Kant n'a jamais fait de leçons sur l'esthétique proprement dite.
3. Il arrive cependant que Kant se laisse aller à reproduire là-dessus les formules des *Compendia* wolffiens. V., par exemple, un passage des leçons de Logique recueillies par Blomberg (1771 ?) où il est dit que la perfection esthétique « est sentie par des concepts confus » : d'après Otto Schlapp, *op. cit.*, p. 56.
4. Dans les leçons de Logique recueillies par Philippi (1772) : d'après Otto Schlapp, *op. cit.*, p. 93.
5. *Ibid.*, p. 96-97.

beauté peut donc être le « véhicule » de la moralité, comme de la vérité.

*
* *

Sur le sens et le rôle de la notion de finalité, Kant avait, dès le début de ses spéculations, nettement manifesté sa pensée. Nous savons comment dans son *Histoire générale de la nature et théorie du ciel,* tout en étendant au problème des origines le mode d'explication que Newton avait fourni de l'univers matériel, il avait soutenu qu'à cause des limites de nos facultés nous ne pouvons expliquer « clairement et complètement » la production du moindre être organisé comme nous pouvons expliquer la formation des corps célestes et de leurs mouvements ; il avait donc admis un usage indispensable de la notion de finalité, mais en prenant soin que cet usage ne devint, sous l'influence de dispositions anthropomorphiques, un abus contre les droits de la science [1]. — Plus tard, dans l'*Unique fondement possible d'une démonstration de l'existence de Dieu,* s'il avait signalé les vices logiques de l'argument fondé sur la finalité de l'univers, il avait aussi proclamé l'efficacité pratique de cet argument, très approprié, selon lui, aux intérêts de la saine raison [2]. — Conformément à cette double tendance, il avait, d'une part, dans la *Critique de la Raison pure,* exclu de la déduction des concepts purs de l'entendement la notion de finalité ; mais, d'autre part, en traitant, dans la *Dialectique transcendantale,* de l'usage régulateur des idées, il avait montré comment l'unité systématique de la connaissance totale, problème nécessaire de la raison, ne peut être poursuivie que par la supposition de principes tels que le principe de l'homogénéité, le principe de la spécification et le principe de la continuité des formes [3]. Or ces

---

1. V. plus haut, Première partie, ch. 1er, p. 75-76.
2. V. plus haut, Première partie, ch. II, p. 92-95.
3. III, p. 435 sq.

principes sont précisément ceux par lesquels s'exprime, d'après ce que dira la *Critique de la Faculté de juger*, la conception d'une finalité de la nature. Si Kant ne les considère pas encore comme des expressions d'une *Urtheilskraft* douée d'une fonction propre, il n'en a pas moins indiqué par la différence qu'il admet entre l'usage apodictique et l'usage hypothétique de la raison, la différence qu'il établira plus tard entre le jugement déterminant et le jugement réfléchissant[1]. Au fait, ne se bornera-t-il pas à attribuer à la faculté de juger ce qu'il avait conçu dans sa première *Critique* comme une opération de la raison, au point même que l'on peut se demander si l'introduction de cette nouvelle faculté n'est pas dans le système une superfétation inconséquente et embarrassante[2]? Ce qui est bien manifeste en tout cas, c'est l'accord qu'il y a entre les caractères que Kant prête d'une part aux idées transcendantales, surtout à la troisième, et ceux qu'il reconnaît ensuite à la notion de finalité : incontestablement, la faculté de juger est appelée à recueillir une part de ce qui était dévolu antérieurement à la raison[3]. Mais comme la *Dialectique transcendantale* se contentait d'indiquer à larges traits sans les spécifier

---

1. V. aussi *Was heisst sich im Denken orientiren?* IV, 342.
2. Kant déclare lui-même que, pour ce qui concerne son explication de la nature, la faculté de juger aurait pu être à la rigueur étudiée dans la philosophie théorique (*Kritik der Urtheilskraft*, V, p 175-176. — Cf. *Ueber Philosophie überhaupt*, VI, p. 401). — C'est un autre reproche que fait Schopenhauer à Kant : « Kant, dit-il, après avoir répété à satiété dans la *Critique de la raison pure* que l'entendement est la faculté de juger, et avoir fait des formes de ses jugements la pierre angulaire de toute philosophie, introduit maintenant une autre faculté de juger tout à fait particulière, absolument différente de la première. » *Die Welt*, I, p. 673. — Mais Kant, ainsi qu'on sait, avait, dans la *Critique de la raison pure*, distingué de l'entendement comme faculté de juger en général (*Vermögen zu urtheilen*), c'est-à-dire comme faculté de ramener à l'unité au moyen de concepts et de règles la diversité des phénomènes sensibles, l'*Urtheilskraft* considérée comme faculté de déterminer *a priori* les cas où la règle et les concepts doivent être appliqués (III, p. 138-140). Seulement il n'avait pas encore songé que ce pouvoir de penser le particulier comme contenu dans l'universel était de nature à rendre possible, lorsque le particulier, au lieu de l'universel, est donné tout d'abord, ce qu'il appelait alors l'usage hypothétique de la raison.
3. V. Stadler, *Kants Teleologie*, p. 36-43.

encore très rigoureusement les emplois positifs de la raison, on comprend que la faculté de juger, de même que la raison pratique et après elle, soit intervenue comme une explication plus stricte et plus définie de l'un de ces emplois. — Cependant avant d'en venir à l'institution de cette faculté, Kant avait encore montré par l'examen de divers problèmes quel usage l'on pouvait et l'on devait faire des principes téléologiques. — Sa philosophie de l'histoire résultait avant tout, ainsi que nous l'avons vu, de la nécessité de supposer à travers les tendances antagonistes des hommes un progrès de l'humanité vers une fin certaine, à savoir l'avènement d'une constitution juridique universelle[1]. — En outre, dans les deux articles qu'il publiait à dix ans d'intervalle sur la question des races humaines[2], il continuait à affirmer l'impuissance de l'intelligence humaine à expliquer mécaniquement l'origine de la vie ; il y soutenait que les facteurs dont résulte la diversité des races ne sont pas seulement les causes extérieures, mais bien plutôt des dispositions internes par lesquelles l'homme est capable de s'adapter aux différences de climat et d'habitat. Ayant eu à subir là-dessus maintes objections du naturaliste G. Forster qui, dans le *Mercure allemand* d'octobre et de novembre 1786, avait par surcroît défendu contre lui la possibilité d'expliquer par des causes physiques d'ordre géologique l'origine des créatures vivantes, il répondit aux objections et à la thèse par un article de la même *Revue* sur l'*Usage des principes téléologiques en philosophie*[3]. Certes il accordait à Forster que la science de la nature ne doit recourir qu'à des principes d'explication naturels ; mais il maintenait aussi que l'on satisfait mal à cette condition lorsqu'on imagine en dehors de toute expérience des forces

---

1. V. plus haut, p. 174 sq.
2. *Von den verschiedenen Racen der Menschen* (1775). — *Bestimmung des Begriffs einer Menschenrace* (1785). — V. plus haut, p. 160-162.
3. *Ueber den Gebrauch teleologischer Principien in der Philosophie*, 1788. — Cf. *Lose Blätter*, C 5, 1, p. 137.

fondamentales que l'on fait ensuite agir mécaniquement. Or le concept d'un être organisé, impliquant l'idée d'une matière dans laquelle tout se lie réciproquement comme moyen et fin, ne peut être compris que comme un système de causes finales ; il exclut donc, au moins pour la raison humaine, la possibilité d'une explication purement physico-mécanique. En juger autrement, c'est s'égarer dans les rêves de la métaphysique, ou plutôt, de l'hypermétaphysique. Car la métaphysique véritable connaît les limites de la raison humaine ; elle s'oppose donc à ce que l'on admette, sous quelque nom que ce soit, une force qui, chargée de rendre compte de la finalité manifeste des êtres organisés, y prétendrait en dehors du type sous lequel la finalité nous est connue, à savoir, la représentation, par une intelligence, d'idées produisant certains effets. Ni mécanisme se substituant par des concepts fictifs à la finalité, ni finalité inconsciente se projetant arbitrairement dans la nature : voilà ce que soutient expressément la philosophie critique [1]. « Des *fins*, concluait Kant, ont un rapport direct à une *raison*, que cette raison soit une raison étrangère, ou qu'elle soit la nôtre propre. Mais pour admettre aussi des fins dans une raison étrangère, nous devons poser en principe la nôtre propre comme un analogue de l'autre, parce que des fins ne peuvent aucunement être représentées sans une raison. Or les fins sont de deux sortes, fins de la *nature* ou fins de la *liberté*. Qu'il *doive nécessairement* y avoir des fins dans la nature, aucun homme ne peut l'apercevoir *a priori* ; au contraire, un homme peut parfaitement apercevoir *a priori* qu'il doit y avoir nécessairement dans la nature un enchaînement des causes et des effets. Par suite l'usage du principe téléologique par rapport à la nature est toujours empiriquement conditionné. Il en serait de même des fins de la liberté, si les objets de la volonté devaient être préalablement donnés à cette dernière comme principes de détermi-

---

1. IV, p. 490-494.

nation par la nature (dans des besoins et des inclinations), afin qu'en se bornant à les comparer entre eux et avec leur total on déterminât par la raison ce que nous devons prendre pour fin. Mais la Critique de la raison pratique montre qu'il y a des principes pratiques purs, par lesquels la raison est déterminée *a priori*, et qui par suite lui donnent *a priori* sa fin. Si donc l'usage du principe téléologique pour les explications de la nature, par cela même qu'il subit la restriction de conditions empiriques, ne peut jamais fournir complètement et d'une façon suffisamment déterminée pour toutes les fins le principe fondamental de la liaison selon la finalité, il faut, au contraire, l'attendre d'une *téléologie pure* (qui ne peut être autre que celle de la *liberté*), dont le principe *a priori* contient le rapport d'une raison en général au système total de toutes les fins et ne peut être que pratique. Mais comme une téléologie pure pratique, c'est-à-dire une morale, est destinée à réaliser ses fins dans le *monde*, elle ne devra pas négliger la *possibilité* de ces fins dans le monde, tant pour ce qui est des *causes finales* qui y sont données que pour ce qui est aussi du rapport de convenance qu'il y a entre la *Cause suprême du monde* et un système de toutes les fins conçu comme son effet ; elle ne devra donc pas plus négliger la *téléologie naturelle* que la possibilité d'une nature en général, c'est-à-dire la philosophie transcendantale, afin d'assurer à la téléologie pure pratique une réalité objective, en ce qui concerne la possibilité de l'objet à exécuter, c'est-à-dire la possibilité de la fin qu'elle prescrit de réaliser dans le monde [1]. » C'est là l'indication très nette des idées dont s'inspirera la partie de la *Critique de la faculté de juger* qui traitera du jugement téléologique ; il est seulement à observer que l'usage des principes téléologiques n'est pas encore ici rapporté à une *Urtheilskraft*.

---

[1]. IV, p. 494-495.

*
* *

Lorsque Kant entreprit l'œuvre qui devait aboutir à la *Critique de la faculté de juger,* il ne la conçut pas d'abord dans tout le sens impliqué par le titre [1]. Il voulait aborder par écrit un ordre d'études qui depuis longtemps était dans son programme et s'occuper d'établir sans retard, ainsi qu'il l'écrivait en juin 1787 à Christian Gottfried Schütz, « le fondement de la Critique du goût [2] ». Un peu plus tard, dans une lettre à Reinhold du 18 décembre 1787, il indiquait le succès de ses recherches et quelle voie l'y avait conduit : parti de la division systématique de l'âme en trois facultés, la faculté de connaître, la faculté de désirer, le sentiment du plaisir et de la peine, il avait présumé que cette dernière faculté impliquait comme les deux autres des principes *a priori* ; il avait ainsi découvert ce que pendant longtemps il avait jugé impossible [3] ; il reconnaissait

---

1. Cf. Stadler, *Kants Teleologie*, p. 27 sq. (Stadler s'est trompé en considérant l'*Ueber Philosophie überhaupt* comme un écrit postérieur à la *Critique de la faculté de juger*, p. 28). — De Benno Erdmann et de Vorländer, les *introductions* qu'ils ont mises en tête de leurs éditions de la *Kritik der Urtheilskraft*. — Michaelis, *Zur Entstehung von Kants Kritik der Urtheilskraft*, 1892. — Otto Schlapp, *op. cit.*
2. *Briefwechsel*, I, p. 467. — V. les lettres à Marcus Herz, du 7 juin 1771 et du 21 février 1772, dans lesquelles Kant annonçait qu'il était à même de publier bientôt, parmi d'autres choses, une doctrine du goût. *Ibid.*, p. 117, p. 124. — V. plus haut, p. 157.
3. Cf. *Kritik der reinen Vernunft*, III, p. 56-57, note. Hartenstein marque incomplètement les modifications apportées par Kant à cette note dans la 2ᵉ édition. Je traduis d'abord d'après le texte de la 1ʳᵉ. (V. éd. Kehrbach, p. 49-50) : « Les Allemands sont les seuls qui se servent aujourd'hui du mot *esthétique* pour désigner ce que d'autres appellent la Critique du goût. Il y a au fond de cela une espérance avortée, celle que concevait l'excellent analyste Baumgarten, de soumettre le jugement critique du beau à des principes de la raison et d'en élever les règles à la hauteur d'une science. Mais c'est peine perdue. En effet, de telles règles ou de tels critères sont uniquement empiriques dans leurs sources et ne peuvent par conséquent jamais servir de lois *a priori* auxquelles notre jugement de goût devrait nécessairement se conformer ; c'est bien plutôt le goût qui fournit la véritable pierre de touche de l'exactitude de ces règles. Il est donc à propos de laisser de nouveau tomber ce dernier usage du mot et de réserver le terme à cette doctrine qui est une véritable science ; par où l'on se rapprocherait du langage et de la pensée des anciens

désormais trois parties de la philosophie, la philosophie théorique, la téléologie et la philosophie pratique, chacune ayant ses principes *a priori* dont il est possible et nécessaire de déterminer le sens et le champ d'application, la téléologie étant seulement plus pauvre que les autres en principes de ce genre ; il espérait que le manuscrit de sa *Critique du goût* serait terminé vers Pâques (1788)[1]. A la vérité, si Kant avait aperçu à ce moment comment le plaisir esthétique peut être lié *a priori* à des représentations, il n'avait pas encore rapporté à l'*Urtheilskraft* la téléologie dans laquelle il faisait entrer la Critique du goût, et il n'était pas par suite à même de voir parfaitement comment la *Geschmackslehre* pourrait s'insérer dans la philosophie critique. En mars 1788, dans une lettre à Reinhold, il donnait encore à son ouvrage ce même titre de *Critique du goût*[2] ; c'est seulement dans une nouvelle lettre à Reinhold, du 12 mai 1789, qu'il parlait de sa *Critique de la faculté de juger*, dont la *Critique du goût* n'était plus qu'une partie ; il y annonçait en même temps que son ouvrage paraîtrait pour la foire de la Saint-Michel de la même année[3]. La

---

dans leur célèbre division de la connaissance en αἰσθητὰ καὶ νοητά. » Dans la seconde édition, Kant dit : « De telles règles ou de tels critères sont uniquement empiriques dans leurs sources principales et ne peuvent servir de lois *a priori*. » Il modifie et complète la dernière phrase : « Il est donc à propos ou bien de laisser de nouveau tomber ce dernier usage du mot, *etc...*, ou bien dans cet usage du mot de subir le même partage que la philosophie spéculative et de prendre le mot esthétique partie dans le sens transcendantal, partie dans le sens psychologique. » Les corrections de la 2ᵉ édition paraissent au moins atténuer l'affirmation de l'impossibilité de principes *a priori* en matière de goût, et même réserver la possibilité de principes de ce genre.

1. *Briefwechsel*, I, p. 488.
2. *Ibid.*, I, p. 505.
3. *Ibid.*, II, p. 39. — Il ne me paraît pas établi par Benno Erdmann que Kant ait eu l'intention de faire précéder la *Critique du goût* d'une *Grundlegung*, comme il l'avait fait pour la *Critique de la raison pratique* (p. xix de l'*Introduction* de Benno Erdmann à son édition). Ni l'expression dont Kant s'est servi dans la lettre à Schütz plus haut citée, ni l'indication tirée du catalogue pour la foire de Leipzig de 1787 (V. la lettre de Bering à Kant du 28 mai 1787, *Briefwechsel*, I, p. 465) ne sont des preuves décisives. V., par contre, la lettre de Kant à Jacob de la fin de 1787 (*Briefwechsel*, I, p. 471) et la lettre du libraire Hartknoch à Kant du 6 janvier 1788 (*Ibid.*, I, p. 491). — Cf. Michaelis, *op. cit.*, p. 6.

publication de l'ouvrage subit encore un retard, causé sans doute celui-ci par la préparation de l'écrit contre Eberhard ; elle n'eut lieu que vers les Pâques de 1790[1]. Quant aux retards successifs qu'elle avait précédemment subis, ils ne tenaient pas seulement au surcroît d'occupations que donnèrent alors à Kant le rectorat de l'Université et le décanat de la Faculté de philosophie[2], ou à la plus grande difficulté de travailler que lui faisaient subir les premières atteintes de la vieillesse[3], mais surtout à un effort nouveau de méditation et d'organisation systématique, dont le changement de titre fut l'indice, — et dont il faut tâcher de découvrir le sens.

Sans doute le premier et important acquis, dans l'essai de constitution d'une Critique du goût, avait été pour Kant la solution clairement pressentie du problème qui l'avait si longtemps fait hésiter : la beauté est-elle simplement subjective, ou bien a-t-elle quelque chose d'objectif ? Déjà les *Observations sur le sentiment du beau et du sublime*, qui séparaient le goût de la connaissance pour le ramener à un sentiment de plaisir ou de peine, oscillaient, selon la juste remarque de Hamann[4], entre la conception d'une beauté subjective et celle d'une beauté objective. Kant ne manque certes plus de dire que le goût ne dépend point de lois démontrables *a priori*, que l'esthétique n'est pas une doctrine, mais une critique ; par endroits il pousse même cette tendance au point de soutenir que les règles du goût sont d'origine purement empirique, qu'elles sont inconstantes et

---

1. V. sur cette publication la correspondance de Kant avec son libraire De la Garde (*Briefwechsel*, II, pp. 88, 95, 119, 122-123, 126, 129-133, 140-141, 142-145) et avec son disciple Kiesewetter qui s'était chargé de la correction des épreuves (*Ibid.*, pp. 106, 121, 124, 136, 151, 155).
2. V. la lettre à Reinhold, déjà citée, du 7 mars 1788 (*Briefwechsel*, I, p. 505).
3. V. la lettre à Reinhold du 19 mai 1789 (*Briefwechsel*, II, p. 47), la lettre à Marcus Herz du 26 mai 1789 (*Ibid.*, p. 49), la Préface de la *Critique de la faculté de juger* (V, p. 176).
4. Dans son compte rendu de l'ouvrage (*Koenigsberger gel. und pol. Zeitungen*, 1764, p. 101).

variables selon les hommes[1]. Cependant il incline d'ordinaire et de plus en plus à admettre que le goût, quelle qu'en soit l'origine, a une certaine fixité et une certaine généralité ; il explique volontiers ces caractères en remarquant que le goût ne peut se développer que dans la société, qu'il est essentiellement communicable, qu'il lie les hommes par une sympathie spéciale[2] ; et comme il ne croit pouvoir encore réclamer pour le goût qu'une universalité comparative et non une universalité stricte[3], il insiste d'autant plus sur les conditions sociales qui font que, malgré sa relation directe à l'expérience, le goût peut légitimement prétendre faire accepter de tous ses décisions ; il montre le rôle de ce « sens commun », de ce « sens universel », de ce « sens social » qui dans le goût franchit les limites du sens propre, du sens exclusivement individuel[4]. Ce qui l'empêche encore d'admettre qu'il y ait des principes *a priori* du goût, c'est que d'une part il ne conçoit pas que de pareils principes ne

---

1. Otto Schlapp, *op. cit.*, p. 106.
2. V. divers passages des leçons de Logique recueillies par Blomberg, 1771 ? : dans Otto Schlapp, p. 53-54. Kant y remarque qu'un principe de l'âme humaine qui mériterait fort d'être étudié, c'est sa puissance de sympathie et de communication des sentiments. Kant a bien pu là-dessus subir l'influence d'Ad. Smith, pour lequel il avait vers cette époque une prédilection marquée. V. la lettre de Marcus Herz, du 9 juillet 1771, *Briefwechsel*, I, p. 121. « Le goût a des règles universelles... » (dans les leçons de Logique recueillies par Philippi, 1772 : Otto Schlapp, p. 83 ; v. aussi p. 77). — « Il y a, enseignait Kant, des idéalistes du goût qui prétendent qu'il n'y a pas de goût véritable, universel, qui ne voient dans le goût que coutume et opinion reçue. C'est là un principe d'insociabilité. » (dans les leçons d'anthropologie recueillies par C.-F. Nicolaï, 1775-1776 : Otto Schlapp, p. 147). — « Dans les principes du goût bien des choses sans doute sont recueillies empiriquement et à l'occasion de l'expérience, mais les principes du jugement que l'on porte ne sont pas simplement abstraits de l'expérience, ils résident dans l'humanité, et alors, quand le jugement du goût est accompagné du jugement de l'entendement, ils résident certainement dans la nature de notre sensibilité » (dans les leçons d'anthropologie recueillies par Brauer, 1779 : Otto Schlapp, p. 186).
3. Schlapp, *op. cit.*, p. 220.
4. V. notamment Pölitz, *Kants Vorlesungen über die Metaphysik*, p. 171-179. — Starke, *Kants Menschenkunde*, p. 279 sq. — Dans la *Critique de la faculté de juger* l'existence de ce sens commun (*Gemeinsinn*) sera fondée sur la nécessité *a priori* propre au jugement de goût, V, p. 243-246.

soient point toujours chargés d'établir démonstrativement la vérité de leur objet, c'est que d'autre part il ne s'explique pas comment un sentiment de plaisir, si intellectualisé qu'il soit, pourrait dépendre d'autre chose que de la sensibilité. Il posséda au contraire la solution de son problème le jour où il aperçut qu'il pouvait y avoir un *a priori* de nos facultés de représentation conçues dans leur rapport, non plus à l'existence d'objets, mais à l'activité du sujet, et que par suite le plaisir attaché au beau reposait sur la juste appropriation des objets, considérés dans leur seule forme, à l'exercice de ces facultés.

On voit par là pourquoi Kant, dans la lettre à Reinhold où il annonçait sa découverte de principes *a priori* pour le sentiment du plaisir et de la peine, faisait rentrer la Critique du goût dans la Téléologie. De bonne heure d'ailleurs il avait reconnu dans la beauté une *Zweckmässigkeit*, sans réussir toutefois à l'entendre d'une manière ferme. Les traces de ses hésitations se retrouvent notamment dans des passages contradictoires de ses diverses leçons d'Anthropologie ; après avoir déclaré que le beau est la plupart du temps désintéressé, que le goût exclut toute considération d'utilité[1], il se montre plus disposé à lier la beauté et l'utilité, avec cette réserve cependant que dans ce cas l'utilité est, non point aperçue intellectuellement, mais simplement sentie[2]. Pour dégager la notion de la finalité esthétique de celle de l'utilité, il fallait délier la première de toute obligation de se laisser déterminer par des concepts. Or c'est par le développement d'une autre idée, par l'idée du libre jeu de nos facultés, que Kant est arrivé à spécifier le genre de finalité propre au goût. Cette idée, il paraît d'abord l'avoir empruntée au fonds des pensées leibniziennes sur la tendance spontanée de l'âme au déploiement de son acti-

---

1. V. dans les leçons d'Anthropologie recueillies par Brauer, 1779 : Otto Schlapp, p. 181.
2. Starke, *Kants Menschenkunde*, p. 286 sq. — Cf. Otto Schlapp, *op. cit.*, p. 281, p. 381 sq.

vité¹ ; il l'a définie de plus en plus nettement dans la suite comme un accord des sensations et des concepts qui produit un plaisir intellectuellement désintéressé, c'est-à-dire indépendant de l'existence de l'objet², et, se souvenant sans doute de la *ratio vel proportio determinata* de Baumgarten, comme une proportion harmonieuse de l'imagination et de l'entendement. Un tel jeu est tout à fait distinct de toute occupation sérieuse et des applications utiles de l'esprit ; le contentement qu'il procure est immédiat, sans relation à une fin ultérieure³ ; cependant le mouvement qu'il imprime aux facultés de l'âme est conforme à une certaine finalité *(zweckmässig)*⁴. Ainsi pouvait être assurée une coordination de l'Esthétique et de la Téléologie, sans détriment aucun pour les caractères spécifiques du goût.

Mais comment Kant a-t-il été conduit à établir un rapport entre ce jeu des facultés représentatives, d'où dérive le goût, et l'*Urtheilskraft*? La justification rationnelle de ce rapport fut assurément ce qui transforma en *Critique de la faculté de juger* la Critique du goût primitivement entreprise⁵, ce qui réduisit l'esthétique à n'être plus qu'une partie de l'œuvre nouvelle, ce qui, par suite, amena Kant à examiner dans toute son extension le problème de l'union entre la raison théorique et la raison pratique. Ce fut encore ici une conception systématique formelle qui produisit ou tout au moins régularisa le rapprochement. Du moment qu'il y avait d'une part trois facultés essentielles de l'âme, faculté de connaître, sentiment du plaisir et de la peine, faculté de désirer, d'autre part trois fonctions essentielles

---

1. V. dans les leçons de Logique recueillies par Blomberg, 1771?: Otto Schlapp, p. 57.
2. V. dans les leçons d'Anthropologie recueillies par Nicolaï, 1775-1776, *ibid.*, p. 131.
3. *Ibid.*, p. 232, p. 263. — Starke, *Kants Menschenkunde*, p. 304-306.
4. Otto Schlapp, *op. cit.*, p. 335. — Cf. *Kritik der praktischen Vernunft*, V, p. 166. V. plus haut, p. 505.
5. D'après les lettres à Reinhold citées plus haut, cette transformation s'opéra entre mars 1788 et mai 1789.

de la pensée, entendement, faculté de juger, raison[1], étant donné en outre qu'il y avait une correspondance exacte entre la faculté de connaître et l'entendement, entre la faculté de désirer et la raison, n'était-il pas naturel de concevoir par analogie la même correspondance entre le sentiment du plaisir, sous sa forme supérieure, qui est le goût, et la faculté de juger[2]?

On s'expliquera peut-être que cette correspondance ait été due tout de même un peu plus qu'à cette analogie formelle, si l'on prend garde que dans ses Leçons Kant avait maintes fois insisté sur la relation qu'il y a entre l'*Urtheilskraft* et le goût ou le génie. Il ne tenait pas sans doute alors l'*Urtheilskraft* pour une fonction *a priori* de la pensée ; mais lui-même a pris soin, dans la *Préface* de la *Critique de la faculté de juger*, de rappeler la parenté de l'*Urtheilskraft* avec le sens commun ou le bon sens[3] ; et nous savons aussi que fréquemment il a dégagé certaines conceptions de la forme psychologique qu'elles avaient d'abord revêtue chez lui pour leur assigner une portée transcendantale. Toujours est-il qu'ayant de bonne heure distingué le goût du sentiment en général[4], il a vu dans l'*Urtheilskraft* qui accompagne le goût le principe de cette distinction[5] ; elle est, en même temps que la cause spécifique du goût, l'un des éléments du génie[6] ; elle est aussi la puissance critique qui limite et contrôle l'imagination[7]. Elle

---

1. Les deux séries de facultés ou de fonctions sont indiquées dans les Leçons antérieures de Kant, mais indépendamment l'une de l'autre. V. Pölitz, *Kants Vorlesungen über die Metaphysik*, p. 137-140, p. 160-164. — Starke, *Kants Menschenkunde*, p. 209. — Cf. *Kritik der reinen Vernunft*, III, p. 137.
2. *Ueber Philosophie überhaupt*, VI, p. 379-381, p. 401-403. — *Kritik der Urtheilskraft*, V, p. 173-174, p. 182-185, p. 204. — Cf. Adickes, *Kants Systematik*, p. 152-157.
3. V. p. 175. — Cf. *Kritik der reinen Vernunft*, III, p. 139.
4. V. la lettre à Marcus Herz, du 21 février 1772, *Briefwechsel*, I, p. 124.
5. Otto Schlapp, p. 182, p. 231. — « *Der Geschmack ist also die Urtheilskraft der Sinne.* » — Pölitz, *Kants Vorlesungen über die Metaphysik*, p. 175. — Cf. *Kritik der praktischen Vernunft*, V, p. 166.
6. Otto Schlapp, p. 268, p. 285.
7. *Ibid.*, p. 268, p. 285.

signifie donc ce qu'il entre de régulier et d'intellectuel dans l'état esthétique de l'âme ; elle n'en reste pas moins une disposition subjective qui peut certes être exercée, mais qui ne peut être communiquée par un enseignement doctrinal[1].

La nouvelle découverte de Kant fut donc d'assigner un rôle transcendantal autonome à la faculté de juger, comprise à la fois dans sa nature subjective et dans sa portée universelle[2]. Par là il se sentit invité à faire rentrer sous la juridiction de cette faculté, trop large pour la seule esthétique, l'usage de la notion de finalité. Beauté et finalité, liées d'ailleurs déjà entre elles, comme nous l'avons vu, par d'étroits rapports, trouvèrent leur commune source dans la faculté de juger.

*
* *

Qu'entendre précisément par cette faculté de juger ?
D'une façon générale, la faculté de juger est le pouvoir de penser le particulier comme contenu dans l'universel. Si c'est l'universel qui est donné tout d'abord et qu'il s'agisse de faire rentrer sous lui le particulier, la faculté de juger est déterminante ; mais alors elle n'accomplit qu'un simple acte de subsomption qui n'exige aucune règle spéciale. Au contraire, si c'est le particulier seul qui est donné tout d'abord, la faculté de juger n'est que réfléchissante, mais l'opération qu'elle accomplit alors est vraiment originale

---

1. Cf. Pölitz, *Vorlesungen über die Metaphysik*, p. 161. — *Kritik der reinen Vernunft*, III, p. 138-139.
2. Le fragment publié par Reicke (*Lose Blätter*, B, 11, t. I, p. 112-113) semble manifester un effort tout près de son terme pour définir les caractères des jugements du goût dans leur rapport à la faculté de juger. Tout l'essentiel y est, sauf que l'*Urtheilskraft*, dans sa signification littérale, y est encore employée un peu à côté. — Il me paraît d'ailleurs que ce fragment, s'il a été écrit sur une lettre portant la date de 1784, doit être d'une époque sensiblement postérieure, et dater du moment où la *Critique du goût* tendait à se transformer en *Critique de la faculté de juger*.

et requiert un principe nouveau. Voici pourquoi : la science rationnelle de la nature repose sur les lois *a priori* de l'entendement, et, pour la constituer, la faculté de juger ne fait que schématiser les catégories intellectuelles et appliquer ces schèmes à toute synthèse empirique, de façon à rendre possible le jugement d'expérience *(Erfahrungsurtheil)*. Mais ces lois ne concernent que la possibilité d'une nature en général ; une nature réalisée suppose en outre une variété infinie de lois particulières qui ne se déduisent pas purement et simplement de ces lois universelles ; il y a là, autrement dit, une spécification des lois universelles en lois empiriques, laquelle reste contingente au regard de l'entendement. Dès lors un nouveau problème se pose : fonder l'unité de l'expérience, non plus comme système de lois rationnelles, mais comme système de lois empiriques. La solution du problème s'exprime en ces sentences de la sagesse métaphysique qui énoncent, par exemple, que la nature suit la voie la plus courte, qu'elle ne fait point de sauts dans la série de ses changements successifs ni dans la production de ses formes coexistantes, qu'elle laisse ramener ses principes au plus petit nombre possible. En tout cas, nous sommes convaincus qu'il y a dans la nature une hiérarchie de genres et d'espèces que nous pouvons saisir, et grâce à laquelle nous pouvons passer toujours régulièrement à un genre plus élevé. Or, pour que notre intelligence puisse découvrir une telle ordonnance, il nous faut supposer que les lois empiriques particulières, en ce qu'elles ont d'indéterminé par rapport aux lois universelles, doivent être considérées comme si elles avaient été établies par un entendement qui en les instituant aurait eu égard à notre pouvoir de connaître. Telle est donc l'opération originale de la faculté de juger : ce n'est plus, comme par le schématisme, la mise en œuvre mécanique d'un instrument que conduisent l'entendement et les sens ; c'est la poursuite, par une technique plus libre, d'un arrangement systématique des choses. La faculté de juger contient donc, elle aussi, un principe de la possibilité de la nature, mais seulement à un point de vue subjectif ; au lieu d'être simplement chargée d'appliquer à autre chose une règle qu'elle a reçue d'ailleurs, elle se fixe à elle-même la règle qu'elle s'applique, et sa législation portant, non sur son objet, mais sur son mode d'exercice, mérite d'être appelée héautonomie plutôt qu'autonomie. En somme, tandis que l'entendement comprend l'unité de la nature par des lois universelles, elle réfléchit, elle, sur l'unité de la nature en se la représentant comme un système ordonné de lois empiriques selon ses exigences[1].

Voilà comment elle implique une appropriation de la nature aux fonctions nécessaires de l'esprit, autrement dit, une finalité. Mais cette finalité peut nous être diversement exprimée. — Il y a une finalité matérielle et sensible qui se traduit par les jouissances que nous procurent immédiatement certaines sensations, mais dont nous n'avons rien à dire ici parce qu'elle est hors des facultés de connaître supérieures. — Il y a une finalité formelle et sensible, qui est alors proprement esthétique ; ce qui la caractérise, c'est que la représentation, au lieu de se rapporter à l'objet, se rapporte au sujet, au lieu de s'offrir par un contenu plus ou moins susceptible d'être réduit à des concepts, se laisse saisir par sa forme seule : de telle sorte que le plaisir qui lui est uni exprime simplement la concordance de l'objet avec les facultés de connaître qui sont en jeu dans l'esprit. En effet, cette appréhension des formes qu'opère l'imagination ne peut avoir lieu sans que la faculté de juger les compare, même sans but, avec le pouvoir qu'elle a de rapporter des intuitions à des concepts. Or, si dans cette comparaison l'imagination, par l'effet naturel d'une représentation donnée, se trouve d'accord avec l'entendement, il en résulte un sentiment de plaisir : la chose représentée apparaît

---

1. *Kritik der Urtheilskraft*, V, p. 185-192. — *Ueber Philosophie überhaupt*, VI, p. 381-386.

belle. Le jugement de goût se distingue donc d'une connaissance en ce qu'il comporte comme condition, non pas un concept sur le rapport objectif de l'entendement et de l'imagination, mais une simple réflexion sur l'harmonie subjective des deux facultés, en ce qu'il appelle comme prédicat, non une notion même empirique, mais un sentiment de plaisir ; d'autre part, s'il a, comme toute autre sorte de jugement, la prétention d'avoir une valeur universelle, il peut la justifier en ce sens que, le lien entre la représentation de l'objet et le plaisir étant nécessaire, l'objet est beau, non pas seulement pour celui qui saisit cette forme, mais encore pour tous ceux qui sont appelés dans les mêmes conditions à la saisir. Ajoutons que cette capacité que nous avons de faire de notre réflexion sur les formes des choses la source d'un plaisir particulier ne saurait se restreindre aux seules facultés qui coopèrent dans la représentation de la nature, mais qu'elle peut s'étendre jusqu'au pouvoir de dépasser ou d'abolir les formes ordinaires données pour être plus en rapport avec la liberté intérieure du sujet : le jugement esthétique peut donc porter sur le sublime comme sur le beau ; mais dans tous les cas il est l'expression d'une finalité sensible et formelle. — Il y a encore une finalité formelle et intellectuelle, celle qui consiste, par exemple, dans la propriété qu'ont les figures géométriques de pouvoir servir à la solution de divers problèmes d'après un seul et même principe ; mais les figures géométriques ne sont pas des phénomènes de la nature : ce sont de simples constructions ; la finalité qu'elles révèlent, et qui ravissait l'âme d'un Platon, tout intellectuelle qu'elle soit, ne peut donner lieu à un jugement téléologique proprement dit. — Enfin, il y a une finalité à la fois matérielle et intellectuelle : ce qui la caractérise, c'est que l'unité des lois empiriques dont dérivent les productions de la nature est rapportée à des concepts qui en fondent la possibilité ; il est du reste entendu que ces concepts ne servent pas à déterminer des objets, mais uniquement à les représenter selon les besoins d'une intelligence qui travaille à s'orienter dans l'immense variété des choses[1].

C'est donc de la faculté de juger que relèvent la finalité sensible formelle et la finalité intellectuelle matérielle : cependant le parallélisme établi par Kant entre ces deux sortes de finalités ne doit pas faire perdre de vue que c'est surtout pour la première qu'a été conçue la fonction originale de l'*Urtheilskraft*, et que l'adjonction du jugement téléologique au jugement esthétique paraît signifier avant tout la nécessité de saisir d'ensemble les fonctions de l'esprit médiatrices entre l'entendement et la raison pratique. Kant, dans la première rédaction de son *Introduction*, insiste sur ce que le jugement esthétique seul, étant antérieur à tout concept d'objet, suppose un exercice pur de la faculté de juger, sans mélange ou concours d'autres facultés, tandis que le jugement téléologique s'appuie en réalité sur une union de la raison avec des concepts empiriques, et n'a donc qu'à suivre le principe de la raison[2] : il y marque encore le caractère plutôt spéculatif de ce dernier jugement, quand il le déclare aussi incapable de produire par lui-même un sentiment de plaisir que l'est un jugement de simple liaison causale[3]. Au contraire, dans l'*Introduction* définitive de la *Critique de la faculté de juger*[4], il semble avoir à cœur de rapprocher davantage les deux espèces de jugements en affirmant l'union d'un sentiment de plaisir avec le concept de la finalité de la nature. Tandis que l'accord des perceptions avec les lois fondées sur les catégories ne produit aucun effet sur notre sensibilité, l'entendement agissant ici nécessairement selon sa nature et sans dessein, la découverte de l'union de lois empiriques hétérogènes en

---

1. V, p. 193-201, p. 374-378. — *Ueber Philosophie überhaupt*, VI, p. 386-399.
2. *Ueber Philosophie überhaupt*, VI, p. 401.
3. *Ibid.*, p. 392-393.
4. La *Préface* est moins catégorique ; elle déclare que le principe du jugement téléologique « n'a point de rapport immédiat au sentiment du plaisir et de la peine ». V, p. 176.

un seul principe est la source d'un plaisir très remarquable, souvent même d'une admiration sans cesse renaissante : nous souffrons au contraire de penser que nos recherches peuvent se heurter à une irréductible diversité de lois particulières. Donc pour le jugement téléologique comme pour le jugement esthétique, il y a un sentiment de plaisir fondé *a priori,* et d'une valeur par suite universelle : dans les deux cas ce sentiment de plaisir repose sur la relation des objets représentés à nos facultés de connaître, avec cette différence, que d'une part les objets sont considérés uniquement dans la forme sensible qu'ils offrent à notre perception, que d'autre part ils sont considérés dans l'unité rationnelle des lois particulières auxquelles ils sont soumis [1].

*
* *

Aux idées par lesquelles Kant entreprend d'expliquer le jugement esthétique comme le jugement téléologique la Critique impose, non seulement ses exigences essentielles, mais encore ses cadres : elles devront se distribuer en une *analytique,* une *dialectique* et une *méthodologie.* Bien plus, dans l'analytique du beau, les divers moments du jugement de goût sont successivement considérés, en correspondance avec la table des catégories, au point de vue de la qualité, au point de vue de la quantité, au point de vue de la relation, au point de vue de la modalité.

Au point de vue de la qualité, est beau ce qui procure une satisfaction affranchie de tout intérêt. Sans doute l'agréable et le bon sont comme le beau capables de nous satisfaire ; seulement l'agréable et le bon, en dépit de leurs différences irréductibles, ont ce caractère commun qu'ils sont liés à un intérêt, c'est-à-dire qu'ils attachent le sujet à l'*existence* de certains objets. Ils se distinguent l'un de l'autre en ce que l'agréable ne touche en nous que les sens

---

1. V. p. 190, p. 193-194.

en dehors de tout jugement, tandis que le bon, qu'il nous agrée comme simple moyen ou qu'il nous agrée par lui-même, qu'il soit seulement l'utile ou qu'il soit le bien moral, est posé par un jugement de la raison. Or d'un côté le beau n'est point l'agréable parce qu'il suppose une certaine réflexion ; de l'autre, il n'est point le bon parce qu'il n'est assujetti à aucun impératif. La satisfaction du beau est la seule satisfaction libre, étant liée uniquement à la contemplation, indifférente qu'elle est à la réalité des choses[1]. Et cette satisfaction est en outre proprement humaine ; il y a de l'agréable pour les êtres dépourvus de raison comme les animaux ; le bon existe pour tout être raisonnable en général ; il n'y a de beau que pour les êtres à la fois raisonnables et sensibles, pour les hommes[2]. Quels que soient les rapports que l'on puisse apercevoir entre le beau et le bon, il faut se garder de confondre certaines apparences de la moralité avec la moralité même. « Il y a des mœurs (de la conduite) sans vertu, de la politesse sans bienveillance, de la décence sans honnêteté. Car là où parle la loi morale il n'y a plus objectivement de liberté de choix concernant ce qu'il faut faire ; et montrer du goût dans sa conduite (ou dans l'appréciation de celle d'autrui) est tout autre chose que manifester une disposition d'esprit morale ; en effet la moralité contient un commandement et produit un besoin, tandis qu'au contraire le goût moral ne fait que jouer avec les objets de sa satisfaction sans s'attacher à aucun[3]. »

Au point de vue de la quantité, est beau ce qui est représenté comme l'objet d'une satisfaction universelle, et cependant sans concept. Cette définition du beau peut être tirée de la précédente. Ce qui est désintéressé, étant en effet indépendant de toute inclination, ne peut avoir son principe dans l'état particulier du sujet et doit être fondé sur quelque chose d'universel. Par là le jugement de goût

1. V. p. 207-213.
2. V. p. 214.
3. V. p. 215.

se distingue de l'agréable, qui ne vaut que pour chacun : bien qu'un certain accord puisse régner entre les hommes sur les objets d'agrément et qu'au contraire le plus complet désaccord apparaisse souvent en matière de goût, il n'en reste pas moins que le jugement de goût n'est ce qu'il est que par sa prétention à un assentiment universel. Cependant ne perd-il pas par cette prétention même son caractère, qui est de ne pas être logique comme les jugements sur le vrai et le bien, mais esthétique ? Remarquons d'abord que cette prétention ne s'exprime pas en formules rationnelles et qu'elle ne se fait pas valoir par la contrainte d'une démonstration. Et pourquoi n'y aurait-il pas une universalité esthétique, à ce point distincte de l'universalité logique, que les jugements du goût, particuliers selon la logique, puissent être traités d'universels selon l'esthétique, parce qu'ils s'étendent en droit à tous les êtres capables de juger ? Les jugements de goût supposent en effet dans le sentiment de satisfaction qui les accompagne un don de se communiquer. Quel est donc le rapport du jugement de goût à ce sentiment ? Ne fait-il que le suivre pour lui conférer après coup cette puissance d'être partagé ? Mais alors il ferait œuvre contradictoire en donnant à une impression d'origine particulière une portée qui ne lui revient pas. Le précède-t-il au contraire, et en constitue-t-il la légitime prétention à l'assentiment universel ? Mais alors n'est-ce pas une connaissance qu'il produit, au lieu d'un état esthétique ? La solution de ce problème est « la clé de la critique du goût »; elle consiste à admettre qu'il y a un autre rapport de l'imagination et de l'entendement que celui qui donne lieu à des connaissances théoriques, que ces deux facultés constitutives du jugement peuvent concourir entre elles autrement que par leur relation à un objet, qu'elles peuvent, comme facultés d'un sujet, s'exercer de concert dans un libre jeu et réaliser dans une souple harmonie l'unité du divers ; cet état d'accord peut donc être, non compris, mais senti, et c'est pour ce sentiment que le jugement de goût réclame la propriété de devoir être universellement partagé [1].

Au point de vue de la relation, est beau ce qui est la forme de la finalité d'un objet, sans qu'il y ait pour cela concept de fin. Le beau plaît, et ainsi il implique la finalité de la chose représentée par rapport à nous-même. Mais cette finalité, nous ne la saisissons pas au moyen d'un concept qui en fasse soit un principe pour la faculté de connaître, soit une règle pour la faculté de désirer : elle nous apparaît immédiatement en elle-même, et sans être rapportée à une cause intentionnelle ; elle est donc simplement formelle. Elle est en dernière analyse la condition dont dépend le maintien de l'harmonie subjective entre nos facultés de représentation ; mais cette condition nous est seulement sensible par le plaisir qu'elle fait naître, croître ou durer. Le beau ne saurait se ramener à la connaissance plus ou moins confuse, ni de cette finalité externe qu'est l'utilité, ni de cette finalité interne qu'est la perfection ; dans les deux cas, il se dénature à affecter le caractère d'une connaissance ; dans le premier cas en outre, il est à tort conçu comme asservi à un intérêt ; dans le second cas en outre, il est rapporté à tort à la représentation pour le contenu de son objet, non pour sa forme seule : cette dernière erreur est surtout celle de Baumgarten et des théories dogmatiques [2]. La satisfaction que nous cause le beau n'est donc ni intellectuelle, ni empirique. Sans doute il arrive que nous jugeons beaux des objets dont nous nous formons un concept déterminé, de telle sorte que le type normal ou la destination normale de ces objets interviennent inévitablement dans nos jugements, et l'on peut en conséquence discerner, à côté de la beauté libre *(pulchritudo vaga)* une beauté adhérente *(pulchritudo adhaerens)*: mais ceci prouve simplement que le jugement de goût n'est pas toujours pur,

---

1. V, p. 215-224.
2. Cf. *Ueber Philosophie überhaupt*, VI, p. 390-392.

non qu'il peut être, dans ce qu'il a de pur, sous la dépendance d'un concept ; de toute façon il ne peut y avoir de règle objective du goût pour déterminer ce qui est beau ; il n'y a pas de fin matérielle à laquelle le beau se ramène[1].

Au point de vue de la modalité, est beau ce qui est reconnu sans concept comme l'objet d'une satisfaction nécessaire. Il y a un rapport naturel entre le genre d'universalité et le genre de nécessité propres au jugement de goût. Le jugement de goût n'a ni l'universalité théorique objective du jugement de connaissance, ni l'universalité pratique objective du jugement moral : il a cette universalité subjective qui se traduit par la propriété qu'a le sentiment esthétique de devoir se communiquer. La nécessité qui correspond à cette sorte d'universalité n'est ni théorique, ni pratique, d'aucune façon, objective : elle est exemplaire. C'est la nécessité de l'assentiment de tous à un jugement considéré comme l'exemple d'une règle impossible à fournir. Cette nécessité resterait hypothétique, si nous ne pouvions pas affirmer qu'il y a un principe subjectif qui détermine par le sentiment seul et non par des concepts, d'une manière néanmoins universellement valable, ce qui plaît ou déplaît. Ce principe doit exister, du moment que l'universalité du jugement de goût n'est pas une illusion, et Kant le nomme *sens commun (Gemeinsinn)* ; il est la faculté de se modeler sur le jugement de goût comme si ce jugement avait la valeur d'un principe objectif, sans que cependant il y trouve plus qu'un exemple[2].

*
* *

L'analyse du sublime s'adjoint naturellement à l'analyse du beau, bien que le sublime dépende moins d'une finalité de la nature que d'une disposition de notre esprit. Le

---

1. V. p. 224-242.
2. V. p. 242-246.

beau et le sublime ont ceci de commun qu'ils plaisent par eux-mêmes, qu'ils ont leur source dans un jugement esthétique de réflexion, non dans une simple sensation ou dans un jugement logique déterminant. Mais ce qui caractérise le beau, c'est que la forme de l'objet est limitée, tandis que le sublime agit par l'absence de forme ou de limite. Le beau nous provoque à une contemplation calme, dans laquelle nos facultés jouent de concert, d'un jeu simple et libre ; le sublime ne va pas sans une tension de notre esprit, trop occupé en quelque sorte pour pouvoir se contenter de jouer, et s'il produit, lui aussi, un accord en nous, c'est un accord plus compliqué et plus indirect. Le sublime, c'est ce qui est absolument grand. On peut entendre par grandeur, soit la grandeur de l'étendue, soit la grandeur de la force : d'où la division du sublime en sublime mathématique, qui se rapporte à notre faculté de connaître, et en sublime dynamique, qui se rapporte à notre faculté de désirer. Le sublime mathématique a pour mesure notre capacité d'intuition, le sublime dynamique, notre pouvoir de résistance. Mais cette mesure est esthétique, non logique. Quand nous prétendons mesurer scientifiquement une grandeur de la nature, nous la comparons avec d'autres grandeurs, c'est-à-dire que, prenant pour unité une certaine grandeur, nous évaluons par rapport à celle-ci la grandeur donnée. Une telle évaluation des grandeurs est toujours relative. Que l'on modifie la grandeur prise pour unité : le petit peut devenir grand, le grand peut devenir petit. Ainsi pour notre entendement ou pour notre jugement déterminant, rien ne peut être absolument grand. Mais il est, disions-nous, une autre mesure de la grandeur ou plutôt des choses grandes, mesure tout esthétique, qui réside dans notre puissance subjective d'imaginer et qui ne comporte qu'un jugement réfléchissant. Au lieu de procéder par une énumération discursive des parties, d'ajouter ou de soustraire à l'infini, elle se fait en quelque sorte à vue d'œil, de façon à représenter la grandeur de la chose, non par une notion, mais par une image ; elle pose en outre un maximum, qui, s'il est dépassé par l'objet, en fait à cet égard quelque chose d'incomparable. Le sublime est donc ce qui est et reste supérieur à la mesure fournie subjectivement par notre faculté d'imaginer, ou en comparaison de quoi toute autre chose est petite[1].

Le sublime implique ainsi une disproportion entre notre faculté d'imaginer et l'objet ; mais cette disproportion a ailleurs son principe profond. L'objet qui nous paraît absolument grand, c'est l'objet que nous prétendons nous représenter comme un tout se suffisant à soi-même. Dès lors il est évident que cet objet n'est pas un objet des sens, ou encore que l'objet sensible ne nous est qu'une occasion de nous faire à nous-mêmes un objet conforme aux exigences de la raison. La disproportion est donc réellement en nous entre la raison qui pose l'idée d'une absolue totalité et l'imagination qui s'efforce, sans pouvoir jamais y pleinement réussir, de donner une traduction sensible à cette idée. Devant l'objet sublime nous avons le sentiment de notre infinie petitesse, nous éprouvons à quel point, comme êtres sensibles, nous sommes peu de chose ; mais cette conscience de notre infirmité ne s'éveille précisément que par la présence et l'action d'une faculté supra-sensible, la raison. La nature est sublime dans ceux de ses phénomènes dont l'intuition enveloppe l'idée de son infinité ; or cette idée, ne pouvant ni être réalisée dans les données des sens, ni être jamais complètement représentée par l'imagination, ne peut être que l'idée d'un substratum supra-sensible qui sert de fondement à la fois à la nature et à notre faculté de penser. Donc, de même que le jugement esthétique en matière de beau rapporte le libre jeu de l'imagination à des concepts d'ailleurs indéterminés de l'entendement, il le rapporte en matière de sublime à des idées de la raison également indéterminées[2]. Ainsi s'explique d'abord que devant

1. V, p. 251-262.
2. V, p. 262-264.

un objet sublime nous éprouvons un sentiment de peine causé par l'impuissance de l'imagination à égaler jamais la raison, et un sentiment de plaisir causé par la puissance qu'a la raison de susciter vers elle l'activité de l'imagination. Ainsi s'explique en outre que la véritable sublimité doive être cherchée finalement dans l'esprit de celui qui la juge telle, non dans l'objet de la nature qui occasionne le jugement. C'est le sujet, pourrait-on dire, qui se découvre sublime par la faculté qu'il se reconnaît comme être raisonnable, plus spécialement comme être moral, de dominer l'immensité et la puissance des choses extérieures, pour lesquelles sa sensibilité et son imagination n'ont plus de mesure. Par là se révèle l'étroite affinité qui rattache le sentiment du sublime et le sentiment moral. En effet, la conscience de notre incapacité de réaliser comme il le faudrait une idée qui est pour nous une loi, c'est précisément ce qu'on nomme le respect : le sentiment du sublime dans la nature, c'est donc au fond le respect que nous avons pour notre propre destination, pour l'idée de l'humanité que nous trouvons dans l'intimité de nous-mêmes ; seulement, par une sorte de « subreption », nous reportons à des objets de la nature, pour nous la représenter par eux, cette conscience intérieure de la supériorité de nos facultés rationnelles pratiques sur le plus grand pouvoir de notre sensibilité[1].

Cette conscience s'éveille plus directement dans le sublime dynamique que dans le sublime mathématique ; car alors plus nous sentons l'impossibilité où nous sommes de résister, comme êtres de la nature, à la puissance écrasante ou à la violence déchaînée des choses, plus nous éprouvons qu'il y a dans notre personne une autre existence, celle de l'humanité, qui pour l'accomplissement de sa loi propre reste inébranlable à ces forces et à ces menaces extérieures[2]. Voilà pourquoi sont sublimes toutes les

1. V, p. 257, p. 264-267.
2. V, p. 268-270. — V. plus haut, p. 276-281.

actions qui supposent un ample déploiement ou une vigoureuse tension de nos énergies. « La guerre même, quand elle s'exécute avec ordre et avec l'observation scrupuleuse du droit des gens, a en soi quelque chose de sublime, et elle rend en même temps la disposition d'esprit du peuple qui l'exécute ainsi d'autant plus sublime qu'il était exposé à plus de périls et qu'il a pu s'y soutenir avec vaillance ; au contraire une longue paix a ordinairement pour effet d'amener la domination de l'esprit mercantile et, avec lui, du vil intérêt personnel, de la lâcheté et de la mollesse, et d'abaisser l'esprit public[1]. » Voilà pourquoi également le sublime ne se rencontre pas dans des manifestations humaines qui pourraient y prétendre lorsque quelque élément corrupteur en trouble la pureté. C'est ainsi que le sentiment religieux est en lui-même sublime quand il enveloppe avant tout le respect de la puissance et de la justice divines ; mais il perd ce caractère dès qu'il ne s'entretient plus que par une crainte et une soumission serviles : la superstition détruit toute la sublimité que la Religion fait naître[2]. En général ce qu'un esprit façonné par une certaine culture appelle sublime ne se présente à l'homme grossier, chez qui les idées morales ne sont pas développées, que comme terrible[3]. Les mouvements d'esprit les plus vifs, quelque rapport qu'ils aient avec les plus hauts objets de l'âme humaine et quelque essor qu'ils donnent à l'imagination, n'ont rien de sublime s'ils ne produisent pas dans le sujet une conscience plus sûre de sa puissance morale et une intention plus ferme d'en user pour les fins pratiques supra-sensibles[4]. Lorsqu'ils sont au contraire intimement unis à la conception et à la volonté du bien, ils sont l'enthousiasme, cet élan que l'esprit reçoit des pures idées, autrement puissant et autrement durable que celui que lui communiquait l'attrait des impressions

---

1. V. p. 270-271.
2. V. p. 271-272, p. 281.
3. V. p. 273.
4. V. p. 282.

sensibles, — l'enthousiasme, dont on dit à bon droit que sans lui rien de grand ne se fait dans le monde. Loin de se confondre avec l'exaltation mystique, avec la *Schwärmerei*, l'enthousiasme s'en distingue essentiellement parce qu'il ne comprend du bien qu'une exhibition négative au regard de la sensibilité, parce qu'il est pleinement d'accord, et avec le caractère qu'a la liberté d'être en elle-même impénétrable, et avec le caractère qu'a la loi morale d'être par elle seule un principe suffisant de détermination [1]. On conçoit du reste qu'en raison de cette indépendance à l'égard des sens le sublime puisse se trouver, non seulement dans l'enthousiasme, mais encore dans la noblesse froide d'un esprit invinciblement attaché à ses principes [2]. On conçoit encore que, bien qu'il soit comme le beau très capable de créer par la communauté de sentiments qu'il éveille un lien entre les hommes, le sublime puisse se rencontrer dans une vie volontairement détachée du monde, quand ce détachement se produit sous l'influence d'idées supérieures à tout intérêt sensible [3].

Les rapports que le sublime a avec le bien moral comme

1. V. p. 280, p. 283. — V. plus haut, p. 117, note.
2. V. p. 280. — V. plus haut, p. 111-112.
3. « Se suffire à soi-même, par conséquent n'avoir pas besoin de la société, sans pourtant être insociable, c'est-à-dire sans la fuir, c'est quelque chose qui approche du sublime, comme tout ce qui nous affranchit de besoins. Au contraire, fuir les hommes par *misanthropie*, parce qu'on les hait, ou par *anthropophobie* (frayeur des hommes), parce qu'on les craint comme ses ennemis, voilà qui est en partie odieux, en partie méprisable. Il y a cependant une misanthropie (très improprement désignée de ce nom) à laquelle beaucoup de bons esprits, comme il est aisé de le voir, sont enclins avec l'âge ; c'est une misanthropie assurément assez philanthropique pour comporter la *bienveillance*, mais bien détournée par une longue et triste expérience de se complaire dans la société des hommes. On en trouve la marque dans cet amour de la solitude, dans cette aspiration fantastique à résider dans une campagne éloignée, ou encore (chez des personnes jeunes) dans ce rêve de bonheur qui consiste à pouvoir passer sa vie dans une île inconnue au reste du monde, avec une petite famille, rêve dont les romanciers ou les inventeurs de robinsonnades savent tirer un si bon parti... La tristesse que l'on éprouve à voir le mal, je ne parle pas du mal dont la destinée frappe autrui (la tristesse viendrait ici de la sympathie), mais celui que les hommes se font entre eux (la tristesse ici est fondée sur l'antipathie dans les principes), cette tristesse est sublime, parce qu'elle repose sur des idées. » V. p. 284.

avec le beau et l'agréable peuvent être marqués exactement par les titres mêmes de la table des catégories. L'agréable, agissant par la masse des sensations, ne se fait estimer que par la quantité ; le beau suppose dans les objets représentés une certaine finalité qui, pour n'être pas comprise par des concepts, n'en est pas moins réelle : il donne lieu à un jugement de qualité ; le sublime consiste dans la relation d'après laquelle nous jugeons que les choses sensibles de la nature sont capables de se prêter à un usage supra-sensible ; enfin le bien a pour caractère distinctif la nécessité d'une loi *a priori* qui ne prétend pas seulement à l'assentiment de chacun, mais qui l'ordonne sans condition : c'est donc par sa modalité qu'il se définit avant tout. « Mais la *possibilité, pour le sujet, d'être déterminé* par cette idée, et pour un sujet qui peut éprouver des *obstacles* en lui-même dans la sensibilité, mais qui peut en même temps sentir sa supériorité sur ces obstacles en en triomphant, c'est-à-dire en *modifiant son état,* en d'autres termes, le sentiment moral, a des liens de parenté avec la faculté de juger esthétique et ses *conditions formelles,* en tant qu'il peut y avoir avantage à représenter la conformité de l'action accomplie par devoir avec la loi en même temps comme esthétique, c'est-à-dire comme sublime, ou même comme belle, sans altérer en rien sa pureté[1]. » Ainsi donc, s'il ne faut pas confondre la beauté ou la sublimité avec ce qui est l'objet d'une satisfaction intellectuelle pure, comme la loi morale, si même on a tort de parler de beauté et de sublimité intellectuelles, en oubliant par là que la beauté et la sublimité tiennent à des représentations esthétiques, il faut cependant avouer l'intimité du lien qui rapproche le beau et le sublime de la détermination morale. La détermination morale est sans doute rattachée à un intérêt que la loi doit produire ; mais comme elle ne repose sur aucun intérêt préalable, qui ne pourrait être que sensible, elle est à ce

---

[1]. V, p. 274-275.

titre désintéressée comme le sentiment du beau et du sublime. Toutefois comme elle ne suppose pas seulement un état d'indépendance à l'égard de la sensibilité, mais un état de lutte contre elle, elle se rapporte beaucoup plus au sublime qu'au beau[1]. A dire vrai, le jugement sur le sublime a sa condition subjective dans l'existence du sentiment moral[2], si bien qu'il n'a pas besoin, comme le jugement sur le beau, d'une déduction spéciale ; il implique, en effet, une relation de nos facultés de connaître à une finalité pratique *a priori*[3].

*
* *

Le sublime d'une part, d'autre part ce que Kant appelle la beauté libre sont comme les deux modes extrêmes de la représentation esthétique. Le sublime exprime la destination morale de l'humanité. La beauté libre, celle qui ne suppose pas, même indirectement, un concept de ce que doit être l'objet, se rencontre surtout dans la simple nature, parmi les êtres ou les choses dont l'existence ne saurait se mesurer par un type ; elle se rencontre dans la vie idyllique que n'a pu déformer la civilisation. Il semble bien que chez Kant cette glorification de la beauté libre manifeste une influence persistante de Rousseau : une telle beauté vaut par elle absolument : elle est sans idéal et sans degré. C'est la beauté adhérente qui seule donne lieu à la conception d'un idéal ; elle lie, en effet, le jugement de goût à la représentation d'une finalité interne des êtres, qui

---

1. « ... Il suit de là que le bien intellectuel, impliquant en soi-même la finalité (le bien moral), jugé esthétiquement, ne doit pas tant être représenté comme beau que comme sublime, et qu'il éveille plutôt le sentiment de respect (qui rejette les influences attrayantes) que celui de l'amour et de l'attachement familier ; car la nature humaine ne se conforme pas d'elle-même à ce bien, mais par la violence que la raison fait à la sensibilité. » V, p. 279-280.
2. V, p. 274.
3. V, p. 288, p. 301.

se définit par leur type spécifique. Plus et mieux le type de l'espèce se réalise dans l'individu, plus la beauté de l'individu est achevée. Il entre donc ici dans le jugement de goût un élément intellectuel qui en altère sans doute la pureté esthétique[1], mais qui, à un autre point de vue, en rehausse la portée. L'espèce qui fournit le type n'est pas une donnée empirique ; c'est un concept de la raison, qui devient, selon la définition kantienne, un idéal, dès qu'il est incorporé dans un individu qui le représente adéquatement[2]. Quel est donc l'idéal qui permet de mesurer les divers degrés de satisfaction esthétique ? Cet idéal ne peut se trouver dans les choses qui n'ont pas de finalité externe, ni dans celles qui n'ont qu'une finalité interne relative et subordonnée. Il ne peut donc en définitive se trouver que dans l'homme. « Il n'y a que ce qui a en soi-même la fin de son existence, c'est-à-dire l'*homme*, qui, par sa raison, peut se déterminer à lui-même ses fins, ou qui, lorsqu'il doit les tirer de la perception extérieure, peut cependant les accorder avec des fins essentielles et universelles, et alors aussi juger esthétiquement de cet accord : il n'y a, dis-je, que l'*homme*, parmi tous les objets du monde, qui soit capable d'un idéal de la *beauté*, de même que l'humanité en sa personne, comme intelligence, est capable de l'idéal de la *perfection*[3]. » Au fond c'est parce qu'à titre d'être moral, il est, comme le dira Kant ailleurs, le but final du

---

1. Lotze, dans l'exposé critique qu'il fait de l'esthétique kantienne, observe contre Kant que la beauté adhérente, en supposant un accord entre la forme de l'objet représenté et son essence, n'est pas moins pure, mais seulement plus complexe que la beauté libre. *Geschichte der Æsthetik in Deutschland*, 1868, p. 57-58.
2. V. dans la *Critique de la raison pure* (III, p. 391-393) ce que Kant dit de l'idéal en général ; il y envisage l'idéal humain surtout comme idéal pratique.
3. Kant dans ses Leçons avait à maintes reprises développé cette pensée, que l'idéal esthétique est exclusivement humain ; sous cette forme, il la devait sans doute à Winckelmann et peut-être aussi aux « *Gedanken von der Schönheit* » du « célèbre peintre Mengs » ; ce qui lui était bien propre, c'était la raison qu'il en donnait, à savoir la capacité qu'a l'homme de se poser ses fins pratiques et de se perfectionner moralement. V. Otto Schlapp, *op. cit.*, p. 172-173, et en outre p. 154, p. 167, p. 171-172, p. 201, p. 259, p. 296.

monde, que l'homme seul comporte l'idéal esthétique de la faculté de juger.

Cette théorie de l'idéal, étroitement liée, comme nous l'avons vu, à la conception de la beauté adhérente semble faire prévaloir, au détriment des thèses qui considéraient le beau comme absolument formel et désintéressé, les vues selon lesquelles le beau exprime une réalité supra-sensible et offre, au moins indirectement, un intérêt rationnel, pour mieux dire, un intérêt moral. Elle tend à effacer des distinctions qui paraissaient justifiées ou imposées par les prémisses de la nouvelle *Critique* : la distinction du beau et du sublime, la distinction du beau et de l'art, par-dessus tout la distinction du beau et du bien moral. S'il est vrai, en effet, d'après Kant, qu'en vertu de la loi de l'association nous tirons de la nature la matière sensible qui nous est nécessaire pour nous représenter le beau, et que même nous ordonnons cette matière selon des types moyens et normaux, là n'est pas cependant la condition suprême qui nous permet de juger le beau et de le produire : elle est dans une action de la raison qui s'ajoute à cette matière pour se l'approprier, qui suscite par delà les données de la nature les idées esthétiques. Le propre des idées esthétiques, c'est de rapporter les représentations d'un objet à une intuition, suivant le principe purement subjectif d'une concordance entre l'imagination et l'entendement ; elles ressemblent aux idées proprement rationnelles, d'abord en ce qu'elles tendent à quelque chose qui est placé hors des limites de l'expérience, puis en ce qu'elles ne peuvent fournir aucune connaissance. Elles en diffèrent par ceci, que pour elles c'est le concept qui reste inadéquat à l'intuition, tandis que pour les idées rationnelles c'est l'intuition qui reste inadéquate au concept. D'une façon générale, les idées esthétiques et les idées rationnelles ont également leurs principes dans la raison ; seulement, pour ce qui est des premières, ce sont des principes objectifs, du moins au point de vue pratique ; pour ce qui est des secondes, ce sont des principes purement subjectifs de l'usage de cette faculté[1].

C'est au génie que Kant attribue avant tout le pouvoir de produire les idées esthétiques[2], et il insiste sur l'originalité de ce pouvoir par lequel la nature donne à l'art sa règle[3]; mais il paraît réclamer pour le goût même un semblable pouvoir, quand il reconnaît que la beauté de la nature est aussi bien que celle de l'art une expression d'idées esthétiques, seulement d'idées provoquées par la simple réflexion que nous faisons sur une intuition donnée, sans être nécessairement rattachées au concept de ce que doit être l'objet[4]. Ce qui est vrai, et ce qui apparaît bien par l'explication que Kant donne du génie[5], c'est que le jugement de goût a été doté par lui des attributs que le génie d'abord lui avait paru comporter, notamment de cette aptitude à unir dans un libre et heureux accord l'imagination et l'entendement[6]. La seule ou la principale différence qu'il avait dans son ouvrage marquée en quelque sorte d'avance, c'est que le jugement de goût est, quand il est absolument pur, indépendant de tout concept; mais un tel jugement porte sur des objets trop situés en deçà de l'humanité. Qu'il doive renoncer pour une part à sa pureté afin de conquérir une signification et une portée humaines, Kant le reconnaît, et c'est dans ce sens qu'il incline volontiers sa critique du beau. Il tend donc à une conception de la beauté moins formaliste, plus objectiviste. Les idées esthétiques, dit-il, « cherchent à se rapprocher de l'exhibition des concepts de la raison (des idées intellectuelles), ce qui leur donne l'apparence d'une réalité objective[7] ». A vrai dire, Kant veut parfois

---

1. V, p. 239-241, p. 324-327. — Cf. Otto Schlapp, *op. cit.*, p. 60.
2. V, p. 323, p. 355.
3. V, p. 317-318.
4. V, p. 330.
5. V, p. 327.
6. Basch, *Essai critique sur l'esthétique de Kant*, 1896, p. 237. — Otto Schlapp, *op. cit.*, p. 382-383.
7. V, p. 324.

en limiter le rôle ou les effets à une sorte d'enrichissement de l'esprit, indépendant de toute finalité morale : il montre comment elles éveillent par occasion ou par analogie une foule de pensées, impossibles à resserrer dans des concepts déterminés et à traduire dans des mots. Mais ailleurs il reconnaît en elles, pour ainsi dire, une tendance immanente à se définir, et à se définir par l'idéal humain. L'idéal du beau, qu'on ne peut attendre que de la forme humaine, « consiste, dit-il, dans l'expression du *moral*, sans quoi l'objet ne plairait pas universellement et en outre positivement (et non pas seulement d'une façon négative dans une exhibition selon les règles de l'école). L'expression visible d'idées morales gouvernant intérieurement l'homme peut bien sans doute être tirée de la seule expérience ; mais pour rendre en quelque sorte visible leur union avec ce que notre raison rattache au bien moral dans l'idée de la suprême finalité, la bonté d'âme, ou la pureté, ou la force, ou le calme, etc..., il faut que les idées pures de la raison et une grande puissance de l'imagination s'allient dans celui qui veut seulement en juger, à plus forte raison dans celui qui veut en produire une exhibition[1]. »

Si donc le jugement esthétique n'a aucun intérêt pour motif, il peut cependant souffrir qu'un intérêt se rattache à lui indirectement ; il peut comporter un plaisir qui soit lié, non pas seulement à la représentation, mais à l'existence même de l'objet. Or l'existence d'un objet ne peut se rapporter à notre faculté de désirer que par une inclination sensible ou par une détermination *a priori* de la volonté : d'où un double genre d'intérêt, un intérêt empirique et un intérêt intellectuel. Le beau présente d'abord un intérêt empirique qui consiste, grâce à la communauté des sentiments qu'il engendre, dans le développement de la sociabilité humaine ; en outre, ce qui est beaucoup plus important que ce passage encore douteux qu'il favorise de l'agréable au bien,

---

1. V. p. 241.

il a un intérêt intellectuel pratique[1]. C'est un signe, semble-t-il, de bonnes dispositions morales que l'aptitude à goûter le beau en général. A quoi l'on objecte qu'il y a des virtuoses du goût qui ne montrent que trop la frivolité ou la dépravation de leur caractère ; « et par conséquent il semble que le sentiment pour le beau n'est pas seulement (comme il l'est en effet) spécifiquement distinct du sentiment moral, mais aussi que l'intérêt qu'on y peut attacher s'accorde difficilement avec l'intérêt moral, loin qu'il y ait entre eux une affinité interne[2]. » Mais ce ne sont que les beautés de l'art ou que des façons artificielles de traiter les beautés de la nature qui s'accommodent d'une telle insouciance ou d'un tel mépris de la moralité. Au contraire, prendre un intérêt immédiat à la beauté de la nature, éprouver naïvement et pleinement du plaisir au spectacle de certaines de ses productions, avec la pensée que ces productions viennent bien d'elle, c'est la preuve d'un sentiment moral très pur ou très cultivé. Il faut toute la délicatesse et toute la richesse de ce sentiment pour comprendre le langage symbolique que la nature nous parle dans ses belles formes. D'ailleurs, puisque nous avons d'une part une faculté de juger esthétique, d'autre part une faculté de juger intellectuelle qui engendrent l'une et l'autre une satisfaction *a priori*, la première sans être fondée sur aucun intérêt, ni en produire aucun, la seconde sans être fondée sur aucun intérêt, mais en en produisant un, on conçoit que la raison s'attache à tout ce qui dans les œuvres de la nature est la trace ou le signe d'un principe d'accord entre ses diverses facultés. « L'âme ne peut réfléchir sur la beauté de la *nature*, sans s'y trouver en même temps intéressée. Or cet intérêt est moral par alliance ; et celui qui prend de l'intérêt au beau de la nature ne le peut faire qu'à la condition d'avoir d'abord dans le fond

---

1. V. p. 305-307. — V. plus haut, p. 504-505.
2. V. p. 308.

attaché son intérêt au bien moral... L'analogie qu'il y a entre le pur jugement de goût qui, sans dépendre d'aucun intérêt, nous fait éprouver une satisfaction et la représente en même temps *a priori* comme convenant à l'humanité en général, et le jugement moral qui produit juste le même effet par des concepts, même sans une réflexion distincte, subtile et préméditée, cette analogie communique à l'objet du premier jugement un intérêt immédiat égal à celui que présente l'objet du second : avec cette seule différence, que dans le premier cas l'intérêt est libre, tandis que dans le second il est fondé sur des lois objectives. Ajoutez à cela l'admiration de la nature qui dans ses belles productions se révèle comme un art, non pas par un simple hasard, mais avec intention pour ainsi dire, suivant une ordonnance régulière, et comme finalité sans fin ; étant donné que nous ne trouvons jamais cette dernière fin hors de nous, il est naturel que nous la cherchions en nous, et à la vérité dans ce qui constitue la fin dernière de notre existence, à savoir dans la destination morale (cette recherche sur le principe de la possibilité d'une telle finalité de la nature interviendra avant tout dans la téléologie)[1]. »

*
* *

Ainsi au jugement de goût, malgré les caractères irréductibles qu'il manifeste, est lié indirectement *a priori* un intérêt moral. La déduction de cette espèce de jugement, telle que Kant l'expose, confirme à la fois cette indépendance et ce lien. Les jugements esthétiques prétendent à l'assentiment universel comme s'ils étaient objectifs ; ils échappent cependant à toute démonstration régulière comme s'ils n'étaient que subjectifs. Cette contradiction apparente vient de ce qu'étant des jugements ils se décla-

---

1. V. p. 308-311.

rent à ce titre universellement valables, et de ce qu'ils sont toutefois des jugements dans lesquels le prédicat est un sentiment. Or il semble qu'une représentation ne puisse produire *a priori* un sentiment que lorsqu'elle repose, comme dans le cas de la loi morale, sur un principe rationnel déterminant la volonté ; ici au contraire le sentiment est indépendant de tout concept défini. Comment donc est possible un jugement, qui d'après le seul sentiment particulier de plaisir qu'il attache à un objet, prononce *a priori*, sans recourir au concept de cet objet, que ce plaisir doit être lié chez tous les autres à la même représentation ? Un tel jugement n'est possible que si l'on suppose une finalité formelle de l'objet par rapport à la faculté de juger conçue dans son exercice simplement subjectif, c'est-à-dire dans l'activité interne concordante de la puissance pure d'imaginer et de la puissance pure de connaître : l'union de ces deux puissances dans le sujet sert de fondement à l'universalité du plaisir causé par une représentation. Ainsi les jugements de goût établissent en droit, sans attendre l'assentiment d'autrui, un lien entre une représentation et un sentiment ; ils sont donc fondés comme jugements synthétiques *a priori*. En prononçant qu'un sentiment de plaisir éprouvé par un sujet doit être éprouvé par tous, ils impliquent et justifient l'existence de ce *sensus communis* par lequel chaque homme, pour comparer son propre jugement avec toute la raison, le compare avec les jugements de ses semblables, c'est-à-dire tente de s'affranchir des obstacles qui en limitent accidentellement la portée. En tout cas l'aptitude à éprouver par communication le sentiment de plaisir lié à la représentation d'un objet beau est l'effet de la faculté de juger esthétique, et quand elle s'associe indirectement, comme il arrive, à un intérêt moral, elle apparaît en quelque sorte comme un « devoir »[1].

---

1. V. p. 287-305.

Cette déduction des jugements esthétiques achemine tout droit à la solution de l'antinomie du goût, dont traite, selon un besoin d'exposition symétrique, la *dialectique de la faculté de juger esthétique*. Cette antinomie ne porte pas sur l'opposition que manifestent entre eux les jugements de goût, mais sur la contradiction qu'engendrent inévitablement nos concepts touchant le principe de la possibilité de pareils jugements. Elle est du reste l'expression d'un problème que Kant s'était maintes fois posé, sans le résoudre toujours très nettement, ni dans le même sens[1]. On ne dispute pas du goût, dit-on, et ce proverbe signifie que le jugement esthétique ne saurait prétendre à l'assentiment d'autrui, qu'il est exclusivement individuel ; et cependant sans cesse on se conteste l'un à l'autre la valeur de son goût, ce qui implique dans le conflit même une foi dans l'accord possible[2]. Voici donc la thèse : « Le jugement de goût ne se fonde pas sur des concepts, car autrement on pourrait disputer sur ce jugement (décider par des démonstrations). » Voici l'antithèse : « Le jugement de goût se fonde sur des concepts, car autrement on ne pourrait jamais y rien contester quelle que fût sa diversité (c'est-à-dire prétendre avec un tel jugement à l'assentiment nécessaire d'autrui)[3]. » Kant estime que la thèse et l'antithèse sont vraies toutes les deux et qu'elles ne se contredisent que par le double sens donné au mot « concept »; il est parfaitement exact, comme l'énonce la thèse, que le jugement de goût ne se

---

1. Pölitz. *Kants Vorlesungen über die Metaphysik*, p. 176. — Starke, *Kant's Menschenkunde*, p. 282. — Cf. Otto Schlapp, *op. cit.*, p. 81, p. 104, p. 107, p. 161, p. 185-186, p. 191. p. 231, p. 289.
2. C'est par là que « *streiten* » diffère de « *disputiren* » dans les deux formules qui résument ces vues opposées sur le goût. *Ueber den Geschmack lässt sich nicht disputiren. — Ueber den Geschmack lässt sich streiten*, V, p. 349.
3. V. p. 350.

fonde pas sur des concepts, entendons par là des concepts déterminés comme ceux auxquels correspondent des prédicats fournis par l'intuition sensible : nous savons du reste que le jugement de goût n'est pas un jugement de connaissance ; d'autre part, il est parfaitement exact, comme l'énonce l'antithèse, que le jugement de goût repose sur des concepts, entendons par là des concepts indéterminés, comme est le concept que la raison nous donne du suprasensible, fondement de l'objet et du sujet, considérés l'un et l'autre comme des phénomènes ; par où nous sommes autorisés à admettre, en même temps que l'existence d'un ordre irréductible de la sensibilité esthétique, l'universalité intelligible des jugements de goût. La thèse et l'antithèse ne seraient fausses toutes les deux que si le principe du goût était placé soit dans l'agréable, soit dans la perfection. « On voit donc que la solution de l'antinomie de la faculté de juger esthétique procède par une voie semblable à celle qu'a suivie la Critique dans la solution des antinomies de la raison pure théorique, et que les antinomies, ici comme dans la Critique de la raison pratique, nous contraignent malgré nous à voir au delà du sensible et à chercher dans le supra sensible le point de réunion de toutes nos facultés *a priori*, puisqu'il ne reste pas d'autre moyen de mettre la raison d'accord avec elle-même[1]. » Le concept du suprasensible intervient ici d'abord pour empêcher que la finalité de la nature, dans son rapport avec notre faculté de juger esthétique, ne soit regardée comme une propriété de choses en soi, pour défendre par suite l'autonomie du jugement de goût[2] ; il intervient en outre comme principe, assurément indéterminable pour le savoir, mais très positif cependant, de l'accord de toutes nos facultés *a priori*[3] ; par le libre exercice du jugement de goût l'homme manifeste

---

1. V. p. 350-353.
2. V. p. 358-362.
3. V. p. 355.

l'harmonie de ses puissances entre elles comme l'harmonie du monde avec lui, il se reporte à quelque chose qui est à la fois en lui et hors de lui, qui n'est ni nature, ni liberté, mais qui est lié cependant au principe de la liberté, au suprasensible dans lequel s'unissent d'une manière insaisissable pour nous la faculté théorique et la faculté pratique[1] ; la raison du jugement de goût est peut être dans le concept de ce que l'on peut considérer comme le substrat supra-sensible de l'humanité[2]. Kant ici révèle très clairement la tendance à laquelle il a obéi dans la position et l'usage de la chose en soi[3] ; il explique qu'il y a, selon les facultés mises en œuvre, trois idées du supra-sensible : « *premièrement,* l'idée du supra-sensible en général, comme du substratum de la nature, sans autre détermination ; *secondement,* l'idée du supra-sensible, comme principe de la finalité subjective de la nature pour notre faculté de connaître ; *troisièmement,* l'idée du supra-sensible comme principe des fins de la liberté et de l'accord de ces fins avec la liberté dans le monde moral[4]. »

Dès lors, par la fonction d'harmonie qu'il remplit comme par la relation propre qu'il a avec le supra-sensible, le beau peut achever de définir son rapport avec la moralité : il en est, nous dit Kant, le symbole. Les idées de la raison ne peuvent pas prouver leur réalité par des intuitions comme les concepts de l'entendement ; elles comportent cependant des exhibitions qui les représentent, comme le font les schèmes pour les concepts, mais avec cette différence qu'elles les représentent, non par leur contenu, mais par la forme seule de la réflexion qu'elles suscitent : il s'agit donc alors d'une représentation par analogie ou symbolique. Or le beau est le symbole de la moralité, et c'est uniquement par là qu'il peut prétendre à un assentiment universel et

---

1. V. p. 365.
2. V. p. 351.
3. V. plus haut, p. 198.
4. V. p. 357.

imposer le « devoir » d'être reconnu comme tel[1]. Il ne serait confondu avec la moralité que par une erreur semblable à celle qui fait des attributs de Dieu des objets de connaissance dogmatique ; mais il l'exprime au regard de nos facultés humaines. Voilà pourquoi ce qui caractérise la moralité, à savoir le droit à l'adhésion immédiate, l'indépendance à l'égard de tout intérêt préalable, le libre accord avec des lois universelles, se retrouve dans le jugement de goût, mais s'y retrouve détaché de la signification déterminée de principes constitutifs. On comprend donc pourquoi notre langage désigne souvent les choses belles par des mots pleins de qualifications morales, et pourquoi le goût nous permet de passer, sans un saut trop brusque, de l'attrait des sens à un intérêt moral habituel[2].

*
* *

La brève *Méthodologie* qui sert de conclusion à la Critique du jugement esthétique réclame surtout, pour l'éducation du goût, le développement des idées morales et la culture du sentiment moral. Comme il n'y a pas de science du beau, il n'y a pas non plus de discipline directe et rigoureuse qui apprenne à le découvrir et à le produire. Sans méconnaître les bienfaits de la familiarité avec certains modèles, il y a toujours lieu de rappeler que ces modèles même ne représentent pas tout l'idéal et qu'ils doivent provoquer autre chose qu'une imitation servile, mortelle au goût comme au génie. La propédeutique la

---

1. H. Cohen observe qu'il y a une autre sorte d'expression ou de représentation de la moralité, celle dont traite la Typique de la raison pure pratique (V. plus haut, p. 462-465) et qui est au fond l'idée du règne des fins (*Kants Begründung der Æsthetik*, p. 268 sq) ; il reproche à Kant de n'avoir pas indiqué ce qui distingue de la Typique le symbolisme du beau. — C'est, peut-on dire, pour la maxime de l'action que la Typique cherche et trouve dans la loi de la nature un symbole de la loi de la liberté, tandis qu'ici le symbolisme porte sur la relation de l'ordre de la nature à la vérité morale.

2. V. p. 362-366. — V. aussi sur les rapports qu'a l'admiration de la beauté de la nature avec le sentiment religieux, V, p. 496, note.

plus sûre en ces matières est encore celle qui s'appuie sur ce que nous savons de l'intérêt empirique et de l'intérêt intellectuel du beau. Ce qu'il faut, c'est au lieu d'inculquer des préceptes rigides, élever les facultés de l'esprit par ces connaissances qu'on appelle *humaniora,* sans doute parce que *humanité* signifie le sentiment de sympathie universelle et le pouvoir de communication universelle, c'est les initier à cet ensemble d'idées par lesquelles dans la société les diverses classes se rapprochent et la civilisation se relie à la nature ; c'est ensuite et surtout les ramener aux sources pures d'où dérive indirectement l'universalité du plaisir esthétique, savoir aux conceptions morales : le goût en recevra sa précision et sa justesse[1].

*
* *

Des deux tendances qui se partagent l'esthétique kantienne, de celle qui consiste à représenter le beau comme une finalité formelle sans plus, et de celle qui consiste à le représenter comme l'expression plus ou moins indirecte d'une finalité matérielle pratique, c'est la seconde qui paraît l'emporter, favorisée qu'elle est, dans l'esprit de Kant, et par le souvenir de ses anciennes conceptions sur l'intime alliance du sentiment du beau et du sentiment moral, et par le besoin nouveau d'établir des intermédiaires entre l'ordre de la nature et celui de la liberté. Elle l'emporte même tellement que Kant finit par y référer en termes très explicites le motif principal de son ouvrage : « Je me suis contenté de montrer, écrivait-il à J.-Fr. Reichardt le 15 octobre 1790, que sans sentiment moral il n'y aurait rien pour nous de beau ni de sublime, que c'est sur lui que se fonde, dans tout ce qui mérite de porter ce nom, la prétention en quelque sorte légale à l'assentiment ; et que l'élément subjectif de la moralité dans notre être, cet élé-

[1]. V. p. 366-368.

ment qui sous le nom de sentiment moral est impénétrable, est ce par rapport à quoi s'exerce le jugement dont la faculté est le goût[1]. »

En tout cas cette disposition à fonder la beauté sur la moralité, même en l'en distinguant, marque bien les limites dans lesquelles devait, aux yeux de Kant, s'accomplir la fonction esthétique de l'esprit ; elle est sa façon à lui de rappeler en ces matières les droits de la raison classique. Kant ne veut pas que la représentation de la beauté et la puissance créatrice du génie absorbent l'idée du devoir et la faculté pratique de le réaliser. Certes, il est d'accord avec les écrivains du *Sturm und Drang* pour rejeter une conception doctrinaire du beau et de l'art; il réagit, lui aussi, contre la prétention de l'*Aufklärung* à enfermer la culture de l'esprit dans les règles pédantesques d'une connaissance bornée[2]. Mais il n'est pas plus d'humeur à supporter la *Schwärmerei* dans les choses esthétiques que dans les choses philosophiques ; il entend que le génie ne se complaise pas dans toutes ses productions uniquement en raison de leur originalité[3] ; et il lui impose la discipline du

---

[1]. *Briefwechsel*, II, p. 214. — Cette lettre a paru pour la première fois dans les *Kantstudien*, I, p. 144. — Il n'y a pas lieu, je crois, d'estimer avec le commentateur que Kant ait dénaturé ainsi le sens de son ouvrage par une sorte de régression vers les idées de ses *Observations sur le sentiment du beau et du sublime* : Kant exprime là, sous une forme seulement un peu simplifiée, l'une des tendances les plus certaines de sa pensée actuelle. — V. le fragment publié par Reicke (*Lose Blätter*, D, 22, I, p. 254), qui, en esquissant une partie du plan de la Critique du jugement esthétique, indique le fondement suprasensible du jugement de goût, ainsi que les rapports du beau et du sublime avec le sentiment moral. — Ce fragment qui n'a pu être écrit avant 1784 (pour une raison extrinsèque) doit être du temps où Kant songeait à écrire la *Kritik der Urtheilskraft*.

[2]. V. Otto Schlapp, *op. cit.*, p. 104, p. 217. — « Le génie est un *talent* de produire ce pour quoi on ne peut donner aucune règle déterminée, non une habile disposition à ce qui peut être appris d'après quelque règle ; l'originalité est donc sa première propriété. » *Kritik der Urtheilskraft*, V, p. 317.

[3]. « Comme il peut y avoir aussi une extravagance géniale, les productions du génie doivent être en même temps des modèles, c'est-à-dire qu'elles doivent être *exemplaires* ; ne résultant pas d'une imitation, elles doivent pouvoir servir à être imitées par les autres, c'est-à-dire leur servir de mesure ou de règle d'appréciation. » V. p. 318.

goût[1]. Il reste étranger, même hostile à ce culte du génie que professaient les écrivains du *Sturm und Drang*[2], et qui fut pour le romantisme ultérieur la manifestation essentielle de la vraie religion de l'esprit. Loin de faire du génie le principe et la mesure de toute vérité en tout ordre de choses, il le réserve à l'artiste, « ce favori de la nature »; il le refuse au grand savant, à un Newton même, dont l'œuvre, quelque puissante pensée qu'elle suppose, reste le fruit d'un effort méthodique qui en principe est à la portée de tout le monde, dont les découvertes sont pleinement communicables à d'autres et assimilables par eux[3]. Ce qu'il y a de mystérieux dans l'inspiration du génie ne l'autorise pas à prétendre enfermer le secret de tout. Kant reste donc opposé par avance à l'usage que la philosophie romantique fera plus tard de sa conception de la beauté comme de sa conception de la finalité pour proclamer l'identité vivante de la nature et de l'esprit[4]. Il trouve, au contraire, un interprète plus fidèle de sa pensée dans Schiller que la lecture de la *Critique de la faculté de juger* décida à entrer dans la philosophie kantienne[5]; par la hauteur de ses propres dispositions morales comme par son sentiment de poète, Schiller était à même de comprendre la double tendance de l'esthétique de Kant[6]. Profitant de ce que Kant avait dit sur le jeu harmonieux des facultés humaines dans

---

1. « Le goût est, comme la faculté de juger en général, la discipline (ou la faculté éducative) du génie ; il lui coupe souvent les ailes ; il le civilise et le polit ; mais en même temps il lui donne une direction en lui montrant sur quoi et jusqu'où il doit s'étendre pour ne pas s'égarer ; et, en introduisant la clarté et l'ordre dans l'abondance des pensées, il rend les idées consistantes, les fait capables d'obtenir un assentiment durable et en même temps aussi universel, dignes d'être imitées par d'autres et de concourir à une culture toujours en progrès. Si donc dans un produit ces deux facultés se trouvaient en lutte et qu'il y eût un sacrifice à faire, ce devrait être plutôt du côté du génie ». V, p. 330.
2. V. Otto Schlapp, *op. cit.*, p. 69, p. 73, p. 124, etc...
3. V. p. 318-319.
4. Cf. Victor Delbos, *Le problème moral dans la philosophie de Spinoza et dans l'histoire du spinozisme*, p. 390-391.
5. V. les lettres de Schiller à Körner du 3 mars 1791 et du 15 octobre 1792, éd. Jonas, III, p. 136, p. 223.
6. V. plus haut, p. 327, note.

l'état esthétique, il élargit sans doute la portée et l'application de cette théorie ; comme il sent plus vivement que Kant la nécessité de combler, dans l'intérêt même de la moralité, la distance qui sépare l'être sensible que nous sommes de la pure et sévère loi du devoir, il assigne à la beauté pour mission d'apprivoiser et d'ennoblir les instincts sauvages et grossiers de la sensibilité, de donner à l'âme, dans le concert de ses puissances, le sentiment joyeux d'une liberté sans sacrifices : préparation indispensable, disait-il, à la vie morale, mais tellement indispensable et tellement prolongée pour un but quasi inaccessible, qu'elle apparaît souvent comme le plus parfait état dont l'homme soit capable : si bien que, dans l'esprit de Schiller, la conception esthétique de la vie libre accommode volontiers aux pensées kantiennes l'idéal de Gœthe[1]. Quant à Gœthe lui-même, que la *Critique de la faculté de juger* rendit plus sympathique à la philosophie de Kant, il avouait avoir trouvé dans cette œuvre, par les rapports qu'elle établissait entre les productions de la nature et les œuvres d'art, de quoi comprendre et accorder ses doubles facultés de naturaliste et d'artiste[2]. Ainsi, plus ou moins librement interprétée, l'esthétique kantienne fournissait un thème solide aux réflexions des écrivains et des poètes[3], de puissantes

---

1. Cf. Windelband, *Geschichte der neueren Philosophie*, II, p. 246-257. — V. Kühnemann, *Kants und Schillers Begründung der Æsthetik*, 1895.
2. *Einwirkung der neueren Philosophie*, *Gœthes Werke* (Kürchner), XXXIV, éd. Steiner, p. 28-29. — *Briefwechsel zwischen Gœthe und Zelter* (1833-1834), lettre du 29 janvier 1830, V, p. 381. — Eckermann, *Gespräche mit Gœthe*, 4ᵉ éd. Brockaus, 1876, entretien du 11 avril 1827, I, p. 242-243.
Gœthe avait annoté et souligné divers passages de la *Kritik der Urtheilskraft*. V. l'indication de ces passages dans Vorländer, *Publicationem aus dem Gœthe-National-Museum*, Kantstudien, II, p. 229-233 ; v. aussi de Vorländer, *Gœthes Verhältnis zu Kant in seiner historischen Entwickelung*, Ibid., I, p. 60-99, p. 325-351 ; II, p. 161-211. — Siebeck, *Gœthe als Denker*, 1902, p. 32-45.
3. Herder la combattit dans sa *Calligone*, mais par des arguments souvent extérieurs et vagues, et sans faire toujours un sérieux effort pour la bien entendre. — V. Lotze, *Geschichte der Æsthetik in Deutschland*, p. 70 sq. — Haym, *Herder*, II, p. 697-718.

suggestions pour les métaphysiciens en quête d'un principe qui révélât au plus profond de la nature la géniale spontanéité de l'esprit ; dans les justes proportions qu'elle entendait garder, elle défendait contre le dogmatisme des règles toutes faites la liberté du goût et du génie, contre l'arbitraire du goût et du génie la nécessité d'une sorte de vertu exemplaire dans leurs jugements et leurs productions : en requérant encore, mais sous la forme qui convenait ici, l'union de la liberté et de la loi, elle restait pleinement fidèle à l'esprit de la philosophie critique : et en même temps elle témoignait des singulières ressources que possède parfois la puissance de compréhension abstraite pour suppléer à l'insuffisance de l'éducation spéciale concrète : peu familier avec les espèces variées de la beauté et de l'art, Kant, par la vigueur de sa méditation, parut à plusieurs de ceux-là même qui en avaient fait le grand objet de leur vie, en avoir surpris le secret.

*
* *

La Critique du jugement esthétique a expliqué comment est possible une finalité formelle et subjective de la nature; et il semble maintenant qu'elle ait pu sans trop de peine venir à bout de cette explication, puisqu'il s'agissait en somme d'un rapport, non pas des choses, mais de notre représentation des choses à notre faculté de juger. Au contraire, pour décider qu'il y a une finalité matérielle et objective de la nature, et en quel sens, des difficultés se présentent en nombre. Comment admettre des fins qui ne sont plus nôtres, et les attribuer à la nature qui n'est pas un être intelligent ? Et quelle raison, au surplus, avons-nous d'admettre des fins de la nature, alors que le concept défini de la nature ne comprend que ce qui peut être ramené aux lois générales de la matière et du mouvement, et abandonne à la contingence la multiplicité des formes ou des dispositions particulières qu'a pu revêtir le mécanisme ? Introduira-t-on une nouvelle façon de fixer les conditions de l'expérience possible[1] ?

C'est à ces questions que répond d'abord, par son *Analytique*, la Critique du jugement téléologique.

Pour être conduit au concept d'une finalité matérielle en même temps qu'objective, il faut d'abord que nous ayons affaire à des choses données dans l'expérience et auxquelles s'applique déjà par conséquent le rapport de cause à effet : il faut en outre que nous ne puissions pas comprendre ce rapport sans supposer que la causalité de la cause même contient comme condition de sa mise en jeu l'idée de l'effet qu'elle doit produire. Mais d'autre part la fin qu'une chose remplit par son existence peut résider, soit dans quelque autre chose, soit essentiellement en elle-même. Si elle réside dans quelque autre chose, elle est à la fois extérieure et indéfiniment relative ; elle exprime alors des rapports d'utilité ou de convenance entre des êtres divers : rapports dont la raison peut toujours être reculée, à moins qu'ils ne s'arrêtent à une chose ayant sa fin dans son existence même ; rapports qui presque toujours peuvent se ramener à des connexions causales ordinaires. Le jugement téléologique ne peut donc reposer sur cette finalité matérielle externe, et s'il doit être fondé, il ne peut l'être que par la considération de choses existantes qui ont leur fin dans leur existence même[2].

Mais à quel signe reconnaît-on de telles choses ? Disons provisoirement : à ce signe que de telles choses sont à la fois les causes et les effets d'elles-mêmes. Considérons, par exemple, un arbre ; cet arbre en produit un autre, d'après une loi connue de la nature, et de la même espèce que lui, c'est-à-dire que cet arbre se produit lui-même comme espèce ; en outre cet arbre croît, et il emploie pour sa croissance des procédés d'assimilation et de sélection inexplicables par le mécanisme, c'est-à-dire que cet arbre se produit lui-même comme individu ; en outre cet arbre a

1. V. p. 371-373.
2. V. p. 378-382.

des parties qui se conservent les unes les autres par leur mutuelle dépendance, qui à la fois collaborent à l'existence de l'ensemble et en résultent, c'est-à-dire que cet arbre se produit dans ses parties et dans son tout. Cependant cette réciprocité dans la relation de la cause et de l'effet, qui caractérise les choses comme fins de la nature, a besoin d'être plus exactement définie. La liaison des causes efficientes, ou causes réelles, telle que l'exige l'entendement théorique, constitue une série qui va toujours en descendant ; la liaison des causes finales, ou causes idéales, implique que l'on peut suivre aussi, pour parcourir la série, une marche ascendante ; si bien que ce qui était effet peut être considéré comme cause de sa cause. Dans les produits de l'art humain on saisit sans peine ce dernier genre de liaison ; par exemple, la maison construite est la cause du loyer qu'on reçoit ; mais la représentation de ce revenu possible a été la cause de la construction de la maison : seulement ici la fin conçue est extérieure à la chose ; elle établit une liaison idéale, mais qui n'est pas naturelle. Voyons donc ce qui fait qu'une chose peut être vraiment dite une fin de la nature : il faut sans doute que les parties qu'elle comprend ne soient possibles, dans leur existence et dans leur forme, que par leur relation avec le Tout ; mais cela ne suffit point, car l'art humain est capable d'œuvres de cette sorte. Il faut encore que chacune de ces parties existe par les autres et par le Tout, pour les autres et pour le Tout, qu'il y ait, en d'autres termes, réciprocité de production entre les parties, réciprocité de production entre les parties et le Tout. Ainsi chaque partie doit être un organe producteur. Une chose est une fin de la nature quand elle est un être organisé et s'organisant lui-même. Et voilà ce dont reste incapable l'art humain. Dans une montre, chaque partie est un instrument qui sert au mouvement des autres, mais n'existe pas par celles-ci ; aucun rouage ne produit un autre rouage, et ne peut réparer de lui-même ses imperfections ou ses accidents ; c'est une machine montée et mue du dehors, c'est-à-dire que son existence laisse l'un en dehors de l'autre le mécanisme qui la constitue et le concept qui l'a produite ; tandis qu'un être organisé possède outre la force motrice soumise aux lois du mécanisme, une force informante qui se communique à la matière qu'il emploie. L'art par lequel la nature s'organise, si un tel terme peut convenir, est avant tout un art intérieur, et qui n'est pas le fait d'un artiste étranger ; il n'a, à parler exactement, aucun analogue dans les sortes de causalité que nous connaissons ; on dirait qu'il a son analogue dans la vie, si ce qu'il y a de spécial à expliquer dans la vie n'était pas précisément ce qu'il y a de spécial à expliquer en lui. Du moins signifie-t-on par là qu'il est le contraire d'un agencement factice. Il fournit plutôt un type ou un modèle pour certaines combinaisons qui tendent à substituer dans l'ordre de l'activité humaine, de l'activité politique en particulier, au jeu arbitraire des forces indépendantes les unes des autres le jeu réglé des forces concourantes. C'est ainsi, nous dit Kant, que dans la révolution qu'un grand peuple vient d'entreprendre, on s'est souvent et justement servi du mot « organisation » pour désigner l'adaptation réciproque des diverses fonctions dans le corps de l'État. C'est qu'en effet un État bien constitué est un Tout, dans lequel chaque citoyen est un membre qui est à la fois fin et moyen, c'est-à-dire qui en coopérant à la possibilité du Tout, trouve marqués par l'idée de ce Tout sa place et son rôle[1].

Ainsi les êtres organisés sont les seuls qui, considérés en eux-mêmes et indépendamment de toute relation d'utilité ou de convenance avec d'autres êtres, peuvent être dits des fins de la nature. Or dès que la raison introduit de la sorte, pour comprendre ce que l'expérience lui présente, le principe d'un jugement téléologique, elle ne peut s'empêcher de concevoir un système total de la nature selon ce principe ; pas plus qu'elle ne peut, pour une production dont la forme

---

1. V. p. 382-388.

suppose une fin, n'appliquer que partiellement ce concept de fin et faire appel pour le reste au mécanisme, elle ne peut non plus, quand elle a jugé que la nature dans certains êtres s'organise en vue de fins, limiter à ces êtres seuls l'accomplissement des fins de la nature. En d'autres termes, l'exemple que nous donne la nature dans ses productions organisées nous autorise et même nous invite à ne rien attendre d'elle et de ses lois, qui ne soit en général conforme à des fins. *Rien n'est en vain* devient, à ce point de vue, la règle qui correspond à cette règle de la science mathématique de la nature : *Rien n'arrive par hasard*. Dès lors, si les considérations de finalité externe, quand elles prétendent se justifier par elles-mêmes, sont vaines et sans portée, elles peuvent recevoir un sens, dérivé et hypothétique assurément, mais tout de même instructif, quand elles sont reliées à la légitime supposition de la finalité interne chez les êtres organisés[1].

Cependant que signifie le jugement téléologique lui-même ? Remarquons d'abord que nous ne pouvons pas véritablement apercevoir dans la nature une causalité déterminée par des idées, comme est par exemple notre volonté, et que pourtant le concept de fin, même dans sa stricte application à la seule nature, recèle toujours quelque analogie plus ou moins lointaine avec notre genre propre d'action. Remarquons en outre que l'explication de la nature par le mécanisme, dans les limites et sous les conditions qui le rendent possible, doit rester intacte. Qu'est-ce à dire alors, sinon que le jugement téléologique est non pas déterminant, mais simplement réfléchissant, non pas constitutif, mais simplement régulateur, qu'il exprime la règle sans laquelle l'organisation, comme fin intérieure de la nature, serait inexplicable pour notre intelligence ? C'est donc notre intelligence qui conçoit et qui doit concevoir les idées selon lesquelles la nature se comporte dans la pro-

1. V, p. 388-393.

duction des êtres organisés. Cette façon critique d'entendre la finalité nous affranchit et du dogmatisme de la science qui prétend rendre compte par des lois mécaniques de ce que nous sommes pourtant incapables de réaliser par notre art, comme la vie, et du dogmatisme de la théologie qui n'imagine d'autres fins que celles qui seraient imposées du dehors à la nature par son auteur. Elle nous prépare ainsi à résoudre les contradictions auxquelles est inévitablement assujettie notre raison, lorsqu'elle cherche à expliquer des propriétés de la nature dont la possibilité ne peut pas être directement déduite de principes *a priori,* et qui ne paraissent d'abord soumises qu'à des lois empiriques [1].

***

Le Jugement réfléchissant a en effet sa dialectique ; c'est que, à la différence du Jugement déterminant, il ne se contente pas d'indiquer les moyens d'application de concepts ou de lois préalablement donnés comme principes : c'est qu'il est par lui-même législateur et qu'il doit tirer de lui le principe qui peut rendre raison des objets inexplicables par l'entendement théorique proprement dit. Il a donc des maximes, et des maximes nécessaires, qu'il applique à la connaissance des lois empiriques de la nature afin de la rendre rationnelle. Mais entre ces maximes une antinomie se découvre. En effet, d'une part, le Jugement réfléchissant peut emprunter sa maxime au mode de législation que l'entendement *a priori* impose à la nature, et l'énoncer ainsi : toute production des choses matérielles et de leurs formes doit être jugée possible d'après des lois purement mécaniques. Il peut, d'autre part, se créer une maxime propre, suggérée par certaines expériences particulières qui mettent en jeu la raison, et l'énoncer ainsi : quelques productions de la nature matérielle ne peuvent pas être jugées possibles

1. V. p. 393-396.

d'après des lois purement mécaniques : elles ne peuvent l'être que d'après une loi de finalité. A la vérité, ces deux thèses ne sont contradictoires que tout autant qu'elles servent de principes objectifs à un Jugement déterminant qui poserait que la production de toutes les choses matérielles est ou n'est pas possible en soi, et non pas seulement pour nous, d'après des lois purement mécaniques. Mais précisément nous n'avons aucun moyen de décider par un jugement déterminant de la possibilité des choses qui sont soumises à des lois empiriques : de telle sorte que si nous nous référons à la nature propre du Jugement réfléchissant, l'antinomie peut parfaitement être résolue. Dire en effet d'un côté que je dois juger possibles d'après des lois mécaniques toutes les manifestations de la nature matérielle, ce n'est pas dire qu'elles ne sont possibles que de cette manière, c'est simplement signifier que je dois toujours réfléchir sur elles selon le principe du mécanisme, c'est-à-dire en étudier le mécanisme aussi complètement et aussi profondément que possible, puisque à cette condition seulement il y a une connaissance véritable de la nature. Mais cela n'empêche pas d'employer quand il le faut la seconde maxime, c'est-à-dire de chercher pour quelques formes de la nature, et à l'occasion de ces formes pour la nature tout entière, un principe tout à fait différent, qui est le principe des causes finales. Par là on ne sacrifie l'une à l'autre aucune des deux maximes ; on ne prétend même pas résoudre la question de savoir si dans le fond inconnu de la nature mécanisme et finalité ne s'identifient point ; ce qu'on affirme seulement, c'est que, étant données les limites de notre raison, le Jugement réfléchissant comporte, sans contradiction aucune, cette dualité de maximes ; en introduisant du reste la finalité, il ne l'introduit que comme une idée qui lui sert de fil conducteur et qui laisse la réflexion toujours ouverte à l'explication mécaniste[1].

1. V. p. 397-401.

Qu'il faille entendre ainsi le principe et la fonction du jugement téléologique, c'est ce que démontre encore par une contre-épreuve l'insuffisance des systèmes dogmatiques, soit qu'ils nient, soit qu'ils affirment une finalité originale de la nature. Que la nature, en certaines de ses productions, offre l'apparence de la finalité, c'est ce que personne ne conteste. La question est donc de savoir si cette apparence ne tient qu'à une représentation arbitraire de notre esprit, et doit se résoudre dans le jeu des forces matérielles brutes ou dans leur principe : auquel cas on a ce que Kant appelle l'idéalisme de la finalité ; ou si, au contraire, cette apparence repose sur l'existence, soit dans la nature, soit au-dessus de la nature, d'une puissance agissant en vue d'un but : auquel cas on a le réalisme de la finalité. Ces deux doctrines, avec la double variété que chacune d'elles comporte, exhibent donc quatre concepts : celui d'une matière inanimée, celui d'un Dieu inanimé, celui d'une matière vivante, celui d'un Dieu vivant.

Mais aucune de ces explications n'est satisfaisante. — Prétendre avec Démocrite et Épicure que toute causalité de la nature est déterminée par les seules lois du mouvement, identifier par suite la technique de la nature avec le pur mécanisme, c'est reporter au hasard l'accord que manifestent certaines productions naturelles avec nos concepts de fin, c'est donc laisser sans raison même la simple apparence de la finalité. — Soutenir avec Spinoza que toutes les productions de la nature ne sont au fond que des modes inhérents à un Être premier conçu comme substance, c'est sans doute fonder sur un principe la connexion et l'unité qu'elles révèlent ; mais le principe reste insuffisant. Car la fatalité avec laquelle les choses, dans cette doctrine, découlent de la Substance n'explique pas la contingence que gardent vis-à-vis du mécanisme les productions de la nature ; en outre, l'unité ontologique de la Substance, ne supposant pas par elle-même une Cause intelligente, n'équivaut point à l'unité de fin et ne peut point en rendre compte.

Que si l'on suppose par détour que les choses ont une fin par cela seul qu'elles ont une essence, on ne réussit qu'à faire évanouir ce qu'a de spécifique l'idée de fin[1]. — Admettre maintenant, dans le sens opposé, avec l'hylozoïsme, que la matière est douée d'une puissance propre d'organisation, qu'elle est en elle-même animée et capable de former un Tout vivant, c'est lui attribuer, pour l'explication des êtres organisés, une vertu que l'on ne peut pas constater en elle, hors de l'observation de ces êtres, par surcroît une vertu qui est en contradiction avec sa propriété fondamentale, l'inertie[2]. — Reste le théisme, qui rapporte les fins de la nature à la Cause première de l'univers, à un Dieu vivant et intelligent, agissant avec intention. Mais quoiqu'il ait sur les autres doctrines l'avantage d'expliquer ainsi certains caractères des productions de la nature, il a le grand défaut d'établir sa thèse sur l'affirmation d'une impossibilité absolue, qu'il est hors d'état de prouver : l'impossibilité que la matière puisse jamais par son mécanisme produire l'organisation. Cette impossibilité n'est relative qu'à nos facultés, incapables de pénétrer jusqu'au principe dernier du mécanisme pour savoir ce qu'il peut et ce qu'il ne peut pas. Le théisme veut que la Théologie fonde la téléologie ; c'est, au contraire, la téléologie, qui, par le libre et complet exercice du Jugement réfléchissant, doit conduire à la Théologie[3].

Il y a, en effet, une profonde différence entre dire que la production de certaines choses de la nature ou même de la nature dans son ensemble n'est possible que par une Cause se déterminant à agir en vue de fins, et dire que, d'après la constitution spéciale de mon pouvoir de connaître, je ne

---

1. Cf. V, p. 434, p. 453.
2. Cf. V, p. 387. — Cf. *Metaphysische Anfangsgründe der Naturwissenschaft*, IV, p. 440 : « C'est sur la loi de l'inertie (jointe à la loi de la persistance de la substance) que la possibilité d'une science propre de la nature repose tout entière. L'*hylozoïsme*, qui est le contraire de cette loi, est par là aussi la mort de toute science vraie de la nature. » — Cf. Heinze, *Vorlesungen Kants*, p. 208 [628].
3. V, p. 402-407.

puis juger de la possibilité de ces choses et de leur production qu'en concevant une telle Cause. Certes un jugement de cette sorte est nécessaire, puisque sans lui on ne peut étudier par une observation suivie les êtres organisés ; il comporte aussi une extension, sinon indispensable, du moins très utile, à l'ensemble de la nature, puisqu'il consiste à rechercher beaucoup de lois que nous négligerions, faute de pouvoir les rapporter au mécanisme ; mais il reste toujours simplement régulateur. Ainsi il nous empêche de considérer les limites de nos explications mécanistes comme de simples bornes qu'un plus puissant effort du génie humain pourrait non seulement reculer, mais franchir, d'espérer la venue de quelque nouveau Newton que n'arrêterait plus, dans sa superbe tentative de tout ramener à des forces naturelles sans dessein et sans plan, la production d'un simple brin d'herbe. Mais ce serait aussi une erreur que de traiter dogmatiquement ce concept de fin de la nature de façon à en faire une loi objective des choses et à violer ainsi les droits du mécanisme [1].

En réalité, la distinction nécessaire et l'accord possible de ces deux sortes de causalité repose sur l'existence d'un principe qui est en dehors de toutes les deux, d'un principe qui, n'étant pas donné dans une représentation empirique, est supra-sensible, qui, étant supra-sensible, reste inaccessible à toute connaissance déterminée. Ce principe, c'est le fondement ou le substratum de cette nature que nous ne saisissons, nous, que dans l'ensemble de ses phénomènes. Mais précisément parce que ce principe reste pour nous indéterminé, il ne peut permettre que le Jugement déterminant explique par lui le système où se concilient, sans confusion et sans restriction, les deux sortes de causalité ; et comme il est supra-sensible, il requiert que dans ce système ce soit le mécanisme qui se subordonne à la finalité. En effet, tandis que la suprématie du mécanisme rendrait

---

1. V. p. 408-413.

la finalité accidentelle ou illusoire, la finalité, au contraire, admet des moyens dont la loi d'action n'ait besoin par elle-même de rien qui suppose une fin, et puisse, par conséquent, être mécanique. Nous ne pouvons jamais fixer jusqu'à quel point le mécanisme agit comme moyen pour chaque fin de la nature, et nous restons autorisés à penser que cette action ne pourra jamais supprimer l'élément intentionnel et intellectuel sans lequel il n'y a pas de fin véritable ; mais nous gardons le droit et nous avons le devoir d'expliquer mécaniquement, autant qu'il est en nous, tous les événements de la nature, même ceux qui nous révèlent le plus de finalité. Ainsi, pour Kant, le Jugement réfléchissant, en même temps qu'il nous oblige de chercher pour la diversité des lois empiriques la plus grande unité systématique, nous pousse à étendre le plus possible, sans préjudice pour la forme spéciale de cette unité, le champ d'application des lois générales de la nature matérielle[1].

Mais le rôle que joue ici la faculté de juger a besoin d'être éclairé, et il ne peut l'être que par l'examen des conditions propres de notre connaissance humaine, dans leur rapport avec les caractères d'une connaissance parfaite. La connaissance humaine résulte de deux éléments : les intuitions et les concepts. Or si la faculté des intuitions et la faculté des concepts doivent s'accorder pour la connaissance, il n'en reste pas moins qu'elles sont en nous distinctes, et qu'elles ne se partagent pas leurs propriétés : notre intelligence n'est jamais intuitive, notre intuition n'est jamais intellectuelle[2] : d'où une distinction correspondante

---

1. V. p. 423-428, p. 442.
2. Cette limite de l'esprit humain, Kant la présentait plaisamment dans une lettre à Hamann, du 6 avril 1774, comme une infirmité de son propre esprit : « Donnez-moi votre avis, je vous prie, en quelques lignes, mais, s'il est possible, dans la langue des hommes. Car pauvre enfant de la terre que je suis, je ne suis point du tout fait pour cette langue des dieux qui est celle de la *raison intuitive (Denn ich armer Erdenssohn bin zu der Göttersprache der anschauenden Vernunft gar nicht organisirt)*. Ce qu'on peut m'épeler au moyen des concepts communs d'après une règle logique, je le saisis encore bien. » *Briefwechsel*, I, p. 148.

entre la possibilité et la réalité des choses ; ce qui est possible, c'est-à-dire déterminable par des concepts, peut n'être pas réel pour nous ; et d'autre part, ce qui est réel pour nous ne dérive pas des concepts, mais nous est donné dans l'intuition sensible. La distinction du possible et du réel ne vaut donc que pour un esprit tel qu'est le nôtre ; un entendement intuitif n'aurait d'autre objet que le réel et n'aurait jamais à faire, en dehors du nécessaire, la part du contingent qui peut exister ou ne pas exister. Que nous soyons autorisés à concevoir un entendement intuitif, un intellect archétype, cela résulte d'abord de ce que cette conception n'a en elle-même rien de contradictoire ; que nous soyons fondés à le concevoir, c'est ce que prouve la tendance inévitable de notre raison à produire, par delà les limites de notre expérience, des idées d'objets en qui le possible et le réel coïncideraient ; mais que nous devions reconnaître qu'il est un modèle pour nous irréalisable, c'est ce que démontre l'incapacité que nous avons de constituer avec ces idées une connaissance et d'apercevoir en quelque sorte la réalité découlant d'elles [1]. C'est ainsi que

---

[1]. C'est une des plus anciennes dispositions de la pensée de Kant que de reconnaître que nous n'avons pas de faculté qui nous permette de saisir intuitivement ce que sont les choses en elles-mêmes, et elle s'est manifestée dès le moment où il a commencé à soumettre à un examen critique la Métaphysique traditionnelle ; car si nous avions une faculté de ce genre, on ne disputerait pas plus sur la Métaphysique que sur la Géométrie. Cependant si nous ne l'avons pas, nous en avons l'idée, qui sert à marquer que les limites de notre entendement ne sont point celles des choses, ni de la connaissance possibles. — V. ce que dit Baumgarten, *Metaphysica*, § 346, sur la *cognitio archetypa sive exemplaris*. — V. Kant, *De mundi sensibilis atque intelligibilis forma et principiis*, II, p. 404, p. 419, p. 420, note. — Lettre à Marcus Herz du 21 février 1772, *Briefwechsel*, I, p. 124-125. — Pölitz, *Vorlesungen über die Metaphysik*, p. 99, 101-102. — Benno Erdmann, *Reflexionen Kants*, II, n° 236, p. 70 ; n° 313, p. 97 ; n° 929, p. 261 ; n° 1652, p. 479. — La *Critique de la raison pure*, selon laquelle la sensibilité et l'entendement ne peuvent chez nous déterminer des objets qu'en s'unissant par delà leur irréductible distinction, oppose volontiers, surtout dans la 2ᵉ édition, à ce procédé qui résulte pour nous de la constitution de nos facultés, l'idée d'un pouvoir d'intuition intellectuelle, capable de saisir son objet aussi réel que s'il était donné, tout en le produisant de lui-même par sa spontanéité absolue. Un tel pouvoir ne peut appartenir qu'à un Être infini comme Dieu, il n'appartient

l'idée d'un Être absolument nécessaire, quoiqu'elle soit indispensable à notre raison, reste pour nous une idée problématique, capable seulement de régler l'exercice de notre pensée en vue du plus complet achèvement possible de la connaissance. C'est ainsi que l'idée d'une causalité inconditionnée, quoique pratiquement déterminée par la loi morale, reste, par la nature subjective de notre raison, en opposition avec la réalité donnée, et, au lieu d'engendrer un monde intelligible où tout le bien possible serait réel par cela seul, nous présente et nous impose ce monde intelligible simplement comme devant être ; elle n'est à cet égard qu'un principe régulateur de nos actions, considérées, non comme des productions spontanées, mais comme des devoirs.

pas à des êtres finis, tels que nous sommes, qui en fait d'intelligence, ne peuvent avoir qu'une intelligence discursive, non créatrice, en fait d'intuition, qu'une intuition dérivée, non originaire. (*Kritik der reinen Vernunft*, III, p. 56, p. 79, 2ᵉ éd.) « Il y a, dit Kant dans l'*Introduction*, deux souches de la connaissance humaine, issues peut-être d'une racine commune, mais qui est inconnue de nous : à savoir la *sensibilité* et l'*entendement* ; par la sensibilité des objets nous sont donnés, par l'entendement ils sont pensés. » (Dans les deux éditions, III, p. 52). L'intuition intellectuelle serait précisément la faculté d'appréhender immédiatement en son principe l'unité du donné et du pensé. Et voici comment Kant, dans divers passages de la *Critique de la raison pure*, en développe l'idée : « Un entendement dans lequel tout le divers serait donné en même temps par la conscience de soi serait un entendement intuitif ; le nôtre ne peut que penser et doit chercher l'intuition dans les sens. » (Dans la 2ᵉ édition, III, p. 117. Cf. p. 119). — « Si je supposais en moi un entendement qui fût lui-même intuitif (une sorte d'entendement divin, qui ne se représenterait pas des objets donnés, mais qui serait tel que par sa représentation les objets mêmes seraient donnés en même temps ou produits), les catégories n'auraient relativement à une connaissance de ce genre absolument aucun sens. Elles ne sont autre chose que des règles pour un entendement, dont toute la faculté consiste dans la pensée, c'est-à-dire dans l'action de ramener à l'unité de l'aperception la synthèse du divers qui lui est donné de par ailleurs dans l'intuition. » (Dans la 2ᵉ édition, III, p. 123). — « Si j'admets des choses qui sont simplement objets de l'entendement et qui pourtant peuvent comme telles être données à une intuition, non pas sensible il est vrai (*coram intuitu intellectuali*), de telles choses s'appelleraient des *noumènes* (*intelligibilia*)... Pour qu'un noumène signifie un objet véritable, à distinguer de tous les phénomènes, ce n'est pas assez que *j'affranchisse* ma pensée de toutes les conditions d'une intuition sensible, il faut encore que je sois fondé à *admettre* une autre espèce d'intuition que l'intuition sensible, sous laquelle un tel objet puisse être donné ; car autrement ma pensée serait vide, bien que sans contradiction. Nous n'avons pas pu sans doute démontrer plus haut que

Si donc notre entendement, parce qu'il est un entendement, doit avoir quelque analogie avec l'entendement archétype, il doit en différer radicalement par ailleurs. N'ayant pas d'intuition intellectuelle, il y supplée par le Jugement. Mais le Jugement est un procédé discursif, qui au lieu de saisir dans un acte unique l'universel et le particulier, le concept et le réel, va de l'un à l'autre. Quand il s'agit de comprendre la nature matérielle, l'universel nous est donné tout d'abord comme le principe que nous avons à suivre pour rendre compte du particulier, mais qui a besoin, pour entrer en jeu, que le particulier lui soit offert dans l'intuition sensible ; alors l'œuvre de l'entendement consiste à considérer un Tout donné comme l'effet du concours des

l'intuition sensible soit la seule intuition possible en général, mais qu'elle est la seule possible *pour nous* ; nous ne pouvons pas non plus démontrer qu'un autre mode d'intuition est encore possible » (Dans la première édition, III, p. 216-218). — « Si par noumène nous entendons une chose en tant qu'elle *n'est pas objet de notre intuition sensible*, en faisant abstraction du mode d'intuition qui nous est propre et par lequel nous le saisissons, c'est là un noumène dans le sens *négatif.* Si, au contraire, nous entendons par là un *objet* d'une *intuition non sensible*, nous admettons ainsi un mode d'intuition particulier, l'intuition intellectuelle, mais qui n'est pas le nôtre, et dont nous ne pouvons pas non plus apercevoir la possibilité, et ce serait le noumène dans le sens *positif.* » (Dans la 2ᵉ éd., III, p. 219 ; V., de la 2ᵉ éd., III, p. 220 ; des deux éditions, III, p. 222 et p. 240-241). — En rattachant à l'idée de l'intuition intellectuelle l'idée d'un entendement archétype, Kant indique bien que c'était sous la forme d'une unité par les fins que devait se réaliser à ses yeux l'unité du donné et du pensé. « La plus grande unité systématique, disait-il encore dans la *Critique de la raison pure*, par conséquent l'unité selon la finalité, est l'école et même le fondement de la possibilité du plus grand usage de la raison humaine. L'idée en est donc inséparablement unie avec l'essence de notre raison. Cette même idée est donc législatrice pour nous, et il est ainsi très naturel d'admettre une raison qui lui correspond *(intellectus archetypus)* d'où toute unité systématique de la nature soit à déduire, comme d'un objet de notre raison. » (Des deux éditions, III, p. 465). — V. également sur l'intuition intellectuelle les *Prolégomènes*, IV, p. 64-65, p. 98. — D'après la *Critique de la raison pratique*, si nous avions en partage une intuition intellectuelle, nous pourrions déduire la loi pratique de la liberté (V, p. 33) ; nous apercevrions que la série des phénomènes, en tout ce qui se rapporte à la loi morale, dépend de la spontanéité du sujet, comme chose en soi (V, p. 104). V. aussi V, p. 142, p. 143. — V. la lettre du 26 mai 1789 à Marcus Herz (*Briefwechsel*, II, p. 54. — V. l'ouvrage de Günther Thiele, *Kant's intellektuelle Anschauung*, 1876, qui, sur l'idée de l'intuition intellectuelle, reconstitue d'une façon suggestive, mais souvent arbitraire, le criticisme kantien.

forces motrices des parties, par conséquent comme un agrégat mécanique ou un produit mécanique. Dans cette voie, l'entendement peut et doit s'efforcer de poursuivre sa tâche jusqu'au bout et entreprendre d'expliquer par des causes mécaniques, non seulement la constitution actuelle, mais l'origine même du monde matériel. Mais, dans une autre direction, l'entendement ne peut expliquer de cette façon la variété des formes particulières que revêt la nature matérielle, et surtout l'organisation des êtres vivants ; ici il ne possède pas de principe préalable par lequel il puisse déterminer la composition des choses ; il doit donc laisser à une autre espèce de jugement la fonction de dégager ce principe par la confrontation des lois empiriques avec la raison. Or, dans ce cas, ce qui manque à notre esprit, c'est la puissance de déterminer, comme le peut un entendement intuitif, les parties et leur liaison par le Tout. Il peut du moins, et pour ne pas laisser dans la représentation rationnelle de la nature une immense lacune, il doit concevoir que l'unité du Tout a pour cause, non pas seulement ses parties, mais l'idée même de cette unité, où encore que l'idée du Tout est la raison de l'existence et de l'accord des parties. De la sorte, on comprend quel est le rôle du Jugement réfléchissant, quels droits et quelles limitations il comporte. Il consiste à rendre compte de ce qui au regard des lois générales de la nature matérielle reste contingent, à savoir la concordance des formes empiriques particulières et la réalité des productions organisées. Mais devant partir du réel sans pouvoir le déduire du possible, il fournit les maximes selon lesquelles cette possibilité peut nous être représentée, sans ériger cette possibilité, relative à nous, en possibilité des choses mêmes : seul un entendement plus élevé que le nôtre pourrait dans le réel même apercevoir la possibilité qu'il réalise et découvrir au plus profond du mécanisme le secret de la finalité[1].

1. V. p. 413-423.

Par cette idée d'un entendement intuitif, comme par l'affirmation selon laquelle le mécanisme et la téléologie retrouvent leur unité dans le substratum supra-sensible de la nature, Kant paraît bien ouvrir les voies à la spéculation allemande postérieure. Il indique à coup sûr le moyen de passer outre aux restrictions de la Critique, de tenter la détermination de l'Absolu comme principe premier dont doivent pouvoir se déduire, dans leur hiérarchie véritable, les diverses facultés de l'esprit et leurs objets. Il suggère la pensée que l'idéalisme formel appelle pour se compléter et se justifier l'idéalisme absolu [1]. On ne saurait cepen-

---

[1]. Fichte avait fait, de septembre 1790 au commencement de l'année 1791, un travail de résumé et d'éclaircissement de la *Critique de la faculté de juger*; il avait même l'intention de le publier, et, n'en ayant pas arrêté définitivement le titre, il proposait celui-ci : *Versuch eines erklärenden Auszugs aus Kants Kritik der Urtheilskraft* (V. lettre à Weisshuhn, dans J.-H. Fichte, *Johann Gottlieb Fichtes Leben und litterarischer Briefwechsel*, I, 1830, p. 150-153). Le manuscrit de ce travail ne correspondait qu'à la moitié de l'ouvrage de Kant ; il a été conservé, mais il est encore inédit. Voici comment, d'après ce que rapporte son fils, Fichte y avait rattaché à la doctrine de Kant la pensée génératrice de son futur système. « Le problème concernant l'unité *interne* de ces trois facultés fondamentales de la conscience conçues comme séparées, le problème que Kant avait sommairement exclu en affirmant que ces trois facultés ne se laissent pas déduire d'un principe commun, est ici déjà déterminé en ceci, *qu'il faut supposer entre elles le rapport interne de réciprocité de condition* ; par là se trouve comme en germe l'indication d'une théorie qui tente de construire la conscience à partir d'elle-même et de saisir son développement général, comme le fit plus tard la Doctrine de la science. » (*Ibid.*, p. 142.) — V. l'*exposé* de la *Doctrine de la science*, de 1804, dans lequel Fichte déclare que Kant, avec la *Critique de la faculté de juger*, avait mis au jour la lacune de son système, mais sans la combler : le propre de la *Wissenschaftslehre*, ajoute-t-il, c'est d'atteindre à cette racine, selon Kant, inaccessible, d'où partent également le monde sensible et le monde intelligible, de tenter, à partir du principe un qui leur est commun, la déduction à la fois réelle et conceptuelle des deux mondes. (*Nachgelassene Werke*, II, 1834, p. 103-105.) — Dans sa *seconde Introduction à la Doctrine de la science*, Fichte a particulièrement expliqué ce qu'il entend par l'intuition intellectuelle telle qu'il l'admet, en quoi par là sa doctrine dépend de la doctrine de Kant, en quoi aussi elle s'en sépare. L'intuition intellectuelle, c'est, pour lui, la conscience immédiate de notre activité originaire propre ; ce qu'elle révèle, ce n'est pas un être, c'est un acte. Cette conscience est immédiate comme l'action est originaire : c'est d'elle que nous tenons la distinction constante et essentielle entre notre activité propre et l'état de passivité où nous met la présence préalable de l'objet. D'ailleurs, l'intuition intellectuelle n'est pas isolée du reste de la conscience ; si elle s'en laisse abstraire, c'est par un procédé d'analyse philosophique aussi légitime que celui qui abstrait l'intuition sensible, alors que cette

dant mesurer le sens de la *Kritik der Urtheilskraft* aux conséquences que le génie des successeurs de Kant lui a fait produire : car si elle développe l'idée de l'entendement intuitif ou archétype, ce n'est pas seulement pour expliquer au moyen d'un modèle d'ailleurs en toute rigueur inimitable l'acte du Jugement réfléchissant, mais encore pour en sauvegarder le caractère original par les limites que

dernière n'est possible que rapportée à une conscience, et que la conscience implique l'intuition intellectuelle. Fichte se déclare donc d'accord avec Kant pour nous dénier une intuition intellectuelle qui aurait pour objet la chose en soi ; admettre au contraire l'intuition intellectuelle dans le sens qu'il vient de dire, c'est s'écarter peut être de la lettre du kantisme, mais c'est en ressusciter l'esprit. Kant ne l'a-t-il pas supposée dans la conscience de la loi morale ? Car si cette conscience n'est pas sensible et ne peut point l'être, qu'est-elle, sinon l'intuition intellectuelle ? N'est-ce pas encore l'intuition intellectuelle que l'aperception pure de Kant ? Toutes nos représentations, dit-il, doivent être accompagnées du « Je pense ». Mais qu'entendre par le « Je pense » ? Kant le dit lui-même, beaucoup plus exactement que certains kantiens : c'est un acte de la spontanéité, qui ne peut être considéré comme appartenant à la sensibilité. C'est donc un acte du Moi pur qui ne peut être donné dans la conscience sensible, puisqu'il en est la condition, qui ne peut se saisir par conséquent que dans une intuition intellectuelle. Kant a ainsi découvert que la conscience de soi conditionne toute conscience : la *Doctrine de la science* a montré que la conscience de soi non seulement conditionne toute conscience, mais encore en détermine le contenu. (*Fichte's Werke*, I, p. 458 sq.) — V. Xavier Léon, *La philosophie de Fichte*, p. 13-19. — Cf. Günther Thiele, *Kant's intellektuelle Anschauung*, p. 172-184, qui reproche à Fichte de n'avoir pas compris le sens de la pensée de Kant sur l'intuition intellectuelle.

Schelling dès ses premières œuvres a affirmé que seul un acte d'intuition intellectuelle permet de saisir l'Absolu, condition de tout savoir et principe premier de toute réalité (*Vom Ich als Princip der Philosophie*, 1795, I, p. 181. — *Abhandlung zur Erläuterung des Idealismus der Wissenschaftslehre*, 1796-1797, I, p. 378, p. 401-403) ; il a admis cet acte primordial dans les transformations qu'a subies sa philosophie, quand il a fait du Moi, non seulement le sujet pur, mais l'identité du sujet et de l'objet (*System des transcendentalen Idealismus*, 1800, III, p. 369 sq. ; *Ueber den wahren Begriff der Naturphilosophie*, 1801, IV, p. 87 sq.), et quand il a fait de l'identité absolue la Raison ou Dieu (*Fernere Darstellung aus dem System der Philosophie*, 1802, IV, p. 361 sq.). Plus tard seulement, dans sa polémique contre Hegel, il a prétendu n'avoir employé dans sa doctrine rationnelle ce terme d'intuition intellectuelle que dans un sens exotérique. (*Zur Geschichte der neueren Philosophie*, X, p. 147-150.) — V. comment Schelling a emprunté les formules de Kant sur la finalité et son rapport avec le mécanisme, tout en prétendant les affranchir des limites du criticisme et en les transposant dans le sens de l'idéalisme absolu : *Ideen zu einer Philosophie der Natur*, 1797, II, p. 40-43. — Cf. Victor Delbos, *Le problème moral dans la philosophie de Spinoza et dans l'histoire du spinozisme*, p. 361, p. 367-368, p. 373, p. 375-377, p. 382, p. 396.

cette idée assigne à nos facultés : si elle transporte au fond supra-sensible de la nature le principe d'unité où s'accordent mécanisme et finalité, ce n'est pas seulement afin d'en justifier l'union par un genre de principe dont l'existence et l'action ne sauraient du reste tomber sous les procédés de notre esprit, mais encore afin de maintenir intacte la dualité des points de vue auxquels nous devons nous placer pour connaître et nous représenter la nature. La *Critique de la faculté de juger* ne permet de concevoir l'unité systématique des choses qu'en fonction d'une intelligence finie : elle élargit jusqu'au point extrême la compréhension dont cette intelligence est capable, et elle lui en garantit la vertu positive et définie par l'incapacité même de dépasser certaines limites. De la chose en soi, de l'intuition intellectuelle, elle ne retient donc que ce qui consacre les usages immanents de l'entendement théorique et de la raison pratique ainsi que le principe immanent de leur relation ; au delà, elle les laisse plus complètement que jamais indéterminées, de façon à les empêcher de déplacer par leur force propre le centre de la philosophie critique, et de la convertir en métaphysique transcendante.

*
* *

La *Méthodologie* traite essentiellement des rapports qu'a la téléologie, d'un côté avec la science de la nature, de l'autre avec la Théologie. La téléologie n'appartient pas à la science de la nature, qui a besoin de principes déterminants, non de principes réfléchissants, et qui ne gagne rien à une considération, au fond purement descriptive, des phénomènes selon des fins. Elle n'appartient pas non plus à la Théologie, bien qu'elle tende à l'affirmation d'une Cause placée en dehors et au delà du monde, car elle a pour objet direct les productions de la nature. Elle ne relève donc d'aucune doctrine et n'en constitue pas une ; elle ressortit uniquement à la Critique. Mais comme elle repose sur des principes *a priori,* elle peut et doit fournir la méthode qui permet de juger la nature d'après la loi des causes finales : elle exerce une influence au moins indirecte et négative et sur les démarches de la science de la nature, et sur l'établissement des rapports que doit avoir la science de la nature avec la Théologie [1].

Rien ne restreint le droit que nous avons de rechercher une explication purement mécanique de toutes les productions de la nature ; mais le pouvoir de pousser jusqu'au bout ce genre d'explication nous est refusé par les limites de nos facultés. S'il n'est pas impossible en soi, il est du moins impossible selon notre intelligence, que de la matière inanimée soient sortis par une génération équivoque les êtres vivants. En revanche, il ne nous est pas interdit de comprendre que l'immense variété des espèces vivantes dérive, par des lois mécaniques, d'une organisation primitive élémentaire : une hypothèse de ce genre est une « hardie aventure de la raison », et il est peu de naturalistes, même parmi les plus pénétrants, dont elle n'ait parfois traversé l'esprit. Elle a l'avantage de rester fidèle au principe de la *generatio univoca,* au moins dans son sens général, et bien qu'elle ne puisse se réclamer de l'expérience, qui nous montre toujours le produit vivant de la même espèce que le producteur, elle n'a en elle-même rien d'absurde. Elle recule seulement jusqu'au problème des origines l'application du Jugement téléologique : elle ne la supprime point [2].

1. V. p. 429-430, p. 393-396, p. 411, p. 499-500.
2. « C'est une glorieuse tâche que de parcourir au moyen d'une anatomie comparée la grande création des êtres organisés, afin de voir s'il ne s'y trouve pas quelque chose qui ressemble à un système, et cela par rapport au principe de la génération, en sorte que nous ne soyons pas obligés de nous en tenir à un simple principe du Jugement (qui ne nous fournit aucune lumière pour l'intelligence de la génération de ces êtres) et de renoncer sans espoir à toute prétention de *pénétrer le secret de la nature* dans ce champ. La concordance de tant d'espèces d'animaux dans un certain schème commun qui paraît leur servir de principe non seulement dans la structure de leurs os, mais encore dans la disposition des autres parties, l'admirable simplicité de plan qui par le raccourcissement de certaines parties et l'allongement de certaines autres, par l'enveloppement de celles-ci et le développement de celles-là, a pu

Mais pas plus que le mécanisme ne peut nous permettre de concevoir sans un principe téléologique la possibilité des êtres organisés, le principe téléologique ne nous permet de concevoir sans le mécanisme la possibilité de ces êtres, comme êtres de la nature. L'*occasionalisme*, c'est-à-dire la doctrine selon laquelle, à l'occasion de chaque accouplement, la Cause suprême du monde communique à la matière, qui en est en elle-même dépourvue, la forme et la vertu de l'organisation, détruit par là tout rôle de la nature et fait de la vie un miracle. Il doit donc céder la place à la doctrine qui, sans nier l'existence de dispositions premières en vue de la conservation et de la propagation de la vie, réserve à la nature toutes les conditions qui mettent ces dispositions en œuvre, et cette doctrine est le *prestabilisme*. Mais le prestabilisme peut s'exprimer en deux théo-

produire une si grande variété d'espèces font luire dans l'âme, quoique faiblement, l'espérance de pouvoir ici arriver à quelque chose avec le principe du mécanisme de la nature, sans lequel il ne peut y avoir de science de la nature en général. Cette analogie des formes, en tant qu'elle paraît malgré toute leur différence avoir été produite conformément à un type commun, fortifie la supposition d'une parenté réelle de ces formes, sorties d'une première mère commune, une espèce se rapprochant graduellement d'une autre, depuis celle où le principe des fins semble le plus avéré, c'est-à-dire l'homme, jusqu'au polype, et depuis le polype jusqu'aux mousses et aux algues, enfin jusqu'au plus bas degré de la nature que nous puissions saisir, jusqu'à la matière brute ; c'est d'elle et de ses forces que paraît dériver d'après les lois mécaniques (semblables à celles d'après lesquelles elle agit dans les productions de cristaux) toute la technique de la nature, si incompréhensible pour nous dans les êtres organisés que nous nous croyons obligés de concevoir pour elle un autre principe. — Libre donc ici à l'*archéologue* de la nature, au moyen des vestiges subsistants de ses plus anciennes révolutions, d'après le mécanisme qu'il lui connaît ou qu'il lui suppose, de retracer la genèse de cette grande famille de créatures (car c'est ainsi qu'il faudrait se les représenter si ladite liaison de parenté générale est bien fondée). Il peut faire sortir du sein de la terre, qui elle-même est sortie de son état chaotique (comme un grand animal), d'abord des créatures d'une forme moins réglée par des fins, de celles-ci d'autres à leur tour qui se sont développées d'une façon mieux appropriée au lieu de leur naissance et à leurs relations réciproques, jusqu'à ce que cette matrice, raidie, se soit ossifiée, ait réduit ses enfantements à des espèces déterminées, incapables de dégénérer dans la suite, en sorte que la diversité de ces espèces subsiste comme elle s'est trouvée au terme de l'opération de sa féconde puissance formatrice. — Mais il faut toujours en définitive attribuer à cette mère universelle une organisation en vue de toutes ces créatures ; sans quoi la forme de finalité que présentent les productions du règne animal et du règne végétal ne pourrait en aucune façon être conçue dans sa possibilité. » V, p. 431-432.

ries de valeur très inégale. Selon l'une, ce qui est préformé, c'est déjà l'individu tout entier, et le rôle de la nature, dans l'acte de la génération, consiste uniquement à le faire passer de l'état d'enveloppement à l'état de développement ; l'individu est donc une « *éduction* » plutôt qu'une production de la nature. Cette théorie, on le sait, était celle de Leibniz. Kant soutient qu'elle est en réalité un retour à l'occasionalisme, puisqu'elle fait de la nature plutôt le lieu que la cause de la production des êtres vivants ; elle a le mérite de vouloir ne pas tomber en pleine hyperphysique, en mettant simplement à l'origine cette action créatrice que l'occasionalisme renouvelle à chaque moment dans le cours du monde ; elle y tombe plus peut-être que l'occasionalisme même, en étant obligée de supposer pour l'apparition de l'individu préformé tout un ensemble d'arrangements surnaturels, sans lesquels il n'échapperait pas à l'action des forces destructives de la nature ; elle est en outre obligée de se compliquer artificiellement pour rendre compte des hybrides. L'avantage définitif reste donc à cette forme du préstabilisme, qui est la théorie de l'*épigenèse* ; selon elle, ce qui est préformé, c'est uniquement une disposition originaire à l'organisation ; quant à la puissance formatrice qui fait apparaître au moyen de la génération les individus, elle appartient tout entière à la nature ; et c'est une puissance réelle qui ne se borne pas à favoriser la mise au jour d'êtres préexistants, mais qui véritablement met au jour des êtres nouveaux. Ainsi la théorie de l'épigenèse, tout en réservant les droits du jugement téléologique, l'empêche de s'égarer à la recherche de forces et d'interventions surnaturelles [1].

*
* *

Mais il ne résulte pas de là que le jugement téléologique

---

[1]. V, p. 435-438.

nous enferme dans les bornes de la nature proprement dite ; déjà la simple analyse de ce qu'implique une fin nous les fait franchir. Une fin, c'est le concept d'un objet, considéré comme cause de la réalité de cet objet ; or, un concept, c'est quelque chose de supra-sensible, qui ne peut être représenté que dans une intelligence et réalisé que par elle. Par suite, quand nous disons que selon notre faculté de juger il y a des fins de la nature, nous devons rattacher à ces fins l'idée d'une production intentionnelle par une Cause intelligente. Kant, on le sait, est l'ennemi de la notion d'une finalité inconsciente de la nature, et s'il préfère le théisme à l'hylozoïsme, c'est parce que l'hylozoïsme ne peut sans se renier dépouiller les formes du dogmatisme, et que le théisme le peut. Donc l'impossibilité d'admettre, pour les productions que nous ne pouvons concevoir que comme des fins, l'*autocratie* de la matière a pour conséquence la nécessité d'admettre un entendement architectonique ; ce n'est pas ébranler réellement cette nécessité que de dire avec Hume que nous ne pouvons comprendre par quelle combinaison de facultés se constitue un tel entendement[1], car nous nous bornons à supposer de lui ce qui le rend propre à représenter et à réaliser cette unité originale dans la liaison des éléments, qui est l'organisation[2].

En outre, dans l'ordre de ces concepts qui sont les fins, il est légitime de poursuivre l'inconditionné, c'est-à-dire de se représenter une fin dernière et de chercher pour cette idée une détermination immanente. C'est là, selon Kant, un développement normal du problème de la finalité, fondé sur ce que cette notion de finalité a de rationnel. Déjà nous avons vu la notion de finalité dépasser pour ce motif les bornes contingentes dans lesquelles a lieu notre observation des êtres organisés et prétendre à bon droit exprimer sous

---

1. V. plus haut, p. 251-255, p. 257. — Cf. Heinze, *Vorlesungen Kants*, p. 107 [587].
2. V. p. 433-434, p. 438, p. 401, p. 448.

la loi qui lui est propre tout le système de la nature. Par là aussi la finalité externe a pris un sens, quoique toujours subordonné à celui de la finalité interne : c'est ainsi que la terre, l'air, l'eau qui n'ont aucune finalité interne ont cependant une finalité externe, c'est-à-dire qu'ils sont des moyens pour d'autres êtres ; mais il faut que ces derniers soient des êtres organisés : l'eau, la terre et l'air n'existent pas pour la formation des montagnes. De plus, dans les rapports qu'ont entre eux les êtres organisés, si l'on ne veut pas qu'ils restent isolés, il doit y avoir place pour la finalité externe ; des productions qui sont fins de la nature sont moyens pour d'autres productions. Seulement la question se pose de savoir quelles sont, à ce point de vue, celles qui sont moyens et celles qui sont fins, et cette question ne peut être véritablement résolue que si l'on sait quelles sont celles à qui convient le titre de fins dernières. Or, quand on parcourt la nature, on a bien de la peine à fixer un critère suprême qui permette d'établir la hiérarchie des moyens et des fins. On pensera peut-être que le règne végétal, avec son immense fécondité, existe pour le règne animal et afin de lui permettre de se répandre sur toute la terre en espèces variées, que les animaux herbivores existent pour l'alimentation des animaux carnassiers, que le règne végétal et le règne animal ensemble existent pour l'homme et pour les divers usages que son intelligence lui apprend à en faire, qu'enfin l'homme est la fin dernière, parce que seul il est capable de se représenter des fins par sa raison. Mais ce qui montre bien à quel point la réflexion sur ces rapports de finalité est incertaine, c'est qu'on peut les retourner, et dire avec Linné que les animaux herbivores existent pour modérer la végétation luxuriante des plantes qui, sans cela, étoufferait beaucoup d'espèces, que les animaux carnassiers existent pour mettre des bornes à la voracité des animaux herbivores, que l'homme enfin, en usant des animaux et en en diminuant le nombre, contribue à établir un certain équilibre entre les puissances productrices et les puissances destructrices de la nature : l'homme serait donc à cet égard un simple moyen. Aussi bien il ne semble guère que la puissance des éléments matériels se soit exercée en faveur des êtres organisés ; au contraire, c'est souvent contre eux qu'elle paraît se déchaîner sous l'influence du plus aveugle mécanisme. Il y aurait là de quoi confondre notre intelligence en quête de causes finales, si nous ne prenions pas garde qu'elle cherche mal. Il apparaît, en effet, que la fin dernière de la nature ne peut se rencontrer que dans un être qui, tout en faisant partie de la nature, la dépasse en quelque façon et la domine. Or, avant toute autre condition, un être qui prétend être fin dernière doit être capable de concevoir par lui-même des fins : sans quoi il serait au pouvoir de tout autre être qui, ayant cette capacité, pourrait le convertir en simple moyen. Si donc il y a un être qui soit le but final *(Endzweck)* de la nature[1], ce ne peut être que l'homme[2].

Cependant, pour être but final, ce n'est pas assez que l'homme puisse se représenter des fins ; il faut encore que la règle selon laquelle il se les représente ne le remette pas sous la dépendance de la nature sensible. Or, lorsqu'il prend pour règle de poursuivre le bonheur, il se forme de cette fin une idée si incertaine et si changeante, qu'on ne voit pas comment pourrait s'y rapporter une nature soumise à des lois fixes et universelles ; même s'il remplit cette idée avec l'objet des besoins les plus impérieux et des désirs les plus constants, il ne saurait jamais atteindre ce qu'elle promet, car il ne peut jamais ni s'arrêter dans la possession, ni se contenter dans la jouissance ; il se met en opposition avec lui-même comme avec ses semblables ; enfin, loin de

---

1. Kant applique ce terme d'*Endzweck* non seulement à l'homme considéré comme but final de la création, mais encore, ainsi que nous le verrons, à l'objet de la volonté qui se conforme à la loi, c'est-à-dire au souverain bien, et même au principe pour lequel agit la Cause intelligente du monde, et qui est du reste le juste accord de la vertu et du bonheur pour le sujet moral. V. notamment V, p. 460, p. 469-470, p. 484. — Cf. Reicke, *Lose Blätter*, II, p. 321.

2. V, p. 438-442.

trouver dans la nature un concours assuré, il y trouve des obstacles sans nombre à la réalisation de ses vœux. Il apprend donc par expérience que sa volonté d'être heureux ne fait pas de lui, tant s'en faut, une fin dernière et le laisse être un simple anneau dans la chaîne des fins[1].

Pour poursuivre le bonheur qui sans cesse se dérobe devant lui, l'homme met en jeu toutes ses énergies et toutes ses ressources, et peu à peu il convertit en objet suprême de sa volonté ce développement de ses facultés sous la direction de la raison. Être capable de réaliser des fins, il veut créer en lui la capacité de réaliser, le cas échéant, toutes sortes de fins possibles. C'est donc la culture qu'il se propose avant tout. Or il se trouve que les effets de la culture ne profitent pas à l'individu, ou que dans l'individu ils constituent un état encore négatif, simplement préparatoire à un état supérieur. D'une part, en effet, la culture consiste à acquérir l'habileté ; mais l'habileté que procure et qu'accroît une initiation de plus en plus étendue aux arts et aux sciences suppose d'abord entre les hommes une grande inégalité ; les uns travaillent sans relâche pour que d'autres aient des loisirs ; si bien que les progrès de la culture, ne faisant que rendre les uns plus opprimés, les autres plus insatiables, sont loin d'avoir pour suite un progrès vers le bonheur de tous et ne s'attestent guère que par l'extension d'une brillante misère. Nous retrouvons donc ici les idées de Rousseau sur l'antagonisme du bonheur et de la civilisation, sur le dualisme des destinées de l'homme comme individu et de l'homme comme espèce, en même temps que les idées par lesquelles Kant, interprétant et complétant Rousseau, a jugé possible de surmonter ces oppositions[2]. En effet la concurrence des individus sert d'excitant aux énergies humaines et les provoque à leur

---

1. V, p. 443-444, p. 447, note, p. 449, note. — V. plus haut, surtout p. 330 sq., p. 435-436.
2. V. plus haut, p. 115 sq., p. 123, note, p. 128, note, p. 271 sq.

plus grande expansion possible ; seulement les bienfaits positifs qu'elle engendre, et que l'on résume sous le nom de civilisation, sont beaucoup moins recueillis par l'individu que par l'espèce. Or la seule façon dont, pour l'espèce même, ces bienfaits puissent être assurés, et par conséquent la fin que la nature poursuit à cet effet, c'est l'institution d'une société civile, où la puissance de la loi s'oppose aux abus de la liberté et en règle l'usage, où le développement des facultés humaines, heureusement excité par l'ardeur de la lutte, soit cependant libéré par l'ordre légal des injustices de la lutte même : et c'est enfin l'extension de cet ordre légal à l'humanité tout entière. Si c'est là le but auquel tend l'espèce humaine à travers les vicissitudes de son histoire, ce ne peut cependant pas être un but final, car les moyens de l'atteindre reposent plus encore sur un jeu naturel de forces que sur un principe de la libre volonté, et l'institution juridique reste toujours incertaine et menacée tant que ce dernier principe ne la soutient pas [1].

---

1. V, p. 444-446. — « La condition formelle sans laquelle la nature ne peut atteindre cette fin dernière qui est la sienne, c'est cette constitution dans le rapport des hommes entre eux, où à l'abus de la liberté créant un état de lutte réciproque est opposée une puissance légale dans un Tout qui s'appelle *société civile* ; car c'est là seulement que peut se produire le plus grand développement des dispositions de la nature. Supposé que les hommes fussent assez avisés pour trouver cette constitution et assez sages pour se soumettre volontairement à sa contrainte, il y faudrait encore un Tout *cosmopolitique*, c'est-à-dire un système de tous les États exposés à se nuire mutuellement. En l'absence de ce système, et avec l'obstacle que l'ambition, le désir de la domination et la cupidité, surtout chez ceux qui ont la puissance en main, opposent même à la possibilité d'un pareil dessein, on ne saurait éviter la *guerre* (dans laquelle on voit tantôt des États se diviser et se résoudre en plus petits, tantôt un État s'en annexer d'autres plus petits et tendre à former un plus grand Tout) ; mais si la guerre est de la part des hommes une entreprise inconsidérée (provoquée par des passions déréglées), elle n'en répond pas moins peut-être à un dessein prémédité, profondément mystérieux, de la suprême sagesse, celui, sinon d'établir, du moins de préparer l'union de la légalité avec la liberté des États, et aussi l'unité d'un système des États qui soit moralement fondé ; et malgré les épreuves les plus terribles dont elle afflige le genre humain, et celles peut-être encore plus grandes dont l'accable la nécessité constante de s'y tenir prêt en temps de paix, la guerre n'en est pas moins (par le fait que s'éloigne toujours davantage l'espoir de l'état de repos dont résulterait le bonheur public) un mobile qui porte les hommes à développer au plus haut point tous les talents qui servent à la culture. » V. p. 445-446. — V. plus loin, p. 695 sq, p. 718-721.

D'autre part, il est vrai, la culture n'est pas sans profit direct pour l'individu ; si elle ne peut empêcher, si même elle augmente les maux qui proviennent des insatiables désirs, du raffinement excessif du goût, du besoin toujours croissant de luxe, elle diminue la tyrannie des penchants physiques, elle met à l'épreuve les forces de l'âme, elle procure par les beaux-arts et les sciences des plaisirs que tous peuvent partager, elle répand l'élégance et la politesse. Elle prépare donc l'homme à l'exercice du gouvernement absolu de la raison, et elle lui fait luire la promesse d'une société meilleure. Si elle ne peut constituer sa fin suprême, elle lui fournit du moins, dans l'ordre du monde sensible, une image de ce qu'est cette fin, elle l'invite par là à y tendre [1].

Un but final est celui qui ne suppose pas d'autre fin, comme condition de sa possibilité : il est inconditionné, et la loi selon laquelle il est tel doit être inconditionnée elle-même. Ce n'est donc pas, en tant qu'il poursuit le bonheur ou la culture de ses facultés, que l'homme peut être but final ; mais il l'est, en tant qu'il a pour sa puissance d'agir d'après des fins un fondement suprasensible, la liberté, une loi inconditionnée, la loi morale, un objet nécessaire, le souverain bien dans le monde. Dès que l'on considère l'homme comme noumène, comme sujet de la moralité, on n'a plus à se demander pour quelle fin il existe : son existence a en elle-même son but suprême et se subordonne toute la nature : il est la fin dernière de la création. Ainsi, d'un côté, la nature comporte l'application rationnelle d'un système téléologique complet, puisqu'elle trouve pour la série des fins subordonnées les unes aux autres un terme ultime ; et, d'un autre côté, la causalité pratique de l'homme, étant supra-sensible sans être surnaturelle, est sûre d'être efficace dans la nature [2].

---

1. V. p. 446-447. — V. plus haut, p. 505.
2. V. p. 447-449, p. 462-463.

※
※ ※

Par cette voie également nous pouvons arriver à déterminer le concept d'une Cause intelligente du monde. Ce concept, que le Jugement réfléchissant introduit pour s'expliquer à lui-même la possibilité des fins de la nature suffit sans plus à une téléologie physique ; mais il ne suffit pas à une Théologie, pas plus qu'il ne satisfait du reste aux exigences totales de la raison ; car tel quel il n'enveloppe pas le principe objectif selon lequel agit la Cause intelligente et il reste inadéquat à une juste idée de la Divinité. D'abord, comme les données sur lesquelles il s'appuie sont empiriques, bornées, et susceptibles d'être contredites par d'autres données, elles restreignent en toute rigueur les attributs de Dieu à ce que notre expérience constate, c'est-à-dire qu'elles n'exigent ni un Dieu souverainement intelligent, ni un Dieu unique. On comprend par là que les anciens aient été induits à admettre une pluralité de dieux et à leur prêter une condition comme la nôtre. On comprend aussi que d'autres, voulant être théologiens parce qu'ils étaient physiciens, et ne pouvant aboutir par les procédés de la raison théorique à la définition d'un principe un du système des fins, aient substitué à ce principe la notion d'une substance unique, dont toutes les choses ne seraient que les accidents ; de là est venu le panthéisme, plus spécialement le spinozisme avec sa fausse interprétation du concept ontologique d'une chose en général[1]. Mais même en retrouvant la notion, détruite par le spinozisme, d'une Cause du monde intelligente, on ne saurait conclure avec la seule téléologie physique que cette Cause a produit le monde pour un but final et que la forme de son

---

1. Cf. Heinze, *Vorlesungen Kants über Metaphysik*, p. 104 [584], p. 233 [713].

intelligence est plus qu'un art instinctif, qu'elle est véritablement une sagesse. Ce qu'on appelle la Théologie physique n'est donc qu'une téléologie physique mal comprise : elle peut servir tout au plus de préparation à la Théologie morale, et c'est à la Théologie morale qu'elle emprunte secrètement ce qu'elle peut enfermer d'authentiquement théologique [1].

L'intelligence la plus commune découvre d'elle-même le motif et le sens essentiels de la Théologie morale. Spontanément elle admet que, quelque régulière et magnifique que soit l'ordonnance de l'univers, elle serait vaine si elle ne devait comprendre des êtres raisonnables tels que l'homme ; sans l'homme toute la création serait une solitude. Mais dans l'homme même ce n'est pas la faculté de connaître qui peut donner une valeur à tout ce qui existe dans le monde, car la contemplation n'ajoute rien au prix des choses contemplées ; ce ne peut être que la faculté de désirer, et non pas celle encore qui par les mobiles de la sensibilité remet l'homme sous la dépendance de la nature, mais celle-là seulement par laquelle il se donne une valeur qui lui vient de lui-même, et qui de lui va se communiquant au monde, en un mot, la bonne volonté. L'homme est, comme être moral, le but final de la nature, et il ne l'est que comme être moral.

C'est donc à partir de lui, ou plutôt à partir de la loi qui lui confère cette prérogative et de l'objet qu'il doit poursuivre selon cette loi, que se détermine la notion de Dieu ; les attributs que nous reconnaissons à Dieu, comme l'omniscience, la toute-puissance, la toute-bonté, la toute-justice, comme aussi l'éternité et la toute-présence, ne concernent, directement ou indirectement, que son rapport avec l'existence et la conduite des êtres raisonnables soumis à la loi morale, ou avec le souverain bien, objet de

---

1. V, p. 450-455, p. 458, p. 491-492. — Cf. Heinze, *ibid.*, p. 101 [581], 106-107 [586-587], 227-230 [707-710].

leur volonté. Dieu apparaît donc comme « principe suprême dans un règne des fins[1] », comme « chef législateur dans un royaume moral des fins[2] », mais surtout comme Cause par laquelle est possible le juste accord du bonheur et de la vertu, et c'est là-dessus que se fonde ce que Kant appelle la preuve morale de l'existence de Dieu[3].

À cette preuve, dit-il, on peut donner une expression logique et précise[4]. La loi morale nous oblige par elle-même, sans dépendre d'aucune fin préalable qui en serait la condition matérielle ; mais en même temps elle détermine *a priori* un but final auquel elle nous oblige de tendre, et ce but final est le souverain bien possible dans le monde par la liberté. Cependant en l'homme, comme en tout être raisonnable fini, il y a un ensemble de dispositions subjectives qui s'attachent au bonheur comme au but final de l'existence. Ces dispositions sont en elles-mêmes trop essentielles pour que l'objet n'en soit pas légitime à certains égards ; il faut seulement qu'elles renoncent à leur prétention de tirer d'elles-mêmes leur règle et de fournir par elles-mêmes soit le contenu total, soit la condition suprême du souverain bien. En d'autres termes l'homme ne doit vouloir être heureux que tout autant que par sa valeur morale il se rend digne de l'être ; le souverain bien qu'il doit, selon la loi morale, poursuivre, ne comprend le bonheur que sous la vertu et par la vertu. Mais l'harmonie du bonheur et de la vertu ne peut s'accomplir par le seul jeu des causes naturelles : en conséquence, la nécessité pratique de cette fin dernière de notre volonté ne s'accorderait point avec la possibilité théorique de son accomplissement, si nous n'admettions pas une Cause morale du monde qui conforme la nature aux droits conquis par notre liberté.

1. V. p. 457.
2. *Ibid.*
3. V. p. 455-459.
4. V. p. 465.

Ainsi entendue, l'existence de Dieu est nécessaire, non pas à la moralité, mais par la moralité[1].

Il importe de définir exactement le sens de cette preuve ; elle repose, nous venons de le voir, sur une téléologie morale. A la vérité, comme il s'agit ici de fins ou de lois nécessaires *a priori,* il pourrait sembler que l'existence d'une Cause intelligente hors de nous n'est point requise pour les expliquer, pas plus que n'est requis un entendement suprême pour rendre compte de la finalité qui peut se trouver dans la propriété des figures géométriques. Mais nous ne sommes pas seulement des êtres raisonnables, nous faisons partie d'un monde dans lequel nous nous trouvons en rapport avec d'autres choses, et ce sont les lois mêmes de notre volonté d'êtres raisonnables qui nous forcent de juger ces choses, soit comme des fins, soit comme des objets par rapport auxquels nous sommes but final[2]. Cela est si vrai que la preuve morale de l'existence de Dieu garderait toute sa force, même si l'on ne trouvait pas dans le monde, ou si l'on n'y trouvait que d'une façon équivoque la matière d'une téléologie physique. Le fait donc, que le monde offre, au contraire, une riche matière à cette téléologie physique, n'est qu'une confirmation relative et subordonnée des conclusions, par elles-mêmes suffisantes, de la téléologie morale[3] ; ou plutôt il apporte une contribution à ce système des fins dont l'unité parfaite s'accomplit sous l'empire et la garantie de l'idée du but final de la création[4]. Par là s'expliquent les caractères de la preuve que l'on nomme physico-téléologique ; cette preuve a sur les arguments purement métaphysiques l'avantage d'être convaincante pour la raison commune ; et à ce titre elle est digne

---

1. V. p. 461-464. — Cf. *Ueber die Fortschritte der Metaphysik*, VIII, p. 554 sq. — Heinze, *Vorlesungen Kants über Metaphysik*, p. 173-174 [653-654], p. 218-219 [698-699], p. 230-232 [710-712].
2. V. p. 461.
3. V. p. 493-494.
4. V. p. 470.

de tout respect[1]. Mais c'est de la preuve éthico-téléologique qu'elle tire au fond l'influence qu'elle exerce sur l'esprit[2], car seule la preuve éthico-téléologique définit pleinement le concept de Dieu par l'idée d'une Cause unique du monde agissant suivant des lois morales, et selon ce qu'implique notre fin morale suprême : elle est donc la preuve pour nous la plus rationnelle, si l'on songe que le plus haut usage de notre raison, telle qu'elle est véritablement, est l'usage pratique, et elle est aussi la plus directement, la plus complètement efficace.

Elle comporte toutefois et elle appelle une limitation, faute de laquelle elle perdrait sa valeur. Elle ne conclut en effet à Dieu, que parce qu'elle considère que l'existence des choses doit être subordonnée au but final, dont la loi morale fait pour nous un objet, et que parce que, pour expliquer et fonder cette subordination, elle doit recourir à un Être moral comme auteur du monde. Or, déjà, la possibilité de l'accord nécessaire à réaliser entre la vertu et le bonheur ne peut être théoriquement déterminée ; à plus forte raison ne saurait l'être la condition qui permet de rendre compte de cette possibilité. Aussi la preuve morale, dérivée de l'usage pratique de notre raison, ne vaut-elle que pour cet usage, et ne peut-elle être convertie en démonstration spéculative[3] ; aussi ne peut-elle pas non plus fournir le moyen de connaître ce que sont en soi les attributs de Dieu ; elle n'autorise à les concevoir que par analogie, selon les rapports qu'a cet Être avec l'objet de notre raison pratique. Si donc il arrive que des catégories de l'entendement soient employées à représenter les attributs divins, cet emploi ne comporte jamais qu'une signification mo-

---

1. V, p. 491 sq. — V. plus haut, p. 94, p. 176, p. 230.
2. *Ibid.* ; v. aussi V, p. 455, p. 473. — V. plus haut, p. 241-242.
3. V, p. 467-473. — « Ce n'est pas une preuve de l'existence de Dieu au sens absolu *(simpliciter)*, mais seulement sous un certain rapport *(secundum quid)*, c'est-à-dire relativement au but final que l'homme moral se propose et doit se proposer. » *Ueber die Fortschritte der Metaphysik*, VIII, p. 567.

rale, non scientifique¹. La réserve même que nous devons garder là-dessus nous interdit de transporter absolument dans l'opération de Dieu cette distinction de la finalité moralement pratique et de la finalité techniquement pratique, qui est seulement relative à nos facultés. Lors donc que nous l'invoquons, nous ne devons pas manquer de nous dire qu'en prenant pour point d'appui les exigences et les suppositions légitimes de la raison pratique nous ne pouvons pas cependant y restreindre tout ce qui est possible en soi². Somme toute, si la loi morale, comme principe de la volonté, donne lieu à un Jugement pratiquement déterminant, comme moyen de juger de la possibilité des choses, elle ne peut donner lieu qu'à un Jugement pratiquement réfléchissant³.

Cette condition, imposée à la raison, de ne définir nos idées du supra-sensible que dans les limites de son usage pratique, a le grand avantage d'empêcher la théologie de se perdre dans la *théosophie*⁴, en prétendant déterminer des concepts transcendants, ou dans la *démonologie*⁵, en recherchant des représentations anthropomorphiques de Dieu; d'empêcher aussi la Religion, qui est la connaissance de nos devoirs comme commandements divins⁶, de tourner à la *théurgie*⁷, c'est-à-dire à l'opinion mystique d'après laquelle nous avons le sentiment direct d'êtres supra-sensibles et même une action directe sur ces êtres, ou encore de dégénérer en *idolâtrie*⁸, c'est-à-dire en une disposition superstitieuse à provoquer les faveurs divines par

---

1. V, p. 470 sq., p. 478-479, note, p. 497-500. — Cf. Heinze, *Vorlesungen Kants*, p. 108 [588], 237 [717]. — *Ueber die Fortschritte der Metaphysik*, VIII, p. 541. — V. plus haut, p. 252-255.
2. V, p. 469.
3. V, p. 472.
4. Cf. V, p. 494. — *Ueber die Fortschritte der Metaphysik*, VIII, p. 568.
5. Cf. V, p. 458.
6. V, p. 495. — V. plus haut, p. 484. — Cf. *Die Religion*, VI, p. 252.
7. Cf. Heinze, *Vorlesungen Kants*, p. 198 [678].
8. Cf. *Die Religion*, VI, p. 268, note, p. 284, p. 298.

d'autres moyens que notre bonne conduite. Ainsi la législation extérieure et arbitraire d'un Etre suprême ne saurait prendre la place de la législation intérieure et nécessaire de la raison, et le principe moral ne peut être fondé sur une connaissance toujours illégitime, en tout cas variable et défectueuse, des volontés de Dieu, et en subir les vicissitudes. Ainsi également l'espérance d'une vie future ne saurait dépendre de la constitution d'une psychologie rationnelle théorique ; ce que nous savons de notre âme n'a rapport qu'à notre destination pratique et est exclusivement compris dans la téléologie morale[1].

*
* *

Qu'il s'agisse donc de l'immortalité de l'âme ou de l'existence de Dieu, il n'est pas de preuve théorique qui soit valable, s'il est bien entendu que toute preuve doit, non pas seulement persuader, mais produire la conviction certaine ou tendre à la produire. En effet les preuves théoriques, ou bien supposent une subsomption logique rigoureuse, ou bien procèdent par analogie, ou bien s'appuient sur l'opinion, ou bien enfin énoncent des hypothèses. Mais l'affirmation de l'existence d'un Etre supra-sensible ne peut ni être conclue des principes généraux de la nature des choses, — car ces principes ne valent que pour le monde donné dans l'expérience, — ni être posée par analogie, — car l'analogie est un mode de représentation essentiellement relatif à nos facultés, — ni résulter d'une opinion vraisemblable, — car la vraisemblance, portant sur les choses sensibles, n'a rien à faire en matière de raison pure et ne peut s'accroître de données allant progressivement au supra-sensible, — ni se présenter comme une hypothèse, — car une hypothèse théorique déterminée exige que la possibilité de

---

1. V. p. 473-475, p. 487-488. — *Ueber die Fortschritte der Metaphysik*, VIII, p. 372.

son objet soit plus qu'une possibilité simplement logique et qu'elle soit déterminable selon les conditions du savoir possible pour nous[1].

A une telle affirmation quel est donc le genre d'adhésion qui convient ?

Selon la façon dont elles sont pour nous objets de connaissance, au sens large de ce dernier mot[2], c'est-à-dire selon la façon dont elles donnent lieu à des affirmations, les choses peuvent se diviser en trois groupes : choses d'opinion *(Sachen der Meinung, opinabile)*, choses de fait *(Thatsachen, res facti, scibile)*, choses de foi *(Glaubenssachen, res fidei, mere credibile)*.

Les choses d'opinion sont toujours des objets d'une connaissance empirique, qui peut être malaisée ou impossible à nos sens, mais qui est au moins possible en soi : par exemple, la réalité de l'éther admise par de récents physiciens, l'existence d'habitants dans d'autres planètes ; on ne saurait donc ranger parmi les choses d'opinion les objets des idées pures de la raison ; il ne saurait y avoir d'opinion *a priori*.

Les choses de fait sont des objets se rapportant à des concepts dont la réalité objective peut être prouvée, soit par la raison pure, soit par l'expérience, au moyen de données théoriques ou pratiques ; en thèse générale, une intuition est requise pour rendre possible cette preuve. « Mais ce qui est fort remarquable, c'est qu'il se trouve précisément parmi les choses de fait une idée de la raison (laquelle ne comporte en soi aucune exhibition dans l'intuition et par suite également aucune preuve théorique de sa possibilité) : et c'est l'idée de la *liberté*, dont la réalité, comme étant celle d'une espèce particulière de causalité (dont le concept serait transcendant au point de vue théorique) se laisse dé-

---

1. V. p. 475-481.
2. Sur l'utilité de ce sens large pour l'intelligence et la justification du kantisme, v. la lettre de Jacob à Kant, du 4 mai 1790 (*Briefwechsel*, II, p. 164-166).

montrer par des lois pratiques de la raison pure et, conformément à ces lois, dans des actions réelles, par conséquent dans l'expérience. — C'est de toutes les idées de la raison pure la seule dont l'objet soit une chose de fait et doive être rangée parmi les *scibilia*.[1] »

Les choses de foi sont des objets qui ont un rapport de principe ou de conséquence avec la loi pratique inconditionnée, mais qui au regard de la raison théorique restent transcendantes. Tel est le souverain bien à réaliser dans le monde par la liberté. Le concept du souverain bien ne peut à coup sûr démontrer sa réalité objective dans aucune expérience ; mais la loi morale nous prescrit d'en faire le but de notre volonté, alors même que pour une part la réalisation en est indépendante de notre pouvoir. Nous devons donc en admettre la possibilité en général, par suite admettre aussi les conditions sans lesquelles nous ne pouvons pas concevoir cette possibilité, et qui sont l'existence de Dieu et l'immortalité de l'âme. Seuls des objets de la raison pure considérée dans son usage pratique peuvent être choses de foi, car le nom de foi ne convient pas pour désigner une adhésion produite par des motifs momentanément insuffisants à des objets qui peuvent être sus, qui sont donc en eux-mêmes choses de fait : même les hypothèses que la raison théorique, dans son besoin d'unité, juge les plus satisfaisantes, celle, par exemple, d'une Cause intelligente du monde, conçue pour l'achèvement de la téléologie physique, ne sauraient être des choses de foi ; ce qu'il faut pour comporter ce titre, c'est une relation définie, avec la loi pratique, de ce qui est la condition du

---

1. V, p. 483. — « Toutes les choses de fait se rattachent ou bien au *concept de la nature*, qui démontre sa réalité dans les objets des sens donnés (ou susceptibles de l'être) avant tous les concepts de la nature, ou bien au *concept de la liberté* qui prouve suffisamment sa réalité par la causalité de la raison relativement à certains effets que cette faculté rend possibles dans le monde sensible et qu'elle postule d'une manière irréfragable dans la loi morale. » V. p. 489. Cf. Reicke, *En ungedrucktes Werk von Kant*, Altpreussische Monatsschrift, XXI, 1884, p. 329. — V. plus haut, p. 431.

but final fixé par cette loi. Ainsi entendues, les choses de foi ne sont pas des articles de foi [1], dont l'aveu, intérieur ou extérieur, puisse être commandé ; elles ne sont pas non plus des données confuses qu'une plus grande clarté de la pensée théorique pourrait un jour convertir en savoir ; elles sont le résultat d'une libre adhésion, fondée sur l'usage pratique de la raison, et qui suffit à cet usage sans se prêter à aucune spéculation. En ce sens, manquer de foi, ce n'est pas rester incrédule devant tel témoignage ou tout témoignage, c'est refuser toute réalité à des idées sans lesquelles le souverain bien ne peut être conçu, sous prétexte que ces idées ne sont pas théoriquement déterminables. Certes un honnête homme, un Spinoza, par exemple, peut, tout en ne croyant ni à Dieu ni à la vie future, vouloir remplir le bien que la loi morale lui ordonne ; mais s'il s'en tient alors à l'expérience de la vie, le but final de sa volonté morale lui apparaît de plus en plus incertain, et cette incertitude risque d'atteindre l'idée même qu'il se faisait de son devoir ; au contraire il peut se sauver des effets de cette incertitude en remarquant qu'elle est toute théorique, qu'elle ne peut sans dégénérer en dogmatisme ébranler la foi pratique qui s'attache aux conditions du souverain bien, et faute de laquelle le respect de la loi risque d'être mal assuré [2].

1. Il arrive cependant à Kant de présenter ailleurs les choses de foi en trois articles ; mais le contexte même prouve que c'est là de sa part une façon de s'exprimer qui ne contredit pas sa pensée fondamentale sur la liberté intérieure de la foi : « La foi, au point de vue moral-pratique, a encore en soi une valeur morale parce qu'elle contient une libre adhésion. Le *Credo* des trois articles de foi de la raison pure pratique : je crois en un seul Dieu, source de tout bien dans le monde, comme sa fin dernière ; — je crois en la possibilité de m'accorder avec cette fin dernière, le souverain bien dans le monde, autant qu'il appartient à l'homme ; — je crois à une vie future éternelle, condition d'une approximation incessante du monde à l'égard du souverain bien possible en lui ; ce *Credo*, dis-je, est un *libre* assentiment, sans lequel il n'y aurait point non plus de valeur morale. Il ne comporte donc aucun impératif (aucun *Crede*) et le fondement de la démonstration de sa justesse n'est point une preuve de la vérité de ces propositions considérées comme théoriques. » *Ueber die Fortschritte der Metaphysik*, VIII, p. 559-561. — V. plus haut, p. 493.
1. V, p. 481-487, p. 465-467. — *Ueber die Fortschritte der Metaphysik*, VIII, p. 558 sq. — *Logik*, VIII, p. 66-74. — V. plus haut, p. 403-406, p. 489-491.

*
* *

Voilà donc comment, jusque par le rôle qu'elle attribue à la foi de la raison, la *Critique de la faculté de juger* prononce l'accord de la nature et de la moralité. Cet accord peut se concevoir à des points de vue divers ; mais ce qui en est le principe suprême et positif, c'est toujours la liberté, « le seul concept du supra-sensible qui démontre sa réalité objective dans la nature (au moyen de la causalité qui est conçue en lui), par l'effet que cette causalité peut produire en elle [1] ». La beauté, déjà, symbolise cette action de la liberté par l'affranchissement qu'elle opère de l'attrait des sens et l'intérêt qu'elle éveille pour la vie morale. Mais c'est la finalité qui l'exprime le plus directement, puisque, étant une causalité par concepts que le Jugement ne peut s'empêcher d'admettre pour l'intelligence des productions de la nature, elle ouvre en quelque sorte le monde à l'influence de cette faculté d'agir par principes, qui est la volonté ; de la sorte, si la liberté est en elle-même un pouvoir supra-sensible, elle est aussi par son efficacité une chose de fait ; elle a sa place dans cette expérience plus concrète qui s'organise par delà l'expérience soumise aux catégories, et où les actes, comme les formes particulières d'existence, relèvent non plus seulement du jeu mécanique de forces composantes, mais de l'idée d'une unité systématique.

Cependant comme elle n'est définie et qu'elle ne peut s'exercer pour nous qu'en fonction de la loi morale, elle ne saurait prétendre à la puissance d'enchaîner directement à la réalisation de ses propres fins les fins de la nature. Cette synthèse de la vertu et du bonheur qui est le souverain bien, encore qu'elle soit le but suprême assigné par la loi morale à nos efforts et qu'à ce titre elle doive nécessairement être reconnue comme possible, exige, pour être comprise

---

1. V, p. 489.

de nous, l'affirmation de l'immortalité et de l'existence de Dieu. Cette double affirmation qui est l'objet essentiel de la foi de la raison a moins exclusivement rapport ici que dans la *Critique de la raison pratique* aux droits et aux espérances légitimes du sujet moral ; elle apparaît davantage comme une façon d'exprimer κατ'ἄνθρωπον la loi profonde, dont le secret reste enfermé dans le principe supra-sensible commun à la liberté et à la nature, et en vertu de laquelle le monde tend par la réalisation du souverain bien à constituer l'unité de tout le système des fins ; le souverain bien, à ce point de vue, c'est moins la fin spéciale de la volonté humaine que la fin universelle vers laquelle s'oriente, sous l'action régulatrice de la liberté, la nature tout entière.

Certes il ne faut pas perdre de vue que, selon les thèses expresses de la *Critique de la faculté de juger*, cette conception d'ensemble, cette *Weltanschauung* se développe à partir du Jugement humain et ne saurait en franchir les limites ; il n'en reste pas moins qu'elle répond à ce besoin d'unité harmonieuse qui fut de tout temps le ressort de la pensée métaphysique, et qui, sous les distinctions et les restrictions de la discipline critique, continuait à imprimer à l'esprit de Kant l'élan vers un système achevé[1]. Or, si un tel système ne pouvait s'ordonner que selon le plan tracé par l'examen des conditions *a priori* de nos facultés, une plus libre idée cependant y circulait, qui, poussée en divers sens, servait de stimulant à l'exercice de ces facultés mêmes et en élargissait le domaine, à savoir l'idée d'évolution, scientifiquement et philosophiquement entendue[2]. L'inspiration hardie et féconde qui avait porté Kant à exposer dès

1. Victor Delbos, *Les harmonies de la pensée kantienne d'après la Critique de la faculté de juger*, Revue de métaphysique et de morale, mai 1904, XII, p. 551-558.
2. Kuno Fischer, *Geschichte der neueren Philosophie*, V, p. 567-585. — Dorner, *Ueber die Entwicklungsidee bei Kant*, dans le recueil d'articles publiés par l'Université de Kœnigsberg, *Zur Erinnerung an Immanuel Kant*, 1904, p. 55-90. — V. également de Dorner : *Kants Kritik der Urtheilskraft in ihrer Beziehung zu den beiden anderen Kritiken und zu den nachkantischen Systemen*, Kantstudien, IV, p. 248-285.

son *Histoire générale de la nature et théorie du ciel* une cosmogonie évolutionniste, loin d'être refrénée en lui par le souci d'un établissement méthodique des fonctions *a priori*, s'était perpétuée dans sa pensée et y avait suscité l'idée d'applications nouvelles. Même si la vie en elle-même reste irréductible au mécanisme, la grande variété des espèces vivantes peut s'être constituée par formation graduelle et être dérivée, selon des lois mécaniques, d'une organisation primitive très élémentaire. En outre, l'avènement de l'humanité en ce monde n'est possible que par la loi de progrès qui, de l'expansion sans mesure des énergies individuelles et de l'antagonisme des volontés fait lentement surgir, au bénéfice de l'espèce, les œuvres, en fin de compte bienfaisantes, de la civilisation, par cette loi qui assigne à l'histoire pour terme idéal et certain une société juridique de tous les hommes et de tous les peuples. Enfin, jusque dans l'ordre conforme à l'idée du but final, l'immortalité apparaît comme un développement indéfini de la vertu à la sainteté, et le souverain bien comme l'effet, assuré par Dieu, d'une sorte d'accord en voie de se produire un jour entre les fins de la nature et les fins morales. Ainsi le concept d'évolution communique également à la pensée de Kant cette largeur et cette richesse de vues qu'il avait répandues dans l'œuvre d'un Aristote, d'un Leibniz, — qu'il devait répandre encore plus tard dans l'œuvre d'un Hegel.

Toutefois, ce concept, si séduisant par les perspectives qu'il ouvre et par les analogies qu'il fait pressentir, n'intervient dans la philosophie kantienne que sous le contrôle de la Critique qui en surveille et en distingue les emplois. La μετάβασις εἰς ἄλλο γένος est la forte et perpétuelle tentation dont la Métaphysique doit se sauver : et c'est la Critique seule qui peut lui assurer le salut[1]. — Au moment

---

1. « Des substances simples qui ont en soi la faculté de percevoir, c'est ce que Leibniz appelle des monades. Ainsi les corps sont composés de monades, qui sont des miroirs de l'univers, c'est-à-dire douées de facultés représentatives

même où, par sa *Critique de la faculté de juger*, Kant s'approchait le plus de la compréhension métaphysique propre à la pensée leibnizienne, il était précisément amené, pour défendre contre Eberhard et d'autres partisans attardés du leibnizianisme l'originalité de sa philosophie, à rappeler énergiquement les thèses et la méthode fondamentales de la Critique[1] ; d'autre part, il se sentait invité par la question qu'avait posée l'Académie de Berlin pour l'année 1791 *sur les progrès réels de la métaphysique en Allemagne depuis le temps de Leibniz et de Wolff*[2], à montrer que la Critique seule avait marqué un progrès ou mieux qu'elle avait définitivement établi, avec l'insuccès inévitable des métaphysiques antérieures, les conditions et le plan de la Métaphysique légitime. Ainsi il insistait sur la différence irréductible de la sensibilité et de l'entendement, en même temps que sur la nécessité de leur concours pour donner dans le savoir aux principes *a priori* une signification et une application définies[3] ; il prouvait encore, surtout par les antino-

qui ne se distinguent de celles des substances pensantes que par le défaut de conscience, qui sont pour ce motif nommées des monades sommeillantes, dont nous ignorons si la destinée ne doit pas les réveiller un jour ; peut-être les a-t-elle déjà fait passer infinies en nombre du sommeil à la veille et fait retomber de la veille dans le sommeil, pour les éveiller au jour de nouveau et les élever graduellement comme animaux vivants jusqu'aux âmes humaines et au delà jusqu'à des degrés supérieurs : sorte de monde enchanté, que cet homme illustre n'a pu être conduit à supposer que parce qu'il tenait les représentations des sens en tant que phénomènes, non pour un mode de représentation tout à fait distinct de tous les concepts, c'est-à-dire pour une intuition, mais pour une connaissance par concepts, confuse seulement, ayant son siège dans l'entendement et non dans la sensibilité. » *Ueber die Fortschritte der Metaphysik*, VIII, p. 546-547. — V. plus haut, p. 140-141.

1. *Ueber eine Entdeckung, nach der alle neue Kritik der reinen Vernunft durch eine ältere entbehrlich gemacht werden soll*, 1790. — Reicke, *Lose Blätter*, C 6 (I, p. 142-144), G 12-14 (I, p. 163-179), D 15 (I, 226-232). — Cf. *Briefwechsel*, II, p. 5, p. 7, p. 18, p. 33-48, p. 57, p. 86, p. 109, p. 160.
2. Le mémoire de Kant ne fut pas envoyé au concours : Rink le publia en 1704 d'après trois manuscrits incomplets. — V. dans Reike, *Lose Blätter*, des fragments qui s'y rapportent, la plupart certainement, quelques-uns probablement, D 14 (I, p. 223-225), E 10 (II, p. 36-37), F 3 (II, p. 277-278), F 5 (II, p. 284-287), E 31 (II, p. 116-119), B 4 (I, p. 95-96), D 12 (I, p. 216, 217), G 13 (III, p. 44-46), G 12 (III, p. 41).
3. *Ueber eine Entdeckung*, VI, p. 6 sq.

mies, l'impossibilité de connaître le supra-sensible[1] : des noumènes, disait-il, il n'y a pas de science[2]. Si donc la Métaphysique reste à bon droit la prétention d'atteindre le supra-sensible au moyen de la raison, elle ne peut l'atteindre véritablement qu'au moyen de la raison pratique, non de la raison théorique : toutes les tentatives de Leibniz, de Wolff et de leurs disciples pour étendre la spéculation jusqu'à ces objets suprêmes de la Métaphysique, qui sont Dieu, la liberté et l'immortalité restent vaines en droit comme en fait ; s'il y a place pour une détermination de ces objets, ce ne peut être que pour une détermination pratique, dont le dogmatisme spécial substitue la foi à la science[3]. Voilà ce qu'il convient de répéter contre ceux qui prétendent qu'il faut juger de la vérité des choses d'après ce que Leibniz en a dit : comme s'il pouvait y avoir un auteur classique en philosophie[4]. Et même ces défenseurs aveugles du leibnizianisme n'en comprennent pas toujours et qui, pis est, en altèrent le sens. Ils ne voient pas qu'admettre, avec le principe de la raison suffisante, un autre principe que le principe de contradiction, c'est reconnaître la nécessité des jugements synthétiques *a priori* ; ils font au génie mathématique de Leibniz le plus grand tort qui se puisse en prenant les monades pour des éléments des corps, tandis qu'elles sont, en réalité, le fondement des phénomènes sensibles ; ils n'aperçoivent pas enfin que la Critique donne à l'idée de l'harmonie préétablie la seule acception légitime en montrant dans la constitution et les relations de nos facultés la source de cette harmonie sous ses diverses

---

1. *Ueber die Fortschritte der Metaphysik*, VIII, p. 549-554.
2. VIII, p. 538, p. 555.
3. VIII, p. 558 sq.
4. « Si quelqu'un croyait trouver un vice dans la philosophie de Platon ou de Leibniz, l'indignation contre l'idée que quelque chose puisse être désapprouvé même dans Leibniz serait ridicule. Car *ce qui est philosophiquement vrai*, personne ne peut ni ne doit l'apprendre de Leibniz ; mais la pierre de touche qui est à la portée d'un chacun, c'est la raison humaine telle qu'elle est chez tous, et il n'y a pas d'*auteur classique* en philosophie. » *Ueber eine Entdeckung*, VI, p. 35, note.

formes : prédéterminer cette harmonie dans les choses en prétendant en atteindre le fond, au lieu de la prédéterminer simplement dans notre esprit sans vouloir en saisir le principe inconnu, c'est, quand il s'agit des rapports de l'âme et du corps, tendre à l'idéalisme et méconnaître cette vérité, que les sens sont nécessaires à l'entendement pour lui fournir une matière, que par suite le concours de l'entendement et des sens est indispensable pour la connaissance des choses données ; c'est, quand il s'agit de l'ordonnance générale du monde et, en particulier, de l'unité systématique des lois particulières, oublier que ce sont nos facultés qui en jugent, et qu'elles n'auraient pas à en juger si elles trouvaient devant elles cet arrangement tout fait ; c'est enfin, quand il s'agit de l'accord du règne de la nature et du règne de la grâce, s'imaginer que ce sont là comme deux choses différentes qui se concilient d'elles-mêmes par leurs propriétés fondamentales, tandis que ce sont deux mondes relevant de principes irréductiblement distincts, dont l'union, contingente pour nous, ne peut s'accomplir que par une Cause intelligente de l'univers. « Ainsi donc la Critique de la raison pure pourrait bien être la véritable apologie de Leibniz, même contre ses partisans, qui le glorifient avec des éloges peu propres à lui faire honneur[1]. »

1. *Ibid.*, p. 65-68.

CHAPITRE VII

LA RELIGION DANS LES LIMITES DE LA SIMPLE RAISON

La *Critique de la Raison pratique* et la *Critique de la Faculté de juger* avaient abouti l'une et l'autre à l'explication des rapports qui doivent exister entre la Morale et la Religion. La Morale est fondée sur le concept d'un être libre se liant lui-même par sa raison à des lois inconditionnées ; elle n'a besoin ni de l'idée d'un Être supérieur à l'homme pour que l'homme puisse connaître son devoir, ni d'un autre mobile que la loi même pour qu'il l'observe ; en ce sens elle se suffit pleinement à elle-même. Cependant, bien que toute détermination de la volonté doive moralement être indépendante de la représentation des fins, il est impossible qu'elle ne se rapporte pas à des fins, conçues alors comme des conséquences, non comme des principes, de l'adoption de telle ou telle maxime. Donc la raison inévitablement se demande quel doit être l'effet d'une conduite conforme au devoir, *finis in consequentiam veniens* ; elle conçoit ainsi comme objet de la volonté le souverain bien, dont la possibilité ne peut s'entendre sans la supposition d'un Être suprême tout-puissant et saint. Mais cette idée de Dieu résulte de la morale et ne la fonde point : une philosophie religieuse ne peut se développer que comme un complément et une dépendance de la philosophie pratique[1].

Mais cette philosophie religieuse, jusqu'où Kant l'éten-

---

[1]. *Die Religion innerhalb der Grenzen der blossen Vernunft*, Vorrede, VI, p. 97-101.

drait-il? Qu'elle dût un jour ou l'autre se confronter avec le Christianisme, c'est ce qui semblait tellement naturel et qui était tellement attendu, que lorsque parut sans nom d'auteur l'*Essai d'une Critique de toute révélation* de Fichte, (1792), il fut attribué à Kant[1]. Lui-même avait dans ses ouvrages plus d'une fois rapproché sa pensée de telle ou telle conception chrétienne plus ou moins librement interprétée. Ç'avait été du reste dans les temps modernes, chez les philosophes qui tout en pratiquant la libre recherche se sentaient d'une certaine façon liés au Christianisme, une disposition assez fréquente, que de se demander à quelle condition pouvait s'établir la conformité de la foi avec la raison : on sait en particulier comment Locke et Leibniz avaient tâché de comprendre cet accord. Pour les mêmes motifs Kant trouvait devant lui le même problème que son éducation chrétienne et sa sincérité intellectuelle lui interdisaient de négliger; mais de par son système propre il pouvait le poser dans des termes tout autres. Pour les philosophes antérieurs le rapport de la Religion naturelle et de la Religion révélée coïncidait exactement avec le rapport de la raison et de la foi : de telle sorte que ce qu'ils retenaient comme rationnellement vrai de la Religion révélée devenait à leurs yeux l'objet plus ou moins rigoureusement démontré d'une connaissance spéculative. Ils justifiaient en quelque mesure le contenu de la foi, mais non la foi elle-même. Or Kant, n'ayant plus regardé la raison et la science comme adéquates l'une à l'autre, avait été conduit à concevoir que pour l'affirmation des objets supra-sensibles, inaccessibles à la science, il y a proprement une foi de la raison. Il avait donc fait descendre la foi du ciel pour lui ouvrir sur la terre la demeure de la raison philosophique[2]. Il s'opposait ainsi d'autant plus au dogma-

---

1. Kant dut déclarer dans l'*Allgemeine Litteraturzeitung* qu'il n'en était point l'auteur.
2. V. la *Préface* de Vaihinger au livre de Sänger, *Kants Lehre vom Glauben*, p. v-xii.

tisme étroit et superficiel de la Religion naturelle telle que l'entendaient, sauf à peu près le seul Lessing[1], les écrivains de l'*Aufklärung*[2], et il en apercevait nettement le double vice, qui était, d'une part, de dissimuler ou de méconnaître par ses prétentions théoriques le principe générateur de la Religion, d'autre part de ne point pouvoir donner au Christianisme sa signification essentielle, capable d'en faire pour la raison philosophique un objet véritablement interne.

*
* *

Kant estimait donc que le soutien prêté par la Métaphysique dogmatique aux vérités religieuses était entièrement ruineux. C'est dans cet esprit qu'il écrivit pour la *Berlinische Monatsschrift* un travail *sur l'échec de toutes les tentatives philosophiques en matière de théodicée*[3] : c'était la contre-partie la plus catégorique des anciennes *Considérations sur l'optimisme*[4]. Kant se proposait d'y mettre en lumière la vanité de tous les efforts des philosophes pour justifier par des arguments théoriques la souveraine sagesse de Dieu contre tout ce qui dans le monde paraît la démentir. Qu'il doive y avoir une harmonie entre l'ordre de la nature et celui de la moralité, entre la téléologie physique et la téléologie morale, Kant le contestait moins que tout autre ; mais ce qu'il voulait établir, c'est que cette harmonie ne peut être démontrée par la raison spéculative interprétant l'expérience, qu'elle est un objet, non de science, mais de foi.

Voyons en effet comment le problème se pose pour les « prétendus avocats de Dieu » : Un gouvernement divin du

---

1. Sur les rapports de Lessing et de Kant v. plus loin, à la fin du chapitre, p. 678, en note.
2. V. plus haut, p. 9 sq. ; p. 50-53.
3. *Ueber das Misslingen aller philosophischen Versuche in der Theodicee*. 1791.
4. V. plus haut, p. 86-89.

monde doit en principe être parfait et ne souffrir aucun désordre : or le désordre existe en fait dans le monde et sous trois formes principales ; il existe sous une forme absolue, comme mal moral, sous une forme relative, comme mal physique, enfin sous une forme qui comprend les deux autres et les aggrave, comme injustice, dans les rapports qui lient le bien ou le mal physique au bien ou au mal moral. Comment donc l'accorder avec ces trois attributs de Dieu, qui sont la sainteté, la bonté, la justice, et dont aucun ne peut ni être omis, ni même tiré de son rang dans la constitution d'un concept moral de la Divinité ?

On croit venir à bout de ces difficultés par trois sortes de moyens : ou bien l'on nie la réalité du désordre ; ou bien, ne la niant pas, on en fait la conséquence inévitable de la nature des choses ; ou enfin, admettant qu'elle provient de quelque volonté, on en décharge Dieu pour en charger l'homme ou tout autre être spirituel. Et l'on met ces trois moyens en jeu pour l'explication des trois formes du désordre.

Ainsi l'on prétend que ce que nous appelons le mal moral est une contravention, non aux impénétrables lois divines, mais aux simples règlements de notre humaine sagesse. *Sunt superis sua jura.* Les voies de Dieu sont insondables, et c'est peut-être par ce qui est à nos yeux le mal qu'elles s'accomplissent. — Il vaut mieux accuser Dieu que l'absoudre ainsi, et cette façon d'apologie ne peut que répugner à tout homme qui a gardé un sentiment, si faible soit-il, de la moralité.

On prétend encore que le mal moral n'engage pas la responsabilité de Dieu, parce qu'il résulte nécessairement des bornes de la nature humaine. — Mais alors c'est le mal lui-même qui est justifié, ou plutôt, puisqu'il n'est pas le fait du péché de l'homme, il ne devrait plus être appelé mal moral.

On prétend enfin que Dieu n'a ni approuvé ni voulu en lui-même le mal effectivement accompli par l'homme, qu'il l'a simplement permis pour ne pas déroger à certaines considérations de sagesse supérieure. — Mais outre que l'on conçoit difficilement dans l'Auteur du monde cette simple faculté de permettre que n'accompagne aucune puissance positive, si le mal a dû être supporté de Dieu pour que d'autres fins pussent se réaliser, c'est qu'il tient à une certaine nature des choses, à la condition des êtres imparfaits ; et cette solution nouvelle revient à la précédente.

Pour ce qui est du mal physique, on prétend que dans les destinées humaines la somme des biens l'emporte sur celle des maux : le plus malheureux des hommes préfère encore la vie à la mort ; s'il songe à se tuer un jour, il avoue par là que jusqu'à ce moment il a tout de même trouvé la vie meilleure pour lui, et s'il met son dessein à exécution, c'est pour entrer dans un état d'insensibilité absolue, où il n'y a plus place pour la douleur. — Purs sophismes que tout cela. Demandez-donc à un homme de bon sens et qui a assez vécu pour juger de la valeur de la vie en connaissance de cause, demandez-lui, au cas où l'on lui offrirait de recommencer non pas la même existence, mais une existence à son gré, seulement une existence sur cette terre et non dans un monde féerique, s'il accepterait l'offre : on peut être sûr de sa réponse : il ne ressentirait aucune joie à la pensée de reprendre une fois encore le jeu de la vie.

On prétend encore que la prépondérance de la douleur tient inévitablement à l'état physique de toute créature animale. — Mais pourquoi Dieu nous a-t-il appelés à une vie qui selon nos calculs ne nous apparaît point désirable ?

On prétend enfin que c'est un effet de la bonté divine, que nous soyons dans un monde où la lutte contre les contrariétés et les misères nous rend dignes d'une félicité à venir. — Mais c'est là trancher la difficulté, non la dénouer : une Théodicée, telle qu'on l'entend, devrait démontrer des vérités, non susciter des espérances, si légitimes d'ailleurs qu'elles soient en elles-mêmes.

Pour ce qui est des injustes rapports entre le mal moral

et le mal physique sur la terre, on prétend que c'est seulement une observation superficielle qui les découvre ; le méchant, par les tortures que lui inflige sa conscience, porte en lui-même son châtiment. — Mais c'est là une illusion ; on prête au méchant la délicatesse de conscience de l'honnête homme, alors qu'on devrait reconnaître en lui une insensibilité croissante qui se moque au contraire des scrupules de l'honnête homme comme elle fait fi de ses joies intérieures.

On prétend encore que s'il y a entre le bien moral et le bonheur un désaccord en effet trop réel, ce désaccord tient à la nature des choses et n'a pas été voulu comme tel, que c'est un caractère de la vertu, d'avoir à se débattre parmi les tribulations pour jouir d'autant plus du mérite et de l'éclat de sa victoire. — Cependant on oublie que la fin de la vie terrestre est bien loin de manifester le triomphe de la vertu et l'abaissement du vice, qu'en outre souvent la douleur se lie à la vertu, non pour que celle-ci soit pure, mais parce qu'elle l'a été. Alléguer alors la possibilité que la fin de cette vie ne soit pas la fin de toute vie, c'est, du point de vue où l'on s'est placé, une simple exhortation à la patience : cette possibilité ne peut être admise comme vraie que par une croyance de la raison pratique.

On prétend enfin, en reprenant pour une part la précédente solution, qu'il est inexact d'appliquer à la vie présente la mesure qui convient exclusivement pour une autre vie. Si en effet la joie et la douleur doivent s'estimer ici-bas selon l'usage que l'homme fait de ses facultés conformément aux lois de la nature et selon les circonstances dans lesquelles il est appelé à en faire usage, dans une autre vie, au contraire, on peut concevoir un autre ordre de choses où chacun est traité d'après sa valeur morale. — Mais si c'est toujours la raison théorique qui décide de ce qui sera comme de ce qui est, comment peut-elle déterminer pour une autre vie d'autres conditions que celles de la vie présente, puisqu'elle a pour stricte limite l'expérience et pour unique point d'appui la connaissance des lois de la nature. Elle ne peut établir aucun rapport défini entre le bonheur qui résulte, selon des lois de la nature, de causes indépendantes de notre volonté et la conduite morale que notre volonté adopte selon les lois de la liberté : seule la raison pratique le peut.

Ainsi les systèmes de théodicée, impartialement examinés, ne témoignent que d'une chose : de l'impossibilité où nous sommes de comprendre par des formules spéculatives la relation qu'a notre monde avec la sagesse divine ; quand parmi leurs arguments illusoires ils rencontrent quelque conception juste, ils ne peuvent eux-mêmes la justifier.

Il est vrai que Dieu manifeste par la nature les intentions de sa volonté, et en ce sens toute théodicée est une interprétation de la nature. Mais l'interprétation de la volonté déclarée d'un législateur peut être doctrinale ou authentique ; elle est doctrinale quand elle résulte d'un rapprochement opéré par la raison raisonnante entre les paroles du législateur et ses intentions connues d'ailleurs ; elle est authentique quand c'est le législateur lui-même qui la fournit. Or le monde où sont écrites les intentions divines est souvent pour nous un livre fermé ; il l'est même toujours lorsque nous prétendons tirer de lui et de ses expressions empiriques l'intention finale de Dieu, qui est essentiellement morale. Les systèmes ordinaires de théodicée sont des interprétations doctrinales de la volonté divine. Mais il y a de cette même volonté une interprétation authentique, par la raison pratique, qui, étant législative et impérative sans condition, enferme l'explication directe que Dieu donne du but de la création.

Ces deux sortes d'interprétation, nous les trouvons allégoriquement exprimées dans le vieux récit biblique où est rapportée la controverse entre Job et ses amis. Devant les souffrances aussi nombreuses qu'imprévues dont Job est accablé, ses amis ne peuvent plus le croire innocent : ils voient là l'expiation de fautes secrètes et graves ; puisque Dieu est juste et que Job est malheureux, c'est que Job a péché. Ils ont donc une certitude démonstrative des fins et des moyens de la justice divine ; ils en fournissent l'interprétation doctrinale. Job cependant, ayant conscience que sa misère est imméritée, s'incline devant les desseins mystérieux de Dieu et garde une pleine confiance dans sa justice ; il témoigne par là de la pureté et de la sincérité de son intention. Il fait reposer la foi sur la moralité, non la moralité sur la foi : il donne de la sagesse divine l'interprétation authentique [1].

Une théodicée doctrinale, en voulant traiter son objet comme un objet de science, recourt presque inévitablement à d'illicites moyens de produire la conviction, qui devraient rester toujours interdits, même pour le bon motif. Une théodicée authentique traite son objet comme un objet de foi, et pose en principe que ce qui fait avant tout la valeur d'une croyance, c'est l'absolue sincérité. Si c'est là pour toute croyance qui vient de la conscience une condition rigoureuse, ce l'est encore plus pour les croyances confessionnelles dont la source est historique, et qui sont constamment exposées à ne s'appuyer que sur une conviction extérieure et sans franchise [2].

*
* *

D'ailleurs, s'il était fondé, l'optimisme dogmatique des systèmes de théodicée rendrait inexplicable et inutile toute Religion, même rationnelle ; car la tâche éminente de la Religion, c'est de résoudre le problème du mal en tenant la réalité du mal pour positive et essentielle : là-dessus le Christianisme est pleinement en accord avec ce que requiert la raison, entendons la raison pratique, celle qui rapporte aux concepts de la liberté et de la loi morale le sens et la fin de la destinée humaine. Le développement d'une Religion rationnelle apparaissait donc à Kant comme insépa-

---

[1]. VI, p. 77-89. — Cf. Reicke, *Lose Blätter*, B 13, III, p. 43-44.
[2]. VI, p. 89-93.

rable de la considération du Christianisme[1] ; c'est en ce sens qu'il écrivit son livre « *La Religion dans les limites de la simple raison*[2] » : c'était sa « *doctrine philosophique de la Religion*[3] » qu'il exposait : elle devait être contenue en quatre grands articles destinés à la *Berlinische Monatsschrift*, dont le premier seul, à cause d'une interdiction de la censure[4], put paraître dans cette *Revue* : l'ouvrage

1. Borowski rapporte (p. 172) qu'avant de publier son ouvrage sur la *Religion* Kant avait lu avec beaucoup de soin un vieux catéchisme datant environ de 1732 ou 1733, d'où il aurait rapporté certaines affirmations et expressions singulières. — Ce catéchisme qui était sans doute celui par lequel Kant avait été instruit, Georg Hollmann l'a retrouvé dans la bibliothèque de l'Université de Kœnigberg en deux exemplaires, sans indication de date, qui d'ailleurs concordent même littéralement sur beaucoup de points. Ce catéchisme contient un certain nombre d'expressions théologiques et ecclésiastiques qui sont en effet employées dans l'ouvrage de Kant ; les tendances qu'il révèle sont nettement piétistes. Sur des sujets comme ceux du mal radical, de la régénération, de la lutte contre le mal, il expose des doctrines d'un esprit conforme à celles que Kant reprend pour son compte ; en revanche certains enseignements s'y trouvent, qui ont été critiqués par Kant, notamment l'emploi du terme « religions » au pluriel pour désigner les diverses confessions, comme s'il pouvait y avoir dans le fond des religions différentes, la définition de la Religion entendue comme le moyen de s'unir à Dieu et de le servir, etc. — Hollmann, *Prolegomena zur Genesis der Religionsphilosophie Kants*, Altpreussische Monatsschrift, 1889, p. 41-48.
2. *Die Religion innerhalb der Grenzen der blossen Vernunft*, 1793. — Kant expliquera dans la *Préface* de la seconde édition (1794) et ailleurs le sens qu'il a voulu donner à ce titre. V. plus loin, p. 680-681. — Les « *Lose Blätter* » de Reicke contiennent, surtout dans les fascicules II et III, beaucoup de brouillons ou de notes préparatoires de la *Religion* ainsi que du *Conflit des Facultés*. — V. les variantes et les corrections relevées par Arnoldt sur le manuscrit de la *Religion*, appartenant à Reicke, et qui contient la deuxième et la troisième partie en entier ainsi que deux fragments de la quatrième. *Beiträge zu dem Material der Geschichte von Kant's Leben*, 1898, p. 17-68.
3. Schiller qui lut l'ouvrage tandis qu'on l'imprimait à Iéna l'appelle *Philosophische Religionslehre* (lettre à Körner du 28 février 1793, *Briefe*, éd. Jonas, III, p. 287), et cette désignation, qui se trouve aussi dans la *Préface* (VI, p. 105), est employée dans les titres particuliers des quatre parties.
4. Sur cette question des démêlés de Kant avec la censure, v. le récit qu'en a fait Kant dans une lettre à Staüdlin, du 4 mai 1793 (*Briefwechsel*, II, p. 414-415). — Borowski, d'après une communication de Kant. p. 233-237. — Dilthey, *Der Streit Kants mit der Censur über das Recht freier Religionsforschung*, Archiv für Geschichte der Philosophie, III, p. 418-450. — Fromm, *I. Kant und die preussische Censur*, 1894. — Em. Arnoldt, *Beiträge zu dem Material der Geschichte von Kants Leben und Schriftstellerthätigkeit im Bezug auf seine Religionslehre*, 1898. — V. aussi, à propos de ce dernier ouvrage, Fromm, Kantstudien, III, p. 142-147, p. 237-245.
La mort de Frédéric II, en 1788, et l'avènement de Frédéric-Guillaume II avaient marqué l'origine d'une politique de combat contre les représentants de

qui les réunit traitait d'abord *de la coexistence du mauvais principe avec le bon ou du mal radical dans la nature humaine*, ensuite *de la lutte du bon principe avec le mauvais*

l'*Aufklärung* et les libertés de la pensée philosophique. La place du ministre Zedlitz, de l'homme à qui Kant avait dédié la *Critique de la raison pure*, fut donnée à un pasteur d'esprit étroit et tracassier, Wöllner. A peine Wöllner était-il installé au pouvoir que parut le nouvel « édit de Religion » (9 juillet 1788), qui prétendait continuer la tolérance en matière religieuse, mais en stipulant que les partisans des opinions dissidentes devaient s'abstenir de les propager et d'ébranler la foi des autres. Le 19 janvier 1788 parut le nouvel « édit de censure pour les États prussiens », qui tout en se déclarant favorable à une sage liberté de la presse, se donnait pour but d'empêcher que cette liberté ne dégénérât en licence contre les lois fondamentales de la Religion, de l'État, de l'ordre civil, et contre l'honneur des personnes. Cet édit de censure ne prit un caractère pleinement prohibitif qu'avec l'institution de la Commission d'examen immédiat (14 mai 1791); par un ordre du cabinet du 1er septembre 1791, deux membres de cette commission, Hermes et Hillmer, furent délégués à la place des anciens censeurs qui dans l'examen des écrits théologiques et moraux avaient montré trop d'indulgence et trop peu de vigilance. Comme, dans cet ordre du cabinet, les périodiques n'étaient pas expressément visés, Hillmer intervint dans un rapport au roi du 14 octobre 1791 pour demander que les publications de ce genre, très répandues et très lues, ne pussent plus échapper à la juridiction de la censure. Satisfaction fut donnée à la demande de Hillmer (19 octobre 1791). Aussitôt deux des périodiques les plus importants de Berlin, l'*Allgemeine Deutsche Bibliothek* de Nicolaï et la *Berlinische Monatsschrift* de Biester se transportèrent pour se faire imprimer, l'un à Kiel, l'autre à Iéna.

Kant n'avait pas eu d'abord à se plaindre du nouveau régime. Même un décret royal, contresigné par Wöllner, lui avait accordé une augmentation assez considérable d'appointements en témoignage de reconnaissance pour le désintéressement et le zèle avec lesquels il avait contribué à la gloire de l'Université (v. Schubert, *Kant's Biographie*, p. 72. — Fromm, *Immanuel Kant und die preussische Censur*, p. 28. — V. la lettre de Biester, du 7 mars 1789, *Briefwechsel*, II, p. 11-12, celle de Kiesewetter, du 19 novembre 1789, *ibid.*, p. 105. — V. la lettre de remerciement de Kant, publiée par Fromm, *op. cit.*, p. 28-29, *Briefwechsel*, II, p. 12). En même temps Kiesewetter était, aux frais du roi, envoyé à Kœnigsberg pour s'instruire directement de la philosophie de Kant et se rendre capable de l'enseigner : revenu à Berlin en 1789, il était chargé de l'éducation des princes royaux. — Cependant on put bientôt discerner des signes avant-coureurs de dispositions hostiles à la personne et à la pensée de Kant. Kiesewetter indiquait dès le 15 décembre 1789 la surveillance méfiante qui s'attachait à l'enseignement de la philosophie kantienne (*Briefwechsel*, II, p. 111); plus tard, le 14 juin 1791, il communiquait, sans vouloir y croire, le bruit qui courait, que le conseiller au consistoire Woltersdorf aurait décidé le roi à interdire à Kant d'écrire désormais; il disait les influences qui s'exerçaient sur la faiblesse du roi et l'attente où l'on était de nouvelles mesures contre la liberté religieuse (*Ibid.*, p. 253). — V. également sur l'intention qu'avait le gouvernement d'imposer aux pasteurs luthériens l'emploi exclusif d'un certain catéchisme, la lettre du libraire De la Garde, du 10 février 1790 (*Ibid.*, p. 131), celles de Kiesewetter, du 3 mars 1790 (p. 134-135) et du 20 avril 1790 (p. 157). — Jacob de son côté écrivait le 24 janvier 1792 :

pour la domination sur l'homme, en troisième lieu *de la victoire du bon principe sur le mauvais et de l'établissement*

« De ci de là la théologie paraît s'échauffer contre votre philosophie. Le tribunal religieux récemment institué s'est longuement demandé s'il ne devait pas employer contre elle le fer et la flamme, et Woltersdorf doit avoir un écrit tout prêt, dans lequel la malfaisance de la philosophie kantienne est démontrée avec la dernière évidence » (*Ibid.*, p. 306). — Kant aussi entretenait Selle, le 24 février 1792 (*Ibid.*, p. 314), du nouveau régime qui était en train de s'établir contre la liberté de publier sa pensée sur les matières mêmes qui ne touchaient qu'indirectement à la théologie. — C'est à ce moment qu'il envoyait à Biester pour la *Berlinische Monatsschrift* son article *Sur le mal radical dans la nature humaine*; il y joignait la recommandation de soumettre l'article à la commission de censure, bien que, la *Revue* étant maintenant imprimée à Iéna, il ne fût pas astreint à cette formalité; mais il ne voulait pas, disait-il, user de faux-fuyant et avoir l'air de se dérober à la censure pour énoncer des opinions risquées (Borowski, p. 233-234. — V. aussi la lettre de Kant à Biester, du 31 juillet 1792, *Briefwechsel*, II, p. 336, où il insistait après coup sur les inconvénients qu'eût pu avoir pour la *Revue* et pour lui le fait d'avoir tourné la règle). Biester qui avait déféré à la recommandation de Kant tout en la désapprouvant (*Briefwechsel*, II, p. 315-316, p. 329) obtint sans peine l'autorisation pour cet article ; Hillmer avait observé que cet article, comme du reste les écrits de Kant en général, ne pouvait s'adresser qu'à des lecteurs avisés et instruits, par suite en petit nombre (Borowski, p. 234, — *Briefwechsel*, II, p. 316).

Il n'en alla pas de même pour l'article suivant, que Kant avait envoyé à Biester en juin 1792, et qui traitait *Du combat du bon principe contre le mauvais pour la domination sur l'homme*. Hillmer qui s'était cru autorisé à décider par lui seul sur le premier article parce qu'il l'avait considéré comme se référant uniquement à des questions morales, estima que le second article avait trait à la théologie biblique et qu'il devait dès lors selon le règlement être lu par son collègue Hermes comme par lui. Hermes conclut au refus de l'*Imprimatur* et Hillmer partagea son avis (14 juin 1792). Biester étant intervenu auprès de Hermes pour savoir les motifs de l'interdiction et la faire lever n'obtint qu'une brève et catégorique réponse : c'était, disait Hermes, conformément à l'édit de Religion qu'il avait décidé, et au surplus il n'avait pas là-dessus d'autres explications à donner (16 juin). En faisant part de la nouvelle à Kant (18 juin), Biester disait : « Voilà qui doit être révoltant pour tous, qu'un Hillmer et un Hermes veuillent s'arroger le droit de prescrire au monde s'il doit lire Kant ou non » (*Briefwechsel*, II, p. 329-330). Biester n'avait pas voulu encore se tenir pour battu ; il écrivit pour le roi une supplique directe dans laquelle il exposait que l'interdiction prononcée contre l'article de Kant, n'étant justifiée ni par l'édit de Religion ni par la loi de censure, devait être rapportée, vu qu'elle n'avait pu être prononcée qu'en vertu d'instructions secrètes que, dans l'intérêt de tous, il fallait rendre publiques. Mais pour le succès d'une telle réclamation le moment était peu propice. La requête devait passer par l'assemblée des ministres ; or un ordre du cabinet, du 21 février 1792, avait reproché aux ministres d'être beaucoup trop indulgents pour les écrits pernicieux et de paraître souvent prendre en main la cause des libres penseurs : tout le monde, y était-il dit, a sous les yeux le déplorable exemple de ce grand État, où le principe d'une révolution funeste doit être rapporté à ces railleurs de la Religion qu'une foule aveuglée irait diviniser jusque dans leur tombe (Fromm, *op. cit.*, p. 34-37). Le ministère ne pouvait dès lors présenter l'instance de Biester, et il maintint l'interdiction (2 juillet 1792).

d'un règne de Dieu sur la terre, enfin *du vrai culte et du faux culte sous l'empire du bon principe*[1].

* * *

Le monde va de mal en pire : telle est la plainte qui s'élève de toute part, aussi vieille que l'histoire, aussi vieille

Kant cependant ne voulut pas laisser sans suite l'article qui avait paru dans la *Berlinische Monatsschrift*, ni renoncer à publier sa doctrine de la Religion (V. la lettre à Biester, du 30 juillet 1792, *Briefwechsel*, II, p. 336) ; il était aussi fermement résolu à défendre par son exemple le droit du philosophe à la libre recherche en matière religieuse dans les limites de sa science ; des quatre articles qu'il avait compté publier il fit donc un livre, et il le soumit d'abord à une Faculté prussienne de théologie, — qui était selon toute probabilité, mais sans entière certitude, la Faculté de Kœnigsberg (V. Arnoldt, *op. cit.*, p. 3) — pour qu'elle décidât préalablement si elle devait le retenir comme appartenant à la théologie biblique, ou si elle devait, se déclarant incompétente, le renvoyer à la Faculté de philosophie (V. la requête de Kant, publiée pour la première fois par Dilthey, *Archiv für Geschichte der Philosophie*, III, p. 429-430, reproduite dans *Briefwechsel*, II, p. 344-345). Ce fut à ce dernier parti que se rangea la Faculté saisie par Kant. Restait seulement à obtenir d'une Faculté de philosophie l'*Imprimatur*, et Kant l'obtint. Mais quelle fut cette Faculté ? D'après Dilthey et Fromm, c'était la Faculté même de Kœnigsberg. Cependant Arnoldt a relevé sur diverses pages du manuscrit de la *Religion*, dont Reicke est le possesseur, le *Vidi* de Hennings qui était en 1792-1793 doyen de la Faculté de philosophie d'Iéna. Arnoldt suppose que Kant n'avait pas voulu s'adresser à la Faculté de Kœnigsberg parce que l'autorisation donnée par la Faculté à laquelle il appartenait, et dont le doyen était alors son propre élève Chr. J. Kraus, eût paru suspecte, et aussi parce que l'ouvrage devait être imprimé à Iéna comme l'avait été le premier article (*op. cit.*, p. 1-13). Fromm a maintenu contre Arnoldt, mais sans preuve décisive, que c'était la Faculté de Kœnigsberg qui avait tout d'abord donné l'*Imprimatur*, et que la Faculté d'Iéna n'avait été appelée à intervenir qu'en second lieu, lorsque l'éditeur avait décidé de faire imprimer l'ouvrage à Iéna (Compte rendu du travail d'Arnoldt dans les *Kantstudien*, III, p. 237 sq.).

Pour la suite de l'histoire des démêlés de Kant avec le gouvernement prussien au sujet de sa philosophie religieuse, v. plus loin, p. 658, note, p. 675, note.

1. Otto Pfleiderer, *Geschichte der Religionsphilosophie von Spinoza bis auf die Gegenwart*, 3ᵉ éd., 1893, p. 144-192. — Pünjer, *Die Religionslehre Kants*, 1874. — Ph. Bridel, *La philosophie de la Religion de Kant*, 1876. — Laas, *Kants Stellung in der Geschichte des Conflicts zwischen Glauben und Wissen*, 1882. — Willareth, *Die Lehre vom Uebel bei Leibniz, seiner Schule und bei Kant*, 1898. — A. Schweitzer, *Die Religionsphilosophie Kant's von der Kritik der reinen Vernunft bis zur Religion innerhalb der Grenzen der blossen Vernunft*, 1899. — Mengel, *Kants Begründung der Religion*, 1900. — E. Sänger, *Kants Lehre vom Glauben*, 1903. — Th. Ruyssen, *Quid de natura et origine mali senserit Kantius*, 1903. — E. Troeltsch, *Das Historische in Kants Religionsphilosophie*, Kantstudien, IX, p. 21-154. — V. aussi l'*Introduction* de K. Vorländer à son édition de la *Religion* de Kant.

que la poésie antérieure à l'histoire, aussi vieille que ces formes primitives de poésie qui sont les légendes religieuses. Et cependant, ajoute-t-on, ce n'est pas ainsi que fut le monde à son origine; il commença par l'âge d'or, par la vie dans le paradis, mieux encore par la bienheureuse jouissance de la société des êtres célestes. Mais les mêmes récits qui rapportent cette ère de béatitude en disent la brève durée; ils dépeignent la chute déjà très ancienne et toujours plus profonde de l'homme dans l'abîme du mal, du mal moral comme du mal physique, et ils représentent la fin des temps comme le terme imminent de ce déclin.

A l'encontre de cette opinion une idée plus moderne s'est fait jour, qui a trouvé crédit auprès des philosophes et surtout des pédagogues : c'est l'idée, que le monde va par des progrès insensibles, mais réels et constants, du pire au mieux, que l'homme est fait pour se perfectionner de plus en plus et qu'il peut compter pour le développement graduel de ses prédispositions sur le concours de la nature : idée peu répandue et peu sûre, car si elle prétend signifier un progrès dans la vertu et non pas seulement dans la civilisation, elle s'expose aux démentis les plus éclatants de l'expérience et de l'histoire ; idée généreuse et héroïque, si elle est avant tout pour les moralistes qui l'ont énoncée depuis Sénèque jusqu'à Rousseau une façon d'encourager l'homme à cultiver et à faire fructifier le germe de bien qui peut être en lui.

Entre ces deux opinions n'y a-t-il pas cependant un moyen terme, et au lieu de poser l'alternative absolue, selon laquelle l'homme, considéré dans son espèce, est bon ou mauvais, n'y aurait-il pas lieu de supposer plutôt, soit que l'homme n'est ni bon ni mauvais, soit qu'il est bon et mauvais tout ensemble, c'est-à-dire selon les aspects et les cas? L'expérience semble confirmer cette conception intermédiaire.

Mais l'expérience ne saurait ici décider absolument, car c'est en dehors d'elle qu'est le principe intérieur dont dérivent les actions et qui permet de les qualifier. Pour qu'un homme soit déclaré mauvais, ce n'est pas assez qu'il accomplisse des actes contraires à la loi, il faut encore que l'on puisse conclure de ces actes à des maximes mauvaises en lui. Or les maximes ne sont pas accessibles à l'observation, même à l'observation propre du sujet qui s'y conforme.

Il y a donc lieu de laisser de côté l'expérience pour envisager le concept que la raison pure nous fournit de la liberté. Ce qui caractérise la liberté de notre volonté, notre libre arbitre *(Willkühr)*[1], c'est qu'il ne peut être déterminé à l'action par un mobile s'il n'a pas reçu en quelque sorte ce mobile dans sa maxime ; en d'autres termes notre volonté n'agit que par la position préalable d'une règle universelle, et c'est pour cela que tout mobile, quel qu'il soit, ne peut intervenir qu'en accord avec sa spontanéité absolue. Mais la loi morale, selon le jugement de la raison, est un mobile qui se suffit à lui-même et qui n'est tel que parce qu'il se suffit à lui-même ; quiconque érige ce mobile en maxime est moralement bon ; dès lors quiconque ne fait pas de la loi morale sa règle ne peut qu'adopter un mobile tout contraire, par suite est mauvais[2]. Il n'y a pas de milieu : le sujet est pour la loi ou contre la loi. En outre, comme la loi est de portée absolument universelle, elle ne saurait sans contradiction s'introduire

---

1. « *Willkühr* » est le terme presque constamment employé ici par Kant ; il désigne manifestement une autre sorte de volonté que celle qui pose la loi morale, que la volonté autonome : c'est proprement le libre arbitre humain ; la faculté qui lui est essentielle de se déterminer d'après des règles et des maximes soustrait sa causalité aux conditions du temps et de l'expérience ; elle est « intelligible », mais sans que cette intelligibilité soit ici modelée, comme elle l'a été ailleurs, sur celle de la chose en soi. — V. plus haut, p. 433, note. — Cf. Bulletin de la Société française de philosophie, 5ᵉ année (1905), n° 1, p. 1 sq.

2. Pour montrer qu'il n'y a pas d'action moralement indifférente, Kant reproduit ici la remarque qu'il avait faite dans sa *Tentative d'introduire dans la philosophie le concept des quantités négatives* (V. plus haut, p. 95), à savoir que, la loi morale étant en nous un mobile positif ($+a$), il ne peut y avoir d'état indifférent ($= 0$) que par l'opposition réelle d'un mobile contraire ($-a$). —VI, p. 116-117, note. — Cf. *Kritik der reinen Vernunft*, III, p. 227-228. — *Ueber die Fortschritte der Metaphysik*, VIII, p. 544. — *Tugendlehre*, VII, p. 187.

comme mobile dans une maxime qui ne l'accepterait qu'à demi et qui réserverait pour certains cas l'adoption d'un mobile opposé : on ne fait pas sa part à l'acceptation de la loi ; si elle n'est pas entière, elle n'est pas réelle.

Ainsi sont mal fondées les conceptions de ceux que l'on peut nommer les *latitudinaires*, qu'ils soient *indifférentistes*, c'est-à-dire qu'ils admettent que l'homme n'est ni bon ni méchant, ou qu'ils soient *syncrétistes*, c'est-à-dire qu'ils admettent que l'homme est à la fois bon et méchant : contre elles se dressent justement ces apparents paradoxes de la morale ancienne, selon lesquels la vertu ne peut ni être enseignée, comme si l'homme était par nature indifférent entre elle et le vice, ni être divisée en plusieurs, comme si l'homme pouvait être vertueux en certains cas et vicieux en d'autres : paradoxes au regard de l'expérience qui n'admet que des jugements relatifs et comparatifs où les extrêmes tendent à se rapprocher ; vérités au regard de la raison qui prononce, elle, le jugement absolu, le jugement de Dieu. S'il faut donner le nom de *rigoristes* à ceux qui repoussent les façons de penser neutres et conciliantes sur les caractères et les actes humains, qu'on le leur donne : c'est un blâme qu'on croit assurément leur adresser ; c'est un éloge en réalité qu'ils méritent et qu'ils reçoivent[1].

L'homme est donc bon ou mauvais : n'étant pas occasionellement ce qu'il est, il ne peut l'être que par nature. Mais que signifie ici « par nature » ?

Ce terme signifie sans doute un penchant inné ; pourtant il ne peut signifier, sans contrevenir aux exigences de la morale, un penchant que l'homme aurait à subir sans en être l'auteur ; s'il paraît y avoir là une difficulté, c'est une difficulté que résout la notion véritable du libre arbitre Le libre arbitre, nous l'avons dit, ne se détermine essentiellement qu'en se posant une règle, et la position de cette règle est antérieure à tous les actes particuliers qui tombent sous

---

1. V. plus haut, p. 329-330.

l'expérience ; plus exactement, elle est en dehors du temps. On ne saurait donc rechercher pourquoi le libre arbitre adopte telle règle, non telle autre ; car, étant données les conditions et les limites de notre connaissance, on ne pourrait répondre à la question qu'en invoquant tel motif particulier, telle impulsion particulière, et dans ce cas l'usage de notre libre arbitre apparaîtrait conditionné par des causes naturelles, ce qui est contradictoire. Nous devons donc admettre qu'il y a un principe subjectif de l'usage de notre libre arbitre, qui est lui-même un acte de liberté, un principe ultime et indépendant du temps, par lequel s'opère le choix de notre volonté entre le bien et le mal : ainsi le bien ou le mal peut être dit inné à l'homme en ce sens qu'il est choisi antérieurement à toute manifestation de la volonté dans le temps ; il naît par conséquent avec l'homme et coexiste avec lui dans le temps, et cependant ce n'est pas la naissance de l'homme qui en est la cause : il dérive d'une action intelligible qui est vraiment sienne, qui fait son mérite ou sa responsabilité ; le penchant au bien ou au mal est donc inné, non point en ce sens qu'il serait involontaire, mais au contraire en ce sens qu'il est contracté par notre volonté même, dont l'acte original de détermination est en dehors du temps [1].

Ce penchant qui, tout en paraissant inné, est notre œuvre propre se distingue essentiellement des dispositions originaires de la nature humaine ; et pourtant il les suppose, puisque c'est en elles que se trouvent les motifs de détermination susceptibles d'être introduits par l'homme dans ses maximes. Ces dispositions se ramènent à trois. L'homme est d'abord un être vivant, et il y a en lui une disposition qui peut être dite amour de soi physique, et qui le porte comme mécaniquement à conserver sa vie, à perpétuer son espèce, à former avec ses semblables une société. L'homme ensuite est, en même temps qu'un être vivant, un

---

[1]. VI, p. 113-119, p. 125-126, p. 133, note. — Reicke, *Lose Blätter*, E 30, II, p. 115.

être raisonnable, et il y a en lui une disposition qui le porte à éclairer par comparaison et par réflexion l'amour de soi, à en chercher la satisfaction dans la valeur que l'opinion d'autrui lui confère ainsi que dans la suprématie conquise sur ses semblables. L'homme enfin est, en même temps qu'un être raisonnable, un être moral, et il y a en lui une disposition qui le porte à ressentir du respect pour la loi morale, considérée comme mobile pleinement suffisant du libre arbitre. Certes le fait de se déterminer par le seul respect de la loi ne peut être regardé comme le résultat d'une disposition naturelle, puisqu'il n'a son sens que par la liberté dont il procède : mais il ne serait pas possible non plus s'il ne se rapportait pas à une disposition de ce genre. Cette disposition ne sert du reste aucunement à fonder la loi, qui se soutient parfaitement par elle seule ; elle n'intervient que comme condition subjective de la faculté de recevoir dans nos maximes, à titre de mobile, le respect de la loi. — Animalité, humanité, personnalité : tels sont donc les objets de nos trois dispositions essentielles. La première s'exerce en dehors de la raison. La seconde requiert la raison pratique, au sens indéfini de ce dernier terme, c'est-à-dire la raison qui se met au service des autres mobiles. La troisième se fonde sur la raison pratique, au sens plein et défini, c'est-à-dire sur la raison qui institue par elle-même une législation inconditionnée, et elle a ainsi des caractères irréductibles.

Ces dispositions sont originelles et ne peuvent être détruites ; non seulement elles ne sont pas en elles-mêmes contraires à la moralité, mais elles y contribuent ; elles sont des dispositions au bien. Toutefois elles n'ont de valeur morale que par leur relation à la volonté ; et dès lors la volonté, qui peut les faire servir à l'accomplissement de la loi, peut aussi, étant libre, les employer pour le mal en les détournant, les deux premières du moins, de leur fin naturelle. C'est ainsi que l'amour de soi aveugle peut dégénérer en des vices bestiaux, intempérance, luxure, mépris sauvage des lois, que l'amour de soi raisonnable peut dégénérer en des vices plus raffinés, mais aussi plus profonds, jalousie, joie des maux d'autrui, rivalité qui au lieu d'être émulation bienfaisante s'exaspère jusqu'à un besoin insatiable de domination. Ces vices ne peuvent se représenter que par rapport à nos dispositions primitives ; mais ils n'en dérivent pas : ils ne peuvent provenir que d'un penchant au mal contracté par l'homme même[1].

Cependant on peut dans le penchant au mal distinguer trois degrés. C'est, en premier lieu, la faiblesse du cœur humain, impuissant à suivre dans la pratique les maximes bonnes qu'il a en principe adoptées, témoignant ainsi de la fragilité de notre nature. C'est, en second lieu, l'impureté du cœur humain, assez vaillant sans doute pour vouloir accomplir des actes conformes au devoir et même pour les accomplir en réalité, mais appelant à la rescousse pour exciter et soutenir sa vaillance d'autres mobiles que le devoir. C'est enfin la corruption du cœur humain, porté à agir selon des maximes qui subordonnent les mobiles tirés de la loi morale à des mobiles d'un tout autre ordre. Dans les trois cas, il est parfaitement possible que du principe intérieurement mauvais résultent des actes extérieurement en accord avec le devoir ; mais cette provenance est toute contingente ; car les motifs d'amour propre, d'ambition ou même de sympathie et de bienveillance qui dans tel cas poussent l'agent vers des actions réputées bonnes eussent pu tout aussi bien en d'autres cas l'en détourner ; et l'important ici, nous le savons, ce n'est pas seulement d'avoir de bonnes mœurs, mais d'être moralement bon, ce n'est pas d'observer la loi quant à la lettre, mais de l'observer quant à l'esprit[2].

Où donc est la cause du mal sous ces trois formes ? Elle est, dit-on souvent, dans la sensibilité de l'homme et dans les inclinations qui lui sont propres. Pourtant, outre que les inclinations n'ont pas de rapport immédiat avec le mal

---

1. VI, p. 120-122.
2. VI, p. 123-125.

et qu'elles peuvent fournir à la vertu d'éclatantes occasions de se produire, elles existent en nous sans que nous les ayons voulues ; nous n'en pouvons être tenus pour responsables, tandis que le penchant au mal, si profondément qu'il paraisse enraciné en nous, engage notre responsabilité. Dira-t-on alors que le mal a sa cause dans une perversion de la raison, qui n'irait à rien moins qu'à détruire pratiquement la législation morale originairement issue d'elle? Mais une action directe de l'être raisonnable contre la raison, de l'être libre contre la loi identique à la liberté, ne saurait se concevoir : autant admettre une cause agissant sans loi. Si donc Kant se refuse à admettre que le mal soit dû uniquement à un certain manque de culture[1] ou à l'imperfection de notre savoir, il garde toutefois du rationalisme socratique, platonicien et leibnizien cette idée, que la volonté de l'homme ne peut jamais délibérément poursuivre le mal pour le mal. Nul homme, dit-il, même le plus pervers, et quelles que soient ses maximes, ne viole la loi dans un pur esprit de révolte ; car à l'existence de la loi correspond en lui, nous l'avons vu, une disposition qui ne se laisse pas extirper.

Ainsi, pour l'explication du mal dans l'homme, la sensibilité contient trop peu, car elle ferait du mal un simple état d'animalité, et la raison contient trop, car elle ferait du mal un état diabolique. Reste donc que le mal s'explique par le rapport de la sensibilité et de la raison. Mais comment? Que l'homme soit également porté à accueillir en lui les mobiles qui lui viennent de la sensibilité et ceux qui lui viennent de la raison, cela se conçoit, puisque ces mobiles sont liés à des dispositions primitives : dès lors, si l'on jugeait de ce qu'est l'homme par le contenu matériel des mobiles, on pourrait l'estimer à la fois bon et méchant, ce qui ne saurait être. Cependant les mobiles de diverse espèce peuvent avoir entre eux une autre sorte de relation

---

[1]. Cf. Reicke, *Lose Blätter*, F 19, II, p. 358.

que cette relation de coexistence, ils peuvent se rapporter les uns aux autres par leur forme, c'est-à-dire par la valeur qu'ils prennent les uns vis-à-vis des autres dans les maximes de la conduite. Est-ce la loi morale qui est acceptée dans la maxime comme mobile unique et suffisant, qui est érigée ainsi en règle souveraine des satisfactions à donner à l'amour de soi? L'homme est alors moralement bon. Est-ce au contraire l'amour de soi qui est accepté comme mobile, qui est érigé ainsi en condition souveraine de l'accomplissement de la loi? L'homme est alors moralement mauvais. Donc le mal est avant tout le renversement, dans la maxime, de l'ordre véritable des mobiles ; il n'est pas, tant s'en faut, le simple amour de soi qui comme tel est légitime, qui peut et doit dans de certaines limites être contenté ; il est l'amour de soi converti en règle de la volonté et se subordonnant ainsi la loi dont il usurpe l'empire. Certes l'amour de soi peut conduire à des actes en apparence bons, surtout quand les inclinations qui le composent sont ramenées à une certaine unité de préceptes et se résument dans l'idée éclairée du bonheur ; on peut par exemple s'interdire le mensonge à cause des embarras où il met le menteur ; mais alors ce sont le plus souvent les conditions extérieures de tempérament et d'éducation, les circonstances de lieu et de temps qui déterminent cette direction des actes ; et si le caractère empirique est bon, le caractère intelligible n'en reste pas moins foncièrement mauvais[1]. C'est en ce sens que doit s'appliquer, selon Kant, la parole de saint Paul : « Tout ce qui ne vient pas de la foi est péché. »

Le mal, ayant une telle origine, ne peut être que radical,

1. Kant se sert ici dans un sens plus particulier de la distinction du caractère intelligible et du caractère empirique ; le caractère intelligible est tout entier dans la maxime intérieure, qui comme telle est ou bonne ou mauvaise ; le caractère empirique est dans la série des actes qui, quoique procédant de la maxime, peuvent à deux points de vue opposés l'exprimer inexactement ou imparfaitement, d'une part en revêtant parfois des apparences de vertu sous l'influence d'un amour de soi plus éclairé, d'autre part en ne traduisant que par des effets bornés la ferme intention d'obéir à la loi morale. VI, p. 131, p. 141.

puisqu'il est la perversion des maximes en leur principe. Si comme simple faiblesse ou simple impureté, il est une faute sans intention directe et sans préméditation, comme corruption du cœur humain, il est bien le péché délibérément commis, très manifeste à ce caractère, que l'homme travaille à se tromper lui-même sur la valeur de ses intentions, qu'il se croit justifié devant la loi pourvu que ses actes n'aient pas de conséquences mauvaises, que se mentant ainsi à lui-même comme aux autres, il est d'autant plus porté à accuser autrui de nombreux et graves manquements au devoir. Aussi l'Écriture a-t-elle raison de désigner l'auteur du mal — qui d'ailleurs réside en nous-mêmes — du nom de Père du mensonge [1].

Mais enfin qui nous dira ce qu'est l'homme dans son fond : bon ou mauvais ? Il n'est pas douteux que l'éducation religieuse de Kant, son penchant personnel à juger la vie présente et la conduite humaine sur un ton de sévérité pessimiste [2] n'aient incliné d'avance sa solution en ce sens : l'homme est mauvais. Qu'est-ce qui fournira la preuve ? L'expérience, répond Kant ; et contre ceux qui glorifient l'état de nature il invoque les scènes sanglantes et les actes de froide barbarie qui ont lieu chez les peuples sauvages ; contre ceux qui glorifient l'état de civilisation il invoque, avec l'hypocrisie, la malveillance et la haine qui se mêlent à toutes les relations sociales, la guerre qui met les peuples aux

---

1. VI, p. 129-133. — Reicke, *Lose Blätter*, E 30, II, p. 115-116.
2. La question de savoir si Kant est pessimiste n'est pas une question très bien posée, et il est trop clair que la solution en dépend pour une large part de la définition qu'on donne du pessimisme, et de l'objet que l'on mesure à cette définition. Hartmann qui a vu dans Kant le père du pessimisme moderne n'a défendu sa thèse avec quelque force qu'en distinguant les points de vue, et qu'en abandonnant volontiers à l'optimisme certaines conceptions de la philosophie kantienne (V. avec ses écrits cités plus haut, p. 297, note, son article *Kant und der Pessimismus*, Kantstudien, V, p. 21-29, en réponse à une critique de Wentscher, *War Kant Pessimist?* Kantstudien, IV, p. 32-49, p. 190-202. — V. également l'article de Th. Ruyssen, *Kant est-il pessimiste ?* Revue de métaphysique et de morale, XII, p. 535-550). Ce qui est certain, c'est que Kant a toujours été plutôt porté à apercevoir le mal dans les actions humaines, quelque confiance qu'il ait eue dans la loi d'évolution de l'humanité et dans l'efficacité intrinsèque de l'idée de devoir.

prises ou les menace constamment, et dont les causes sont tellement enracinées dans l'humanité qu'elles font apparaître comme une chimère quelque peu ridicule l'idée d'une union juridique de tous les hommes et d'une paix perpétuelle[1]. Peut-on cependant conclure de tels exemples que l'homme est radicalement mauvais, alors que Kant a pris soin de nous prévenir qu'il est impossible d'atteindre par l'observation les maximes du libre arbitre et de décider d'après l'expérience d'actions contraires à la loi que l'homme qui les accomplit est en lui-même mauvais[2]? Il y a là, semble-t-il, dans la pensée de Kant une contradiction surprenante[3]. On peut cependant pour l'expliquer, sinon pour la résoudre, remarquer que Kant dès le début de son ouvrage voulait surtout condamner toute tentative pour définir le penchant au bien ou le penchant au mal par des caractères empiriques des actes au lieu de le définir par la rationalité des maximes et une action intelligible ; en outre il a constamment supposé que si la conduite extérieurement bonne n'est pas la preuve d'une bonne maxime, la bonne maxime ne peut être la source que d'actes bons au moins en quelque mesure ; il a souvent laissé entendre que la moralité parfaite supprimerait le mal empiriquement existant dans les relations humaines. Si donc le mal se manifeste parmi les hommes, c'est qu'il existe dans la nature humaine un penchant radical au mal. Par un procédé analogue, et en considérant les observations anthropologiques comme une preuve suffisante[4], Kant croit pouvoir conclure que ce penchant est inné, non pas seulement à tel ou tel individu, mais à tous les membres de l'espèce humaine. Non pas qu'on puisse le déduire de la notion même de l'espèce : car ce serait alors le rendre objectivement nécessaire. Mais étant donné que l'expérience rend le mal visible dans tous

---

1. VI, p. 126-128.
2. VI, p. 114.
3. Ruyssen, *Quid de natura et origine mali senserit Kantius*, p. 66.
4. VI, p. 119.

les temps et dans toutes les formes de la vie humaine, on doit supposer le penchant au mal chez tout homme, même chez le meilleur en apparence. Le rigorisme du jugement exige l'universalité de son application. *Vitiis nemo sine nascitur*, disait Horace, et il avait raison ; et aussi l'apôtre saint Paul quand il disait : « Il n'y a point un seul juste, non, pas même un seul [1]. »

Mais nous savons aussi en quel sens le mal radical peut être dit un péché originel : en ce sens seulement qu'il a une origine rationnelle et hors du temps. Le concevoir comme s'accomplissant à un moment du temps, ce serait le faire dépendre nécessairement d'un état antérieur, et ce serait lui enlever à la fois son caractère originel et son caractère de liberté. Il ne faut donc pas regarder le mal comme héréditairement transmis de génération en génération à la suite d'une première faute de nos premiers parents : l'idée d'une faute héréditaire est contradictoire avec la liberté que le mal suppose et la responsabilité que chacun doit en avoir. Si les conséquences du mal nous sont justement imputables, c'est à la condition que le mal ait été d'abord librement voulu par nous. Mais n'étant pas déterminable dans le temps et relevant uniquement d'une cause intelligible, le penchant radical au mal reste incompréhensible : d'autant plus que les dispositions primitives de la nature humaine sont des dispositions au bien. Il ne souffre donc rien qui l'explique par derrière lui ; et la meilleure représentation que l'on puisse donner de l'action intemporelle qui l'a constitué est celle d'une chute.

Là-dessus la vérité philosophique est d'accord avec le récit biblique, dûment compris. L'Écriture, pour s'approprier à notre faiblesse, exprime dans une histoire et met à l'origine des temps ce qui est rationnellement premier, autrement dit hors du temps. Elle expose justement que le mal ne provient pas d'une sorte de tendance préalable qui

---

[1]. VI, p. 126, p. 133.

y aurait porté l'homme, car alors il n'aurait pas été librement accompli, mais qu'il est né du péché, c'est-à-dire de la transgression de la loi morale conçue comme précepte divin. Avant le péché, l'homme était dans un état d'innocence ; créature affectée d'inclinations sensibles, il ne pouvait recevoir la loi morale que comme une défense. Au lieu de suivre exactement cette loi en la considérant comme un mobile suffisant par lui-même, il s'est cherché d'autres mobiles qui ne pouvaient être bons que conditionnellement et sous l'autorité de la loi même, et c'est par eux qu'il a prétendu se déterminer pour accomplir le devoir, non par l'idée du devoir même. Il a donc commencé par mettre en doute la rigueur du commandement moral, il a fait de l'obéissance à ce commandement un simple moyen au service du principe de l'amour de soi, et par cette prépondérance des impulsions sensibles sur la loi dans la maxime de sa volonté, il a consommé le péché. *Mutato nomine de te fabula narratur*. C'est là ce que nous faisons tous les jours : voilà pourquoi il est dit que nous avons tous péché en Adam. Ainsi l'Écriture nous dévoile la nature et l'origine véritables du mal ; elle signifie clairement que la méchanceté innée en nous a pour principe le péché, que l'acte par lequel le péché fut accompli est antérieur à notre naissance ; elle le rapporte au premier homme, en figurant sous la forme du temps cette antériorité essentielle qui est toute de raison, tout actuelle ; elle marque ce qu'il y a d'incompréhensible dans cette origine du mal en présentant le mal comme s'étant produit au commencement du monde, non dans l'homme, mais dans un esprit surhumain déchu de sa destination première, et qui fut le Tentateur. — Est-ce là ce que l'Écriture historiquement a voulu dire ? Au point de vue où nous sommes placés, la question est indifférente : il suffit que nous puissions adapter à la lettre du récit biblique cette interprétation, conforme aux intérêts moraux[1].

---

1. VI, p. 133-138. — On peut comparer cette interprétation du récit

Ainsi l'homme est radicalement mauvais : peut-il devenir bon et comment le peut-il? Qu'il puisse devenir bon, la loi morale le prouve en l'exigeant actuellement[1]. Il doit pouvoir rétablir dans sa force la disposition primitive au bien ; et c'est parce que ce rétablissement sera l'œuvre de sa volonté qu'il aura un caractère moral. Bon ou mauvais, l'homme ne doit qu'à son libre arbitre d'être ce qu'il est. Pour être bon, il n'eût pas dû se contenter à l'origine de laisser agir d'elle-même sa disposition au bien ; il eût dû recevoir dans sa maxime les mobiles qu'elle contient. Étant mauvais, il doit pouvoir se refaire bon. Mais comment peut-il détruire en lui le mal et inaugurer en lui le bien? Comment l'arbre mauvais peut-il porter de bons fruits?

Parce que ce passage du mal au bien nous reste incompréhensible, ce n'est pas une raison d'en nier la possibilité : est-ce que la chute ne nous est pas incompréhensible, elle aussi? Sans doute pour que cette restauration obligatoire soit possible, il faut qu'un germe du bien ait subsisté en nous hors de l'atteinte et de la corruption du mal ; mais nous savons que le mal engendré par nous, s'il est un mal radical, n'est pas un mal absolu ; il est le renversement de l'ordre véritable des mobiles par la subordination de la loi morale à l'amour de soi ; par suite il n'est pas la destruction de la loi. L'existence du mal lui-même suppose la permanence en nous du mobile moral ; nous n'avons donc pas à

---

biblique avec celle que Kant avait déjà donnée dans ses *Conjectures sur le commencement de l'histoire de l'humanité* (V. plus haut, p. 291-295) : dans les deux cas l'origine du mal est rapportée, non pas seulement à l'imperfection de notre être, mais à une action positive de notre raison ; seulement dans le premier cas le mal n'était conçu que comme relatif, que comme inhérent à la vie artificielle créée par la raison dans sa prétention à satisfaire nos besoins et à développer nos facultés hors des limites de nos instincts naturels : le mal était le commencement de l'histoire et devait à travers les souffrances et les luttes des individus tourner finalement au bien de l'espèce ; ici le mal est pleinement tel, en ce qu'il ne peut pas de lui-même aller au bien et qu'il exige pour être vaincu un acte nouveau de liberté ; il résulte, non pas seulement de ce que la raison en général, mais de ce que la raison moralement législative s'est subordonnée à la sensibilité.

1. VI, p. 131, p. 135, p. 138.

le faire revenir on ne sait d'où ; nous avons seulement à le rétablir dans sa pureté absolue, et c'est là la conversion.

La conversion n'est pas uniquement, comme beaucoup l'imaginent, une réforme progressive par laquelle l'homme se raffermit de plus en plus dans la résolution d'accomplir des actes matériellement d'accord avec le devoir et se fait de l'habitude de ce ferme dessein une vertu ; car sa conduite ainsi envisagée n'a qu'une valeur légale et ne concerne que son caractère empirique. On peut changer ses mœurs sans changer son cœur. L'intempérant peut s'imposer la modération par souci de sa santé, le menteur la sincérité par souci de sa réputation, le malhonnête homme la loyauté bourgeoise par souci de son repos ou de son intérêt. Mais c'est le principe du bonheur qui règle ces modifications dans les façons de faire. Voir là un changement moral, c'est une déplorable erreur, malheureusement très répandue, et dont sont complices les systèmes d'éducation en vigueur. En réalité, pour être moralement bon, il faut être vertueux dans le caractère intelligible même. Donc la conversion du mal au bien ne peut être une amélioration graduelle ; ce doit être une révolution s'opérant au fond de l'intention humaine ; c'est un homme nouveau qu'il faut faire surgir par une sorte de régénération ou de création nouvelle[1]. Là-dessus Kant reconnaît ailleurs que les piétistes ont bien posé le problème[2]. Pour nous délivrer du mal radical il faut une rénovation radicale. Or cette rénovation radicale, la doctrine kantienne de la liberté la rend possible, en ce qu'elle s'appuie sur l'idée d'une causalité inconditionnée et qu'elle rejette celle d'une spontanéité se développant graduellement entre les contraires ; elle s'affranchit toutefois ici de la conception antérieure qui, dans la philosophie de Kant, faisait de l'immutabilité de la chose en soi une propriété de l'action libre[3].

---

1. VI, p. 138-144.
2. *Der Streit der Facultäten*, VII, p. 371.
3. V. l'usage que Schelling a fait des idées kantiennes sur la réalité du mal

La révolution qui nous libère du mal, c'est essentiellement la sainteté introduite dans la maxime ; mais l'homme qui l'accomplit n'est pas immédiatement saint, pour cela, car la distance est grande encore de la maxime à l'acte. En l'accomplissant il a fait de lui un sujet destiné au bien ; mais il ne peut manifester d'une façon sensible cette disposition nouvelle que par un progrès incessant vers le mieux ; il ne peut saisir par une conscience immédiate le fond de son cœur qui lui est caché ; il ne peut pas non plus se prouver par le point où il en est de sa conduite la transformation opérée en lui ; mais d'une part il doit pouvoir espérer que la constance de son effort propre, signe de la pureté nouvelle de son intention, ne sera pas sans effet ; et d'autre part, aux yeux de Dieu qui saisit d'un regard unique l'infinité de ce progrès, il est dès à présent tout à fait justifié et réellement bon, alors qu'il se sent lui-même encore en pleine lutte pour le bien.

Il ne faut donc pas conclure de l'innéité du mal à l'impossibilité de la régénération. L'idée du mal inné n'a aucune place dans la *dogmatique* morale ; car, qu'il y ait en nous ou non un penchant au mal, ce sont toujours les mêmes devoirs que nous avons à remplir. Cette idée a plus d'importance dans l'*ascétique* morale ; car elle nous prévient que pour l'accomplissement de notre tâche nous ne devons pas nous considérer comme partant d'un état d'innocence, mais opposer à un penchant au mal, indestructible par des forces naturelles, un effort incessant de notre volonté pour l'adoption et l'exécution de maximes contraires. Ce qu'il faut c'est que la régénération apparaisse bien en principe comme l'œuvre de notre liberté. Quand même on admettrait qu'une coopération surnaturelle est indispensable pour l'assurer, soit par un simple amoindrissement des obstacles, soit par une assis-

---

et son rapport à la liberté, en les adaptant à sa doctrine de l'identité, dans l'ouvrage *Ueber das Wesen der menschlichen Freiheit*. — Cf. Victor Delbos, *Le problème moral dans la philosophie de Spinoza et dans l'histoire du spinozisme*, p. 422 sq.

tance plus positive, il faut toujours que l'homme au préalable s'en rende digne et s'y prête par sa volonté, ou plutôt qu'il accepte et provoque par sa maxime même ce surcroît de force. Sans exclure la possibilité ou la réalité objective des idées qui représentent la régénération comme un effet de la grâce, il faut maintenir qu'elles ne sauraient s'introduire dans la règle propre de l'action. La raison philosophique, au surplus, en considérant ces idées, en écartant les difficultés qu'elles soulèvent, en établissant leur rapport possible avec les lois pratiques, consent à un hors-d'œuvre qui ne concerne pas la Religion comprise dans ses limites. Elle affirme en tout cas que s'il y a dans le champ du surnaturel quelque chose qui doive suppléer à notre impuissance morale, ce quelque chose ne peut être qu'au profit de la bonne volonté. Elle s'oppose énergiquement à toute Religion de simple observance qui enseigne soit que Dieu peut donner aux hommes le salut éternel sans qu'ils aient à se rendre meilleurs, soit que Dieu peut les rendre meilleurs sans qu'ils aient autre chose à faire qu'à l'en prier ; elle n'est véritablement d'accord qu'avec la Religion morale, — et de toutes les Religions connues la Religion chrétienne est la seule qui mérite ce titre, — d'après laquelle il faut que l'homme fasse tout ce qui dépend de lui pour devenir meilleur. Agissant ainsi, il a le droit d'espérer que ce qui n'est pas en son pouvoir lui sera donné par un concours d'en haut. L'essentiel n'est pas de savoir comment Dieu peut opérer en nous, ce qu'il a fait ou ce qu'il fera pour notre salut, mais de savoir ce que nous devons faire, nous, pour mériter son assistance[1].

*
* *

C'est donc une lutte qui est engagée entre le bon et le mauvais principe pour la domination de l'homme. De

---

1. VI, p. 144-147.

sévères moralistes de l'antiquité, comme les Stoïciens, ont bien compris la réalité tragique de cette lutte, et le terme même de vertu dont ils usaient signifiait justement à leurs yeux la vaillance et l'énergie à déployer contre un ennemi à combattre. Mais ce qu'est cet ennemi, ils l'ont mal vu ; ils ont cru l'apercevoir d'un premier coup d'œil dans ces inclinations naturelles dont le désordre spontané produit le caprice, l'imprévoyance et comme un état général de folie ; ils ont donc chargé la raison d'exercer sur elles et contre elles son empire. Ce qu'ils n'ont pas compris, c'est que les inclinations sont bonnes en elles-mêmes, c'est qu'elles ont seulement à être modérées et accordées ensemble, que le mal n'est pas en elles, qu'il est bien plus profond, qu'il gît derrière la raison même, invisible et d'autant plus dangereux. Ils ont ainsi prétendu à tort détruire ce qui par soi n'est pas mauvais et ce qui du reste est indestructible ; ils n'ont pas saisi, au contraire, ce qu'il fallait extirper, la maxime radicale d'un cœur corrompu. Ne voulant pas admettre un principe spécial et positif du mal, ils n'ont signalé comme une faute que la négligence à réprimer les inclinations ; ils n'ont pas pris garde que cette négligence ne peut venir des inclinations elles-mêmes, mais seulement du principe subjectif de détermination qui tire d'elles les maximes du libre arbitre[1]. Ainsi le mal ne saurait être tenu par une simple limitation de la raison ou pour un simple obstacle momentané à son avènement ; il a une réalité propre. L'apôtre proclame justement que nous n'avons pas à combattre avec la chair et le sang, c'est-à-dire avec les inclinations naturelles, mais avec des princes, des puissances, avec les esprits malins ; et la morale chrétienne est bien fondée à figurer par les images du Ciel et de l'Enfer l'opposition absolue de ces deux principes : les deux royaumes qu'ils gouvernent ne vont pas insensi-

---

1. Cf. Reicke, *Lose Blätter*, E 43, II, p. 166, p. 168. — V. plus haut, p. 482-483.

blement se rejoindre l'un l'autre ; ils sont séparés par un abîme[1].

Mais comment devons-nous nous représenter le bon principe ?

La seule chose qui puisse faire du monde l'objet du décret divin et la fin de la création, c'est l'humanité conçue comme moralement parfaite et comme assurée d'une félicité en rapport avec sa perfection. Cet homme parfait, cet homme pleinement agréable à Dieu est en Dieu de toute éternité ; il n'est point l'une quelconque de ses créatures, mais un Fils unique, la parole créatrice, le *fiat* par lequel ont été faites toutes choses et sans lequel rien de ce qui a été fait n'aurait été fait ; en lui Dieu a aimé le monde, et c'est en lui seulement, par la conformité de nos intentions aux siennes, que nous pouvons devenir enfants de Dieu. Ainsi s'exprime en un idéal l'idée de la pure perfection morale. Notre devoir, à nous autres hommes, c'est de nous élever vers cet idéal : l'idée que cet idéal personnifie, et qui nous est fournie par notre raison, nous en donne la force. Mais comme nous ne sommes pas les auteurs de cette idée, nous ne pouvons pas comprendre comment la nature humaine est susceptible de la recevoir. Il vaut mieux dire ceci : c'est cet idéal qui est descendu du ciel jusqu'à nous et qui a revêtu la nature humaine ; en raison du mal que nous avons produit, il nous est moins facile en effet de nous représenter comme montant vers lui ; mais lui a pu s'abaisser jusqu'à nous, car l'humanité n'est pas originairement mauvaise. Et cela veut dire qu'il ne s'est pas contenté de nous instruire par sa doctrine et son exemple, mais que, quoique innocent et sans péché, il a assumé nos misères, s'est exposé à toutes les tentations et s'est donné la tâche de les surmonter, a enduré les pires souffrances, jusqu'à la mort la plus cruelle, pour le bien du monde, pour le bien même de ses ennemis. De la sorte il a accompli au

---

1. VI, p. 151-154.

bénéfice de tous les hommes la fin morale de l'humanité, et il est devenu pour tous les hommes un modèle : car nous ne pouvons nous faire une idée de l'efficacité de la pure intention morale qu'en la concevant aux prises avec toutes sortes d'obstacles et avec les plus puissantes tentations.

Voilà en quel sens nous devons croire au fils de Dieu ; et cette foi uniquement pratique justifie l'espoir qu'en restant, parmi de semblables obstacles et de semblables tentations, attachés à ce modèle, nous ne serons pas indignes de la complaisance divine et nous serons sanctifiés[1].

Cette idée a par elle-même une réalité objective ; sans doute elle reste théoriquement incompréhensible : elle n'en a pas moins sa source dans notre raison qui lui confère une valeur pratique, indépendante de toute justification par l'expérience. Elle implique que nous devons, par suite aussi que nous pouvons nous y conformer. Quant à l'acte de reconnaître en un homme une parfaite conformité à cette idée, de découvrir aussi en lui l'exemple à suivre, il ne peut dépendre d'aucun autre motif que la considération d'une vie sans tache et aussi pleinement méritoire qu'on puisse l'exiger ; il ne peut être que l'assentiment donné à cette conscience qu'a le Juste de la pureté de sa maxime, et qui lui fait dire : « Qui de vous me convaincra de péché ? » Demander des miracles pour compléter cette preuve, ou même pour la fournir, ce serait confesser son incrédulité morale en substituant une foi historique à la foi de la raison, et ce serait oublier que cette foi pratique de la raison dans le Fils de Dieu peut donner aux miracles un sens, mais ne saurait tirer de miracles sa valeur.

Aussi faut-il qu'une expérience soit possible dans laquelle se manifeste à nous l'exemple d'un tel homme. On ne pourra certes jamais conclure rigoureusement d'une

---

1. VI, p. 155-157. — Contre l'interprétation littérale et sans portée pratique, qui admet dans l'Homme-Dieu une dualité de natures et une incarnation de la Divinité, v. *Der Streit der Facultäten*, VII, p. 356.

expérience de ce genre à l'authenticité de l'exemple : la profondeur du cœur reste insondable à l'observation extérieure, et même à l'observation propre du sujet; mais on pourra recueillir de décisives présomptions : en tout cas il serait illégitime de nier la possibilité de l'exemple, puisque en droit tout homme, selon la loi morale, devrait et pourrait être cet exemple même. Si donc, à un certain moment, un homme d'une inspiration morale véritablement divine est comme descendu du Ciel sur la terre, offrant par sa doctrine, sa vie, ses épreuves, l'exemple d'un être agréable à Dieu, — et n'oublions pas que si l'exemple peut être en lui, l'original reste en nous, c'est-à-dire dans notre raison, — s'il avait opéré une sorte de révolution dans l'humanité et apporté au monde un bienfait moral incomparable, il s'offrirait assurément avec les caractères que requiert la foi pratique de la raison ; du reste, sans nier absolument qu'il fût né d'une manière surnaturelle, on pourrait à bon droit le considérer comme engendré naturellement. Mieux vaudrait même le considérer ainsi dans l'intérêt de la morale. Car l'élever au-dessus de la fragilité de notre nature, ce serait établir entre lui et nous une distance qui l'empêcherait de nous servir d'exemple. Qu'importe, en effet, que, par ce qu'il a d'humain, il soit soumis aux mêmes besoins et aux mêmes tentations que nous, si par ailleurs il est doué, sans la devoir à son effort propre, d'une pureté surhumaine qui ne laisse pas de place à la possibilité d'une faute. Chacun de nous pourrait dire alors : Qu'on me donne une volonté absolument sainte, et toute tentation de mal faire expirera aussitôt en moi. Qu'on me donne la parfaite certitude intérieure, qu'après une courte existence terrestre, je serai appelé, à cause de ma sainteté, à jouir de l'éternelle béatitude, et devant cette perspective je supporterai non seulement avec résignation, mais encore avec joie, toutes les souffrances et jusqu'à la plus cruelle mort. Donc, un Être, qui, éternellement en possession de la béatitude et de la gloire, nous serait représenté comme ayant assumé nos extrêmes misères pour le bien de créatures indignes, exciterait à bon droit notre admiration, notre amour et notre reconnaissance ; mais il ne pourrait servir d'exemple ; il ne témoignerait pas de la puissance que nous avons d'atteindre à une moralité aussi sublime [1].

Est-il possible cependant que nous réalisions l'idée d'une humanité agréable à Dieu, et que notre justification s'accomplisse ? On ne saurait l'admettre sans résoudre certaines difficultés. Ainsi la Loi dit : « Soyez saints comme est saint votre Père qui est dans les cieux. » Mais le mal dont nous partons nous laisse infiniment éloignés du bien que nous devons produire, et la série des actes qui expriment sous les conditions du temps notre intention régénérée ne peut à aucun moment réaliser d'une façon adéquate l'idéal de sainteté qui nous est prescrit. Jamais donc nous ne pouvons être jugés saints. — A cette objection il faut répondre que Dieu aperçoit par une intuition intellectuelle comme une sorte de Tout un et achevé le progrès qui va à l'infini dans le sens d'une perfection toujours plus grande. Au regard de la justice divine, l'intention supplée à l'imperfection inévitable de nos actes et en répare l'incapacité. L'homme dont l'intention est bonne peut donc légitimement espérer d'être agréable à Dieu, à quelque moment du temps que son existence soit interrompue.

Mais voici une autre difficulté : Supposons que notre intention soit tournée vers le bien ; qu'est-ce qui nous assurera de sa parfaite constance et de l'impossibilité d'un retour au mal ? Certes on peut répondre avec saint Paul : « Son esprit rend témoignage à notre esprit » ; en d'autres termes, celui qui possède la pureté de cœur doit sentir de lui-même qu'il ne peut plus désormais déchoir. Mais cette confiance en soi ne serait-elle pas une illusion, et des plus dangereuses ? N'est-il pas vrai, suivant une dure parole,

---

1. VI, p. 157-161.

d'ailleurs souvent travestie, que l'on doit travailler à son salut avec crainte et tremblement? Mais aurait-on aussi la force de persévérer dans son intention, si l'on n'avait pas la foi d'y pouvoir persévérer en effet? A la vérité l'homme peut, sans s'abandonner à des superstitions amollissantes ou terrifiantes, trouver de quoi se rassurer lui-même ; si depuis l'époque où il a adopté les principes du bien, il a pendant une assez longue durée pu observer dans un progrès incessant de sa conduite vers le mieux l'effet de ces principes sur ses actes, il a le droit d'espérer que grâce à l'accroissement de puissance que lui communique ce progrès, il pourra dans cette vie et même dans l'autre aller d'un pas toujours plus ferme vers l'idéal inaccessible de la perfection et s'en rapprocher toujours davantage. Au contraire, celui qui après avoir tenté d'atteindre au bien s'est senti retomber plus lourdement dans le mal ne peut raisonnablement compter que dans cette vie et dans l'autre il puisse devenir meilleur, et il doit juger à ces indices que la corruption est restée au plus profond de son cœur. Une éternité bienheureuse ou malheureuse : c'est là certes, dans son inéluctable alternative, le principe d'idées assez puissantes pour pousser la conscience à se libérer du mal et la raffermir dans la poursuite du bien : mais on ne saurait convertir objectivement ces idées en dogmes ; ce sont simplement des règles qui doivent servir au sujet pour lui représenter d'après son état actuel sa condition future. Ainsi la bonne intention nous communique la foi en sa propre persistance ; elle nous protège au besoin contre l'inquiétude que peut nous causer quelque faux pas ; elle est le Consolateur, le Paraclet. En ces matières une certitude proprement dite, outre qu'elle n'est pas possible, serait préjudiciable à la moralité. Nous ne pouvons pas avoir une conscience directe de l'immutabilité de notre intention ; nous pouvons seulement la présumer avec confiance d'après les effets qu'elle paraît manifester dans le cours de notre vie.

La troisième et dernière difficulté est celle que Kant tient pour la plus grave. Que l'homme se soit converti au bien et qu'il persévère dans sa bonne intention, il n'en a pas moins commencé par le mal; et alors même qu'à la suite de sa régénération il ne commet plus de fautes nouvelles, il n'a pas pour cela expié les anciennes. On ne saurait dire qu'il peut par sa conduite actuelle s'acquérir un excédent de mérites destiné à combler sa dette d'autrefois; car il a toujours pour devoir de faire tout le bien qu'il peut faire. On ne saurait prétendre non plus qu'un autre peut s'acquitter à sa place : car ce n'est pas ici une dette matérielle, dont il est indifférent au créancier d'être remboursé par son débiteur ou par un autre, pourvu qu'il le soit : l'obligation contractée par le pécheur n'est pas transmissible, et un innocent ne peut l'en délivrer, fût-il assez gracieux pour s'en charger. Enfin le péché, tel qu'il doit être représenté, c'est-à-dire le mal radical, est infini : non pas tant à cause de l'infinité du Législateur suprême dont l'autorité est par là violée qu'à cause de la corruption de principe qu'il a introduite dans l'intention, et qui est l'origine d'une infinité de transgressions de la loi. Ainsi l'homme, ayant une expiation infinie à subir, est à jamais exclu du royaume de Dieu. Comment résoudre cette difficulté ? — Il est bien vrai en effet que la possibilité de l'expiation ne paraît pouvoir être conçue ni avant ni après la révolution intérieure qui a changé la maxime : avant, parce qu'alors le pécheur ne peut pas à cause de la malice de son cœur reconnaître la justice de la peine et que, n'étant pas régénéré, il ne peut la subir de façon à entrer par elle dans les voies de la rédemption; après, parce qu'il est engagé dans une vie nouvelle et qu'étant moralement un autre homme il n'a plus à être châtié. Reste alors que l'expiation indispensable s'accomplisse au moment où s'opère la conversion, qui est renoncement au vieil homme en même temps qu'acceptation du nouveau, mort au péché en même temps que naissance à la justice. Or c'est en effet ce renoncement douloureux aux plaisirs sensibles dont s'était entretenu le mal, c'est ce consentement à une vie pleine de privations endurées pour l'amour du bien, c'est cette crucifixion de la chair, qui, inséparable de l'acte de la régénération, lui communique une puissance de rédemption efficace ; ainsi c'est le pécheur lui-même qui subit la peine de sa faute, puisque c'est physiquement le même individu qui a péché et qui souffre ; et toutefois c'est un autre homme, l'homme nouveau, qui expie pour le vieil homme. En qualité d'homme nouveau, il considère ses souffrances comme une occasion de s'élever plus haut dans le bien, de sorte qu'elles s'accompagnent pour lui d'un certain contentement ; mais, parce qu'il les a reçues à charge du vieil homme expirant, il les considère comme des châtiments mérités. C'est en ce sens, mais en ce sens seulement, que doit se comprendre et s'admettre la satisfaction vicaire ; l'homme nouveau, ou le Fils de Dieu, qui en est le modèle personnifié, est le substitut du pécheur, le Sauveur qui satisfait à la justice en souffrant pour lui. Cependant il ne faut pas oublier que l'homme régénéré ne peut jamais qu'être en progrès vers la perfection morale et qu'à aucun moment il ne peut prétendre à être pleinement sanctifié par lui-même ; pour que sa justification soit consommée, il faut, ainsi que nous l'avons dit, que son intention soit admise par Dieu comme l'équivalent d'une action parfaite qui y serait conforme : il faut donc qu'un surcroît s'ajoute au mérite de ses œuvres, qu'un bien lui soit octroyé qu'il est seulement disposé à recevoir : c'est là proprement la grâce. Seulement il ne peut jamais y avoir de justification possible que sous la condition expresse et première de la régénération du cœur par la volonté. Rien ne peut suppléer à cette condition, quand elle manque, ni en accroître la valeur, quand elle est remplie : à cet égard tous les moyens extérieurs que l'on propose, pratiques expiatoires ou propitiatoires, invocations et cérémonies, sont de nulle valeur et n'offrent que danger. Il faut écarter de nous tout ce qui peut être « comme un opium pour la conscience » et nous dire aussi que nous serons jugés, non d'après quelques moments meilleurs ou certains retours de la dernière heure, mais d'après notre disposition morale intime et permanente, telle qu'elle s'est manifestée dans le cours de notre vie[1].

Telle est donc, dans son expression morale intelligible, la lutte du bon et du mauvais principe. L'Écriture, elle, nous la représente sous la forme d'une histoire dans laquelle les deux principes, érigés en personnes distinctes de l'homme, non seulement essaient l'un contre l'autre leurs forces respectives, mais encore tâchent de faire valoir la légitimité de leurs prétentions devant un juge suprême. Selon ce récit, l'homme avait à l'origine en partage les biens de la terre, seulement à titre d'usufruit, le Seigneur en restant le souverain propriétaire. Mais voici qu'apparaît un être spirituel, devenu, on ne sait comment, infidèle à Dieu, et qui, dépossédé par sa chute de tous les biens du ciel, veut devenir le prince du monde en déliant les âmes de leur Maître pour se les attacher. Il réussit en effet, malgré le bon principe, à établir l'empire du mal, et toute la postérité d'Adam s'y est soumise, de son plein gré du reste, éblouie par les prestiges des biens terrestres au point de ne plus même apercevoir l'abîme de corruption au fond duquel elle est descendue. En attendant mieux, et pour maintenir son droit à régner sur les hommes, le bon principe suscite une forme de gouvernement, uniquement fondée sur le respect public de son nom ; ce fut la théocratie juive. Mais comme les âmes n'y avaient d'autres mobiles que les biens temporels, l'espoir des récompenses et la crainte des châtiments, un tel ordre de choses n'était pas fait pour ruiner le règne des ténèbres et ne servait qu'à rappeler l'imprescriptible droit du Maître primitif. Or chez ce même peuple juif, au moment où il sentait vivement par lui-même toute la servitude et tous les maux d'une constitution

---

1. VI, p. 161-173. — Cf. Reicke, *Lose Blätter*, F 11, II, p. 319-320.

hiérarchique, où il s'ouvrait peut-être aussi à l'influence des leçons de liberté morale données par les sages de la Grèce, au moment donc où il était mûr pour une révolution, une personne apparut, « dont la sagesse encore plus pure que celle des philosophes antérieurs semblait comme descendue du ciel, et qui se donnait elle-même, en ce qui touchait ses enseignements et son exemple, pour un véritable homme sans doute, mais qui cependant s'annonçait comme un envoyé d'une naissance telle, qu'il était en possession de l'innocence originelle et qu'il n'était pas compris dans le pacte que le reste du genre humain, par son représentant le premier homme, avait conclu avec le principe mauvais[1] ». Le prince de ce monde n'a rien en moi, pouvait-il dire. Pour manifester qu'il était absolument pur, l'Écriture le fait naître d'une vierge, et c'est là une façon d'approprier la vérité à notre instinct moral. Quelles que soient les difficultés théoriques que soulève cette idée, il suffit à l'intérêt pratique de la prendre pour symbole de l'humanité s'élevant victorieusement au-dessus de la tentation. Cependant cette apparition d'un être agréable à Dieu mettait en péril la domination du mauvais principe. Celui-ci essaie d'abord de séduire le nouveau venu en lui offrant le gouvernement du monde, moyennant reconnaissance de sa suzeraineté. Cette tentative ayant échoué, il lui impose toutes sortes de privations, lui inflige toutes sortes de persécutions, il calomnie ses intentions et sa doctrine ; enfin il le condamne à la mort la plus ignominieuse. Cette mort, celui qui l'a subie ne l'a pas cherchée comme une façon de confirmer sa doctrine, ainsi que le prétend Bahrdt ; il ne l'a pas affrontée non plus pour faire simplement une révolution politique contre les prêtres, ainsi que le prétend l'auteur des *Fragments de Wolffenbüttel*. Il lui a donné par la façon dont il l'a soufferte une signification et une valeur purement morales. En fait il fut vaincu ; en droit il était le vainqueur.

---

1. VI, p. 175-176.

Non pas certes que son sacrifice ait anéanti d'un coup le mauvais principe, qui subsiste encore ; mais il a brisé tout au moins sa puissance et il a ouvert le règne de la liberté à ceux qui veulent aussi mourir à tout ce qui est mal.

Ainsi dépouillé de son enveloppe mystique, qui seule lui permettait en son temps de se faire entendre, le récit de l'Écriture contient un sens pratique valable pour tous les temps : à savoir qu'il n'y a de salut pour l'homme que par une régénération radicale, car l'ennemi à combattre n'est pas la simple sensibilité, comme on le dit souvent, c'est une perversité essentielle, qui est avant tout fausseté, et qui ne peut être vaincue que par l'idée du bien conçue dans sa pureté parfaite, par le bon principe. Mais le bon principe, en exprimant d'une façon réelle quoique incompréhensible, l'union de la sainteté avec une nature sensible, n'a pas été seulement présent à une certaine époque : il a de toute éternité son habitation parmi les hommes[1].

De la sorte la Religion doit avant tout regarder la bonne volonté comme condition première et comme critère de la justification ; elle n'a pas besoin de s'appuyer sur des signes extérieurs qui attestent, même quand ils portent à croire, un fond irréductible d'incrédulité intérieure ; la Religion morale doit rendre superflue la foi aux miracles. Sans doute lorsqu'une Religion de simple culte et d'observances touche à son terme, laissant la place à une Religion fondée en esprit et en vérité, on conçoit que la Religion nouvelle s'introduisant invoque des miracles elle aussi, afin d'enlever à la Religion ancienne son appui et d'en annoncer extérieurement la fin ; on conçoit même que la Religion nouvelle, pour lui gagner ses fidèles, se donne comme l'accomplissement de ce qu'avait préparé et figuré la Religion ancienne. Mais une fois la Religion morale établie, il est oiseux de discuter sur les miracles qui en ont signalé l'origine. On peut vénérer en eux l'enveloppe sym-

---

1. VI, p. 174-180.

bolique grâce à laquelle la Religion nouvelle a pu se répandre ; ce qu'il ne faut point, c'est faire de la connaissance et de l'aveu de ces miracles une partie intégrante de la Religion.

Quant aux miracles en général, ceux-là même parmi les gens raisonnables qui n'en récusent pas la possibilité, les traitent pratiquement comme s'ils n'arrivaient jamais. Et c'est une attitude analogue qu'observent les gouvernements quand ils permettent d'enseigner dans les doctrines religieuses publiques qu'il y a eu des miracles anciennement, mais que, par peur de troubles dans l'État, ils en interdisent de nouveaux. Conception certes qui en toute rigueur est inconséquente. Au surplus, que faut-il entendre par des miracles ? Au point de vue pratique, le seul où nous nous plaçons ici, les miracles désignent des événements produits par des causes dont les modes d'opération sont et nous restent absolument inconnues. On peut diviser les miracles en divins et en démoniaques, et ceux-ci en miracles diaboliques et en miracles angéliques ; mais ces derniers peuvent être négligés, car, remarque Kant, « les bons anges (je ne sais pourquoi) font peu ou ne font point parler d'eux[1] ». Il semble que nous puissions par les attributs de Dieu nous faire une idée de la façon dont se produisent les miracles divins ; mais cette idée ne peut être malgré tout qu'une idée très générale, incapable d'expliquer pourquoi et comment Dieu, dans tel cas défini, déroge à l'ordre de la nature. Le seul critère que puisse ici introduire la raison est négatif ; il consiste à tenir pour mal fondé, même s'il se donnait pour vrai, le miracle qui serait en opposition avec la loi morale, par exemple, l'ordre venu d'en haut à un père de sacrifier son fils innocent[2]. Quant aux miracles diaboliques, rien ne permet absolument de les reconnaître, puisque le malin génie peut procéder par ruse et revêtir, comme on dit, la forme d'un ange de la lumière. On ne peut donc

---

[1]. VI, p. 182.
[2]. Cf. *Der Streit der Facultäten*, VII, p. 380.

faire état des miracles ni dans la pratique de la vie, ni dans l'usage de la raison, alors même que l'on n'a pas à en nier la possibilité, ni la réalité. C'est-à-dire que l'homme qui reconnaît comme son devoir de travailler à son amélioration morale, ne doit pas faire entrer la foi aux miracles dans sa maxime, et qu'il doit toujours se comporter comme si tout changement d'intention et tout progrès dans la conduite ne provenaient que de lui seul[1].

*
* *

L'homme de bonne volonté lutte pour être délivré de la domination du mauvais principe, et il tient cette délivrance pour le plus grand bien qu'il puisse se promettre. Cependant il n'en reste pas moins exposé à de perpétuelles tentations, dont la cause principale est le contact avec ses semblables. Ce n'est pas qu'il reçoive nécessairement d'eux de fâcheux exemples : mais c'est assez qu'il vive en communauté avec eux pour que naissent et se développent en lui des passions telles que l'envie, la soif des honneurs et des richesses, auxquelles sa simple et primitive nature serait restée étrangère. Kant retrouve encore ici, au point de départ de ses considérations, la pensée de Rousseau. Quel moyen donc employer pour assurer le triomphe du bon principe sur le mauvais ? Il n'y en a qu'un, autant que nous en puissions juger, et il consiste dans la fondation d'une société morale régie par les seules lois de la vertu, n'ayant d'autre fin que l'avènement de la vertu, et qui devrait s'étendre de façon à comprendre tout le genre humain. L'union organisée des bonnes volontés : telle est l'idée que la raison législatrice nous représente comme nécessaire, en dehors des devoirs qu'elle prescrit à chacun de

---

1. VI, p. 180-185. — Cf. Pölitz, *Kant's Vorlesungen über die Metaphysik*, p. 118 sqq. ; *Vorlesungen über die philosophische Religionslehre*, 2ᵉ éd., p. 206-207. — Reicke, *Lose Blätter*, B 5, I, p. 96-97 ; E 43, II, p. 166, p. 168 ; G 14, III, p. 47. — Heinze, *Vorlesungen Kants über Metaphysik*, p. 143-148 [623-628]. — Kant, *Ueber Wunder*, IV, p. 500-502.

nous, pour triompher des attaques incessantes du mauvais principe.

Une association des hommes sous les seules lois de la vertu, quand ces lois sont publiques, peut s'appeler, par opposition à la société juridico-civile, une société éthico-civile ou encore une république morale. La république morale peut parfaitement se fonder dans une société juridique existante et comprendre les mêmes membres qu'elle ; à vrai dire elle ne peut même se constituer que si cette autre société existe déjà. Mais quelques rapports qu'il y ait par là et quelques analogies que l'on découvre entre ces deux formes de société, la république morale n'en a pas moins, avec sa fin propre, ce caractère propre, que les lois publiques par lesquelles elle s'établit ne peuvent être des lois contraignantes. Par rapport à elle comme par rapport à la société politique il y a un *état de nature,* dans lequel chacun se donne à lui-même sa loi, reste son propre juge et ne reconnaît aucune autorité qui lui soit commune à lui et à ses semblables. Or les citoyens d'une société politique organisée peuvent parfaitement être, au point de vue moral, dans l'état de nature et ont pleinement le droit d'y rester ; les forcer d'entrer dans une république morale qui, comme telle, exclut précisément la contrainte, ce serait contradiction. Que les pouvoirs politiques souhaitent de voir s'établir selon les lois de la vertu un gouvernement spirituel pour bien disposer les cœurs dont ils ne sont pas les maîtres, cela se comprend ; mais malheur au législateur qui voudrait réaliser par la force une constitution ayant pour objet des fins morales ! De son côté, le citoyen qui consent à entrer dans une république morale n'a pas d'ordre à recevoir des pouvoirs politiques sur la façon d'en régler le fonctionnement ; il ne doit respecter que cette condition, de ne rien faire à ce nouveau titre qui aille contre ses obligations civiques.

Mais de même que l'état de nature antérieur à la société juridique est un état de guerre de tous contre tous, dont l'homme doit sortir pour former la société juridique, de même l'état de nature antérieur à la république morale est un état de faiblesse contre l'invasion du mal et un état de corruption de tous par tous, dont l'homme doit sortir pour former la république morale. C'est là un devoir d'un caractère particulier, non plus le devoir de l'homme envers l'homme, mais le devoir du genre humain envers lui-même. Toute espèce d'êtres raisonnables doit, selon la raison, poursuivre le bien suprême qui est commun à tous. Mais comme le bien moral suprême ne peut être réalisé par l'effort de la personne travaillant isolée à son perfectionnement, comme il exige une union des personnes organisées en un Tout pour la poursuite des mêmes fins, il y a là une idée différente des lois morales ordinaires : les lois morales ne concernent que ce qui est en notre pouvoir, et nous ne savons pas, nous, comment et dans quelle mesure nous pouvons agir sur ce Tout. Aussi ce devoir nouveau implique une autre idée, celle d'un Être moral supérieur qui ait tout disposé pour faire concourir à un effet commun les forces, insuffisantes en soi, des individus.

Tel est donc le concept d'une république morale ; en principe elle doit comprendre tous les hommes. Les associations partielles qui se sont instituées dans cette intention sont loin de la réaliser ; elles n'en sont que des expressions bornées ou des réductions. Elles ont, par rapport à l'idéal qu'elles poursuivent, le défaut de laisser subsister entre elles un état de nature, analogue à celui qui subsiste entre les nations en l'absence d'un droit des gens.

La république morale ne peut recevoir sa législation des membres qui la composent, à la façon des sociétés politiques où la volonté générale établit les lois qui sont au besoin sanctionnées par la force. Ici, en effet, il s'agit, non pas de la légalité des actions, mais de leur moralité. Or la législation de la moralité ne peut consister en statuts extérieurs ; elle ne peut consister que dans les devoirs mêmes représentés comme commandements divins. Dieu qui nous commande de la sorte a en même temps la faculté de sonder les cœurs afin de traiter chacun selon son mérite. L'idée d'une république morale, c'est donc l'idée d'un peuple de Dieu[1].

Cette idée sublime, impossible à réaliser pleinement, se rapetisse dans les mains de l'homme qui en soumet l'accomplissement aux conditions de sa nature sensible. C'est de Dieu, non de l'homme, qu'il faudrait en attendre l'exécution. Mais comme l'homme ne doit pas rester inactif, il doit faire comme si la tâche était en son pouvoir, avec l'espérance, que la suprême sagesse couronnera son effort. Le vœu de tous les hommes d'intention droite est : Que le règne de Dieu arrive. Que sa volonté soit faite sur la terre. Mais quelle disposition prendre pour que ce vœu soit exaucé ? Une république morale sous des lois divines est une Église qui, dans sa conception pure, n'est pas objet d'expérience, qui est donc l'Église invisible, modèle de l'Église visible. L'Église visible est la société effective des hommes en vue de faire arriver sur la terre autant que possible le règne de Dieu. Les caractères auxquels on peut la reconnaître pour véritable sont les suivants : 1° l'universalité ; c'est-à-dire que si elle est divisée en des confessions différentes, elle doit pourtant être instituée d'après des principes tels qu'elle puisse les accorder universellement dans une Église unique ; 2° la pureté ; c'est-à-dire qu'elle ne doit admettre d'autres mobiles à son existence que des mobiles moraux exempts de toute superstition et de toute exaltation imaginative ; 3° la liberté ; c'est-à-dire qu'indépendante en elle-même à l'égard des pouvoirs politiques, elle ne subordonne pas à une hiérarchie les relations intimes des membres de l'Église, pas plus qu'elle ne les laisse se rompre par l'illuminisme des inspirations individuelles ; 4° l'immutabilité dans sa constitution ; c'est-à-dire que si elle ne doit pas s'opposer aux changements exigés par les circonstances, et qui, du reste, ne portent que sur

1. VI, p. 192-197.

son administration, elle doit se référer toujours à des principes certains, déterminés par l'idée de sa fin[1]. Cette Église ne doit donc pas avoir de régime qui la fasse ressembler à un système politique ; elle ne doit être ni une monarchie sous l'autorité patriarcale d'un chef, ni une aristocratie sous celle d'évêques et de prélats, ni une démocratie sous celle de sectaires illuminés : elle se compare plutôt à une famille que gouverne un père invisible, représenté par son fils qui connaît la volonté paternelle et qui, uni à tous les membres par les liens du sang, est à même de la leur faire connaître, par suite de les porter à honorer le père en même temps qu'à s'unir de cœur tous ensemble dans une confraternité spontanée, générale et durable[2].

Il n'y a que la foi religieuse pure qui puisse fonder une Église universelle, car elle est une foi de la raison, et à ce titre elle est communicable à tout homme ; tandis qu'une foi historique, reposant sur des faits, ne peut valoir que dans les limites de temps et de lieu où les récits dont elle dérive peuvent se propager et obtenir créance. Mais les hommes, à cause de la faiblesse de leur nature, ne peuvent se persuader, ni que la foi de la raison puisse être la base d'une Église, ni qu'une conduite morale soit tout ce que Dieu leur demande pour leur ouvrir son royaume. Ils ne peuvent se représenter leur obéissance à Dieu que comme un culte qu'ils lui rendent ; ils le traitent comme un Seigneur qui exige d'être honoré par des marques extérieures de soumission ; ils ne conçoivent pas que le strict accomplissement de leurs devoirs envers eux-mêmes comme envers autrui, en même temps qu'il marque les limites de leur puissance, est la seule façon d'observer les commandements divins. En réalité, pour tout homme, en tant qu'homme, il n'y a pas d'autre volonté de Dieu que celle qui s'exprime par la législation morale. Cependant pour

---

1. Ces quatre caractères, Kant les fait rentrer sous les titres généraux de sa table des catégories : quantité, qualité, relation, modalité.
2. VI, p. 198-200.

l'homme, en tant qu'il est membre d'un État divin sur la terre et qu'il doit coopérer à l'existence de cet État, qui est une Église, la question de savoir comment Dieu peut dans une Église être honoré ne saurait être résolue par la seule raison ; elle ne peut l'être que par une législation statutaire dépendant d'une révélation. En effet, la société morale des hommes qu'anime une même foi implique un système public de devoirs ainsi qu'un genre d'organisation en eux-mêmes trop contingents pour avoir l'autorité nécessaire s'ils ne se présentent pas comme prescrits par un statut divin positif. Ce n'est point qu'il y ait lieu de considérer la détermination de la forme de l'Église comme l'œuvre de la volonté de Dieu, car tout effort pour l'améliorer semblerait alors inutile et même sacrilège. Mais d'un autre côté il y aurait témérité à prétendre que l'organisation d'une Église qui se trouve dans le plus grand accord avec les exigences de la Religion morale n'a pu être le résultat d'une institution divine spéciale. Cependant la tendance des hommes est toujours de subordonner dans l'Église l'élément moral à l'élément statutaire ; et de fait, la foi dans les prescriptions liées à la forme de l'Église a toujours précédé la foi religieuse pure ; les temples, c'est-à-dire les édifices consacrés au culte, ont précédé les églises, c'est-à-dire les lieux où l'on se réunit pour s'instruire et pour vivifier ses intentions morales ; les prêtres, c'est-à-dire les ministres des pieuses pratiques, ont précédé les ecclésiastiques, c'est-à-dire les docteurs de la Religion morale ; et c'est encore suivant cet ordre que la plupart établissent la hiérarchie des éléments de leur foi[1].

Cette nécessité, naturelle à l'homme, de rattacher l'existence de l'Église à des statuts positifs est ce qui engendre la diversité des confessions religieuses. On dit qu'il y a diverses religions : expression singulièrement impropre, car il n'y a qu'une Religion, s'il y a diverses espèces de

---

1. VI, p. 200-204.

croyances¹. Mais l'on est toujours porté à prendre l'adhésion à telle Église pour la foi religieuse elle-même : les guerres dites de religion qui ont ensanglanté l'histoire ne portaient pas au fond sur la Religion même, mais sur la prépondérance réclamée par une certaine forme de constitution ecclésiastique. Or, quelle que soit la prétention d'une Église particulière à être l'Église universelle et à traiter d'incrédule, d'hétérodoxe et d'hérétique quiconque n'admet pas pleinement sa règle de croyance, il ne peut y avoir, en réalité, comme Église véritablement universelle que l'Église invisible, qui ne prononce, elle, aucune exclusion et dont la secrète influence devrait sans cesse inviter les Églises existantes à élargir les formules de leur orthodoxie².

Dès qu'une foi historique est reconnue nécessaire comme véhicule de la foi de la raison, il faut admettre que ce qui lui permet de se conserver, de se répandre sans s'altérer, de retenir tout le respect dû à la révélation dont elle est issue, c'est moins la tradition qu'un livre. Un Livre saint acquiert auprès des hommes, même de ceux qui ne le lisent pas (et c'est le plus grand nombre) la plus vénérable autorité ; il permet de couper court à toutes les discussions par cette parole : Cela est écrit ; il renferme des passages qui

---

1. Dans ce qui est proprement la Religion, dit Kant ailleurs, il ne saurait y avoir de différences de sectes ; car en elle-même la Religion est une, universelle et nécessaire, par suite immuable. Les différences de sectes ne peuvent se rapporter qu'à la foi définie par une Église, et elles proviennent de la tendance qu'a cette foi à s'imposer comme absolument valable, sans justification par la foi de la raison. On dit souvent que les différences de sectes sont un bien, parce qu'elles témoignent de la tolérance du gouvernement ; mais alors c'est le gouvernement qu'on loue, voilà tout. Il ne faut pas considérer comme bon par lui-même un état de division qui traduit mal l'unité et l'universalité de l'Église invisible. Les différences de sectes peuvent se justifier quand elles ne sont que des différences dans la façon d'apprécier le degré d'efficacité qu'ont les diverses enveloppes sensibles de la Religion pour préparer le dégagement de la pure Religion dans son esprit et dans sa fin, qui sont l'amélioration morale de l'homme. En ce sens protestants et catholiques éclairés peuvent, non pas se confondre sans doute, mais se regarder comme frères dans la même foi. Autrement dit, l'essentiel est que des sectes ecclésiastiques ne deviennent pas des sectes religieuses dans le fond. — *Der Streit der Facultäten*, VII, p. 365-370.

2. VI, p. 205-207.

sont comme des décisions par lesquelles se fixe tel ou tel point de doctrine ; il a la puissance de sauvegarder à travers toutes les crises politiques et toutes les révolutions la foi qui est fondée en lui. Quel bonheur c'est, quand un tel Livre, venu aux mains des hommes, se trouve renfermer, à côté de statuts positifs, la doctrine religieuse la plus purement morale dans toute sa plénitude, et les met ensemble le plus complètement d'accord. Certes, en raison de la fin qu'il permet ainsi d'atteindre, en raison de la difficulté qu'il y a à expliquer par des lois naturelles l'immense lumière qu'il a projetée sur l'espèce humaine, on peut dire qu'il mérite d'être tenu pour révélé [1].

Cependant qui interprétera le Livre et comment l'interprétera-t-on ? On ne saurait s'en remettre pour cela au sentiment de chacun, car ce sentiment est de nature trop individuelle pour être la pierre de touche de la vérité. La seule façon de concilier la foi historique et empirique que le hasard a faite nôtre avec les principes de la foi morale, c'est d'interpréter la révélation qui nous est donnée dans un sens conforme à ce que doit être la Religion selon la raison pra-

---

1. VI, p. 204-205. — Quels sont, se demande Kant dans le *Conflit des Facultés*, les titres de créance de la Bible ? Ils ne peuvent être dans le fait, que l'auteur déclare avoir entendu la voix de Dieu, car comment par les sens décider que la voix que l'on entend est la voix divine ? Ils ne peuvent être non plus établis par des récits et des témoignages, qui auraient besoin d'être confirmés à leur tour, et qui ne pourraient jamais l'être positivement. Ils ne peuvent être tirés de l'inspiration reconnue à l'auteur, car l'auteur était un homme, sujet à se tromper ; et en outre ce caractère d'inspiration, en s'étendant dès lors également à toutes les parties du livre, ne pourrait manquer d'en affaiblir l'autorité. Ils ne peuvent résulter que de l'influence exercée par le livre sur la moralité de ceux qui le lisent ou plutôt qui en suivent la direction. C'est par là que la Bible mérite d'être conservée, non seulement comme organe de la pure Religion de la raison, mais encore comme testament d'une doctrine statutaire destinée à servir de guide pendant des siècles, quelque diminution que subissent au point de vue théorique les arguments qui ont trait à son origine et à sa nature historiques. La divinité de son contenu moral rachète suffisamment pour la raison l'humanité de son récit historique. Il en est d'elle à cet égard comme d'un vieux parchemin, illisible çà et là, que l'on réussit à comprendre au moyen d'accommodations et de conjectures en accord avec l'ensemble. On est donc autorisé à conclure que la Bible doit être traitée comme si elle était une révélation divine, qu'elle doit être pieusement gardée, moralement utilisée, mise au service de la Religion pour aider à la répandre. — VII, p. 378-382.

tique. Il se peut que cette interprétation du texte paraisse souvent forcée et le soit en effet ; mais dès qu'elle est seulement possible, elle est préférable à une interprétation littérale qui ne serait en rien favorable à la moralité ou même qui lui serait contraire. Cette manière d'en user avec les livres sacrés n'est pas d'ailleurs nouvelle ; chez les Grecs et les Romains, les philosophes et les moralistes surent trouver dans les légendes du polythéisme et les récits de la mythologie l'indication voilée d'une morale plus pure ; pareil procédé a été appliqué au Véda et au Coran ; le Judaïsme d'une époque plus récente et le Christianisme même reposent en partie sur des interprétations forcées, mais orientées vers l'idée de croyances valables pour tous les hommes. Ce genre d'explication n'a rien de déloyal, car il ne prétend pas reproduire ce que les textes et les récits avaient en quelque sorte primitivement l'intention de signifier ; il développé seulement une certaine possibilité de les comprendre, en accord avec ce qu'exige l'amélioration morale de l'humanité[1]. C'est dans cet esprit de perfectionnement qu'il

---

1. V. plus haut, p. 623. — Dans le *Conflit des Facultés* Kant pose 4 principes philosophiques de l'interprétation de l'Écriture : 1° les passages contenant des doctrines théoriques qui dépassent tout concept de la raison, même tout concept moral, peuvent être interprétés dans le sens de la moralité : doivent l'être les passages contenant des propositions qui sont en désaccord avec la raison pratique ; 2° la foi à des doctrines révélées ne peut être considérée ni comme un devoir ni comme un mérite, car d'abord la foi en principe ne comporte pas d'impératif, et toute foi qui ne se rapporte pas et ne se subordonne pas aux conditions de la vie morale ne peut être un élément essentiel de la Religion ; 3° l'action de l'homme doit être regardée comme résultant de l'usage de ses forces morales propres, non de l'influence d'une Cause opérant du dehors et d'en haut ; tout passage de l'Écriture qui contredit radicalement cette règle doit être interprété dans le sens d'une attribution aux facultés humaines de ce qui était rapporté à la puissance divine ; 4° lorsque l'action propre de l'homme ne le justifie pas pleinement devant sa conscience, la raison est autorisée à supposer qu'une assistance surnaturelle s'y ajoutera, sans chercher à déterminer en quoi elle réside et comment elle opère. — VII, p. 356-361. — Cette méthode d'interprétation, ajoute plus loin Kant, n'est ni le procédé allégorique, ni le procédé mystique : c'est faute d'elle, au contraire, qu'on use des explications allégoriques pour ne pas être obligé, en prenant à la lettre les récits de l'Ancien Testament, de croire que la véritable Religion était déjà là tout entière ; on y voit alors à tout prix des représentations symboliques de ce que sera la Religion à venir. De même, c'est lorsque l'interprétation de l'Écriture n'est pas

faut, au point de vue religieux, lire l'Écriture ; l'élément historique, dès qu'il ne concourt pas à cette fin, a quelque chose de pleinement indifférent, que l'on peut traiter comme bon semble.

A cette façon d'interpréter l'Écriture s'en ajoute une autre, mais qui lui est subordonnée ; c'est la science proprement dite des livres saints. Comme il n'y a pas d'art humain, ni de sagesse humaine qui permette de monter jusqu'au ciel pour vérifier si le premier docteur a été dûment accrédité dans sa mission, il faut rassurer ceux qui trouvent dans une révélation de quoi confirmer leur foi morale, leur montrer comment les ouvrages dans lesquels cette révélation a été consignée méritent historiquement créance, comment par suite l'origine historique de l'Église fondée sur le livre saint n'a rien en elle qui empêche de rattacher cette Église à une révélation divine. Il faut d'ailleurs encore que le sens littéral de l'Écriture puisse être déterminé par ceux qui sont incapables de la lire dans le texte. D'où un rôle indispensable que remplissent des savants, qui peuvent, eux, en même temps que la lire et l'éclaircir, en établir aussi, grâce à leurs connaissances historiques et critiques, par l'état moral et social de l'époque, la signification immédiate.

Ainsi la Religion de la raison et la critique biblique fournissent les seules interprétations admissibles de l'Écriture, l'une qui est l'interprétation essentielle, l'interprétation authentique, l'autre qui est l'interprétation accessoire, l'interprétation doctrinale [1]. Il va sans dire que cette double exégèse doit être entièrement libre ; l'État doit se contenter de veiller à ce qu'il ne manque pas d'hommes vertueux et instruits pour la poursuivre. Et ceux-ci, grâce à cette liberté, et sous l'influence du jugement public, seront de plus en plus obli-

---

réglée par les concepts définis de la raison pratique qu'elle est livrée à la fantaisie arbitraire des mystiques et des illuminés. — VII, p. 362-363.

1. V. plus haut, p. 606-607. — Cf. *Der Streit der Facultäten*, VII, p. 365, p. 383-384.

gés de développer leur interprétation dans le sens moral ; ce qui atténuera l'inconvénient que présente toute foi historique de n'être trop souvent qu'une foi aux théologiens et à leurs façons de voir [1].

De la sorte apparaît plus clairement la fonction que doit remplir une Église existante. Reposant sur une foi historique, elle ne saurait prétendre à l'universalité et à la nécessité de la véritable Église, de celle qui est pleinement conforme à l'idée de la pure Religion de la raison ; elle doit envelopper la conscience de sa particularité et de sa contingence. Toutefois si, affectant la Religion pure comme moyen et comme véhicule, elle reconnaît qu'elle n'est en effet que moyen et que véhicule, si elle admet en elle un principe de développement qui la dégage de plus en plus de ses formes extérieures pour la rapprocher toujours davantage de cette Religion, elle mérite d'être appelée la vraie ; sans doute, comme elle ne peut dès maintenant supprimer les conflits entre les diverses doctrines de foi historique, elle est encore *militante*, mais avec la perspective d'être un jour l'Église immuable et universelle où tous auront place, l'Église triomphante.

Cependant une difficulté, ou même une contradiction surgit, qui paraît mettre aux prises la foi réglée par l'Église et la foi de la raison. La foi sanctifiante comprend en effet deux croyances : la première, c'est la croyance à une satisfaction donnée par delà notre pouvoir propre pour que nos péchés antérieurs nous soient remis ; la seconde, c'est la croyance à la possibilité de devenir par notre conduite personnelle agréables à Dieu. De ces deux croyances, au reste étroitement unies, laquelle conditionne l'autre? Est-ce parce que nous nous croyons rachetés que nous nous considérons comme capables de nous bien conduire? Est-ce parce que nous avons foi dans l'efficacité de la bonne intention que nous comptons être rachetés [2]? Il y a là, dit

---

1. VI, p. 207-212.
2. Cf. *Der Streit der Facultäten*, VII, p. 364-365.

Kant, une remarquable antinomie de la raison avec elle-même. Cette antinomie ne peut être résolue ou du moins expliquée que tout autant que l'on s'est prononcé sur la question de savoir si la foi historique, réglée par l'Église, doit toujours se surajouter, comme élément essentiel de la croyance sanctifiante, à la foi religieuse pure, ou si elle n'est qu'un moyen d'action provisoire destiné finalement à se résoudre en elle, quelque éloigné qu'en soit le jour. Examinons le premier cas. Supposons qu'il y ait eu une satisfaction donnée pour les péchés des hommes ; on conçoit que tout pécheur veuille se la rapporter, et puisqu'il ne s'agit que de croire à la rédemption pour être racheté, nul n'hésitera un moment. Mais comment un homme raisonnable qui a conscience de sa culpabilité pourra-t-il sérieusement admettre qu'il suffise d'accueillir docilement la nouvelle d'une rédemption accomplie en sa faveur pour en devenir le bénéficiaire et pour avoir le péché extirpé en lui radicalement? S'il avait une telle confiance, elle ne pourrait encore que lui venir du ciel toute gratuite, sans que sa raison y eût aucune part. La vérité est que l'annonce de la Rédemption ne peut, s'il est sincère, lui faire désirer de s'en approprier les mérites qu'après qu'il s'en est rendu digne par sa conduite. — Examinons le second cas. Supposons un homme corrompu foncièrement ; comment pourra-t-il se croire en état de devenir jamais agréable à Dieu, quelque effort qu'il fasse, si d'une part il a conscience de l'impossibilité où il est de réparer entièrement sa faute, si d'autre part il ne croit point qu'il y ait une autre personne pour satisfaire à la justice dont il a éveillé en lui le sentiment, s'il n'est pas comme régénéré par cette croyance de façon à pouvoir entrer dans une vie nouvelle. — Nous n'avons aucun moyen d'aplanir ce conflit par une vue théorique des causes qui font que la liberté d'un homme se décide pour le bien ou pour le mal : car ceci dépasse le pouvoir de notre raison. Il n'est pas douteux non plus qu'au point de vue pratique nous ne devions partir de ce qui est notre devoir et non pas de la foi à ce que Dieu a fait en notre faveur. Cependant l'antinomie n'en paraît pas moins subsister ; car si l'une des deux thèses fait de la grâce la condition de la bonne conduite, et ainsi ouvre la porte à la superstition, l'autre thèse, en tenant la conduite exemplaire pour indifférente et même pour hostile à toute révélation, favorise l'incrédulité naturaliste. Pour résoudre l'antinomie, ou du moins pour montrer qu'elle n'est qu'apparente, voici ce qu'il est nécessaire et suffisant de remarquer : La foi dans le fils de Dieu, par qui nous sommes rachetés, c'est la foi dans le modèle de l'humanité agréable à Dieu ; elle se rapporte elle-même à une idée de la raison, conçue non seulement comme la règle, mais encore comme le mobile de notre volonté : c'est donc tout un de prendre pour point de départ cette foi rationnelle ou le principe de la bonne conduite. C'est seulement la foi en ce modèle se réalisant sur la terre, autrement dit la foi empirique ou historique en l'Homme-Dieu, qui n'est pas identique avec le principe de la bonne conduite, toujours nécessairement rationnel. Toutefois l'apparition de l'Homme-Dieu ne peut tirer sa preuve de l'expérience ; elle ne peut être reconnue comme telle que par l'accord d'un exemple que l'expérience fournit avec l'idée rationnelle d'un modèle de l'humanité. La rédemption et la régénération ne sont donc pas deux idées différentes au fond, mais une seule et même idée pratique, envisagée en deux sens différents selon qu'on la rapporte à une origine divine ou qu'on en fixe le siège dans la conscience humaine. Si l'antinomie s'évanouit ainsi dès qu'on reconnaît que la foi historique n'est qu'un véhicule de la Religion pure, elle reste insoluble dès que l'on prétend faire dépendre le salut de la croyance à la réalité historique de l'Homme-Dieu. Cette idée de la justification par une foi indépendante de la régénération intérieure, par la simple observance du culte, aboutit à présenter la foi comme un don arbitraire de Dieu à quelques privilégiés. « Il a pitié de qui il veut ; il endurcit qui il veut. » Cette parole, quand elle ne signifie pas seulement que la bonté ou la méchanceté de l'homme échappe en son origine à notre connaissance, est le *salto mortale* de la raison humaine[1].

C'est au contraire une conséquence normale des dispositions de notre nature, que toute religion se dégage de ses formes empiriques, de ses statuts historiques, et se consomme dans la foi rationnelle pure. La lisière des traditions sacrées, à mesure que l'humanité grandit, devient inutile pour la conduite : maintenue au delà du temps nécessaire, elle devient une entrave et une servitude. L'humanité « devenue homme » ne peut que déposer ce qui tient à l'enfance. Mais il ne faut pas attendre cette transformation d'une révolution extérieure ; car l'ordre nouveau que cette révolution produirait selon le hasard des circonstances, dans le tumulte et la violence, aurait immanquablement des vices qui se feraient douloureusement sentir pendant des siècles et qui ne pourraient être corrigés que par d'autres révolutions. Le progrès vers l'avènement de la Religion de l'esprit commence certainement et se continue régulièrement dès que les Églises existantes, reconnaissant que c'est là leur fin, tendent davantage à tenir pour accessoires leurs pratiques propres et les formes de leur culte. A coup sûr, il ne faut pas compter qu'elles réalisent jamais pleinement cet idéal qui serait le triomphe de la véritable *Aufklärung*, où l'unité de croyance dans l'Église se concilierait avec la pleine liberté dans la foi ; il en est d'elles comme des nations diverses, dont il est malaisé d'espérer qu'elles renonceront chacune à sa soif de domination pour s'unir par les liens d'une constitution juridique universelle. Cependant dès que l'humanité religieuse est en marche vers cet idéal, si éloigné soit-il, il y a lieu de penser que toute amélioration acquise trouve dans la disposition naturelle de l'homme au bien de quoi se soutenir et se propager, que l'union des

---

[1]. Contre la doctrine de la prédestination selon saint Paul, v. encore *Der Streit der Facultäten*, VII, p. 358.

âmes et leurs communs efforts vers la perfection, loin de se laisser briser par les obstacles venus à certains moments de causes politiques et sociales, ne feront que croître en solidité et en énergie [1].

Présenter une histoire universelle de ce progrès serait naturellement impossible, si l'on entendait par là le progrès du pur esprit religieux ; car le pur esprit religieux n'est pas un état public, et chacun isolément peut prendre conscience des progrès qu'il y fait. Mais il en est autrement de la croyance adhérente à une Église, qui, elle, se transforme publiquement, et dont les transformations se peuvent apprécier par leur rapport à la foi religieuse de la raison. A cet égard l'Église visible véritable date du moment où la croyance positive reconnaît qu'elle dépend de la croyance rationnelle et qu'elle doit s'en approcher toujours davantage. Aussi ne peut-on pas faire rentrer le judaïsme dans l'histoire de la véritable Église ; le judaïsme n'est point en effet proprement une religion ; il réclame simplement l'observation extérieure de ses dix commandements sans exiger, comme le fait le Christianisme, l'intention morale ; il professe que chacun reçoit sur cette terre, soit en lui-même, soit dans sa postérité, le prix de ses œuvres : ce qui est une règle de prudence politique, non une maxime de justice ; il n'enseigne point la croyance à l'immortalité ; il se borne à la laisser apparaître par les mêmes causes qui l'ont fait se produire chez d'autres peuples, même chez les plus grossiers. Loin d'être un moment de l'Église universelle, il a exclu le genre humain de toute communauté avec lui, tenant qu'il ne pouvait y avoir qu'un peuple élu. Quant au monothéisme dont on lui fait honneur, outre qu'il se retrouve sous la mythologie de la plupart des peuples, il ne prête ici à Dieu qu'une autorité législative extérieure, et par là il est inférieur à certaines variétés du polythéisme qui au moins laissaient pénétrer dans la Divinité des attri-

---

1. VI, p. 212-222.

buts moraux. Ainsi, contrairement à la disposition de la plupart des écrivains de l'*Aufklärung* qui liaient volontiers le Christianisme au Judaïsme ou même qui trouvaient dans le simple déisme de la croyance juive une vérité plus appropriée à leur idée de la Religion naturelle, Kant soutient l'opposition radicale du Christianisme et du Judaïsme et la suprématie incomparable du Christianisme. Ce n'est qu'extérieurement que le Christianisme paraît sorti du Judaïsme ; si les propagateurs du Christianisme ont admis cette filiation en déclarant que l'ancienne foi contenait sous forme de symboles et de figures ce que la foi nouvelle réalisait en vérité, ç'a été uniquement pour rendre plus aisée et plus sûre l'introduction de la foi nouvelle ; si d'autre part, malgré sa brusque apparition, le Christianisme a été préparé par l'état antérieur du Judaïsme, c'est que le Judaïsme à ce moment était tout imprégné de la sagesse grecque, que son organisation politique et sacerdotale avait été ruinée par la domination de ce peuple romain qui traitait avec indifférence les croyances populaires des autres nations. Quoi qu'il en soit, ce que le fondateur du Christianisme est venu annoncer au nom du ciel, c'est la nullité de la croyance légale, asservie aux cérémonies et aux pratiques du culte, c'est la valeur absolue de la foi morale, seule capable de nous sauver. Il a confirmé sa doctrine par l'exemple pendant sa vie et à sa mort. Sa résurrection et son ascension, qu'il faut d'ailleurs se garder d'entendre dans un sens dogmatique et matérialiste[1], sont les signes du commencement d'une autre vie et de l'entrée dans le royaume de la béatitude ; mais avant de quitter ce monde il a pu dire avec vérité qu'il restait néanmoins parmi ses disciples jusqu'à la consommation des siècles. Cette doctrine, transformée en croyance historique, pouvait à ce dernier titre avoir besoin d'être confirmée par des miracles ; en elle-même, en tant que relevant de la croyance morale, elle pouvait

---

1. Cf. *Der Streit der Facultäten*, VII, p. 357.

s'en dispenser. Les miracles dont la Bible entoure la naissance du Christianisme eussent réclamé le contrôle des contemporains éclairés : or les Romains du temps ne nous disent rien là-dessus ; les commencements du Christianisme nous restent donc obscurs. Nous ne savons pas non plus l'influence que la Religion nouvelle exerça sur la moralité de ses premiers fidèles. Ce que l'histoire nous rapporte pour les périodes qui ont suivi n'est guère propre à nous édifier : abus de la vie monastique et contemplative, superstitions grossières, despotisme de la hiérarchie ecclésiastique, décadence de l'empire d'Orient hâtée par les querelles théologiques, subordination de l'Occident au pouvoir religieux temporel, intolérance et guerres civiles : voilà toute une série de maux survenus au cours de l'histoire du Christianisme et qui sont résultés de la tendance à transformer les moyens transitoires grâce auxquels il pouvait s'introduire parmi les nations en fondements définitifs de la Religion universelle. Quelle est donc la meilleure époque qu'ait connue l'histoire de l'Église ? C'est la nôtre, répond Kant. Car le germe de la vraie foi religieuse, visiblement déposé aujourd'hui par quelques esprits dans la Chrétienté, ne peut manquer d'y fructifier. De là résulte dans le jugement sur ce qu'on appelle la révélation un esprit d'équitable mesure ; un Livre qui pour son contenu moral ne contient rien que de purement divin peut, pour ce qu'il a d'historique, être considéré réellement comme une révélation divine ; en outre, comme une association religieuse ne peut se former entre les hommes ni être stable sans un Livre sacré et une foi extérieurement formulée qui s'y rattache, comme en outre on n'a pas à attendre une révélation nouvelle [1], le plus raisonnable et le plus juste, c'est de prendre pour base de l'enseignement ecclésiastique le Livre reçu, de ne point en affaiblir la valeur par des attaques inutiles et malignes, sans du reste imposer à personne la foi en ce Livre comme

---

1. Cf. *Der Streit der Facultäten*, VII, p. 382.

condition du salut. D'autre part l'histoire sainte doit être enseignée selon son véritable objet, qui est l'idée de la vertu aspirant à la sainteté, et ne jamais employer ses éléments historiques à autre chose qu'à une représentation vivante de cet objet ; elle doit, contre le penchant si fort à la croyance passive, servir à inculquer l'idée que la vraie Religion consiste non pas à connaître ce que Dieu fait ou a fait pour notre sanctification, mais à accomplir ce que nous devons faire pour nous en rendre dignes. Ce sont là des principes dont les gouvernements doivent favoriser les progrès, dont ils ne doivent pas surtout gêner la libre application dans l'intérêt de telle ou telle forme de Religion historique ; et ces principes tracent à l'Église visible la voie qui la conduira à l'Église invisible, c'est-à-dire au règne de Dieu. Quant à la vision prophétique que nous donnent de l'avènement de ce règne les livres sybillins et l'Apocalypse, elle ne doit servir qu'à nous en communiquer le désir pratique et l'espérance. L'Évangile n'en exprime que la signification morale, c'est-à-dire l'obligation de s'en rendre digne et de chercher à y faire concourir tous les hommes. D'une façon générale, des représentations comme celle de l'Antéchrist, du millénarisme, de la fin du monde[1] peuvent

---

1. En juin 1794 Kant publia dans la *Berlinische Monatsschrift* un article qui avait pour titre *La fin de toutes choses (Das Ende aller Dinge)*. Il tâchait d'y expliquer ce que peut signifier cette idée de la fin du monde, si universellement répandue. La fin du monde ne peut être que l'inauguration d'une existence nouvelle, conforme à ce qu'a décidé sur les mérites ou la culpabilité de notre vie le Jugement dernier. Pour dire quelle sera à cet égard la destination de l'humanité, il y a deux systèmes, celui des *unitaires* qui prétendent qu'après un temps de purification plus ou moins long tous les hommes seront appelés au salut éternel, et celui des *dualistes* qui soutiennent que le salut ne sera qu'à quelques élus et que les autres subiront la damnation éternelle. Aucun de ces deux systèmes ne peut se justifier objectivement par des raisons théoriques. L'origine de la croyance à la fin du monde est dans la conscience qu'ont les hommes de la misère de leur existence, et cette misère résulte avant tout de ce que dans l'évolution de l'espèce humaine la culture des talents et l'affinement excessif du goût, avec le luxe qui en résulte, précèdent le développement de la moralité : d'où un désaccord qui pèse lourdement sur notre vie morale comme d'ailleurs sur notre bien-être physique. On peut néanmoins d'après certains indices espérer que la moralité, malgré sa marche plus lente, ira se réalisant à son tour, ce qui permettrait alors de présager pour

avoir un très bon sens, si elles sont prises pour des traductions symboliques d'idées de la raison [1].

Est-ce à dire que la raison puisse nous fournir l'explication de tout ce que la Religion requiert? Ce serait oublier, avec les conclusions limitatives de la Critique, la distinction des deux sortes de raisons. Il y a des affirmations pratiquement nécessaires dont pourtant aucune démonstration théorique n'est possible; ces affirmations n'en sont pas moins liées à des conceptions d'un caractère théorique sans lesquelles elles ne peuvent se développer dans la pensée,

l'humanité un enlèvement céleste à la façon d'Elie plutôt qu'un engloutissement en enfer comme celui des enfants de Coré. Mais au point de vue pratique le système dualiste vaut mieux que le système unitaire ; il nous empêche de nous endormir dans une trompeuse sécurité en nous rappelant sans cesse que de notre conduite dans cette vie dépend absolument notre destinée à venir. Essayer maintenant de spéculer sur ce que sera l'autre vie, c'est ou bien lui imposer des vicissitudes peu d'accord avec l'idée d'une existence supra-sensible, ou bien la figer dans un état d'immobilité dans lequel ni pensée ni action ne sont plus concevables. C'est par cette voie qu'on est conduit aux doctrines qui ne peuvent représenter la fin du monde que comme un anéantissement de notre personne dans l'abîme de la divinité : doctrines orientales, proches parentes des systèmes émanatistes, et dont le panthéisme se retrouve plus ou moins sublimé dans la philosophie de Spinoza. La règle que nous devons adopter est celle-ci : agir comme si dans tous les changements qui se poursuivent à l'infini du bien au mieux, notre conduite morale, au moins quant à l'intention dont elle dérive, n'était soumise à aucune vicissitude de temps. — A la fin de son article, Kant, faisant visiblement allusion à ses démêlés avec la censure et à l'attitude du gouvernement prussien (V. E. Arnoldt, *Beiträge zu dem Material...*, p. 88-104) indiquait longuement comment la folie humaine pourrait empêcher de se produire la conclusion normale de l'histoire. Le Christianisme porte en lui la promesse d'être la Religion universelle ; il n'a pas seulement pour lui sa sainteté, il a aussi l'amabilité et la force persuasives que lui a communiquées son fondateur en se présentant, non comme le souverain qui réclame l'obéissance à sa volonté propre, mais comme l'ami qui vient restaurer en nous notre vraie nature : ainsi ne peut que naître en nous, une fois réglé par le respect, l'amour pour l'accomplissement de notre devoir. Quant aux peines et aux récompenses qui nous sont annoncées, elles ne le sont point pour devenir en nous des mobiles de nos actes, mais pour nous avertir obligeamment des conséquences de notre conduite. Religion morale, aimable et libérale, le Christianisme est destiné par ses caractères intrinsèques à triompher. Mais si l'autorité extérieure, sous prétexte de le seconder, voulait l'imposer par la contrainte, elle ne réussirait qu'à le rendre odieux ; la fin naturelle des choses serait renversée, et l'Antéchrist régnerait, au moins pour un temps. — VI, p. 359-372. — V. la lettre de Kant à Biester, du 10 avril 1794, *Briefwechsel*, II, p. 477-478. — Ce fut cet article qui, achevant d'indisposer Wöllner contre Kant, le décida sans doute à lui signifier le rescrit dont il sera question plus loin, p. 675.

[1]. VI, p. 223-235.

tout en ne donnant lieu à aucune connaissance communicable. C'est dire que la foi de la raison, et non pas seulement la foi historique, comporte des mystères. Ainsi la liberté n'est pas une propriété mystérieuse, puisqu'elle est certifiée par une loi pratique inconditionnée ; mais ce qui est mystérieux en elle, c'est ce qui en est la condition propre, et ce qui est la condition de la fin morale suprême à laquelle elle conduit. L'idée du souverain bien suppose en effet, avec la notion d'un bonheur proportionné à la vertu, celle d'une union nécessaire des hommes en vue du but final. C'est cette dernière notion seule que nous voulons considérer ici. Elle exprime un objet que l'homme a le devoir de poursuivre, mais qu'il ne peut atteindre par lui seul : d'où la nécessité de croire à un Maître moral du monde dont la coopération et les arrangements sont indispensables pour rendre cette fin possible, et dès lors s'ouvre l'abîme du mystère. La raison pratique reconnaît à Dieu trois attributs. Elle voit d'abord en lui le Créateur tout-puissant du ciel et de la terre, c'est-à-dire, moralement, le saint législateur, puis le conservateur du genre humain qui veille sur lui avec prévoyance et bonté, enfin le gardien des saintes lois, le juge juste. Elle ne détermine pas ainsi du reste ce que Dieu est en soi, mais uniquement ce qu'il est pour nous comme êtres moraux. Ces trois attributs répondent, seulement avec un sens moral, aux trois pouvoirs, législatif, exécutif, et judiciaire, qui dans un État libre doivent rester séparés en des sujets distincts, qui ici sont unis dans un même Être. Nous pouvons concevoir ces trois attributs comme trois personnes différentes sans porter atteinte à l'unité de Dieu, et cette dénomination d'une triple personnalité a l'avantage d'empêcher une confusion d'attributs qui ferait de Dieu une sorte de chef humain, au pouvoir despotique, ou complaisant, ou arbitraire. L'idée de la Trinité se retrouve au reste chez les anciens Perses, les Indiens, les Égyptiens, les Juifs de l'époque ultérieure ; mais c'est le Christianisme seul qui la présente épurée de tout anthropomorphisme, en accord avec ce qu'elle doit être selon la raison, et c'est pour cela qu'on peut dire qu'il l'a révélée[1].

Chacun de ces attributs contient un mystère en ce qu'il exprime une action de Dieu dont nous sommes pratiquement certains, mais dont nous ne pouvons comprendre le mode. En premier lieu, Dieu comme législateur fonde un royaume dont nous sommes appelés à devenir les membres ; nous sommes ses créatures, dépendantes de lui, et la fin qu'il nous assigne suppose pourtant que nous sommes libres. Comment cela ? C'est le mystère de la *vocation*. — En second lieu, Dieu comme gouverneur du monde veut que sa loi soit remplie et que les hommes soient sauvés ; mais le mal commis par les hommes est un mal radical, et la régénération seule ne pourrait les sauver si la bonté divine ne les justifiait ; les hommes s'approprient donc un mérite qui leur est étranger. Comment cela ? C'est le mystère de la *satisfaction*. — En dernier lieu, Dieu comme juge du monde décide du salut ou de la damnation des hommes ; mais la disposition nécessaire pour recevoir de lui l'assistance surérogatoire qui justifie ne peut venir des hommes naturellement portés au mal ; elle est donc l'effet d'une grâce dispensée selon la volonté de Dieu qui l'accorde aux uns et la refuse aux autres ; les hommes sont donc mis par Dieu en état d'être ce qu'ils seront devant la Justice divine. Comment cela ? C'est le mystère de l'*élection*. — Ces mystères échappent à tout effort de la raison pour les comprendre ; mais pratiquement nous en savons assez. Nous sommes appelés par Dieu à une vie sainte, nous pouvons espérer le satisfaire par nos efforts, et nous devons toujours nous attendre à son juste jugement ; ce sont là les vérités dont nous instruisent, et ce sont là les maximes selon les-

---

[1]. Si l'on conçoit la Trinité dans un sens purement théorique, dit ailleurs Kant, on a devant soi un concept arbitraire (pourquoi pas dix personnes aussi bien que trois ?) d'une signification indéterminée et irreprésentable, qui ne nous intéresse en rien. — *Der Streit der Facultäten*, VII, p. 356.

quelles nous portent à agir à la fois la raison, le cœur et la conscience[1].

* * *

Le règne de Dieu ne peut s'établir que par la Religion, et, étant donnée la condition humaine, que sous la forme extérieure d'une Église. A vrai dire, il paraît contradictoire dans les termes que les hommes fondent un règne de Dieu : Dieu seul peut fonder réellement son règne. Mais comme nous ne savons pas ce que Dieu fait pour en réaliser l'idée, tandis que nous savons ce que nous avons à faire pour en devenir les membres, nous sommes obligés de nous donner à nous-mêmes l'Église. Que l'on en rapporte à Dieu la constitution ; l'organisation et l'administration en appartiendront toujours aux hommes. L'Église invisible, la seule que réclame la pure Religion de la raison, n'a besoin ni d'organisation, ni d'administration ; chacun de ses membres reçoit directement de Dieu toute la loi à laquelle il doit obéir, chacun est de par sa valeur morale ministre de la Religion ; — ministre, et non pas seulement fonctionnaire. Dans l'Église visible, fondée sur des statuts, une place doit être faite au culte ; mais il est bien entendu que le vrai culte ne peut être qu'un moyen de préparer l'avènement de la foi religieuse pure ; si au contraire le culte prétend avoir par lui-même une vertu sanctifiante, sans que l'intention morale ait aucune part aux actes qu'il commande, il n'est qu'un faux culte[2].

Pour savoir comment on doit servir Dieu, il faut rappeler ce qu'est la Religion. La Religion, subjectivement considérée, est la connaissance de tous nos devoirs comme commandements divins. La Religion dans laquelle je dois savoir d'abord que telle chose est un commandement divin

---

1. VI, p. 236-246. — Cf. Reicke, *Lose Blätter*, E 49, II, p. 184-187.
2. VI, p. 249-251.

pour la considérer comme un devoir est une Religion *révélée* ; la Religion dans laquelle je dois savoir que telle chose est un devoir pour la considérer comme un commandement divin est la Religion *naturelle*. Reconnaître que seule la Religion naturelle est moralement nécessaire, c'est être *rationaliste*. Quand le rationaliste nie la réalité de toute révélation surnaturelle, il est *naturaliste* ; il est *pur rationaliste* quand il en admet la possibilité, tout en prétendant que la Religion ne requiert pas nécessairement de la connaître ou de la tenir pour réelle ; enfin le *supra-naturaliste* soutient au contraire que la foi à la révélation est indispensable à la Religion universelle. Ainsi le pur rationaliste, sachant les limites de la pensée humaine, ne doit nier ni que la révélation soit intrinsèquement possible, ni qu'elle soit nécessaire comme moyen divin d'introduire la Religion véritable. Dès lors l'opposition du rationalisme et du supranaturalisme porte moins sur la réalité de la révélation que sur la valeur qu'elle a par rapport à la Religion.

Abstraction faite de son origine, et à ne la considérer que dans son aptitude à se communiquer, la Religion est *naturelle*, quand il suffit à chacun de la simple raison pour se convaincre qu'elle est vraie ; elle est *savante*, quand il faut pour cela l'érudition, la connaissance des témoignages historiques. Cette distinction est de la plus haute importance, car de l'origine d'une religion on ne saurait nullement conclure qu'elle peut ou non être la Religion universelle ; on ne le conclut à bon droit que de la puissance qu'elle a ou non de se communiquer à tous. Une Religion révélée pourrait donc en ce sens être dite naturelle, dans le cas, où susceptible d'être découverte par la raison seule, elle n'aurait été révélée à une certaine époque et dans un certain lieu que pour en rendre la connaissance plus prompte et plus étendue. Elle serait objectivement naturelle, tandis qu'elle serait subjectivement révélée [1]. Toute trace du fait

---

1. V. la lettre à Jacobi du 30 août 1789, *Briefwechsel*, II, p. 74. — Cf. *Der Streit der Facultäten*, VII, p. 361-362.

de sa révélation pourrait disparaître de la mémoire des hommes sans qu'elle perdît rien pour cela de son autorité et de sa certitude. Au contraire, une Religion qui tirerait toute sa vérité de son origine prétendue surnaturelle périrait avec les documents et les souvenirs sur lesquels elle s'appuie. Mais toute religion révélée doit contenir, au moins en partie, certains principes de la Religion naturelle ; car la révélation ne peut s'ajouter au concept de la Religion, qui est en lui-même rationnel, que par la raison. Une Religion révélée peut donc être considérée, d'une part comme Religion naturelle, d'autre part comme Religion savante.

Le Christianisme est la Religion dans laquelle sont primitivement unis comme il convient les éléments de l'une et l'autre sorte. Son fondateur n'en a pas créé le contenu, qui se trouve au fond de toute raison : mais il est à l'origine de la foi historique qui y a adhéré ainsi que de la première véritable Église destinée à donner une forme visible à l'Église invisible. Les vérités qu'il a annoncées, loin d'être prouvées par ce qu'il y a de divin dans sa mission, apportent au contraire leur preuve à celle-ci ; car elles sont adéquates à la pure moralité. Alors a été enseigné au monde en paroles lumineuses et décisives ce qu'est la destination de l'homme : le bien est dans la bonne volonté, dans la pureté du cœur ; le péché en pensée est déjà crime ; la haine équivaut au meurtre ; la vie morale est la porte étroite, c'est-à-dire la seule voie qui conduise au salut, par opposition aux faciles et illusoires moyens qu'offre l'observation extérieure des rites ; elle comprend non seulement les bonnes intentions, mais les actes ; elle exclut l'inaction passive qui s'en remet à l'influence d'en haut. Nos devoirs se résument en deux règles, l'une générale : Aime Dieu par-dessus tout, c'est-à-dire fais ton devoir sans autre mobile que la considération du devoir même ; l'autre spéciale : Aime ton prochain comme toi-même, c'est-à-dire travaille à son bien dans un esprit désintéressé de bienveillance immédiate envers lui. La rémunération future qui est promise en conséquence n'est pas présentée comme le principe déterminant de notre conduite, mais comme l'image édifiante de l'accomplissement du bien suprême, comme le signe de la bonté et de la sagesse divines. Ainsi le fondateur du Christianisme est venu prescrire aux hommes la sainteté. C'est donc là une Religion complète, susceptible de se communiquer à tous, et confirmée par l'exemple de celui qui la promulgua. Si elle se réfère plus d'une fois aux usages et aux formules du Judaïsme, dont elle venait pourtant combattre la légalité extérieure, c'était pour trouver un plus facile accès auprès des âmes habituées à la croyance exclusivement statutaire ; et c'est cette accommodation qui fait que le sens en est aujourd'hui sur certains points mal aisé à fixer sans le secours d'une interprétation attentive et compétente ; ce qui n'empêche point d'ailleurs qu'une doctrine se devine là toujours et souvent se manifeste pleinement, qui est intelligible et convaincante pour tout homme sans aucun frais d'érudition.

Pour juger maintenant du Christianisme comme Religion savante, il faut se régler sur les principes suivants : quand une Religion expose comme nécessaires des articles de foi qui ne ressortissent pas à la raison comme telle, à moins d'admettre la révélation comme un miracle continuellement renouvelé, elle ne peut être transmise aux temps à venir qu'autant que la garde en est confiée à des savants. Si le Christianisme est l'objet d'une double foi, une foi rationnelle et une foi historique, on doit regarder la première comme librement adoptée, la seconde comme commandée. De là un double culte, celui qui est réclamé par la foi historique et celui qui appartient à la foi rationnelle ; aucun des deux ne peut dans l'Église chrétienne, à cause du double caractère qu'elle présente, être séparé de l'autre. Mais l'essentiel est que tout ce qui touche à la foi historique ne soit qu'un moyen de favoriser l'introduction et l'influence de la foi rationnelle. A cette condition seule, l'autorité que de par leur instruction spéciale les clercs exercent à l'égard des laïques ignorants, se trouve être sans danger ; ils sont alors les ministres d'un vrai culte. Si au contraire dans leur enseignement ils font passer les articles de la foi positive avant les propositions fondamentales de la Religion naturelle, ou encore s'ils tentent de les faire valoir indépendamment de la science qui en examine l'authenticité historique, ils deviennent les organisateurs et les fonctionnaires du faux culte. Prétendus serviteurs de Dieu, ils ne sont au fond que des commandeurs des croyants ; ils sont les continuateurs de la tradition judaïque, érigeant en élément essentiel de la Religion ce qui n'était qu'une accommodation temporaire à des habitudes trop enracinées pour être en un moment extirpées ; ils voient en chaque Chrétien un Juif dont le Messie est arrivé ; et mettant ainsi le Christianisme sous la dépendance du Judaïsme, ils favorisent la thèse de ceux qui avec Mendelssohn tendent à soutenir que la répudiation du Judaïsme est inévitablement l'émancipation absolue à l'égard de toute foi historique, par suite de la foi chrétienne comme telle [1].

L'origine de l'illusion qui nous fait prendre des statuts positifs pour l'essence de la Religion est dans l'anthropomorphisme. L'anthropomorphisme, quasi inévitable, mais peu dangereux quand il se mêle à une conception théorique de Dieu, devient tout à fait funeste moralement quand il travestit les rapports pratiques de notre volonté à la volonté divine. Nous faisons Dieu à notre image, et dans ce cas nous nous persuadons que, sans nous améliorer moralement, nous pouvons mériter sa faveur ou apaiser sa justice par des hommages réitérés, des solennités pompeuses, des mortifications, par des actes qui lui témoignent d'autant plus notre soumission qu'ils consistent davantage en sacrifices que rien n'exige. Nous conférons une dignité et une efficacité exceptionnelles à des exercices de dévotion sans valeur morale propre, qui ne pourraient en tout cas

---

[1]. VI, p. 252-266.

être mis en œuvre que pour plier notre nature sensible à l'accomplissement des fins intelligibles ou que pour écarter les obstacles qui l'en détournent. A l'encontre de ces tendances il faut poser ce principe, que tout ce que l'homme, indépendamment d'une vie morale, croit pouvoir faire pour se rendre agréable à Dieu est pure superstition et faux culte. Ce principe ne nous empêche pas d'admettre la nécessité d'une assistance divine pour suppléer à notre imperfection et d'en justifier l'espoir ; mais la raison ignore comment et sous quelle forme peut nous venir ce secours d'en haut. Si après cela il est une Église qui prétende le savoir et l'enseigner, qui condamne même ceux qui l'ignorent, quel est donc celui qui serait de peu de foi : serait-ce celui qui resterait plein de confiance en Dieu tout en ne sachant rien de ses voies, ou celui qui désespérerait, s'il ne savait exactement comment il sera sauvé ? Au reste, ce dernier se rend bien compte que savoir quelque chose, le savoir surtout par révélation, n'est pas un mérite, et s'il tire avantage du savoir qu'il croit posséder, c'est qu'il s'imagine toujours pouvoir se concilier à peu de frais la faveur du Ciel. Dès lors, une fois admis qu'il y a en dehors de la moralité des moyens de plaire à Dieu, la porte est ouverte toute grande à la superstition, et il n'y a plus de motif pour l'arrêter en tel ou tel point ; à cet égard, il n'est pas de différence essentielle entre le culte le plus grossier et le culte le plus raffiné. Le seul moyen d'obvier dès le début à cet envahissement du faux culte, c'est que la véritable Église, à côté de ses statuts positifs dont elle ne peut actuellement se dispenser, enferme un principe qui fasse de la Religion morale le but suprême de toutes les institutions ecclésiastiques. On dira que la moralité même peut donner lieu à de semblables illusions, en favorisant la prétention à franchir les limites de la puissance humaine ; mais dans ce cas il n'y a point erreur sur l'objet poursuivi ; il n'y a erreur que dans la disposition du sujet à se croire égal par sa conduite à son devoir.

Si donc une Église peut exiger, outre l'accomplissement de nos devoirs moraux, celui de certains actes, c'est uniquement dans la mesure où ces actes contribuent de près ou de loin à la moralité. Penser qu'indépendamment de toute fin morale des actes de ce genre peuvent nous valoir les faveurs de Dieu, c'est nous supposer en possession d'un art de produire par des moyens naturels des effets surnaturels, c'est donner dans la magie ou, pour parler plus exactement, dans le fétichisme. Est-il nécessaire d'observer qu'entre des moyens purement physiques et une Cause agissant moralement il n'y a aucune relation possible selon une loi que puisse connaître la raison ? Savoir distinguer et mettre à leur place les éléments du culte, en subordonner les éléments rituels aux éléments moraux, c'est entrer véritablement dans le siècle des lumières (*die wahre Aufklärung*) : tandis qu'on perd la liberté des enfants de Dieu à chercher un mérite dans de vaines cérémonies, à s'imposer d'admettre des faits qui ne sont connus qu'historiquement et qui, étant invérifiables pour chacun, ne peuvent être crus que sur l'autorité d'un clergé. On se plie ainsi aveuglément à la domination sacerdotale, et celle-ci naturellement devient d'autant plus despotique qu'elle éprouve moins le besoin de compter avec les droits de la raison, même avec ceux de l'érudition ; elle se retrouve du reste sous les formes les plus diverses de l'organisation ecclésiastique, et elle s'exerce dès que le clergé se regarde comme le seul dépositaire et l'interprète exclusif des volontés du législateur invisible, comme le dispensateur souverain des mérites et des grâces d'en haut. Au fond, si toutes les confessions religieuses sont également louables en ce qu'elles représentent des essais humains pour réaliser le royaume de Dieu sur la terre, elles encourent le même blâme quand elles prennent la forme extérieure pour la chose même, quand dans l'instruction de la jeunesse et la prédication elles mettent la morale sous la dépendance de la foi historique ; elles suscitent ainsi des sentiments de crainte ou de fausse sécurité, également éloignés de la confiance salutaire qu'éprouve l'homme qui commence à bien agir dans le triomphe complet du bien. Il ne faut point que la vertu se subordonne jamais à la piété ; car la piété ne peut être qu'une façon d'assurer à l'homme que sa bonne intention réussira par delà sa puissance propre ; elle ne peut être l'objet suprême des âmes, car elle créerait alors un état de passivité morale vis-à-vis de la puissance divine, ou la crainte angoissante de ne l'avoir pas par de suffisantes expiations provoquée à intervenir favorablement. C'est dans ce vice que tombent certains chrétiens infidèles à l'esprit du Christianisme : les piétistes, par exemple, qui ne voient d'autre remède à la corruption humaine que cette piété extérieure qui consiste à attendre dans une vie de pénitence l'assistance surnaturelle; prenant le mépris d'eux-mêmes pour de l'humilité, ils entretiennent en eux des dispositions serviles et témoignent ainsi d'un réel manque de foi dans la vertu [1].

1. VI, p. 267-284. — Cf. Reicke, *Lose Blätter*, E 48. II, p. 183-184. — Dans le *Conflit des Facultés* Kant montre comment le mysticisme de certaines sectes, tout en voulant s'affranchir de l'orthodoxisme, aboutit cependant à des conclusions toutes voisines, en sacrifiant la volonté de l'homme à la personne divine ; il s'occupe donc du mysticisme des piétistes comme Spener et et Franke, de celui des Frères Moraves et de Zinzendorf. Ici du moins le problème est bien posé : la conscience, sans voiles, du mal mène à comprendre la nécessité d'une régénération radicale. Mais la solution est fausse en ce qu'elle transforme la puissance supra-sensible indispensable pour triompher du mal — puissance qui peut et doit être nôtre — en une puissance surnaturelle agissant du dehors sur nous. Pour les piétistes, l'homme ne peut pas de lui-même se convertir ; c'est une opération de la grâce qui le conduit à reconnaître dans la tristesse et dans l'angoisse le mal qui est en lui ; et c'est seulement quand le déchirement du cœur en est arrivé au point extrême que se produit la crise décisive d'où sort l'homme nouveau destiné à vivre selon la volonté de Dieu ; c'est donc d'un miracle que résulte la conversion, et si, pour ne pas réduire l'homme à l'état de simple machine, les piétistes admettent que la prière peut provoquer ce miracle, ils ne voient pas que la prière elle-même dans leur système doit supposer l'opération surnaturelle (V. plus haut, p. 38, note). — Quant aux Moraves et à Zinzendorf, ils pensent que la première démarche vient de l'homme qui sent lui-même sa misère et désire en être affranchi ; mais pour s'engager résolument dans la voie nouvelle et y persévérer, l'homme a besoin de la grâce divine dont l'effet se manifeste ici, non par de terribles luttes intérieures, mais par la béatitude lénifiante d'un commerce intime avec Dieu. Les deux sectes, enfin, invoquent une expérience immédiate de l'influence divine, laquelle ne peut avoir rien de positif et donne lieu à toutes sortes d'illusions. — VII, p. 371-375. — Cf. Reicke, *Lose Blätter*, F 11, II, p. 319.

Ce n'est donc jamais du dehors que peut nous venir la décision à prendre en matière de foi ; cette décision appartient uniquement à la conscience. La conscience n'a pas à être dirigée ; c'est elle plutôt qui sert de guide dans les espèces morales délicates. A coup sûr c'est l'entendement ou la raison qui juge que telle action en général est bonne ou mauvaise ; mais c'est la conscience qui décide que je suis certain ou non que telle action que je vais entreprendre est bonne ou mauvaise. Il n'est pas nécessaire que je sache la valeur de toutes les actions possibles ; ce que je dois savoir, c'est la valeur des actions que je me propose d'accomplir ; et tel est le postulat de la conscience : je ne dois les accomplir qu'en étant certain qu'elles sont bonnes ; dans le doute, je dois m'abstenir. Il faut répudier énergiquement le principe du probabilisme, pour qui la simple présomption qu'un acte est bon autorise à l'accomplir. C'est dire en d'autres termes que les croyances dont la source est dans des faits extérieurs et des témoignages historiques ne peuvent jamais prétendre s'imposer ; celui-là même qui les professe et les estime vraies ne peut s'empêcher de reconnaître qu'en raison de leur origine elles admettent des chances d'erreur et une certaine incapacité de convaincre tout le monde ; dès lors il n'a jamais le droit, pour chercher à les propager, de violer un devoir certain : il est même obligé, quand il les enseigne, de les présenter telles qu'elles sont, sans chercher à obtenir un aveu d'apparence ferme, qui en dissimule hypocritement l'incertitude ; il doit éviter d'agir, même implicitement, par *l'argumentum a tuto*, selon lequel on peut gagner tandis que l'on ne risque rien à croire plus qu'il ne paraît juste. La vraie maxime de sûreté, au contraire, c'est, sans le rejeter comme faux, de ne jamais regarder comme pleinement certain ce qui, sans s'opposer à la loi morale, n'est cependant connu que par la révélation, c'est d'estimer que tout ce qui m'est promis par là de salutaire ne me sera donné que si je commence par m'en rendre digne. C'est la seule attitude qui convienne, et qui soit en accord avec cette vertu éminente de la conscience, aussi indispensable que rare, si malaisée à conquérir et à défendre contre toutes sollicitations : la sincérité[1].

Ainsi les pratiques du culte ecclésiastique ne doivent valoir que comme expressions ou symboles des exigences, des conditions et des espérances de la vie morale. Elles se rattachent par ce qu'elles ont de spécifique à l'idée de la grâce divine ; mais nous devons nous tenir à distance respectueuse de cette idée, et pas plus que nous ne savons comment la grâce opère, nous ne devons prétendre avoir comme sous la main les moyens de la faire opérer. Le culte de Dieu, dans sa vérité, comprend quatre devoirs, et à ces devoirs correspondent des cérémonies qui n'ont pas avec eux un lien rigoureusement nécessaire. Nous avons d'abord pour devoir de fonder en nous le bien, c'est-à-dire de faire vivre et de vivifier constamment à nouveau dans nos âmes l'intention morale : à ce devoir correspond la prière privée. — Nous avons pour devoir ensuite de travailler à l'extension extérieure du bien, en nous unissant aux autres hommes dans des assemblées publiques régulières où s'expose la doctrine religieuse et où s'exprime l'aspiration de tous à devenir meilleurs : à ce devoir correspond la fréquentation de l'Église. — Nous avons pour devoir encore de transmettre le bien à la postérité, c'est-à-dire de recevoir les générations nouvelles dans l'Église : à ce devoir correspond le baptême. — Nous avons pour devoir enfin de conserver et de renouveler cette communauté spirituelle des fidèles unis dans le corps de l'Église et investis d'un droit égal à participer aux fruits du bien moral : à ce devoir correspond la communion. — Ces diverses pratiques n'ont de valeur que tout autant qu'elles restent enfermées dans le sens des devoirs auxquels elles correspondent. Dès qu'elles prétendent à une efficacité dérivée uniquement de leur réalité matérielle, elles deviennent funestes. La prière

---

1. VI, p. 285-289.

est fétichisme du moment qu'elle est autre chose que le vœu renouvelé de nous rendre agréables à Dieu par nos intentions et nos actes, du moment qu'elle se propose d'agir sur Dieu pour la satisfaction de nos besoins, qu'elle est comme un entretien sensible avec Dieu qu'on aurait honte de voir surprendre, qu'elle assujettit à des formules prétendues sacrées la disposition intérieure qui doit se libérer de toute formule ; comprise dans son véritable esprit, l'oraison dominicale a été la suppression de la prière formelle[1]. — La fréquentation de l'Église ne doit pas être un simple acte de présence ; surtout elle ne doit pas servir à entretenir en nous des émotions passagères liées à des représentations sensibles de la Divinité ; elle ne doit pas avoir pour objet une édification indépendante de tout effort moral : le temple de Dieu ne s'édifie pas en nous de lui-même, au chant de pieux cantiques accompagnés de soupirs et de désirs ardents, comme les murs de Thèbes aux accents de la lyre d'Amphion. — Quant au baptême, s'il est, par l'admission d'un membre nouveau dans l'Église, par l'engagement moral et religieux qu'il impose au néophyte et à ses répondants, une solennité d'une haute importance, il ne saurait être un moyen direct de grâce, ni surtout avoir la vertu d'effacer les péchés. — Enfin la communion, accomplie en commémoration du fondateur de l'Église, a toute sa valeur dans l'affermissement qu'elle apporte à l'union fraternelle des membres de l'Église et dans l'élargissement qu'elle opère de la cité de Dieu, capable de devenir ainsi la cité universelle. Elle a par là quelque chose de grand et de moralement efficace ; en attendre d'autres effets, c'est méconnaître l'esprit dans lequel elle a été instituée[2].

En dernière analyse, toutes les illusions du faux culte ont leur principe dans la tendance à ne retenir des attributs de Dieu, sainteté, bonté, justice, que le second, et à chercher des moyens matériels pour se concilier, en dehors

---

1. Cf. *Vom Gebet, Sieben kleine Aufsätze*, IV, p. 505-506.
2. VI, p. 290-299.

d'une sévère conduite, la complaisance divine. Il est difficile d'être un serviteur fidèle ; on aime mieux être le serviteur empressé qui cherche à capter la faveur du maître. On peut dans ce sens pousser l'impertinence et le délire jusqu'à prétendre à l'intimité d'un mystérieux commerce avec Dieu, et la vertu devient alors objet de dédain. Cependant l'Evangile a dit : C'est à vos fruits que l'on vous reconnaîtra. Si donc il arrive que des hommes qui se disent pieux ne soient pas réellement les meilleurs, c'est une preuve de plus que la bonne voie n'est pas d'aller de la justification par la grâce à la vertu, mais de la vertu à la justification par la grâce [1].

*
* *

Voilà donc comment Kant estimait que devait se résoudre selon la philosophie critique le problème de la Religion. Rien ne nous autorise à supposer que cette solution ne lui parût pas adéquate aux exigences de sa pensée. Seulement il est vrai qu'elle répondait aussi à son désir de déterminer vis-à-vis des pouvoirs publics comme vis-à-vis de la Faculté de Théologie le droit de l'écrivain philosophe en ces matières [2]. C'est pourquoi il avait voulu dans la *Préface* de son ouvrage insister sur cette question [3], à laquelle il avait

---

1. VI, p. 299-302.
2. E. Troeltsch, dans son travail *Das Historische in Kants Religionsphilosophie*, Kantstudien, IX, p. 21-154, relève justement ce dernier caractère ; mais il a le tort d'y réduire le sens de tout l'ouvrage de Kant, de façon à ne voir dans la *Religion* qu'un compromis pour établir la paix entre la Philosophie et la Théologie selon les règles exposées un peu plus tard dans le *Conflit des Facultés*. V. notamment p. 62.
3. Deux autres rédactions de cette *Préface* ont été retrouvées parmi les manuscrits kantiens de Rostock et publiés par Dilthey, *Der Streit Kants mit der Censur*, Archiv für Geschichte der Philosophie, III, p. 435-446. Elles sont sur quelques points d'un ton plus ferme que la rédaction définitive. — Dans l'une de ces rédactions, celle qui sans doute est la plus ancienne, Kant part de la distinction de la Religion en Religion naturelle et en Religion révélée, ou, ce qui est mieux, en Religion pure et en Religion appliquée ; il expose que quiconque enseigne l'une ou l'autre doit scrupuleusement s'enfermer dans son domaine, et il recherche comment on peut reconnaître qu'il y a eu empiètement, et qui doit en décider. Il explique comment c'est une nécessité pour le philosophe, s'il ne veut pas

d'ailleurs déjà touché dans son adresse à la Faculté de théologie pour l'examen de son livre[1]. Ce qui surtout lui tenait à cœur, c'était de restreindre le plus possible la juridiction de la censure exclusivement ecclésiastique. Le théologien chargé d'examiner les livres doit avoir sans doute le souci du salut des âmes, mais il doit veiller aussi, comme membre de l'Université, aux intérêts de la science : sous le premier aspect il est simplement un ecclésiastique ; sous le second il est aussi un savant. L'essentiel est qu'en lui le savant limite la tendance de l'ecclésiastique à s'élever contre la liberté légitime de la science. Sans cette condition l'essor de l'esprit humain, comme il l'a été à d'autres époques,

que sa doctrine reste pure idéologie sans efficacité, de recourir à des illustrations et des exemples puisés dans la matière des doctrines révélées : il n'y a pas abus alors. Il n'y a pas abus non plus à traduire en termes de raison pure ce qui dans un écrit sacré est tenu comme appartenant à la Religion, alors même que le sens ainsi dégagé ne serait pas identique à celui qui est enseigné par la théologie biblique ; en faisant cela, le théologien selon la raison travaille pour sa science comme le théologien biblique travaille pour la sienne ; s'il y a conflit, comme c'est l'Université qui est la corporation régulière des savants, c'est à elle qu'il appartiendra de juger en dernier ressort sans que l'État ait à connaître de ces disputes. — Dans la seconde rédaction, Kant traite plus explicitement des causes qui peuvent amener le conflit entre la théologie philosophique et la théologie biblique ; il caractérise plus nettement le délit d'usurpation de la philosophie sur la théologie ; il le place essentiellement dans le fait d'employer des passages de l'Écriture à démontrer la vérité de la théologie rationnelle pure, d'interpréter par suite le livre de la révélation comme s'il exposait une simple doctrine de la raison. On ne saurait assimiler à ce cas le cas qui consiste à se servir pour la théologie rationnelle d'exemples ou d'expressions de la Bible. En tout cas, dès qu'il s'agit de décider si un écrit relève soit des lois d'autorité qui protègent la doctrine ecclésiastique, soit du droit qu'a la raison de se déployer librement dans la constitution des sciences, ce n'est pas au théologien biblique que revient le jugement, car il serait juge et partie ; pour décider entre lui et le philosophe, il faut une troisième autorité qui est l'Université. Kant termine en déclarant que si dans son ouvrage il a eu constamment en vue la doctrine chrétienne, il n'a pas eu l'intention d'en réduire le contenu à des doctrines de la raison, pas plus que d'expliquer en lui-même le sens de l'Écriture sur laquelle elle se fonde ; il a trouvé là sans doute un grand nombre d'enseignements tellement en accord avec la raison que la raison paraissait les avoir dictés elle-même, et il a été essentiellement conduit à essayer pour d'autres passages une pareille confrontation ; mais il n'a pas nié par là ce que peut ajouter comme telle la doctrine révélée, et il n'a pas non plus franchi les limites de la philosophie pure pour se perdre dans des données empiriques. Il s'est contenté de faire rentrer dans son objet la considération et l'examen d'une Religion positive dans laquelle il croit trouver au plus haut point les conditions qui seules permettent à l'idée d'une Religion de se réaliser.

1. *Briefwechsel*, II, p. 344-345.

pourrait encore être paralysé. Les difficultés paraissent naître surtout des rapports de la théologie philosophique avec la théologie biblique ; mais il y a des règles pour les résoudre. La théologie philosophique, tant qu'elle reste dans les limites de la simple raison, tant qu'elle se borne à confirmer et à éclaircir ses propositions par l'histoire, les langues, les livres de tous les peuples, y compris la Bible, sans prétendre les introduire dans la théologie biblique et porter atteinte par là au privilège de la doctrine ecclésiastique, doit avoir pleine liberté de s'étendre jusqu'où elle le juge bon ; elle ne relève de la censure proprement ecclésiastique que lorsqu'elle a manifestement usurpé sur la théologie biblique. Mais supposé que la question soit douteuse, qu'il y ait lieu également de rechercher comment l'usurpation s'est produite, si c'est par un écrit ou un autre mode public d'exposition, le droit supérieur de censure n'appartient au théologien qu'en tant que membre de l'Université ; si ce droit s'exerce donc pour la protection de doctrines dont l'enseignement est officiellement institué, il ne doit pas toutefois s'exercer contre ce qui revient à la science. Surtout il faut éviter une méprise grave : faire des emprunts aux données de la théologie biblique en les appropriant aux exigences de la raison ne constitue pas à la charge du théologien philosophe une usurpation, pas plus qu'emprunter au droit romain des formules et des exemples ne constitue une usurpation à la charge de celui qui expose le droit naturel. Au reste la philosophie serait alors tout autant qualifiée pour reprocher à la théologie d'empiéter sur elle en usant de la raison ; et quelle figure ferait donc la théologie biblique si elle ne recourait pas çà et là à des notions rationnelles[1] ?

Cependant cet effort de Kant pour fixer les limites respectives de la théologie philosophique et de la théologie biblique n'empêcha pas que son ouvrage ne fût considéré

---

1. VI, p. 102-106. — *Der Streit der Facultäten*, VII, p. 362.

par le gouvernement prussien comme contraire à certaines
doctrines fondamentales de la Religion chrétienne[1] ; il fallut

1. Le 12 octobre 1794, un rescrit royal, signé de Wöllner, faisait part à Kant du déplaisir avec lequel le roi l'avait vu abuser de sa philosophie contre maintes doctrines principales ou essentielles du Christianisme, notamment dans le livre sur la *Religion dans les limites de la simple raison* et dans d'autres petits écrits. Kant était blâmé d'avoir ainsi manqué à ses devoirs de maître de la jeunesse et d'être allé contre les intentions bien connues du roi ; il était invité à s'expliquer et surtout à ne pas persévérer dans ses errements : faute de quoi il devait s'attendre à des mesures pénibles. — En même temps l'ouvrage de Kant était formellement interdit aux professeurs de l'Université de Koenigsberg pour leurs leçons (14 octobre). — Le texte de ce rescrit fut plus tard publié par Kant lui-même dans la *Préface* de son *Conflit des Facultés* en même temps que sa réponse. VII, p. 324-330. Une première rédaction de cette réponse, retrouvée dans les papiers de Kant, a été publiée par Schubert (éd. de Rosenkranz et Schubert, XI, 1, p. 272; v. éd. Hartenstein, VII, p. 325-327, note). — Kant, dans sa réponse, commençait par se disculper ; comme maître de la jeunesse, il n'avait jamais eu à traiter de l'Ecriture ni du Christianisme ; on pouvait constater que les manuels de Baumgarten, pris pour textes de son enseignement, n'y avaient point trait. Quant à son livre sur la *Religion*, d'abord il n'avait aucun caractère populaire ; il ne pouvait fournir matière qu'à ces discussions entre savants, dont les résultats ne sont présentés dans les chaires ecclésiastiques et dans les écoles que moyennant l'approbation du gouvernement. En outre il n'était nullement un examen du Christianisme ; il n'était qu'un exposé de la Religion de la raison, parfois extérieurement confirmé ou éclairci par des passages concordants de l'Ecriture. A supposer qu'il fasse parfois parler la raison comme si elle se suffisait à elle-même, et comme si la Révélation était inutile, — thèse qui, en effet, objectivement comprise, ne pourrait qu'amoindrir le Christianisme — il n'exprime par là que l'estime de la raison pour elle-même, en tant qu'elle est, comme faculté pratique, la source de l'universalité, de la nécessité et de l'unité des croyances qui sont essentielles à la Religion ; si les doctrines fondées sur la Révélation et sur des données historiques paraissent ainsi contingentes, non essentielles, cela ne veut pas dire qu'elles soient inutiles ; elles subviennent à l'insuffisance théorique de la foi rationnelle sur les problèmes concernant l'origine du mal, la conversion au bien et la justification de l'homme régénéré ; elles peuvent donc selon les temps et les personnes satisfaire plus ou moins à ce besoin que la foi rationnelle ne pourrait contenter. Kant ne s'est pas borné à voir dans l'Ecriture le livre le plus capable d'assurer l'éducation religieuse publique, à blâmer, en dehors des controverses entre membres des Facultés, les objections et les doutes qui pourraient soit dans l'enseignement des églises et des écoles, soit dans des ouvrages populaires, être soulevés contre elle ; il l'a glorifiée d'une façon plus complète et plus durable en montrant qu'elle était d'accord avec la plus pure foi morale de la raison ; il en a ainsi élevé le sens, par des principes supérieurs à ceux de l'érudition, au-dessus des accidents historiques qui l'ont corrompu et pourraient à nouveau le corrompre. Trop avancé en âge pour ne point penser à sa prochaine comparution devant Dieu, il juge en toute conscience avoir écrit son livre avec autant de prudence que de sincérité (V. la discussion, quelque peu rigoureuse, des moyens de défense de Kant dans Arnoldt, *Beiträge zu dem Material der Geschichte von Kant's Leben*, p. 107-122). Enfin Kant, dans sa réponse, s'engageait solennellement, « comme sujet très fidèle de Sa Majesté » à ne jamais traiter publiquement ni dans ses écrits, ni dans ses leçons, de la Religion soit naturelle,

des temps plus favorables pour qu'il pût reprendre sa liberté en ces matières et pour qu'il pût traiter à nouveau sous une forme plus explicite et plus complète cette question des rapports normaux de la Faculté de philosophie avec la Faculté de théologie, dans laquelle était engagé le problème des rapports du Christianisme avec la raison[1].

soit révélée (V. la lettre de Biester, du 17 décembre 1794, qui tout en déclarant que la défense de Kant est noble, virile, digne, allant au fond des choses, regrette l'engagement qui la termine et estime qu'il n'était pas indispensable. *Briefwechsel*, II, p. 516-517). Jusqu'où portait cet engagement? Dans la *Préface* du *Conflit des Facultés*, Kant, soulignant sa formule « comme sujet très fidèle de sa Majesté » avoue l'avoir employée à dessein pour limiter à la durée du règne de Frédéric Guillaume II l'engagement qu'il prenait et pour se réserver sa liberté sous le règne suivant. Il donne aussi cette explication dans une note retrouvée dans ses papiers et publiée par Schubert (Raumer's *historisches Taschenbuch*, 1838, p. 625) où il justifiait à ses propres yeux son attitude dans l'affaire, en remarquant que si l'on doit toujours ne dire que la vérité et surtout ne jamais renier sa conviction intérieure, on n'est pas toujours obligé d'exposer publiquement tout ce qu'on regarde comme vrai : dès lors, dans le cas présent, le devoir d'un sujet fidèle était de se taire. VII, p. 330-331, note. — V. plus haut, p. 45. — La conduite de Kant en cette circonstance, surtout la restriction mentale par laquelle il avait limité son engagement envers le roi, ont été diversement jugées. V. Em. Arnoldt, *Beiträge*, p. 125 sq.

1. L'avènement de Frédéric Guillaume III (novembre 1797) avait délié Kant de son engagement et surtout inauguré une ère nouvelle de tolérance. Kant jugea le moment favorable pour publier *Le conflit des Facultés* (1798). Ce livre était en réalité une réunion de trois dissertations composées avec des intentions différentes et à des moments différents, mais se rapportant néanmoins à un problème commun (*Vorrede*, p. 332). Kant en avait l'idée arrêtée, et au moins une partie prête vers la fin de 1794 (V. la lettre à Staüdlin, *Briefwechsel*, II, p. 514, qui concerne les rapports de la Faculté de théologie avec la Faculté de philosophie). Dans cet ouvrage, il étendait très notablement au-delà des bornes qu'il avait précédemment admises les droits de la Faculté de philosophie dans ses rapports scientifiques comme dans ses conflits éventuels avec les autres Facultés. Voici comment il y posait d'abord le problème : il y a trois sortes de biens poursuivis par l'homme : la santé, la sûre jouissance de ses droits, le salut éternel. L'Etat ne peut pas se désintéresser de ces fins, et pour instruire ceux qui ont charge d'aider l'homme à atteindre ces fins, il institue trois Facultés, la Faculté de médecine, la Faculté de droit et la Faculté de théologie. Les enseignements donnés par ces Facultés, visant avant tout un but pratique, sont liés, quoique inégalement, à des principes de doctrines officiellement consacrés : la Faculté de médecine est à cet égard la moins dépendante des trois parce qu'elle s'appuie sur les résultats assez souvent renouvelés des sciences de la nature : elle n'en est pas moins soumise au contrôle d'un conseil de santé ; la Faculté de droit s'appuie, non sur le droit naturel, mais sur le droit écrit; la Faculté de théologie, non sur la Religion naturelle, mais sur l'Ecriture. Mais, outre ces Facultés, il en est une qui n'a pour objet que la libre recherche de la vérité et le progrès de la science : c'est la Faculté de philoso-

Quelle était donc en somme son attitude à l'égard du Christianisme ?

Elle était assurément tout autre que celle des représentants ordinaires de l'*Aufklärung*, pour qui la vérité pleinement démontrée de la Religion naturelle excluait comme fictive et inutile toute Religion positive ; on ne pouvait la

phie. Comme elle ne correspond pas à des besoins pratiques et qu'elle ne développe point un corps de doctrine officiel, elle est considérée comme la Faculté inférieure, les autres Facultés étant dites les Facultés supérieures. Cependant elle tâche de comprendre rationnellement ce que les autres Facultés enseignent par tradition et par autorité : d'où des conflits inévitables. Ces conflits ne doivent pas être résolus par des arrangements à l'amiable qui seraient comme des concessions aux prétentions irrationnelles des parties : ils n'admettent d'autre juge que la raison. C'est qu'en effet les Facultés supérieures ne doivent pas se tenir pour immuablement enchaînées à la lettre de leurs statuts ; si elles sont responsables devant l'État de l'efficacité pratique de leurs enseignements, elles sont responsables devant la raison de la vérité de ce qu'elles enseignent. C'est pourquoi elles doivent, même si elles en souffrent d'abord, accepter l'impulsion réformatrice qui leur vient de la Faculté de philosophie ; celle-ci à son tour, tout en faisant valoir les droits de la raison sur tous les sujets, respecte en principe dans les enseignements des Facultés supérieures ce qu'ils ont de positif, de traditionnel et de statutaire ; elle tend surtout à mettre en lumière le caractère contingent et temporaire de ce dernier élément et à en préparer la transformation dans le sens de doctrines plus rationnelles. Ce travail de critique et de réforme, avec les débats qui l'accompagnent, ne doit se poursuivre qu'entre savants ; il doit rester en dehors du peuple qui est incompétent, en dehors des fonctionnaires attitrés qui restent pour l'exercice de leurs fonctions strictement soumis à l'autorité (Cf. *Was ist Aufklärung* ; v. plus haut, p. 282-283); et l'État ne doit jamais y intervenir comme partie. Il est donc dans la nature des choses qu'un conflit s'élève entre les Facultés supérieures et la Faculté de philosophie, et que ce conflit, né du rapport de la doctrine officiellement instituée avec la recherche rationnelle, se renouvelle sans fin ; mais le progrès vient de là, comme il vient en général, selon une pensée familière à Kant, de tout antagonisme de forces en action les unes contre les autres, réalisant peu à peu leur accord par leur opposition même (*concordia discors, discordia concors*); l'important est que la dispute inévitable ne soit pas une guerre et qu'elle se produise, non sous un régime de contrainte, mais sous un régime de raison et d'appel au public savant. VII, p. 333-352. — Le conflit de la Faculté de philosophie avec la Faculté de théologie porte sur l'autorité de la Bible (V. plus haut, p. 647, p. 648), avec la Faculté de droit sur la question de savoir si le genre humain est constamment en progrès (v. le chapitre suivant), avec la Faculté de médecine sur la puissance qu'a l'âme d'être par la simple volonté maîtresse de ses sentiments maladifs (V. plus haut, p. 40 ; la lettre au médecin Hufeland insérée dans le *Conflit des Facultés* pour répondre à cette dernière question avait paru dans le *Journal de médecine pratique* un peu auparavant, en 1798 : sur cette dernière date, v. l'édition Kehrbach, p. 7. — Cf. le discours prononcé par Kant en quittant ses fonctions de Recteur : *De medicina corporis quæ philosophorum est*, publié par Reicke, Altpreussische Monatsschrift, XVIII, p. 293-309).

comparer qu'à celle de Lessing, essayant de comprendre philosophiquement les religions historiques et le Christianisme au lieu de les renier purement et simplement[1].

[1]. On ne peut faire là-dessus entre Lessing et Kant que des rapprochements généraux, qui ne permettent point de conclure à une influence directe et déterminable du premier sur le second. E. Arnoldt a pourtant essayé d'établir cette influence (*Kritische Excurse*, p. 191-268). Il s'est appuyé sur l'allusion que contient la *Religion* (VI, p. 177, note) à l'auteur des *Fragments de Wolfenbüttel*, pour conclure que Kant n'avait pu rester dans l'ignorance des écrits théologiques de Lessing ; à défaut de témoignage positif, il invoque donc d'abord une vraisemblance morale, puis et surtout des concordances de pensées, parfois presque d'expressions, sur des problèmes comme celui de la Révélation, du rapport de l'élément historique et de l'élément rationnel dans la Religion, de la signification de l'élément historique dans la Bible, de la liberté dans les études bibliques et dans la recherche scientifique en général. Voici en effet des formules de Lessing que rapporte Arnoldt : La Révélation ne donne rien à l'humanité, que la raison humaine, abandonnée à elle-même, ne puisse atteindre ; seulement elle lui a donné et elle lui donne de meilleure heure ce qu'il lui importe le plus de savoir. — Des vérités historiques contingentes ne peuvent jamais devenir la preuve de vérités rationnelles nécessaires. — C'est par la vérité intérieure de la Religion que doivent s'expliquer les traditions des livres écrits, et toutes ces traditions ne sauraient lui conférer une vérité intérieure si elle n'en a point. Et d'où vient à la Religion chrétienne cette vérité intérieure ? De vous-mêmes ; car c'est pour cela qu'elle s'appelle la vérité intérieure, la vérité qui n'a besoin d'aucune attestation venue du dehors. — La Religion n'est point vraie parce que les Évangélistes et les Apôtres l'ont enseignée ; mais ils l'ont enseignée parce qu'elle est vraie. — Les paroles historiques sont le véhicule de la parole prophétique. — Les miracles faits par le Christ et ses disciples étaient l'échafaudage, non l'édifice ; l'échafaudage tombe dès que l'édifice est achevé. — Assurément ces formules de Lessing enveloppent une pensée parfois très proche de celle de Kant, bien que Kant, comme le reconnaît Arnoldt lui-même, ne les prenne point ou ne les applique point toujours dans le sens de Lessing. Il reste toujours que la preuve d'une filiation effective manque. D'autre part des dispositions d'esprit très anciennes chez Kant, et dont les lettres à Lavater citées plus haut (p. 177, note) portent spécialement témoignage, peuvent fort bien, combinées avec le développement de la philosophie critique, expliquer les thèses essentielles de la *Religion dans les limites de la raison*. Remarquons encore que la philosophie religieuse de Kant se distingue par certains traits fortement accusés de celle de Lessing. Kant fait au Christianisme une place absolument à part ; il le considère comme une rupture avec le Judaïsme, et non comme un développement supérieur de celui-ci ; il n'admet pas non plus que le péché originel résulte simplement du fait qu'au premier moment de son évolution l'homme n'a pas été assez complètement maître de ses actions pour suivre la loi morale, il l'attribue, comme péché radical, à un acte positif et intemporel de liberté. D'une façon générale, les vues théologiques de Lessing sont dominées par des concepts leibniziens que Kant repousse. Si donc Lessing et Kant ont une certaine façon commune d'entendre le rôle de la Révélation et le rapport du Christianisme avec la raison, ils la doivent tous les deux, sans que l'un l'ait expressément communiquée à l'autre, à une même conscience de la médiocrité et de l'insuffisance du rationalisme ordinaire en ces matières, à un même désir de concilier avec leur rationalisme plus large en même temps

Comme Lessing, mais à sa façon, Kant distingue dans le Christianisme la Religion rationnelle et intérieure d'une part, d'autre part la Religion historique et révélée. Or il tient le Christianisme intérieur, et de toutes les Religions il le tient seul pour adéquat aux conditions et aux exigences de la moralité ; il l'identifie donc en principe avec cette Religion naturelle dont l'excluaient les écrivains de l'*Aufklärung* : par là il est bien obligé de faire une part au Christianisme historique, en même temps qu'il est conduit à réformer le concept de la Religion naturelle. A coup sûr il est plutôt porté par ses dispositions personnelles [1] comme par ses conceptions philosophiques à réduire le rôle de l'élément historique du Christianisme, à ne voir dans son fondateur que l'idéal personnifié de l'humanité agréable à Dieu : malgré la vénération infinie qu'il professe pour le Christ [2], il évite dans ses ouvrages de l'appeler de son nom [3] ; il parle d'ordinaire du Saint ou du Docteur de l'Évangile, afin de bien marquer que sa mission tient toute sa vertu du bon principe qu'il représente, non d'un caractère surnaturel. D'autre part il est porté à voir dans la tradition qui a répandu et conservé le Christianisme parmi les peuples une corruption du pur esprit religieux, à laquelle peut seule porter remède la puissance désormais prépondérante de la raison. Il insiste volontiers sur ce qu'ont de contingent et de provisoire les expressions et les règles dont le Christianisme a revêtu la Religion rationnelle pure pour l'adapter à la condition humaine. Il prétend pourtant ne point nier la possibilité de la révélation, ni vouloir en déduire de la raison le contenu intégral. Il soutient que sa philosophie religieuse ne peut éveiller la susceptibilité d'aucune Église [4],

que plus critique les vérités chrétiennes les plus essentielles à leurs yeux, et aussi en quelque mesure l'idée même d'une Révélation.

1. Jachmann, p. 117 sq. — Borowski, p. 107 sq.
2. V. la lettre à Borowski du 24 octobre 1792, *Briefwechsel*, II, p. 365.
3. Dans les brouillons et les esquisses que contiennent les « *Lose Blätter* » le nom de « Jésus » ou de « Christ » revient au contraire de temps à autre.
4. V. les brouillons de lettre au catholique Reuss, mai 1793, *Briefwechsel*, II, p. 416.

parce que se tenant dans les limites de la raison elle n'a pas à décider des conditions empiriques dans lesquelles la foi de la révélation peut se produire et se présenter pour être efficace. Mais qu'entend-il au juste par la Religion dans les limites de la simple raison ? Est-ce une conception systématique de la Religion naturelle ? Est-ce la Religion chrétienne en tant qu'elle est susceptible d'une expression rationnelle ? L'une et l'autre, à vrai dire : seulement Kant se défend d'avoir cherché à pousser l'interprétation rationnelle du Christianisme jusqu'au point où le fait primordial ainsi que toutes les données de la révélation pourraient être expliqués absolument par la raison. Sa tendance à cet égard est très nette, si les formules par lesquelles il a essayé de la traduire trahissent parfois quelque indécision et n'apportent pas toujours une pleine lumière. La Révélation, remarque-t-il dans la *Préface* de la 2ᵉ édition de la *Religion*, peut enfermer une Religion rationnelle pure, tandis que la Religion naturelle pure ne peut pas contenir l'élément historique de la Révélation. La Révélation et la Religion naturelle sont comme deux cercles concentriques, dont le plus large est celui qui représente la Révélation ; le philosophe, en tant qu'il procède par des principes *a priori* et qu'il fait abstraction de toute expérience, doit s'enfermer dans le cercle le plus étroit. Mais il peut faire aussi une seconde tentative : il peut, faisant abstraction de la Religion rationnelle conçue comme système subsistant par soi, prendre pour point de départ la Révélation comme système historique, en comparer divers éléments isolés aux concepts moraux et rechercher si on ne retrouve pas de la sorte le système de la Religion rationnelle. Dès qu'on le retrouve, il apparaît qu'entre la raison et l'Écriture il y a non seulement compatibilité, mais unité, et que quiconque suit la première ne peut manquer de s'accorder avec la seconde. En intitulant son livre la *Religion dans les limites de la simple raison*, et non la Religion tirée de la seule raison (*aus blosser Vernunft*), Kant déclare avoir voulu marquer son intention ferme, qui était, non point d'exclure la Révélation de la Religion, mais au contraire d'établir l'harmonie de telle Religion révélée comme le Christianisme avec la raison pratique. Il n'a point songé, en dégageant de la Bible les éléments rationnels qu'elle contient, à ne voir en elle qu'un ensemble de doctrines rationnelles simplement voilées. En d'autres termes, pour ce qui est du rapport de son œuvre avec le Christianisme, il est parti d'une Religion donnée et il a appliqué à la comprendre dans les limites de la raison une méthode exclusivement analytique ; il n'a point usé de la méthode synthétique qui eût consisté à partir de la Raison comme de la condition *a priori* d'où pouvait être déduit tout le contenu de la Religion révélée[1]. Par ces distinctions et ces restrictions Kant croit ne porter aucune atteinte à la foi chrétienne comme foi statutaire, tout en admettant l'influence d'épuration que peut exercer sur elle la Religion de la raison.

Mais cette Religion de la raison paraît en fin de compte beaucoup moins issue de la raison même que d'une interprétation du Christianisme[2], car elle n'a en somme d'autre objet que des dogmes chrétiens librement compris. L'idée du mal radical, celle de la régénération indispensable et de la justification ne se seraient point sans doute offertes à la pensée de Kant si le Christianisme ne les lui avait pas enseignées ; et il y a lieu de se demander quel rapport ont ces idées avec la conception que la philosophie transcendantale avait, par la doctrine des postulats, présentée de la Religion. Or nous savons qu'à ce dernier point de vue la Religion consistait à considérer nos devoirs comme des commandements divins, pour ce motif que sans l'affirmation de Dieu nous ne pourrions concevoir la possibilité du souverain bien, objet nécessaire de notre volonté soumise à la loi morale. Et l'esprit du Christianisme, notait Kant, est conforme à cette

---

1. *Die Religion*, VI, 107-108. — *Der Streit der Facultäten*, VII, p. 324, note. — *Tugendlehre*, VII, p. 300. — Reicke, *Lose Blätter*, E 73, II, p. 253 ; G 17, III, p. 59 ; G 27, III, p. 89-93.

2. Cf. Lülmann, *Kants Anschauung vom Christentum*, Kantstudien, III, p. 105-129.

thèse en ce qu'il met la foi sous la juridiction du principe de l'autonomie[1]. Mais alors le développement des postulats n'allait jusqu'à aucune des idées qui entrent ici particulièrement en ligne de compte ; il portait sur la notion d'un être raisonnable fini qui ne peut ni réaliser dans la vie présente la sainteté commandée par le devoir, ni assurer par lui-même le juste accord de la vertu et du bonheur. Par où Kant est-il donc passé de cette Religion exclusivement philosophique, au moins dans sa formule, à la Religion chrétienne, même moralement interprétée ? C'est par sa conviction de la réalité du mal. L'existence du mal soulève dès lors d'autres problèmes que ceux que soulevait la conduite d'un sujet moral dans son rapport avec la nature sensible ; ou du moins elle en complique et oblige d'en spécifier dans un sens nouveau les solutions. L'acte de liberté, au lieu d'être défini seulement par ses conditions transcendantales, est saisi dans son double rapport avec le mal qu'il a opéré et la conversion qu'il doit produire : l'obstacle à la sainteté ne vient plus seulement des limites de notre nature sensible, mais de notre corruption positive, et cet obstacle est tel dès lors que le plus puissant effort de notre volonté pour le surmonter ne suffit pas, car le poids mort du péché continuerait à peser sur la vie même de l'homme nouveau, s'il n'y avait point l'espoir d'une grâce divine pour achever de le justifier. Il s'agit donc moins ici d'appeler Dieu à établir la proportion de la vertu et du bonheur qu'à consommer l'œuvre de sanctification ; et dans la vie présente, l'organisation d'une société spirituelle, d'une Église, est indispensable pour protéger de la contagion du vice l'homme isolé dans sa moralité. Voilà donc comment l'existence du mal force d'introduire certaines conceptions qui tout étant liées au système de la raison pure pratique s'y surajoutent ; la philosophie religieuse de Kant est donc une philosophie en quelque mesure appliquée : elle présuppose, non pas seulement que

---

1. V. plus haut.

l'homme est un être raisonnable fini capable d'obéir ou non au devoir, mais encore qu'il a voulu effectivement le mal; et ainsi, d'accord avec le Christianisme sur la notion génératrice du problème, elle a suivi le Christianisme dans la recherche des solutions, tout en le modelant sur l'idée d'une Religion exclusivement morale.

C'est cette idée d'une Religion exclusivement morale qui, selon Kant, permet de comprendre et de justifier la Religion en général. En établissant que la foi et la science relèvent de principes distincts et irréductibles, la doctrine critique autorisait et obligeait à chercher ailleurs que dans le savoir théorique la source de toute Religion : elle instituait de la sorte une maxime qui, diversement interprétée ou diversement appliquée, est restée cependant essentielle pour maints théologiens de l'Allemagne, pour ceux-là même qui ont prétendu dépasser ou corriger les conceptions religieuses de Kant, pour un Schleiermacher[1] ou un Ritschl[2]. Kant, lui, appliqua sa maxime en attribuant à la raison pratique l'origine de la Religion, au point même de soutenir qu'entre la Religion et la Morale il ne saurait y avoir matériellement aucune différence[3]. De là une façon d'entendre la Religion, qui en atténue ou même en supprime les caractères spécifiques, qui résout le plus qu'elle peut dans l'idée de l'autonomie de notre volonté le sentiment de notre dépendance à l'égard d'un Principe commun de la nature et de l'esprit[4], qui ne retient des représentations religieuses que le rapport qu'elles ont avec notre faculté d'agir selon

---

1. V. en particulier *Der christliche Glaube*, § 16, Zusatz et § 33, 6ᵉ éd., 1884, p. 99-101, p. 162 sq. — C'est en tant qu'ils ont éliminé l'un et l'autre de la Religion tout savoir objectif que Kant et Schleiermacher, malgré leurs différences profondes, peuvent être rapprochés. — Cf. Christian Baur, *Die christliche Gnosis*, 1835, p. 660-668. — En opposition avec cette tendance, le hegelianisme s'est efforcé de réintégrer l'élément spéculatif de la Religion.
2. V. l'ouvrage d'A. Ritschl, *Die christliche Lehre von der Rechtfertigung und Versöhnung*, 3 vol., et dans cet ouvrage l'exposé critique de la philosophie religieuse de Kant, I, 3ᵉ éd., 1889, p. 429-461.
3. *Der Streit der Facultäten*, VII, p. 353.
4. Cf. Ritschl, *Ibid.*, I, p. 445.

la loi, non celui qu'elles ont avec nos autres facultés[1], et par où elles expriment l'intégrité de notre vie.

Telle qu'elle était, et autant par la diversité des tendances qu'elle essayait d'accorder que par la détermination rigide du principe qui en fondait l'accord, cette philosophie religieuse de Kant devait se heurter à des oppositions de nature très différente. D'un côté l'idée qui en était le point de départ et qui en conditionnait tout le développement, l'idée du mal radical, ne pouvait que choquer vivement l'*humanisme* optimiste de poètes tels que Gœthe et Herder[2]. D'un autre côté le fait d'identifier la Religion naturelle avec l'essentiel des dogmes chrétiens moralement interprétés, d'attribuer ainsi au Christianisme historique en quelque mesure une juste valeur et une influence utile ne pouvait que soulever contre Kant les écrivains de l'*Aufklärung*, qui virent là, en effet, un retour à la superstition et à la barbarie sco-

---

[1]. Cf. O. Pfleiderer, *Geschichte der Religionsphilosophie vom Spinoza bis auf die Gegenwart*, 3e éd., 1893, p. 186.

[2]. Gœthe qui était alors tout plein de la beauté antique et de la conception esthétique du monde, qui s'avouait païen décidé, écrivait à Herder le 7 juin 1793 : « Kant, après avoir employé une longue vie d'homme à décrasser son manteau philosophique de maints préjugés, l'a ignominieusement sali de la tache du mal radical afin que les Chrétiens aussi se sentent engagés à en baiser le bord. » *Gœthes Briefe*, éd. Ed. von der Hellen (Cotta'sche Bibliothek), III, p. 116-117. — V. également la lettre à Jacobi, du même temps, III, p. 123. — V. Vorländer, *Gœthes Verhältniss zu Kant*, Kantstudien, I, p. 96-97. — Herder, qui avait fondé son interprétation du Christianisme sur la foi dans la bonté de la nature humaine, qui déclarait à la fin de ses *Lettres sur l'humanité* qu'il ne pouvait tirer aucun bon parti de l'hypothèse d'une puissance du mal dans la volonté humaine fut naturellement tout offusqué de la *Religion* de Kant ; il en combattit et en railla le « roman » christologique et la « diaboliade philosophique » (V. Haym, *Herder*, II, p. 654-656). Il s'éleva également contre la thèse de l'autonomie de la Faculté de philosophie, soutenue dans le *Conflit des Facultés* (*Ibid.*, p. 682-684). — Schiller, lui aussi, avouait que l'idée du mal radical révoltait son sentiment ; cependant il ne voyait pas trop quels arguments y opposer. Il trouvait d'ailleurs dans l'ouvrage de Kant « l'exégèse la plus pénétrante de l'idée chrétienne de la Religion par des raisons philosophiques » ; il en approuvait, avec la tendance et la méthode, la thèse essentielle qui reconnaissait à la foi de la Religion positive une valeur simplement subjective, mais pour longtemps indispensable (Lettre à Körner, du 28 février 1793, *Briefe*, éd. Jonas, III, p. 287-289. — V. aussi la lettre à Fischenich, du 20 mars, où il dit que le très important ouvrage de Kant n'est rien de moins « qu'une déduction de la nécessité d'une Religion positive et d'une Église par des raisons philosophiques, et une explication — plus platonicienne, il est vrai, qu'exégétique — du Christianisme ». *Ibid.*, p. 305-306).

lastique du moyen âge [1]. Les orthodoxes, eux, saisirent surtout de l'ouvrage et combattirent vivement ce qu'avait de négatif à leur endroit le rationalisme kantien, c'est-à-dire la subordination du dogme à la loi pratique, l'interprétation purement morale de l'Écriture, la réduction au minimum des articles de foi, l'amoindrissement du rôle de la révélation [2]. Par ailleurs cependant la philosophie religieuse de Kant, non seulement était acceptée avec enthousiasme par des disciples [3], mais commençait à exercer sur la théologie une influence qui fut étendue et durable [4]. Elle se substitua un peu partout à la philosophie de Leibniz et de Wolff dans la tâche de définir les conditions intellectuelles à laquelle la théologie devait s'adapter ou se soumettre : par son concept de la Religion morale, par sa distinction du sensible et du supra-sensible, elle fournissait aux esprits en quête d'accommodation des moyens nouveaux et assez souples pour concilier le rationalisme avec le supranaturalisme, et c'est sous cette forme qu'elle se fit agréer non seulement d'un grand nombre de théologiens protestants, mais encore de certains théologiens catholiques [5]. A

---

1. V. en particulier le compte rendu de la 2ᵉ édition de la *Religion* dans la *Nouvelle bibliothèque allemande universelle* de Nicolaï.

2. V. la lettre qu'écrivait de Erlangen Ammon à Kant, 8 mars 1794, et dans laquelle il signalait les adversaires que rencontrait l'interprétation morale de l'Écriture. « Ils soutiennent que cette façon de chercher un sens moral n'est pas autre chose que le procédé, depuis longtemps tourné en dérision, des Pères de l'Église, en particulier d'Origène, qu'avec cette sorte d'exégèse toute certitude dogmatique s'en va (en quoi ils pourraient bien n'avoir pas tout à fait tort) et qu'une nouvelle barbarie sera le dernier terme de cette interprétation (*Briefwechsel*, II, p. 474). — Parmi les orthodoxes, ceux qui combattaient Kant avec le plus de mesure étaient des théologiens de Tübingen, comme Storr, dont Kant, dans la *Préface* de la 2ᵉ éd. de sa *Religion*, cite avec estime les *Annotationes quaedam theologicae*, et J.-F. Flatt, qui avait déjà critiqué Kant dans divers ouvrages et qui lui adressait directement des objections courtoises, non sans valeur (V. *Briefwechsel*, II, p. 445 ; III, p. 379-381).

3. V. la lettre de Kieseweter, du 15 juin 1793 (*Briefwechsel*, II, p. 421), celle de Biester, du 13 juillet 1793 (p. 423), celle de Hippel, du 5 décembre 1793 (p. 455), celle de Maria de Herbert, du commencement de 1794 (p. 466).

4. V. Rosenkranz, *Geschichte der Kant'schen Philosophie*, p. 323-337. — J.-Ed. Erdmann, *Wissenschaftliche Darstellung der Geschichte der neuern Philosophie*, III, 1, p. 268-276. — Ed. Zeller, *Geschichte der deutschen Philosophie*, p. 418-422.

5. Parmi ces théologiens catholiques il faut citer Reuss à Würzburg (V. sa

dire vrai, en se répandant, elle ne pouvait guère maintenir tel quel l'équilibre qu'elle avait tâché de fixer. Si chez certains elle fut employée à accorder la Religion de la raison avec la Religion positive[1], et souvent par une justification plus dogmatique du principe et du rôle de cette dernière[2], chez d'autres, elle fut reprise et développée dans le sens d'un rationalisme de plus en plus strict qui semblait ramener la pensée de Kant à celle de l'*Aufklärung*[3].

*
* *

A la vérité, Kant avait toujours rappelé que si c'est la raison pratique qui prononce sur les problèmes moraux et religieux, c'est toujours bien la raison. Il avait défendu énergiquement son système contre toute confusion avec les doctrines qui opposant, elles aussi, la foi à la connaissance la faisaient dépendre d'une révélation irrationnelle ou d'une inspiration du sentiment. Les concordances que Jacobi avait cru découvrir entre la philosophie kantienne et la sienne étaient plus pour inquiéter Kant que les différences encore cependant très fortes qu'il avait découvertes[4]. En réalité, tout séparait Kant de Jacobi[5], car l'accord sur certaines intentions et certaines conclusions

---

lettre à Kant, du 21 avril 1797, *Briefw.*, III, p. 158), Koller à Heidelberg et surtout Hermes à Bonn.

1. Staüdlin, le théologien de Göttingue, avec qui Kant avait été en correspondance, comme nous l'avons vu, sur ces questions, et à qui il dédia le *Conflit des Facultés* montra une particulière activité à défendre fidèlement sous diverses formes l'esprit du kantisme.

2. On peut citer Süskind, Ammon, Tieftrunk.

3. J.-W. Schmid et Chr. Ehr. Schmid, Jacob, Krug, Röhr, Wegscheider, Gesenius, Dav. Schulz. Paulus fut le plus célèbre représentant de cette tendance.

4. V. la réponse de Kant à Jacobi, du 30 avril 1789, *Briefwechsel*, II, p. 72-75. — « On peut bien accorder, y disait-il entre autres choses, que si l'Evangile n'avait pas précédemment enseigné les lois morales universelles dans toute leur pureté, la raison jusqu'ici ne les aurait pas saisies dans une telle perfection ; toutefois, *maintenant qu'elles sont données*, on peut convaincre chacun par la seule raison de leur exactitude et de leur validité », p. 74.

5. V. plus haut, p. 398 sq. — Cf. Lév-Bruhl, *La philosophie de Jacobi*, p. 174 sq.

ne pouvait avoir de valeur philosophique en dehors d'une méthode qui l'eût produit. Or c'était à toute méthode que répugnaient Jacobi et ses partisans plus ou moins prochains. Ils faisaient fi du labeur de l'entendement discursif; ils en appelaient à la vision géniale, à la divination intuitive ; merveilleusement confiants dans les ressources de leur esprit propre, ils étaient comme ces riches qui regardent de haut les modestes travailleurs ; ils se bornaient à affirmer selon leur gré là où les autres s'appliquaient à démontrer selon la vérité. Contre cette insolence intellectuelle permise à la fantaisie de l'amateur qui n'est qu'amateur, mais intolérable, comme il le disait, à la police du royaume des sciences, Kant écrivit dans la *Berlinische Monatsschrift* son article *Sur un ton de distinction récemment pris dans la philosophie*[1]. Il raillait cet étrange emploi du mot de philosophie, qui, avant d'être appliqué comme aujourd'hui à l'inspiration incommunicable, avait été appliqué par un abus analogue à la vie monastique des ascètes dans le désert, aux procédés occultes des alchimistes, à l'initiation mystérieuse des Loges. Il dénonçait l'arbitraire des croyances imposées d'autorité par « le philosophe du sentiment qui platonise » *(der platonisirende Gefühlsphilosoph)*. Platon se trouve être en effet, sans l'avoir voulu, le père de ce mysticisme philosophique, de cette *Schwärmerei*. Il admettait une intuition primitive des idées, maintenant obscurcie par les ténèbres de notre vie sensible, et que le philosophe a le devoir de restaurer dans les âmes. Mais il invoquait cette intuition intellectuelle pour expliquer en quelque sorte par derrière nous la possibilité d'une connaissance synthétique *a priori,* non pour étendre par devant nous cette connaissance par la continuation de la prétendue lecture des Idées dans l'entendement divin. Et surtout

---

1. *Von einem neuerdings erhobenen vornehmen Ton in der Philosophie,* 1796. — L'article visait surtout J.-G. Schlosser, qui dans des remarques sur les prétendues lettres de Platon avait attaqué la philosophie kantienne. — V. également dirigée contre Schlosser la fin d'un autre article de Kant paru peu après (1796) : *Verkündigung des nahen Abschlusses eines Tractats zum ewigen Frieden in der Philosophie*, VI, p. 496-497.

il entendait ainsi fonder le droit de la raison, non le supprimer. Son plus grand défaut fut de se laisser fasciner par les propriétés des figures, comme Pythagore l'avait été par celles des nombres, au point d'y voir la révélation du mystère des choses.

Nos modernes platoniciens, eux, veulent élever l'objet de leurs affirmations au delà de la raison même; ils ne s'en tiennent plus à la hiérarchie régulière des diverses espèces d'assentiment, opinion, foi, savoir; il leur faut ce qu'ils appellent un pressentiment du supra-sensible, et ils abondent en expressions figurées d'une signification indécise ou équivoque pour suggérer ce que peut être ce pressentiment. Une appréhension trop nette de l'objet les offusquerait; à l'exemple du faux Platon ils veulent, non point soulever le voile d'Isis, mais le rendre un peu moins impénétrable de façon à deviner la divinité qu'il recouvre.

A l'origine de leurs tentatives illusoires et de leurs prétentions arrogantes il y a cependant un besoin certain de notre nature, celui de nous rattacher à ce monde supra-sensible dont la conception peut seule donner à notre moralité une assiette ferme. Mais cette conception ne se détermine rigoureusement que par la loi morale, et si elle nous conduit à un mystère qui est celui de la liberté, ce n'est qu'après avoir rationnellement établi la puissance pratique de cette faculté d'agir inconditionnée et en avoir aussi rationnellement justifié l'incompréhensibilité théorique. La philosophie critique donne donc un sens précis à ce qui n'est dans la philosophie du sentiment qu'aspiration légitime, mais vague. « La déesse voilée devant qui nous ployons, de part et d'autre, le genou est la loi morale en nous dans son inviolable majesté. Nous entendons assurément sa voix et nous comprenons fort bien son commandement: mais en l'écoutant nous ne savons pas si elle vient de l'homme, en vertu de la puissance souveraine de sa propre raison, ou si elle vient d'un autre Être dont l'essence lui est inconnue et qui parle à l'homme par l'intermédiaire de sa raison propre. Au fond nous ferions peut-être mieux de passer outre à cette recherche, puisqu'elle est exclusivement spéculative, et que ce qui se présente à nous (objectivement) comme le devoir à accomplir reste toujours le même, que l'on admette pour fondement l'un ou l'autre principe : avec cette différence, que la méthode didactique, qui consiste à ramener la loi morale en nous à des concepts clairs selon les préceptes de la logique, est seule proprement *philosophique*, tandis que l'autre procédé, qui consiste à personnifier cette loi, à faire de la raison qui commande moralement une Isis voilée (tout en ne lui attribuant d'ailleurs d'autres propriétés que celles que l'on découvre par la première méthode), est une façon *esthétique* de se représenter absolument le même objet; on en peut assurément user, après que par la première méthode on a tiré les principes au clair, afin de rendre ces idées plus vivantes par une exposition sensible, quoique seulement analogique; mais il y aura toujours à cela quelque danger de s'égarer en des visions chimériques qui sont la mort de toute philosophie[1]. » L'œuvre propre de la raison, c'est donc de travailler à ce que la loi morale ne revête point l'apparence d'un oracle sujet à toutes les interprétations. Mais après tout, comme dit Fontenelle, si M. N... veut absolument croire aux oracles, personne ne l'en peut empêcher[2].

Ainsi Kant tâchait de maintenir le sévère esprit du rationalisme critique à la fois contre les adversaires et contre les alliés compromettants qui ne trouvaient pas dans la doctrine de la loi morale et des postulats une façon suffisante de limiter le savoir afin de faire place à l'intuition du sentiment, ou qui étaient tout prêts à détourner l'idée d'une foi de la raison vers l'idée d'une foi irrationnelle, alimentée par l'inspiration mystique ou par la tradition historique. Et la difficulté certes était grande pour sa philosophie de rester en garde, non seulement contre

1. VI, p. 481.
2. VI, p. 465-482.

les diverses sortes de dogmatisme qui la combattaient ou l'attiraient du dehors, mais encore contre cet autre dogmatisme qui tendait à l'envahir du dedans en supprimant l'effort compliqué et rigoureux dont elle était issue et en ne retenant que les résultats très simples qui pouvaient la rendre populaire : l'impuissance de la raison théorique et la justification des plus importants objets de croyance sous la forme de postulats de la raison pratique, étaient devenus en effet des thèmes d'un développement aisé ; un kantisme superficiel et moralisant s'était bien vite formé et répandu, celui contre lequel Schelling publiait en 1795 ses *Lettres philosophiques sur le dogmatisme et le criticisme* [1].

1. V. aussi la lettre de Schelling à Hegel, du commencement de janvier 1795. *Aus Schellings Leben*, I, p. 71-72.

CHAPITRE VIII

LA DOCTRINE DU DROIT ET LA DOCTRINE DE LA VERTU

C'est surtout à la philosophie pratique que Kant employa l'activité intellectuelle de ses dernières années. Il n'avait pas seulement le souci d'en défendre les principes tels qu'il les avait établis contre certaines objections et interprétations inexactes, ou contre les préjugés qui faisaient la force des doctrines adverses, d'en poursuivre aussi sur divers sujets particuliers les applications ; il avait encore à composer l'œuvre qui selon ses plans devait en être l'expression systématique et doctrinale, à savoir la Métaphysique des mœurs.

En septembre 1793, il publiait dans la *Berlinische Monatsschrift* un article *Sur le lieu commun :* « *Cela est bon en théorie, mais ne vaut rien dans la pratique* »[1] ; il y repoussait cet aphorisme usuel en ce qui concerne d'abord la moralité, puis le droit politique, enfin le droit des gens.

C'était dans les *Essais de Garve sur divers objets tirés de la morale et de la littérature* (1re partie, p. 111-116) qu'il relevait, en opposition explicite avec sa doctrine propre, la thèse de la contradiction entre la théorie et la pratique en morale[2]. Qu'on puisse, avait dit Garve, distinguer théori-

---

1. *Ueber den Gemeinspruch : Das mag in der Theorie richtig sein, taugt aber nicht für die Praxis.* — Kant avait songé à cet article au moment de ses démêlés avec la censure touchant la publication de la seconde partie de sa *Religion*. — V. la lettre à Biester, du 30 juillet 1792, *Briefwechsel*, II, p. 336. — V. Reicke, *Lose Blätter*, E 27 (II, p. 25-26), et divers morceaux de C 7 (I, 144 sq.), C 15 (I, 179 sq.), D 13 (217 sq.).

2. En même temps Kant rectifiait de fausses interprétations de sa pensée par Garve, qui lui avait fait dire, entre autres choses, que l'observation de la loi morale, sans égard au bonheur, est l'unique but final de l'homme, que la

quement entre une doctrine qui enseigne comment on peut être heureux et une doctrine qui enseigne comment on peut mériter de l'être : soit ; mais ce qui est distinct pour la tête ne l'est pas pour le cœur, et l'on a peine à comprendre de quelle façon un homme pourrait jamais avoir conscience d'avoir mis entièrement de côté son aspiration au bonheur, d'avoir pratiqué le devoir dans un esprit de parfait désintéressement. — A quoi Kant réplique que si l'on ne peut point en effet par l'expérience interne saisir la pureté absolue de ses mobiles, si même on ne peut jamais être sûr qu'un acte de pure moralité ait été accompli, il n'en est pas moins certain que l'homme doit pratiquer son devoir, abstraction faite de tout intérêt, et qu'il le peut, puisqu'il le doit. On ne saurait sans protester entendre dire que ces distinctions, déjà plus incertaines quand on réfléchit sur des cas particuliers, deviennent sans portée pratique aucune pour un acte à accomplir et invérifiables dans l'examen d'un acte accompli. Au contraire le concept du devoir est très clair pour le jugement de tout homme ; il est beaucoup plus efficace et en même temps beaucoup mieux défini que toutes les règles tirées de la recherche du bonheur et de la considération des conséquences : le tort de l'éducation commune, c'est de ne pas en reconnaître la suffisante puissance, de chercher à le fortifier par le concours de mobiles étrangers [1].

En matière de droit politique Kant estime que la thèse de la contradiction entre la théorie et la pratique a été énoncée par Hobbes, lorsque ce dernier a soutenu dans son *De Cive* (VII, § 14) que le chef de l'État n'est par contrat tenu à rien envers le peuple et ne peut point commettre

foi dans l'immortalité et l'existence de Dieu donne force et consistance au devoir, que l'homme vertueux, s'il perdait de vue le bonheur, se priverait des moyens de passer dans le monde invisible, que cependant, comme tel, il ne doit pas chercher à être heureux. Kant reprochait aussi à Garve le sens équivoque dans lequel il employait le mot *bien*. VI, p. 309-315.

1. VI, p. 315-320. — V. la lettre de Garve à Biester, communiquée par Biester à Kant, *Briefwechsel*, II, p. 473. — Sur les rapports de Kant et de Garve, v. A. Stern, *Ueber die Beziehungen Chr. Garve's zu Kant*, 1884.

d'injustice envers les citoyens, quoi qu'il fasse. Cette proposition, prise dans sa généralité, est effroyable. Parce qu'en effet le sujet offensé n'a sur le souverain aucun droit de contrainte, elle pose qu'il n'a vis-à-vis de lui aucun droit. Confusion que Hobbes eût évitée, s'il avait bien compris les principes du droit politique. Le contrat qui constitue la société civile repose, non sur l'idée de la fin que se proposent naturellement les hommes, sur l'idée du bonheur, mais sur l'idée de la liberté conçue dans les relations extérieures des hommes entre eux : d'où suit cette double conséquence, d'abord que le souverain, dans ses rapports avec les sujets, n'a pas à agir d'après des maximes de prudence toujours incertaines, mais d'après des maximes de droit conformes à l'idée du contrat primitif, ensuite que les sujets ne doivent jamais alléguer une offense qu'ils subissent pour opposer au souverain une résistance impossible à autoriser par aucune loi. Donc le peuple garde à l'égard du chef de l'État des droits impérissables, et doit en juger négativement d'après ce principe : ce qu'un peuple ne peut décréter sur lui-même, le législateur ne peut pas davantage le décréter sur le peuple[1]. S'il y a dans la raison quelque chose qui s'appelle droit public et dont le concept a une force obligatoire pour tous les hommes en concurrence les uns avec les autres, ce droit public doit pouvoir passer dans la pratique, à moins de supposer les hommes si mauvais, si malhabiles et si indignes, que la prudence seule puisse être consultée pour les maintenir dans l'ordre. Dans ce cas ce n'est plus du droit qu'il s'agit, mais de la force, et alors comment le peuple n'aurait-il pas la pensée d'essayer la sienne ? Toute constitution juridique se trouverait ainsi compromise. C'est donc la théorie rationnelle du droit politique qui seule est véritablement pratique[2].

1. Cf. *Was ist Aufklärung*, IV, p. 165-166.
2. VI, p. 321-339. — On trouvera rappelées plus loin, dans l'exposé de la Doctrine du droit public selon la Métaphysique des mœurs, certaines des thèses et des indications fournies ici par Kant.

En matière de droit des gens, ce qui tend à mettre la pratique en dehors la théorie, c'est par exemple une thèse comme celle de Mendelssohn (*Jérusalem*, 2ᵉ section, p. 44-47), d'après laquelle la marche de l'humanité n'est qu'une simple oscillation, tout pas qu'elle fait en avant étant suivi d'un égal recul qui la remet au même point. Dans l'ensemble de l'espèce humaine il y aurait donc toujours un même degré de vertu et de vice, de religion et d'irréligion, de bonheur et de misère, sans qu'aucune amélioration certaine soit jamais à espérer. Thèse décourageante autant qu'inexacte. Si l'on peut dire que l'homme vertueux, aux prises avec le malheur et la tentation et ne cédant ni à l'un ni à l'autre, est un spectacle digne de Dieu, ce serait un spectacle indigne, non seulement de Dieu, mais du plus simple honnête homme, que celui de l'humanité ne montant quelque peu vers la vertu que pour retomber plus lourdement dans le vice. Puisqu'il y a un progrès de la culture, pourquoi n'y aurait-il pas un progrès moral? Que ce progrès soit souvent interrompu, sans doute ; mais il n'est jamais arrêté. Il reste toujours la maxime obligatoire de notre conduite, ce dont on ne peut point par conséquent affirmer l'impossibilité. Et non seulement il n'est pas impossible, mais encore il est trop étroitement lié à l'existence d'une disposition au bien dans la nature humaine pour que la réalité n'en doive pas être supposée. Donc, bien que prise en pitié par les hommes d'État qui n'y voient qu'une chimère puérile et pédantesque mise au jour par l'école, bien que contredite en fait par ce besoin de conquête qui pousse les hommes les uns contre les autres, par ces armements continuels qui troublent même la paix momentanée avec des cauchemars de guerre, l'idée d'une cité universelle de tous les peuples n'en a pas moins la puissance d'une règle obligatoire, d'autant plus capable de se réaliser dans la pratique qu'elle sera davantage reconnue comme une vérité ; et elle a aussi pour elle le concours providentiel de la nature qui aboutit toujours à faire prévaloir sur les fins particulières des hommes la fin morale de l'humanité. « Car c'est précisément l'antagonisme de ces inclinations dont résulte le mal qui procure à la raison un libre jeu, grâce auquel elle les subjugue toutes, en même temps qu'à la place du mal, qui se détruit lui-même, elle fait triompher le bien, qui se soutient de lui-même à l'avenir dès qu'une fois il existe[1]. »

Ainsi, à aucun point de vue, on ne peut soutenir que ce qui est bon en théorie ne vaut rien pour la pratique. D'une façon générale, quand une théorie n'est pas praticable, ce n'est point parce qu'elle est théorie, c'est parce qu'elle ne l'est pas assez, parce qu'elle ne fait pas entrer en ligne de compte tous les éléments du problème à résoudre ; c'est ce qu'on avoue du reste volontiers quand il s'agit des sciences proprement dites et de la technique qui leur correspond. Au contraire, quand il s'agit de la conception philosophique du devoir, on invoque contre elle toutes les sentences d'une prétendue sagesse qui ne veut connaître que l'expérience ; au nom d'observations empiriques, on vient faire la loi à la théorie qui a cependant en elle sa raison d'être et qui possède dans son concept fondamental sa garantie de réalisation ; car ce ne serait pas un devoir de se proposer un acte, si cet acte n'était pas possible à accomplir, entièrement ou par approximations graduelles[2].

*
* *

Cette foi énergique dans l'efficacité pratique de la pure raison, dans la subordination obligatoire et même finalement inévitable des intérêts aux idées inspirait un peu plus tard à Kant, sur un thème qui lui était cher, son traité *De la paix éternelle*[3]. Cet « *Essai philosophique* » parut en 1795

---

1. VI, p. 345, p. 340-346. — Cf. *Zum ewigen Frieden*, VI, p. 427 sq.
2. VI, p. 305-307
3. *Zum ewigen Frieden. Ein philosophischer Entwurf.* — V. Reicke, *Lose Blätter*, F 15 (II, p. 333-336), F 16 (II, p. 336-339).

dans cette année de la *Paix de Bâle* qui vit se rompre l'effort de la coalition européenne contre la Révolution française. Kant énonçait en six « articles préliminaires » les conditions négatives sans lesquelles la paix perpétuelle est impossible, en trois « articles définitifs » les conditions positives par lesquelles elle se réalise et se garantit ; il y ajoutait dans la deuxième édition un « article secret » dans lequel était dévoilée la pensée de derrière la tête qui prescrit l'établissement et le respect de ces conditions[1]. Voici d'abord les six articles préliminaires : 1° *Nul traité de paix ne doit valoir comme tel, si l'on y réserve secrètement quelque sujet de recommencer la guerre ;* 2° *Nul État indépendant (petit ou grand, peu importe ici) ne doit pouvoir être acquis par un autre État, par voie d'héritage ou d'échange, ou d'achat, ou de donation ;* 3° *Les armées permanentes doivent entièrement disparaître avec le temps ;* 4° *Nul État ne doit contracter de dettes pour soutenir ses intérêts extérieurs ;* 5° *Nul État ne doit s'immiscer de force dans la constitution ni le gouvernement d'un autre État ;* 6° *Nul État ne doit se permettre dans une guerre avec un autre des hostilités qui seraient de nature à rendre impossible la confiance réciproque dans la paix à venir*[2]. Voici maintenant les trois articles définitifs : 1° *La constitution civile dans chaque État doit être républicaine ;* 2° *Le droit international doit être fondé sur un fédéralisme d'États libres ;* 3° *Le droit cosmopolitique doit se borner aux conditions d'une hospitalité universelle*[3]. — Voici enfin l'article secret, celui dont les articles préliminaires et les articles définitifs tirent tout leur sens : *Les maximes des philosophes sur les condi-*

---

1. V. pour plus de détails Victor Delbos, les *Idées de Kant sur la Paix perpétuelle*, Nouvelle Revue, 1ᵉʳ août 1899, p. 410-429. — Cf. Franz Rühl, *Kant über den ewigen Frieden*, 1892. — L. Stein, *Das Ideal des « ewigen Friedens » und die soziale Frage*, 1896. — F. Staudinger, *Kants Traktat : Zum ewigen Frieden*, Kantstudien, I, p. 301-314. — Vaihinger, *Eine französische Kontroverse über Kants Ansicht vom Kriege*, Kantstudien, IV, p. 50-60. — V. plus haut, p. 279-281, p. 293-294, p. 538, p. 582, p. 694. V. plus loin, p. 718-721.
2. VI, p. 408-414.
3. VI, p. 415-427.

tions de la possibilité de la paix publique doivent être consultées par les États armés pour la guerre. Cela ne veut point dire qu'il faille investir les philosophes de titres officiels, qui leur confèrent une autorité sur l'État ; il suffit de les laisser parler librement et de les écouter comme des conseillers officieux. Il n'y a point lieu de les appeler au gouvernement, comme le voulait Platon ; il y a lieu seulement de reconnaître que la philosophie est en mesure de fournir des règles d'action à ceux qui gouvernent. « Que les rois deviennent philosophes ou les philosophes rois, il ne faut ni s'y attendre, ni même le souhaiter, car la possession du pouvoir corrompt inévitablement le libre jugement de la raison. Mais que les rois et les peuples rois (c'est-à-dire les peuples qui se gouvernent eux-mêmes d'après des lois d'égalité) n'obligent les philosophes ni à se taire ni à disparaître, mais qu'ils les laissent parler publiquement, c'est ce qui est indispensable pour que leur gouvernement soit éclairé ; cette classe d'hommes est en effet par sa nature incapable de cabale et de menées de club, et elle n'est pas suspecte d'esprit de *prosélytisme*[1]. »

Ce que dans cet ouvrage Kant veut encore dénoncer comme faux, c'est la prétendue opposition de la morale et de la politique. La formule de la politique paraît être : Soyez prudents comme les serpents. La formule de la morale : Soyez simples comme les colombes. De la prudence ou de l'honnêteté, laquelle doit régler l'autre ? Il n'est pas exact de dire que l'honnêteté est la meilleure politique ; ce qu'il faut dire, c'est qu'elle est meilleure que toute politique. Si toute la science pratique devait se réduire à la politique, c'est-à-dire à l'art de faire usage du mécanisme des inclinations pour conduire les hommes, le concept du devoir ne serait plus qu'une fiction. Il n'y a de rapports normaux entre la morale et la politique que si c'est la morale qui fournit la règle suprême. On peut bien se représenter un politique moral,

---

1. VI, p. 435-436.

c'est-à-dire un homme d'État qui adopte des maximes de prudence politique de façon à les mettre d'accord avec la morale, non un moraliste politique, c'est-à-dire quelqu'un qui se forge une morale accommodée aux intérêts de l'homme d'État. Le politique moral soutient que s'il se rencontre des vices, soit dans la constitution de l'État, soit dans les rapports extérieurs des États entre eux, les chefs doivent y porter remède conformément au droit naturel tel qu'il découle de la raison, dussent-ils en souffrir dans certains de leurs avantages. Il ne prétend pas pour cela qu'on doive détruire le régime actuel avant d'avoir positivement un meilleur régime à y substituer ; il tient compte de la nécessité, morale autant que politique, de maintenir l'ordre, qui est pour tout État la cause de sa prospérité intérieure et la garantie de sa sécurité extérieure ; il admet du reste que si une révolution violente a amené par des voies injustes une forme meilleure de gouvernement, on ne doit néanmoins jamais tenter de faire rétrograder le peuple vers d'anciennes formes. Il se peut qu'il y ait une façon despotique d'appliquer la morale à la politique ; mais l'expérience remet irrésistiblement dans la bonne voie ceux qui la pratiquent. Les politiques moralisants, eux, sous prétexte d'une familiarité plus grande avec les hommes et d'un maniement plus étendu des affaires humaines, s'efforcent de perpétuer les imperfections et les injustices de tout régime existant ; ils introduisent des maximes de savoir-faire incompatibles avec le droit : *Fac et spera. — Si fecisti, nega. — Divide et impera.* — Le mensonge est à la base de leur sagesse ; par suite le secret est leur grande ressource. Il faut leur opposer résolument ce principe, à la fois moral et juridique, qui doit régler toutes les relations extérieures : *Toutes les actions relatives au droit d'autrui, dont la maxime ne peut supporter la publicité, sont injustes.*

Ainsi l'opposition de la morale et de la politique n'existe que subjectivement ; la morale doit faire la loi à la politique, d'autant que ses principes sont très certains, tandis que les

connaissances techniques sur lesquelles s'appuie la politique
ne sont jamais assez larges ni assez précises pour permettre
des conclusions sûres [1].

*
* *

Dans ces essais Kant reprenait des idées ou élaborait des
formules qui devaient trouver place dans sa Métaphysique
des mœurs. Celle-ci était encore à écrire. Mais l'essentiel
en était contenu dans les ouvrages qui étaient censés la préparer, et la vigueur d'esprit qu'il eût fallu pour rendre originale l'exécution méthodique du plan tracé d'avance manquait maintenant, l'extrême vieillesse venue. Les *Premiers
Principes métaphysiques de la doctrine du droit* et les *Premiers
Principes métaphysiques de la doctrine de la vertu*[2], parus successivement en 1797, loin d'offrir une déduction systématique rigoureuse, ne sont guère qu'un effort souvent pénible et
stérile de simple arrangement schématique : la pensée y
apparaît figée dans les définitions et propositions autrefois
établies ; elle n'a ni largeur ni souplesse, ni toujours luci-
dité [3].

L'idée d'une Métaphysique des mœurs, ainsi que le rappelle Kant [4], suppose et manifeste que la loi morale ne peut
être dérivée de l'expérience, qu'elle ne peut être fondée qu'*a
priori*. Il arrive que la science de la nature, bien qu'elle

1. VI, p. 437-454.
2. *Metaphysische Anfangsgründe der Rechtslehre*. — *Metaphysische
Anfangsgründe der Tugendlehre*. — En donnant la deuxième édition,
d'abord de la *Doctrine du droit* (1798), puis de la *Doctrine de la vertu*
(1803), Kant les présente comme la première et la seconde partie d'une œuvre
désignée par le titre commun de *Métaphysique des mœurs en deux parties*
(*Metaphysik der Sitten in zwei Theilen*). — V. la lettre de Kant à Chr.
Gottfried Schütz, du 10 juillet 1797, *Briefwechsel*, III, p. 181-182.
3. On trouve en grand nombre dans Reicke, *Lose Blätter*, des morceaux
et des brouillons qui se rapportent à la préparation de la Métaphysique des
mœurs. Là surtout on peut bien voir à quel point la pensée de Kant ne fonc-
tionne plus souvent que d'une façon toute mécanique : les répétitions littérales
abondent, témoignant d'une impuissance sénile à varier les formules et à renouveler les idées par le sentiment intérieur ou l'expression extérieure.
4. V. plus haut, p. 302 sq.

aussi doive s'appuyer sur une Métaphysique, admette certains principes sur le témoignage de l'expérience, alors qu'en toute rigueur ils devraient être déduits de la seule raison. Mais la philosophie pratique ne peut invoquer de preuves empiriques, même à titre provisoire. En cherchant à définir ses lois par des considérations tirées des fins que les hommes poursuivent en fait, elle corromprait en nous l'idée du devoir en même temps qu'elle perdrait la certitude à laquelle elle doit prétendre. Voilà pourquoi elle ne saurait être une doctrine du bonheur. C'est donc non seulement une nécessité scientifique, c'est encore un devoir de constituer une Métaphysique des mœurs, expression méthodique et organisée de celle que tout homme porte obscurément en lui. Mais de même que la Métaphysique de la nature doit pouvoir appliquer ses principes suprêmes de l'existence d'une nature en général à des objets de l'expérience, de même la Métaphysique des mœurs doit pouvoir appliquer ses principes suprêmes de la détermination de la volonté d'un être raisonnable en général à la nature particulière de l'homme ; mais cette application n'est pas au détriment de la pureté intrinsèque des principes, qui peut et doit rester intacte. S'il y a encore place dans la philosophie pratique pour une anthropologie morale qui étudie les conditions subjectives de la réalisation du devoir, cette anthropologie morale doit suivre, mais non précéder, ni chercher à justifier en quoi que ce soit la Métaphysique des mœurs[1].

Toute législation pratique présente comme objectivement nécessaire l'action qui doit être accomplie ; mais tantôt elle ne vise que le simple accomplissement matériel de cette action, en négligeant le mobile qui doit y porter ; tantôt elle vise en outre le mobile auquel l'agent doit se conformer, et elle prescrit que ce mobile soit exclusivement le respect d'elle-même. Dans le premier cas, la législation est extérieure : c'est la législation juridique ; dans le second

---

1. VII, p. 12-15. — V. plus haut, p. 309, note.

cas, la législation est essentiellement intérieure ; c'est la législation morale. La législation juridique et la législation morale commandent souvent les mêmes actions ; mais suivant que c'est l'une ou l'autre qui commande, le mode d'obligation diffère. En tout cas la législation morale comprend des devoirs que la législation juridique ne connaît pas ; de plus, comme elle prescrit d'obéir à la législation juridique, elle fait indirectement des devoirs de droit des devoirs moraux[1]. Bien qu'il cherche à fixer les caractères spécifiques de la législation juridique, Kant n'en a pas moins une tendance très forte à en constituer le système sous l'empire de la législation morale ; il énumère didactiquement les concepts qui sont communs aux deux parties de la Métaphysique des mœurs[2] : la plupart sont des concepts que jusqu'alors il avait définis surtout en vue de la morale pure[3].

*
* *

Abordons la doctrine du droit. Du droit il peut y avoir une connaissance soit rationnelle, soit historique. La connaissance historique du droit a pour objet les déterminations positives que la législation pratique extérieure a revêtues en certains temps et certains pays ; mais elle ne peut répondre par elle-même à cet inévitable problème : qu'est-ce que le droit ? Seule une connaissance rationnelle le peut, c'est-à-dire une explication systématique du droit naturel. Or, selon la raison, le droit ne concerne que le rapport extérieur et pratique des personnes entre elles, en tant que par leurs actions elles exercent les unes sur les autres une influence soit immédiate, soit médiate ; il ne détermine pas un rapport de la liberté de l'un avec le désir ou le be-

---

1. VII, p. 15-18, p. 28.
2. VII, p. 18-25.
3. On sait qu'à l'encontre de Kant, Fichte institue la doctrine du droit non comme une partie de la Métaphysique des mœurs, mais comme une théorie antérieure à la morale.

soin de l'autre, mais un rapport de la liberté de l'agent avec la liberté d'autrui ; enfin, dans ce rapport réciproque des libertés, il considère, non la matière de la volonté, c'est-à-dire la fin que chacun se propose, mais uniquement la forme selon laquelle ce rapport s'établit. Le droit est donc l'ensemble des conditions sous lesquelles la libre faculté d'agir de chacun peut s'accorder avec la libre faculté d'agir des autres d'après une loi universelle de la liberté. Est juste toute action qui permet ou dont la maxime permet un tel accord. D'où la règle fondamentale : agis extérieurement de telle sorte que le libre usage de ta volonté puisse s'accorder avec la liberté de tous suivant une loi universelle.

La loi qui détermine le droit doit pouvoir, si des obstacles s'opposent à l'exercice du droit, s'opposer aussi à eux, et si ces obstacles viennent d'un certain usage de la liberté, empêcher cet usage pour en imposer un autre en accord avec elle ; ainsi le droit est inséparable de la faculté de contraindre celui qui en entrave le libre exercice, et le droit strict peut être représenté comme la possibilité d'une contrainte mutuelle en accord avec la liberté de chacun selon des lois universelles[1].

Où le droit de contraindre expire, expire aussi le droit strict. En dehors du droit strict, il y a des cas de droit équivoque, c'est-à-dire des cas dans lesquels le droit est sans contrainte ou la contrainte sans droit. Qu'un associé dans une maison de commerce dépense plus d'activité que les autres ; le droit qu'il a de réclamer une part plus grande de bénéfices n'est qu'un droit d'équité, dont la devise est : *Summum jus, summa injuria*, mais qui ne peut se faire sanctionner par aucun tribunal. Qu'inversement un nau-

---

1. VII, p. 26-30. — Dans le compte rendu que Kant avait fait en 1785 de l'*Essai* de Gottlieb Hufeland sur *le principe fondamental du droit naturel* il avait critiqué la thèse qui dérive le droit, non de la règle formelle de la libre volonté, mais d'un objet tel que le perfectionnement de l'être raisonnable, par suite la thèse qui rapporte le droit de contrainte à l'obligation d'écarter ce qui fait obstacle au progrès de l'humanité : Kant estime que ce principe est trop peu clair et trop général pour établir le fondement juridique de la contrainte. IV, p. 334-335.

fragé, pour sauver sa vie, arrache aux mains de son compagnon la planche de salut, c'est une faute qui n'est pas punissable, et dont il peut se couvrir par le droit de nécessité : *nécessité n'a pas de loi*[1].

Tous les devoirs de droit se résument dans les formules bien connues d'Ulpien : *honeste vive, neminem laede, suum cuique tribue*[2].

Y a-t-il des droits innés, qu'il faille distinguer des droits acquis ? Telle qu'elle est ordinairement présentée, cette distinction est inexacte. Tous les droits en réalité sont acquis, car ils sont des rapports extérieurs institués entre les volontés humaines selon des lois universelles ; si l'on veut cependant parler de droit inné, il n'y en a qu'un, à savoir celui qui est la condition sans laquelle les droits en général ne peuvent être acquis, à savoir la liberté ou la personnalité[3].

Il n'y a des rapports de droit qu'entre des personnes ; mais les personnes peuvent être considérées, soit comme personnes particulières faisant partie d'une société naturelle, dans les relations qui résultent immédiatement de leur causalité d'êtres libres, soit comme membres d'une société civile, dans les relations qui résultent de l'établissement de la communauté politique ; de là deux espèces générales de droit : le droit privé et le droit public[4].

* * *

Dans l'étude du droit privé, Kant emprunte beaucoup aux données et aux formules du droit romain, tout en essayant de les rationaliser.

L'objet du droit privé, c'est le problème de la propriété, du mien et du tien. Est mien de droit, *meum juris*, ce avec quoi

---

1. VII, p. 31-33.
2. VII, p. 33-34.
3. VII, p. 34-36.
4. VII, p. 39.

j'ai des rapports tels qu'autrui ne peut en disposer sans mon consentement qu'en me lésant moi-même. Cependant une chose extérieure n'est mienne que tout autant que je puis justement me supposer lésé par l'usage qu'en fait autrui, alors même que je n'en suis pas en possession. Ainsi le concept d'un objet extérieur comme sien serait contradictoire s'il n'y avait pas, outre cette sorte de possession qui est la possession sensible, une possession intelligible. La possession intelligible est dite telle parce qu'elle est indépendante du fait de la détention physique ; elle est le vrai droit de propriété. Qu'est-ce qui constitue ce droit?

Il y a d'abord un postulat juridique de la raison pratique qui peut s'exposer ainsi : est contraire au droit toute maxime qui, érigée en loi, prononcerait qu'un objet extérieur de la libre volonté d'un sujet doit être sans maître, *res nullius*. Car la raison pratique ne peut commander le renoncement à l'usage d'un objet sans aller contre l'exercice de la liberté extérieure ; elle ne peut interdire que ce qui est en opposition avec cette liberté, réglée par des lois générales. D'où il résulte que je suis légitimement propriétaire d'une chose venue en ma possession, si mes semblables ont l'obligation de s'abstenir d'en user sans mon consentement. Mais pour que mes semblables aient cette obligation, il faut qu'ils se la soient reconnue, c'est-à-dire qu'ils se soient désistés de toute prétention sur la chose pour m'en abandonner l'usage exclusif. Or cet acte de désistement suppose un état dans lequel aucune volonté n'était exclue de la possession d'aucun objet, dans lequel existait la possession en commun de toutes choses, *communio possessionis originaria*. Pour qu'en effet quelqu'un renonce à posséder une chose déterminée, il faut qu'il en ait été au moins co-possesseur. Il y a donc un droit primitif de tous sur tout, sans lequel la propriété individuelle serait injustifiable. Cependant il ne faut pas considérer cet état de propriété en commun comme un état de fait qui aurait originairement existé, mais comme une idée de la raison pratique, selon laquelle la volonté de celui qui s'approprie quelque chose doit être ratifiée par la volonté de ses semblables. Ainsi le droit de propriété se fonde, non sur le rapport du propriétaire et de l'objet qu'il possède, mais sur le rapport du propriétaire et des autres personnes, idéalement investies du même droit de propriété, et sur le même objet.

Assurément, avant l'existence d'une société civile ou abstraction faite de l'existence de cette société, la propriété individuelle est justifiée, puisque, selon le postulat plus haut énoncé de la raison pratique, chacun a la faculté d'avoir comme sien un objet extérieur de sa libre volonté, et qu'il a le droit, si cette faculté lui est contestée, d'obliger ceux qui la lui contestent à former avec lui une constitution, par laquelle sera assurée la propriété de chacun. Au surplus la société civile ne peut avoir pour fonction que de l'assurer, non de la créer ni de la déterminer. Pourtant, dans l'état de nature, la propriété n'a qu'un caractère provisoire ; c'est dans la société civile qu'elle prend un caractère péremptoire, parce que seule la volonté commune de la collectivité peut par sa toute-puissance mettre pratiquement en vigueur les garanties et les obligations qui se correspondent [1].

Trois sortes d'objets peuvent être acquis ; les choses matérielles, les obligations des personnes, et, dans un sens qu'il faudra particulièrement définir, les personnes mêmes. De là la division du droit privé en droit réel, droit personnel et droit personnel-réel.

Le problème le plus important du droit réel est l'acquisition originaire des biens ; car il faut qu'il y ait une acquisition originaire. Supposons en effet que tous les hommes aient primitivement la possession commune de tous les biens-fonds avec la volonté très naturelle d'en recueillir les fruits ; l'inévitable opposition des individus tendrait à priver tout le monde de l'usage de ces biens s'il n'y avait pas une règle

---

[1]. VII, p. 43-56.

suivant laquelle une possession particulière peut être affectée à chaque personne sur le fonds commun. Mais avant que cette règle soit reconnue et surtout sanctionnée par la société civile, il faut qu'il y ait une prise de possession par les individus, et c'est cette prise de possession qui constitue l'acquisition originaire. Elle comporte trois moments : 1° l'appréhension d'un objet ; mais il faut que l'objet soit sans maître, autrement l'acquisition serait illégitime ; 2° la déclaration que l'objet est en ma possession, et que par suite l'usage en est interdit à tout autre ; 3° l'appropriation considérée comme l'acte d'une volonté instituant en idée une législation extérieure universelle, par laquelle chacun est obligé de s'accorder avec ma libre volonté. L'acquisition originaire, c'est donc l'action du premier occupant, mais sous des conditions qui la régularisent et qui en font une propriété provisoire, destinée à se convertir par la société civile en propriété péremptoire. On ne saurait, comme le veulent certains, en chercher la justification dans le travail, puisque le travail suppose une occupation préalable. En tout cas l'acquisition primitive, strictement définie, ne laisse en dehors d'elle d'autre mode d'acquisition légitime des choses que l'acquisition par contrat ; et Kant dénonce à ce propos le « jésuitisme » de ces procédés de colonisation qui, sous prétexte d'apporter à des populations sauvages ou inférieures les bienfaits d'une civilisation plus haute, consistent à s'emparer des terres par la force ou par des achats fictifs[1].

Le droit personnel ne comporte point d'acquisition originaire : je ne peux acquérir le droit d'autrui qu'avec son consentement propre. Pour que l'objet qui est la propriété d'autrui devienne ma propriété, il faut qu'autrui s'en dessaisisse et me le transfère. La forme régulière de ce mode d'acquisition est le contrat. Dans tout contrat il y a deux actes préparatoires, qui sont l'offre et l'agrément, et deux

---

1. VII, p. 57-70.

actes constitutifs, qui sont la promesse et l'acceptation. Cependant ni la seule volonté du promettant, ni la seule volonté de l'acceptant ne suffit à constituer le contrat : il faut la réunion des deux volontés. Mais comment est-elle possible ? Dans l'ordre du temps les déclarations des deux volontés ne peuvent que se succéder : qui garantira que la première ne s'est pas modifiée avant que la seconde se soit produite ? Mais ici il faut distinguer l'apparence sensible et la réalité intelligible. Selon l'apparence sensible, le contrat résulte de deux actes successifs ; dans la réalité intelligible, il n'est qu'un seul et même acte. Ce que j'acquiers par contrat d'une autre personne, c'est une obligation qu'elle a à remplir envers moi, et cette obligation est finalement remplie par la livraison de la chose acquise, qui fait alors de mon droit un droit réel [1].

Kant a essayé de distinguer en les classant les diverses espèces de contrat. La division générale à laquelle il se réfère, et qu'il poursuit dans un nombre assez considérable de subdivisions, est celle du contrat gratuit (prêt, donation, dépôt), du contrat onéreux (échange, vente, prêt en nature, louage d'objet, louage d'ouvrage, mandat) et du contrat de caution (remise et acceptation de gage, fidéjussion, prestation d'otage) [2].

---

1. VII, p: 70-75.
2. VII, p. 83 sq. — Voici quelques-uns des problèmes auxquels Kant s'est particulièrement attaché : Le problème de la contrefaçon des livres : l'illégitimité de la contrefaçon résulte de ceci, que l'éditeur ne parle au public que de la part de l'auteur et avec mandat exprès de l'auteur, que l'acquisition de l'ouvrage n'est pas l'acquisition d'un droit réel, mais d'un droit personnel. VII, p. 89-90. Cf. *Von der Unrechtmässigkeit des Büchernachdrucks*, 1785, IV, p. 205-213. — Le problème du droit d'héritage : il n'y a pas d'héritage légitime sans une disposition testamentaire ; cependant on ne peut rien promettre à un autre par sa propre et unique volonté ; il faut en outre l'acceptation de la promesse par l'autre partie, et un concours des volontés qui manque ici. On peut résoudre la difficulté en remarquant que le testament ne confère sur l'héritage d'autre droit que celui de l'accepter, si bon semble, et que dans l'intervalle la succession n'a pas été *res nullius*, mais seulement *res vacans* ; quand la société civile est organisée, c'est elle qui conserve l'héritage tant qu'il est en suspens entre l'acceptation et la répudiation. VII, p. 93-94, p. 118-120. — La prestation du serment : c'est l'un des moyens employés par les tribunaux pour établir la preuve du bon droit : il ne peut se justifier qu'à l'extrême

Sous le nom de droit réel-personnel, Kant entend le droit d'après lequel l'objet extérieur est possédé comme une chose et traité comme une personne. C'est le droit qui régit avant tout la famille. Ici la manière d'acquérir repose, non sur un fait d'activité privée, ni sur un simple contrat, mais sur une loi qui exprime le droit supérieur de l'humanité dans notre propre personne ; et l'acquisition est quant à l'objet de trois espèces : l'homme acquiert une femme, le couple acquiert des enfants et la famille acquiert des serviteurs.

Le mariage rend seul légitime l'union des sexes ; hors de lui, dans le rapprochement libre et momentané, l'homme et la femme font l'un de l'autre des instruments de jouissance et se traitent comme des choses. Le mariage suppose une union des personnes qui se donnent pleinement l'une à l'autre, car la personne est indivisible. La monogamie est donc la seule forme admissible du mariage ; elle seule sauvegarde, en même temps que la dignité des époux, leur égalité essentielle. Si le mariage consacre une autorité du mari, ce n'est que tout autant qu'elle correspond à une supériorité des facultés de l'homme sur les facultés de la femme et qu'elle tend au bien commun de la famille ; cette autorité ne doit jamais devenir domination.

Les enfants ont vis-à-vis de leurs parents le droit d'être nourris et élevés jusqu'à ce qu'ils soient en état de se suffire à eux-mêmes ; comme ils n'ont pas demandé à venir au monde, ils sont en droit d'attendre qu'on leur fasse une vie douce et supportable ; ils ne sont pas de simples créatures, ils sont des personnes en voie de formation ; ils doivent être instruits et dirigés de façon à pouvoir, à partir d'un certain moment, agir par eux-mêmes selon leur desti-

rigueur, comme le seul procédé qui puisse parfois permettre, étant données les mœurs, d'arriver à la vérité. Mais il est en lui-même une « torture spirituelle » que devrait remplacer une simple et solennelle déclaration devant le juge. En principe on ne peut ni me forcer à jurer, ni me forcer à croire que celui qui jure a nécessairement de la religion, et à faire dépendre mon droit de son serment. VII, p. 104-106.

née ; jusqu'à leur émancipation, ils doivent à leurs parents l'obéissance. Ensuite les droits cessent de part et d'autre, et les devoirs des enfants ne sont plus que des devoirs de vertu, comme la reconnaissance.

Les serviteurs ou domestiques font partie de la maison et sont la possession du maître ; mais ce genre de rapport résulte d'un contrat, et ce contrat n'est valable que s'il est temporaire, s'il peut toujours être résilié par l'une des parties, s'il n'enlève pas la liberté entière du serviteur. L'esclavage, même volontaire, est nul en droit[1].

*
* *

Tel est, en ses traits essentiels, le droit privé : il est, quant à son contenu, le même dans l'état de nature que dans la société civile. Mais c'est seulement dans la société civile qu'il trouve sa puissance effective et sa sanction. Personne en effet n'est obligé de s'abstenir de léser autrui dans sa possession, s'il n'est assuré lui-même de n'être point lésé dans la sienne. Or cette assurance ne peut exister que dans la société civile. Certes l'état de nature n'est pas nécessairement par lui-même un état d'injustice, dans lequel les hommes se traiteraient uniquement selon leur force respective, et il ne s'oppose pas non plus à tout état social, puisqu'il comprend des sociétés légitimes comme la société conjugale, domestique, paternelle, etc. ; mais il n'en est pas moins un état de justice simplement négative, en ce sens que, si le droit y est controversé, il ne fournit ni la loi déterminée ni le juge compétent qui permette de prononcer la sentence juste, puisqu'il laisse même sous une apparence de justice la violence répondre à la violence. Kant n'admet pas que le passage de l'état de nature à l'état juridique de la société civile s'effectue sous la pression de nécessités dévoilées par l'expérience ; il le présente comme

1. VII, p. 75-83, p. 110-114.

une obligation qui résulte analytiquement de la notion même de droit[1].

L'acte par lequel le peuple se forme en État, ou plutôt la simple idée de cet acte, qui autorise à le concevoir comme légitime, c'est le contrat originaire en vertu duquel tous et chacun se dessaisissent de leur liberté extérieure pour la reprendre aussitôt comme membres d'une république[2]. C'est la pensée de Rousseau, avec cette différence que, pour Kant, l'homme en formant l'État n'a pas eu à sacrifier à cette fin une partie de sa liberté extérieure primitive ; il n'a fait que rejeter de sa liberté ce qu'elle avait de sauvage et d'étranger à toute loi pour la retrouver intégralement dans un ordre de dépendance légale, issu de sa propre volonté législative[3].

La cité se forme et doit se conserver suivant des lois de liberté, c'est-à-dire qu'elle n'a pas pour objet le bonheur des citoyens. Le bonheur des individus serait sans doute plus assuré, comme l'a affirmé Rousseau, dans l'état de nature, ou bien encore sous un gouvernement despotique ; le type du gouvernement despotique, c'est en effet ce gouvernement paternel qui traite les sujets comme des enfants mineurs et se charge de les rendre heureux pourvu qu'ils soient bien obéissants[4]. Mais le véritable bien public con-

---

1. VII, p. 107, p. 130-131. — Sur la théorie du droit public dans Kant, v. Bluntschli, *Geschichte der neueren Statswissenschaft*, 3e éd., 1881, p. 372-394. — Henry Michel, *l'Idée de l'État*, 2e éd., 1896, p. 47-52.

2. Il n'est pas du tout nécessaire, avait dit Kant ailleurs, de supposer ce contrat comme un fait et de chercher à établir historiquement, — ce qui du reste est impossible, — qu'un peuple qui nous a transmis à cet égard ses droits et ses obligations accomplit un jour un acte semblable, afin de conclure de là, comme Danton, le respect que nous devons à la constitution civile existante. Le contrat primitif est une simple idée de la raison, qui lie le législateur et lui impose d'édicter ses lois comme si elles exprimaient la volonté collective de tout le peuple. — *Ueber den Gemeinspruch : Das mag in der Theorie richtig sein*, etc., VI, p. 329, p. 334-335. — Kant avait également distingué le contrat social des autres contrats par ce caractère, qu'il n'est pas seulement une union des personnes pour une fin commune, mais qu'il a pour fin l'union même, qu'il se présente en outre aux hommes comme un devoir premier et inconditionné pour le règlement de leurs rapports réciproques d'action. — *Ibid.*, p. 321.

3. VII, p. 133-134.

4. VII, p. 135. — Cf. *Ueber den Gemeinspruch*, VI, p. 322.

siste uniquement dans la plus grande harmonie possible de la constitution qui régit la cité avec les principes du droit, et c'est à cette fin que la raison, par un impératif catégorique, nous oblige de tendre [1].

La cité renferme en soi trois pouvoirs : le pouvoir législatif, le pouvoir exécutif, le pouvoir judiciaire. Ils correspondent aux trois propositions d'un raisonnement pratique : à la majeure, en ce que celle-ci contient la loi d'une volonté ; à la mineure, en ce que celle-ci contient le principe de la subsomption sous la loi ; à la conclusion, en ce que celle-ci contient la sentence, c'est-à-dire ce qui est de droit dans le cas donné. Ces trois pouvoirs expriment sous des rapports différents la volonté générale telle qu'elle dérive *a priori* de la raison et constituent l'idée d'un souverain, idée qui a une réalité objective pratique. Ils n'en doivent pas moins être séparés, comme le soutient Kant d'après Montesquieu. Si les trois pouvoirs sont réunis en une même personne, c'est le despotisme. Le pouvoir exécutif notamment ne peut sans abus établir une loi ; il peut encore moins rendre une sentence. C'est au peuple qu'il appartient de se juger lui-même par des représentants qu'il élit librement à cet effet pour des cas déterminés, par des jurys [2].

A qui revient le plus haut de ces trois pouvoirs, le pouvoir législatif ? Il n'y a de loi vraiment juste que celle qu'une volonté se donne à elle-même, et une volonté ne peut jamais trouver injuste la loi qu'elle s'est donnée. *Volenti non fit injuria*. Le pouvoir législatif appartient donc à la volonté conjointe des membres de la société, et la qualité de citoyen se définit par les attributs suivants : 1° la liberté ou faculté de n'obéir à d'autres lois que celles qu'on a consenties soi-même ; 2° l'égalité ou faculté de ne reconnaître d'autre supérieur que celui à qui l'on a le droit d'imposer certaines obligations juridiques en retour de celles

---

1. VII, p. 136. — Cf. *Ueber den Gemeinspruch*, VI, p. 322, p. 334.
2. VII, p. 131-136, p. 156.

qu'il a le droit d'imposer aux autres ; 3° l'indépendance ou faculté de ne devoir qu'à soi-même sa conservation et son existence sans abandonner ses forces au service d'autrui, et de faire valoir soi-même sa personnalité civile dans les affaires de droit. Cette dernière condition a pour conséquence d'exclure du titre de citoyen et du droit de suffrage tous les membres de la cité qui par leur genre d'occupation ou leur état naturel de dépendance sont soumis à la volonté d'autrui, les serviteurs, les employés, les femmes et les enfants ; on peut les appeler quand même citoyens en ce sens qu'ils ont le droit d'être traités d'après les lois générales de la liberté et de l'égalité ; mais ce sont des citoyens passifs qui n'ont pas qualité pour participer par eux-mêmes à l'organisation du gouvernement. L'essentiel est seulement que ceux d'entre eux qui sont susceptibles de s'élever un certain jour à la condition de citoyens actifs n'en soient pas empêchés, et que d'autre part pour ceux qui ont le droit de suffrage ce droit soit égal, sans que, par exemple, le grand propriétaire puisse avoir plus de capacité électorale que le petit propriétaire [1].

Il résulte de là que toute constitution en principe doit être républicaine, c'est-à-dire, dans le sens que Kant donne à ce dernier mot, qu'elle doit comporter un système représentatif du peuple, institué au nom du peuple pour veiller à ses droits par des députés de son choix. Ainsi elle sera conforme à l'idée du contrat originaire. Elle pourra se retrouver dans toutes les formes de gouvernement, autocratique, aristocratique, démocratique, qui s'y rapportent en principe comme la lettre à l'esprit. Plus ou moins aisément à vrai dire. Car si l'autocratie a pour elle l'avantage d'être une forme de gouvernement plus simple que l'aristocratie et la démocratie, et par suite de pouvoir plus promptement administrer la justice, elle incline trop naturellement vers le despotisme ; on dira peut-être qu'elle est le meilleur

---

1. VII, p. 131-133. — *Ueber den Gemeinspruch*, etc., VI, p. 322-329.

régime si le monarque est bon : c'est là une simple tautologie, qui revient à dire que la meilleure constitution est celle qui fait du chef de l'État le meilleur gouvernant, que la meilleure constitution est celle qui est la meilleure [1].

Quant à l'organisation et au rôle du système représentatif, Kant ne s'applique guère à les définir, et il est sans doute embarrassé de le faire par la dualité des tendances qui se contrarient dans son œuvre. Il est mû d'un côté par sa préoccupation de fonder l'idée d'un État de droit, conforme du reste à l'esprit de la philosophie critique, par son enthousiasme pour le triomphe de l'indépendance américaine et pour celui de la Révolution française, de l'autre, par ses sentiments de loyal sujet prussien, son admiration fidèle pour le système de gouvernement qu'avait pratiqué Frédéric II [2], son horreur du désordre et de l'anarchie. C'est cette seconde tendance qui le porte à affirmer en termes absolus, sans souci de l'accorder avec sa conception fondamentale de l'État, l'inviolabilité du pouvoir établi [3]. L'origine de la puissance suprême, dit-il, doit pratiquement rester incontestable pour le peuple qui y est soumis ; elle ne doit pas être livrée aux controverses et aux arguties comme si le devoir d'obéissance pouvait jamais être mis en cause. Qu'un contrat réel de soumission au pouvoir ait eu lieu originairement, ou que le pouvoir se soit établi d'abord et que les lois ne soient venues qu'ensuite, ce sont là des questions oiseuses, et dangereuses même, si l'on veut que l'examen en décide de notre conduite de sujets. L'autorité

---

1. VII, p. 156-157. — Dans son traité *de la paix éternelle* Kant avait insisté sur l'incompatibilité d'une constitution républicaine avec la démocratie ; dans la démocratie, selon lui, la volonté de tous est entendue dans un sens matériel d'ailleurs irréalisable, au lieu d'être comprise comme la maxime formelle de l'activité du législateur ; elle rend impossible le véritable gouvernement représentatif et tourne au despotisme. VI, p. 418-420. — Cf. *Anthropologie in pragmatischer Hinsicht*, VII, p. 655.

2. *Zum ewigen Frieden*, VI, p. 419. — *Was ist Aufklärung*, IV, p. 163. — *Anthropologie in pragmatischer Hinsicht*, VII. p. 657-658, note.

3. V. là-dessus la critique de Kant par F. Pillon, *Le principe kantiste de l'inviolabilité du pouvoir*, Critique philosophique, première année, 1872, I, p. 87-92, p. 135-139.

du pouvoir établi est inviolable et sainte, au point que la mettre en doute dans la pratique est déjà un crime. C'est ce que signifie la maxime : *Omnis potestas a Deo est*. Elle n'indique certes pas un principe historique de la constitution civile ; mais en représentant l'autorité comme issue d'un législateur suprême et infaillible, elle énonce un principe pratique de la raison, à savoir que l'on doit obéir au pouvoir législatif actuellement existant, quelle qu'en soit l'origine. Kant cependant, nous l'avons vu, ne veut pas admettre les thèses générales de Hobbes sur le fondement de la société civile, ni cette thèse spéciale que le souverain, parce qu'il est tel, ne peut point commettre d'injustice : il réserve énergiquement les droits des sujets, et cependant il ne les réserve, somme toute, que d'une façon assez platonique, puisqu'il n'indique pas ou indique à peine les moyens réguliers de les faire respecter et qu'il prescrit inconditionnellement l'obéissance[1]. Le peuple a le devoir de supporter les abus du pouvoir suprême, même s'il les trouve insupportables ; pour qu'il pût être autorisé à la résistance, il faudrait qu'expressément une loi publique la lui permît, c'est-à-dire qu'il faudrait que la législation souveraine contînt une disposition d'après laquelle elle ne serait plus souveraine, ce qui est contradictoire. Encore moins le peuple a-t-il le droit de rebellion ouverte, surtout d'attaque contre la personne et la vie du souverain. Le plus grand de tous les crimes politiques est le régicide. Toutefois le régicide ordinaire peut trouver quelque excuse dans un cas de nécessité, quand il est chez un peuple comme un effet de son instinct de conservation. Mais le régicide qui affecte des formes légales, qui s'exécute d'après un jugement porté sur l'administration du prince, — alors que cette administration, quelle qu'elle ait été, devrait être toujours considérée comme extrinsèquement juste, — est le crime ineffa-

---

1. Cette contradiction fut relevée contre Kant par A. Feuerbach dans son *Antihobbes* (1798).

çable et inexpiable ; il est dans l'ordre social ce qu'est, selon les théologiens, le péché contre l'esprit, qui est irrémissible en ce monde et en l'autre. Le souvenir des régicides de Charles Ier et de Louis XVI ne peut que remplir d'horreur les âmes qui ont quelque notion du droit humain [1].

En poussant à l'extrême la justification de l'autorité souveraine comme telle, Kant explique malaisément comment dans la pratique on peut échapper à un despotisme illimité, en contradiction certaine avec sa doctrine du droit. Il critique vivement à maintes reprises le régime parlementaire anglais, dans lequel il ne veut voir qu'une oligarchie mue surtout par le souci d'intérêts privés, une façon de donner le change sur l'opposition apportée aux entreprises du pouvoir, un moyen de déguiser sous un masque d'indépendance des arrangements tout privés entre ministres et députés pour le plus grand profit personnel de ces derniers [2]. Pourtant il admet un peu plus loin que l'État peut être organisé de telle sorte que le peuple puisse par ses représentants résister légitimement au souverain et à ses agents ; seulement cette résistance ne doit pas être une résistance active, destinée à contraindre le pouvoir exécutif à prendre telle ou telle mesure ; ce ne doit être qu'une résistance négative, c'est-à-dire un refus de consentir à des demandes que le gouvernement fait au nom de l'État. Si du reste ces demandes ne rencontraient jamais d'opposition, ce serait le signe certain de la dépravation du peuple, de la vénalité de ses représentants, du despotisme du prince et de ses ministres [3]. Kant déclare même en un autre passage que le législateur, s'il ne peut pas punir le régent de l'État ou le prince, peut cependant le déposer et réformer son administration [4].

---

1. VII, p. 136-140. — *Ueber den Gemeinspruch*, etc., VI, p. 330-335.
2. VII, p. 137-138. — *Der Streit der Facultäten*, VII, p. 403-404.
3. VII, p. 140.
4. VII, p. 135. — Dans son article *Ueber den Gemeinspruch*, etc., où il discute directement la doctrine de Hobbes, Kant paraît un peu plus préoccupé

Ce qui reste constant à travers les indécisions ou le vague de sa pensée, c'est qu'il ne saurait y avoir aucun droit de révolution, et que, si une révolution se produit, elle ne doit atteindre que le pouvoir exécutif, non le pouvoir législatif[1] ; c'est ensuite qu'il y a des réformes nécessaires et légitimes qui permettent de porter remède aux vices d'une constitution. Par qui ces réformes doivent-elles être faites ? Par le souverain, non par le peuple, s'il s'agit d'un changement dans la constitution, destiné à la mettre davantage en harmonie avec l'idée du contrat primitif. Mais s'il s'agit d'un changement dans la forme du gouvernement, le souverain n'a pas le droit de faire passer l'État de la forme existante à l'une des deux autres, quelle qu'elle soit ; car en cela il commettrait une injustice envers le peuple, qui pourrait ne pas vouloir le nouveau gouvernement qu'on lui donne[2].

Kant s'applique à définir en détail les principaux droits du souverain. Nous avons vu que le droit de propriété se fonde sur une possession commune originaire. A ce titre, le chef de l'État peut être considéré comme le propriétaire éminent de tout ; mais pour le même motif il ne peut pas avoir de propriété privée, car qu'est-ce qui l'empêcherait alors de l'étendre sans limites de façon à avoir sous lui, non pas des sujets, mais de simples serfs attachés à la glèbe ? — Il a le droit de lever les impôts de diverse nature, avec le consentement du peuple toutefois, de faire des

---

qu'ici d'assurer une expression publique des droits du sujet vis-à-vis du souverain. Le sujet docile, dit-il, doit admettre que son souverain ne veut lui infliger aucune injustice ; mais il peut supposer quand il se croit lésé que le souverain se trompe ; car admettre que le souverain ne se trompe jamais et qu'il sait tout, ce serait faire de lui un inspiré, hors de la condition humaine. Donc le sujet, de l'agrément même du souverain, doit avoir la faculté de rendre publique son opinion sur ce qui dans les décrets rendus et les mesures prises lui paraît injuste : la liberté d'écrire, limitée par le respect de la constitution, tempérée par la réserve des écrivains, est le plus sûr garant des droits du peuple. Il faut qu'un esprit de liberté rende dans la cité l'obéissance des sujets plus aisée et la conduite du souverain plus éclairée. VI, p. 336-337.

1. VII, p. 140.
2. VII, p. 139, p. 158.

emprunts pour le compte de l'État, mais dans des cas tout à fait exceptionnels ; il peut en particulier lever des impôts consacrés à l'assistance des pauvres ; à cette condition seule la mendicité peut être interdite. — Il doit veiller au maintien de la liberté religieuse, et en même temps obvier à tout empiètement de l'Église sur le pouvoir civil. Il n'a donc à cet égard qu'un droit de police. Il doit s'abstenir avant tout de se mêler de la foi que doit professer une Église afin de l'obliger à y rester invariablement fidèle et de l'empêcher de se réformer : toute intervention directe du souverain dans les affaires ecclésiastiques est au-dessous de sa dignité. En retour les frais d'entretien de la société religieuse incombent à cette société même, non à l'État. — Le souverain nomme aux fonctions et confère des dignités personnelles ; il ne doit dans ses choix s'inspirer que du bien public ; il ne saurait créer une noblesse héréditaire, dont la seule idée emporte celle d'un privilège injustifiable.

Enfin le souverain a le droit de punir, et on lui attribue aussi le droit de grâce. Il a le droit de punir, c'est-à-dire d'infliger une douleur à un sujet qui a transgressé la loi. Le fondement du droit pénal ne saurait être l'intérêt de la société, ni même celui du coupable ; un homme ne peut jamais, quelle que soit son indignité, être pris comme instrument des desseins d'autrui, être mis au rang de chose. La seule raison de punir le coupable, c'est sa faute même, sa faute seule, sans autre considération. Le malfaiteur doit être jugé punissable, avant que l'on songe à retirer de sa peine quelque utilité pour lui ou pour ses concitoyens. La loi pénale est un impératif catégorique, et malheur à quiconque cherche dans les maximes tortueuses des doctrines eudémonistes de quoi fausser en un sens quelconque l'application de la justice ! Malheur à qui s'inspire du proverbe pharisaïque : Mieux vaut la mort d'un seul homme que la ruine de tout un peuple ! Car lorsque la justice est méconnue, les hommes n'ont que faire de vivre sur la terre. L'égalité du crime et du châtiment, voilà ce qui doit régler la peine. C'est donc en principe la loi du talion qui en détermine la nature et l'étendue : le vol sera puni d'une amende, l'offense d'une humiliation, le meurtre de la mort. Par un sentiment d'humanité mal entendu et par une conception sophistique du droit, Beccaria a soutenu que la peine de mort était illégitime, parce que personne n'a pu dans le contrat primitif disposer ainsi de sa propre vie. Mais ce n'est pas pour avoir voulu la peine, c'est pour avoir voulu l'action punissable que l'on est puni, et la personne qui en un individu a édicté la loi pénale, la personne législatrice, est sainte : elle n'est pas en lui la même que celle qui encourt l'application de cette loi. Au surplus, ce n'est pas le meurtrier qui prononce sur lui-même la sentence de culpabilité et se prive de la vie ; c'est un tribunal distinct de lui qui en juge. Le souverain ne doit donc connaître que la stricte justice ; le droit de grâce qu'on lui attribue, s'il fait ressortir sa grandeur avec plus d'éclat, risque fort d'être injuste ; il ne saurait en effet s'appliquer aux délits ou crimes des sujets les uns envers les autres, car alors il empêcherait les sujets lésés de recevoir la réparation qui leur est due. Il ne peut guère s'exercer, et encore réserve faite des droits de la sécurité publique, que dans les cas où c'est le souverain qui a reçu l'offense, dans les crimes de lèse-majesté[1].

*
* *

Nous venons de voir ce que doit être la constitution juridique d'un peuple ; mais les divers peuples sont les uns vis-à-vis des autres dans un état de nature, et cet état de nature, dans lequel règne inévitablement la raison du plus fort, est un état de guerre, même quand il n'y a pas d'hostilité déclarée. Il est donc nécessaire que la communauté des nations s'organise juridiquement comme est juridique-

---

1. VII, p. 141-155.

ment organisée dans chaque nation la communauté des individus.

Cependant la conception d'un droit cosmopolitique, d'un droit des gens rationnel, a d'abord, dans les circonstances actuelles, à compter avec la réalité, parfois même la nécessité de la guerre ; il faut donc qu'elle tâche de régler ce que la guerre doit être, avant de régler ce que doit être la paix.

En premier lieu le souverain ne peut entreprendre la guerre qu'avec le consentement des citoyens représentés par des délégués, et un consentement explicite pour chaque guerre particulière ; sans cette condition, il ne saurait enrôler les sujets comme soldats. Ensuite toute guerre ne peut être justifiée que par le besoin de défendre un droit lésé, de protéger l'existence d'un pays contre l'agression ou les menaces d'agression de puissances rivales. Avant d'être engagée, elle doit être déclarée, c'est-à-dire reconnue par les deux peuples comme la seule façon de régler leurs différends et de préparer le rétablissement de la paix sur de nouvelles bases. Elle ne doit pas, pendant qu'elle dure, admettre les procédés qui supprimeraient entre les belligérants toute relation de confiance et de loyauté, tels que l'espionnage, les bruits mensongers, l'assassinat par embuscades, le pillage. Elle ne doit pas affecter le caractère d'une sanction pénale, car le droit de punir ne se comprend que selon le rapport de sujet à souverain, et ce n'est pas le rapport qu'il y a entre deux nations en lutte. Elle ne doit être ni une guerre d'extermination, ni une guerre de conquête. Elle ne doit donc pas aboutir, dans le traité qui la termine, à supprimer la liberté civile et l'indépendance nationale du peuple vaincu, ni même à se faire rembourser de ses frais.

Mais, pour que la paix fût durable, que faudrait-il ? Un pacte international liant les peuples entre eux selon l'idée d'un contrat social primitif. Seulement ici l'idée du contrat ne peut servir à l'institution d'un pouvoir souverain ; elle ne peut engendrer qu'une fédération des peuples sujette à des renouvellements réguliers. La pensée de refondre toutes les nations en une sorte de cité unique, la cité universelle, outre qu'elle se prêterait mal à l'organisation d'un pouvoir assez compréhensif et assez fort pour étendre sa vigilance et ses garanties jusqu'aux plus lointaines portions de l'immense masse humaine, en portant à supprimer la coexistence et la concurrence des États divers, aurait pour effet de supprimer la liberté même. Ce qui peut mieux préparer l'avènement d'une constitution juridique universelle, c'est encore un Congrès permanent des États qui deviendrait l'arbitre régulier des différends entre nations ; ce Congrès pourrait être toujours révoqué et chaque nation serait libre d'y adhérer ou non ; mais par son existence seule il acquerrait une autorité qui s'imposerait aux peuples dissidents et tiendrait en respect les peuples turbulents. Et Kant, faisant allusion aux conférences de La Haye (1709) et de Gertruydenberg (1710), déclare que la formation d'un Congrès de ce genre n'est plus sans exemple historique.

Si donc l'idée de la paix perpétuelle est en soi « irréalisable [1] », en ce que l'expérience ne peut jamais être adéquate aux idées, elle n'en doit pas moins être tenue pour une idée pratique qui, à ce titre, implique un commandement absolu. Il ne doit pas y avoir de guerre : voilà ce que prononce absolument la raison ; alors même que nous ne sommes pas obligés de croire qu'il en sera ainsi dans l'avenir, nous sommes obligés d'agir comme s'il devait en être ainsi, et par là de réaliser au moins des approximations successives de cet idéal. Ce qui est certain, c'est que l'avènement d'une humanité prenant la loi morale pour maxime de sa conduite abolirait totalement la guerre.

Mais à défaut de cette condition, qui, dépendant de la liberté, ne peut être posée comme une réalité nécessaire, l'on peut bien affirmer que le développement historique de

---

1. VII, p. 168.

l'humanité, sous le seul empire des inclinations naturelles, tend à la paix. L'ingénieuse et grande ouvrière qu'est la Nature produit par l'antagonisme des forces la civilisation et la culture, lesquelles réclament la paix comme garantie de leurs nouveaux progrès. La Nature oriente ainsi vers la paix en dépit d'elles les volontés discordantes et rebelles ; elle nous assure donc que nos efforts pour réaliser l'union juridique universelle des hommes trouvera dans l'ordre des choses une aide efficace, non une hostilité irréductible [1].

* * *

La *Doctrine du droit*, en se terminant ainsi par une nouvelle affirmation de l'idée de la paix entre les peuples, manifeste une fois de plus la foi vigoureuse de Kant dans la valeur et la puissance des idées juridiques rationnelles. Ses conceptions éthico-juridiques, liées dans son esprit à sa philosophie de l'histoire, enveloppent un optimisme autrement décidé que ses conceptions éthico-religieuses, plus directement inspirées par le Christianisme [2]. On ne sait point si un acte de bonne volonté a été jamais accompli sur la terre. Mais l'on sait qu'un acte de moralisation politique y a été accompli, — depuis qu'est arrivée la Révolution française. C'est la portée incomparable de ce dernier acte que fait valoir la seconde partie du *Conflit des Facultés*. Kant se propose de répondre au problème qui divise la Faculté de philosophie et la Faculté de droit : est-il vrai que l'espèce humaine soit en progrès constant vers le mieux ? Là-dessus trois conceptions sont en présence : l'une, d'après laquelle l'espèce humaine va de mal en pire : c'est la conception que Kant appelle « terroriste » ; l'autre,

---

[1]. VII, p. 161-173. — Cf. *Anthropologie in pragmatischer Hinsicht*, VII, p. 656. — *Die Religion*, VI, p. 128. — V. plus haut, p. 276-281, p. 293-294, p. 538, p. 582, p. 694-697.
[2]. V. *Anthropologie in pragmatischer Hinsicht*, VII, p. 649.

d'après laquelle l'espèce humaine est naturellement destinée à s'améliorer sans cesse : c'est la conception que Kant appelle « eudémoniste » ; la troisième, d'après laquelle l'humanité n'avance que pour reculer d'autant et aboutit donc en fait à piétiner sur place : c'est la conception que Kant appelle l' « abdéritisme ». Ces trois conceptions ne peuvent telles quelles se soutenir. Si l'humanité allait de mal en pire, il y aurait un moment où elle s'anéantirait elle-même. Si l'humanité allait s'améliorant toujours, il faudrait qu'elle pût diminuer à l'infini la quantité de mal et accroître à l'infini la quantité de bien qui est dans ses dispositions naturelles. Si enfin l'humanité ne pouvait qu'accomplir un mouvement de va-et-vient, elle serait en dehors de la raison qui réclame d'elle des démarches décisives vers un but et non une représentation burlesque de la fable du rocher de Sisyphe. La vérité est que ces trois conceptions sont invérifiables par l'expérience prise dans son ensemble, puisque les actes des volontés humaines peuvent démentir les prévisions qu'elles énoncent. Mais la vérité est aussi que la raison, exigeant pratiquement le progrès de l'espèce humaine, doit rechercher si elle ne trouverait pas un fait par lequel la réalité et la nature morale de ce progrès se manifestent. Y a-t-il donc un fait de l'histoire qui témoigne que dans l'humanité l'idée du droit peut l'emporter sur la force des préjugés, sur la résistance des inclinations égoïstes ? Ce fait existe maintenant. « La Révolution d'un peuple aux riches facultés spirituelles, cette Révolution que nous voyons s'accomplir de nos jours sous nos yeux, peut réussir ou échouer ; elle peut avoir accumulé des misères et des forfaits à tel point qu'un homme raisonnable, même avec l'espoir de conduire à bien une seconde entreprise de ce genre, ne pourrait pourtant se résoudre à tenter l'expérience à pareil prix : et cependant cette Révolution, dis-je, éveille dans les âmes de tous les spectateurs (de ceux-là même qui se trouvent à l'écart de la scène) une *sympathie* dans les vœux, qui confine à l'enthousiasme[1]. » Or, cet enthousiasme désintéressé, et qui ne peut par suite se porter que sur ce qui est idéal et moral, n'est pas moins significatif que le fait qui le provoque ; il est suscité au fond par une double idée : la première, c'est qu'un peuple ne doit jamais être empêché par des puissances étrangères de se donner la constitution civile qu'il juge bonne ; la seconde c'est que cette constitution, la constitution républicaine, est la seule qui soit à la fois politiquement et moralement juste, celle qui éloigne le plus un peuple de l'idée d'une guerre offensive et qui favorise le mieux, au moins d'une façon négative, le progrès humain. Un tel phénomène dans l'histoire de l'humanité ne saurait s'oublier ; il a découvert une faculté de tendre au mieux qu'aucun politique n'avait soupçonnée jusqu'à présent et qui seule est capable d'unir dans l'espèce humaine selon des principes juridiques internes la nature et la liberté. Qu'il y ait dans la suite des reculs et des réactions, peu importe : l'entreprise fut trop considérable et trop intimement liée aux plus grands intérêts de l'humanité, elle a eu trop d'influence dans le monde, pour qu'elle ne se représente pas à l'esprit dans des circonstances meilleures et pour qu'elle ne soit pas renouvelée. Voilà la prédiction que l'on peut faire sans être un voyant[2].

*
* *

La *Doctrine du droit* et la *Doctrine de la vertu* ont un objet commun : les lois de la liberté. L'une et l'autre posent que la maxime de notre conduite doit pouvoir être érigée en loi universelle ; seulement la *Doctrine du droit* ne considère que l'action extérieure, tandis que la *Doctrine de la vertu* considère le principe intérieur de la maxime de nos actions ; la *Doctrine du droit* ne s'occupe que des conditions formelles de la liberté extérieure et laisse par suite

1. VII, p. 399.
2. VII, p. 395-408.

chacun libre de donner à ses actions le but qui lui convient ; elle ne détermine *a priori* que la règle de ces actions, à savoir que la liberté de l'agent puisse s'accorder selon une loi universelle avec la liberté des autres ; au contraire, la *Doctrine de la vertu* détermine comme objet de la volonté une fin de la raison pure qu'elle présente comme objectivement nécessaire, c'est-à-dire comme un devoir pour nous. Ce n'est pas à dire qu'elle parte des fins que l'homme se propose naturellement pour les convertir en devoirs ; c'est plutôt pour ne pas laisser la volonté sous l'empire de ces fins subjectives qu'elle part du devoir pour en déduire des fins objectives. Le concept d'une fin qui est en même temps un devoir est essentiel à la *Doctrine de la vertu*[1].

Il résulte de là que le principe suprême de la *Doctrine de la vertu* est synthétique, tandis que le principe suprême de la *Doctrine du droit* était analytique ; en effet, la notion du droit n'implique qu'un accord de la liberté avec elle-même, sans relation de cette liberté à des objets, et elle ne fait intervenir la contrainte que comme un obstacle à l'obstacle rencontré par la liberté ; au contraire, la *Doctrine de la vertu* unit le concept de liberté à celui de fin en s'appuyant sur cette idée, que la raison pratique, étant la faculté des fins, ne peut sans se renier laisser celles-ci indéterminées[2].

Les fins qui sont en même temps des devoirs sont, d'une part, la perfection de soi-même, d'autre part, le bonheur d'autrui. On ne peut intervertir le rapport des termes et regarder comme fins morales, soit son bonheur propre, soit la perfection de ses semblables ; car ce qu'on recherche inévitablement, comme son bonheur personnel, ne saurait être un devoir, le devoir étant toujours une contrainte en vue d'une fin assumée à contre-cœur ; en outre la perfection d'autrui ne peut être que l'œuvre directe d'autrui, car la perfection implique pour le sujet qui veut la possé-

1. VII, p. 182-189, p. 192-193, p. 210.
2. VII, p. 200-201.

der la faculté de se poser à lui-même ses fins selon son idée du devoir[1].

Ces deux règles : « Recherche ta propre perfection » et « Travaille au bonheur d'autrui », ne peuvent donner lieu à des devoirs stricts : non pas qu'elles n'énoncent une obligation stricte en elle-même ; mais les actes qu'elles commandent ne peuvent être déterminés avec la même rigoureuse précision que les actes qui relèvent du droit. Je dois cultiver en moi toutes les facultés nécessaires à l'accomplissement des fins prescrites par la raison. Mais comment me donner cette culture et jusqu'où dois-je la pousser? Si je dois n'estimer la valeur des actions que par la pureté du mobile, comment me juger à cet égard avec la sûreté que comporte l'évaluation des actes extérieurs? Si je dois faire aux autres le sacrifice d'une partie de mon bien-être, jusqu'où ce sacrifice doit-il aller? Il y a là pour ma décision d'inévitables latitudes. Aussi l'Éthique conduit-elle nécessairement à des questions qui forcent la faculté de juger à décider comment une maxime générale doit être appliquée aux cas particuliers, c'est-à-dire à trouver pour ces cas une maxime subordonnée. De là le rôle de la casuistique. La casuistique ne doit pas affecter le caractère d'une doctrine dogmatique, mais se présenter comme un exercice destiné à chercher la vérité ; elle s'ajoute à la science comme les applications s'ajoutent aux théorèmes et résolvent les problèmes posés par l'expérience. Ainsi, malgré le rigorisme de sa doctrine fondamentale, Kant ne prétend pas réduire à la simplicité de quelques formules l'extrême diversité des cas que présente la vie. Il juge inexact à cet égard le principe stoïcien, selon lequel il n'y a qu'une seule vertu et qu'un seul vice[2].

Mais il n'entend pas pour cela adopter la sentence aristotélicienne, selon laquelle la vertu est un juste milieu entre deux vices extrêmes, pas plus que les formules de sagesse

[1]. VII, p. 189-192.
[2]. VII, p. 193-198, p. 215, p. 208, p. 255.

courante qui s'y rattachent : la différence entre la vertu et le vice ne peut être de degré ; elle est de nature ; elle résulte de la différence irréductible des maximes que nous adoptons pour régler notre conduite [1]. Il n'entend pas non plus que la connaissance empirique des circonstances dans lesquelles les hommes sont placés serve à définir, par la puissance qu'on leur prête, le degré d'obligation qui s'impose à eux : la puissance au contraire se déduit du devoir qui commande catégoriquement, et la vertu ne saurait être une simple prudence, tirée de l'expérience [2].

Qu'est donc la vertu ? La vertu est la force morale que montre par ses maximes la volonté dans l'accomplissement de son devoir ; elle suppose une contrainte que l'homme exerce sur lui-même par la seule idée de sa raison législative, et un courage qu'il déploie contre un ennemi tout intérieur, à savoir ses inclinations naturelles. Elle exige d'abord l'empire sur soi-même : elle implique, dans le vrai sens du mot, cette ἀπάθεια morale, qui n'est pas une indifférence subjective à l'égard des objets de la volonté, mais cette tranquillité d'âme qu'accompagne le ferme propos d'obéir au devoir : état vraiment sain, et préférable même à cet intérêt enthousiaste dont on se prend parfois pour le bien, et qui n'est trop souvent qu'une fièvre passagère dont l'excès est bientôt suivi d'atonie. Telle est la vertu : considérée objectivement, elle est un idéal inaccessible qui exige que nous reprenions sans cesse notre effort, que nous ne nous laissions pas saisir par le mécanisme des habitudes, même des bonnes habitudes : elle est donc pour nous subjectivement un état de lutte, qu'on a pu élever au-dessus de la sainteté même, parce que celle-ci ne comporte pas la nécessité, ni le mérite de lutter. Illusion certes, mais qui s'explique ; car la vertu est pour l'homme le seul véritable titre de gloire. En la possédant l'homme est libre, sain, riche, roi, n'a rien à craindre du hasard ni de la destinée ;

---

1. VII, p. 207-208, p. 238-239.
2. VII, p. 208.

il est pleinement son maître. Kant reprend donc la formule par laquelle les Stoïciens exaltent la sagesse humaine : mais il n'admet point cependant, comme nous le savons, que la sagesse humaine puisse par elle seule se créer tout son objet et consommer sa perfection. Il repousse non moins la conception chimérique et fanatique de la vertu qui jonche de devoirs tous les pas de l'homme comme d'autant de chausses-trapes[1].

Il montre en outre qu'il y a dans l'homme des prédispositions « esthétiques » à être affecté par l'idée de devoir. Ces prédispositions ne sont certes pas des conditions objectives de la moralité, mais des conditions subjectives qui y portent l'homme. Elles résultent de l'influence qu'exerce la loi morale sur l'âme ; ce ne peut être un devoir de les posséder ; mais c'est parce qu'on les possède qu'on est sensible à l'action du devoir. C'est d'abord le sentiment moral, ou la faculté d'éprouver du plaisir ou de la peine par la seule conscience de l'accord ou du désaccord de notre action avec la loi morale ; c'est ensuite la conscience, ou la faculté de juger ce qu'on doit faire dans tous les cas où s'applique le devoir — et ce jugement par rapport à nous ne peut être erroné, — ainsi que de s'approuver ou de se condamner selon ce que l'on a fait ; c'est encore l'amour des hommes conçu comme sentiment indépendant du devoir et comme penchant à nous faire pratiquer envers nos semblables la bienveillance que le devoir ordonne ; c'est enfin le respect considéré comme lié à la représentation de la loi. Ces prédispositions sont en nous primitivement ; ce qui dépend de nous, c'est de les entretenir et de les fortifier[2].

*
* *

Les devoirs dont doit traiter l'Éthique se divisent, selon les deux grandes fins morales, en devoirs de l'homme en-

---

[1]. VII, p. 183, p. 198, p. 209-210, p. 211-213, p. 200.
[2]. VII, p. 202-206.

vers soi-même et devoirs de l'homme envers ses semblables. Quant à la forme systématique que doit revêtir la doctrine, elle comprend une *doctrine élémentaire* qui contient, à côté de la *dogmatique* les problèmes de *casuistique,* et une *méthodologie* qui se divise en *didactique* et en *ascétique*[1].

N'est-il pas singulier que nous ayons des devoirs envers nous-mêmes ? Puisque c'est envers nous que nous sommes obligés et que par conséquent c'est nous-mêmes qui nous obligeons, ne pouvons-nous pas nous délier à notre gré de notre obligation ? Qu'on y prenne garde toutefois. Comme il n'y a pas de devoirs, même envers les autres, où nous ne nous obligions nous-mêmes en vertu d'une loi émanée de notre raison, s'il n'y avait pas de devoirs envers nous, il n'y aurait pas de devoirs du tout. Pour résoudre la difficulté, il suffit d'invoquer la distinction de l'être sensible et de l'être intelligible en nous ; l'obligation envers nous-mêmes, c'est l'obligation envers l'être intelligible, envers l'humanité dans notre personne[2].

Les devoirs envers nous-mêmes concernent soit notre nature physique, soit notre nature morale ; ils sont en outre, soit négatifs, soit positifs, c'est-à-dire qu'ils nous interdisent ce qui est contraire à la perfection de notre double nature et qu'ils nous ordonnent ce qui peut y contribuer ; ils sont, dans le premier cas, des prohibitions et, à ce titre, des devoirs parfaits, dans le second cas, des ordres extensifs qui nous laissent par suite une certaine latitude, et, à ce titre, des devoirs imparfaits[3].

La nature physique de l'homme comporte trois espèces de penchants : le penchant par lequel elle tend à sa propre conservation, le penchant par lequel elle tend à la conservation de l'espèce, le penchant par lequel elle tend à user de ses forces et à jouir de cet usage. De là trois grandes sortes de devoirs, moins possibles à caractériser par eux-

---

1. VII, p. 213-217.
2. VII, p. 221-223.
3. VII, p. 223-225.

mêmes que par la négation des vices qui les violent. Se suicider, c'est anéantir dans sa personne le sujet moral, c'est extirper du monde, autant que cela dépend de soi, la moralité, laquelle est une fin en soi ; c'est disposer de soi-même comme d'un simple moyen. Le suicide est donc interdit [1]. — C'est aussi faire de sa personne un simple moyen que de détourner les fonctions sexuelles de leur fin essentielle et de rechercher en dehors du mariage les jouissances charnelles [2]. — C'est enfin un vice dégradant que celui qui consiste à faire un usage immodéré de la boisson et de la nourriture ; ce n'est pas seulement l'intérêt de notre santé qui condamne ces excès, c'est le devoir même ; car l'homme qui s'y livre se ravale même au-dessous de la bête [3].

La nature morale de l'homme, c'est essentiellement sa dignité de personne par laquelle il s'élève au-dessus de toutes les fins qui sont l'objet de penchants sensibles. La plus grande transgression des devoirs envers elle, c'est le mensonge. Le mensonge est condamnable absolument, en dehors du dommage qu'il cause à autrui ou des imprudences qu'il nous fait commettre. L'homme possède la faculté de communiquer sa pensée à ses semblables ; il ne doit pas en mésuser contre elle-même pour quelque motif que ce soit, même généreux d'apparence. Le déshonneur suit le mensonge et accompagne le menteur comme son ombre. Le menteur est moins un homme que l'apparence trompeuse d'un homme. Et ce n'est pas seulement le mensonge extérieur qui

---

1. VII, p. 227-229. — Questions casuistiques : est-ce un suicide que de se dévouer comme Curtius à une mort certaine pour sauver sa patrie ? — Peut-on prévenir par le suicide une injuste condamnation à mort ? — Un homme qui a été mordu par un chien enragé et qui se sent envahi par la rage peut-il hâter sa fin pour ne pas causer la mort d'autres personnes ? — Est-il permis de se faire vacciner, c'est-à-dire, selon le sentiment de Kant, de mettre sa vie en danger afin de la conserver ?
2. VII, p. 229-232. — Les questions casuistiques portent sur le degré de rigorisme qu'il convient d'appliquer dans les relations sexuelles.
3. VII, p. 232-234. — Questions casuistiques : ne peut-on pas permettre dans les banquets un usage du vin qui porte presque à l'ivresse pour ce motif qu'alors les conversations s'animent et les cœurs sont tout prêts à s'ouvrir ?

est condamnable, mais aussi ce mensonge intérieur par lequel nous protégeons notre incrédulité foncière contre les risques qu'elle peut courir, au moyen de croyances passivement acceptées du dehors [1]. — La dignité humaine se trouve également violée par l'avarice qui restreint à une mesure inférieure au nécessaire la jouissance personnelle des moyens d'existence [2]. — Elle est violée enfin par cette fausse humilité, qui est l'abdication de toute valeur morale avec l'espoir

---

1. VII, p. 234-238. — Questions casuistiques : peut-on regarder comme un mensonge les formules de politesse dont on use, le « très-obéissant serviteur » mis à la fin d'une lettre, le compliment adressé à un auteur sur son ouvrage ? — Dois-je répondre de toutes les conséquences qui résultent d'un mensonge ? Que penser, par exemple, d'un domestique à qui son maître a ordonné de répondre qu'il n'est pas chez lui et qui, obéissant à cet ordre, est cause que son maître, échappant à la force armée envoyée pour le saisir, commet quelque grand crime ? Sans doute le domestique est coupable pour avoir violé un devoir envers lui-même. — C'est peut-être ce dernier exemple assez singulier qui fut inexactement rapporté à Benjamin Constant, et qui l'amena à protester contre la thèse de Kant. Dans le recueil *La France*, année 1797, sixième partie, n° 1 : *des Réactions politiques*, par Benjamin Constant, on lisait ce qui suit : « Le principe moral que dire la vérité est un devoir, s'il était pris d'une manière absolue et isolée, rendrait toute société impossible. Nous en avons la preuve dans les conséquences directes qu'a tirées de ce premier principe un philosophe allemand, qui va jusqu'à prétendre qu'avec des assassins qui vous demanderaient si votre ami qu'ils poursuivent n'est pas réfugié dans votre maison, le mensonge serait un crime. » Kant qui rapporte ce passage de Benjamin Constant déclare avoir su par un tiers que c'était lui qui était visé ; il reconnaît avoir réellement dit ce qui lui est attribué, mais sans se rappeler où. Il discute l'opinion de son contradicteur dans un petit article *Sur un prétendu droit de mentir par humanité* (Ueber ein vermeintes Recht aus Menschenliebe zu lügen, 1797). D'après Benjamin Constant, un devoir est ce qui, dans un être, correspond aux droits d'un autre ; là où il n'y a pas de droits, il n'y a pas de devoirs ; dire la vérité n'est donc un devoir qu'envers ceux qui ont droit à la vérité ; or nul homme n'a droit à la vérité qui nuit à autrui. Kant répond que « dire la vérité n'est un devoir qu'envers ceux qui ont un droit à la vérité » est une mauvaise formule, la vérité n'étant pas une propriété sur laquelle on puisse accorder des droits à l'un et en refuser à l'autre, que, pour parler plus exactement, le devoir de véracité n'admet pas de distinction entre les personnes envers qui l'on doit le remplir, puisqu'il est essentiellement un devoir envers soi-même, que l'injustice nécessairement inhérente à tout mensonge est incomparablement plus grave que le tort fait accidentellement à autrui par une déclaration sincère, qu'au surplus la véracité ne nous fait jamais responsable devant la loi, à la différence de mensonge qui, même commis pour un bon motif, peut nous rendre punissables. VII, p. 307-312. — V. Mme de Staël, *De l'Allemagne*, 3e partie, ch. XIV.

2. VII, p. 238-241. — Question casuistique : l'avarice et la prodigalité sont-elles véritablement des vices, et non pas seulement un excès ou un défaut de prudence ?

d'acquérir quelque valeur cachée ; si comme créature animale l'homme doit reconnaître le peu qu'il est dans l'immensité de l'univers matériel, comme être raisonnable il doit revêtir à ses propres yeux une grandeur incomparable ; assurément il doit éviter ce que l'on peut nommer l'orgueil de la vertu et s'avouer toujours la distance qui sépare sa conduite de la sainteté de la loi ; mais il n'en doit pas moins sauvegarder le sentiment de sa valeur intérieure. Voici des préceptes qui lui fixent son attitude : Ne soyez pas esclaves des hommes. — Ne souffrez pas que vos droits soient impunément foulés aux pieds. — Ne contractez point des dettes pour lesquelles vous n'offriez pas une complète sécurité. — Ne recevez point de bienfaits dont vous puissiez vous passer. — Considérez comme indignes de vous les plaintes, les gémissements, même un simple cri qui vous est arraché par une douleur corporelle, surtout si vous avez conscience d'avoir mérité cette peine. — Ne vous humiliez pas devant les grands de ce monde : celui qui se fait ver de terre peut-il se plaindre d'être écrasé[1] ?

Ce sont là les devoirs négatifs de l'homme envers lui-même ; ces devoirs, aussi bien que les devoirs positifs qui vont suivre, sont enveloppés dans le devoir qu'a l'homme d'éclairer et de laisser prononcer en toute impartialité le juge qui est au dedans de lui. La conscience existe originairement en nous, ainsi que nous l'avons vu[2] : ce ne peut être un devoir de l'acquérir ; mais c'est un devoir de ne pas dérober à sa juridiction les actes qui relèvent d'elle, de ne pas chercher à tirer d'elle des sentences transactionnelles, de ne pas vouloir faire casser par quelque autre tribunal imaginaire les arrêts qu'elle prononce. C'est donc par suite un devoir de nous appliquer à nous connaître le mieux

---

1. VII, p. 241-244. — Question casuistique : la conscience de la sublimité de notre destinée peut-elle aller sans présomption, et ne vaut-il pas mieux l'humilité ? D'autre part cette humilité n'est-elle pas contraire au devoir de respect envers soi-même ?

2. Sur les ambiguïtés et les difficultés que présente chez Kant l'idée de la conscience, v. Hegler, *Die Psychologie in Kants Ethik*, p. 242-264.

possible, de sonder les profondeurs de notre nature pour y dépister les vertus feintes. Il n'y a, dit Kant, dans la connaissance de soi-même que la descente aux enfers qui puisse conduire à l'apothéose. Ainsi nous sommes également éloignés de l'estime présomptueuse et du mépris fanatique de nous-mêmes et de l'humanité[1].

Les devoirs positifs envers nous-mêmes, étant des devoirs imparfaits, ne sauraient être détaillés : ils ordonnent le perfectionnement le plus complet possible de nos facultés naturelles, facultés du corps, facultés de l'âme, facultés intellectuelles proprement dites, et ils l'ordonnent, non en vertu des avantages que nous en pouvons retirer (car, comme l'a vu Rousseau, la simplicité sans culture nous rendrait sans doute plus heureux), mais en vertu de cette idée, que l'être raisonnable, étant un sujet capable de se proposer des fins, doit entretenir ou susciter, fortifier et assouplir en lui les aptitudes à atteindre toute sorte de fins possibles. Pardessus tout, les devoirs positifs envers nous-mêmes nous prescrivent l'accroissement de notre perfection morale ; ils nous commandent d'avoir des intentions pures, sans mélange de mobiles sensibles, de tendre vers la sainteté, en sachant bien que si le but est inaccessible, le mérite est de s'en approcher toujours davantage[2].

N'y a-t-il donc, en dehors des devoirs envers nous-mêmes, que des devoirs envers nos semblables ? Peut-on négliger ces devoirs que l'on nous attribue envers des êtres inférieurs à nous, comme les animaux et les plantes, surtout envers des êtres supérieurs à nous, comme des anges ou Dieu ? Cette objection recouvre en réalité une confusion. En principe l'homme n'a des devoirs qu'envers des personnes, et qu'envers des personnes données dans l'expérience : il n'y a donc de devoirs de l'homme qu'envers l'homme. Mais il peut y avoir des devoirs relativement à d'autres êtres, qui ne soient pas des devoirs envers ces êtres.

1. VII, p. 244-249.
2. VII, p. 252-255.

Ainsi, c'est négliger ou détruire en nous une tendance favorable à la moralité que de ne pas savoir éprouver un plaisir désintéressé dans la contemplation des beaux cristaux, des belles plantes, que de faire souffrir inutilement les animaux. D'un autre côté, si nous n'avons pas précisément de devoirs envers Dieu, nous n'en devons pas moins, en vertu d'une idée qui provient de notre raison, considérer nos devoirs comme s'ils étaient des commandements divins. De la sorte les prétendus devoirs envers des êtres inférieurs ou supérieurs à nous sont au fond des devoirs envers nous-mêmes ; il y a ici une amphibolie des concepts de réflexion moraux[1].

*
* *

Les devoirs des hommes envers leurs semblables se divisent en deux grandes espèces : les uns ont pour caractère de créer une obligation chez ceux envers qui on les remplit : ils sont méritoires ; les autres ne sont pour ainsi dire que la dette payée à la dignité de la nature humaine : ils sont obligatoires ; mais en eux-mêmes ils sont les uns et les autres des devoirs catégoriques. Les premiers sont des devoirs d'amour ; les seconds sont des devoirs de respect. L'amour et le respect peuvent, semble-t-il, exister séparément, puisqu'on peut aimer son prochain même quand on le jugerait peu digne de respect, et le respecter même quand on le jugerait peu digne d'amour ; cependant ils doivent toujours être unis au moins de telle sorte que si l'un des deux domine, l'autre s'y joigne accessoirement. Ils sont dans le monde moral ce que l'attraction et la répulsion sont dans le monde matériel ; par l'amour les hommes se rapprochent les uns des autres ; par le respect ils se tiennent à distance les uns des autres. Que l'une de ces deux grandes forces morales vienne à manquer ; on pourrait dire, en appliquant une parole de Haller, que le néant engloutirait

---

1. VII, p. 249-251.

dans son gouffre tout le règne des êtres comme une goutte d'eau. Cependant l'amour et le respect ne sont pas ici de simples sentiments, que l'on ne pourrait alors sans contradiction être tenu à avoir ; ils sont essentiellement des maximes pratiques. Le devoir d'aimer ses semblables, c'est le devoir de faire siennes leurs fins pourvu qu'elles ne soient pas immorales ; le devoir de les respecter, c'est le devoir de n'user jamais d'eux comme de simples moyens pour ses propres fins[1].

Le devoir d'amour a sa formule bien connue : Aime ton prochain comme toi-même. Entendu comme il doit l'être, il ne dérive ni d'un intérêt bien compris, ni d'une inclination plus ou moins forte selon les individus et selon les cas, mais du rapport réciproque des hommes tel que la raison nous le fait concevoir par l'idée d'une législation universelle. Il comprend les devoirs de bienfaisance, les devoirs de reconnaissance, les devoirs de sympathie[2]. La bienfaisance est la maxime qui consiste à se proposer pour but le bonheur des autres, à aider selon ses moyens ceux qui sont dans la misère à en sortir, sans rien espérer en retour ; elle est d'autant plus méritoire qu'elle-même se considère davantage comme obligatoire ; le vrai bienfaiteur, loin de faire sentir le prix de ses services, doit se croire comme honoré par celui qui les accepte ; il doit du reste les rendre le plus possible en secret[3]. — La reconnaissance est la maxime qui consiste à honorer une personne pour le bien que l'on a reçu d'elle ; elle ne doit être ni une habile façon de se ménager de nouveaux services, ni un moyen purement extérieur d'acquitter une dette, ni une sorte d'affection humiliée et passive. Elle ne s'applique pas seulement aux

---

1. VII, p. 256-258.
2. VII, p. 258-260.
3. VII, p. 260-262. — Questions casuistiques : jusqu'à quel point peut-on consacrer ses ressources à la bienfaisance ? — Peut-on faire du bien aux autres selon sa propre idée et contre l'idée que les autres se font de leur bonheur ? — L'assistance, rendue nécessaire par l'inégalité sociale, est-elle une vertu véritable ?

vivants ; elle peut s'étendre aux morts, aux ancêtres dont l'œuvre nous a faits ce que nous sommes : de là cette vénération des anciens, qu'il faut maintenir contre le mépris et les railleries des esprits jeunes ou émancipés, mais qui ne doit pas être pourtant une foi superstitieuse dans l'universelle supériorité de ceux qui nous ont précédés[1]. — Enfin la sympathie est la maxime qui consiste à prendre une part active au sort d'autrui ; comme état de simple sensibilité qui nous fait éprouver par contagion les plaisirs et les peines de nos semblables, il ne saurait être commandé, mais ce n'est pas moins un devoir de cultiver et même d'exciter les sentiments sympathiques de notre nature, de nous en servir comme d'un moyen qui nous aide à nous intéresser pratiquement à la condition des autres. La sympathie active ne doit pas se laisser confondre avec la pitié, qui n'est qu'une façon d'accroître la misère du monde sans le pouvoir effectif de l'alléger[2]. — Aux vertus qu'exige le devoir d'amour s'opposent comme vices l'envie, l'ingratitude, la joie du malheur d'autrui : vices détestables qui abondent en sophismes plus ou moins spécieux pour s'excuser, qui anéantissent l'humanité en nous, et contre lesquels il faut rappeler la belle déclaration de Chremes dans Térence : Je suis homme, et rien de ce qui est humain ne m'est étranger[3].

Le devoir de respect a aussi sa formule nettement établie : L'homme ne peut traiter ni ses semblables ni lui-même comme de simples moyens ; il doit les traiter aussi comme des fins en soi. On ne saurait classer ici les différentes espèces de respect qu'il faut témoigner aux autres selon les cas, les situations, les fonctions, l'âge. En outre, comme le devoir de respect est négatif, il peut être défini plus

---

1. VII, p. 262-264. — Question casuistique : la reconnaissance n'est-elle pas l'aveu d'un état d'infériorité, contraire à l'idée de l'égalité des personnes ? p. 266.
2. VII, p. 264-266. — Question casuistique : ne vaudrait-il pas mieux pour le bien du monde que toute la moralité se réduisît aux devoirs de droit strictement accomplis, et que la bienveillance fût reléguée parmi les choses indifférentes ?
3. VII, p. 267-270.

aisément par les vices qu'il défend que par les vertus qu'il ordonne. Ces vices sont : l'orgueil, si différent de la juste fierté, et qui réclame des autres le respect qu'on leur refuse ; la médisance qui suscite le scandale et diminue le respect dû à l'humanité ; la raillerie qui fait des personnes un objet de divertissement[1].

Il est une vertu dans laquelle s'unissent intimement, quand elle est parfaite, l'amour et le respect : c'est l'amitié. L'amitié parfaite est tout autre chose que cette amitié sensible dont les effusions aveugles et débordantes sont si souvent suivies de réserve froide et de rupture. L'amitié parfaite est une idée pure qu'il est impossible de réaliser absolument, quoiqu'elle soit pratiquement nécessaire. Car comment arriver à équilibrer exactement les deux éléments qui la composent, à assurer l'égalité entre les personnes qu'elle lie, à faire que la sincérité dans les avis et les jugements ne soit pas prise pour un manque d'estime, que le service rendu n'humilie pas, que la dissidence d'opinion ne sépare pas? Cependant l'homme éprouve le besoin de ne pas rester enfermé dans ses pensées comme dans une prison, de faire échange avec autrui de vues et d'idées sur les sujets qui l'intéressent ou le touchent, d'avoir surtout auprès de lui quelqu'un à qui il puisse confier en toute liberté et en toute sécurité le plus secret de son âme. Où trouver cet ami, de sens droit, de caractère obligeant, de discrétion extrême? *Rara avis in terris nigroque simillima cycno.* Et cependant ce cygne noir apparaît réellement de temps à autre, comme pour témoigner que la pure amitié n'est pas une chimère.

Il faut ajouter que c'est un devoir envers autrui aussi bien qu'envers nous-mêmes, de ne pas nous isoler, de cultiver les qualités qui nous rendent sociables, l'urbanité, la douceur, la prévenance, de donner ainsi des aides à la vertu et de lui ajouter des grâces[2].

1. VII, p. 270-277.
2. VII, p. 278-285.

L'idée même de la vertu implique qu'elle n'est point innée, qu'elle ne peut être qu'acquise ; elle doit être l'objet d'un enseignement ainsi que d'une pratique appropriée. La *Méthodologie* comportera donc une *didactique* et une *ascétique* morales [1].

[1]. La philosophie pratique de Kant impliquait dans sa pensée, comme nous le savons, une réforme complète du système d'éducation en usage. L'admiration qu'il avait éprouvée pour l'*Emile*, l'enthousiasme avec lequel il s'était fait l'avocat du *Philanthropinum* (V. plus haut, p. 120, note) témoignent de l'ardent intérêt qu'il portait à tous les essais de rénovation et de progrès pédagogiques. On sait que nous avons de lui un *Traité de pédagogie*, qui fut publié par Rink en 1803. Ce traité n'est à vrai dire qu'une série d'observations en vue de leçons que Kant avait dû faire à l'Université de Kœnigsberg. Un règlement de l'Université imposait en effet à tout professeur de la Faculté de philosophie de faire à tour de rôle, à certaines époques, des leçons de pédagogie. Kant avait choisi comme texte de son enseignement le manuel d'un de ses collègues, Samuel Bock (*Ueber die Erziehungskunst*, 1780) : ouvrage judicieux et médiocre, dont il s'était d'ailleurs bien gardé de reproduire la lettre et l'esprit. Ses observations n'en gardent pas moins un caractère occasionnel, qui se manifeste bien par un certain désordre dans la suite des idées, et par bien des obscurités de détail. Elles ont dû être en outre rédigées à une époque assez ancienne, antérieure à la publication des grands ouvrages de philosophie pratique. On pourrait le supposer déjà par les allusions qu'elles contiennent à l'*Institut de Dessau*. En outre, si nous nous rapportons aux indications d'E. Arnoldt (*Kritische Excurse im Gebiete der Kant-Forschung*, p. 646), Kant n'aurait fait de leçons de pédagogie que 4 fois au plus, en 1776-1777, en 1780, en 1783-1784, en 1786-1787 (A noter que pour les premières au moins il n'avait pas pu prendre pour texte le manuel de Bock, qui n'avait pas encore paru ; il s'était servi pour celles-là du *Methodenbuch* de Basedow). Le traité emprunte beaucoup aux formules des leçons d'anthropologie ; il s'inspire visiblement sur bien des points de Locke et surtout de Rousseau. En voici les idées principales : c'est dans le problème de l'éducation que gît le grand secret de la perfection humaine ; mais ce problème a été rarement abordé comme il devait l'être. On a cru que les solutions auxquelles il aboutirait n'apporteraient qu'un idéal très noble, mais chimérique. Cependant une idée ne peut être tenue pour irréalisable uniquement parce qu'elle n'a pas été réalisée en fait. Sa puissance pratique dépend au contraire de sa valeur propre. L'homme autrefois n'imaginait point de quelle perfection la nature humaine est capable, et la nature humaine n'en a pas moins accompli des progrès inattendus. — L'homme ne sort pas tout formé des mains de la nature ; pour devenir ce qu'il doit être, il a besoin de soins, d'apprentissage, de direction ; c'est donc par l'éducation qu'il peut arriver à être un homme ; mais il faut que l'éducation substitue la science à la routine. C'est d'abord une erreur que d'élever les enfants selon l'état actuel de l'espèce humaine ; il faut les élever selon l'idée d'un état meilleur qui se produira dans l'avenir, c'est-à-dire selon

Les vérités morales découlent de concepts *a priori* que toute raison est capable de découvrir en elle ; le meilleur moyen de les enseigner, c'est de provoquer par le dialogue l'esprit que l'on instruit à les trouver ; la méthode d'enseignement doit donc être ici essentiellement socratique. Cependant comme l'enfant n'a pas assez de maturité et de vigueur intellectuelle pour conduire ou suivre activement le dialogue, comme il risque de saisir imparfaitement, sans le secours de la mémoire, l'essentiel même à retenir, le procédé le plus convenable sera l'usage d'un catéchisme moral par demandes et par réponses ; et Kant nous donne un court échantillon de ce genre de catéchisme.

Il ne suffit pas de savoir ce qu'est le bien pour le pratiquer ; les Stoïciens ont eu le mérite de voir que la vertu exige l'entraînement et la lutte. Voilà pourquoi une ascétique morale est indispensable. Le principe initial en est : supporte et abstiens-toi. Mais à cet état négatif de santé morale il convient d'ajouter, en lui donnant le meilleur

---

l'idée de l'humanité conçue dans l'achèvement de sa destinée. L'éducation doit se régler sur un esprit cosmopolitique. Les chefs d'État aiment mieux la plier aux préjugés existants, qui, à leurs yeux, favorisent mieux leurs intérêts ; aussi n'est-ce pas dans des écoles d'État qu'il faut espérer voir s'exécuter un plan rationnel d'éducation ; à coup sûr les écoles publiques valent mieux que l'éducation privée ; mais ce sont des écoles publiques libres, ouvertes aux idées et aux expériences nouvelles, qui sont de tout point préférables. — L'éducation comprend une discipline et une culture positive ; la discipline est destinée à réprimer les obstacles qu'opposent les penchants à l'accomplissement des fins rationnelles ; ainsi comprise, loin d'être la négation de la liberté, elle en est la préparation et la sauvegarde. — Comme Rousseau et en s'inspirant de lui presque constamment, Kant traite d'abord de l'éducation physique de l'enfant : nécessité de l'allaitement maternel, sauf dans les cas de grave empêchement ; souci d'ajouter le moins possible aux précautions de la nature, de façon à ne pas entraver son œuvre ; proscription des procédés artificiels pour le sommeil, la marche, etc. ; invitation aux exercices qui fortifient et assouplissent l'usage des forces ; recommandation de laisser une grande liberté au développement de toutes les facultés et qualités naturelles, de manière à avoir devant soi des caractères francs et droits, plutôt vifs et exubérants qu'officieux et prématurément judicieux ; mais en même temps devoir très impérieux de résister aux caprices sans faiblesse, quoique sans dureté, de combattre l'envahissement des habitudes. — Il y a une éducation physique, non seulement du corps, mais des facultés de l'âme, en tant que celles-ci ont rapport à la nature, non à la liberté. Kant combat la théorie du travail attrayant ; il rappelle que le travail est la loi de l'homme, et l'influence salutaire qu'il exerce ; il demande que les facultés soient

sens, ce cœur joyeux dont parlait le vertueux Épicure. La discipline que l'homme exerce sur lui-même ne doit pas être faite de mortifications sans but ; elle doit s'accompagner de vaillance et de sérénité.

Ici se termine la *Doctrine de la vertu*. Elle ne comprend pas, et l'on sait pourquoi, une science des devoirs envers Dieu. La Religion, formellement conçue, ne connaît pas de devoirs envers Dieu qui soient spéciaux ; elle exprime plutôt un devoir envers nous-mêmes, c'est-à-dire une obligation subjective de fortifier le mobile moral de notre volonté en

cultivées en vue de la formation totale de l'esprit, les facultés inférieures en vue des facultés supérieures ; il critique l'exercice de la mémoire pour elle-même ; il ne veut pas surtout que l'imagination soit laissée à son dérèglement naturel ; il proscrit les romans ; il recommande la lecture des récits de voyage, l'étude de l'histoire, qui bien comprise forme le jugement. — Quant à l'éducation proprement pratique, elle a pour objet l'habileté, puis la prudence, enfin la moralité. L'habileté et la prudence sont apprises par ce qu'on appelle la culture ; mais la culture ne suffit pas ; elle surabonde de nos jours tandis que l'éducation morale manque. Celle-ci a pour objet la formation du caractère, que l'on peut définir l'habitude d'agir d'après des maximes. Ponctualité en toutes choses, obéissance, véracité, respect de la dignité humaine en soi et en autrui : voilà les vertus qu'il faut avant tout tâcher d'inculquer. L'obéissance à l'origine ne peut avoir d'autre principe que la contrainte ; mais il faut que les motifs d'obéir apparaissent avec l'âge liés à la raison et au devoir ; autrement on ne fait que des caractères serviles. Toute désobéissance doit être punie ; la punition est d'abord physique ; elle consiste dans le refus de ce que l'enfant désire ou dans l'application d'un certain châtiment ; mais elle doit faire place de plus en plus à la punition morale qui consiste à froisser le penchant de l'enfant à être aimé et honoré, à humilier le coupable par un accueil glacial. La punition morale est en particulier le meilleur moyen de châtier le mensonge. Kant ne professe pas ici que l'homme soit méchant par nature ; l'homme n'est que ce qu'il se fait ; il a en lui des inclinations pour tous les vices, mais il possède aussi la raison qui le dispose dans un autre sens. — Enfin, abordant le délicat problème de l'éducation religieuse de l'enfant, Kant déclare qu'il renverrait volontiers à un âge assez avancé l'initiation aux grands objets de la croyance religieuse, si l'enfant n'entendait pas prononcer autour de lui le nom de Dieu et n'était pas témoin d'actes de vénération envers l'Être suprême. Dès lors il vaut mieux lui présenter de bonne heure l'idée de Dieu de façon qu'elle lui arrive épurée de toute superstition et liée intimement à l'idée du devoir. VIII, p. 453-513. — V. Strümpell, *Die Pädagogik der Philosophen Kant, Fichte und Herbart*, 1843. — R. Thamin, *Préface* à la traduction française du *Traité de pédagogie* de Kant, 1886. — G. Dumesnil, *De Tractatu Kantii paedagogico*, 1892. La thèse de M. Dumesnil contient, avec une reconstitution ordonnée et un commentaire continuel des principales idées de Kant, un index où sont relevés les principaux passages des œuvres de Kant qui permettent d'éclaircir le *Traité de pédagogie*, et des notes finales où sont indiqués en particulier des rapprochements entre les remarques de Kant et le manuel de Bock.

nous représentant tous nos devoirs en général comme des commandements divins. Lorsque la Religion nous expose matériellement un ensemble de devoirs envers Dieu, c'est qu'elle est une Religion révélée, qui rattache ses préceptes à des faits historiques, et qui par conséquent est en dehors de la morale purement philosophique. *La Religion dans les limites de la simple raison* a suffisamment expliqué là-dessus la pensée de Kant[1].

1. VII, p. 289-300.

CONCLUSION

La philosophie pratique de Kant a été définitivement constituée du jour où la notion de l'impératif catégorique a été liée à l'idée transcendantale de la liberté par le concept de l'autonomie de la volonté. Elle a trouvé dans cette liaison et dans le concept qui l'opérait le principe de son organisation et de son développement systématiques.

Elle n'est pas née d'un effort direct et continu vers une doctrine préformée en quelque manière, et l'apparente simplicité des formules essentielles dans lesquelles elle s'est résumée recouvre, avec un long travail d'examen critique, de réflexion inventive et d'analyse, des éléments très complexes et d'origine fort diverse.

Kant certes s'est mis lui-même dans son œuvre ; il y a mis l'austérité rigide de sa nature, la sévérité des maximes reçues d'une éducation droite et grave, son christianisme enfin, un christianisme d'ailleurs plus avouable par l'intelligence que sensible au cœur, dépourvu de toute ardeur comme de toute intuition mystique, aussi indépendant que possible de la tradition historique, n'ayant de contact qu'avec les facultés morales, isolées des autres formes de la vie spirituelle.

Et Kant a mis aussi dans son œuvre les tendances de son siècle, de ce siècle des « lumières » auquel il était si fier d'appartenir, dont il n'a pas répudié, dont il a voulu seulement diriger dans un autre sens les ambitions rationalistes. Il a cru à la puissance pratique de la raison pour étendre et parfaire la civilisation et la culture, mais en les détachant du faux idéal de bonheur auquel on les avait suspendues pour les rattacher à la pure idée, valable et efficace par elle seule, d'une société juridique et d'une société morale universelles.

Il s'est donc trouvé en conflit avec la philosophie qu'il avait apprise et un moment acceptée comme sienne : philosophie dont l'intellectualisme logique et uniformément dogmatique ne pouvait, sinon par des accommodations superficielles ou forcées, rien admettre de ce que la Religion et la morale chrétiennes avaient d'essentiel, dont l'eudémonisme convertissait immédiatement tout progrès vers la perfection en un accroissement de félicité et semblait même le justifier par là. Il a été ainsi conduit à examiner cette philosophie et en révéler les insuffisances.

Dans cet examen il a procédé à la fois par la critique abstraite des concepts sur lesquels elle s'appuyait et par la rénovation de l'objet à expliquer. Il a demandé compte à l'entendement logique de sa prétention à poser par lui seul le réel et à le comprendre ; il en a découvert le formalisme indéterminé et négatif. Il a montré en conséquence que les idées d'obligation et de perfection, telles qu'elles étaient admises, ne contenaient rien dans leur généralité qui leur permît de définir matériellement les principes moraux ; et dès lors, n'étant pas encore arrivé à concevoir une idée de la raison qui dépassât spécifiquement celle de l'entendement logique, il a fait appel au sentiment. Mais cet appel au sentiment n'a pas été le simple recours à un autre mode d'explication, comme les moralistes anglais l'avaient proposé, plus conforme en apparence aux données de l'analyse psychologique ; il a été aussi, sous l'influence singulièrement plus pénétrante de Rousseau, l'évocation d'une autre idée de la vie morale, toute contraire à celle que l'intellectualisme des philosophes avait imaginée. Ce qui fait la valeur de l'homme, ce n'est point ce que la civilisation lui apporte du dehors, c'est la persévérance dans l'état de simplicité naturelle ou le retour à cet état. Les révélations immédiates du cœur, en nous prescrivant dès l'abord ce que nous devons faire, nous libèrent de l'autorité factice de la spéculation et nous présentent la croyance aux objets supra-sensibles comme le complément, non comme le fondement de la moralité. Dès lors se trouve dessinée, sous sa forme négative, la conception de la Critique : les insolubles difficultés que rencontre dans l'ordre théorique la raison humaine, et qui l'obligent à se reconnaître des limites, corroborent en quelque façon le droit qu'a la vérité morale de se justifier et de se développer elle-même par ses propres ressources, sans l'aide trompeuse d'un savoir conventionnel et illusoire.

Kant cependant est passé de cette conception négative à une conception positive de la Critique. Il y est passé, grâce à cette doctrine de l'idéalité de l'espace et du temps, qui, en supprimant les causes de conflit au sein de la philosophie naturelle, permettait de fonder la distinction du monde sensible et du monde intelligible. Le rétablissement ainsi opéré d'un rationalisme théorique, dont l'idée n'avait peut-être jamais cessé de solliciter son esprit au plus fort même de son opposition à la doctrine wolffienne, l'a incliné du même coup au rétablissement du rationalisme en morale. Mais de même qu'il était forcé de poser en d'autres termes le problème du rapport de l'entendement à ses objets, il avait à poser en d'autres termes le problème du rapport de la raison à la volonté : c'est-à-dire que dans ce rationalisme nouveau, tel que le spécifiait l'idéalisme transcendantal, il devait intégrer d'une certaine manière les résulats auxquels l'avait conduit, en même temps que l'examen de la métaphysique antérieure, la considération directe du fait de la science et du fait de la moralité.

La *Critique de la raison pure* a accompli cette œuvre, pour ce qui est de la philosophie théorique, et l'a préparée, pour ce qui est de la philosophie pratique : œuvre de justification et de limitation tout à la fois. Si la raison avec ses concepts *a priori* est indispensable à la science pour que celle-ci se constitue avec certitude, l'usage qu'elle en doit faire pour aboutir à un savoir légitime, et ne pas s'égarer sans fin à la poursuite d'un savoir illégitime, est un usage immanent, c'est-à-dire enfermé dans les limites de l'expérience possible. Tout autre usage de la raison, pour tenter de déterminer théoriquement des objets supra-sensibles, ne peut donner lieu qu'à des paralogismes, des antinomies ou des démonstrations radicalement défectueuses. Pourtant l'effort par lequel la raison dépasse le monde des intuitions sensibles n'est « dialectique » qu'autant qu'il affecte les caractères d'une science objective proprement dite ; il est naturel et juste en lui-même. Il n'a pas seulement cette vertu d'imposer par la production des Idées des limites positives à l'expérience et de fournir à l'intelligence des règles pour tendre à une unité systématique parfaite de la connaissance ; il découvre une action de la raison qui est trop interne et trop essentielle pour devoir rester sans détermination pleine et sans contenu objectif. Cette détermination et ce contenu, c'est la moralité qui les lui apporte. Pendant un temps la moralité avait, aux yeux de Kant, tiré ses titres uniquement de sa valeur pratique indépendante, et elle les avait fait valoir comme authentiques et prépondérants en dehors de la raison pure qui, en tant que telle, était tenue pour une faculté exclusivement théorique. Mais l'analyse méthodiquement développée de la conscience morale commune en dégageait maintenant comme élément constitutif la notion d'une loi formelle universelle, capable de fournir par elle seule un principe déterminant à la volonté et un modèle à ses maximes ; dans cette notion, où venait se résoudre tout le sens de l'impératif catégorique, s'ordonnaient et se liaient les idées d'origine diverse par lesquelles Kant s'était représenté dans son ensemble la vie morale : d'une part, les idées qui lui venaient plus particulièrement de son christianisme et par lesquelles il définissait les conditions ou les attributs de la moralité du sujet individuel, à savoir la bonne volonté, l'accomplissement du devoir par respect pour le devoir à l'encontre des maximes suggérées par les inclinations sensibles, la vertu résultant de la pure disposition intérieure et ayant pour terme la sainteté, etc... ; d'autre part, les idées qui lui venaient plus particulièrement du rationalisme politique et social de son temps, interprété et épuré par sa propre philosophie de l'histoire, et qu'il employait à définir les conditions et les attributs de la moralité de l'homme conçu sous les espèces de l'humanité, à savoir la valeur incomparable de la personne humaine digne d'être traitée, non pas simplement comme un moyen, mais aussi comme une fin en soi, l'existence idéale d'une société des êtres raisonnables unis par des lois communes ou d'un règne des fins, détermination pratique du concept d'un monde intelligible ; au terme de ce rapprochement d'idées diverses, et pour le parfaire, apparaissait la notion de l'autonomie, exprimant à la fois la suffisance de la volonté absolument bonne à ériger sa maxime en loi et le droit de la personne à instituer elle-même la législation à laquelle elle obéit. Dès lors, par cette notion de l'autonomie, l'Idée transcendantale de la liberté acquiert une réalité pratique et fait passer à l'acte les possibilités que la Critique avait réservées ; en d'autres termes la Raison pure possède par elle-même une puissance de réalisation pratique, de telle sorte que considérée dans son intégrité et dans ses deux fonctions essentiellement distinctes, elle apparaît comme capable de s'organiser, sous la juridiction de la Critique, en un système complet, juste substitut de l'ancienne métaphysique.

De l'ancienne métaphysique, qui avait été son éducatrice, Kant retient en effet les concepts essentiels qui en avaient été l'âme ; mais c'est pour y saisir la virtualité de significations et d'applications immanentes, exclusivement déterminées par les conditions de la science et de la moralité. En conséquence les affirmations auxquelles ces concepts donnent lieu, loin de se traduire dans une espèce de connaissance homogène coextensive à toutes les démarches de la raison, varient en nature selon le rapport originaire ou dérivé qu'ont ces concepts avec la puissance législative rationnelle dont la science et la moralité résultent : elles sont un savoir quand elles expriment les principes qui fondent la possibilité de l'expérience ou de la volonté pure ; elles sont ou des hypothèses ou des postulats quand elles expriment les conditions sous lesquelles nous sommes soit portés, soit forcés à nous représenter l'unité systématique achevée soit de l'objet de l'expérience, soit de l'objet de la volonté. Ainsi l'adhésion à ce qui doit être nécessairement supposé pour que le souverain bien se réalise ne consiste pas dans une connaissance, mais dans une foi de la raison.

L'idée par laquelle et autour de laquelle s'organise toute cette philosophie de la raison pure, c'est l'idée de la liberté : idée dont la possibilité logique est restée intacte grâce à la distinction du monde des phénomènes et du monde des choses en soi, dont la possibilité réelle, si elle ne peut être aperçue en elle-même, est du moins déterminée et certifiée par la loi morale ; idée qui pour une intelligence finie telle que la nôtre peut seule être la vérité première, parce que seule elle nous permet de saisir sans sortir de nous-mêmes l'inconditionné et l'intelligible. Cette idée, c'est l'idée de la causalité d'une chose en soi qui, comme telle, nous est impossible à connaître ; et d'abord certains des attributs tout spéculatifs que la métaphysique traditionnelle prêtait à la chose en soi pèsent, dans l'exposition kantienne, sur la détermination de cette idée. Mais de plus en plus la réalité spécifiquement pratique qui est attribuée à la liberté transcendantale tend à en fournir tout le contenu ; de plus en plus la liberté, c'est exclusivement la causalité inconditionnée de la raison, considérée soit dans sa relation essentielle avec la loi morale qu'elle pose et par laquelle elle se révèle, soit dans son rapport avec l'acte par lequel le sujet choisit la maxime de sa conduite, soit encore dans son rapport avec le pouvoir humain de produire la vertu et de promouvoir par elle la foi dans la réalité des conditions du souverain bien. La liberté cesse donc de plus en plus d'être une chose, un *res aeterna* ; et d'ailleurs tout en étant pour nous la vérité première, elle n'affecte pas la prétention de déduire à partir d'elle, comme si elle était la chose en soi de l'ancienne métaphysique, toute la réalité donnée ou à engendrer ; si elle consacre la suprématie de la raison pratique sur la raison spéculative, elle ne se tient pas pour capable de faire créer par la raison pratique l'objet de la raison spéculative elle-même : dans l'union qu'elle opère des deux sortes de raisons, elle maintient absolument la diversité de leurs domaines.

Il reste pourtant impossible qu'un système complet de la raison pure laisse en présence le monde de l'expérience et le monde moral sans découvrir de quoi les rapprocher et les relier l'un à l'autre. Kant avait déjà professé que la beauté est intimement unie à la moralité, qu'elle en est le véhicule ou le symbole ; il était également disposé à reconnaître que la finalité ou causalité par des concepts est intermédiaire entre la causalité mécanique naturelle et la causalité inconditionnée de la liberté ; en découvrant maintenant dans la faculté de juger *a priori* la source commune de la beauté, ou finalité sensible formelle, et de la finalité matérielle intellectuelle, il pouvait rapporter à cette faculté l'accord à établir entre l'objet de l'entendement théorique et l'objet de la raison pratique. L'ancienne métaphysique cherchait dans un pouvoir d'intuition intellectuelle le moyen de connaître le principe suprême en qui se confondent possibilité et réalité, et dont elle voulait dériver dans son unité complète l'ordre de la nature : tentative impuissante, nous le savons. Pourtant la simple idée d'un entendement intuitif ou archétype, et la simple supposition d'un substratum intelligible commun de la nature et de la liberté restent légitimes à notre point de vue, d'abord en ce qu'elles marquent les limites de nos facultés de connaître, ensuite en ce qu'elles offrent au jugement un modèle en lui-même assurément irréalisable, mais selon lequel néanmoins il doit remplir sa tâche selon sa nature subjective propre. Et c'est ainsi que se conçoit une harmonie totale des choses, qui seulement est fondée sur l'action réfléchissante du jugement, au lieu de l'être sur l'objet, pour nous indéterminable, d'une intuition intellectuelle. Le développement du système de la raison pure ne tend donc pas à être la restauration de l'ancienne métaphysique ; il se poursuit plutôt par l'appropriation à l'esprit de la Critique de ce qui, dans les problèmes qu'elle posait et les concepts qu'elle mettait en œuvre, apparaît susceptible d'une signification immanente. Reprendre et constituer définitivement en ce sens l'ensemble de la philosophie transcendantale fut l'occupation de Kant dans les dernières années de sa vie ; par les notes et esquisses fragmentaires qu'il jeta alors sur le papier en vue d'un grand ouvrage qui devait traiter de Dieu, du Monde et de l'Homme [1], on saisit bien en effet son intention essentielle, qui était d'exposer le système total de la connaissance synthétique formelle [2] en le rapportant néanmoins à la conscience de soi comme à son principe [3], d'expliquer par là toute la puissance autonome de la raison [4], débarrassée même pleinement de ce qui, dans la supposition de la chose en soi, en représentait dogmatiquement la réalité au lieu d'en exprimer seulement la fonction réclamée par la Critique [5].

---

1. V. ce qui a été publié de ces essais et de ces notes par Reicke, *Ein ungedrucktes Werk von Kant aus seinen letzten Lebensjahren*, Altpreussische Monatsschrift, neue Folge, XXI, 1884, p. 309-387, p. 389-420, p. 533-620.
2. C'est à indiquer cet objet que sont employées, avec de nombreuses redites, la plupart de ces notes.
3. P. 368, p. 371.
4. On trouve en abondance des formules comme celle-ci : « La philosophie transcendantale est autonomie, à savoir une raison mettant sous les yeux d'une façon déterminée ses principes synthétiques, son extension et ses limites dans un système complet. » P. 355.
5. Kant déclare ici à maintes reprises que la chose en soi n'est pas un objet existant en dehors de la représentation, qu'elle est simplement la position d'un être de raison sans réalité, dont la fonction, corrélative à la fonction de l'entendement, consiste à expliquer que le sujet soit immédiatement affecté, et que l'objet donné dans la représentation soit tout simplement phénomène. V. p. 548 sq. — Il est curieux de constater que Kant fait dans ces notes des allusions aux philosophes qui avaient repris ce problème de la chose en soi, à Beck, à Schulze, à Fichte.

Ainsi Kant s'attachait de plus en plus à l'idée d'un système complet de la raison pure, grâce surtout à l'appui que lui avait paru donner à cette idée la formation de sa doctrine morale ; et en même temps il s'occupait de dégager plus complètement le sens et les applications de cette dernière doctrine. Ce qui pour sa pensée mettait l'unité dans l'accomplissement de deux tâches si différentes, c'était sa façon toujours plus arrêtée de voir dans la liberté à la fois le principe du système et la puissance pratique capable de poser la loi en même temps que de déterminer par elle seule les maximes de la volonté. Cependant dans l'effort même qu'il faisait pour opérer la synthèse des divers aspects de la moralité humaine, il subissait malgré tout l'influence de cette dualité des idées, — idées éthico-religieuses et idées éthico-juridiques, — qui avaient inspiré et composé sa conception de la vie morale. Pour la réalisation du souverain bien moral il était porté à admettre une loi providentielle moins immédiate que pour la réalisation du souverain bien politique. Au premier point de vue, c'est en effet d'abord la nature qui, ne se déduisant pas de la liberté, ne se conforme pas d'elle-même aux intentions pas plus qu'aux exigences légitimes de l'agent moral, qui ne peut, tant s'en faut, garantir dans la vie présente ni le moyen de parfaire la vertu, ni celui d'accorder avec elle le bonheur qu'elle mérite, qui par conséquent doit laisser la place à la foi de la raison dans une autre vie et dans l'existence d'une Cause morale du monde ; c'est ensuite la volonté de l'homme qui choisit le mal par un acte radical, qui par suite ne peut se convertir que par une régénération radicale, sans laquelle elle ne pourrait ni devenir moralement meilleure, ni avoir droit au concours qui lui est indispensable pour être entièrement sanctifiée. A l'autre point de vue, au contraire, c'est l'évolution de l'histoire qui fait nécessairement surgir en ce monde du conflit des énergies et des intérêts égoïstes l'établissement d'un régime juridique des individus et des peuples, qui réalise progressivement l'accord de la liberté et de loi ; c'est, mieux encore, la bonne volonté du droit qui se manifeste chez tel peuple par des actes irrécusables, qui témoigne ainsi par le fait de l'influence décisive de la raison sur la marche de l'humanité. Dualité de tendances, certes, dans la formation de la doctrine morale de Kant ; mais ne serait-ce pas aussi l'originalité de sa pensée en ce sujet que de n'avoir pas vu là une opposition, que d'avoir philosophiquement identifié à la loi par laquelle l'homme intérieur prend conscience de l'infinité de sa tâche et de la transcendance de sa destinée la loi par laquelle l'homme en société se reconnaît obligé et capable de réaliser ici-bas les fins de l'espèce humaine, — à la loi qui prescrit la sainteté la loi qui commande la justice et la paix sur la terre ?

*
* *

Que le système ainsi formé ait eu une influence prolongée et qu'il ait laissé dans les esprits des traces profondes, c'est ce qui s'explique déjà par la nature de son entreprise pour rapprocher directement la conscience commune de la raison, et par l'appui qu'il a dès lors trouvé en elle ; mais c'est ce qui apparaît encore à un autre point de vue, si l'on observe que les notions dont il a mis en évidence la signification et le lien, obligation, dignité de la personne humaine, égalité juridique et morale des hommes, etc., restent pour de tout autres doctrines que la doctrine kantienne la marque où l'expression éminente de la réalité morale à étudier. Ce n'est certes point un motif suffisant d'affirmer entre elles et la philosophie qui les a dès l'abord comprises un lien indissoluble ; mais l'on peut tout de même se demander si elles ne présentent pas de tels caractères qu'elles ne puissent point, sans perdre une partie de leur sens ou même leur sens essentiel, se laisser ramener à des conditions complètement déterminables par une science positive des mœurs.

Sans doute la Métaphysique des mœurs, sous la forme

que Kant lui a donnée, ne saurait être à l'heure actuelle superstitieusement ressuscitée ; il peut sembler à bon droit, après l'épreuve que lui a imposée le travail critique et scientifique de plus d'un siècle, qu'elle concède beaucoup trop aux déterminations rigides et scolastiques de l'ancienne métaphysique, que dans la façon dont elle présente ses abstractions et ses distinctions même les plus légitimes, elle est trop asservie malgré elle à des procédés ontologiques, qu'ayant par exemple fort justement « isolé » la moralité pour la mieux saisir dans ses attributs spécifiques, elle en fait ensuite une sorte de réalité en soi, investie d'une puissance d'exclusion à l'encontre de ce qui dans des formes voisines de la vie morale, comme la vie religieuse, ne s'y laisse pas strictement réduire. C'est ainsi que par son « moralisme » Kant a fixé et de nouveau porté à l'absolu le rationalisme de la pensée humaine.

Mais en dépit de ces imperfections, de ces rigidités et de ces étroitesses il peut paraître aussi que le Kantisme, librement interprété, est capable de fournir encore beaucoup de lui-même dans l'examen actuel des problèmes moraux et dans les controverses actuelles sur la portée des méthodes par lesquelles ces problèmes doivent être abordés. Ce n'est sans doute pas être infidèle à l'esprit purement historique de ce travail que de chercher à dégager, sans prétendre à une conclusion définitive, les principales thèses au nom desquelles le Kantisme peut entrer en discussion avec l'idée d'une science des mœurs exclusivement positive ou même sociologique.

D'abord par lui-même le Kantisme n'est pas opposé, tant s'en faut, à la constitution d'une science positive des mœurs ; on pourrait presque dire que Kant en a pressenti l'importance et l'intérêt théoriques lorsque, dans ses Leçons d'Anthropologie en particulier, il tâchait de coordonner des observations sur les façons générales dont l'homme se conduit, soit à titre d'individu, soit à titre d'être social, ou lorsque encore, dans ses vues sur la philosophie de l'histoire, il indiquait comment les institutions sociales et les œuvres de la civilisation dépassent la portée des volontés individuelles et sont les conditions contraignantes de leur développement. Au surplus, pour Kant, tout le *donné*, par conséquent l'ensemble des états moraux réalisés, appartient au déterminisme, et il n'y a pas de borne infranchissable à la connaissance scientifique dans l'ordre des phénomènes. Le Kantisme ne s'oppose à la science positive des mœurs que tout autant que celle-ci prétend fournir la loi suprême de la détermination de la volonté.

Or voici en quelles formules l'esprit de la philosophie kantienne pourrait encore, semble-t-il, s'énoncer et se défendre :

Il y a un élément proprement moral des actions humaines, qui doit être défini pour lui-même ; faute de cette définition rigoureuse on risque d'élargir confusément et d'altérer le sens de la moralité, de prendre pour elle ce qui n'en est que l'accompagnement plus ou moins accidentel, la suite extérieure, de mal représenter la direction de la volonté dans laquelle elle consiste.

Le seul moyen de découvrir cet élément essentiel, si l'on ne veut pas le construire arbitrairement, c'est de le chercher là où seulement il peut être d'une manière authentique, à savoir dans la conscience morale commune. Ce n'est pas à dire qu'il faille emprunter à la conscience la série des jugements qu'elle prononce ou qu'elle peut prononcer, en tâchant seulement de les classer et de les unifier. Si l'on devait employer des matériaux de ce genre, mieux vaudrait recourir aux croyances et aux tendances de la collectivité qui pourraient plus sûrement constituer une moyenne normale. Avant tout, il s'agit de discerner dans la conscience non ce qu'elle juge pour tel ou tel cas, mais ce qui lui permet de juger en général. Aussi l'analyse à employer n'est-elle pas du genre de celle qui se borne à résoudre un objet en des *données* plus simples, c'est une analyse rationnelle abstraite qui met à part dans le jugement moral les conditions dont dépend la possibilité de son fonctionnement, de même que dans un autre ordre elle met à part le principe de causalité comme condition dont dépend la possibilité du jugement d'expérience.

Voilà pourquoi une morale conçue dans sa vérité suprême ne peut être qu'une morale formelle : entendons d'abord par là que s'appliquant à définir ce qui fait la validité et l'objectivité du jugement moral, elle ne peut le résoudre même dans tout l'ensemble réel ou possible de ses déterminations particulières ; les circonstances de fait dans lesquelles ce jugement s'exerce ne sauraient le ramener tout entier à elles sans le détruire dans son originalité propre ; l'acte de juger ne peut dépendre ici que de sa loi propre, qui ne peut être elle-même que l'idée d'une loi universelle conçue comme principe déterminant de la volonté. Plus précisément cette morale est formelle en ce que de la volonté elle ne prétend déterminer que les maximes selon lesquelles elle doit agir, non les actes qui ne se rattachent à ces maximes que conditionnés aussi par les lois de la nature ; ou mieux elle ne prétend déterminer la volonté que selon la direction qui va des maximes aux actes ; par conséquent elle ne saurait chercher à déduire les situations ou relations empiriques parmi lesquelles un devoir s'accomplit ; elle a principalement à manifester le lien qui pour tous les cas possibles lie la volonté au devoir. Si étant ainsi formelle elle paraît vide, c'est qu'elle ne peut et ne doit être un système de règles que pour des maximes de la volonté ; mais elle n'est point vide en réalité et elle est en possession d'un contenu bien défini, si au point de vue moral le rapport de la volonté à ses maximes est tout à fait essentiel et constitue dans ce qu'elle a de plus caractéristique l'opération du vouloir. La morale consiste donc à universaliser en quelque sorte tous les aspects sous lesquels peut être envisagée la volonté dans son rapport à des maximes, de façon à lui faire exprimer, en ce qu'elle a aussi d'objectivement pratique, l'idée de loi.

A cette condition seulement il y a une loi de la volonté comme telle. La connaissance scientifique des tendances, des actes, des besoins, des institutions, des coutumes que l'on peut saisir dans l'évolution humaine ne peut que décrire une volonté voulue, non expliquer une volonté voulante ; et à plus forte raison, pas plus que l'objet qu'elle comprend, elle ne peut nous faire véritablement vouloir. Toutes les ressources que peut apporter pour éclairer notre action la connaissance plus exacte des forces naturelles et des sociétés humaines, si grande qu'en soit l'importance, ne peuvent jamais être que des moyens pour les fins que le sujet se pose ; elles ne peuvent pas lui imposer ses fins dès qu'il réfléchit. Toutes les techniques qui résultent ou que l'on espère de là restent suspendues, pour l'usage à en faire, à des préférences subjectives, ou elles n'empruntent une règle de leur emploi qu'à des principes souvent sous-entendus, mis ainsi hors de toute discussion, et qui restent d'un formalisme vague : recherche du plus grand bonheur, individuel ou collectif ; attachement aux conditions de la vie sociale ou au sens dans lequel l'évolution s'en poursuit, amélioration des pratiques ou des institutions existantes. La science objective des mœurs ne peut produire, sinon par addition arbitraire, aucune règle définie qui prescrive à la volonté les fins à choisir. Traitant les institutions, les coutumes, les tendances et les croyances morales comme des choses, et devant les traiter comme telles pour les soumettre à l'espèce de déterminisme qu'elle juge nécessaire, elle ne saurait en dégager rien qui puisse, surtout en face d'une réalité souvent disparate et incohérente, fixer l'attitude des consciences. La volonté s'appuie sur le donné social pour y trouver le moment, la matière et les moyens de son action ; elle n'en saurait retirer sa loi propre.

A l'idée d'une loi formelle universelle et d'un système de règles qui s'y rattache est liée pour l'homme la certitude de sa liberté : paradoxe insoutenable s'il s'agissait d'affirmer ainsi une puissance capable de produire directement autre chose qu'un choix parmi les maximes de la volonté ; illusion chimérique, si l'on s'en remettait à une conception dogmatique du déterminisme, et si la Critique n'intervenait pas pour prévenir cette μετάβασις εἰς ἄλλο γένος par laquelle on réduit le vouloir à n'être qu'un objet de connaissance scientifique. Que maintenant l'idée d'une causalité inconditionnée soit pour l'homme un idéal plus qu'une puissance actuelle, et qu'il y ait lieu d'étudier, — ce que Kant n'a pas jugé bon de faire, — les formes psychologiques sous lesquelles peut se manifester à des degrés divers l'efficacité du vouloir ; soit. Mais ce que l'on peut soutenir d'après Kant, c'est le lien étroit qui unit en nous la conscience de notre pouvoir d'agir à la conscience de notre devoir.

En épurant de tout dogmatisme la connaissance scientifique, la Critique condamne la tendance à faire de la vie présente la réalité adéquate aux idées que l'homme conçoit sur l'objet suprême de la destinée humaine. Le droit de postuler une harmonie entre l'ordre complet de la raison et le monde dans lequel agit le sujet moral ne saurait se satisfaire par la foi naturaliste dans la suffisance du monde donné, il ne peut se satisfaire que par une foi d'un autre genre qui fasse du sujet moral et de ses fins la mesure d'après laquelle se représente le « but final » du monde.

Telles sont les principales thèses que le Kantisme paraît pouvoir laisser dans la pensée contemporaine et qui y sont çà et là recueillies, en partie ou en totalité, autant pour elles-mêmes que pour la défense de la morale philosophique contre la science positive des mœurs. Elles ne peuvent que gagner en tout cas à être libérées des liens qui les enchaînaient dans la pensée de Kant à des expressions rigides et à des déterminations immobiles. En particulier la distinction du monde sensible et du monde intelligible, bien qu'elle n'ait pas établi dans l'homme la scission que l'on a dite, a pu faire perdre de vue toutefois, dans les termes où Kant l'a présentée, que le sujet raisonnable agit par sa raison au sein d'une nature et d'une société avec lesquelles il est en relation directe ; la méthode encore trop dogmatique par laquelle Kant a ordonné les idées constitutives de la morale formelle a dissimulé cette pensée qui était pourtant dans une large mesure la sienne, que ces idées valent pratiquement plus encore par leur aptitude à s'actualiser que par la rigueur de leur enchaînement logique; elle exprime une tendance, au fond peu critique, à admettre que la Métaphysique des mœurs peut se modeler pour ses procédés de déduction sur la Métaphysique de la nature ; par là aussi elle a restreint infiniment plus qu'il n'eût fallu cette fonction vivante de la conscience qui opère entre les données empiriques de la nature et de la vie sociale d'une part, et d'autre part les lois formelles de la volonté autonome, cette faculté de subsomption des cas particuliers sous l'universel qu'avait analysée, mais en la fixant et en la rétrécissant trop, la *Typique de la raison pure pratique*. Si donc la morale kantienne peut rester encore à l'heure actuelle efficace et féconde, ce ne saurait être en prétendant ramener littéralement à ses formes propres les problèmes qui se posent, c'est en se renouvelant et se vérifiant au contact de ces problèmes, en dégageant d'elle ce qui peut permettre de les étudier et de les résoudre dans un libre esprit, dans cet esprit qui faisait écrire à Kant : « Il n'y a pas d'auteur classique en philosophie [1]. »

1. V. plus haut, p. 598, note.

www.ingramcontent.com/pod-product-compliance
Lightning Source LLC
Chambersburg PA
CBHW060901300426
44112CB00011B/1290